海纳百川　取则行远

中国海洋大学纪事

1924—2023

（上）

主　　编　卢光志

副 主 编　孙厚娟　魏世江　陈　鹭

参编人员　（以姓氏笔画为序）

　　　　　王　旭　卢光志　孙厚娟　李　涛

　　　　　陈　鹭　赵瑞红　魏世江

中国海洋大学出版社

·青岛·

图书在版编目（CIP）数据

中国海洋大学纪事：1924—2023 / 卢光志主编. — 青岛：中国海洋大学出版社，2024.8

ISBN 978-7-5670-3854-7

Ⅰ. ①中… Ⅱ. ①卢… Ⅲ. ①中国海洋大学—大事记— 1924-2023 Ⅳ. ① G649.285.23

中国国家版本馆 CIP 数据核字（2024）第 097157 号

ZHONGGUO HAIYANG DAXUE JISHI　1924—2023

中国海洋大学纪事　1924—2023

出版发行	中国海洋大学出版社
社　　址	青岛市香港东路 23 号　　　邮政编码　266071
网　　址	http://pub.ouc.edu.cn
出 版 人	刘文菁
责任编辑	滕俊平 董　超　　　　电　　话　0532-85902342
电子信箱	116333903@qq.com
印　　制	青岛海蓝印刷有限责任公司
版　　次	2024年8月第1版
印　　次	2024年8月第1次印刷
成品尺寸	185 mm×260 mm
印　　张	48.75
字　　数	894千
印　　数	1～2300
定　　价	328.00元（全两册）
订购电话	0532-82032573（传真）

发现印装质量问题，请致电 0532-88786655，由印刷厂负责调换。

《中国海洋大学史》编委会

（2024年6月）

序　言

中国海洋大学的历史源头是私立青岛大学，始建于1924年。这是国人在齐鲁大地上创办的第一所以本科教育为起点的现代大学，迄今已有百年了。

1924年3月，曾任北洋政府交通总长并兼任教育总长的高恩洪出任胶澳商埠督办。在孙广钦等人的倡议和支持下，高恩洪争得德国侵占青岛时所建俾斯麦兵营（现中国海洋大学鱼山校区北半部分）为校址，创办了私立青岛大学，于10月25日举行开学典礼，并定该日为成立纪念日（中国海洋大学的校庆日即源于此）。学校虽冠名"私立"，实则属于官民合办。

私立青岛大学仿照西方现代大学规制，实行董事会制。高恩洪出任校长，聘请梁启超、蔡元培、黄炎培、张伯苓等学界名流为名誉董事。《私立青岛大学暂行大纲》开宗明义："本大学以教授高深学术，养成硕学宏材，应国家需要为宗旨。"计划设置文、理、法、商、工、医、农7科，学制均为4年，修业期满试验及格者授予某科学士学位。限于经费，先设工、商科，首届在15个省市招收工科学生40人、商科学生40人，其中就有罗荣桓、张沈川和彭明晶等思想进步的青年，还有留学生数人。

1924年11月，第二次直奉战争结束，直系败北，高恩洪结束了胶澳商埠督办和私立青岛大学校长的使命。校董会推举山东省议长宋传典（董事会成员之一）接任校长。奉系得势后，温树德任胶澳商埠督办，强借空闲校舍供军方使用，又加经费支绌，1925年只招收了铁路管理科学生20人，1926年、1927年未再招生。学校管理层竭力争取到山东省和胶澳商埠局的微薄补贴，于艰难中图存学脉。1928年底，在校学生155人、教师20余人。

1929年4月，南京国民政府接管青岛，设立特别市，属国民政府行政院直辖。6月，国民政府行政院议决，收用私立青岛大学及省立山东大学（济南）校舍校产，筹备成立国立青岛大学。

1930年4月，国民政府教育部任命国立清华大学文学院院长、教授杨振声为国立青岛大学校长。国立青大设文、理学院，分设中文系、外文系、物理学系、数学系、化学系和生物学系。聘请梁实秋、闻一多、黄际遇、汤腾汉、曾省等知名学者执教。杨振声秉持教育救国、学术本位理念，系科设置既考虑现实又富有远见，倡设海边生物学、海洋学、气象学，并视之为理学院自立之道。施行民主管理和"纪律化"相结合的治校模式，设立"权在校长之上的校务会议"作为学校的最高权力机关。坚持从严治校，课程要有次第的组织，不能凌乱；学则要严格执行，不得通融；一切行政皆严守规程，不能任便。这是奠定学校良好学风校风的基石。

九一八事变后，学生组织请愿团赴南京请愿，要求蒋介石政府出兵抗日，收复失地，爱国之举堪当褒扬。回校后却掀起反对新学则风潮并攻讦师长，加之校方不善经权，处置失当，导致学校易名、校长辞职、师资流失、近三分之一学生失去学籍，学校中共地下党支部成员失散、活动停止。

1932年9月，国民政府行政院议决，准杨振声辞职，国立青岛大学易名国立山东大学，任命赵太侔为校长。赵太侔是国立青大筹委会成员、国立青大教务长，赞同杨振声的办学方针。他接任后，增聘老舍（舒舍予）、洪深、张煦、丁山、王淦昌、童第周、曾呈奎等一批学者专家任教，师资阵容"比全国的知名大学，毫不逊色"；支持科学研究，学术活动形成制度，海边生物学的教学与研究进步明显。搏节行政开支，添置图书、仪器，先后建成科学馆、工学馆、体育馆、水利实验室及实习工厂等，办学条件大为改观。这一时期，外部环境稳定，校内人才荟萃，师生教学勤奋，校风学风良好，学生的培养质量较高。如1934年，由中山文化科学馆举办的全国生物学考试竞赛，有15所大学参加，国立山大推荐的4人全部获奖，其中1人获特等奖、2人获甲等奖；1935年，在全国物理学考试和征文竞赛中，5人参加获甲等奖2项、乙等奖2项；1936年，国立山大学生撰写的论文《山东酒曲之研究》获中华全国教育基金会特等科学奖；1937年，参加《大公报》组织的全国数学竞赛获一等奖。上述获奖论文、征文均在国内著名刊物上发表，国外有关刊物也摘要转载，获学界高度评价。鉴于国立山大的办学业绩，国民政府教育部特发表彰训令，学校遂驰名全国。

1936年2月，国立山东大学进步学生因反对蒋介石政府对日不抵抗政策、宣传抗日救国而受到青岛市警察驱赶、毒打，6名学生被当场拘捕。校长赵太侔处置失当，又加经费拮据掣肘发展而辞职，国民政府任命林济青为代理校长。林济青延续杨、赵两位校长的办学方针，继续建章立制、延聘师资，建成化学馆，学校于艰难之中得以维持。1937年7月，全民族抗日战争爆发，国立山大奉命迁往安徽安庆，继而又迁往四川万县，造成重大损失。1938年2月，国民政府教育部下令国立山东大学暂时停办。

1945年8月，抗日战争胜利，国民政府令各国立大学复员。1946年春，国立山大在青岛复校，赵太侔再任校长。复校后系科设置有了较大调整，增设农学、医学和地学等学科。设置文学院、理学院、农学院、工学院和医学院，计有14个系。其中新成立了水产、地质矿物、农艺、园艺、电机工程5个系，并创办了海洋研究所、水产研究所。陆侃如、冯沅君、杨向奎、萧涤非、丁燮林（丁西林）、杨肇燫、何作霖、童第周、曾呈奎、朱树屏、王普、郭贻诚、沈福彭等知名学者专家应聘执教。学校师生先后组织了三次反对美国士兵暴行和反饥饿、反内战运动及反"特刑庭"斗争，表现出强烈的爱国主义精神和倾向革命的立场与态度。赵太侔鼎力支持水产学系二、三年级学生赴复旦大学借读，使学校的水产系科得以赓续。

1949年6月2日，青岛解放，国立山东大学进入新纪元。王哲、罗竹风等率军管小组进校，对学校进行接管、整顿。中旬，赵太侔去校长职，理学院院长丁燮林任校务委员会主任，代行校长职务。不久，华岗接任校务委员会主任。1951年3月，在济南的华东大学奉命迁至青岛与国立山大合并，定名山东大学，华岗任校长兼党委书记。新增政治系、艺术系2个直属系，成立历史语言研究所、海洋物理研究所，形成5院、18系和2个研究所的格局。1952年全国高等院校院系调整中，厦门大学海洋系理化组22名师生北迁青岛，与学校的海洋物理研究所合并，成立了海洋学系。1953年根据高等教育部指示，河北水产专科学校停办，部分师生及仪器并入水产学系。学校取消院一级建制，设中文、历史、数学、物理、化学、动物学、植物学、水产学、海洋学9个系、10个专业和若干专门化。1957年9月，学校将物理海洋专业改为海洋水文专业，后将其中的气象组扩建为海洋气象专业，系名定为海洋水文气象系。1958年，成立了海洋地质地貌系。1962年，教育部撤销山东地质学院建制，其部分人员和全部仪器并入海洋地质地貌系，系名定为海洋地质系。学校海洋学科的力量得以进一步充实。

1958年10月，山东大学大部迁往济南，以留在青岛的海洋系、水产系、海洋地质地貌系、生物系的海洋生物专业、物理系和化学系的部分教研组，以及数学、外语、体育和马列主义4个直属教研室的部分人员为基础，经中共中央批准，于1959年3月成立了山东海洋学院。翌年，山东海洋学院被中共中央列为教育部直属的13所重点综合大学之一，学校开始进入由海而兴、向海图强的新时期。

20世纪60年代初，尽管受到三年困难时期影响，国家仍十分重视海洋科教事业，斥巨资为学校建造了我国第一艘2500吨级海洋实习调查船——"东方红"号。学校贯彻党的教育方针和"高教60条"，努力改善办学条件，不断充实师资力量，教学和科研水平不断提高。至1965年，学校已有6个系、9个专业，在校本科生、研究生1830多人，成为一所以理科为主、学科（专业）全部涉海的大学，为国家输送了大批急需的科技人才和科研成果。

　　"文革"前期，学校的党政管理体系、正常教学秩序遭到破坏，不得已停止招生5年。不少干部、知识分子受到打击、迫害，山东海洋学院的正常发展被迫中断。1971年山东省对高等学校布局和专业进行调整，水产系并入烟台水产学校，1978年又重回学校。调出归建，使水产系人员流失，设备、书刊受损，遭受挫折。1972年学校恢复招生，绝大多数党员、干部和教师顶着压力，尽力维持教学秩序，克服困难开展教学和科研，并取得一定成绩。

　　1977年，国家恢复高等学校统一招生考试，学校9个专业共招收学生377人，约占在校生数的50%。经过拨乱反正，落实党的知识分子政策，尤其是党的十一届三中全会后，一大批受到"左"倾路线迫害、被错误批判的骨干教师和干部得以平反、恢复工作，校党委适时把工作着重点转向教学和科研，广大师生工作、学习的积极性空前高涨，学校重新焕发出久违的蓬勃生机与旺盛活力。

　　20世纪后20年，沐浴着国家改革开放的春风，学校对后勤、教学、科研、管理等内部运行机制进行了大刀阔斧的改革，事业发展不断提速。着眼于国民经济发展，大力调整学科、专业结构，增设了电子学与信息技术、计算机及应用、企业管理、英语等一批经济和社会发展急需的本专科专业和以海洋药物为代表的新兴学科或学科方向。1988年1月，经教育部批准，山东海洋学院更名为青岛海洋大学，激励海大人奋发进取，加快改革步伐。学校的基础学科与应用学科的比例由1983年的7∶3调整为3∶7，学科、专业结构实现了历史性转折，学校成为一所海洋、水产特色鲜明的多科性大学。至2000年，学校有本科专业40个、硕士点41个并获工程硕士授权资格，博士点15个、博士学位授权一级学科3个、博士后流动站5个。在校研究生与本科生之比提高到1∶6，水产养殖、海洋药物、物理海洋、海洋生物和海洋遥感学科进入"长江学者奖励计划"，高层次人才培养的格局初步形成。学校成为覆盖理、工、农（水产）、医（药）、文、经、管、法八大学科门类的特色鲜明的综合性大学。1994年实现国家教委与山东省人民政府共建体制并获得重点支持，学校进入"211工程"建设序列，并高质量、高效益圆满完成一期建设任务，被誉为"中央部门与地方政府共建的一个成功范例，国家'211工程'建设的特色范例"。

　　这一时期，学校十分重视校风学风建设，秉持从严治校传统，不断推进教育教学改革。按照加强基础、拓展专业，注重素质、增强能力，因材施教、突出特色的原则，数次修订教学计划，改革课程体系、教学内容、教学方法、教学手段和评价方法，采取主辅修、双专业、学分制和教学评估等一系列措施，尤其注重外语、计算机、数学等公共基础课的教学。学生参加全国大学英语四级统考，年平均通过率超过90%；1996年首次山东省高校大学生计算机知识统考，学生优秀率、通过率均居第一位；1994年英语专业八级全国统考，学生一次通过率达到91%，比全国综合性大学平均通过率高出30多个百分点。用人单位普遍反映，青岛海洋大学培养的学生基础理论扎实、外语水平高、适应能力强，"学在海大"遂声名远播。

这一时期，学校的科学研究与科技服务成绩斐然。方宗熙、侯国本、文圣常、管华诗、冯士筰、张正斌、王克行、王如才等为代表的一大批科学家矢志于海洋科研，把论文写在大海上，为增强国家的科技实力、改善人民的生活作出了卓越贡献。学校大力加强师资队伍建设，在着力增加师资总量的同时，采取"百人计划""高层次创造性人才工程"等措施，实现了教师队伍的新老交替及结构改善。具有硕士以上学位的教师占比由1993年的29%提高到2000年的68%，具有博士学位的由4%提高到18%，其中海洋、水产等优势学科中教师具有博士学位的比例达到28.4%，居于全国大学前列。文圣常、管华诗、冯士筰先后当选中国科学院院士或中国工程院院士，9人成为国家"杰青"或入选"长江学者奖励计划"。

21世纪的头10年，创新和跨越式发展成为这一时期的主要特征。世纪之交，我国高等教育的改革如火如荼，形势逼人。"办什么样的大学、走什么样的发展之路"成为摆在海大人面前的重大课题。学校决策层审时度势，抢抓机遇，确定走内涵式发展之路，实施"重特色、求质量，先做强、再做大"的事业发展策略。提出并率先创建高水平特色大学，促成教育部、山东省人民政府、国家海洋局和青岛市人民政府共同重点建设学校。以此为契机，以近80年建设与发展的骄人成就为基础，2002年10月更名为中国海洋大学。2003年，学校进入国家"985工程"，为在新世纪初叶快速发展注入了强大动力。

学校深化实施以分配制度为重点的人事制度改革，顺利完成两轮机构改革，建立起"能上能下、能进能出"的岗位竞争机制。大力实施"筑峰""绿卡""繁荣""英才"四大工程为主体的人才强校战略，师资队伍不断优化、壮大，形成了以9位院士（含3位双聘院士）、14位"杰青"、19位"绿卡""筑峰"和突贡中青年专家、近40位"国家人才计划"为主体的高水平骨干队伍，建立起10余支优秀科技创新团队。2009年，麦康森当选中国工程院院士。毕业生中已有12人当选中国科学院院士或中国工程院院士。

引进大师和大师级学术带头人，领衔推动力量相对薄弱学科建设是这一时期又一重大举措。譬如学校聘请原文化部部长、当代著名文学家王蒙出任文学院院长，建立并实施名家课程体系和驻校作家制度，助推文学院跨越式发展，重振人文学科兴盛。此外，材料、环境、法学等学科都由于高水平人才的引进而进步明显。学校决策层集思广益，确定"海纳百川、取则行远"为新校训，形成了"海大精神""三严教风""四求学风"的规范性表述，学校的大学文化建设前进了一大步。

后勤社会化改革继续深化，构建起市场驱动、自主经营、有偿服务、有序竞争的服务保障体系。崂山校区布局和功能不断完善，基础设施建设迈上新台阶。2011年学校出让浮山校区部分土地换得11亿元资金，还获得财政部、教育部3.3亿元配套支持，极大地缓解了财政压力。

学校深化实施"强化发展特色、协调发展综合，以特色带动综合、以综合强化特色"的学科发展思路，海洋科学和水产学科继续得以强化，交叉和新兴学科培育成效明显，基本形成了特色鲜明、优势突出、协调发展的学科体系。在教育部公布的2006—2009年一级学科评估结果中，学校海洋科学和水产排名第一，6个一级学科进入全国前10位，10个一级学科进入全国前20位，13个一级学科进入全国前30位。据美国基础科学指标（ESI）数据库统计显示，学校植物学与动物学、地球科学、工程技术3个学科领域进入全球科研机构前1%，在"985工程"重点建设高校中并列第27位。研究生规模增幅明显，至2003年底，在校硕士生（含工程硕士）达4500人，与本科生的比例接近1∶2，在重点学科两者之比达到1∶1，已基本符合研究型大学学生结构的特征。

学校提出"通识为体，专业为用"的本科教育理念，构建并不断完善"有限条件的自主选课制"和"学业与毕业专业识别制"为主要内容的本科教学运行新体系，给予学生自主选课和自主选择学习专业的权利，最大限度地使学生的兴趣、特长与所学专业相契合，赋予"学在海大"更加丰富的内涵。建立教学支持中心和资深教授为主体的教学督导队伍，坚持实施"评估—督导—支持"三位一体的教学质量保障机制，效果良好。2007年10月，教育部专家组对学校的本科教学工作进行水平评估，成绩为优秀级。

学校遵循"汇聚英才、构建团队、扩大总量、优化结构"的思路，不断完善"杰出学科（学术）带头人+国际知名学者+精干学术团队"的创新团队组织模式，实施以岗位聘任与聘期考核相结合的人才评价机制，具有博士学位的教师由35.3%提高到58.0%，其中重点学科达到85.0%。有国家级创新研究团队4个、国家级教学团队4个、国家级实验教学中心4个、国家级人才培养模式创新团队2个。

2012年以降，中国特色社会主义进入新时代，中国高等教育步入高质量发展新阶段。中国海洋大学以习近平新时代中国特色社会主义思想为指导，持续加强党的全面领导，全面贯彻党的教育方针和《国家中长期教育改革和发展规划纲要（2010—2020

年）》。紧扣科教兴国、海洋强国等国家战略需求和蓝色经济发展需要，继续实施"四家共建"，不断丰富和深入实施人才强校战略，吴立新、宋微波、李华军、包振民、薛长湖先后当选中国科学院院士或中国工程院院士，全职引进的德国国家工程院院士、欧洲科学院院士张弛成为学校的首位顶尖人才岗位教授。学校立足青岛，面向世界，谋海济国，矢志图强，"985工程"圆满收官，顺利完成国际知名、特色显著的高水平研究型大学建设任务，成功入选国家世界一流大学（A类）建设高校。海大人一如既往，凝心聚力，改革创新，接续奋斗，以全部指标均为"显著"的优异成绩完成首轮世界一流大学建设任务，学校的综合实力和影响力显著提升。

学科实力和创新能力进一步增强。有33个学科参加全国高校第五次学科评估，其中海洋科学、水产稳居国内顶尖水平，进入世界一流学科前列；生物学、食品科学与工程学科取得重大突破；生态学、水利工程、工商管理、外国语言文学等学科实现新跨越；环境科学与工程、药学、计算机科学与技术、软件工程、应用经济学、法学等学科持续快速发展；中国语言文学、公共管理和数学学科进步明显。主持建设我国地球科学领域首个教育部前沿科学中心；牵头建议设计我国深海大洋领域首个、"十三五"海洋领域唯一的国家自然科学基金重大研究计划——"西太平洋地球系统多圈层相互作用"重大项目，并担任指导专家组组长；牵头建议"十三五"水产领域唯一的国家重点研发计划——"蓝色粮仓科技创新"重点专项，并担任总体专家组组长。主持我国海洋科学领域首个国家重大科研仪器研制项目，主持国家重点研发计划项目23项。获国家科学技术奖12项，以第一完成单位获省部级科技奖励106项，主持国家级社科重大项目20项，其中海洋领域10项，位居全国第一。

一流人才培养能力显著增强。学校以立德树人为根本任务，以学生为中心，开展一流本科教育行动，实施新时代本科知识重构计划、课程质量提升计划、通识教育再起航计划，优化专业体系，重构专业核心课程和通识教育体系。牵头成立中国新农科水产联盟，有力推动新农科人才培养。实施卓越工程师等系列卓越人才培养计划。入选海洋科学、生物科学基础学科拔尖计划2.0基地。入选国家级、省级一流本科专业65个，占全校本科招生专业数量的70%以上。有国家级精品课程25门、国家级一流课程26门、省级一流课程31门。组建崇本学院，实施"3+1+1+4"本硕博贯通培养。构建对标国际一流的研究生培养体系，高质量发展研究生教育。

服务国家战略和经济社会发展能力进一步增强。学校落实党中央脱贫攻坚和乡村振兴战略，帮扶云南绿春县、西藏双湖县成效突出。青岛海洋生物医药研究院连续两次获山东省新型研发机构绩效评估优秀；首倡"蓝色药库"开发计划并获习近平总书记批示。联合研发治疗阿尔茨海默病一类新药GV-971获批上市，一类新药BG136成为国际首个进入临床试验的免疫抗肿瘤海洋多糖类药物。培育扇贝、牡蛎等12个水产新品种，研究、设计并参与建造大型深远海养殖网箱"深蓝1号"，开启深远海养殖先河，推动国家海水养殖健康持续发展。创办三亚海洋研究院，在入驻高校中率先实现科研平台常态化运行和研究生本地培养。承担30多个区域海洋经济规划的编制，80多项国家及区域发展战略咨询与建议获得批示或被采纳。

开放合作办学拓展新局面。学校与34个国家和地区的科教机构建立了合作伙伴关系。与澳大利亚阿德莱德大学建立学校首个中外合作办学机构——海德学院，与塔斯马尼亚大学建立联合研究中心，面向东盟与有关高校共建中泰、中马联合研究中心，成立董氏国际海洋可持续发展研究中心。获批"111计划"引智基地7个。持续发挥国际涉海大学联盟作用，成为中国大陆首个"东盟水产教育网络+"成员，牵头成立中国—挪威海洋大学联盟。

重大基础设施和支撑平台建设成效显著。2022年9月，西海岸新校区建筑面积60万平方米的一期工程投入使用，7000余名师生入驻。崂山校区3.6万平方米的海洋科技楼和6700平方米的工程训练中心投入使用，鱼山校区4.8万平方米的生命科技大楼在学校百年校庆之际投入使用。建成全球气候模拟超算中心、碳-14加速器质谱中心，在"两洋一海"区域自主构建全球规模最大的海洋观测系统与超高分辨预测系统，我国5000吨级新型深远海综合科考实习船——"东方红3"号建成入列。智慧校园建设取得新进展，管理信息化水平显著提升。

截至2023年11月，学校设有1个学部、20个学院和1个基础教学中心。全日制本科专业83个。博士学位授权一级学科点34个，硕士学位授权一级学科点17个，博士后科研流动站17个，国家一流学科2个。

学校牵头筹建青岛海洋科学与技术试点国家实验室（现崂山实验室），协同打造国家战略科技力量。设有海洋食品加工与安全控制全国重点实验室、物理海洋教育部重点实验室等国家级、省部级实验室23个；设有国家海洋药物工程技术研究中心、海洋大数据国家地方联合工程研究中心、深海圈层与地球系统前沿科学中心等国家级、省部级研究中心（所）18个。

现有在校学生总数为49547人，其中博士生3416人、硕士生14502人、本科生17211人；成人高等教育在校学生14418人（本科生14326人、专科生92人）；在校留学生337人。

学校现有教职工4058人，专任教师2135人。专任教师中有正高级职称731人、副高级职称864人，博士学历1763人、硕士学历322人；有中国科学院院士3人、中国工程院院士5人，有"长江学者奖励计划""杰青"等国家级领军人才93人、"四青"等国家级青年人才61人、山东省"泰山学者"192人。

学校现有4个校区，占地总面积约172万平方米，校舍占地面积约126万平方米。西海岸校区的建设为学校未来发展提供了广阔的战略空间。

中国海洋大学建校的100年中，前25年，前辈们筚路蓝缕，尽其在我，于年荒世乱中图存图兴，终使学校根基渐固，发展成为一所蜚声国内的综合性大学；新中国成立后，前辈们奋发蹈厉，攻坚克难，图兴图强，使学校始终得到重点支持，跻身国家建设世界一流大学第一方阵。学校走出了一条因海而兴、由海而盛、树人立新、谋海济国之路，形成了"厚基础、严要求，尚学术、重特色"的办学传统，为祖国的经济发展、文化繁荣、科技进步和海洋事业兴盛作出了奠基性、开创性的贡献。

百年恰是风华正茂，百年仍需风雨兼程。在中国共产党的坚强领导下，中国式现代化正以不可阻挡之势浩荡向前，为人类社会进步注入强大正能量，为中国大学的发展创设广阔前景并赋予光荣使命。中国海大人以习近平新时代中国特色社会主义思想为指导，坚守为党育人、为国育才初心使命，坚持崇尚学术、谋海济国一贯追求，勇于担当，踔厉奋发，不断把特色显著的世界一流大学建设推向前进，在新的征程上创造更大成就，赢得更大荣光，为建设海洋强国、为实现中华民族伟大复兴作出无愧于时代、无愧于历史的新贡献。

目　录 | CONTENTS

1924年

3月

曾任北洋政府交通部总长、一度兼任教育部总长的高恩洪，出任胶澳商埠督办。

5月

高恩洪深感在青岛要抚平德国和日本侵占25年留下的疮痍，应以"输入新知，佐育良才"为先，对孙广钦（私立青岛中学校长）、刘子山（青岛富绅之一）等人举办一所由中国人自己管理的大学的建言，欣然同意，并开始积极筹备。

22日　在为各国驻青总领事举办的宴会上，胶澳商埠督办高恩洪宣布设立私立青岛大学，并提出了设置商业、机械、林业、路矿、航政和文化等科的初步计划。

29日　胶澳商埠督办高恩洪主持召开大学发起会议，公推高恩洪、邵筠农、宋传典、傅炳昭、刘德纯、刘子山、王子雍、宋雨亭、于耀西、孙丙炎、孙广钦为校董，组成校董会；再由校董会推举孙广钦为筹备主任，邵筠农、刘子山为筹备副主任。另推举青岛知名人士王西园、王荩卿等为董事；还聘请国内学界名流梁启超、蔡元培、张伯苓、黄炎培、颜惠庆、顾维钧、罗文干等为名誉董事。

高恩洪确定大学名称为私立青岛大学。

会上，确定学校的办学宗旨为"教授高深学术，养成硕学宏材，应国家需要"。商定设置文、农、工、商4科，李村农事试验场及附属森林为农科试验地，四方胶济铁路工厂为工科试验地，各商场、海关、银行和贸易机构为商科实习地。

会上，高恩洪捐1万块（指银圆，下同），刘子山捐2万块，作为开办费；经常费用为每月2万块，其中胶澳商埠督办公署每月拨付1万块，胶济铁路局每月拨付6000块，青岛士绅、富商每月捐赠4000块。胶澳商埠督办公署划拨青岛兵营（德国侵占青岛时所建俾斯麦兵营，现中国海洋大学鱼山校区北半部分）为筹建地址。

关于师资，除专门聘请外，确定从胶澳各机关和胶济铁路职员中聘请。

会上决定，因经费不足，先开办工、商科，当年招预科两班学生。

高恩洪（1875—1943），字定盦，又作定庵，山东蓬莱人。从上海电气测量学堂毕业后留学英国伦敦大学，1900年任清政府驻英使馆翻译。回国后曾任东三省军政事宜督办、邮传部津浦铁路局办事员。中华民国成立后担任交通部秘

校长高恩洪

书、川汉铁路局秘书，先后任汉口、川藏电报局局长，交通部驻沪电料转运处处长。1922年任北洋政府交通总长并一度兼任教育总长。

6月

由于青岛兵营驻有北洋陆军的一个旅，军方不同意让出。高恩洪以"青岛风平浪静，不宜驻兵，以节靡费"为由，请撤胶防驻军。驻军迁走后，青岛各机关都欲争这处房产。高恩洪请直系军阀首领吴佩孚出面协调。吴佩孚出身秀才，素以儒将自诩，又加与高恩洪为北洋同僚，且是山东蓬莱乡党，遂同意高恩洪请求，命令驻军撤出，腾让兵营用于办学。

下旬　筹备主任孙广钦在《大公报》刊登学校招生公告。公告称，旧制中学毕业者皆得与试。考试科目为国文、英文、中外地理、中外历史、算学、代数、几何。并对考生进行体格检查。

月底　私立青岛大学和私立青岛中学联名向在南京召开的中华教育改进社第三届年会赠送纪念册，刊印时间为6月28日。纪念册主要刊登学校情况简介和招生简章，以扩大学校影响。

8月

中旬　学校在北平、南京、济南、青岛设点考试招生。限于条件，只录取工科学生40名、商科学生40名。学制均为4年。学生来自山东、江苏、湖南、广东等15个省市，还有十几名学生来自南洋和朝鲜。罗荣桓、彭明晶、张沈川等具有先进思想的青年考入。

21日　校董会举行会议，公推高恩洪为校长，聘请孙广钦为校务主任、李贻燕为教务主任。至此，学校的筹建工作完成，私立青岛大学正式成立。

下旬　吴佩孚到校视察，以示支持。

9月

15日　私立青岛大学首届学生入学，学校公布规章。

同日　北洋政府首领吴佩孚批准胶澳商埠督办公署第870号公函，准将筹建地点——青岛俾斯麦兵营划拨给私立青岛大学为永久校址。校园面积300余亩，共有10余幢楼房作为校舍，可容纳师生2000人左右。学校山环海抱，林木葱郁，安静整洁，是研读学问、培育人才的理想之所。

学校呈胶澳商埠督办公署，请示将学校之南齐河路改名为定安路（现鱼山校区内桃海路），学校正门前道路（1897年修建的一条交通干路，名为奥帕斯帕街，市民习惯称其为东关街）改名为大学路，东面庆平路命名为青中路（现红岛路），学校南面无名山丘命名为定安山（现八关山），得到胶澳商埠督办公署批准。

私立青岛大学校门

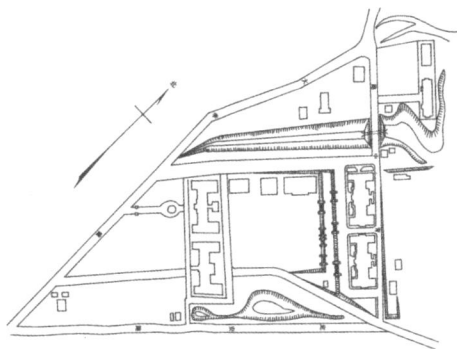
私立青岛大学平面示意图

20日　私立青岛大学正式上课。校长高恩洪致开学训词。训词如下。

本埠地绾南北，舟车四达，山水幽雅，气候中和，于此设立大学发展文化，最为相宜。即以全国大学区而论，北方之京津，东北之沈阳，西北之西安，西部之成都，中部之武汉，东南之沪宁，南部之厦门、广州，官立、私立，均有大学之设。本埠为东部要区，沿海重镇，自然亦可成立一大学区域。既可承继礼仪之邦荣誉之历史，又可为国土重光之纪念。本校长到此以来，即以设立大学为当务之急，但当时苦无相当地点。幸而陆军撤防，腾出此广大之校舍，若弃而不用，未免可惜，是以联合同志积极进行。筹办以来，煞费苦心，而今日幸告成立，本校长欣慰之心莫可言喻。但是目下尚在草创时代，经营缔造尚须有相当之时日。校内一切校务固由本校长及教职员负责。而诸生多半来自远方，自有远道而来之目的。既入本校，则与本校校运之荣枯、校誉之隆替有密切之关系及重大之责任，此点诸生应当注意及之。此外尚有一事不得不为诸生告诫者。近年以来，内地各省学风之坏、学生人格之堕落，无庸讳言。加以新文化之运动、新学说之繁兴，少年识力未定，往往抉择未精，弃其精华，取其糟粕，而根本精神之诚朴、自治、自尊、博爱、互助、重秩序、守信义、耐劳苦、尊师长诸要义几乎弃篋净套。此外，荒废学业，逾越范围者，不可胜述。本校为新创之学校，诸生为新来之学生，一切当以身体力行、日新又新为前提，一洗各地不良之陋习，蔚成本校特有良好之校风，为全国青年之模范，为将来国家有用之长才。是则本校长愿与教职员同人及来学诸生共相勉励者也。

学校教职工有21人，其中13人为教师，大多为兼职。分别为国文教员隋星源，工科教员高崇德、严宏桂，英语教员滕美丽，音乐教员胡陈丽娟，化学教员李荟棠，历史兼体育教员潘大逵，体育教员黄文骏，武术教员孙振奎，商科教员刘乃宇、陈焕祺、闵星荧、温万庆。

工科、商科预科所开设的课程，共同必修课为国文、英语、拳术、体操，商科学生修二外日语，工科学生修二外德语；商科预科课程为西洋通史、商业数学、社会学大意、经济学大意、伦理学、生理及卫生、商业地理、物理、化学、心理学；工科预科课程为数学、物理、化学、图画、生理及卫生、地质、矿物学。所用教材大都为教师自编。

下旬　私立青岛大学学生自治会经选举产生，张沈川、罗荣桓和彭明晶被选为主席和理事，成为学生进步力量的核心。

罗荣桓在樱花树下

罗荣桓（1902—1963），湖南衡山人，私立青岛大学工科首届学生。在校期间，积极参加学生自治会的活动。1925年"青岛惨案"发生后，与张沈川、彭明晶等同学成立私立青岛大学学生会，并联合其他学校成立青岛学生联合会。带领演讲队、剧演队在街头演讲、散发传单，揭发日本帝国主义和反动当局罪行，用演出募集的资金都助死难者家属。1926年夏，罗荣桓自学校预科毕业，与张沈川一起奔赴广州，走上革命道路。1927年，入武昌中山大学（今武汉大学前身）学习，经彭明晶介绍加入中国共产主义青年团后很快便成为中共党员。

张沈川（1900—1991），原名张沈传，苗族，湖南慈利人。1923年，张沈川到北平参加补习，结识来到北平报考的湖南同乡罗荣桓。1924年6月，私立青岛大学在北平招生，张沈川、罗荣桓、彭明晶报名考试，三人均被录取，成为私立青岛大学学生。1925年5月"青岛惨案"发生后，与罗荣桓、彭明晶等同学成立青岛学生联合会，被推选为青岛学生联合会主席，积极组织并参加支援工人罢工活动。1926年6月，张沈川从私立青岛大学预科毕业后，考入广州中山大学，并利用课余时间到广州农民运动讲习所为毛泽东等人校对讲稿。10月，加入中国共产党。1928年10月，进入周恩来领导的中央特科通讯科，成为中国共产党第一名无线电报务员，是中共无线电通信事业的创始人之一。

彭明晶（1899—1927），四川安岳人。1924年，考入私立青岛大学商科，与罗荣桓是同班同学。在校期间担任学校自治会和青岛学生联合会负责人。1925年5月，"青岛惨案"发生后，他与罗荣桓、张沈川组织学生声援工人罢工，遭到山东督军张宗昌追捕。1926年秋，彭明晶在广州经恽代英介绍加入中国共产主义青年团，后成为中共党员。1927年，彭明晶因参加反对汪精卫卖国斗争被捕，同年秋，被武汉汪精卫国民政府杀害，年仅28岁。

10月

25日　私立青岛大学举行开学典礼。与会者不下700人。行礼后，商埠督办、校长高恩洪致开会辞，简述私立青岛大学创设之必要及将来之希望。随后，校务主任孙广钦报告学校筹备情形及成立后之现状。继由担任名誉校董的驻青各国领事发表演说，由教师担任翻译，他们均盛称办事人之热心及毅力，并望学校成为世界优良之大学。

私立青岛大学开学典礼合影

同日　校长高恩洪为即将刊发的《私立青岛大学概况》撰写弁言。全文如下。

吾鲁，古称礼仪之邦。上起周秦，下迨两汉，哲人辈出，学风广被。降及清季，犹有堂邑武训，以乞丐兴学，炳耀史乘，其所由来者渐矣。洪前绾教部，殊少贡献，下野后息影芝罘，伏处潜修，不复问世。猥承当道征辟，乡邦敦促，愧未获辞，来督胶澳。窃以世界竞争，端赖学术。妄不自揣，联合同志倡办私立青岛大学，建最高学府于东海之滨，冀为国家养成干济长材。愿我邦人君子，共相赞翊。敢云兴学，不过缅怀前人高风亮节已耳。是为序。

同日　私立青岛大学定本日为成立纪念日（中国海洋大学校庆纪念日即源于此）。

本月　《私立青岛大学暂行大纲》（简称《大纲》）颁行。《大纲》共分9章15条，对办学宗旨、学科设置、入学资格、学位授予、常设机构、校董会及训育、图书等专门委员会的组成及其主要职责，均作了明确规定。学校计划设文、理、法、商、工、医、农7科，本科修业年限一律4年；学生修业期满，试验及格，授以某科学士学位。学校常设机构精干：校长1人总辖全校事务，校务主任、教务主任、事务主任各1人，协助校长管理校务。学校实行董事会制，负责筹措经费、保管基金及审查预决算等。行政会议分为校务会议、教务会议、事务会议和各委员会会议等几种。

11月

初 在第二次直奉战争中，直系败北，奉系控制了北洋政府政权，作为直系吴佩孚亲信的胶澳商埠督办、私立青岛大学校长高恩洪受到通缉，离开青岛。胶澳局面混乱，社会较为动荡，学校经费一时无着，校务受到严重影响。

21日 为使学校弦歌不辍，校董会推举校董、山东省议长宋传典继任校长，勉强支撑。林济青被聘为校务主任，襄助校长处理学校事务。

校长宋传典

宋传典（1875—1930），字徽五，山东益都人。1898年毕业于教会所办益都广德书院并留校担任英语教习，后任益都县立高等小学堂校长、青州公立中学堂教员兼任益都县教育会会长。后创办德昌洋行，至1920年，德昌洋行在济南、青岛、潍县、烟台、天津、上海等地建厂、设分号，资本总额超过百万元。1923年1月，在山东省议会选举中当选该届议会议长。

从本月开始，胶澳商埠督小公署将学校经费由每月补助1万元降至1000元，青岛的其他补助和捐赠也停止，学校运行陷入困境。董事会向山东省公署提出经费补助申请，得到批准，从11月起每月由山东省财政划拨1000元补助。

1925年

4月

《私立青岛大学一览》（简称《一览》）公布，共8章42条。在《私立青岛大学暂行大纲》的基础上，进一步就校务管理，课程设置，学生的入学、转学、学业成绩考察、奖惩以及宿舍、请假，教室、图书室、自习室等方面制定了一系列规章制度；还制定各种细则26章；成立体育会、音乐会、教员会、职员会等团体，并制定相应章程。

其中"组织"一章规定：

本校设校务主任一人襄助校长办理一切校务及校长委托事件。

设职员会、教员会。职员会由全体职员组成，由校务主任召集统理，每周开一次例会，有特别事件则临时由校务主任召集或职员两人以上提议校务主任召集。学校职员在本会均有提议可否之权。教员会由学校全体教员组成，由教务主任召集主持，校务主任监督，除特别事件外每月召集一次。教员会讨论关于教授法适宜与否、教科书采择事项、应用图书标本仪器药品添设事项、增减或废止学科事项、学生升学休学留级及毕业事项。教员在本会有提议可否之权。教员会所讨论事件以出席人员半数赞成为通过，当可与否的意见各占一半时，以校务主任的意见为最后决定。

学校计划增加铁路管理、探矿工程学、机械学、电机学等科。相应各科的课程亦详尽列出。

《一览》中，校长宋传典对所设学科缘由作了阐释：

所设学科，务期有以造真材供世用。寰瀛交通，商战日烈，经济灭国，怵目寒心，国际贸易，需材孔急。青岛为吾国北部第一良港，中外商人，麏集蚁附，足资观摩也，故设商科。物质文明，孟晋不已，伟大工程，方兴未艾，道路之修治，桥梁之架设，河流之浚疏，舍宇之营造，规画方案，实施工作，须具有匠心，养成专家，自属要务。青岛市场，为德人开辟，因阻面势，钩心斗角，宏伟精丽，有东方柏林之称，足资楷式也，故设土木工程科。……再进一步，当更为农科之筹设，若夫探讨玄理保障人权之文科法科等，姑从阙如。

5月

日本开设的青岛大康纱厂等厂的工人为争取合法权利，从4月中下旬开始罢工。5月29日，罢工运动遭反动军警血腥镇压。张沈川、罗荣桓、彭明晶等组织学生声援工人运动，积极开展宣传、演戏、募捐等活动。上海"五卅惨案"的消息传到青岛后，私立青岛大学学生又参加了青岛市各界后援联合会，支持上海罢工工人。

私立青岛大学学生排演的话剧《茶花女》在青岛最大戏院——永安大戏院演出，演出收入的1200元全部支援给青、沪两地罢工工人。

接受青岛学联的安排，张沈川在青活动，彭明晶、罗荣桓到胶济铁路沿线、济南、北平、上海等地，宣传揭露"青岛惨案"真相。活动引起青岛反动当局的注意，他们被迫逃离青岛。

7月

5日　校董会召开会议，出席者22人。公推学校顾问刘大同、胶澳商埠局总办赵琪、胶济铁路局局长赵子玉、胶济铁路局秘书长秦莱峰为名誉委员，推举高宗山为教务长，孙广钦为特别委员、事务长兼私立青岛女子中学校长。推举校董全绍清担任副校长，特别委员李琴轩担任临时副校长兼预科校长。

31日　校董会召开会议，19名董事出席，选举于耀西、赵琪为正、副董事长。教务长高宗山因伪造校董会印文在外招摇违法，被校董会除名。林济青接任教务长。

8月

初　青岛的进步活动遭到破坏和镇压，山东省省长张宗昌命令学校恢复正常秩序，学生重回校园。

9月

在全国招收铁路管理科学生20人。其他计划增设的几科没有招生。

11月

张宗昌亲信、渤海舰队司令毕庶澄借口官舍不够，强占学校校舍。经过多次交涉，才还回一座楼舍，校务主任林济青腾挪出十数间作教室，学校于11月19日上课。

12月

初　校长宋传典呈文胶澳商埠局，请将青岛中学借用的两座楼房及附属小房归还学校。胶澳商埠局将学校函件转呈山东省省长张宗昌。

本年　学校有学生90余名。校董会和宋传典校长数次致函胶澳商埠局，请求拨付经常费用。被大打折扣的经常费用也经常拖延支付，致使学校日常运行陷入"各方应付困难万分"之境地，基本上依靠借贷维持。

学校有教职工13人，其中教师10人，分别为国文教师李逸生，化学教师蔡汝毅，商科教师温万庆、刘乃宇，体育教师赵怀礼，拳术课教师孙振奎，数学及物理课教师俞物恒，逻辑学课教师凌道扬及英文教师滕美丽、凌达扬。

本年　学校举行春季运动会、秋季运动会。

1926年

春

山东省省长张宗昌接到胶澳商埠局转来的私立青岛大学呈文后,令胶澳商埠局调查校园内是否有驻军、校舍是否够用。毕庶澄坚决不撤军,向张宗昌答复:"现在合以军用之相当之兵营,而让与学校做将来教育扩充之房舍,权衡轻重缓急关系实难允与迁让。"驻军在校园内"毁坏仪器,损失之巨,以数万计",严重影响了学校的正常秩序和发展。

5月

根据学校发展计划,教务长林济青做详细预算,大致需92万块大洋,向中英庚款管理委员会申请资助,但未成功。

6月

不少学生完成预科学业后离开青岛,或投考他校,或投入革命洪流。罗荣桓、张沈川、彭明晶皆南下广州。

9月

学校招收工、商、土木工程3科本科一年级学生,工、商、铁路管理预科继续招生,并为附属中学招初中一年级新生。当年计划招收40人,但因校园有驻军,招收到的学生很少。

工科教师张含英到校任教。张含英是美国伊利诺伊大学土木工程系学士、康奈尔大学土木工程硕士。

10月

25日 土木工程科学生在校庆日成立工程研究会。

11月

校长宋传典致函山东省公署,希望从山东省教育预备项下每月拨款2000元补助学校,得到批准。

1927年

4月

校园驻军撤出，学校恢复正常秩序。

9月

学校继续设土木工程、铁路管理、商科4年制本科。因学制几次改变，各校无旧制毕业生，初中毕业学生无法和大学预科相衔接，学校将预科改为3年制。

10月

9—13日 学校学生参加在济南举行的山东各校联合运动会。12名学生参加篮球、足球、网球、田径等比赛。学生在100米决赛中包揽前三名，在200米决赛中包揽前四名。除了铁饼、铁球获第四和第三名外，其余各项第一名均为私立青岛大学学生获得。400米、800米、1500米、5000米、低栏6项等项目中包揽前三名。获得高栏第一、二名，标枪、跳高、撑竿跳、三级跳的第一名。这些项目皆取前四名，录取的第一名，私立青岛大学占13/15；第二名占8/15；第三名占7/10；占所有录取名次的1/2。在800米、1600米的接力赛跑及足球比赛中，也大获全胜，但不计入总成绩。私立青岛大学获得这次运动会的总分第一名。山东省督军、省长张宗昌发给学校1座大银鼎，山东省盐道使赠田径赛"十项第一"锦标1面，山东全省各校联合运动会赠"团体总分第一锦标"、足球锦标及银盾1面。

11月

5日 学生自发组织成立《青大旬刊》社，《青大旬刊》创刊。

本年 在校学生122人。新进测量仪器、化学物理实验器材，图书馆新添《四部备要》《九通全史》及"二十四史"等古籍以及各种科学参考书。报界给予积极评价："该校成立仅及3年，而在此短期之历史中，其所经过之困难，而对于校务之进行，并未因之少停。"

1928年

4月

国民革命军进抵济南，宋传典逃往天津。私立青岛大学依靠山东省、青岛市的拨款，勉强维系运转。

下旬　日本以保护侨民为名，派遣军队登陆青岛，占领了青岛和胶济铁路沿线要地，学校一半校舍又被日军侵占。

5月

国民革命军进入济南后，日本帝国主义为阻止其继续北进，出兵山东，侵占济南，屠杀中国军民数千人，制造了震惊中外的"济南惨案"。张宗昌逃离，其创办的省立山东大学停办。山东省对私立青岛大学的补助款也停拨。

6月

国民革命军以"附逆"之名通缉此时仍任山东省议长的校长宋传典，校务由校董会维持。

8月

山东省教育厅厅长何思源报请南京国民政府教育部批准，在已停办的省立山东大学的基础上筹建国立山东大学。教育部指令何思源、赵太侔、王近信、杨振声等11人组成国立山东大学筹备委员会，负责筹建工作。筹委会推举何思源、赵太侔、王近信为常务委员，何思源为临时主席。

10月

3日　经各年级级长发起，征得全体同学同意，私立青岛大学学生决定恢复被张宗昌禁止了的社团活动，在大礼堂（青岛解放后定名为大众礼堂，20世纪80年代拆除）举行全体学生大会，决议成立学生自治会。

14日　11名学生参加在青岛跑马场举行的本埠华人运动大会，包揽了三级跳、跳高、200米、400米、800米、1500米、高栏、低栏、标枪、跳远、撑竿跳等11项比赛的第一名、第二名，学校获得此项运动会总分第一。

中旬　学校学生参加青岛举办的国际运动会，取得1500米第一、二名，200米、800米第三名，高栏、跳远第二名，低栏、撑竿跳第三名，跳高第一名的成绩。在青岛国际6英里长途赛上，取得第一和第四的成绩。在青岛国际10英里竞走赛上，取得第二和第四的成绩。在青岛举行的国际篮球赛中，私立青岛大学2支球队大胜。

17日　在李村举行的青岛国际竞走大赛上，私立青岛大学有十多人参加，包揽前四名。35岁以上的参加者中，教师凌道扬获得第一名。

25日 《青大旬刊》推出学校四周年庆祝专刊。学校教师、文化名人吕大乾写下：日就月将学有缉熙于光明。教师李傑忱、闵星荧皆写下祝词和文章，希望北伐完成、河山统一后，学校砥砺发展，学生有所建树，青岛文化中心地位从此巩固。

夏 工科教师张含英离开学校，赴山东省建设厅任职。

11月

5日 《青大旬刊》社在成立一周年之际，邀请新文学作家王统照到校演讲《文学的构成与时代的表现》。

本年 学校各项管理制度逐渐完善，学业管理较前严格，继续采用学分制，开始实行选课制。北伐战事、"济南惨案"使得山东各地教育受到影响，地处东海之滨的私立青岛大学反而获得不少来投奔入学的学生，学校为此出台了补习生、旁听生、选科生制度。在经费极度困难的情况下，学校不仅未提高学费，反而为体谅学生经济困难，所有本科生、预科正式生暂免缴纳学费，但旁听生、补习生、选科生需缴纳一定费用。

1929年

1月

8日　学校董事会向胶澳当局申请，希望能从省税项下每月补助600元。胶澳商埠局回复：从2月起每月增加临时补助600元。

26日　校长宋传典给胶澳商埠局总办赵琪写信，希望将省税项下每月600元临时补助费变为经常费，另增加1000元，每月照1600元经常费补助学校。赵琪回复，依旧按照每月600元补助。

4月

南京政府接管青岛，设立青岛特别市，成立接收专员公署。董事会在接收专员陈中孚上任后即接洽经费问题，陈中孚允诺为学校竭力筹划。

5月

19日　学校召开评议会，议决暑假后添设文、理科，招收工、商、路、文、理本科一年级各1个班，预科5个班，共招新生10个班，男女兼收。图书馆和实验设备也在计划中。

中旬　学校参加由青岛体育联合会在汇泉跑马场举办的春季联合运动大会，取得团体和个人总分第一。学生在100米、200米、400米、800米接力、1600米接力、三级跳远、跳远、高栏、低栏、跳高、撑竿跳、标枪项目上均取得第一名的成绩，在有些项目上包揽前三名或前两名。教务长林济青设宴为运动员庆功，并鼓励个人成绩前三名的同学报名参加华北运动会。

本月　胶澳商埠局各项省税由胶东财政特派员公署接管，该项税款项下拨付各款从5月停止，由省税项下补助的600元也停止。

本月　私立青岛大学学生上书青岛接收专员陈中孚，要求重视学校。称："青岛山水环抱，风雅宜人。和风拂拂，夏日无威，温气熏蒸，冬日可爱，此处清秀之区，读书最宜。""苟不力以维持，不特莘莘学子因而失学，亦且大违国家育才之至意。"

6月

4日　国民政府行政院第二十六次会议审议并通过教育部部长蒋梦麟所提议案：

国立山东大学筹备经费因事实上困难，一切尚待规划。查该省青岛地方，有私立青岛大学一所，为张宗昌逆党前省议会议长宋传典所办。自胶济经中央接收，该校长早离

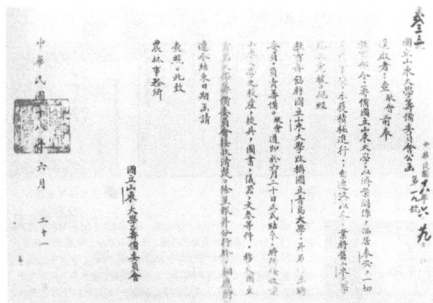

国立山东大学筹备委员会关于筹建国立青岛大学的公函

校他往，现校中状况纷乱，自不待言。且该校向无确定基金，全赖鲁省款及青岛市款补助，拟将该校取消，其校产归山东大学收用。国立山东大学名称，拟改为国立青岛大学。查青岛交通便利、环境优胜，设立大学自较济南为宜。

13日　国民政府教育部另行函聘何思源、王近信、赵太侔、彭百川、杜光埙、傅斯年、杨振声、袁家普、蔡元培9人为国立青岛大学筹备委员会委员，并推定何思源为筹委会主任。

20日　国立青岛大学筹备委员会在济南原省立山东大学校部召开第一次会议，本省委员何思源、赵太侔（省立第一中学校长、省立实验剧院院长）、王近信（省教育厅秘书主任）、彭百川（山东省高级中学校长）、袁家普（省财政厅厅长）到会，并宣誓就职；国立青岛大学筹备委员会钤记即日启用。此次会议，讨论了办学经费、大学基金等问题。

21日　何思源、赵太侔、王近信赴青岛，开始调查、接收私立青岛大学校舍校产，着手筹办先修班等工作。

23日　下午3时，私立青岛大学全体师生在大礼堂召开离别大会，会后师生合影留念。

29日　私立青岛大学一切校产、校舍、账册、图表暨学生成绩名册、器具、书籍、仪器等交与国立青岛大学筹备委员会，赵太侔点收。坚持办学5年的私立青岛大学之名被取消，之实则并入国立青岛大学。

本月　出于对母校留恋之情，学生们捐资七八十元，在校园南面安定山（今八关山）石壁上雕刻"私立青大永久纪念"8个大字。

7月

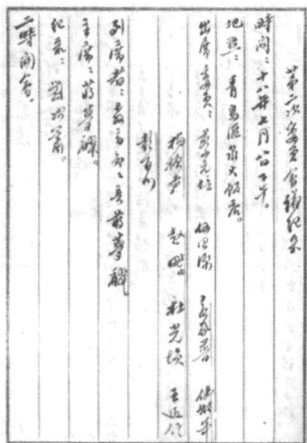

国立青岛大学筹备委员会第二次会议记录

8日　国立青岛大学筹备委员会在青岛汇泉饭店召开第二次会议，9位委员全部出席，中央研究院院长蔡元培、国民政府教育部部长蒋梦麟专程抵青赴会。

会议确定国立青岛大学设文、理、工、农4院，在济南设化学、机械、染织工厂和农事试验场。计划所设文学科，内有中国文学、中国语言、英文、法文、德文、历史、地理、经济各讲座；理学院内有生物、气象、地质、化学、物理、算学各讲座；工学院内有土木工程学系、化学工程学系；附设工厂，置导师若干人，招收商中、工业学生及艺徒；农学院暂设试验场和导师、研究生，并招收学徒。

会议确定学校经常费为每年54万元，其中中央承担24万元，山东省协款18万元，青岛市和胶济铁路局协款各6万元。开办费议定10万元，中央和山东省各承担5万元。还确定了招生工作、开学日期等事项。

会议推定何思源、傅斯年、杨振声、赵太侔、王近信为筹委会常委，商定了国立青岛大学的基本框架和当前要务。

14日　国立青岛大学筹备委员会在济南原省立山东大学本部召开第三次会议，何思源、赵太侔、王近信、彭百川、杨振声、袁家普出席。主要讨论决定学校行政组织、教务长和各院院长人选、已聘和拟聘教师、教职员薪金标准、经费预算、新生入学和旧生编级等问题。

8月

3日　国立青岛大学筹委会委员、中央研究院院长蔡元培，由于筹委会上报的经费方案未得宋子文掌管的财政部审核批准，专门致信吴敬恒（字稚晖）从中协调。

山东旧有山东大学，又有私立青岛大学，现教育部取消此两大学，而设一青岛大学，似乎又多设一大学，而实则并两为一也。

青岛之地势及气候，将来必为文化中心点，此大学之关系甚大。其经费预算，年六十万元，拟请中央政府及省政府各出二十四万，而市政府与胶济铁路各出六万。省政府因旧出各专门学校费本有二十八万，后即移作山东大学经费，减去四万，本无问题。惟中央应出之费，闻业与财政部宋部长商及，尚无确切答复。

弟因研究院关系，未便再向要求。欲请先生向子文切实言。如能请蒋主席对宋谆属，则尤善。

本月　私立青岛大学在校学生共127名。土木本科二年级6人，三年级5人；商科二年级9人，三年级5人；铁路管理科二年级17人。预科一年级36人，二年级49人。由国立青岛大学筹委会出具修业证书和转学公函，预科生转入山东省内各高中，本科生转入国立大学和教育部立案的私立大学。筹委会第二次会议议定，愿转入筹委会指定学校的学生，每人每年由国立青岛大学给予80元的津贴；愿转入其他学校的学生，筹委会发给修业证明和转学介绍公函。原定两校文、农、工3科学生编入国立青岛大学，但因当年10月1日未开学，学生转入他校。私立青岛大学学生转入学校为唐山交通大学、北平铁道学院、复旦大学、国立中央大学及未立案的中国大学。

9月

2日　国民政府教育部电复国立青岛大学筹备处："教部所担任之经费二十四万，已批准。"

本月　山东省政府议决：省府承担国立青岛大学筹办经费18万元，今年暂拨洋12万元。筹委会议决：一开补习班，一筹备图书、仪器；并推定杜光埙主持开办补习班及监理修缮校舍，购置仪器、图书等。

10月

14日　何思源从济南来青岛，与市政府会商学校事项。提出请协调保安队迁出一事，市政府应允等大学动工修理校舍之时即迁往他处，不妨碍修理校舍。

本月　国民政府教育部增聘陈调元、于恩波、陈名豫为筹备委员，使委员由9人增至12人。

本月　学校在青岛开设文、理科补习班，招收合乎投考大学一年级资格的学生，分别补习国文、外文、数理等主要科目。臧克家考入文科补习班。

11月

宋春舫受聘任国立青岛大学图书馆主任，并开始整理省立山东大学、私立青岛大学旧有图书，购买新图书。

本月　筹备委员杜光埙主持校舍修葺工作，去信蔡元培先生，函告青岛保安队借用部分房舍影响学校整体布局。图书馆主任宋春舫也就有军队觊觎校舍一事写信给蔡元培。11月30日，蔡元培致函青岛特别市市长马福祥，请其协调校舍一事。信函内容如下：

> 青岛大学，筹备伊始，由杜君光埙主其事。日内修葺校舍，汲汲进行，以期早日授课。惟校舍原为德、日兵营，外间不无觊觎。现有一部分房屋，为公安局保安队所借用，尚未迁让；近闻吴立凡司令军队，业已离青，深恐他项接防军队，见青大校舍宽广，发生借驻情事，影响校务，至为重大。欣值台端履新，百端具举，关于教育，尤乐提倡。用敢备陈一切，甚望鼎力维护，曲为防范；倘有军队借驻校舍，务请格外关垂，设法消阻。将来青大发达，皆出执事匡扶之德，教育前途，实利赖之。

12月

学校附近高地多未开发，筹委会在接收之始，就委托原私立青岛大学工科尚在校内的学生实地测量，并制平面详图，备文送至市政府，商榷备案。12月底，校园扩大计划得到青岛市政府同意。校园的范围，东至京山路西首，连万年山（今青岛山）前小路一带，西至大学路西首，南至定安山（今八关山）山头，北至大学路东首，面积有700余亩。

本月　补习班补招36名学生，学生共60名。

1930年

4月

28日　国民政府任命杨振声为国立青岛大学校长。

杨振声（1890—1956），字金甫，亦作今甫，山东蓬莱人。1915年考入国立北京大学中文系，1919年参加五四运动。1919年底同冯友兰、何思源等人赴美国留学，先入哥伦比亚大学攻读教育学，后进入哈佛大学研究院学习心理学。1924年底回国，先后在武昌大学、国立北京大学、中山大学任教授，1928年任国立清华大学教务长，清华文学院成立后担任文学院院长兼中文系主任。

校长杨振声

5月

校长杨振声在北平为国立青岛大学暑期补习班聘定教师。

6月

23日　校长杨振声自天津乘"长平丸"抵达青岛，到职视事。

本月　杨振声校长到职后，开始着手聘请教师、招生和暑期补习班事宜。到开学前，聘定教师16人，其中兼任教师3人。

本月　杨振声校长主持制定《国立青岛大学组织规程》："本大学设立于青岛，定名为国立青岛大学。但于必要时得设立学院、学系、专科及工厂试验场于济南。本大学以提高民族文化、研究高深学术、养成健全品格及专门人才为宗旨。"杨振声主张学校中应提倡开展各种运动与社会事业，以期养成大家合作的精神与处世的艺术；主张从严治校，实行淘汰制。杨振声主持制定《国立青岛大学学则》和各项规章制度；规定学制4年，毕业生授予学士学位。

国立青岛大学设文、理两院7系，文学院内设中文、外文、教育3个学系，理学院内设数学、物理、化学、生物4个学系。

7月

暑期补习班开班，对山东省107县（部分）教育局局长、县督学、县小学教职员以及青岛市全体小学教职员进行职业训练。

8月

12—15日　中国科学社第十五次年会在大礼堂召开，该社社员及来宾50多人参会，校长杨振声作为中国科学社成员和大会承办方代表参加会议。在开幕会上，中央研究院院长蔡元培、山东省教育厅厅长何思源等先后致辞。会议安排了3个单元进行论文宣读和公开演讲，对科学之重要进行阐述。会上，青岛观象台海洋科科长宋春舫和台长蒋丙然，将制定的筹建水族馆及中国海洋科学研究所的计划倡议书分发给与会代表，得到一致支持，会上成立中国海洋研究所筹备委员会。年会结束后召开了第一次筹备会议，蔡元培等15人为发起人，胡若愚、蒋丙然、宋春舫为筹备常委。

23—26日 中华农学会第十三届年会在学校大礼堂召开，该会会员50多人参会。蔡元培、教育部代表许璇、农矿部代表刘运筹、日本农学会代表菊池秋雄、校长杨振声相继发表演讲。

本月 国立青岛大学在青岛、济南、北平招收新生176人（实际报到154人）。

聘张道藩任教务长，闻一多任文学院院长兼中文系主任，梁实秋任外文系主任，谭书麟任教育学系主任，黄际遇任理学院院长兼数学系主任，汤腾汉任化学系主任。生物学系、物理学系主任暂缺。

文学院院长兼中文系主任
闻一多

9月

20日 国立青岛大学举行开学典礼。国民党中央委员蔡元培、青岛市党部代表方治、青岛市政府代表胡家凤、山东省党部代表何思源、胶济铁路管理局局长周钟岐及市各机关及团体代表40余人出席典礼。杨振声校长宣誓就职，蔡元培监督并授印。即日启用国立青岛大学钤记。国立青岛大学筹委会完成使命，本日自行结束。

蔡元培在致辞中讲道，"国民政府之所以设大学于青岛，实因青岛有文化中心的资格"。蔡元培说，我国土广民众，发展文化不能太集中。现在长江下游有首都的中央大学，长江中部有武汉大学，北方各省有北京大学及北平大学，西南诸省有广州中山大学，东北诸省有东北大学，其他于一省之内设以集中点的有浙江大学、河南大学等。"山东为古代文化最发达之所，在昔伯禽治鲁、太公治齐，演成不同风气。战国时稷下为学者荟萃之地"，所以教育部设立一国立大学于山东境内之青岛，实为齐鲁之唯一最高学府也。欧美最有实力的大学如牛津大学、剑桥大学和美国各大学大都设于山水清幽之处，但交通便利，这样既接近自然又接近社会，"青岛水陆交通、山海林泉，处处接近自然，且工商发达，物产丰富，又非他处可比"，"必能造成一完美之大学，已为将来各地方新立大学之模范"。

杨振声在讲话中谈了大学的责任和国立青岛大学未来的计划。他说，人类第一的需要是智识，大学的最高责任就是增加人类社会的智识重量；第二是生产；第三是培养有智识有生产能力的学生。国立青岛大学可设考古学系，将来对于世界考古学及中国历史学必有意外之重要贡献；可利用青岛有丰富海边生物的条件，设立海边生物学，其他如气象学、天文学、海洋学可逐

国立青岛大学校门

渐设立；青岛已成为中国重要的避暑地，可利用暑期开演讲班，集中全国著名学者于一地，互相讨论，交换智识。杨振声还提出，农学院与工学院成立后要与地方生产实际相结合，还强调大学要对创造中国的新文化作贡献。

蔡元培为学校题写校名"国立青岛大学"。

10月

6日　经院系提请，校聘任委员会审定，杨振声校长聘张道藩、闻一多、黄际遇、汤腾汉、谭葆慎、谭书麟、梁实秋、赵太侔、周钟岐、杜光埙为教授。《国立青岛大学组织规程》规定，所聘教师分为教授、讲师和助教，相应俸给分别为教授月薪300~500元、讲师月薪150~300元、助教月薪60~150元。

23日　国立青岛大学派李韵涛、孟礼生、任德宽为接收济南各学院的委员，王志轩、张钊恕、刘志岑为接收校本部委员，负责接收所有校产、校具、图书、仪器、卷宗、簿册等。

本月　校长杨振声主持组建校务会议。校长为主席，教务长、秘书长、总务长、各院院长、各学系主任为当然成员，另由全体教授推选3人为校务委员，每年换选一次。校务会议是学校的最高决策机构，审议下列事项：重要章制、本大学预算、学院与学系之设立与废止、本大学课程、关于学生试验事项、关于学生训育事项、校长商议事项。

校务会决议事项，校长是第一个负责执行的人。"如有窒息"，需由校长提请校务会议复议；一般的事，校务会议认为应行则行，应否则止，不以请求或建议者为谁而通融或拒绝，以保证校务会议的权威及教授参与治校的权利。

11月

学校按照教育部要求对学生进行甄别时，发现被录取的学生中有人使用假文凭报考，遂勒令这些学生离校，引起学生不满。

12月

4日　学生组织发起反甄别罢课斗争。校长杨振声主持召开校务会议，出席会议的有张道藩、闻一多、黄际遇、梁实秋、赵太侔、谭葆慎、谭天凯、汤腾汉、杜光埙、陈命凡。会议讨论了学生以自治会名义宣布罢课的问题，宣布学生自治会为非法组织，要求学生立即复课。

5日　学校召开校务会议，决定将用假文凭报考的13名学生开除学籍（另有8名已自请退学）；将参加罢课的主要成员开除学籍。结果有43名学生被除名。

9日　校务会议决定：每星期四下午举行校务会议，公推张道藩、杜光埙、赵太侔起草校务会议规则。

18日　学校召开校务会议，决定在体育部内附设军事训练组，各院院长负责制定各系学程。并通过本校暂行学则5章和暂行规则10条。其中第35条规定："一学期中任何课程缺课逾三分之一，或旷课满五小时者，不得参与该课程之考试"；第40条规定："学生全年所修课程有二分之一或三科不及格者，留级一年；但不得留级两次"。

本月　教务长张道藩辞职他就，赵太侔接任教务长，杜光埙任总务长。

1931年

1月

26日　校务会议决议组建图书委员会，审议各系购买图书申请，梁实秋任主席。

27日　胡适应邀在学校大礼堂作题为《文化史上的山东》的演讲。

本月　宋春舫辞去图书馆主任，继续兼任外文系教师。

本月　学校在济南先办乡村师范专修班，开国文、博物、史地各一班，校址暂借济南趵突泉东工学院，经费由学校1931年经费支出。

2月

24日　校务会议决定：将教育学系扩充为教育学院，下设教育行政系和乡村教育系，黄敬思任教育学院院长兼教育行政系主任，谭书麟任乡村教育系主任。

同日　校务会议决定创办《国立青岛大学周刊》。

3月

梁实秋被聘为国立青岛大学图书馆馆长。

5月

4日　校长杨振声在总理纪念周上为全校师生作报告，说："文理两学院一方面为其他学院造根基，另一方面亦必求能有所树立于学术界，而后其本身始具有独立之价值，始足以自圆其生存。"关于办学特色，他说："青岛附近海边生物之种类，繁盛不亚于厦门，而天气凉热适中，研究上独较厦门为便。若能利用此便，创设海边生物学，不但中国研究海边生物者，皆须于此求之，即外国学者，欲知中国海边生物学之情形，亦须于青大求之。如此则青大将为海边生物学研究之中心矣。……再者，理学院中如海洋学、气象学，亦皆为其他大学所未办，我们因地理上或参考上便利，皆可渐次创立，此理学院自求树立之道也。……再者，山东在历史上，对于哲学、文学地位皆甚重要。……青大忝为地方最高学府，其责任也自然重大……不但负恢复之责任，且当光明而扩大之。"

同日　《国立青岛大学周刊》第一期出版。周刊为4开8版，除主要报道学校重要活动和重大兴革外，另有4个版为《图书馆增刊》。梁实秋撰写发刊词。学校有中文图书3万册、外文图书8000册。

14日　在校务会议上，修正了学校组织规程和学生助学金规则；决定由赵太侔、黄际遇、刘本钊、谭天凯、梁实秋5人组成训育委员会。

25日　总理纪念周大会上，理学院院长黄际遇作《数学教育之估价测定法》演讲。

本月　学校设立奖学金，并公布试行办法。规定凡品学优良、家境贫寒的学生均可申请；每学期评定1次，每名获奖者50元；由学系主任提名，院务会议初评，校务会议审批。

本月　学校确定以海边生物学为研究中心，与青岛正在筹办的水族馆切实合作，开展涉海研究。并据学校创设海边生物学的计划向中国文化基金会申请补贴，开办费需15万元，学校自承3万元，请基金会承担12万元，常年费3万元，请基金会设海边生物学讲座1人，研究专家1人。

本月　毕业于法国里昂大学的理学博士曾省接受学校聘请。

本月　学校成立古物征集委员会，并制定《国立青岛大学古物征集委员会规则》。

7月

《国立青岛大学组织规程》发布。"本大学设立于青岛，定名为国立青岛大学。但于必要时得设立学院、学系、专科及工厂试验场于济南。本大学以提高民族文化、研究高深学术、养成健全品格及专门人才为宗旨。"

8月

生物学系主任曾省

6日　国立青岛大学成立建筑委员会，赵太侔任主席。

本月　黄敬思、曾省到校，分别担任教育学院院长兼教育行政系主任、生物学系教授。谭书麟担任乡村教育系主任。

本月　学校招考新生180人，其中俞启威入物理学系学习。

本月　受校长杨振声聘任，沈从文到文学院任讲师，讲授小说写作与散文写作课程。

9月

20日　国立青岛大学成立一周年大会上，杨振声发表讲话，详述学校成立经过和现状，谈及目前各大学多数欠费，学校仍可以进行并发展，得益于地方政府维持教育的善意。杨振声说，在水灾几逼全国，7000万人民流离失所不可终日，日军出兵东北，国家危亡之际，"我们应当如何努力学问，磨炼身体，作为将来以学问和勇力救国雪耻的预备？"回顾学校成立之艰难，"我们更应当如何爱护母校，使之日益发展、稳固？"理学院院长黄际遇发表演说，谈日本人侵暴行为和我们应有的感悟。全体师生无不对日本侵略东北表示愤慨。

21日　新学年第一次纪念周大会及始业式上，杨振声校长在讲话中说，一所大学要办得好，最低限度有五条：一是环境清幽，二是教员好，三是设备完善，四是有理想的学生，五是清楚大学的责任。并着重对后两个问题作了阐释。

25日　国立青岛大学聘陈命凡为总务长兼庶务主任。

30日　九一八事变后，进步师生开始开展抗日救国活动。中共国立青岛大学支部成立，由中文系学生王弨（王林）任支部书记，俞启威任宣传委员（之后不久任党支部书记）。

本月　蒋德寿到校，担任教授及物理学系主任。化学系教授傅鹰到校。

本月　在曾省带领下，生物学系师生开始进行海边生物的采集。此后每两周进行一次，节假日到沿海各地采集，成为生物学系的固定教学内容。

学生在生物实验室

10月

1日　学校成立反日救国会，由教育学院学生李仲翔（李林）任主席，选出15人组成执行委员会。校长杨振声和少数教职员也被选为执委，统一组织开展反日救国活动。反日救国会通电全国，要求国民政府停止内战，"集中实力，一致对外"，声援在白山黑水之间英勇作战的东北抗日义勇军。

7日　举行校务会扩大会议，讨论军事训练课程增加军训钟点、组织青年义勇军和拨助义勇军费用、军事训练组改为军事训练部等事项，议案全部通过。

学校成立学生义勇军及救护队，由军事教员训练。

11月

2日　在总理纪念周上杨振声发表讲话。强调学校要有规章，校长带头遵守纪律和校务会议决议，学生也不能自由散漫目无校纪。杨振声认为，自由散漫的大学是对学生和社会的不负责，"要矫正此弊，课程要有次第的组织，不能凌乱；学则要严格的执行，不得通融，学校一切行政皆严守规程，不能任便。学校的整个计划，也按着实际需要与经济情形依次的向前发展，学生生活也可以渐渐养成有纪律有规则、诚朴而坚实的向人生前途走去。久之全校的风气也因有纪律而整齐严肃，巍然是庄严学府"。

14日　生物学会举行第三次学术讨论会，秦素美报告有关中国血吸虫的研究，次由学生任树棣报告青岛水栖昆虫之调查，用显微镜、摄影器及幻灯将各种微小之虫放大，照于墙上，以助讲解。听者极感兴趣。

16日　出于对11月初日军大举进犯黑龙江的愤慨，反日救国会召集会议，议决电慰黑龙江省主席马占山，电请中央速派援兵急施接济，并代电全国一致声援。

19日　生物学会举行第四次讨论会，生物学系学生张奎斗作有关青岛之鲨鱼的报告，认定青岛有鲨鱼20余种。

30日　召开校务会议，主席为杨振声。会议决定：拟去南京请愿的学生在30人之内，届时须由教务处核准。还决定举办抗日救国周。

同日　国立青岛大学召开抗日救国大会，中共国立青岛大学支部因势利导，发起成立赴南京请愿团，由179人组成。

同日　13名东北籍学生保留学籍参军，学校开大会欢送。

12月

2日　由杨希文、魏少钊为请愿团领队，179名学生不顾军警阻挠，登上南下列车，赴南京请愿。

4日　晨，请愿团到达南京。国民党中央党部派军警严密封锁车站。请愿团出站后，

赴南京请愿团游行

一路高呼口号，宣传"停止内战，一致对外，团结抗日，收复失地"的请愿宗旨。学生们游行到国民政府和国民党中央党部门前，慷慨激昂地向围观群众发表演讲，宣传抗日主张，引起强烈反响。

5日　请愿团分头到国民政府、外交部、国民党中央党部等处递送请愿书，陈述意见和要求。蒋介石以"训话"名义出面接见请愿团，说"现在日本太强盛，中国太软弱，我们准备不足，不能跟日本作战；要是自不量力，一旦打起来，日本在三月之内就可灭亡中国"。学生们一片哗然，表示不满。蒋介石用"三年之内如果不赶走日本，收复东北失地，当割我蒋某之头以谢天下"的虚伪诺言，来搪塞蒙骗学生。此时，请愿团接到一封青岛来信，大意是要尽快回校，否则学校将给予严厉处理。请愿团由于没有进一步的行动计划，便决定回校。

6日　校长杨振声因学生赴京请愿一事进退两难，向教育部提出辞职，教育部复电挽留，辞职未准。

17日　学校召开校务会议，以抗日救国会组织赴南京请愿团不遵守校务会议决议为由，决定给该会5名常务委员记过一次。

本月　校长杨振声再一次向教育部部长李书华提出辞职，电文如下。

南京教育部李部长钧鉴：

本校学生179人为抗日事，签名赴京请愿，屡经劝导，俱无效果，临行时联名

请假，未经准假，即行离校，已于本月2日出发，当经电达。此举揆之部令校章，皆难认许。惟其行动系激于爱国之热忱，加以惩处，则青年爱国锐气，有挫折之虞；不加惩处，则学校风纪不严，无维系之法。振声忝长斯校，处理无方，唯有恳请准予辞职，以重职责而肃纪纲，实为德便。

国民政府教育部复电挽留，辞职未准。

本年　生物学系师生采集到青岛本地蟹与鱼各一种，分别命名为"杨振声氏蟹""曾省氏鱼"。

1932年

2月

29日　在生物学会第六次学术讨论会上，曾省作题为《海洋原生动物》的报告。

本月　全校师生捐款慰劳上海抗日各军。

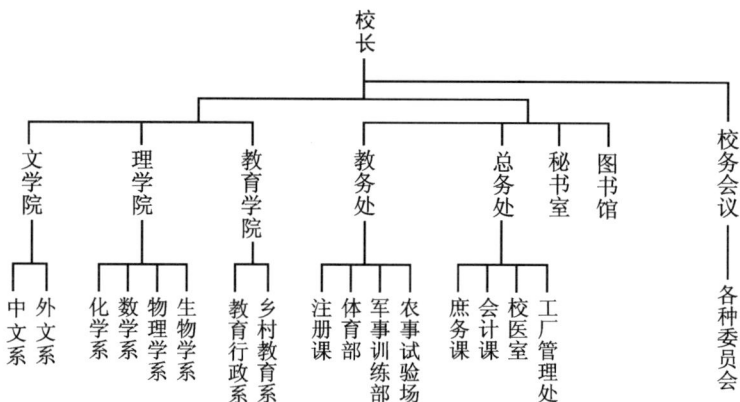

国立青岛大学组织系统图
（1932年2月）

- 校长
  - 文学院
    - 中文系
    - 外文系
  - 理学院
    - 化学系
    - 数学系
    - 物理学系
    - 生物学系
  - 教育学院
    - 教育行政系
    - 乡村教育系
  - 教务处
    - 注册课
    - 体育部
    - 军事训练部
    - 农事试验场
  - 总务处
    - 庶务课
    - 会计课
    - 校医室
    - 工厂管理处
  - 秘书室
  - 图书馆
  - 校务会议
    - 各种委员会

3月

初　校长杨振声到济南与省教育厅接洽开设农学院经费事项，并接受记者采访，谈及农学院人才培养方式和目标。学校计划就原有农专旧址设立农学院，分农种、牲畜两系。

4月

由中共国立青岛大学地下党支部宣传委员、物理学系学生俞启威为主组建起海鸥剧社，成员有俞启威、王林、崔巍、李云鹤、张福平和体育干事王东升等。至秋天，海鸥剧社有成员20多人。海鸥剧社旨在通过排演进步话剧，宣传爱国精神，唤起学生及民众反帝反封建的斗争精神，积极投入抗日救国运动。

下旬　校长杨振声赴南京，请国民政府拨发积欠经费，未果。

本月　生物学系聘请北平研究院动物研究所张玺研究员担任兼任讲师，讲授海洋学课程。

本月　《国立青岛大学学则（修正）》（简称《学则》）发布。其中第43条规定，"必修课每学期有三门不及格或全学年有二分之一不及格，留级一年，四年中两次留级，即令退学"，相较之前的规定更加严格，激起学生不满。

春

在中共青岛市委领导下，中共地下党员王林和俞启威组织部分进步学生，秘密建立青岛"左联"小组,对外称文学研究会,成员有李林、俞启威等六七人,由王林负责。利用阅读进步书刊、时事讨论会和排演话剧等形式开展活动,来团结积极分子,联系群众,扩大党的影响。

春

学校根据教育部指示,对《学则》进行修改,规定:学生全年学程有三门不及格或必修课程有两门不及格者,令其退学。学则公布后,学生大哗。中共地下党青岛市委指示学校党组织用反对"学分淘汰制"发起新的斗争。

5月

5日 杨振声校长因中央政府不解决经费,将来一切计划无从实现,异常灰心,再次提出辞职,随后去了北平。

9日 学校接教育部复电,慰留杨振声任校长职。

10日 学校召开校务会议,请求杨校长撤销辞呈,速回学校主持校务。并决定暂由校务会议维持校务,黄际遇为校务会议临时主席。

11日 杨振声再次电请辞去校长职务。山东省政府主席韩复榘两次电请中央政府解决学校国拨经费问题;省教育厅厅长何思源亲赴南京为学校力争,但终无结果。

28日 海鸥剧社在学校首次举行公演,剧目是《工厂夜景》和《月亮上升》。观众不下千人,在校内外产生积极影响,活跃了学校的政治气氛。

海鸥剧社演出剧照

29日 著名学者章炳麟(号太炎)于下午在大礼堂为师生作《行己有耻,博学于文》为题的演讲。面对日本侵占我东北三省之实,对国民党当局的不抵抗给予抨击。他说道:"救世之道,首须尚全节","人能知耻,方能立国,遇难而不思抵抗,即为无耻,因知耻近乎勇,既不知耻,即无勇可言",激励青年学生增进人格修养,增强爱国之心。演讲受到师生热烈欢迎。

6月

6日 因5月26日接教育部电,说国立青岛大学经费一事正与财政部商洽,有望解决,杨振声校长由北平返回学校,表示"勉暂维持",并再电辞职。

16日　中共国立青岛大学支部组织成立国立青岛大学非常学生自治会。自治会向学校提出取消学分淘汰制等数项要求。

22日　因自治会提出的要求遭到校方拒绝，全校学生一致通过罢课决议，坚决反对学分淘汰制，并发表宣言，申明理由，不达目的决不复课。学校校务会议决定23日期终考试照常进行。

23日　学生无一人到考。学校宣布自即日起提前放暑假，待秋季开学后再行补考。并贴出布告，开除罢考最力的九名学生自治会常委。

25日　学校开除九名学生的决定，引发学生极大不满，大多数学生拒绝离校。他们张贴、散发材料，矛头先后指向校务会主要成员闻一多、梁实秋、赵太侔、杨振声，指摘他们操纵校务会议、制定严酷学则（指学分淘汰制）、限制学生参加运动等。学生与校方互不让步，对立情绪愈甚。

26日　学校贴出布告，批准全体学生休学一年。

29日　校长杨振声赴南京，向教育部部长朱家骅报告风潮经过，并引咎面请停职处分。

7月

3日　国民政府行政院下令解散国立青岛大学，并饬教育部遵办。教育部当天电令学校"（国立）青岛大学校长杨振声呈请辞职，应毋庸议。该校学生组织铁拳制裁团，实行罢课罢考，应即解散，听候整理。所有教职员重行聘任，学生重行甄别"。"现尚留校学生，应限于三日内一律离校，听候甄别。"

10日　教育部聘定蒋梦麟、丁惟汾、朱经农、傅斯年、赵畸、何思源、王苑亭、王向荣、张鸿烈九人为国立青岛大学整理委员会委员，指定蒋梦麟为委员长，对国立青岛大学进行整理。

15日　蒋梦麟主持召开整理委员会，除朱经农、傅斯年、王苑亭外，其他委员均到会，杨振声列席。蒋梦麟报告中央命令国立青岛大学整理的经过并征求意见，杨振声报告风潮经过，王向荣、张鸿烈、何思源报告山东省的意见。决议：国立青岛大学更名为国立山东大学；文、理两院合并为文理学院；数学、物理两系合并为数理系；教育学院停办；在济南开设农、工两院，农学院暂不收本科生；工学院设土木工程、机械工程两系；本年中文系、外文系暂不招生，理学院及工学院各系招一年级生，在青上课，下学年工学院移济；由甄别委员会甄别学生，以平时学业成绩及品行为甄别标准，此次罢课罢考主动及平时学行不良者不再收入，并不给转学证书。

18日　杨振声根据整理委员会的甄别要求,组织成立由杜光埙、汤腾汉、曾省、梁实秋、闻一多、黄际遇等人参加的甄别委员会,负责学生的甄别工作。

同日　教务长赵太侔与理学院院长黄际遇、注册部主任潘垂统等组成招生委员会,安排招生工作。

20日　甄别委员会举行第一次会议。议决如下:

1. 补习班学生发给证书,得投考本校文理学院及工学院招生各系,并函各大学准予投考。

2. 教育学院学生,经甄别及补考及格者,得请求转入中国文学系及外国文学系肄业,其年级及学分,由系主任核定之,其有愿转入理工学院各系者,于必要时得予以转系试验,其不愿转系者作为退学,得发给修业证明书。经甄别及格而不参加补考者,二年级学生得请求发给第一学年修业证明书,一年级学生不发。

3. 文学院及理学院学生,经甄别及补考及格者,得继续在原系肄业,经甄别及格而不参加补考者,二年级学生得请求发给第一学年修业证明书,一年级学生不发。

甄别结束后,共66人不及格,加上参与罢课者,甄别委员会共将67名学生取消学籍。

8月

从10日起,学校在北平、济南、青岛三地设点招收新生,分别举行考试;15—18日,各系教师阅卷;19日,赵太侔主持成绩批评会,吴之椿、黄际遇、梁实秋、汤腾汉、曾省、杜光埙等委员参加。

20日　学校在济南、青岛、北平招收理工科新生99人。

本月　生物学系学生于暑期分作两组,北往龙口、烟台、威海等处,南往台州、厦门一带采集,所得标本甚多。

本月　文学院院长兼中文系主任闻一多离开青岛,到国立清华大学任教。

9月

2日　国民政府行政院会议议决,将国立青岛大学更名为国立山东大学;并准杨振声校长辞职,任命赵太侔为国立山东大学校长。

赵太侔(1889—1968),山东青州人。1917年毕业于国立北京大学英语系,1919年考入美国哥伦比亚大学,专攻西洋文学与戏剧。回国后先后任北京艺术专门学校教授和戏剧学系主任,国立青岛大学教授、教务长。

校长赵太侔

6日　赵太侔回校，与理学院院长黄际遇商定所聘请教师：中文系有游国恩、张煦、丁山、闻宥、赵邦彦、沈从文；外文系有梁实秋、杨宗翰、郑成坤、袁振英、赵少侯、谭纫就；工学院有赵涤之；数学、物理两系有宋智斋、李先正、黄际遇、王普、郭贻诚、王恒守、薛兆旺、陈光清；化学系有汤腾汉、傅鹰；生物学系有曾省、秦素美、沙凤护；体育教师有郝更生、高梼。

上旬　校务会议决定：聘杜光埙为教务长；教育学院停办，该院学生大部转入国立中央大学教育学院，少数转入本校中文系；文学院和理学院合并为文理学院，黄际遇任院长，原系主任不变；在青岛增设工学院，下设土木工程学系和机械工程学系，赵涤之任代理院长兼土木工程学系主任，唐凤图任机械工程学系主任；在济南设立农学院，下设研究部和推广部，由生物学系主任曾省兼任院长。

15日　国立山东大学开始上课。

19日　国立山东大学举行开学典礼，300余名师生齐聚大礼堂。赵太侔校长致辞，报告了学校改组的经过及国立青岛大学成立两年来的发展，肯定了杨振声校长主政时取得的成绩，向师生介绍新聘的各系主任及教授。

21—24日　旧生补行学期试验。

本月　学校颁行《国立山东大学组织规程》凡6章21条、《国立山东大学学则》凡7章49条。《国立山东大学学则》规定，学校实行学年学分制度，各科课程均按学分计算。课程分为必修和选修两类，学生可根据所在系学程自行选课，开学两周内可以改选、退选或加选，但本系必修课不得退选。

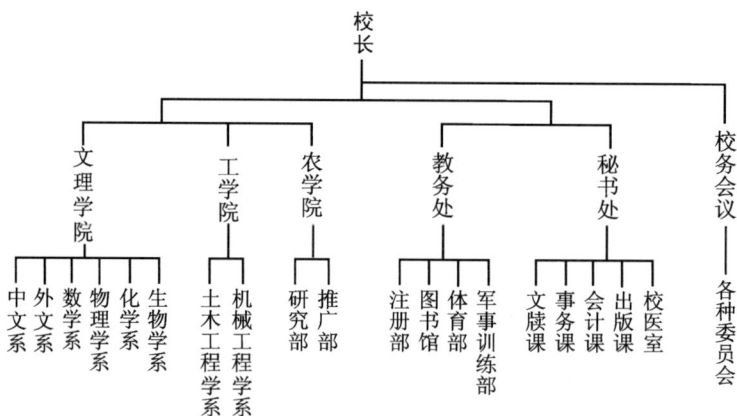

国立山东大学组织系统图
（1932年9月）

10月

12日　总务长吴之椿在大礼堂演讲,题为《对于国联报告书之观察》。校内外听讲者逾400人。

13日　赵太侔继续施行校务会议制度。校务会议由校长、教务长、总务长、各院院长、各系主任和教授代表组成,校长为主席。国立山东大学第一次校务会举行。

本月　教育学院停办后,转入本校中文系、外文系学习的13名学生申请转其他大学相当院系编级肄业。赵太侔赴南京与国立中央大学校长罗家伦接洽,13名学生进入国立中央大学教育学院学习。

11月

青岛市政府因承办第17届华北运动会,委托宋君复教授设计一座体育场,地址选在中山公园对面空地。宋君复依据美国洛杉矶体育场图纸,略作缩小调整进行设计。该体育场于1933年2月动工,6月建成,7月投入使用,占地76000平方米,可容纳观众16000人,成为青岛市主要的体育比赛和训练场所。

本年　期中和学期考试管理进一步加强。每次都是在大礼堂集中考试,座位花排,前后左右不会有同班的同学。进场的时候,在门口有专人负责检查。每堂考试杜光埙教务长都坐在考场的讲台上,监视全场。考生的座位都有编号,哪个有作弊嫌疑,杜光埙先叫出座号,予以警告;如果真的作弊被他看到,就在身后的黑板上,写出这个人的座号、所考科目,通知任课教师,判为零分。

1933年

1月

春节期间，俞启威、崔巍等6人带着简单的服装、道具来到崂山王哥庄村演出话剧《饥饿线上》。为让民众理解剧目的思想内容，导演兼主演崔巍采用地道的青岛话演出。故事感染了在场观众，"打倒日本帝国主义"的呼声此起彼伏，首演获得成功。

本月　《科学丛刊》第一期出版，共收入19篇文章。

本月　张煦担任中文系主任。

2月

经中共国立青岛大学地下党支部成员、物理学系学生俞启威介绍，李云鹤加入中国共产党。

3月

中共青岛临时市委成立，李俊德任书记，王经奎任组织部部长，国立山东大学学生俞启威任宣传部部长（负责学生运动）。

本月　国民政府教育部批准化学系设置药学专科，系主任汤腾汉开始将化学教育与药学专业结合起来，为后续在天津成立化学制药公司打下基础。

春

国立山东大学在沙子口借用海关闲置房屋筹建了海滨生物研究所，曾省任所长。中国科学社生物研究所所长秉志题字：沧海奇零。校长赵太侔极为赞同，并允助以经费，希望建成中国海滨生物中心。此后因经费不足，工作难以开展。

4月

1日　科学馆投入使用。在揭幕典礼上，国民政府派山东省教育厅厅长何思源代表教育部致辞。"科学馆"馆名由蔡元培先生题写，刻于正门上方。

科学馆

科学馆，墙体用崂山花岗岩建造，呈工字形，面积3800平方米，共3层。一层主要由物理学系使用，设有普通物理、近代物理、热学物性、无线电、磁电、光学等实验室，以及仪器室、金工室与研究室；二层主要由生物学系使用，设有生物学、植物学、无脊椎动物学及海洋学、脊椎动物学及人类学实验室，组织学、动物生理学、植物生理学、胚胎学研究室，还有标本室、饲养室、切片室、暗室等；三层主要由化学系使用,设有定量分析化学、定性分析化学、物理化学、有机化学、药化学实验室以及配药室、仪器室等。

8月

学校在北平、南京、济南、青岛4地招生,共招收新生185人。

10月

5日　召开校务会议,主席为赵太侔。选举赵少侯、傅鹰、曾省为本年度校务会议教授代表。

本月　中共国立山东大学支部成立,由李香亭、王广义(王路宾)、李实谔3人组成。

本年　学校在聘教授共31人,他们是杜光埙、黄任福、梁实秋、汤腾汉、曾省、张煦、姜忠奎、丁山、赵少侯、陈弼猷、王维周、曾炯、王恒守、傅鹰、刘咸、张玺、喻兆琦、沈嘉瑞、赵涤之、周承佑、吴之椿、宋君复、戴丽琳、罗文柏、任之恭、王淦昌、张闻骏、李茂祥、洪深、吴耕民、陈霖之。

1934年

1月

7日　生物学系主任刘咸辞职就任中国科学社总编辑，系主任职务暂由教务长杜光埙代理。

10日　校务会议修订《国立山东大学教员服务及待遇规程》，并公布施行。

2月

本月　中山文化教育馆举办的全国大学生物学考试竞赛成绩公布，国立山东大学推荐的4人全部获奖，其中张奎斗获特等奖，庄孝德获甲等奖，高哲生、刘翠杰获乙等奖，令学界瞩目。此次竞赛共有15所国立大学参加，每校限报4人，获奖者共30人。

4月

本月　国民政府教育部派员到各国立大学视察，对国立山东大学教学中的严谨、研究中的创新、建设中的勤俭节约、培养人才中的重视质量等甚为满意。认为："查该校近年设施，尚能秩序稳进，殊为可嘉。义理学院以理为主，而以中国文学及外国文学两系辅助中外文语文之基础训练，事属新创，用意尚佳。化学方面注重中国药材分析，生物方面注重海滨生物之研究，至为切当。"

本月　中共青岛市委宣传部部长、物理学系学生俞启威因领导学生爱国运动和参加罢课而被捕，后被赵太侔保释出狱。

6月

23日　国立山东大学为53名首届毕业生举行隆重的毕业典礼。正在青岛的中国国民党中央常委陈立夫、山东省教育厅厅长何思源到会祝贺，教育部部长王世杰发来贺电，青岛市市长沈鸿烈颁发毕业证书并代山东省政府奖给前9名毕业生每人1块手表、1支自来水笔和1个包。在大学期间发表过60多首诗歌的臧克家是本届毕业生之一。

本月　济南农事试验场奉校长令结束。

7月

1日　生物学系联合国立北京大学、国立清华大学、中华海产生物学会、青岛水族馆、北平研究院生物研究所等机构，发起组建青岛海产生物研究所，并制定相关章程。研究所主要进行暑期讲习班和采集工作。

7日　国立山东大学农学院正式成立，曾省任院长。即日启用国立山东大学农学院钤记，正式办公。

本月　青岛海产生物研究所暑期班开班。所设课程一为海藻学，由北平静生生物调查所李良庆教授讲授；一为海产无脊椎动物学，由北平研究院生物研究所所长陆鼎恒先生讲授。每周各讲演3小时。暑期班有来自国内的10余位相关学者参加，学生来自国立中央大学、国立北京大学等多所学校。除学习课程外，每周进行海滨采集2次。

8月

31日　学校本年度招收新生175人。考送留欧机械工程专业学生5名。

本月　因中共党员李香亭、李实谔毕业离校，根据上级党组织意见，党支部工作由王广义负责，并发展陈延熙入党。

9月

20日　国立山东大学举行成立四周年纪念及始业式，在青的蔡元培先生受邀参加。校长赵太侔发表讲话：

> 过去的四年，可以说无时不在艰苦经营中，虽仅是短短的四年，总算已建设了相当的基础，可以供作学术研究，这在我们检查已往工作的时候，是可以稍为自慰的一点；同时也有许多我们力量还没有做到的地方，也是我们应该警惕的，虽然，本校在社会上有时得不到一般的了解，而在学术界却已有了很深的认识，这，并无足怪，因为一个学术团体要得到社会上普遍的了解，是一件很困难的事，但这更是鼓励我们……还有一点同学们应注重的，一个学校是一个有机体，有它整个的生命，每个份子对于这个有机体都有密切的关系，任何那一个份子的引动都能直接影响到全体，所以今后大家不应只图自己的便利而忽略了团体的健康，只要团体是健康的，外力的摧残是不能生效力的；推而言之，不仅是对于本校，就是对于民族，对于社会，我们每人都是其中一份子，所以我们不仅要完成个人的学业，并要排除一切自私的观念，时时顾到整个社会民族的健康，努力尽到一个健全份子的责任。

蔡元培发表演讲，指出国立山东大学较国内各大学的优点：山海壮观，组织完善，如文理学院之合设、工学院与理学院之连贯、农学院之专事研究。他说："在这样优美的环境中，不要忘了我们民族是到了应吃苦的时候了，许多同胞都正在吃苦，我们青年学子更应当保持着勤苦耐劳的精神，脚踏实地地向前努力，才不辜负这优美的环境和这良好的设备。"

本月　增聘教授和讲师有老舍（舒舍予）、李达、童第周、王宗涛、段续川、陈之霖、胡金刚、李茂祥、葛其婉。

10月

本月 梁实秋教授辞职离校，由洪深接任外文系主任。

本月 农学院分别与烟台张裕酿造公司、省立莱阳乡村师范学校签订合作协议，为其培养管理和技术人才，解决生产过程中的技术问题。

12月

13日 农学院举办的农业训练班即日上课，录取学员15名。

本年 化学系重视对各种药材的研究，关于海草制碘的研究已有基础。年底与国立武汉大学生物学系达成合作意向，开展海草制碘的系统研究。

本年 全校教师有136人，其中教授占37.5%，讲师占34.6%，助教占27.9%。

1935年

4月

　　7日　学校举行第四届春季运动大会。宋君复任大会主席。除设有田径项目外，教职员还围绕操场一周进行了赛跑表演，赵太侔和教师洪深、李仲珩、王淦昌、汤腾汉、王普、童第周、张熙、赵少侯、李茂祥十人参加，一时颇热烈。王淦昌首达终点。这次运动会有多项成绩打破学校记录，男子三级跳远打破了青岛市记录。在运动会闭幕式上赵太侔致辞，鼓励师生注重体育锻炼，养成体育精神，即使不参加比赛，也尽量到运动场来，养成一种鼓励运动的精神；不但体育技术上要有比赛，体育精神上也要彼此竞争。体育不仅关系到身体健康，还影响行动和精神。做事缺乏毅力、志气、胆量，对于真正是非不敢承认，对于真理不敢拥护，胜不过困难，战不过环境，遇事不敢负责任的原因，正是因为体力不够健全，所以必须先锻炼成健全的体格，才能有勇往直前的精神。

　　本月　太平洋科学协会海洋组中国分会在南京中央研究院举行成立大会，会议决定在厦门、定海、青岛、烟台分设四个海洋生物研究所。其中青岛海滨生物研究所由国立山东大学和青岛观象台共同主持。

6月

　　13日　赵太侔校长聘请曾呈奎任生物学系讲师，讲授海藻学与植物学。

曾呈奎带领学生在海滨实习

　　17日　国立山东大学第二届毕业典礼举行。山东省教育厅厅长何思源、青岛市市长沈鸿烈及各局、台、所长，各界来宾百余人出席典礼，校长赵太侔致辞。他说，处此国难严重时期，离开学校而进入社会生活，无论是继续学业还是进入社会服务，皆应负起责任，努力应付此种困难。目前中国如此贫弱，如何唤起民众，提倡国货？如何改良生产技术，充实国家经济？凡此均为诸位责任，勿贪求个人之福利，计较职业之高低，应向国家民族生存之目标去努力。当年毕业学生共87名。

本月　学校化学社编辑的《科学的山东》一书出版。

本月　中山文化教育馆组织的物理学考试竞赛征文成绩揭晓，学校选送的5人获2项甲等奖、2项乙等奖。其中田金棠获考试甲等奖，金有巽、章琨获考试乙等奖；征文部分，助教许振儒获著作类甲等奖，助教王寿衡获译述类丙等奖。

8月

本月　学校在南京、北平、济南、青岛同时招考新生。共有1037人报考，录取正式生195名、备取生41名，二年级转学生3人，三年级转学生4人。

暑期

7月中旬至8月下旬，中华全国体育协进会借学校体育场馆作为中国参加第十一届奥运会运动员的夏令训练营，宋君复任全国暑期运动训练会执委兼教练主任。第十届奥运会参加者刘长春在这里创下百米10.6秒的成绩。

9月

2—4日，中国物理学会在科学馆举行年会，物理学系主任王恒守担任筹备委员长。中央研究院院长蔡元培、青岛市市长沈鸿烈、胶济铁路局长葛光庭、校长赵太侔出席会议。本次会议共宣读42篇论文，其中国立山东大学师生5篇。

30日，在大礼堂举行的总理纪念周上，校长赵太侔详细阐述施行导师制度办法，指出在个人治学与修身方面，学生尤宜随时接近师长，服从师长之指导，借资取法，养成健全之习惯以及高深学问与高尚人格。教务长杜光埙则详述"大学教育之真义"，指出大学教育除授以普通知识外，还要教授专门学理之研究，但这种专门研究又和注重技术应用的农、工等专门学校不同，大学专求理论之探讨，修习文、理两科尤为重要。学理既明，应用自广。

10月

经全体教授推举，张开俊和吴柳生二人当选教授代表，自本月起参加校务会议。

21日　总理纪念周上，土木工程系教授余立基作《学术救国》主题报告。

本月　学校《图书馆借书规则》《教室规则》《寝室规则》陆续公布施行。

本月　正在休假中的化学系主任汤腾汉，与讲师胡铁生以及化学系毕业学生在天津组建永生化学制药公司，除制造化学药品、调配药典制剂、提炼国产药材、接收化验鉴定等外，还代办各种化学仪器。

11月

6日　工学馆（鱼山校区四校门内侧原招待所，已拆）、体育馆（位于现大学路1号楼处，1946年冬被毁）、水力实验室（位于现在的教职工宿舍红岛路37号楼处）相继竣工，并交付使用。

工学馆

12月

18日　在北平一二·九学生抗日救亡运动的影响下，国立山东大学学生抗日救国会成立，并于本日召开各班代表大会，推举陈延熙、李声簧、王广义、熊德邵、韩福珍等21人组成执行委员会。执委会当即通电全国，呼吁慰问北平学生。

本年　学校有在校生（含旁听生）379人。

本年　赵太侔校长与青岛观象台台长蒋丙然协商，决定两家合作，在国立山东大学物理学系创立天文气象组，专门为航海服务。天文气象课程由观象台高级技术人员讲授，开设气象学、球面天文学等课程；并以观象台为教学实践基地，学生边学习、边操作。天文气象组必修课程79学分，分为两类：一为天文气象本身课程，理论与技术并重，一切实习教材与青岛观象台合作；一为物理课程，如热、力、光、电等科目，均为研究天体现象的主要工具，所以均定为必修。天文气象组的毕业论文，以解决天文或气象方面的实际问题为原则。

1936年

1月

19日　国立山东大学足球队荣获青岛市高级组锦标，从而连续4年保持青岛市足球高级组盟主地位。

本月　山东军阀韩复榘将省助经费由每月3万元减至1.5万元，使学校在经济上出现困难。

2月

7日　青岛市举行青岛港三号码头落成典礼。当日晚上在栈桥燃放烟花，前海沿岸观者如潮。国立山大学生趁机向群众宣传一二·九运动，揭露日本侵略之野心，揭露国民党"攘外必先安内"和对日不抵抗的反动政策，要求停止内战，一致对外。青岛市当局派军警驱散学生和群众，并当场逮捕王广义等6名学生。

3月

1日　校务会议议决并发出布告，以"行动逾轨，破坏校纪"为由，将学生抗日救国会执行委员王广义、陈延熙、李声簧、熊德邵、韩福珍及候补委员周文煜6人开除学籍，限即日离校。这一决定引发学生极大愤怒，学生抗日救国会旋即召开全校学生大会，反对开除王广义等学生并张贴了"驱逐赵畸"的标语。

2日　为反对学校开除学生的决定，学生抗日救国会组织全校学生罢课，学潮声势扩大。

4日　国民政府教育部电令："以严厉手段处置"国立山东大学学潮。

8日　晨4时，国民党青岛市警察局派军警500多人将第四校舍包围，破门砸窗入室，搜查学生代表和被开除的学生，打伤许多学生，还拘捕了32人。

同日　第55次校务会议议决并贴出布告，将廷荣懋、程恒诗、朱缵高、沙霞英、武希龄、汪昭武、吴绪、刘一志、刘荣汉、严曙明、顾欲然、党士英、赵如辰13名学生，以"鼓动风潮、破坏校纪"为由作退学处理。

13日　由于全校学生的坚决反对，第57次校务会议议决并公布，将廷荣懋等13名学生的退学处分改为留校察看。

下旬　赵太侔校长向国民政府教育部提出辞职，推举张煦、陈之霖、张闻骏为校务会常务委员，临时主持校务。

4月

16—18日　学校春季运动大会在青岛汇泉公共体育场举行。

5月

11日 《国立山东大学周刊》登载，生物学系教授童第周做胚胎学实验，发现两头蛙卵1个。经培养后，已经长成两头蝌蚪活动于水中，至为奇特。童教授经精细研究后绘图多张，将研究所得撰成论文，发表于国外著名杂志。

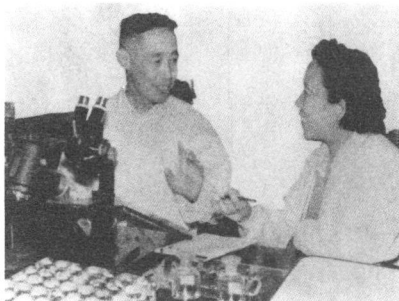

童第周夫妇在实验室

6月

8日 国民政府教育部训令，赵太侔校长辞职照准，暂由校务会议常务委员代理校务。

本月 经毕业考试合格的毕业生有53名，其中外文系2名、数学系4名、物理学系6名、化学系14名、生物学系8名、土木工程学系12名、机械工程学系7名。

7月

9日 国民政府教育部任命林济青为国立山东大学代理校长。

林济青（1890—1960），又名林则衣，山东莱阳人，1906年潍县广文学堂毕业，就读于汇文大学，后赴美国哥伦比亚大学留学，回国后任陕西高等学堂英文教习。辛亥革命爆发时，组织教会医院救治起义士兵，1912年被派往美国留学，获里海大学矿学硕士学位。林济青曾任私立青岛大学校务主任和国立青岛大学事务主任；1935年被国立山东大学聘为毕业试验委员；南京国民政府接管山东后，任山东省政府委员。

代理校长林济青

8月

本月 学校招收新生196人。

本月 学校延聘教师，增设副教授席，保持了齐整的师资力量。新聘教师有中文系的施畸、栾调普、黄公渚、郝昺衡、郭本道、颜实甫、敖士英、台静农、吴廷璆，外文系的凌达扬、叶石荪、饶余威、张国祯、钱端义、吕宝东、王苏冰心（美籍），数学系的周绍濂、马纯德、孙泽瀛、章用，物理学系的方光圻、潘祖武、吴敬寰，化学系的刘遵宪、何心洙、许植方，生物学系的刘发煊、汤独新，土木工程学系的张倬甫、王师羲、余雅松、王志超、赵乐山、吴潮、丁观海，机械工程学系的汪公旭、史久荣、杨寿百、叶芳哲、蒋君武等40人。

留任的教师有姜忠奎、闻宥、丁山、胡鸣盛、李茂祥、水天同、周学曹、葛其婉（德籍）、陈传璋、宋鸿哲、李先正、李蕃、李珩、费尔（德籍）、王祖荫、王文中、石坦因（德籍）、童第周、林绍文、秦素美、曾呈奎、伊格尔（德籍）等22人。

10月

6日　举行校务会议，选举闻宥、童第周、史久荣为校务会议教授代表。会议通过《国立山东大学免费公费学额委员会章程》及《国立山东大学免费公费学额规则》，并公布施行。

11月

14日　在国立山东大学建筑委员会第一次会议上，商定化学馆地址及建筑等事宜。

26日　学校收到中英"庚子赔款"10000元，用作物理、化学两系设备费。

本月　生物学系成立海产生物研究室，研究人员由生物学系教师充任。主要开展的研究工作有：中国海产动物之分类、分布形态及生态研究，青岛浮游生物之分布生态及分类研究，海产动物实验胚胎之研究，海产动物生理之研究，中国马尾藻之研究。

本年　学校在校生共有462名（含旁听生51名），其中理学院181名、工学院141名、文学院140名。理工科学生占比超过69%，与教师中理工科占优势类似。

1937年

1月

11日　校务会议通过《学期考试规则》《学生生活指导委员会章程》《校外人员实验章程》，并颁布实行。

19日　学校向青岛工商局呈送化学馆建筑图样，并申请建筑执照。2月8日执照颁发；经公开招标，由青岛新慎记承建。

2月

4日　国民政府教育部批准国立山东大学机械工程系添设机电组。

3月

5日　校务会议决定：成立毕业生职业指导委员会，由校长、秘书长及各系主任组成。

本月　1936年举办的"严持约纪念奖金"工业化学论文比赛结果揭晓，化学系助教勾福长以《制造骨胶之研究》获第一名。

4月

10日　国立山东大学第一届师生代表大会在大礼堂召开。

本月　在救亡同学会的基础上，成立国立山东大学抗日民族先锋队，作为中共的外围组织。

5月

15日　校务会议通过《国立山东大学学则（修正案）》《文理学院学则》《工学院学则（修正案）》《教务处规程》《秘书处规程》《国立山东大学办公总则》等规章，并公布施行。

6月

20日　第四届毕业典礼举行。本届毕业生共67名（男生61名，女生6名），其中文学院32名、理学院16名、工学院19名。其中薛廷耀、郑柏林、尹左芬为生物学系毕业生。

7月

全民族抗日战争爆发后，抗日民族先锋队走出校门，进行抗日宣传活动，号召民众参加抗战。

本月　化学馆落成并交付使用。该馆建筑面积约2400平方米，地上两层并设有地下室，主要用于实验和教学。正门上方雕刻的"化学馆"，由青岛市市长沈鸿烈题写。门旁一侧雕刻的"实学源泉"，由教育部部长王世杰题写。

化学馆

8月

中国化学会第五届年会在学校召开，选举成立由曾昭抡等11人组成的理事会。参加会议讨论的45名化学专家、学者有感于九一八事变，都表示：国家和民族处于危难关头，爱国的化学工作者应为抗日救国贡献力量。

本月　教育部颁发《各级学校处理校务临时办法》，通令南京、上海、江苏、浙江、保定、青岛等地学校延期开学。代理校长林济青遵命推迟开学。同时学校开始将图书、仪器装箱做迁移准备。

9月

经东北军工委批准，中共青岛特别支部成立，李欣任书记，陈振麓、王艺为委员。

10月

7日　因战事，学校拟内迁。国立山东大学第71号布告："经决定，迁移未妥以前，为安全起见，校中学生准先自动离校，或借读他校，候迁校竣事后，随时前往复校。"

9日　因局势紧张，代理校长林济青决定自即日起停课。

下旬　学校决定迁往安徽，借安徽大学一部分房舍作临时校址。

11月

上旬　日本侵略者对胶济、津浦铁路进行轰炸，学校西迁之路受阻，师生120余人仓促南迁。临行前发表《国立山东大学迁皖留别各界启事》和《林济青启事》。学校物资也几经辗转，途中损失严重。

12月

5日　国立山东大学在安庆市安徽大学校址开学。不久又迁至四川万县。

本年　化学系助教郭质良的论文《山东酒曲之研究（三）》荣获中华文化教育基金会特种科学奖、论文《中国化学工程》获论文奖。本届申请此奖项者200余人，得奖者仅10余人。

数学系助教王熙强以论文《见努力及欧拉（Enier）氏多项式根元分布》荣获上海《大公报》全国数学论文评选一等奖。

1938年

1月

日寇占领青岛，将国立山东大学校舍作为军营，除占用家具外，其余未能运走的图书、仪器、家具等物尽行焚毁。

2月

18日　教育部根据国民政府行政院训令将国立山东大学暂行停办。

23日　接国民政府教育部令，学校停办。原有经费（由国库实支部分）仍由国库照常拨付，作教职工生活、遣送学生及保管校产之用；学生转入国立中央大学和其他大学；在校教职工造册送部，另行分配工作；图书、仪器、设备分别移交国立中央图书馆、国立中央大学及中央工业职业学校保管使用。

3月

15日　依照国民政府教育部令，国立山东大学一切校务至今日结束，经费领取至今日止。

下旬　国立山东大学学生指定并入国立中央大学，在校教职工由教育部另行分配工作。

4月

14日　国民政府教育部颁发《国立山东大学校产保管办法》。规定国立山东大学停办期间，所有教具等校产由教育部所派三名保管委员保管。保管处暂设四川万县校址内。

本月　国民政府教育部派王志超为原国立山东大学校产保管委员会主任委员，黄龙先、汪公旭为委员，其职责是盘查校产、登记造册、妥善保管等。保管处先后在万县、重庆、江津等地办公。

6月

国民政府教育部令，免除林济青国立山东大学代理校长职务。

11月

18日　国民政府教育部下令改组国立山东大学校产保管处，黄龙先兼任主任委员，王圻、张紫雏为委员，并将保管处迁往重庆牛角沱教育部第二办公处。

本年　学校大部分教职员被分配到国立编译馆，有的到国立中央图书馆、四川省教育厅，不少人加入其他高校，如四川大学、西南联合大学、国立中央大学、同济大学、复旦大学。化学系主任汤腾汉则开办企业。

学生除指定转入国立中央大学外，愿意改入其他大学者，由学校汇总，报教育部分送。500多名学生，实际转入国立中央大学的有113人，5人借读。有的学生去了四川大学、西南联大，也有一些学生投奔延安，有的加入抗日救国团体"民先队"，有的进了训练班。

并入国立中央大学生物学系的部分师生合影

1939年

3月

7日　国民政府教育部部长陈立夫同意国立山东大学校产保管处迁址江津白沙镇。

24日　国立山东大学在渝职员王迈栋、李韵涛、曲继皋、杨微华、王培祜携箱件、文卷等抵白沙镇，自即日开始办公。

1940年

1月

4日　国立山东大学同学会三台分会在四川三台成立,薛传泗、丁金相、魏兴南为干事。其宗旨在于联络感情,增进合作,并协助同学会谋母校之复兴与学术之发扬。

3月

14日　三台校友会及三台毕业同学分会,联合向国立山东大学校产保管处发函,要求母校复校。

6月

学校资产经点交,国立中央大学借用120箱,国立中央工业职业学校借用54箱,中央图书馆借用76箱,国立师范学院借用186箱,西北工业学院借用23箱。由校产保管处保管的校产除文卷19箱外,其余为家具、器皿及零星机件、书箱等。此前运出青岛的共1110箱,损失632箱,近六成。

1941年

12月

校产保管委员会派李韵涛等前往国立中央大学、国立中央工业职业学校、国立中央图书馆等处，察看所借原国立山东大学的图书、仪器等保管使用情况。

1942年

12月

5日　国民政府教育部追加国立山东大学校产保管处经费8000元。

1944年

1月

28日　国民政府教育部追加国立山东大学校产保管处经费10655元。

1945年

8月

抗日战争胜利后，原国立青岛大学化学系主任汤腾汉，发动散布在重庆、成都、西安、桂林等地的校友，成立复校促进委员会，敦请杨振声、赵太侔两位前任校长出面，邀约国民政府政要及社会名流联名致电，请求在青岛迅速恢复国立山东大学建制。适逢国民政府参政会议召开，鲁籍参政员纷纷要求尽快复校，复校舆论形成一时之盛。

9月

14日　借月初召开的全国教育善后复员会议之契机，国立山东大学校产保管处向国民政府教育部申请接收学校停办时所缴纳的契据、印信、文册等，以利于保管。

28日　教育部高教司聘青岛市教育局局长孟云桥兼任国立山东大学校产保管委员会委员，就近接收、保管在青岛的校产。

10月

9日　教育部批准国立山东大学收回所缴印信、契据等的请示，并要求派人前往具领。

本月　学校收回教育部发还的于1938年缴呈的印信、契据及文件清册等。

11月

6日　教育部批准孟云桥接收在青岛市的国立山东大学校产经费100万元。

1946年

1月

29日　国民政府行政院任命赵太侔为国立山东大学校长。

2月

赵太侔聘曾任国立山东大学总务长、时在岭南大学任教的周钟岐为复校委员会主任。

3月

9日　国立山东大学的印章及校长印章正式启用。

4月

周钟岐返回青岛，以复校委员会主任的名义，临时在胶州路东亚医专旧址办公，积极筹划接收校舍等事宜。

6月

初　赵太侔校长抵青岛，研究复校工作。

8月

国立山东大学收回被美军占用的鱼山路5号和泰山路4～9号、武定路29号等处校舍，并研究确定系科设置和各级负责人。

经报请国民政府教育部批准，复校后的国立山东大学与抗日战争前相比，系科设置作了较大调整，新增设农学（含水产）、医学、地学等学科。办学规模有所扩大，设文学院（中文系、外文系），理学院（数学系、物理学系、化学系、动物学系、植物学系、地质矿物学系、仪器修造厂），农学院（水产学系、农艺学系、园艺学系、城阳农场），工学院（土木工程学系、机械工程学系、电机工程学系、实习工厂），医学院（医学本科、附属医院、高级护士职业学校）共5个学院14个学系。其中医学院和水产、地质矿物、农艺、园艺、电机工程5个学系属于新建立的。学校还设有先修班、海洋研究所。

学校和院系领导人是：校长赵太侔，校长室秘书主任刘康甫、李希章，教务长杨肇燫，总务长周钟岐，训导长刘次箫（后增设）。文学院院长老舍（因去美国，由赵太侔暂兼），理学院院长丁燮林，工学院院长杨肇燫（兼），农学院院务暂由农艺学系主任陈瑞泰代为负责，医学院院长李士伟。中文系主任杨向奎，外文系主任郑成坤，数学系主任李先正，物理学系主任王普，化学系主任刘遵宪，动物学系主任童第周，植物学系主任曾呈奎（尚在美国），地质矿物学系主任何作霖，土木工程学系主任许继曾，机械工程学系主任丁履德，电机工程学系主任樊翕，农艺学系主任王清和，园艺学系主任盛诚桂，水产学系代理主任曾呈奎（兼）。

此外，应聘到校执教的教授还有刘椽、杨宗翰、王统照、丁山、陆侃如、冯沅君、赵纪彬、萧涤非、郭贻诚、沈福彭、穆瑞五、阎效复、王仲荦等。

9月

17日　收回被美军所占校舍是复校之首要，赵太侔校长经多方交涉，于7月中旬先行接管欧阳路（现合江路）宿舍一处，复校筹备处遂迁入办公。至本日，除广西路原日本第二小学未腾让、黄台路7号被抢占仍在交涉外，先后接管鱼山路5号（日本侵占时期青岛日本中学旧址，现中国海洋大学鱼山校区南半部分），武定路29号，泰山路4～9号，德平路5号、40号、42号，绥远路18号，大学路3号。但校园北半部分（现鱼山校区二校门至五校门这条路以北部分）仍被驻青美国军队强行

1946年国立山东大学平面图

占用。随后，学校研究确定接收校舍的使用方案为：鱼山路5号作为校本部办公及文学院、理学院、医学院之用；泰山路作为工学院、农学院之用；武定路、德平路作为先修班之用；大学路3号及欧阳路作为教职员公舍之用。

10月

15日　国立山东大学在7个考试区招生（表1）。据统计，报考人数总计为5875人，录取818人，约占报考人数的14%。此外，国民政府教育部拨来先修班及复员青年军学生245名；尚有南京区委托国立中央大学代办录取学生85名；还有各指定中学送审成绩经查及格录取者61名。总计收录学生1209名。

表1　1946年度国立山东大学各考试区新生报考录取人数分系统计表

试区人数		文学院		理学院						工学院			农学院			医学院	共计	百分比
		中文系	外文系	数学系	物理学系	化学系	动物学系	植物学系	地质矿物学系	机械工程学系	电机工程学系	土木工程学系	农艺学系	园艺学系	水产学系			
青岛	报考人数	107	113	3	8	35	2	2	11	104	65	42	76	42	80	238	928	
	录取人数	25	49	2	3	18		1	2	38	32	21	8	13	18	80	310	33%
济南	报考人数	57	33	3	1	33	4	2	12	41	47	31	40	11	17	148	480	
	录取人数	4	10	2		5		1	3	11	11	13	8	2		31	103	21%
北平	报考人数	41	50	3	1	6	8	2	19	36	34	19	39	22	43	150	473	
	录取人数	9	17		1	1	4		4	7	8	5	5	2	13	39	115	24%
重庆	报考人数	200	193	25	36	40	6	11	43	119	140	134	131	79	133	113	1403	
	录取人数	1	14	2	7	4		1	2	4	10	9	8		11	2	75	5%
成都	报考人数	58	47	6	3	14			10	25	35	20	37	24	33	31	343	
	录取人数	2	2	2		1			2	2	5				1	1	18	5%
西安	报考人数	231	149	23	11	18	6	6	21	79	115	64	64	65	95	210	1157	
	录取人数	6	14	4	1	6		1	8	20	18	10	1	2	5	10	106	9%
上海	报考人数	172	105	17	21	52	3	13	37	119	106	92	84	54	61	155	1091	
	录取人数	4	9	2	8	11		5		11	14	6	8		3	6	87	8%
总计	报考人数	866	690	80	81	198	29	36	153	523	542	402	471	297	462	1045	5875	
	录取人数	51	115	15	20	46	4	4	26	93	98	64	38	22	53	169	818	14%

21日 临时校务会议举行，主席为赵太侔。会议议定，于10月25日举行开学典礼。推举刘康甫、牛星垣、邵式銮、高哲生、郭宣霖组成校刊编辑委员会，刘康甫为主任，并定于本月25日《国立山东大学校刊》复刊。

22日 图书馆恢复设立，职员3人，有西文图书3398册、线装书5166册。馆藏图书由抗日战争前的30余万册，只剩不足9000册。

23日 训导处公布《国立山东大学新生入学注意事项》，就报到、住宿、复试、体检、开学、选课等事项作出详尽说明。

25日 经过半年多的筹备，国立山东大学举行复校后的第一次开学典礼。已到校师生500多人齐集大礼堂，参加典礼仪式。会上由校长致辞，介绍学校沿革及对学生的殷切希望："学生精神方面，在过去已经养成了一贯的朴实校风，虽是同居海口，却不像别的商港的学生，那样浮华，因为本校大多数的学生，都来自乡间，一直保有朴实苦干的作风，所以在求学上比较肯实地用功，作事时比较肯负责任，这种精神有毕业校友在社会上充分的表现可证。这是自然的发展，也是先生的因势利导所造成的，现在同学们进了我们学校，希望能把我们固有的优良校风延续下去。同学们须要知道，学校是作学术研究的地方，同时也是同学们要迈进社会的准备阶段，值此适当的年龄，应该好好利用现有的求学机会，如果拿学校当作旅馆，随意住上几年，不但辜负了学校，尤其是耽误了自己。别看轻这四五年的大学过程，这几年的学校生活可以决定你一生的前途，在已出学校的同学，恐怕都该有这种感想，所以要把握住这四五年的时光，尽力充实自己。"周钟岐总务长报告复校筹备经过。最后由教师代表王普教授致辞，对学生选择院系作概括性说明。

同日 《国立山东大学校刊》复刊，并发表复刊献词。

11月

11日 经临时校务会议议决，第一批新生复试完毕后，由于远道考区新生尚未来齐，为便于先到学生补习，先开国文、英文、数学3种基本课程，即日在泰山路分校正式上课。

23日 教务长杨肇燫、校体育卫生组主任宋君复到校。

30日 修正后的《国立山东大学学则》公布施行。共7章47条，就入学与注册、转学与转系、学制与学分、考试与成绩记载、毕业与学位授予等，均作出相应规定。

12月

4日 学校教职员篮球队成立，定名为山东大学教职联队；聘宋君复教授为指导员，推选冯绍尧、李嘉泳分别为正、副队长，队员有20余人。

11日　学校成立法制委员会，推举刘次箫、王普、王哲安、刘康甫、周钟岐、樊翕、綦孟璞为委员，训导长刘次箫负责召集。

23日　国立山东大学正式上课。

28日　国立山东大学复校纪念大会在大礼堂隆重举行，全校师生及来宾千余人出席。赵太侔校长首先致辞，详细阐述复校经过及今后计划。关于大学的任务与学校计划、学术研究与地方服务，赵太侔校长说："广泛地说，一个大学的任务，非常重大，一方是作学术研究，一方是造就专门人才。在学术研究方面无论是人文科学，自然科学，以及应用科学都包括在内。一个大学包括门类很多，在组织方面应包括各种学科，因为各种学科，具有他们的相关性。在训练人才方面，大学与专科学校不同，大学是训练通材，而专门学校则是造就技术人才。山大在教育部的计划，预备设立六个学院三十个学系，两个专科学校和一个高级职业学校。本年先成立五个学院、十五科系，一个高级护士职业学校，并附设先修班，希望逐年推进以期完成最初的计划。""……山大实在有他可以特殊发展的地方。在环境方面，直接受山东半岛之特殊物产及青岛工业特别发展的影响，有值得进行特殊研究工作之处。所以在工学院方面，计划设立造船工程及矿冶工程两系，在农学院方面，我们已设立水产学系。其次便是青岛天然环境，与海洋有密切关系，所以我们计划设立海洋研究所。关于海洋的物理、气象、生物、地质都是我们研究的对象。这些都是地域上特殊条件，足以供我们研究的地方。"接着青岛市市长李先良致辞，恳望国立山大为提高青岛市文化水平、促进工商业发展作出贡献。再由童第周、刘次箫代表教职员讲话，希望完成造就人才研究学术之使命，尤望新同学发扬光大校优良校风，做国家栋梁之材。最后由校友代表郑柏林、罗秀荷向校长献纪念旗。

下午和晚上还举行了篮球友谊赛、放映电影等庆祝活动。

1947年

1月

4日 因美军士兵强暴国立北京大学一女生而引发京、津、沪等地学生相继罢课、游行，抗议美军暴行的运动迅速发展。为声援北平学生的正义斗争，国立山东大学召开抗议美军暴行大会，通过《告青岛市民书》和《告全国同胞书》。

5日 国立山东大学工学院变更旧制，注重工厂实习，学制由4年改为5年。

7日 中华全国体育协进会常务理事会召开第一次会议，宋君复被聘为第14届世界运动会遴选委员会委员。

植物学系主任兼水产学系代理主任曾呈奎

本月 曾呈奎自美国回国，应聘为国立山东大学植物学系主任兼任水产学系代理主任。

2月

1日 附属医院领导层改组。该院在敌伪时期为日本人之青岛病院，院址在江苏路中段，规模较大，设备完善。学校奉令接收后，依克伦为院长。改组后，赵太侔校长聘医学院院长李士伟兼任附属医院院长。

15日 公布实施《国立山东大学学生集会暂行规则》，凡学校各种集会，均依该规则办理。

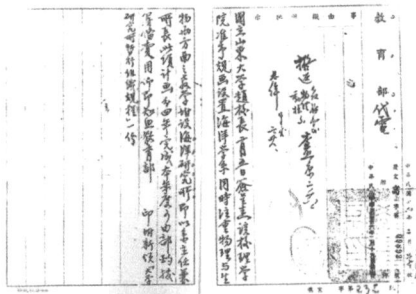
国民政府教育部批准规划设置海洋学系并附设海洋研究所的电文

19日 学校抗日战争前已开始筹备设置海洋学系与海洋研究所，但因战争而停顿。本月5日再次呈报国民政府教育部。今日接教育部批复，同意理学院规划设置海洋学系，同时注重物理与生物两方面之教学，附设海洋研究所，以系主任兼任所长。此项计划分4年完成，本年度由教育部酌拨筹备费用。

3月

5日 临时校务会议宣布出席校务会议教授代表选举办法：出席校务会议的教授代表定为3人（每10人中选1人），每年改选1次，由全体教授、副教授推选。

8日 国立山东大学成立有中共地下党员参加的第一届学生自治会。中文系学生石勃瑜（萧平）被选为理事长。

同日　学校公布《学期试验办法》及《试场规则》。

22日　校体育卫生组发起系际篮球锦标赛，历时10天，共赛33场，于本日结束。中文系获冠军，医学院获亚军。

28日　举行复校后的第一次校务会议，主席为赵太侔。主要内容为：追认、通过临时校务会议议决各项议案；宣布出席校务会议教授代表的选举结果，郭贻诚、樊翕、黄公渚当选。出席会议的有赵太侔、樊翕、王哲安、王普、曾呈奎、陈瑞泰、黄公渚、童第周、綦建镒、何作霖、刘次萧、刘遵宪、周钟岐、李士伟。

4月

15日　校学生自治会为抗议美军士兵在广西路凶杀人力车夫苏明成和在大港枪杀难民刘修文发表宣言，向国民政府、社会各界和全国同学呼吁，并提出4项要求：（1）组织中美联合法庭公开审判肇事凶犯；（2）要求美方支付遇难者家属终身生活费用；（3）彻底查究历次案件，美方要道歉、赔偿，并保证以后不再发生同样事件；（4）外国军队立即撤出中国。

24日　童第周被聘为海洋研究所所长，曾呈奎为副所长。

同日　鉴于生活艰难，学校举行全体教员会议，决定向国民政府行政院及教育部致电，要求增加工资，并决定倘无圆满结果，从5月5日起全体罢教。

25日　第三次校务会议决定成立招生委员会。以教务会议出席人为委员，并推选文学院郑成坤、理学院何雨民、农学院陈瑞泰、工学院樊翕、医学院李士伟及教务长杨肇燫、注册组主任为常务委员，教务长杨肇燫为召集人。

5月

2日　美国驻华大使司徒雷登来校，在大礼堂为师生演讲。结束后进入会客室时，学生代表石勃瑜向他递交了《致大使书》。主要内容是：严惩刺死苏明成的凶手并给予抚恤与赔偿；驻华美军撤走；交回占用的全部校舍。

3日　学校复校后第一次运动会在鱼山路运动场举行。

4日　为纪念五四运动，学校举行演讲会，王统照讲"五四前后文学运动概况"，刘次萧讲"五四在济南"。王统照在讲演中说："五四运动所以能蔚为中国学术思想解放之怒潮，使当时社会人士皆受其冲击影响，此非若干人居心促成，实乃当时大势所趋。"

同日　南京国民政府及教育部置学校教职员要求增加工资的正当呼吁于不顾，全校教职员开会决定：自5日起罢教，至政府准予与京（南京）沪平等待遇时再行复教。

5日　全校教职员开始罢教。学生致函教员会表示全力支援，即日起罢课，以求合理解决。并紧急呼吁全国同学和全市公教人员，提出："为了支持教员们对安定生活的合理要求，为了大多数公教人员直至现在还是挣扎在菲薄的待遇下，忍受着饥寒和穷困，同对为了这一切残酷的现实的强烈刺激，我们再也不能缄默不言。"

20日　校学生自治会召集300多名学生开会，决议：通电联合国，请其立即促使驻华外军退出，并要求联合国于中国内战解决前，停止对华援助。同时决定于22日复课。

30日　为让青岛市各中学应届毕业生了解各院系情况，便于报考，学校组织300多名中学生分批参观各院系。

6月

1日　学校教员会发表对学生运动的意见书。意见书说："旬日以来，澎湃激荡于全国各地之学生运动，实为当前国内之重大问题。……当前学生运动之起因，主要由于对现实不满，而现实环境之恶劣，举如政治腐败，经济凋敝，道德沦丧，文化衰颓，盖均已为万难隐讳之事实。青年学生血气方刚，凛于其所负责任之重大，复为身历痛苦所驱使，对政治有所关切，对政府有所请求，同人等均以为彼等在行动上虽难免操切欠当之处，但其动机则甚纯洁，殊不必作过分之疑虑。"并劝政府对学生运动采取开明态度，避免惨案发生；劝学生"慎重考虑，切不可任意荒废学业，逾越常规"。

2日　国立山东大学学生自治会组织全校师生举行"反内战、反饥饿、反迫害"的示威游行，遭到青岛反动当局的镇压，200多名学生遭毒打，石勃瑜等137人被抓走，造成了"六二事件"。

4日　国立山东大学 "六二事件"善后委员会向全国各界人士发出呼吁，彻底揭露青岛国民党当局制造这一事件的真相。

11日　在广大人民群众坚持斗争的压力下，经赵太侔校长积极交涉，青岛国民党当局被迫释放"六二事件"中全部被抓人员。

8月

1日　《国立山东大学学生佩带证章暂行简则》即日起执行。

本月　学校公布《国立山东大学图书馆组织条例》，规定图书馆隶属于教务处，负责全校图书的搜集编藏等事宜。

9月

16日　校奖学金审查委员会成立。除校长、教务长、训导长及会计主任为当然委员外，推选沈福彭、王书庄、杨向奎、李文庵、秦素美、樊翕、朱树屏、宋君复为委员。

27日　考虑到水产学系学生的功课都与文理学院密切相关，而水产学系在泰山路校区，为方便教学，水产学系主任朱树屏24日提出本系迁回校本部，得到赵太侔校长和杨肇燫教务长的支持，并于本日作出决定：水产学系隶属于理学院，迁入鱼山路本部。

本月　应赵太侔校长聘任，陆侃如、冯沅君夫妇来校工作，任文学院教授。

水产学系主任朱树屏

10月

学校本年度报考学生共4307人，实际收录新生297人。

12月

10日　据各院系统计，本学年第一学期在校学生为768人。其中，男生669人，女生99人。

22日　校务会议通过《农学院附设农场组织大纲》《农场管理规则》《农场工人考勤规则》。

同日　物理学系主任王普教授应聘赴美国做研究工作。请假期间，系务由郭贻诚教授暂代。

31日　学校成立图书馆委员会，推举杨向奎、郭贻诚、朱树屏、许继曾、沈福彭、刘崇仁为委员，郭贻诚为召集人。

1948年

2月

6日　校务会议宣布本年度出席校务会议的教授代表为杨肇燫、丁山、丁燮林、戴立生、樊翕、潘作新。

同日　据上报的学校概况调查表记载：国立山东大学，校址在青岛市鱼山路5号，校长赵太侔，教务长杨肇燫，训导长刘次箫，总务长周钟岐。学校下设文学院（中文系、外文系），理学院（数学系、物理学系、化学系、动物学系、植物学系、水产学系、地质矿物学系），农学院（农艺学系、园艺学系），工学院（土木工程学系、机械工程学系、电机工程学系）和医学院，共5个学院14个系。出版物有《国立山东大学校刊》《训导周刊》《文史丛刊》《星野》《岛上文艺》。

17日　动物学系主任童第周教授应聘赴美国研究，为期一年。出国期间，系务暂由戴立生教授代理。

4月

15日　公布《国立山东大学组织规程修正案》。

本月　学校第八届春季运动大会于16日、17日两天在校本部体育场举行。

5月

15日　赵太侔校长被选为国际戏剧协会中国分会会员。

本月　驻青岛美军提出租借国立山东大学校舍99年的无理要求，全校师生极为愤慨，在校内举行反美游行，并到美军兵营前示威和张贴反美传单，使美军不得不有所收敛，改为1950年归还。

本月　国民政府教育部批准学校设置水产研究所。该所由水产学系主任朱树屏在校务会上提议，在4月16日的校行政会议上议决筹设，旨在尽早招收研究生，培养高级水产人才和师资。

本月　截至本月底，全校共有教授62人、副教授19人、讲师40人、讲员7人、助教39人。

学校及各单位负责人为：校长赵太侔，教务长杨肇燫，训导长刘次箫，总务长周钟岐，中文系主任杨向奎，外文系主任郑成坤，数学系主任李先正，物理学系主任王普（因出国由郭贻诚暂代），化学系主任刘椽，动物学系主任童第周（因出国由戴立生暂代），植物学系主任曾呈奎，地质矿物学系主任何作霖，农艺学系主任陈瑞泰，园艺学系主任盛成桂，水产学系主任朱树屏，土木工程学系主任许继曾，机械工程学系主任孙振先，电机工程学系主任陈茂康，医学院院长李士伟。

文学院教授舒舍予（老舍）、赵纪彬、陈云章、杨向奎、刘次箫、丁山、陆侃如、冯沅君、黄公渚、萧涤非、郑成坤、郭宣霖、许桂英、罗念生。

理学院教授李先正、彭先荫、宋鸿哲、张国隆、王普、郭贻诚、丁燮林、杨肇㷫、王恒守、王书庄、刘橡、阮鸿仪、张怀朴、杨葆昌、童第周、蒋天鹤、秦素美、曾呈奎、李良庆、朱彦丞、何作霖、张寿常、陈瑞泰、朱树屏、王贻观、戴立生、王以康、林溁、林绍文。

农学院教授李文庵、潘咏珂、刘俊利、盛成桂。

工学院教授杨肇㷫、周钟岐、孙振先、陈孝祖、许继曾、丁观海、陈茂康、樊翕。

医学院教授李士伟、穆瑞五、沈福彭、潘作新、陈慎昭、綦建镒。

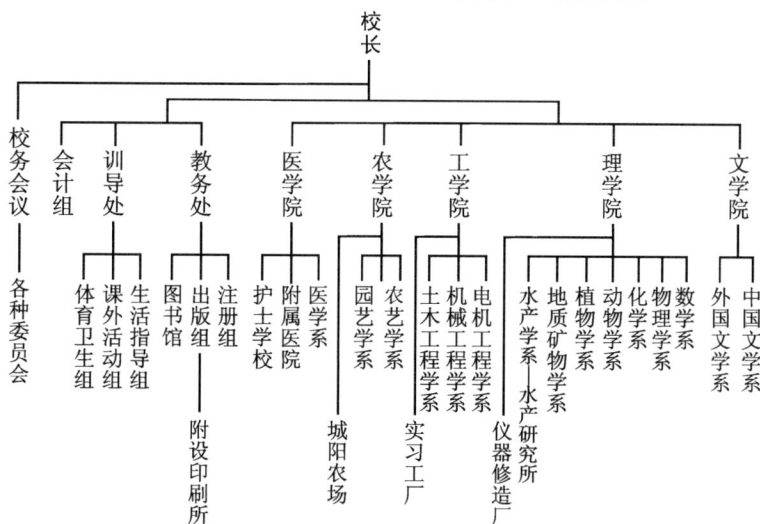

国立山东大学组织机构图
（1948年5月）

6月

23日 沈福彭、曾呈奎、萧涤非等99人在教员发表的宣言书上签名，反对美国扶植日本。宣言称："我们是中国人，我们有权关怀中国的安全，我们有权排除一切足以威胁中国安全的事物，我们有权反对任何国家直接或间接地造成一种形势，来威胁中国的安全，我们更有权将这种反对的态度坦白无隐地表示出来……美国不必也不能希望中国人民漠视扶植日本的事实而默不作声……"

28日 校学生自治会为反对美国扶植日本政策，抗议美驻青海军陆战队辱骂学校派去交涉校舍人员，决定即日起罢课3天。

7月

23日 校务会议决定：重新推定学校章制委员会人选，由教务长杨肇㷫、训导长刘次箫、总务长周钟岐、医学院院长李士伟、秘书主任刘康甫担任委员。

8月

水产学系代理主任沈汉祥

31日 学校向中央研究院借聘朱树屏教授任水产学系主任的1年期届满。由于该院不同意续聘，故朱树屏去职，由沈汉祥担任水产学系代理主任。

9月

15日 水产研究所研究生招生考试于今日开始，10月15日结束。此次招生的学科有渔捞学、鱼类学、水产生物、养殖学、水产化学、水产生态学、水产水理学。由于种种原因，首次研究生招生中途夭折。

17日 赵太侔校长主持召开校务委员会紧急会议，研究高等青岛特种刑事法庭于昨夜传讯学生问题及应对措施，决定积极与青岛当局交涉，营救被羁押的学生。1948年下半年，国民政府在各大城市设立高等特种刑事法庭，大肆逮捕爱国人士和学生运动骨干分子。

本月 经青岛市参议会报国民政府行政院批准，青岛市观象台由国立山东大学接管。

本月 本学年共招收学生205人。其中中文系25人、外文系13人、地质矿物学系11人、数学系16人、物理学系14人、化学系13人、水产学系17人、动物学系7人、植物学系2人、土木工程学系10人、机械工程学系23人、电机工程学系16人、农艺学系11人、园艺学系5人、医学院22人。全校学生应有1215人，因国民党大举进攻解放区，致使物价飞涨、人心浮动，学生退学、休学者较多，一些学生未毕业就离开了学校。

本月 国立山东大学师生掀起反对国民党反动派用以镇压学生爱国运动的特种刑事法庭的斗争，抗议青岛当局任意逮捕无辜学生。

10月

31日 国立山东大学教员会（主席为童第周）发表宣言，自11月1日起，停教3天。宣言主要内容如下。

全国各级政府、各机关、各团体、各学校、各报馆、各通讯社及各界同胞公鉴：

自币值改革限价失败以来，感觉生活困难者，不仅教育同人，即以教育界而论，亦不仅山东大学一校为然。惟是青岛市物价之昂，久为国人所共见。最初政府核定生活补助费标准时，误将青岛列入二级。几经呼吁，始得改到一级，但实物配售之惠及于京、沪、平津者，虽经本校同人再四恳求，终未获得政府之允许。同人等身肩教育之责，自知使命之重要，在万分拮据中，仍不敢不勉励以赴……数月以来，日用物品先后绝迹，食粮无市，尤感恐慌。数年来勉强维持之一线生路，至此乃面临完全断绝之危机,而莫知何以自保。以国民之立场而言,同人等当有其生存之自由;以国立学校人员之资格而言,同人等更有向政府要求改善待遇之权利:

（一）请教育部准予贷给本校全体员工薪津三个月,以供设法购求粮、煤,暂维目前之急需。

（二）以往所发每人每月三斗米之代金,系以限价为标准,不及实际价格八分之一,有名无实,所裨甚少,请政府自即日起改发实物。

（三）以前之实物配售,青岛独抱向隅之痛,现在筹备中之全面配售,闻亦置青岛于画外。同为国家之教育人员,同受物质生活之压迫,且视他地为尤甚,乃意不蒙鉴察,任其日趋于死亡而不一伸援手,事之不平孰甚于此?请政府即日对青岛配售食粮、油、盐、煤、布等日用必须品,以资救济而昭公平。

……

以上六点,为同人等所提之最低要求。希望政府当局正视现实,速予采纳。并请各界明达鉴其苦衷,予以精神上支援,则同人幸甚,教育幸甚。

11月

6日　因同情教师生活清苦,学生自11月1日起随同教职员总请假6天。

15日　全校学生总请假以来,因半数以上学生签名要求营救被特种刑事法庭羁押的学生,故未复课。13日,因"共党嫌疑"被捕的学生纪树立、钱传孝、周惠民、王寿建、王济民、余益礼、曹润五得以释放。学生复课。

18日　校长赵太侔召开临时校务会议。中心议题是,报告关于保释被传讯学生与特种刑事法庭交涉经过情形,以及如何应对紧张时局。最后议决:与美军洽商房租改收面粉;请教育部早拨应变经费;必要时集中眷属设法自卫,以策安全;推定专人与教育部及平津各大学进行私人联系;关于应变事项的办理由校务会议及行政会议决定,不另设应变机构。

12月

3日　校务会议通过《国立山东大学应变委员会组织大纲（草案）》。应变委员会设委员13~17人。

29日　植物学系主任曾呈奎向校长赵太侔提出报告,拟请从美国回国的赫崇本博士代购价值约2300美元的海洋及气象仪器,以便尽快开始海洋调查工作。

1949年

1月

3日　国立山东大学学生为抗议北平美军暴行，张贴布告，发起召开全体学生大会。校长赵太侔称：在不妨碍学业条件下，此举亦深有意义。翌日，学校召开抗议美军暴行大会，并发表《告全市同胞书》和《告全国同胞书》，抗议美军士兵奸污北大女生，揭露美军士兵在青岛犯下的罪行，要求驱逐美帝国主义离开中国。

15日　被特种刑事法庭拘捕的四名无辜学生（李茂吉、石荫萍、刘景田、董国楹）中的三人得以释放，李茂吉仍在押。

本月　在水产系兼职的部分教师随其所在的国民政府驻青渔业管理机构南撤，致使水产系的多门课程无法开出，学生代表李爱杰等多次求见赵太侔校长，要求尽快解决开课问题。赵校长为保住水产学脉，遂决定援例去外地借读，初与厦门大学联系，未果；后通过王以康、朱树屏等努力，遂确定到上海复旦大学借读。

2月

2日　美军陆战队司令部来函，通知"停租"学校校舍，美军守卫将于5日下午撤走。学校召开临时校务会议，拟定六条接收措施，并决定由杨肇燫、杨向奎、沈福彭、丁燮林、刘次箫负责具体接收事宜。经由赵太侔校长密集商请青岛市政府部门，将原俾斯麦兵营与青岛日本中学之间的齐河路（私立青岛大学时名为定安路，今中国海洋大学鱼山校区二、五校门间的路）和蓬莱路划归学校，使得校园南、北两部分连为一体，门牌号沿用鱼山路5号。

本月　赫崇本博士几经周折，回到祖国，受聘担任国立山东大学教授。

3月

初　水产系系务会议就二、三年级学生借读一事向赵太侔校长提交报告。主要内容包括本学期教学与考试安排、教职工到沪后待遇及生活安排等事项。

18日　经临时校务会议研究，基本上同意水产系系务会议的决议，并要求立即着手借读的各项准备工作。

中旬　赵太侔校长主持召开校务会议，会上有人提议迁校，遭到杨向奎、丁燮林、童第周、曾呈奎等多数人反对，赵太侔也不同意，迁校动议被否决。

28日　学生自治会决定举行学校是否南迁的大辩论。校长赵太侔在会上表态："学校不能南迁，这会造成很大损失。"这一态度，澄清了少数学生的模糊认识。主持会议的黄鑫同学顺势提出就是否南迁进行表决，以压倒性多数通过反对山大南迁的决议。会后，部分学生在校内进行游行，表明反对学校南迁的立场。

31日　赵太侔校长主持召开临时校务会议，主要研究学生自治会反对水产系学生借读复旦大学并要求收回成命。经讨论决定，维持水产系二、三年级学生借读复旦大学的决定，责令学生自治会限期交回扣押的水产系物品。

4月

1日　水产系借读复旦大学的二、三年级学生（包括张定民、李爱杰、马绍先在内）61人，代理主任沈汉祥等教职员，乘中兴轮船公司景兴轮自青岛启程赴上海。

18日　水产系借读学生正式在复旦大学注册上课。受聘为学生开课的有朱树屏、王贻观、陈修白、吴善长、闵菊初等水产界知名学者。不久，解放军逼近上海，一部分学生在上海解放前返回青岛，大部分则在解放后由学校派人接回青岛。

27日　国立山东大学学生自治会创办的《山大生活》第一期出版。该油印刊物主要报道时事和校内消息，每周三出版。

5月

9日　国立山东大学应变委员会成立，成员由各单位选出。主席为校长赵太侔，有教员会代表郭宣霖、王书庄，职员会代表钟季翔、李子清，工人团体代表王福堂、毕可明，学生自治会代表刁正清、苏砚田、王昶、杨颐康，训导长宋君复及总务长阎敦，共13人。应变委员会表示："以灯蛾扑火的精神来保护学校。"赵太侔校长亲自去警备司令部交涉，不得到学校抓人；并同意用美军占据校舍的租金，由曾呈奎教授与中纺公司协商换来面粉抢运同校，同时储备了充足的水和煤，以备应急之需。

月底　人民解放军扫清敌外围防线，逼近城区，国民党驻青政要开始撤离。一天，青岛绥署主任刘安琪派人到赵太侔住宅（绥远路18号，现包头路18号），意欲挟持赵太侔一同南撤，进门一看，已人去楼空。赵太侔已提前躲进国立山东大学医院的病房，静候解放。

6月

2日　青岛市解放，国立山东大学获得新生。

师生庆祝青岛解放

3日　青岛市军管会派王哲、罗竹风、高剑秋、张惠组成军管小组进驻学校。军管小组召开扩大的校务会议，对护校工作表示谢慰，并宣布市军管会命令和接管方针，要求学校代理人负责办理校产登记。

6日　解放后的国立山东大学全体师生员工首次大集会，1000余人冒雨参加。军管会王哲在讲话时指出，由于全校师生英勇护校，使国立山东大学很好地保存下来，完整地交给了人民，这是一个很大的功绩。

8日　学校正式复课。临时校务会议决定：由于青岛业已解放，国立山东大学应变委员会限于本日结束。

同日　决定陆侃如教授担任图书馆馆长。

20日　军管会文教部开始对学校各院系进行清点工作。

7月

据统计，国立山东大学有教职员工786人、学生1101人。

8月

18日　在精简节约运动中，新解放区各学校进行合并。江苏师范学院的部分学生并入国立山东大学，首批学生到校。

本月　校长赵太侔去职，由各方代表组成校务委员会代行校长职务。丁燮林任主任，杨肇嫌、赵纪彬任副主任。

丁燮林（1893—1974），字巽甫，笔名西林，江苏泰兴人，无党派人士，物理学家、剧作家。1913年毕业于上海交通部工业专门学校，1914年留学英国伯明翰大学，后获理科硕士学位。1920年回国后任教于国立北京大学物理学系，先后担任理预科主任和物理学系主任。1927年筹建国立中央研究院物理研究所并任所长。1947年受聘任国立山东大学物理学教授兼理学院院长。1948年当选为国立中央研究院院士。

校务委员会主任丁燮林

本月　应山东省人民政府工矿部之邀，何作霖带领本系4名教师和9名学生，承担博山—莱芜段矿产调查任务，历时1个月。师生们在莱芜发现21条赤铁矿矿脉和9条热液型镜铁矿重晶石脉，并预测有可能发现工业铁矿床。这次考察为后来发现莱芜铁矿打下了基础。

9月

30日　学校发榜公布本年度新生名单，共录取新生375名（文68人、理96人、工99

人、农53人、医59人）。此外，先修班取90名，转校学生取10名，亦同时发榜。

10月

1日　中华人民共和国成立。全校师生员工隆重集会，举行升国旗仪式，庆祝新中国的诞生。

2日　到上海复旦大学借读的水产系二、三年级部分学生，复旦大学生物系海洋组部分学生，由沈汉祥带领，乘火车到达青岛。学校派车接回后，举行简短的欢迎会，海洋研究所副所长兼植物学系主任曾呈奎教授、赫崇本教授致辞，并合影留念。

复旦大学这批学生中，四年级的管秉贤、任允武、陈上汲等9人属于借读山东大学[①]，学籍不变。水产系专门成立海洋组，除专业课外，赫崇本教授为他们补习高等数学，开设海洋学、气象学和潮汐学，并指导他们的毕业论文，直至1950年7月毕业。其余低年级学生并入水产系，成为山东大学的学生。

5日　应山东省工矿部之邀，地质矿物学系主任何作霖率队参加山东省矿产调查，负责博山—莱芜段的勘察任务。14名师生经过近1个月的艰苦工作，在莱芜发现了储量约800万吨和150万吨的两个铁矿。同时，对学生进行现场教学。

8日　新的校务委员会成立，由教师和学生代表21人组成。其中教授代表17人、讲师助教代表2人、学生代表2人。他们是丁燮林、杨肇燫、赵纪彬、童第周、王统照、刘椽、魏一斋、陆侃如、罗竹风、李善勤、郭贻诚、潘作新、陈瑞泰、杨向奎、许继曾、曾呈奎、郭宣霖、王应素、侯家泽（讲师助教代表），王方、魏金陵（学生代表）。由前9位担任常务委员；主任委员为丁燮林，副主任委员为杨肇燫、赵纪彬。校务委员会每月召开1次，必要时可随时召开临时会议。常委会开会时，讲师助教代表、学生代表可各推1人列席。

常委会近日议决重要事项如下：（1）学校国立性质不变，教育部未成立前暂由军管会代管；（2）训导处撤销，干部依需要斟酌留校，设军代表；（3）学杂费一律不收；（4）本年度6—9月经费为5亿元，由青岛市保证负担；（5）调整校舍，力求合理使用，不敷应用时，军管会帮助解决；（6）行政机构设秘书处（下设庶务、文书、会计、人事4组），教务处（设注册、出版、辅导、体育4组）；秘书长由罗竹风兼任，教务长是杨肇燫；（7）为顾及学生健康和环境卫生，特设卫生医疗机构，由校务会直接领导；（8）彻底调整教职员、学生宿舍及家具，力求合理化；（9）先修班设在校本部；（10）各院系学生可以依其志愿转系，由双方系主任据学业成绩而定。

---

① 校史分期参照国史分期，"国立"二字不再提及。

11月

3日　学校举行新中国成立后第一次开学典礼，师生和来宾600余人参加。

本月　学校实行上政治大课的学习制度。由罗竹风主讲新民主主义论，并聘请在青岛疗养的华岗讲授社会发展史和《中国人民政治协商会议共同纲领》（简称《共同纲领》）。

12月

25日　中国新民主主义青年团山东大学总支部成立大会召开，孟昭汉致开幕词，杨颐康作建团工作的总结报告，团总支书记张惠致辞。在会上，有71名新团员宣誓入团。

29日　校务委员会发布《关于政治大课的决定》，要点是把政治课列为全校必修，并计算成绩。

本年　为纪念1949年6月2日青岛解放，学校将位于鱼山路大门内的大楼命名为"六二楼"，其东邻大楼命名为"胜利楼"。

1950年

1月

7日，经党中央批准，留在青岛休养的华岗在大众礼堂首次开设讲堂。题目是《怎样用理论与实际相结合的方法来学习〈共同纲领〉》，走廊、窗外都挤满听众，人数之多，为学校有史以来所未有。之后，他又连续讲了社会发展史、新民主主义论，由于听众太多，讲堂改在校广播站（现水产馆北楼前）大台阶的广场上。

16日　中国共产党山东大学总支部宣布公开。其任务是发扬优良传统，保证《共同纲领》中的文教政策能够在学校贯彻，使学校从一所旧大学变成一所新民主主义的大学。

3月

14日　为摧毁反动党团组织、拯救失足分子，学校开始对反动党团进行登记。

27日　校务委员会常委会批准中文系与历史系合并成立文史系，分设文、史两组，杨向奎、萧涤非分任正、副系主任。

4月

5日　校第二届学生会成立大会在大礼堂举行，全校学生及校务会代表参加。会上通过了学生会会章，并选出执委19人，董国楹当选为主席。

上旬　地矿系二、三、四年级学生10余人，由助教关广岳、王麟祥率领，赴莱阳一带作野外地质调查实习。在莱阳南15公里处、金刚口村西沟的中生代晚白垩世王氏组红土层内发现了恐龙化石；并在金刚口村北7公里处将军顶附近的同样红土层内发现了恐龙蛋化石。此事经《人民日报》报道后，在地学界引起轰动。

14日　学校党总支公开后，教职员、学生中已有30余人提出入党申请。党总支在听取各方意见后，进行了综合研究，于13日、14日召开全体党员大会，对第一批申请入党的师生进行了全面审查和大会表决。

本月　首届师生代表会议于20—30日召开，出席会议的代表共98人，大会通过改造山东大学的具体方针和加强校委会领导的方案；通过给毛主席和中央人民政府及教育部的致敬电文；选举产生新的校务委员会：主任委员华岗，副主任委员陆侃如、赵纪彬、杨肇燫，常务委员罗竹风、魏一斋、刘橡、童第周、陈瑞泰、丁履德、李先正，委员有樊翕、杨向奎、何作霖、许继曾、潘作新、沈汉祥、郭贻诚、鲍文尉、陈机、陆光庭、颜子平、王承瑞、冯祖寿、张学铭、董国楹、王明理。

5月

5日　校委会会议同意赫崇本教授请调物理系气象组工作的申请。

14日　共产党员、共青团员、群众600余人齐集大礼堂，隆重举行山东大学第一次新党员入党宣誓仪式。

19日　校务委员会常委会研究中国科学院办公厅商调童第周、曾呈奎两位教授到中国科学院工作事宜。决定童第周留山东大学，兼顾中国科学院；曾呈奎去中国科学院，兼顾山东大学。

6月

18日　学校举行1946级学生毕业典礼。

7月

1日　为加强新中国的科学研究，中国科学院聘请国内成绩卓著的各学科专家为该院专门委员会委员及学术顾问。地矿系主任何作霖教授应聘为专门委员；动物学系主任童第周教授应聘为附设实验生物研究所副所长；植物学系主任曾呈奎教授应聘为附设水生物研究所青岛海洋研究室副主任。

同日　校党总支举行庆祝中国共产党诞生29周年大会。会上，华岗传达毛泽东主席在中共七届三中全会上的报告；罗竹风作整风动员报告；还举行了19名新党员的入党宣誓仪式。

20日　华东教育部原则同意学校1950年度招生章程，共计划招收新生800人；并定于7月21—23日报名，27—28日考试；在上海、济南、青岛等地设立考区。

30日　华岗主任在青岛首届科学代表大会上发表题为《论自然科学与社会科学的不可分性》的讲话。

8月

19日　校委会按青岛市政治协商会议通知要求，推选出席市人代会的代表，罗竹风、郭贻诚、陆侃如、冯沅君、刘智白为教工代表，陈福伍、杨颐康、王皇、吕慧娟为学生代表。

9月

10日　新民主主义青年团山东大学第一次代表大会召开，142名代表及来宾数十人与会。大会选出正式委员15人、常委7人、候补委员5人，张惠为团委书记。

25日　为庆祝中华人民共和国成立一周年，学校决定庆祝活动日程为：10月1日全校人员参加青岛市庆祝大会及全市游行；2日学校举行庆祝联欢晚会；3日晚上举行室内晚会及舞会。

28日　本学期新聘部分教授为吕荧、许思园、乔裕昌、方未艾、王普、高仕功、刘遵宪、徐国宪、阎长泰、徐佐夏、金泽忠、大槻洋士郎（日本籍）。

本月　文学院教授、全国文联委员王统照赴济南,就任山东省人民政府文教厅副厅长。

10月

16日　土木工程系师生积极参加治淮工程,由5名教授、1名工友和该系四年级16名学生组成的治淮工程队,即日启程。他们经过10个月的工作,圆满完成交给的任务,于翌年7月23日返校。

11月

10日　全校举行抗美援朝反美侵略动员大会。有344人签名要求赴朝鲜参战。

15日　校委会接山东省人民政府电:"华东军政委员会戒电示如下:经中央教育部批准,华东大学迁青岛与山东大学合并办理,仍用山东大学名称。并决定以彭康、陆侃如、张勃川、童第周、余修、罗竹风、刘椽、刘宿贤为迁并办理委员会委员,并以彭康为主任委员,陆侃如、张勃川为副主任委员,负责办理迁并事宜,希即刻进行工作为要。"

12月

15日　学校出现爱国参军高潮,12—14日报名者已有600余人。

18日　华东大学与国立山东大学迁并处理委员会在青岛召开第一次会议。主任委员彭康在会上宣布迁并处理委员会正式成立,即日起开展工作。会上确定了"事理兼顾、舍异求同"的方针,对于院系的合并、机构设置、师生员工待遇、合并的时间及步骤等主要问题均作详细讨论,提出了初步意见。

22日　迁并处理委员会召开第三次会议,经过讨论对几个主要问题作出如下决定。

1. 院系合并问题:(1)国立山东大学的理、工、农、医4个学院仍保留;(2)国立山东大学文史系的文学组与华东大学文学系并为中国文学系,历史组与华东大学历史系并为历史系;(3)国立山东大学的外国文学系及俄文专修科与华东大学俄语系并为外国文学系;(4)合并后的中国文学系、外国文学系与华东大学的艺术系组成文艺学院;(5)合并后的历史系与华东大学的政治系组成社会科学学院。

2. 机构设置问题:(1)合并后的山东大学实行校长负责制,设校长办公室(设主任),下设秘书科、人事科。(2)教务长下设教务处(设处长)、图书馆(设馆长)、体育室(设主任)及教学研究委员会与仪器委员会;教务处分设注册科、教务科、出版科、校刊编辑室;图书馆分设管务科、编纂科。(3)秘书长下设总务处(设处长)和生产管理委员会;总务处下设庶务科、会计科、校产管理科、供给科、生产科和卫生科。(4)保留国立山东大学的学术审议委员会和华东大学的编译委员会,归校长直接领导。

3. 合并后工作人员问题:(1)两校现有工作人员不因合并而变动,但工作岗位和名义可有所变易；（2）教职员工按原薪金、原供给制标准，华东大学部分薪金教职员工的工资分，按青岛物价折算。

4. 学生待遇问题：为照顾华东大学历史条件，尚不能立即将供给制转成助学金制，只可逐步走向同一制度。

5. 合并时间问题：一切准备工作争取寒假中完全做好，新学期开学时便在组织机构上完全成为一个整体。

以上合并方案，经迁并处理委员会第四次会议通过后，呈报华东军政委员会批示。

本年 学校决定：将著名诗人、民主战士闻一多在校任教时居住的小楼命名为"一多楼"，以为永久纪念。

1951年

2月

27日　中央人民政府教育部发文,华岗担任华东大学、国立山东大学合并后的山东大学校长。

华岗(1903—1972),原名少峰,字西园,浙江龙游人。1925年8月加入中国共产党。1928年出席在莫斯科举行的中国共产党第六次全国代表大会,回国后任青年团中央宣传部部长、中共湖北省委宣传部部长。1930年翻译出版《共产党宣言》全译本。1932年初任中共满洲特委书记,9月途经青岛时,因叛徒告密而被捕,1937年10月经党组织营救出狱,任中共湖北省委宣传部部长,筹办武汉《新华日报》兼总编辑。1945年8月任国共谈判中共代表团顾问。1948年春,经中共中央批准

校长华岗

到香港治病。1949年9月应召赴北京参加全国政协会议,因病滞留青岛,并以教授身份在山大讲授社会发展史及《共同纲领》。1950年4月,担任山东大学校务委员会主任,1951年2月任山东大学校长。

3月

13日　华东大学、国立山东大学迁并处理委员会召开第20次会议,总结迁并工作。教育部张宗麟副司长专程到会,并代表教育部宣布经过修正并批准的合校方案和合校后的领导人名单。

撤销华东大学建制,国立山东大学去掉"国立"二字。

合校后的山东大学设文、理、工、农、医5个学院和政治、艺术2个直属系,共18个系和2个研究所;共有学生2366人,教师486人,职工524人。

各级负责人为:校长华岗,副校长童第周、陆侃如,教务长何作霖,副教务长余修、罗竹风,秘书长刘椽,副秘书长刘宿贤;文学院院长吴富恒,理学院院长郭贻诚,工学院院长丁履德,农学院院长陈瑞泰,医学院院长徐佐夏;历史系主任杨向奎,中国文学系主任吕荧,外国文学系主任吴富恒(兼),数学系主任李先正,物理学系主任郭贻诚(兼),化学系主任刘椽(兼),动物学系主任童第周(兼),植物学系主任曾呈奎(兼),地质矿物学系主任何作霖(兼),土木工程学系主任许继曾,机械工程学系主任陈基建,电机工程学系主任樊翕,农艺学系主任李文庵,园艺学系主任李良庆,病虫害学系主任王清和,水产学系主任沈汉祥;直属政治学系主任李仲融,直属艺术学系主任臧云远;历史语言研

究所主任杨向奎（兼），海洋物理研究所主任赫崇本；图书馆馆长陆侃如（兼）。

党的组织建立以华岗为书记，余修、罗竹凤、刘宿贤、崔戎、武杰为委员的党组，作为学校的领导和决策机构；以刘宿贤为书记，崔戎、武杰为副书记的党委会处理党内日常工作。

19日　全校师生2500多人隆重举行1951年开学典礼暨华东大学、国立山东大学合校成功庆祝大会。山东省、青岛市的党、政、军各方负责人到校祝贺。华岗校长作题为《合校方案和山大前途》的报告，号召全校师生发愤图强，建设新山大。

21日　校务委员会办公会议决定：崔戎为校长办公室主任，孙思白为副主任；按教育部指示，将秘书长、副秘书长改为总务长、副总务长；《山东大学暂行规程草案》上报教育部审批。

4月

6日　学校决定：校务委员会常委会由校长、副校长、总务长、副总务长，文、理、工、农、医各院院长，工会、学生会各1人共15人组成。

8日　合校后的第一届学生会成立大会召开。通过了新学生会会章，选出执行委员25人、候补执行委员6人，王秀成任主席。

《文史哲》第一卷第一期目录

5月

1日　为了开展学术争鸣、提高学术水平，学校社会科学和人文科学的综合性学术刊物——《文史哲》（双月刊）创刊。

2日　学校决定成立招生委员会，由教务长、2位副教务长、2位主任秘书、5位院长及注册科科长共11人组成，并提出来年招生计划。

14日　校务委员会常委会决定本年度计划招生总数为950人。

6月

2日　华东教育部同意学校增设采矿工程系，第一年计划招生60人。

7月

24日　上午7时，在大众礼堂举行隆重的毕业典礼，应届毕业生165人和师生代表参加。华岗校长、童第周副校长、高兰教授及学生代表先后讲话。

8月

7日　校务委员会常委会讨论通过《山东大学学则》和《教员进修暂行办法》。

20日　以理、工、农、医等自然科学为主的《山东大学学报》（季刊）正式创刊，并成立以童第周为主任委员的学报编辑委员会。

21日　本年度招生工作结束，实际录取新生686名。其中，中文系25人、外文系54人、历史系36人、数学系27人、物理系26人、化学系37人、动物系29人、植物系28人、地矿系40人、采矿系44人、土木系45人、机械系46人、电机系46人、农艺系30人、园艺系15人、病虫害系23人、水产系25人、医学院75人、政治系35人。

27日　华东教育部批准《山东大学暂行规程》及《山东大学学则》，并开始施行。

9月

17日　华东教育部下文，批准齐鲁大学的中国文学系、历史系合并到山东大学。

10月

据统计，全校有学生为2183人、教员385人、职员597人、工友515人。

12月

7日　校务委员会常委会决定：《新山大》由旬刊改为周刊。

19日　校务委员会常委会决定：将全校教职工的底薪制改为工资分制。

校长
副校长

学报编辑委员会
图书仪器委员会
健康委员会
教学研究委员会
学术审议委员会

校务委员会—常务委员会

校长办公室
秘书科
人事科

总务长
副总务长
总务处
会计科
庶务科
校产管理科
医务卫生室

教务长
副教务长
教务处
注册科
教导科
出版科
校刊编辑室

图书馆
分馆
馆务科
编纂科

海洋物理研究室
历史语文研究所
体育室

政治系
艺术系

文学院
中国文学系
外国语文系
历史学系
数学系
物理学系
化学系
动物学系
植物学系
地质矿物系

理学院
附设仪器修造厂

工学院
土木工程系
机械工程系
电机工程系
采矿工程系
附设实习工厂

农学院
农艺系
园艺系
病虫害系
水产系
附设实验农场

医学院
前期
解剖学科
生理学科
生物化学科
细菌学科
寄生虫科
药理学科
公共卫生科

后期
外科
内科
妇产科
小儿科
骨科
皮肤科
眼科
耳鼻喉科
X光科

附设医院
附设护士学校

山东大学组织系统图
（1951年5月）

1952年

1月

4日　根据中共中央的部署,学校决定:全面深入开展反贪污、反浪费、反官僚主义运动,并对全体党员干部进行动员。

2月

8日　校党委会决定:刘智白、蒋士和、曾友梅、关德栋晋升为教授。

29日　华东教育部下文,同意学校土木工程系增设市政卫生工程组。

4月

19日　校务委员会常委会遵照政务院颁布的关于"三反"运动中成立人民法庭的规定,经青岛市人民政府批准,成立山东大学人民法庭,由华岗等19人组成审判委员会,华岗任审判长,童第周、陆侃如、余修任副审判长。

6月

7日　校务委员会常委会决定:吴富恒为教务长,崔戎为副教务长,杨向奎为文学院院长,叶锦田为校长办公室主任。

7月

本月　青岛市第三届游泳比赛于17日、18日举行,学校获得男女团体总分等5项冠军。

本月　教务长何作霖调中央地质部任职,副教务长余修调任山东师范学院院长,副教务长罗竹风调上海市政府任职。

8月

19日　教育部决定对多科性大学进行院系调整。遵照上级指示精神,校务委员会常委会研究决定成立院系调整委员会,华岗任主任委员,李芸生、童第周、陆侃如、吴富恒任副主任委员,崔戎等20人为委员。

25日　"中国保尔"——吴运铎来校作报告,全市青年学生1万多人参加。

26日　召开全校师生大会。华岗校长传达上级关于院系调整的会议精神,并作动员报告。

本月　经校委会研究,制订《山东大学院系调整方案》并报上级审批。

9月

11日　上午8时,学校在大众礼堂举行毕业典礼。应届毕业生315人、各院系教师代表和校领导参加典礼,青岛市副市长张公制到会祝贺。大会由教务长吴富恒主持,陆侃如副校长宣布分配方案。张公制副市长、华岗校长先后讲话,勉励毕业生不畏艰苦,积极投身到国家的大规模经济建设中去，为建设社会主义的新中国贡献力量。

18日 召开校长办公会，讨论地矿系调整到东北组建长春地质学院的有关问题。

本月 《山东大学院系调整方案》获准实施，调整工作全面完成。主要有：直属政治系迁至济南，成立山东政治学校（现为中共山东省委党校）；直属艺术系戏剧组迁至上海，与上海戏剧专科学校合并，组建中央戏剧学院华东分院（现为上海戏剧学院）；直属艺术系音乐、美术两组迁至无锡，与上海美术专科学校、苏州美术专科学校合并，成立华东艺术专科学校（现为南京艺术学院）；理学院的地质矿物学系、工学院的采矿工程系迁至长春，与有关院校的系科合并，组建长春地质学院；工学院的土木工程系与有关学院的土木、纺织两系合并，成立青岛工学院，后又迁至武汉与有关院系合并，组建武汉测绘学院（后为武汉测绘科技大学，现已并入武汉大学）；工学院的机械工程、电机工程两系迁至济南，与原山东工学院合并（后为山东工业大学，现已并入山东大学）；农学院的农艺、园艺、病虫害学3个系迁至济南，与原山东农学院合并（现为山东农业大学）；医学院因受房舍限制，暂缓调整；厦门大学海洋系理化组部分教师调来山大，与海洋物理研究所合并，成立山东大学海洋学系，由赫崇本任系主任。

经过院系调整后，学校除医学院暂时保留外，取消院一级建制。设有中国语言文学、外国语言文学、历史学、数学、物理学、化学、动物学、植物学、水产学、海洋学10个系。

海洋学系主任赫崇本

10月

11日 至今日，本年度录取的1102名新生先后报到。经过听取学校党政领导专题报告和短期政治学习后，于本月27日正式上课。

本月 校长办公会决定：成立海洋生物供应室，并报上级审批。

22日 学校党组、党委合一，由华岗任党委书记，崔戎、武杰任党委副书记，设常委会主持党的日常工作。原党委书记刘宿贤调任青岛工学院党委书记。

11月

30日 山东大学工农速成中学在大众礼堂举行开学典礼。首批140多名学生和学校党政领导，各单位代表，青岛市文教局、总工会、团委及各中学代表与会。华岗校长在讲话中说，工农速成中学的创立是培养工农

全国工业劳动模范郝建秀（右）在山东大学工农速成中学学习

人才、改革教育的重大措施。全国工业劳动模范郝建秀代表全体同学表示，保证完成党交给的学习任务，提高科学文化水平，为建设国家作出更大贡献。

工农速成中学学制4年，共招收4届学生计957人。

12月

15日　校务委员会常委会决定成立研究部，童第周兼任主任，郭贻诚、杨向奎任副主任。

23日　华东教育部同意学校成立生物标本站。

29日　校长办公会决定：阎长泰任化学系主任，曲漱蕙任动物学系主任。

同日　校长办公会研究，同意动物学系与中国科学院海洋生物研究室及中国水产实验所共同组成渔业资源调查机构。

1953年

1月

30日　校长办公会决定：学报编辑委员会由吴富恒等15人组成；《文史哲》编辑委员会由高兰等10人组成，杨向奎为主任。

3月

初　华岗校长开始讲授"辩证唯物主义"，每隔2~3周1次，直到1954年底结束。他每次讲课前都做精心准备，但从不拿讲稿，手中只有1张纸片，记有讲课内容提纲。到场听众除本校人员外，青岛市委、市政府干部踊跃参加。济南《大众日报》、南京《新华日报》、上海《解放日报》等都派记者来青听讲并刊载大课内容，在全国产生了很大影响。

4月

4日　高等教育部同意学校矿物分析专修科停办，原有的学生转入有机化学及物理化学两专业学习。

本月　方宗熙应童第周副校长之邀，受聘任山东大学教授，已到校工作。

本月　外文系英语组学生44人并入上海外语学院。

5月

18日　校党委决定：撤销工农速成中学临时党支部，设立党总支，邵平任党总支书记。

6月

8日　高等教育部同意外文系英语组部分学生并入复旦大学外文系。

7月

20日　华岗校长签发布告，奉高教部指示，动物学系、植物学系合并工作业已完成，自本月17日起正式合并为生物学系，并聘请陈机为系主任。

8月

19日　学校为312名应届毕业生举行毕业典礼。8月21日起，他们陆续走上工作岗位。

9月

8日　今年4月，高教部决定河北水产专科学校停办。并入山东大学的教师8人（教授1人、副教授2人、讲师2人、助教3人）、学生17人（翌年3月毕业），即日来水产系报到，并带来图书及渔业加工、捕捞等仪器计100余箱。

本月　学校成立由教务处领导的马列主义教研室，负责全校马列主义课程的教学工作，崔戎为主任。

本月　通过对苏联办学经验的学习与讨论，根据全国综合性大学会议精神，学校确定设置汉语言文学、历史、俄语、数学、物理、化学、动物、植物、水产、物理海洋10个专业，并按课程门类建立了14个教研室（组）。

本月　校长办公会决定：恢复教职员的政治大课学习制度，重新组成学习委员会，华岗任主任，童第周、陆侃如任副主任，各系主任为委员；在全校师生中，进行为期一年的马克思主义哲学，特别是辩证唯物论的学习，由华岗主讲。

华岗为师生员工上政治大课

10月

5日　文圣常教授、殷孟伦教授今日到校工作。

10日　参加全国统一招考的1953级新生505名以及工农速成中学的320名新学员报到。按照计划，下周进行入学教育，17日晚举行露天迎新晚会，之后转入正常学习。

11月

7日　学校举行庆祝"十月革命"36周年大会，华岗校长作题为《国家在过渡时期的总路线、总任务》的报告。

同日　《山东大学学生守则》公布，即日起施行。

12月

5日　《山东大学教职员工劳动纪律暂行办法》业经校委会扩大会议讨论通过，即日公布实施。

25日　校长办公会议决定成立山东大学科学研究委员会，成员共13人，主任委员为童第周，副主任委员为郭贻诚、徐佐夏、杨向奎；委员有方宗熙、吴大琨、李先正、沈汉祥、冯沅君、梁希彦、赫崇本、刘遵宪、穆瑞五。

本年　据统计，学校设有中国语言文学、外国语言文学、历史学、数学、物理学、化学、生物学、水产学、海洋学9个系和医学院，10个本科专业。全校有各类学生1148人，教职工1214人，其中教师有380人（教授62人、副教授38人）。图书馆藏书24万余册。

1954年

1月

15日　中共青岛市委同意，中共山东大学委员会由华岗、崔戎、武杰、高云昌、蒋捷夫、巩念圣、张学铭、贺治明、叶锦田、赵凌、王从人、孙自平组成；华岗任书记，崔戎、武杰任副书记；由华岗、崔戎、武杰、叶锦田、高云昌组成常务委员会。

中共山东大学纪律检查委员会由武杰、叶锦田、高云昌组成，武杰任书记。

2月

20日　第六届学生代表大会第二次会议在大众礼堂召开，学生会主席李训经作工作总结报告。大会决议，学生会每年改选一次。

3月

15日　举行1954年校庆大会，全校师生参加。华岗校长作题为《综合大学如何开展科学研究工作》的报告。同时，举办教学与研究工作展览；举行科学讨论会，童第周副校长作题为《关于胚胎学发展学说的探讨》的学术报告，全校共提交论文120余篇。

同日　下午，在大众礼堂举行毕业典礼，寒假毕业的63名学生和师生代表参加，童第周副校长到会并讲话。

24日　高教部副部长黄松龄到校参观教学与研究工作展览。

4月

21日　去年3月至今，学校出现学习辩证唯物论的热潮，冯沅君、郭贻诚等教授纷纷在校刊上发表文章，畅谈学习心得和收获；举办辩证唯物论和历史唯物论大型学习报告会，华岗校长分11个专题，先后作了35场报告。

5月

28日　校长办公会决定：高兰任中文系主任。

7月

10日　今年暑期毕业的148名学生，圆满完成规定学业，陆续走上工作岗位。

8月

5日　海洋学系在上报学校的材料中，介绍自1952年9月成立到目前的基本情况：教学组织有海洋学教研组，气象学教研组，海洋化学（由海洋化学、海洋沉积组成）教研组；另有动力海洋学、波浪学、潮汐学3个非正式组织，每组2人。专任教师共17人，其中教授3人（赫崇本、文圣常、唐世凤），副教授2人（王彬华、牛振义），讲师3人（景振华、江乃萼、辛学毅），助教9人。在校学生共172人，其中一年级70人、二年级59人、三年级34

人、四年级9人。在教学与科研方面,由于人数少,教师均承担着繁重的教学任务,尚未开展系统的科学研究。正在进行的项目有:文圣常负责的利用波浪动力的研究;景振华负责的海水透明度仪器的试制;辛学毅负责的标准海水的试制。

24日　学校本年度实际录取新生586名,本日起陆续报到,9月3日正式上课。

30日　校务委员会扩大会议通过1954年度学校工作重点,即"贯彻专业教学,开展科学研究,积极培养师资,加强劳动纪律"。

9月

2日　召开1954—1955学年第一学期开学典礼,陆侃如副校长主持,华岗校长报告学年工作重点。

本月　《文史哲》发表学校中文系1954届毕业生李希凡、蓝翎的《关于"红楼梦"简论及其他》一文,在国内外学术界引起反响。

1955年

3月

6日　中共青岛市委决定：山东大学党委成立组织部、宣传部。

11日　中共青岛市委下文，同意高云昌兼任山东大学纪律检查委员会书记。

12日　《山东大学优秀生、优秀班级奖励办法》公布实施。

15日　学校召开以《红楼梦》研究为主题的1955年校庆科学讨论会，童第周副校长致开幕词，华岗校长作题为《现阶段唯物论与唯心论斗争》的报告。

19日　《山东大学毕业论文暂行条例》《山东大学学年论文暂行条例》业经校委会讨论通过，并经校长批准，即日起正式实行。

25日　校长办公会研究决定：外文系教授黄嘉德兼任图书馆馆长。

5月

29日　中共山东大学第一次代表大会召开。党委向大会作工作报告。6月5日，大会讨论通过了总结报告和《关于保证贯彻〈中共中央关于增强党的团结的决议〉的决议》；选举产生了新一届党委会，华岗任书记，崔戎任副书记，华岗、崔戎、房金堂、高云昌、贺治明为常委，邱锡斌任纪检委书记。

6月

24日　高等教育部通知，外国语言文学系的英国语言文学专业停办；外国语言文学系1956年取消，其俄罗斯语言专业的师生调入武汉大学。

7月

2日　校党委发出《关于传达省委开展批判胡风运动的指示的重点（草案）》的通知。

28日　收到高教部通知，自1955年秋季开始，工农速成中学执行普通中学校历。1953年、1954年入学的学生改为4年制。自本年度起，按教育部通知，工农速成中学不再招生。

本月　学校今年暑期毕业的327名学生已于下旬走上工作岗位。

8月

13日　经中共青岛市委研究同意，高云昌兼任中共山东大学委员会组织部部长，房金堂兼任宣传部部长。

25日　根据中共山东省委指示，对华岗校长进行隔离反省。

30日　校长办公会决定：聘萧涤非兼任中文系主任。

9月

15日　学校今年共录取新生670名。新生于9月初报到,经过1周的入学教育,本日正式上课。

本月　华岗校长去职后,由童第周副校长主持行政工作,崔戎副书记主持党委工作。

1956年

2月

25日　山东省省长赵健民和中共青岛市委书记李广文等来校参观指导工作。

3月

14日　举行1956年校庆庆祝大会，会上宣布科学讨论会开幕，奖励94名优等学生。

22日　中共青岛市委文教部同意，山东大学党委会由崔戎、高云昌、房金堂、巩念圣、邱锡斌、邵平、王滋才、王从人8人组成。

31日　中国共产党山东大学第二次代表大会召开。会议听取党委工作总结报告和关于制订1956—1957年知识分子工作规划的报告；讨论通过各项决议；选举党委委员17人，崔戎任书记，丛立任副书记，崔戎、丛立、房金堂、高云昌、贺治明、叶锦田、蒋捷夫为常委。

4月

5日　高教部决定：山东大学水产系不迁上海，本年度只招收水产养殖专业学生60名；医学院于本年暑假在青岛工学院原址独立建院，筹备工作由学校负责。

5月

3日　山东省副省长晁哲甫来校检查、指导工作。

11日　高教部部长杨秀峰来校检查、指导工作，并向教师和处以上干部作关于提高教学质量和培养德才兼备人才的报告。

27日　接高教部5月16日通知，经国务院批准，山东大学暂留青岛，就现有校舍可能容纳量进行招生，必要时再迁往济南。

同日　四国渔业会议苏联代表团团长莫伊谢耶夫教授、朝鲜代表团团长金在弼（水产省副相）、越南代表团团长黎维真（农林部副部长）以及3国代表团成员，由我国商业部水产总局负责人陪同参观水产系、海洋学系、生物学系。

6月

1日　历史系主任杨向奎教授暂调中国科学院工作，《文史哲》编委会由陆侃如、吴富恒负责；黄云眉教授代理历史系主任。

22日　校长办公会决定：科学研究委员会由陆侃如任主任委员，增聘吴富恒、崔戎为副主任委员。

7月

9日　国务院任命山东省副省长晁哲甫为山东大学校长，杨希文为副校长。

晁哲甫（1894—1970），原名登明，又名蛰夫、哲夫，直隶清丰人（今属河南省），中共党员。1920年毕业于直隶省立高等师范学校。曾任中共清南边东中心县委书记，冀南行政督察专署参议室主任，冀鲁豫边区行政公署主任，中共中央党校五部副主任，晋冀鲁豫边区第一届参议会副议长、边区政府教育厅厅长，华北联合行政委员会教育厅厅长，华北人民政府教育部部长。新中国成立后，历任平原省人民政府主席、党组书记，中共平原省委常委、统战部部长，山东省人民政府副主席、

校长晁哲甫

党组副书记，中共山东省委常委、统战部部长，山东省政协副主席，山东省人民委员会副省长等职。

10日　中共青岛市委常委会6月29日批准，邵平任山东大学附设工农速成中学校长。

8月

2日　阴岛路（现红岛路）两端与登州路、齐河路的围墙被拆除。该路由校内路成为市政交通道路，把山东大学校园隔断为东、西两部分，导致红岛路以东校园不断被蚕食。新中国成立后，青岛市人代会、部分市民就曾提出开放此路要求。青岛市建设局与山东大学联系，未得解决。华岗校长被诬去职后，此事遂成。

23日　中共青岛市委批准，中共山东大学委员会由晁哲甫、叶锦田、房金堂、高云昌、蒋捷夫、杨希文、贺治明、王承瑞、赵子安、邱锡斌、戴钊、巩念圣、刘华、赵觉、徐圭鑫、王从人、邵平等17人组成；并由晁哲甫、叶锦田、房金堂、高云昌、蒋捷夫、杨希文、贺治明组成常委会。

25日　学校举行1956年毕业典礼，413名毕业生和师生代表出席。会上，校党政领导向毕业生颁发了毕业证书。

本月　童第周副校长奉调去京，就任中国科学院生物地学部副主任。

9月

1日　学校本年度实际录取新生917人，至今日已陆续报到。2日举行迎新晚会，3日正式上课。

14日　中共山东省委决定：晁哲甫兼任山东大学党委书记，叶锦田、高云昌、房金堂任副书记。

本月　医学院独立建院，迁往青岛工学院原址。

10月

20日 晁哲甫校长向全体师生员工传达中共第八次全国代表大会精神，并布置学习中共八大文件的计划。

本月 高教部批准山东大学的中文系、历史系招收副博士研究生，当年录取4人。

本月 在周恩来总理主持下，国务院科学规划委员会制订《1956年至1967年国家重点科学技术任务规划及基础科学规划》，将"中国海洋的综合调查及其开发方案"列入第7项。这是中国首次将海洋科学研究列入国家科学技术发展规划。

12月

10日 中共青岛市委常委会批准，邱锡斌任中共山东大学委员会组织部部长；金里任共青团山东大学委员会书记。

1957年

2月

23日　学校1957年科学研究计划制定完成并报高等教育部审批。共列研究项目228项（含水产系22项、海洋系19项、生物系59项），参加研究的教师有196人。

3月

6日　中共山东省委书记师哲应邀作关于国际形势的报告。全校师生及青岛医学院师生，中国科学院海洋生物研究所、水产部黄海水产研究所人员，共5000多人听了报告。

本月　各系建立党总支，并配备专职总支书记或副书记。

4月

8日　学校设立科学研究处，由王祖农任处长。

5月

11日　学校举行1957年体育运动会。共打破8项校记录、1项市纪录，83人达到国家运动员标准。

同日　聘黄云眉教授为历史系主任。

18日　中共中央4月底发出关于整风运动的指示，决定在全党普遍地、深入地开展反对官僚主义、宗派主义、主观主义的整顿党的作风运动。本日，学校党委发动师生开展整风运动。

6月

8日　中共中央发出《关于组织力量，准备反击右派分子进攻的指示》，学校在整风运动中立即开展反右派斗争。

22日　根据高教部指示，学校外文系学生定于今年暑假并入上海外国语学院。外文系教学组织调整如下：外文系之名自1957年8月1日暂时撤销，原有3个教研组调整为外国语言文学教研组、俄语教研组。

7月

上旬　反右派斗争告一段落，陆侃如、束星北等204人被错划为右派。随后，党委决定及时转入整风和改进工作阶段。

8月

31日　学校在大众礼堂为284名毕业生（其中研究生2名）举行毕业典礼。9月2日毕业生离校。

9月

24日　晁哲甫校长向全校人员作《关于整风反右和今后主要任务》的报告。

本月　高教部同意学校海洋学系物理海洋专业改为海洋水文专业，海洋气象教研组扩充为海洋气象学专业。

10月

16日　中国科学院古生物研究所生态学专家盖格尔和海洋生物研究所海洋地质专家别兹鲁柯夫来校参观。

12月

学校整风反右运动结束，转入整改阶段。

1958年

3月

21日　学校与中国科学院海洋生物研究所、水产部黄海水产实验所达成共同协议，就人才培养、学生实习、合作研究等方面进行密切合作，以适应国家建设的需要。

4月

2日　《中共中央关于高等学校和中等技术学校下放问题的通知》发布。通知说，为了切实加强党对高等学校的领导，为了使这些学校培养出来的人才更加适合各地社会主义建设发展的需要，除了少数综合大学、某些专业学院和某些中等技术学校仍由教育部或者中央有关部门直接领导以外，其他高等学校和中等技术学校都可以下放，归省、自治区、直辖市领导。对统一招生和毕业生分配制度也进行改革，由各地区自行招生和直接分配。据此，教育部通知山东省和学校，"高等学校下放名单中央已同意，不日即可下达，我部下放你省的学校计有山东大学和山东工学院两校"。9月1日，学校领导体制转为山东省直接领导。同时，学校招生和毕业分配也由山东省负责。

5月

23日　中国共产党第八届全国代表大会第二次会议闭幕，会议制定了"鼓足干劲，力争上游，多快好省地建设社会主义"的总路线。全校师生员工掀起学习、贯彻总路线的热潮。

同日　至25日，学校举行体育运动大会。有18项34人次破校纪录，有76人达到国家二级、三级运动员标准。

26日　山东省教育厅批准学校举办函授教育，开设中文、数学、历史、生物4个专业。

本月　在中共山东省委领导下，学校水产、生物、海洋3个系的96名师生和省水产局18名干部组成水产资源调查队，自本月开始，4个月内对山东沿海26个县市进行调查，为海水养殖业的发展提供基础资料。

7月

2日　教育部同意学校今年筹办海洋地质地貌系，由长春地质勘探学院协助。

4日　学校举办函授教育和夜大学的筹备工作就绪，经中共青岛市委同意开始招生。函授设中文、历史、数学、生物4个专科，学制3年，面向全省招生，当年计划招收600名；夜大学开设中文、历史、哲学3个专科，学制3年，面向青岛市招生，当年计划招收300名。

23日　学校决定：取消处级组织，教务长、总务长直接领导科，人事科由校长领导。

29日　接教育部电，山东大学归山东省委领导。

8月

6日　全国海洋综合调查培训班在科学馆开班，国家科委海洋组副组长、海洋普查领导小组副组长、海洋系主任赫崇本教授主持培训工作。参加培训的人员共150多人，其中有海洋学系80名学生，其余来自中国科学院、水产部和海军系统。

12日　水产部副部长张雨帆来校参观、指导工作。

16日　学校在八关山西侧动工兴建可容纳3500余人的大礼堂。

18日　中共山东省委常委会批准，王显周任山东大学总务长。

19日　今年毕业的学生325人（包括研究生28人）即日起进入毕业教育阶段，9月5日派遣完毕。

本月　水产系师生合作进行海带工业利用的研究，从海带中提取碘和甘露醇获得成功。

9月

2日　校党委召开干部会，传达中央关于成仿吾任山东大学校长兼党委书记的决定。

校长兼党委书记成仿吾

成仿吾（1897—1984），名昌㤉，又名灏，别名石厚生、夏乘，字仿吾，湖南新化人，中共党员，无产阶级革命家、忠诚的共产主义战士、新文化运动的重要代表、无产阶级教育家、社会科学家。1917年起在日本东京帝国大学造兵科学习。历任国立广东大学教授，中国国民党陆军军官学校政治教官兼兵器研究处技正、代处长，长征到陕北后的中共中央党校高级班教员、教务主任，陕北公学校长，华北联合大学校长，华北大学副校长等职。新中国成立后，历任中国人民大学副校长、东北师范大学校长兼党委书记。1958年7月，任山东大学校长兼党委书记。

3日　苏联水产专家萨米托耶夫来校参观生物、海洋、水产3个系。

15日　由国家科委海洋组组织的首次全国海洋综合调查开始。范围涵盖我国大部分近海区域，共布设91个调查断面、624个大面积观测站和327个连续观测站；先后共有600多人参加，其中学校海洋系98名师生参与其中。国家科委海洋组副组长、系主任赫崇本教授在动员会上提出要求："国家花这样多的人力、物力和财力进行中国历史上空前的海洋大调查，调查质量好是第一要务。我们必须按照国际标准，确保调查资料的准确度。我们要以对子孙后代负责的态度去完成各项观测任务。"到1960年底任务结束时，他们中有1/3的学生取得了优秀调查队员的称号，2/3的学生受到口头表扬，没有一个学生受到批评。

参加 1958 年全国海洋综合调查的部分学生合影

23日 学校党委举行扩大会议，张滨黄副书记传达山东省委关于山东大学迁校的决定，研究迁校具体方案。决定将中文、历史、数学、物理、化学、生物6个系分3批迁往济南；水产、海洋、地质3个系和附属中学留在青岛。张滨黄说，当前全国工农业生产正在大发展，高等教育也要大发展。山东省指出山东大学迁往济南有四大优点：一是山东大学有较好的基础，还要创设文学、历史、数学、物理、化学、生物等研究所，迁到济南有条件发展。二是山大迁济后可以和其他高校相互学习，交流经验，取长补短，共同提高。三是迁济后便于省委和省人委的领导，全国高校多数在省会。四是山东农学院已决定迁去农村，且山东大学迁济接住该院校舍，再大力扩建，逐步成为具备规模的综合大学，为社会主义培养各方面建设人才。党委书记兼校长成仿吾在讲话中强调，拥护上级的迁校决定，要求全校人员加强组织纪律性，发扬大干苦干精神，团结互助，在统一指挥安排下，完成艰巨的迁校任务。

10月

8日 山东大学教职员工调往济南和留在青岛的人员确定。据《山东大学教职员工调济、留青综合统计表》显示，学校共有教职员工931人，其中教学人员419人，包括教授44人、副教授32人、讲师76人、教员及助教267人，教辅人员、职员和工人512人。迁往济南的578人，占教职工总数的62.1%；留在青岛的353人，占总数的37.9%。迁往济南的教学人员有257人，占教学人员总数的61.3%；留在青岛的162人，占38.7%。迁济和留青的教授、副教授、讲师的比例分别为7：3、5：5、8：2。全校在校学生共计2864人（含越南留学生14人），其中留在青岛的有592人，占学生总数的20.7%。

26日　学校迁往济南部分陆续分批行动。至本日，最后一批人员和物资运抵济南，搬迁任务完成。

11月

3日　苏联专家列昂诺夫应邀到校讲学，讲授区域海洋学课，为期一年。听课教师除本校外，还有来自兄弟院校的，共有22人。

初　山东大学党委建立山东大学（青岛）委员会，高云昌、刘欣、洪波、杨润玺、闵学颐、姜洪仁为常委，高云昌副书记主持工作。建立山东大学（青岛）校务委员会，由成仿吾、高云昌、赫崇本等33人组成，高云昌等5人为常务委员。党政工作的重点是，在山大原校址、以留在青岛的部分为基础，筹建一所面向海洋的大学。

山东大学（青岛）、中共山东大学（青岛）委员会印章启用。

12月

15日　中共山东大学（青岛）委员会向山东省委呈报《关于筹建海洋大学的工作报告》，就建立海洋大学之必要性、山东大学留青人员状况、拟设置系和专业、当年招生计划及5年发展规划等作了详细阐述。

本月　受山东大学（青岛）党委委托，赫崇本教授为主组织制订《海洋大学教育计划》（暂名）。

本年　招收本专科生895人。

1959年

1月

31日　中共山东大学（青岛）委员会召开全体党员大会，到会党员168名，其中正式党员146名。大会选举高云昌等11人为党委委员；党委选出高云昌、刘欣、洪波、杨润玺、糜伯辰为常务委员。

2月

2日　校党委召开会议，高云昌传达全国教育工作会议和山东省高教局会议精神。并传达教育部原则意见：在山东只建立海洋学院及地质学院，尽快呈文上报。

3月

30日　中共中央批准山东省委3月2日上报的《关于成立山东海洋学院的请示报告》。同意成立山东海洋学院，并由山东省领导；同意先设海洋水文气象、海洋物理、海洋化学、海洋生物、海洋地质地貌5个系，学制4年；所需师资由山东省及国家有关部委协助解决；列入当年高等院校招生计划。

31日　中共山东省委派曲相升主持山东海洋学院工作，本日到职视事。

4月

6日　校党委召开扩大会议，在听取包括苏联专家在内的各方面意见的基础上，研究并确定学校的行政机构和专业设置，并报山东省高教局、教育部审批。行政机构设院长办公室，教务处（教学研究科、教学行政科），人事处（人事科、学生科、保卫科），总务处（总务科、财务科、膳食科、保健科、出版科、生产劳动科、基建办公室），图书馆，校刊编辑室。拟设10个专业，即海洋水文、海洋气象、海洋物理、海水化学、海洋动物、海洋植物、海水养殖、淡水养殖、工业捕鱼、水产加工。

5月

5日　山东大学党委常委会同意糜伯辰任水产系党总支书记、孙凤山任副书记。

15日　山东大学党委常委会同意杨润玺任海洋水文气象系党总支书记、宗志文任副书记；邵平任附属中学党支部书记，撤销速成中学党总支。

6月

29日　校党委召开扩大会议，研究决定学校机关各单位编制如下：院长3人，书记3人；党办3人，组织部2人，宣传部2人；院办6人，人事处11人，教务处8人，总务处26人；团委3人，图书馆14人，校刊2人。

7月

9日 中共山东省委决定：曲相升任山东海洋学院院长兼党委书记，侯连三任副院长。

院长兼党委书记曲相升

曲相升（1915—2002），山东牟平人，中共党员。1934年考入山东省立第七乡村师范学校。曾任黄县抗日民主政府教育科科员、县政府秘书，胶东行署秘书处秘书、副主任，东海行署督察专员公署秘书处主任兼民政科长，牟平县县长兼县委副书记，东海专署副专员、专员、党组书记。新中国成立后，任山东省人民政府副秘书长兼办公厅主任，山东省公安厅代理厅长兼山东省公安部队和民兵师政委。1959年6月起，任山东海洋学院院长兼党委书记。

13日 中共山东大学（青岛）委员会报告山东省委并获批准。报告称，据今年4月省高教会议意见和中央指示精神，不再单独建立以山东大学水产系为基础的山东水产学院，水产系即作为山东海洋学院的一个系，并列入当年招生计划。这样，1959年山东海洋学院设置海洋水文气象、海洋物理、海洋化学、海洋生物、水产5个系。海洋地质地貌系因师资匮乏暂缓设置。

同日 校党委常委会研究决定：赫崇本任教务长，薛廷耀任副教务长兼水产系主任；方宗熙任海洋生物系主任，李嘉泳任副主任；郭谨安任体育教研室副主任。

20日 在教务长赫崇本主持下，经上下反复讨论，历时8个月，数易其稿，《山东海洋学院教育计划》制订完成，并在1959年新生中施行。教育计划体现了以教学为中心，教学、科研、劳动三结合的原则；培养目标是使学生成为具有较高社会主义觉悟，较系统、广泛的专业基础理论和一定的生产技能，能够理论联系实际，身体健康的海洋科学工作者和师资；10个专业学制均为4年；教学总学时控制在2800～3000学时，其中政治课约占15%，基础课与专业基础课约占65%，专业课及专门化课约占20%；每年安排2个月的生产劳动；对考试和学生参加科研活动也作相应规定。

8月

1日 山东海洋学院及各系、处、科等单位的印章启用，山东大学（青岛）及其他旧章同时废止。

2日 校党委常委会召开扩大会议，传达国家科委海洋组会议精神；决定抽调200名师生参加全国渤海、黄海、东海、南海的普查；参与海水物性及海洋仪器制造等项目的研究；从1960年毕业的学生中选派12人赴苏联留学4年；将3000吨位的海洋调查船列入1960年基建计划。

11日 中共青岛市委同意成立中共山东海洋学院委员会，撤销中共山东大学（青岛）委员会。

15日 中共山东海洋学院委员会及其组织部、宣传部、办公室、各系党总支（支部）、附中党支部、直属教研组党支部印章启用，相应旧章同时废止。

21日 院党委常委会研究决定：成立中国共产党山东海洋学院水文气象系党总支，水产系党总支，海洋物理系（包括数学教研室）党支部，海洋化学系党支部，海洋生物系党支部，直属教研室（外语、体育、马列主义）党支部，第一党支部（院党政机关各部门），第二党支部（总务处），附属中学党支部。

26日 院党委常委会同意宗志文任直属教研室党支部书记。

本月 山东海洋学院面向全国招收学生，共录取新生461人。其中海洋水文专业67名，海洋气象专业51名，海洋物理专业57名，海水化学专业52名，海洋动物专业30名，海洋植物专业30名，水产养殖专业91名，水产加工专业43名，工业捕鱼专业40名。

9月

1日 山东海洋学院成立暨开学典礼在八关山新礼堂隆重举行。全校1300多名师生员工出席典礼，青岛市、驻青海军部队、中国科学院海洋生物研究所、水产部黄海水产研究所等单位的代表到会祝贺。典礼由党委副书记高云昌主持，院长兼党委书记曲相升宣读中共中央关于成立山东海洋学院的决定和山东省委对主

山东海洋学院建院开学典礼

要干部的任命。青岛市委宣传部部长于光、苏联海洋学专家列昂诺夫、海军代表先后发言，祝贺山东海洋学院成立。

会后，在鱼山路大门（现鱼山校区一校门）举行了简短的挂牌仪式。校名由我国著名书法家、时任中共山东省委第一书记舒同题写。同时题写的还有图书馆馆名。

同日 学校接中共青岛市委文教部通知，市委常委会同意刘欣任山东海洋学院党委办公室主任兼组织部部长。

18日 院党委常委会研究决定：杨有楙任海洋物理系副主任，洪波兼任马列教研室

主任，刘智白任数学教研组主任，赵森任外语教研组主任，文圣常任物理海洋教研组主任，施正铿任海洋学教研组主任，王彬华任气象教研组主任，杨有楸兼任水声教研组主任，于良任物理教研组主任，唐思齐任物化教研组主任，周家义任有机分析教研组主任，高哲生任海洋动物教研组主任，郑柏林任海洋植物教研组主任，李重华任淡水养殖教研组主任，张定民任海水养殖教研组主任，闵菊初任加工教研组主任，马绍先任捕捞教研组主任。

21日　中共山东省委宣传部批准学校创办《山东海洋学院学报》，并继续保留校刊。

22日　学校接到通知，中共山东省委宣传部任命陈铎为山东海洋学院海洋物理系党支部书记。

26日　院党委常委会同意李涛任第一党支部书记；赵子安任第二党支部书记；董胜任海洋生物系党支部书记。

本月　据学校上报教育部和国家统计局的报表统计，学校有本专科学生1221人，短训班学员639人，留学生3人，夜大学学生423人；专任教师161人，教辅人员81人；干部99人，工人71人。设有5个系10个专业，即海洋水文气象系（海洋水文专业、海洋气象专业），海洋物理系（海洋物理专业），海洋化学系（海水化学专业），海洋生物系（海洋动物专业、海洋植物专业），水产系（海水养殖专业、淡水养殖专业、水产品加工专业、工业捕鱼专业）。

10月

1日　校刊《山东海洋学院》创刊，并发表创刊词。校刊为4开4版，半月刊。

6日　院务会筹委会讨论通过《山东海洋学院院务委员会工作条例》《山东海洋学院系的工作条例》《山东海洋学院教研组工作条例》《山东海洋学院学年论文与毕业论文暂行办法》《山东海洋学院教师进修和接受进修教师工作暂行办法》《山东海洋学院学生生产实习暂行办法》等规章制度。

21日　山东海洋学院院务委员会成立，并呈报山东省高教局。他们是主任委员曲相升，副主任委员侯连三，委员方宗熙、王彬华、尹左芬、白季眉、丘捷、刘欣、刘中华、刘龙太、刘忠远、刘智白、孙陆一、李涛、李嘉泳、闵学颐、周惠之、邹源琳、邵平、陈铎、洪波、高云昌、唐世凤、姜洪仁、郭谨安、贺光、杨有楸、杨润玺、董胜、赵子安、赵森、赫崇本、糜伯辰、薛廷耀，共34人。

30日　为适应国家海洋开发和教学、科研需要，学校正式向国家计委等部门申请建造海洋调查船1艘。

11月

14日 学校体育运动大会举行。

17日 据统计,1年来学校完成科研项目237项;在国家级刊物上发表论文6篇,本校学报发表15篇;开学术研讨会60多次;编写教材46种。

23日 山东省高教局批准,学校太平角海水养殖工作室和气象观测场两项工程立项建设。

本年 学校接受中央和山东省水产部门委托,先后举办海带养殖、海带综合利用、海带采苗、海水养殖、淡水养殖、港养培训班,每期3~4个月,共培训水产技术人员810人。受山东、河北两省气象局委托,举办为期半年的气象培训班,培训技术人员134人。

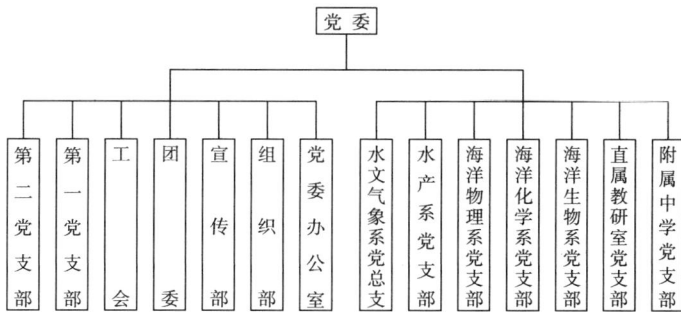

山东海洋学院党群系统图
（1959年9月）

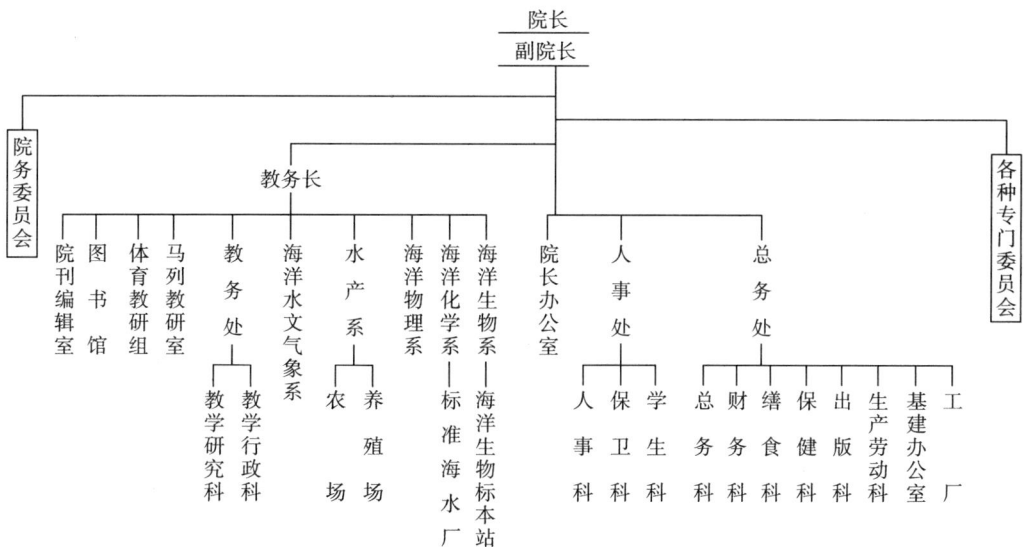

山东海洋学院行政系统图
（1959年9月）

1960年

1月

26日　国家计委批复山东省人民政府：同意山东海洋学院申请建造海洋调查船，争取1960年投入生产，1961年上半年建成交船；造船经费由省会同教育部、财政部研究解决。

2月

29日　曲相升院长为全院师生作工作报告，提出要大力开展毛泽东思想学习运动；大抓改进教学，提高教学质量；大搞科学研究与技术革新；大办业余教育；大搞文体活动。此后，全校迅速掀起以"五大"为主要内容的群众运动高潮。

3月

6日　学校夜大学开始招生，招生对象为政历清楚、思想进步、具有高中文化程度的在职人员。所设专业有政治、外语（英、俄）、数学、物理、化学、生物、水产，学制2年；并设短期机械制图培训班。本年度计划招生580人，由于报名者有1200余人，学校决定扩招；经过入学考试，实际录取1085人。其中工程技术人员、中小学教师占42.4%，部队官兵、机关干部、医务人员占27%。夜大于3月27日举行开学典礼并上课，每周学习2个晚上。但由于生活困难等原因，大多数人并没有坚持下来。

12日　中共山东海洋学院第一次代表大会在"六二礼堂"召开，187名党员代表出席。曲相升致开幕词，高云昌代表党委作工作报告。大会选举曲相升、高云昌、刘欣、洪波、杨润玺、糜伯辰、侯连三、邵平、李涛、牟力、陈铎、周惠之、董胜、曲兰芳、徐瑜为党委委员；曲相升、高云昌、刘欣、洪波、杨润玺、糜伯辰为常委。大会还选出31人为出席青岛市高教党代会代表。

14日　青岛市高校工委同意：牟力为山东海洋学院团委书记，金有根为水文气象系党总支副书记，孙陆一为附中副校长兼教导主任。

18日　学校第二届院务委员会成立，并报山东省高教局。主任委员曲相升，副主任委员侯连三，委员高云昌、赫崇本、王彬华、杨有棪、方宗熙、李嘉泳、薛廷耀、尹左芬、邹源琳、刘忠远、白季眉、刘智白、赵森、郭谨安、丘捷、闵学颐、周惠之、董胜、陈铎、曲兰芳、刘欣、杨润玺、洪波、糜伯辰、李涛、赵子安、姜洪仁、陶冰纨、徐瑜、牟力、刘中华、贺光、邵平、孙陆一、刘龙太，共37人。

24日　院委会研究决定：施正铿任海洋水文气象系副主任；闵学颐任海洋化学系主

任,周家义任副主任;李重华任水产系副主任兼淡水养殖教研组主任;曲兰芳任马列主义教研室副主任;邢福崇兼任院刊室副主任。

同日　学校发文,任命陶冰纨为图书馆副主任,徐瑜为科学技术委员会办公室副科长。

本月　教育部公布直属23所重点高等院校,山东海洋学院名列其中。

4月

14日　曲相升院长给全院师生作《关于教育革命问题》的报告,指出教学方面存在着少、慢、差、费等现象,迫切需要改革;提出"中心问题在于改革课程、改革教学制度和教学内容,并相应地改革教学方法",以达到为社会主义建设培养更多更好的建设人才之目的。

16日　学校召开"群英会",27个先进单位、221名先进个人受到表彰。曲相升院长出席会议并讲话。

5月

6日　山东省人事局任命洪波为山东海洋学院院长办公室主任。

18日　由国家计委、科委安排,学校海洋实习调查船的设计任务由一机部船舶设计院第二室承担。本日收到第二套设计方案,主要指标为:船体总长86.60米,型宽13.00米,型深7.50米,正常排水量2280吨,主机额定功率2660马力,设计时速14.5海里,续航力7000海里,自持力35天。

27日　学校上报山东省人民委员会并获批准,根据海洋调查船设计方案,预算造价计591.23万元。

6月

1日　来青岛出席全国海洋会议的百余名代表到校参观。

本月　教育部批准学校增设海洋无线电电子学、海洋地质地貌、海洋生物物理3个专业,并列入当年招生计划。

7月

7日　青岛市高校党委研究同意,史如葵任水产系党总支副书记,施正铿兼任海洋水文气象系党总支副书记。

14日　院党委召开扩大会议,系主任、教研室主任列席。会议中心议题是关于师资培养事宜,确定培养方式主要有:(1)加强政治思想教育,以促进教师业务素质的提高;(2)由易到难,先协助后独立;(3)派出短期培训;(4)以科研带动提高师资水平；（5）以带实习方式培养青年教师的独立工作能力及理论联系实际的能力。

同日 学校根据国务院及教育部关于高校教师职务确定与提升和工资调整的指示，将教师职务定为教授、副教授、讲师、助教4级。通过对163名参评教师的政治表现、业务水平、科研能力等方面的考察，经过充分酝酿、民主评议、系委会推荐、党委研究，在本日举行的第12次院委会会议上讨论通过了职务提升、工资升级的教师名单。有33人提升职务，其中康迪安、温保华升为副教授，施正铿等29人升为讲师。工资提级的共有72人，其中教授4人、副教授5人、讲师14人、助教49人。

20日 山东地质学院成立。由于条件所限，暂与山东海洋学院同一校址。学院办公室设在现鱼山校区海洋馆北侧二层小楼。

29日 学校举行1960届学生毕业典礼，128名学生和教师代表出席，党委副书记高云昌到会并讲话。不日，毕业生分赴工作岗位。

8月

本年度学校在全国各地录取新生455名；招收越南留学生6名。

9月

10日 学校发文，宋志中任图书馆主任。

20日 国家计委批准，将山东海洋学院海洋实习调查船正式列入1961年度国家计划，并通过交通部交第三机械工业部安排建造。后由于国家经济遇到困难等原因，未能按计划开工。

10月

4日 中共山东省委批准赫崇本任山东海洋学院教务长，薛廷耀任副教务长。

21日 学校研究生考试和录取工作结束，至本日先后报到，实际录取16人。其中，海洋水文专业1人，海洋气象专业2人，海洋动物专业1人，海洋植物专业1人，海水养殖专业4人，淡水养殖专业4人，工业捕鱼专业1人，水产加工专业2人。

22日 在《中共中央关于增加全国重点高等学校的决定》中，列出了64所全国重点高校[①]，其中：

【综合大学13所】*中国人民大学、*北京大学、*复旦大学、*中国科学技术大学、吉

[①] 校名前加*的为1960年中共中央公布的第一批全国重点大学。

林大学、南开大学、南京大学、武汉大学、中山大学、四川大学、山东大学、山东海洋学院、兰州大学。

【工科院校32所】*清华大学、*上海交通大学、*西安交通大学、天津大学、*哈尔滨工业大学、大连工学院、东北工学院、南京工学院、华南工学院、华中工学院、重庆大学、西北工业大学、合肥工业大学、北京航空学院、

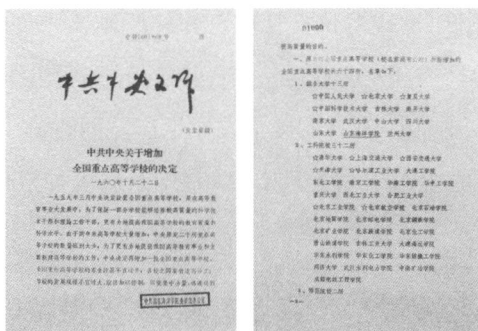

学校被列为全国 64 所重点高等院校中的 13 所综合性大学之一

*北京工业学院、北京石油学院、北京地质学院、北京邮电学院、北京钢铁学院、北京矿业学院、北京铁道学院、北京化工学院、唐山铁道学院、吉林工业大学、大连海运学院、华东水利学院、华东化工学院、华东纺织工学院、同济大学、武汉水利电力学院、中南矿冶学院、成都电讯工程学院。

【师范院校2所】*华东师范大学、*北京师范大学。

【农林院校3所】*北京农业大学、北京农机化学院、北京林学院。

【医学院校5所】*中国医科大学、*上海第一医学院、*北京医学院、北京中医学院、中山医学院。

【外语政法4校】北京外国语学院、国际关系学院、北京政法学院、北京对外贸易学院。

【音乐体育2校】中央音乐学院、北京体育学院。

【军事院校3所】*哈尔滨军事工程学院（国防科技大学+哈尔滨工程大学）、*第四军医大学、*军事通讯工程学院。

25日　为贯彻教育部加强教材建设的指示，学校加快教材、讲义编写。到目前，已编写教材67部、讲义7种，新编教学大纲15种，基本上适应了教学需要。

12月

10日　因纸张缺乏，经中共山东省委宣传部同意，院报《山东海洋学院》暂时停刊。

本年　文圣常教授在《中国科学》（英文版）上发表《普遍风浪谱及其应用》等论文，将谱概念和能量平衡结合起来，提出更具普遍性的海浪谱，受到国内外重视，被誉为"文氏风浪谱"。

本年　学校研究制定了18项规章，内容涉及领导体制，行政规则，保密、宣传、财务

制度，水电与伙食管理等诸多方面，学校的管理工作开始规范化。

本年 学校响应省、市号召，先后组织3000多人（次）分批到农村，每次多则月余，少则1周，有力支援了农业生产。同时，由于山东省旱涝灾害严重，粮食供应短缺，全校师生积极开展生产自救，在南泉农场种粮种菜，在校园空地种瓜种菜，用树叶培养"小球藻"等代食品，勉强维持生活，教学和科研都受到严重影响。

1961年

2月

22日　学校聘请中国科学院海洋研究所教授曾呈奎、张玺等协助开设现代生物学讲座。

3月

10日　第三届院务委员会组成，并呈报山东省高教局。主任委员为曲相升，副主任委员为侯连三，委员有高云昌、刘欣、洪波、赫崇本、薛廷耀、周惠之、赵子安、宋志中、牟力、徐瑜、杨润玺、王彬华、文圣常、沈育疆、陈铎、杨有梽、于良、曲超、闵学颐、董胜、方宗熙、李嘉泳、高哲生、郑柏林、吴剑侯、李涛、尹左芬、李重华、闵菊初、何岂、邹源琳、金有根、于联生、曲兰芳、刘智白、赵太侔、康迪安、郭谨安、赵森、邵平、袁葆昭，共43人。

20日　为加强党委领导下的院务委员会负责制，党委常委会研究决定：（1）加强党委领导和个人负责相结合；（2）健全党委领导下的院务委员会负责制和系党总支（支部）领导下的系务委员会负责制；（3）加强请示报告制度；（4）按行政系统、按级递交请示、报告；（5）各部门主动向领导请示、报告；（6）建立行政会议请示、汇报制度；（7）调整、健全组织机构；（8）制定、修订各项规章制度。

25日　学校学生代表大会召开。曲相升院长到会并讲话，袁葆昭当选为学生会主席。

4月

13日　教育部批准学校专业调整方案，将海洋动物、海洋植物两专业合并为海洋生物专业；淡水养殖、海水养殖两专业合并为水产养殖专业；海洋地质地貌专业分为海洋地质、海洋地貌两专业；单独设立水声学专业。所有专业学制由四年改为五年。

5月

3日　院党委制定《关于领导制度的几项规定》。在领导体制方面，继续实行党委领导下的院务委员会负责制，系党总支领导下的系务委员会负责制，并就各自职责进行了具体划分。

4日　中国共产主义青年团山东海洋学院第一次代表大会召开，牟力当选为团委书记。

30日　为提高教学质量，党委常委会研究，师资培养以在职进修、自学为主，有计划地安排外出进修、争取外援为辅。确定第一批进修骨干教师为余宙文、俞光耀、秦曾灏、吕增尧、高文绣、于良、周家义、潜婉英、方同光、王筱庆、高清廉、李重华、林振宏、冉祥熙、张炳根、赵森、何立德、陈杏生。

6月

23日　院党委向中共青岛市委报告，请示成立中共山东地质学院总支，刘忠远任书记，并由市委直接领导。7月23日市委同意了这个报告。

10月

23日　教育部颁布《教育部直属高等学校暂行工作条例（草案）》（时称"高教60条"）。在学习和讨论的基础上，经过研究，院党委发出《关于贯彻〈教育部直属高等学校暂行工作条例（草案）〉的安排意见》，就狠抓教学质量，改善知识分子工作，正确执行百花齐放、百家争鸣方针，改进领导方法与领导作风等作了安排。

26日　教育部通知，已呈请国务院任命许亮任山东海洋学院副院长，未批准前确定许亮先行到校熟悉工作。

同日　经山东省文教部批准，李涛任学校人事处处长。

本年　学校设有13个专业，即海洋水文、海洋气象、海洋物理、海洋无线电子学、水声学、海水化学、海洋生物、海洋生物物理、海洋地质、海洋地貌、水产养殖、水产捕捞、水产品加工；招收学生309人，在校本科学生1327人；教师347人；实验室25个，仪器6000余件（套）；图书24万余册，杂志234种。

1962年

1月

16日　院党委常委会研究决定：周惠之任水产系党总支书记。

3月

5日　学校上报并获准公布第四届院务委员会名单，共35人。主任委员为曲相升，副主任委员为许亮、侯连三，委员有高云昌、刘欣、洪波、赫崇本、薛廷耀、唐世凤、李涛、赵子安、牟力、杨润玺、王彬华、文圣常、杨有梀、于良、闵学颐、唐思齐、方宗熙、李嘉泳、郑柏林、邹源琳、刘忠远、丘捷、郝颐寿、周惠之、尹左芬、李重华、何垁、周清和、刘智白、康迪安、赵太侔、郭谨安。

7日　中共山东海洋学院第二次代表大会召开。大会通过《贯彻〈教育部直属高等学校暂行工作条例（草案）〉的三年规划》；选举曲相升、高云昌、许亮、侯连三、刘欣、洪波、杨润玺、鲁希平、糜伯辰、周惠之、牟力、邵平、陈铎、曲超、李涛、齐秀山、赵子安、赫崇本、董胜、赵磊、徐瑜组成党委会，并选举曲相升、高云昌、洪波、侯连三、许亮、刘欣、杨润玺为常务委员；曲相升为书记，高云昌为副书记。

16日　院务委员会决定：各系教研组和直属教研组相应地改为教研室和直属教研室。

同日　经院务委员会讨论通过，各系、直属教研室负责人如下：海洋水文气象系主任赫崇本（兼），副主任王彬华、施正铿；海洋物理系主任杨有梀；海洋化学系主任闵学颐，副主任周家义；海洋生物系主任方宗熙，副主任李嘉泳、高哲生；海洋地质地貌系副主任金有根；水产系主任尹左芬，副主任李重华、李爱杰、景方民；图书馆馆长唐世凤（兼）；马列主义教研室主任周清和（兼），副主任曲兰芳、刘中华；数学教研室主任刘智白，副主任冉祥熙、武麦缨；外语教研室主任康迪安，副主任赵森、初汉平；体育教研室主任郭谨安，副主任江福来。

27日　国务院总理周恩来签署第4551号任命书，任命曲相升为山东海洋学院院长。

4月

2日　中共山东省委文教部通知，省委同意周清和任山东海洋学院党委宣传部部长兼马列主义教研室主任。

19日　学校上报教育部1961年度《高等学校图书馆基本情况年度报表》。主要内容有：工作人员总数为14人，其中行政人员

曲相升院长任命书

3人（含兼任馆长），业务人员11人。设有研究室4个，教师阅览室3个、学生阅览室5个，计311平方米，座位近200个。共有藏书245203册，已经整理的有209829册。

5月

5日　学校呈请教育部并山东省教育厅，提出停办附属中学。6月9日，教育部批复同意停办。

27日　院党委举行会议，讨论并通过《贯彻执行"高教60条"中关于党的组织和党的工作的若干规定》。其中规定：学校实行党委领导下的院委会负责制；系党总支由领导系的工作转变为"保证和监督系务委员会决议的执行和本系各项工作的完成"。

6月

4日　高等教育部通知，撤销山东地质学院。具体处理意见如下：（1）150名本科生并入山东海洋学院，单独编班学习至毕业；（2）现有干部及骨干教师根据山东海洋学院需要选留，其余由山东省另行安排工作；（3）仪器设备全部调给山东海洋学院。

5日　国家计委在下达的国民经济年度指标中，确定学校海洋实习调查船年内开工。

27日　根据上级文件规定，从上年8月起，学校开始对在近几年在政治运动中受到错误批斗的101名师生进行甄别复议，至本日已有93人得到甄别、平反。

8月

3日　教育部批准海洋生物物理专业合并到海洋生物专业。

25日　山东地质学院撤销后，部分教师和设备并入海洋地质地貌系。院委会研究决定：丘捷任海洋地质地貌系主任兼海洋地质教研室主任，孙叶、于联生任副主任；白季眉任海洋地貌教研室主任；郝颐寿任海洋沉积教研室主任。

本月　学校共招收学生301人。

9月

14日　院务委员会第26次会议研究决定成立档案室，负责档案、资料的管理。

15日　教务长赫崇本作为国家科委赴苏考察团成员，即日启程赴苏联考察。

本月　文圣常教授所著《海浪原理》一书由山东人民出版社出版。这是国内外第一部系统论述海浪理论的专著。

文圣常著《海浪原理》

10月

4日　教育部批复，学校1962年编制人数为698人。

20日　教育部通知，国务院任命许亮为山东海洋学院副院长。

31日　学校对工厂（场）进行整顿和调整：取消钛酸钡厂和标准海水厂；海水养殖场、淡水养殖场划归水产系管理；海洋生物标本站划归海洋生物系管理；印刷厂改为出版科；修配厂分为铁工组、木工组、瓦工组；农场改为农业生产组，连同金工厂、饲养场均归总务处管理。

11月

6日　院党委常委会研究决定：成立造船工作组，负责海洋实习调查船的筹建工作，鲁希平任组长。

15日　山东省教育厅批复，学校附属中学撤销后，校舍由水产系使用，教学设备分配给青岛市的中学使用。

21日　学校成立由11人组成的学报编辑委员会，许亮为主任委员，薛廷耀为副主任委员，委员有文圣常、陈成琳、闵学颐、李嘉泳、郝颐寿、李德尚、周清和、赵太侔、张炳根。

同日　学校公布调整后的科学技术委员会名单，许亮为主任委员，薛廷耀为副主任委员，文圣常等13人为委员。

12月

15日　根据全国教育工作会议有关精神，至本日，学校共精减人员157人，其中教师44人、干部49人、工勤人员64人。

25日　经过学校领导及驻厂小组与沪东造船厂反复磋商、谈判，并签订开工协议，海洋调查船于本日象征性开工。之后因设计及钢材等问题而停工。

本年　学校制定了14项规章制度，内容涉及人事、教务、总务各部门职能，教学、科研和系的管理工作等诸多方面。

1963年

1月

山东海洋学院夜大学各班已先后结束，毕业学员82人，结业369人。

2月

18日　院党委制订本学期《组织教职员学习毛泽东思想的计划》，号召大家有计划地、系统地学习毛主席著作，并用于指导工作。

19日　教育部同意山东海洋学院1月8日上报的关于海洋实习调查船问题的报告，指示按原定设计要求、规模和吨位进行建造，并注意节约开支。

本月　根据教育部指示，《山东海洋学院十年培养师资计划》上报。

3月

8日　毛主席"向雷锋同志学习"的题词发表后，院党委制订《关于开展向雷锋同志学习的计划》，积极推动全校学习雷锋活动的开展。

30日　学校公布机构调整方案：撤销科委办公室，科研工作并入教务处，并建立科研科；撤销教务处的教务科，设教学研究科和教学行政科；教学设备科划归总务处，撤销总务处的生产劳动科。

4月

20日　院党委印发《关于开展"五反"运动和暑假前工作安排意见》，提出要加强领导，运动与工作两不误；并特别强调，要严格掌握政策界线，从学校实际出发，有什么反什么，有多少反多少。"五反"是指反对贪污盗窃，反对投机倒把，反对铺张浪费，反对分散主义，反对官僚主义。

29日　院党委常委会研究决定：成立计划生育委员会，侯连三为主任委员。

5月

13日　根据4月召开的全国高校专业调整工作会议精神，教育部同意学校的专业调整意见：海洋地质地貌系改为海洋地质系，海洋地质地貌专业改为海洋地质专业；其他专业不变。

6月

8日　中共山东海洋学院第三次代表大会召开。大会通过上届党委工作报告，选举曲相升、高云昌、许亮、侯连三、刘欣、洪波、杨润玺、邵平、李涛、鲁希平、何庆丰、赵子安、赫崇本、张克、赵磊、齐秀山、曲超、周清和、牟力为新一届党委委员；选举曲相升、高云昌、许亮、侯连三、刘欣、洪波、杨润玺为常务委员。曲相升为书记，高云昌为副书记。大会还选举曲相升、闵学颐、赫崇本、糜伯辰为出席青岛市党代会代表。

23日　学校在大众礼堂召开全体教职工大会，院长曲相升作《关于开展增产节约和"五反"运动的报告》。

8月

10日　教育部对学校4月24日上报的海洋实习调查船的船籍港和船名问题作出批复：经研究同意以上海港为船籍港，船名为"东方红"。

17日　海洋生物系方宗熙教授主持的海带新品种培育科研课题取得重大进展，成功培育出"海青二号"海带新品种，并报国家科委。此成果在"海青一号"的基础上可提高产量30%，极具推广价值。

方宗熙培育的"海青二号"海带新品种

28日　学校举行1958级学生毕业典礼，院长曲相升到会并讲话。本届毕业生共145人，其中8名退学研究生作为本科生一起分配。9月9日派遣完毕。

9月

20日　本年度实际录取新生311人。到目前为止，在校生共1858人。

10月

13日　学校师生1400多人到浮山公社参加秋种，为期一周。

31日　经过3个月的工作，学校教职工工资调整结束并公布结果：在全部教职工737人中，有245人升级，其中教学人员114人、行政人员79人、工勤人员52人；另有套级、定级的23人。

11月

1日　为共同促进我国海洋科学事业的发展，曲相升院长代表学校与厦门大学、中国科学院华东海洋所签订合作协议，主要内容有：互派教师、干部进修；互派人员短期讲学；相互交换教学与科研资料；互相提供参观、学习的便利等。

4日　根据《中越共同进行北部湾海洋科学研究工作协议书》和相关合作计划，以阮姜为团长的越南海洋科学研究代表团一行9人来校访问。曲相升院长向他们介绍学校的情况，并陪同参观海洋水文气象系、海洋物理系、海洋地质系和图书馆。

9日　山东海洋学院第三次学生代表大会召开。田洪波当选为学生会主席。

15日　学校教职工精减调整工作继续进行，到目前为止，共精减各类人员234人。

22日　"东方红"船在上海沪东造船厂正式复工，投料建造。

12月

10日　水产系主任尹左芬作为山东省的代表，出席在北京召开的中国水产学会首次综合性学术讨论会暨学会成立大会。学校共有3篇论文在大会上交流。

1964年

1月

21日　学校与社教工作队举办的党员干部、教师"社会主义教育、反修防修"培训班结束。自上年11月18日起,对全校党员干部、教师分期分批进行集中培训,共办培训班4期。

2月

25日　为更好地服务于青岛市水产开发,学校向市科委报送《落实青岛市水产十年规划项目表》,共提出研究项目14项。

3月

3日　就海洋物理专业四、五年级学生的学习年限问题,教育部批复:五年级(1959年入学)延期半年毕业;四年级(1960年入学)仍按5年制执行。

7日　学校举办科级以上干部学习班,53名干部参加,院长曲相升在开班仪式上作《通过学解放军、学大庆,实现干部革命化》的动员报告。学习班为期一个月。

10日　学校上报《山东海洋学院校舍情况统计表》,校舍总面积为86585平方米。其中教学用房面积为30864平方米,生活用房面积为36311平方米。

26日　按国家科委文件规定,学校上报科研论文和成果如下:(1)台湾海区海水环流及黄东海水平衡的初步探讨(苏育嵩);(2)非线性自动调节系统的稳定性(张炳根);(3)金乌贼在黄渤海的结群、生殖发育和洄游(李嘉泳)。

29日　山东海洋学院成立5周年庆祝大会在八关山礼堂召开,全体师生员工,驻青部队、省市来宾2500多人出席,副院长许亮代表学校党政作5年来工作总结报告。

1. 学校规模有了迅速发展,教职工由285人增至755人,学生由15个班级的481人增至43个班级的1858人,业已毕业的本科学生达479人,此外还培养了15名研究生和108名进修教师。在师资队伍方面,由137人增至379人。可供教学使用的教材93种,基本上做到所开课程均有教科书。实验室建设,除了原有的9个实验室外,新增加了50个实验室,原来仅有价值48.7万元的仪器,现有各种仪器价值已达442.4万元,现有仪器设备已基本上满足基础课的实验要求。在图书杂志方面,由建院时的9万余册到现在各种图书增至33万多册,各种期刊已有2.2万余册。海水养殖场、淡水养殖场、气象观测场、金工厂及生物标本供应站也充实扩建,还增建了气象实习台和标准海水厂。

2. 科学研究工作有了显著的进步。一是海浪、海洋水团方面的研究,二是海藻遗传方面的研究与培育海带新品种。建院以来共发表论文103篇。

此次校庆活动安排1个月的学术交流,共提交论文96篇,组织76场学术报告会,还举办了为期半年的教学、科研成果展览。

4月

13日　为给"东方红"船配备必要人员，学校多方寻求支持。经过努力，解放军总参谋部、海军司令部同意从海军退役人员中挑选29人到山东海洋学院工作。

15日　学校上报高等教育部1963年重点科研成果4项，均为海洋科学十年规划中心课题：（1）倾斜水底上波动的传播与破碎（文圣常）；（2）长方形浅海潮波的形成及其运动（陈宗镛）；（3）位势理论和象方法在海流研究中的应用（汪景庸、李心铭）；（4）宁镇山脉乳山地区栖霞组底部之新观察（王德文、程广芬）。

21日　赫崇本、文圣常、闵学颐、方宗熙被国家科委聘为海洋科学技术文献编辑委员会委员。

同日　学校向高教部上报第二批重点培养的骨干教师名单，他们是冯士筰、王如才、汪人俊、沈剑平、杜曾荫、林俊轩、高曼娜、申钧、谢式南、赵茂祥、徐德伦、侯恩淮。

28日　院务委员会举行扩大会议，院长曲相升传达并主持讨论今年春节以来毛主席关于教育工作的指示和高教部理科教学工作会议精神。

30日　中共山东省委常委会讨论通过，冯起任山东海洋学院党委副书记。

5月

13日　根据中国科协、山东省科协关于筹办全国海洋水产展览的意见，经中共青岛市委同意，成立筹备委员会。侯连三、赫崇本、尹左芬、王彬华、陈修白被推荐为委员，侯连三为副主任。

29日　学校举行表彰先进工作者大会，共有39人受到表彰，从中推选方宗熙、王如才、蒋瑞源、王福荣为出席青岛市先进生产（工作）者会议的代表。

6月

5日　赫崇本教授被高等教育部聘为《高等学校自然科学学报》的地质、地理、气象学版编辑委员会委员。

16日　学校师生员工900多人到崂山县马戈庄公社参加麦收，21日返校。

7月

13日　本日至15日，方宗熙教授应邀为山东省卫生厅在青岛召开的卫生学校、生物学校校际学科委员会会议，作关于"人类及疾病遗传问题""遗传的物质基础及遗传学当前动态"的专题学术报告。

8月

21日　上午,学校在八关山礼堂举行1964届学生毕业典礼,院长曲相升到会并讲话;院系领导向516名毕业生(本科生514名,研究生2名)颁发了毕业证书。

25日　本年度学校实际录取新生326人,本日起陆续报到,31日正式开学。

9月

14日　文圣常教授被聘为国家科委海洋组成员。

本月　院党委印发《关于贯彻中央政治理论课工作会议的决定》,强调政治理论课的根本任务是用毛泽东思想武装青年,培养又红又专的工人阶级知识分子。

10月

4日　学校呈文高等教育部并获批准,停办海洋生物专业的海洋动物胚胎学专门组,与海洋无脊椎动物学专门组合并。

19日　根据学校教学计划的安排,院党政领导率领1856名师生员工赴崂山县城阳公社支援"三秋"生产,历时11天,今日返校。

11月

5日　山东省委派驻学校的社会主义教育工作队95人到校。翌年8月撤离。

30日　据统计,1963年学校承担国家级科学研究项目44项,1964年截至本日有61项,2年共发表论文53篇。

12月

14日　院党委常委会讨论研究转变干部工作作风问题。决定:(1)任何领导到食堂买饭都要排队;(2)任何领导到保健科看病都要挂号,取消代挂号和医生陪同看病;(3)所有领导在校内看电影一律排队买票;(4)除因公事,一律不坐小汽车;(5)所有领导干部(体弱有病者除外)都要同教职工一样定期参加劳动。

同日　学校呈文高等教育部,申请筹建海洋动力实验室,并提交设计任务书和经费预算方案。

17日　山东海洋学院参加三届全国人大一次会议的代表赫崇本、方宗熙、薛廷耀、许继曾、郑柏林、白季眉启程赴京出席大会。

1965年

1月

18日　受国家科委海洋组委托，"海浪增减水预报方法"经验交流会在学校召开。海洋组副组长、教务长赫崇本教授主持会议，文圣常教授代表学校作工作介绍。

20日　"东方红"船下水。副院长许亮专程赴沪参加典礼。

28日　社教工作队向全体师生传达中共中央关于《农村社会主义教育运动中目前提出的一些问题》（即"二十三条"）。

3月

11日　经研究确定，"东方红"船的性质为综合性海洋实习调查船，设置海洋水文、海洋气象、水声学、海洋物理、海洋化学、海洋生物、海洋地质、航海地貌8个实验室和2个预备实验室。

本月　学校接受水产部重点科研项目——滩涂开发利用中的对虾人工养殖，并开始在乳山湾金港建设实验基地。该项目由水产系主任尹左芬副教授负责，王克行、胡维兴、俞开康等参加。

4月

29日　曲相升书记赴京参加高教部召开的直属高等院校党委书记会议。

5月

7日　根据中央批转高教部《关于加强高等学校政治工作和建立政治机构试点问题的报告》精神，院党委讨论决定：在党委系统现有部门的基础上建立政治部。政治部设办公室、组织部、宣传部、统战部、武装部。后决定冯起、高云昌分任政治部正、副主任。

31日　高教部批示，1965年9月起，海洋生物系三年级30名学生转入水产系学习。

6月

3日　学校召开1964年度先进工作者表彰大会。曲相升院长出席会议并讲话，王如才等35名先进工作者受到表彰。

14日　学校1000多名师生组成"劳动大军"，到城阳公社参加为期一周的夏收夏种。

24日　高等教育部与国家海洋局联合通知，1965年7月起，山东海洋学院由高教部直属领导改为高教部与国家海洋局双重领导、以国家海洋局管理为主。"东方红"船由国家海洋局北海分局代管。

25日　由山东海洋学院、国家海洋局、中国科学院海洋研究所等单位参加的"海浪预报方法研究"会战小组成立,文圣常任副组长。

7月

13日 受高教部委托,由学校与南京大学承办,为期一个月的教师英语培训班开班,参加培训的有200多人。

24日 山东海洋学院第四次学生代表大会召开。大会选举产生由21人组成的新一届学生会,李传林为主席。

27日 中共山东海洋学院第四次代表大会在"六二礼堂"举行。全院220名党员选出的75名代表全部出席会议,党委书记曲相升代表上届党委作工作报告。大会选举曲相升、冯起、高云昌、许亮、侯连三、李涛、牟力、赵磊、高欣山、张克、何庆丰、刘仁民、张乱则为新一届党委委员,曲相升、冯起、高云昌、许亮、侯连三为常务委员。

28日 由国防科委、中国科学院、国家海洋局联合举办,山东海洋学院承办的全国海洋光学专业协调会议,本日至8月1日召开。主要研究解决已列入国家海洋科技十年规划的中心问题——"中国近海光学现象的调查研究"的近期分工协作,共同探讨海洋光学如何为国防服务等。学校有10人参加会议,海洋物理系主任杨有棷担任会议主席。

8月

16日 院党委、行政贯彻毛主席"七三"指示,联合发布《关于增进学生健康,实行劳逸结合的若干暂行规定》,就减轻学生课业负担、减少政治活动、妥善组织劳动、保证休息时间等提出了具体要求。

23日 学校本年度应届毕业生有372人,加1964年储备毕业生33人,共有405人。本日举行毕业典礼,25日派遣完毕。

26日 学校本年度实际录取新生330名。本日至28日注册报到,经过1周入学教育,9月6日正式上课。

9月

17日 根据上级指示,学校组织203名干部、教师和622名高年级学生,参加崂山县城乡社会主义教育运动。本日召开全体人员会议,曲相升院长作动员报告,要求宣传好"二十三条",过好生活关、劳动关、阶级斗争关。20日全体人员分赴指定地点集训。曲院长到城阳公社田村蹲点,并兼任该片工作队队长。

本月 据统计,有在校本科生1635人、研究生3人、留学生13人。

10月

13日 为进一步加强思想政治建设,院党委常委会研究制定了3项制度:(1)建立毛主席著作学习制度；（2）建立健全组织生活会制度，开展批评与自我批评；（3）建立联系群众的制度。

27日　学校呈报山东省计委：淡水养殖试验场工程原计划在崂山水库旁建池71.4亩，批准投资18.9万元。由于当地造价太高，经研究转址到即墨县蓝村火车站荒地筹建，计划今年建成。

11月

20日　学校搞民兵训练，在配制火药时，由于操作不慎发生爆炸，两人受伤住院治疗。

"东方红"船

25日　"东方红"船在吴淞口和青岛海区开始重载试航和六站位的试验海上调查。试航结果表明，该船主要性能指标达到或超过了设计要求，建造是成功的。试航中暴露的缺陷和问题由厂方设法解决。

27日　"东方红"船第二次试航今晨抵达青岛，副院长许亮、侯连三，党委副书记高云昌及师生175人前往迎接，在青岛大港码头举行隆重的欢迎仪式。这是我国自行设计并成功建造的第一艘海洋实习调查船。

12月

10日　国家海洋局第一海洋研究所由天津塘沽迁入山东海洋学院。学校对迁来人员在生活上、工作上给予妥善安置。

30日　经过40多天的紧张施工，蓝村淡水养殖实验场建成。该实验场总面积为78亩，池面积为48亩，建筑房屋为413平方米，铺设大型管道900余米，修筑汽车路1500多米，共投资7万多元。

1966年

1月

17日　由学校研制的浅海深度温度计，经过近两年的试用，本日通过由国家海洋局组织的技术鉴定。专家们一致认为该产品设计结构比国外同类产品有所改进，建议批准使用。

2月

9日　中共海军党委通知，同意增补曲相升等10人为国家海洋局党委委员。

24日　院党委制定并公布《山东海洋学院第三个五年规划纲要（草案）》，就政治思想教育、专业调整、科学研究、教材与实验室建设等提出了规划和设想。关于办学规模，提出5年内招收本科学生1750人、研究生20人、留学生150人，共培养毕业生1920人。

3月

20日　学校1965级全体学生由12名教师、干部带队，到胶南县6053部队接受军训，为期一个月。

24日　为了进一步贯彻毛主席"七三"指示，学校召开体育工作会议，旨在推动全校群众性体育运动的普及和发展。

4月

13日　国家海洋局批复：根据水产部意见，1966年水产系暂停招生。同意学校在高教部分配的300名招生名额内各专业间予以调整，即海洋水文60名、海洋气象40名、海洋物理55名、海洋化学60名、海洋地质55名、海洋生物30名。

5月

9日　为加快我国海水淡化研究步伐，国家科委委托国家海洋局组织全国有关单位进行为期一年半的会战，副院长许亮担任会战领导小组副组长兼会战办公室（设在学校）副主任。

16日　党委制定《关于培养提拔新生力量的意见》，提出5年内30岁以下教师、干部的培养目标及主要措施，以适应学校事业发展的需要。

24日　召开党委会，传达党中央5月16日的通知和海军党委的电报。

6月

20日　根据教育部通知，学校296名毕业生暂缓分配工作。

29日　本日至7月8日，省委工作组连续主持召开院党委扩大会议，副科以上党员干部38人参加。

本月　学校承担的全国高校通用教材《遗传学》《普通地质学》《光学及电磁学实验》编撰完成。

7月

11日　根据教育部要求,学校决定今年不放暑假。

8月

25日　全国人大代表、三级教授白季眉逝世,终年71岁。

1967年

3月

1日　山东海洋学院革命委员会正式成立,并发表《告全院革命师生员工书》。

2日　院革委会召开第一次会议,研究决定院革委会由25人组成,下设办公室、组织组、宣传组、调查研究组、接待组、总务组、保卫组。

5日　院革委会研究决定曲和令等7人为常务委员。23日又增补2人为常委。

10日　山东海洋学院革命委员会印章启用,同时公布旧章作废。

17日　院革委会召开全院大会,传达毛主席3月7日对《天津延安中学以教学班为基础,实现全校大联合和整顿巩固发展红卫兵的体会》的批示,宣布实行按系按班归口联合。

27日　院革委会召开全体会议,研究学习毛主席著作、军训等事项。

同日　北海舰队军训团"支左"小组奉命进驻学校。

6月

16日　学校组织部分学生下乡支援麦收。

7月

12日　院革委会在八关山礼堂主持召开活学活用毛主席著作讲用会。

21日　教育部、水产部、国家海洋局联合在学校召开教改座谈会。会议决定:水产系暂停招生;现有一、二、三年级学生改学其他专业,具体实施方案由学校提出并报教育部和国家计委。

9月

20日　院革委会常委会决定:撤销总务组,成立生产指挥部,负责总务工作和全院生产劳动。

10月

12日　院革委会成立毕业生分配领导小组,由8人组成,负责毕业生分配工作。

30日　院革委会召开全院大会,宣布自即日起复课闹革命。

11月

26日　院革委会召开会议,宣布"解放"11名干部。至目前,先后共"解放"干部55人,占全校中层以上干部总数的73%。

12月

1日　军训团"支左"小组奉令撤离学校。

1968年

3月

10日　院革委会决定成立红代会海院红卫兵委员会。该组织在院革委会、青岛市大中学校红代会直接领导下开展工作。

同日　院革委会进行调整、充实，委员由25人增至29人，常务委员由9人增至11人。

4月

25日　山东省政协常委、山东海洋学院教授赵太侔不幸逝世，终年79岁。

赵太侔，两度出任国立山东大学校长。新中国成立后历任山东大学教授，山东海洋学院院务委员会委员、教授，民革中央委员、山东省委委员、青岛市委副主委，山东省政协常委。

5月

7日　海洋化学系原系主任、系党总支副书记闵学颐不幸逝世，终年41岁。

闵学颐（1926—1968），1956年加入中国共产党，曾任山东海洋学院助教、讲师、教研室主任等职。

6月

27日　根据6月15日中央通知精神，学校上报教育部、国家计委、国家海洋局1967年各专业毕业生人数：海洋水文51人、海洋气象26人、海洋物理52人、海洋化学39人、海洋生物75人、水产养殖46人、水产加工23人、海洋捕捞32人、海洋地质1人，共计345人。

7月

13日　接7月3日中央文件，院革委会决定：今年不放暑假，抓紧进行毕业生分配工作。

20日　院长办公室原主任杨润玺不幸逝世，终年49岁。

杨润玺（1919—1968），1940年加入中国共产党，曾任山东大学海洋系、山东海洋学院党委委员、常委，海洋水文气象系党总支书记，院长办公室主任等职。

10月

8日　学校同意北海分局在位于登州路与阴岛路（现为红岛路）交界的三角地带建筑青岛中心海洋站办公室。

11月

20日　工宣队组织1200多名师生员工赴山东省文登县沿海农村，在侯家、泽库两个公社和贫下中农同吃同住同劳动，接受再教育。此次下乡为期两个多月，于1969年1月返校。

28日　学校与国家海洋局第一海洋研究所达成协议,暂时借给他们部分宿舍和行政办公用房。

12月

军宣队进驻学校。

1969年

3月

学校在即墨县蓝村淡水养殖场建立"五七红校"。

4月

11日　由四方机车车辆厂88名职工组成的工宣队接替前工宣队进驻学校。

5月

16日　乔裕昌教授逝世，终年75岁。

6月

初　以军、工宣队负责人为正、副组长的中共山东海洋学院临时领导小组成立。

7日　根据中央指示，学校成立整党办公室，对全校的整党建党工作作出具体安排，随后进行为期40天的思想整顿和组织整顿。

10日　学校上报国家海洋局：1969年毕业生人数为323人，1970年毕业生人数为330人。

10月

11日　学校组织600多名师生员工到蓝村公社支援"三秋"生产，历时两周。

12月

8日　按照青岛市革委会党的核心领导小组决定：工宣队今日撤离学校。

10日　青岛市革委会决定：军代表孟宪诚主持山东海洋学院工作。

25日　按上级指示，学校1200多名师生被疏散到山东省日照县丝山公社的4个自然村，和当地农民同吃同住同劳动。

本年　为贯彻上级战备疏散的指示，学校大力加强"三线"建设，投入大量人力、物力，在日照县丝山公社、平度县大泽山公社建立了战备疏散点。

1970年

2月

23日　青岛市工宣队、军宣队指挥部派叶树等16人组成工宣队、军宣队，今日进驻学校。

3月

山东海洋学院标准海水厂恢复生产。

4月

22日　中共山东省革委会核心领导小组研究，同意建立山东海洋学院革委会党的核心领导小组，由孟宪诚（军代表）、叶树（工代表）、车述芳（军代表）、刘俊卿（工代表）、高云昌、刘欣、侯连三组成，孟宪诚为组长，叶树为副组长。

同日　青岛市革委会研究，同意院革委会常务委员会由孟宪诚、叶树、高云昌、刘欣、侯连三等11人组成，孟宪诚为主任，叶树、高云昌为副主任。

6月

学校完成国家海洋局、青岛市下达的1969—1970年度科研课题21项。其中，转子机、海雾观测设备、射流元件、新药物"三合素"的研制受到表扬和好评。

7月

29日　中共山东省革委会核心领导小组批转《山东省高等学校布局和专业调整方案》。方案提出，山东海洋学院要面向国防，面向海洋，培养海洋专业人才；校址设在青岛市，在日照县建立战备疏散基地；水产养殖、海洋捕捞、水产加工3个专业并入烟台水产学校。

31日　按照中共中央文件规定，1969和1970两届共656名毕业生在参加了为期两周的政治学习、培训后，今起分配派遣。

8月

6日　考虑到教职工的生活困难及当地农村住房紧张、生产需要等实际问题，学校向青岛市革委会请示并获批准，被疏散到日照县的师生1200多人分3批返回青岛。

31日　院党的核心领导小组研究并最后确定学校的机构设置方案。内容包括：（1）成立"五七"工厂，下设三个车间；（2）"五七红校"改名为"五七"农场，包括海水养殖场和淡水养殖场；（3）撤销直属教研室建制，外语、数学教研室划归物理系领导，保留原建制；马列教研室、体育教研室除抽调少数人充实基层外，其余划归"五七"工厂，参加生产劳动；（4）院直机关设院革委会办公室、组织组、宣传组、保卫组、教育革命组、科研生产组、图书馆、调查船、战备办公室；（5）后勤设财务设备组、生活管理组、卫生保健组、幼儿园。

9月

21日　院党的核心领导小组举办为期半个月的整党建党骨干培训班。参加培训的有院党的核心领导小组成员，院革委会委员，各单位负责人，工宣队、军宣队成员和部分党员骨干。

本月　院革委会委员、原党委书记兼院长曲相升奉调离开学校。

10月

9日　学校组织部分人员，在军宣队、工宣队带领下，分赴上海、大连及青岛市科研单位进行调研。

11月

13日　中共山东省革委会核心领导小组研究同意：丁韬任院革委会副主任、中共革委会核心领导小组副组长。

18日　学校公布教学计划调整意见，每学年安排总学时为1886学时。其中政治活动（包括政治课）、学军学农、体育课占31.6%；教学占68.4%；全年假期30天，机动15天。此教学计划在首届工农兵学员中施行。

本年　院党的核心领导小组按照山东省整党建党工作会议精神，部署并开展了学校的整党建党工作。此项工作分为大学习（120天）、大批判（5天）、大总结（10天）和组织整改4个阶段，历时半年，至翌年3月结束。

本年　根据中共中央批转《北京大学、清华大学关于招生（试点）的请示报告》和上级指示，学校决定面向全国，在有2年实践经验的具有高（初）中文化水平的工人、农民、解放军官兵中选拔招收学生。招生专业调整为6个，即海洋水文气象、海洋声学、海洋光学、海水综合利用、海洋重力磁力、海洋地质调查。学制均为3年。

1971年

2月

20日　根据《山东省高等学校布局和专业调整方案》,山东海洋学院水产系并入烟台水产学校的准备工作几近完成。今日双方代表高云昌、杨国彬签署《山东海洋学院水产系并入烟台水产学校交接书》。确定去烟台人员共有61人,其中教师46人、干部7人、教辅7人、工人1人。随带40元以上仪器、设备1261件,价值超过69万元;家具2498件,价值近5万元;中外文图书15894册、期刊7536种。4月初搬迁完毕。

3月

26日　学校恢复招生。这是1966年停止招生5年来的第一次,首届工农兵学员311人于中旬陆续报到。今日学校在八关山礼堂举行开学典礼,国家海洋局、山东省、青岛市的党政军代表和42所高校代表到会祝贺。

4月

28日　中共山东省委研究决定:吴飞任院革委会党的核心领导小组成员、院革委会常委。

5月

11日　为贯彻"五七指示",结合学校承担的国家和地方的科研项目或工程,海洋水文气象专业、海洋地质调查专业和海洋重力磁力专业的师生,分别到温州的瓯江口、广东湛江、山东威海结合典型任务进行开门办学,为期三个月。

6月

16日　学校评选出25名出席国家海洋局"三代会"的代表。

8月

10日　由学校选址,青岛市城建局批准,将青岛近郊小麦岛5.5亩国有土地拨给学校,用于建立我国第一个综合性海洋实验站,进行海水综合利用、海洋仪器、海水淡化等实验研究。

25日　唐世凤教授不幸逝世,终年68岁。

唐世凤（1903—1971）,曾任厦门大学海洋系主任,山东大学教授,山东海洋学院海洋水文气象系副主任、教授,图书馆馆长,青岛市政协委员,九三学社青岛市委委员。

建设我国第一个综合性海洋实验站

9月

学校研制的水下激光电视在做现场实验

3日 国家海洋局组织全国海洋仪器研制会战，青岛会战点设在学校，主要负责研制船用温盐深走航自记仪、600～1000米定点温盐深自记仪、水下激光电视。

12月

4日 院革委会党的核心领导小组下发《关于清查"5·16"反革命阴谋集团的计划》，历时近1年的清查"5·16"运动开始。

1972年

2月

21日　院党的核心领导小组研究决定：成立基础课教研室，下设政治、数学、外语、体育教研组；政治教研组归政治部领导，其余教研组属教务部领导。至10月，上述4个教研组又改为院直属教研室。

29日　院革委会公布机构调整方案：设海洋水文气象、海洋物理、海洋化学、海洋地质、海洋生物5个系；院部机关设政治部、教务部、院务部、办公室。上述各单位印章自3月1日启用。

4月

8日　学校为198名1972级工农兵学员举行开学典礼，孟宪诚代表院党的核心领导小组讲话。

5月

17日　山东大学原校长兼党委书记华岗在济南去世，终年69岁。

华岗，新中国成立后任山东大学教授、校长兼党委书记，并当选为第一届全国人大代表。著有《中国民族解放运动史》《太平天国革命史》《五四运动史》《社会发展史纲》等。1980年3月28日，中共中央正式批准为华岗平反昭雪；4月10日，最高人民法院撤销原判，宣告华岗无罪；5月22日，中共山东省委决定恢复华岗的党籍和政治名誉；7月5日，中共山东省委在济南英雄山烈士陵园为华岗举行隆重的平反昭雪追悼大会。

10月

19日　为贯彻山东省高等教育工作会议精神，在各系讨论的基础上，院革委会组织专人分赴国家海洋局、海军等30多个用人单位，就专业方向、培养目标、课程设置等方面如何体现面向海洋、面向国防、兼顾民用等进行调查研究，制定《关于省高等教育工作会议的贯彻意见》，提出明确专业方向，修改教学计划，加强教材建设，改进教学方法，整顿组织纪律，加强学校管理等具体措施。

27日　中共青岛市核心领导小组通知：经中共山东省委批准，刘雨亭任院革委会副主任、党的核心领导小组成员；免去丁韬院核心领导小组副组长、革委会副主任职务。

12月

13日　中共山东省委任命刘俊卿为院党的核心领导小组成员。

1973年

1月

10日　原海洋地质系主任丘捷教授逝世，终年69岁。

2月

24日　学校召开教师、干部会议，传达学习全国科技工作会议精神。

4月

3日　学校召开全体师生员工大会，传达中共中央14号文件。中央决定恢复邓小平同志党内组织生活和国务院副总理职务，师生精神振奋，表示坚决拥护中央的决定。

24日　学校在八关山礼堂召开全体师生员工大会。由高云昌作"批林整风"动员报告，"批林整风"运动开始。

5月

18日　根据上级指示，学校研究并上报山东省和国家海洋局专业调整及设置意见：海洋水文气象专业分设为物理海洋和海洋气象两专业；海洋水声专业改为水声物理专业；海水综合利用专业改为海洋化学专业；海洋重力磁力专业改为海底地球物理勘探专业；海洋地质调查专业改为海洋地质专业；海洋生物、海洋光学两专业仍旧。除海洋水文气象专业保持不变、海底地球物理勘探专业改为海洋地球物理勘探专业外，山东省教育组同意学校专业调整意见。

10月

18日　院党的核心领导小组召开全体师生员工大会，传达《山东海洋学院党的核心领导小组关于彻底纠正错误，落实政策的几点措施》，就在清查"5·16"运动中所犯扩大化错误进行检查，向受伤害的干部、教师赔礼道歉，并采取切实措施落实政策。

1974年

3月

13日　院党的核心领导小组就清查"5·16"运动中的错误及材料处理提出如下意见：（1）凡被错误地作为"5·16"分子清查的人员，其检查、交代材料一律退还本人；（2）在清查中群众揭发、检举、查证材料一律不入档；（3）关于协查的所谓大事件的内查外调材料整理登记后由档案室暂存；（4）省市发来的清查"5·16"的文件及学校形成的材料一律交档案室暂存或销毁；（5）受清查的人员在清查期间受牵连的家属和他人提供的关于入党、提干、政审等证明材料，按原渠道予以销毁、撤销，消除影响。

4月

12日　经院党的核心领导小组研究决定：成立落实政策办公室，高欣山为主任，王玉林、刘喜诰为副主任，喻祖祥等15人为成员。

5月

2日　院党的核心领导小组研究决定：高欣山、陶冰纨参加海洋物理系党支部领导工作；张鼎周、张克参加海洋水文气象系党支部领导工作；赵磊、钟砺参加海洋生物系党支部领导工作；孙玉善、牟力、杨慎英、窦志宽、张敏秀参加海洋化学系领导工作；李继舜、张利丰参加海洋地质系党支部领导工作；张春桥、王树温参加"五七"工厂党支部领导工作；孙洛民、潘生林参加院务部党支部领导工作；王光任财务组组长并参加财务党支部领导工作；姚明达、邵俞华、王滋然参加教务部党支部领导工作；刘仁民参加院务部领导工作；李相敦任院务部总务组组长；于德恩参加院务部总务组领导工作；杨镇世到印刷厂负责；侯栋源为院务部设备组副组长；林乐夫任院革委会办公室秘书。

10日　院党的核心领导小组发出《关于整顿校园内秩序的通告》，要求不得破坏建筑、树木、花草；出入校门佩戴校徽，严禁翻越围墙；严禁在校园内砸石子等。

8月

上旬　本年应届毕业生241人的派遣工作结束。

18日　学校与山东省纺织纤检所共同研制的Y147型棉纤维偏光成熟度仪，在江苏无锡通过专家鉴定，由轻工部推广使用。

9月

学校在20多个省（市）、部（委）招收学生241人。其中海洋水文专业60人，海洋气象专业56人，水声物理专业20人，海洋化学专业40人，海洋地质专业30人，海洋生物专业35人。除1人未报到外，其余均于10月中旬陆续到校。

11月

1日　中共山东省委决定：张国中任山东海洋学院党的核心领导小组组长、院革委会主任；仲侃伯任院党的核心领导小组副组长、院革委会副主任；高云昌任院党的核心领导小组副组长。张国中、仲侃伯于12月13日到校履职。

9日　海洋生物系教授邹源琳逝世，终年65岁。

11日　中共山东省委组织部决定：马秉伦任院党的核心领导小组成员。

12月

16日　由青岛港务局段连贵等33名职工组成的工宣队进驻学校。

21日　在"六二礼堂"召开全院党员大会，学习贯彻毛主席"现在以安定团结为好，全党全军要团结"的指示和中央26号文件精神，张国中作动员报告。

1975年

1月

18日　学校成立知识青年上山下乡领导小组,并设办公室,高云昌任组长。

2月

25日　院党的核心领导小组决定:从本日起用两周时间,传达学习毛主席关于安定团结、把国民经济搞上去等重要指示和四届全国人大一次会议精神。同时,传达学校本学期工作计划。

3月

22日　召开全院师生员工大会,宣布撤销在清查"5·16"运动中协查的所谓六件大事,对受到错误审查的干部、教师予以平反。

4月

7日　中共山东省委决定:段连贵任院党的核心领导小组副组长;邵茂芝任院党的核心领导小组成员。

12日　学校举办的院、系两级党组织主要负责人学习班今日结束。

本月　海洋水文气象、海洋物理、海洋化学、海洋地质4系师生250余人,参加红岛水库的筹建。分别承担水文调查、水质取样分析、污染情况及地质调查等方面的工作,历时8个月。

8月

2日　学校为197名应届毕业生举行毕业典礼。5日派遣结束。

27日　学校决定:原"五七"工厂的金工、印刷、修配3个车间,分别组成金工厂、印刷厂、修配厂,隶属院务部领导,日常工作归生产基建办公室管理。

9月

22日　本年度计划招生223人,实际录取221人。新生于本日至24日报到,25日开始进行为期一个月的军训,之后转入正常学习。

27日　学校遵照毛主席关于开展对《水浒》进行评论的指示,召开师生员工大会,安排开展对《水浒》的评论和讨论。

10月

上旬　学校首次举办的气象进修班开学,为期一年,共有学员39人,大都来自国家海洋局系统的气象台(站)。

11月

8日 中共山东省委决定：许亮任山东海洋学院革委会副主任、党的核心领导小组成员。

10日 院党的核心领导小组发布《关于加强党的基层组织建设的意见》，提出要对各级领导班子进行整顿，把那些思想好、党性强，能联系群众，能带头实干，能艰苦奋斗的人选到领导班子中来；各系、部要成立党总支或直属党支部，学生中成立级队党支部。

22日 中共山东省委组织部研究同意：吴飞任院革委会办公室主任，马秉伦任政治部主任，徐德伦、赵磊任教革部副主任，赵福记、钟砺任后勤部副主任，张克任海洋水文气象系党总支书记，张鼎周任海洋生物系党总支书记，孙秀林任海洋物理系党总支书记，鲁希平任海洋地质系党总支书记，高欣山任海洋化学系党总支书记，牟力任海洋地质系主任，孙玉善任海洋化学系主任。

本年 应地方、部队和国家海洋局要求，学校举办水文、气象、污染调查、物探仪器、激光技术、集成电路与计算机等短训班共27个，培训各类技术人员927人，已有800人结业。

本年 受国家环保办委托，学校与中国科学院海洋研究所共同承担"南黄海北部海域石油污染联合调查"任务，其中内容之一是潮间带调查。海洋生物系的49名师生按计划如期完成了烟台、蓬莱、乳山、龙须岛、石岛5个点位的4次潮间带调查。

1976年

1月

8日　周恩来总理逝世,学校师生员工怀着无比悲痛的心情收听广播。很多教师、干部、学生自发地戴起黑纱、胸挂白花,表达对周总理的无比崇敬和深切怀念之情。

3月

6日　在大众礼堂分别召开全院理论队伍和党员干部大会,批判所谓"以三项指示为纲"的修正主义路线,反击所谓的教育界右倾翻案风。

4月

19日　学校召开会议,布置开门办学工作。会后,海洋生物系、海洋地质系师生和部分机关干部分赴实习点开门办学。

6月

18日　学校安排100多名师生到崂山县农村帮助麦收,历时两周。

本月　生物系教授郑柏林等经过6个月的艰苦工作,克服重重困难,完成对西沙群岛海藻资源考察和采集标本的任务。他们先后到永兴岛等15个岛屿,共采集1000多号海藻标本,其中不少是我国首次采集到的。此成果不仅充实了教学内容,为编写《海藻志》提供了丰富素材,也为全面研究西沙群岛的海藻资源提供了比较完整的标本资料。

郑柏林教授在实验室

7月

本月　上半年,全校师生、干部走出校门实行开门办学,有17个教学班600多人到30多个工厂、农村、海岛,结合生产任务进行教学。

9月

9日　毛泽东主席逝世。连续数日,学校师生员工怀着极其沉痛的心情,举行各种悼念活动,表达哀思,缅怀一代伟人毛泽东的丰功伟绩。

10月

全校师生员工怀着喜悦心情参加校内外集会、游行,庆祝中央政治局粉碎"四人帮"反党集团篡党夺权阴谋的伟大胜利,愤怒声讨"四人帮"的滔天罪行;庆祝华国锋任中共中央主席、中央军委主席。

本年　学校招收新生290人；另有学制2年的海水养殖班20人、气象预报班60人，共计370人。由于各省、自治区（直辖市）录取学生的时间不一致，故学校决定，1976级新生于1977年3月14—16日报到。

本年　为适应部门和地方生产、工作急需，学校接受委托，在校内外举办外语、水文预报、气象预报、水质分析、污染监测、地质测绘、舰船噪声控制、遗传育种、集成电路、理论培训等短训班、函授班40多期，共培训技术人员、干部近3000人。

1977年

3月

21日 为贯彻上级指示,院党的核心领导小组发出《迅速掀起开展群众性增产节约运动的通知》,要求各单位做好以节约用水用电、修旧利废、公物还"家"等为主要内容的增产节约运动。

4月

16日 学校在寒假前后对中层干部进行培训的基础上,利用10个半天,举办有191人参加的党员骨干学习班,学习《毛泽东选集》第五卷,继续揭发批判"四人帮"的罪行。学校各级党组织动员和带领广大师生员工兴起了一个学习毛主席著作的新高潮。

6月

23日 以海洋生物系教授方宗熙为首的遗传学小组承担的"海带单倍体育种"研究取得重要成果,在今日举行的专家鉴定会上被认为达到国际先进水平,极具开发价值。

7月

23日 全院师生员工集体收听青岛市传达党的十届三中全会精神,一致表示:拥护华国锋任中共中央主席、中央军委主席,拥护恢复邓小平职务,拥护永远开除王洪文、张春桥、江青、姚文远党籍和撤销他们党内外一切职务等决议。

8月

8日 院革委会副主任仲侃伯奉调任山东化工学院(现青岛科技大学)党的核心领导小组组长、革委会主任。

10日 学校为239名应届毕业生举行毕业典礼。

22日 以卢森堡市市长弗勒施女士为首的卢森堡知名人士代表团来校参观。

9月

1日 国家海洋局就学校上报要求"东方红"船归建问题作出批示:维持现状,与学校隶属关系一并考虑解决。

10月

4日 院党的核心领导小组呈文教育部,申请将学校的隶属关系"恢复由教育部直属领导,并列为全国重点院校之一"。

12日 学校召开表彰先进大会,表彰推荐出席全国科学大会的先进集体2个、先进个人7名,出席山东省教育工作先进代表会议的先进集体2个、先进个人5名和校级先进工作者169名、三好学生109名、模范团员49名等。

11月

10日 山东省革委会发布文件称："经研究确定，将1971年并入烟台水产学校的山东海洋学院水产系，原建制仍归山东海洋学院。"

17日 学校党的核心领导小组组长、革委会主任张国中在会上表示，各单位要在原原本本传达中央37号文件的基础上，联系"四人帮"罪证材料之一、之二的有关部分，一个专题一个专题向群众宣讲，并组织好讨论。在前段作了大量清查工作的基础上，抓紧下一步清查工作，绝不留后患。

18日 根据中共中央批转教育部文件精神，驻山东海洋学院工宣队、军宣队于下午撤离。

12月

29日 山东省水产局、教育局约请山东海洋学院、烟台水产学校等有关单位负责人，就水产系归建问题进行研究，主要意见有：（1）原水产系的教职工，除调出、退休和自然减员外，原则上均应回山东海洋学院，工资自1978年2月起由山东海洋学院发放；（2）原水产系带到烟台水产学校的设备、家具、图书资料等物资，要列出清单如数移交山东海洋学院，搬迁所需经费由山东海洋学院负责解决；（3）归建的教职工家属的户口转移和工作安排，按有关政策和规定由青岛市、烟台市的有关部门负责办理；（4）两校共同成立4～6人的归建领导小组，负责交接事宜；（5）归建工作争取在1978年2月底前完成。

陈国华教授在盐度计鉴定会现场

本年 陈国华、吴葆仁研制的船用实验室HD-2型海水电导盐度计通过专家鉴定，其测量精度超过设计要求，部分达到国际先进水平，并在全国海洋单位中推广使用。

本年 学校总务工作成效明显，对校舍进行了较大规模维修；校园内主要道路由原来的砂石路面改造为沥青路面；组织全校师生员工大搞绿化工程，使校容校貌有了很大改观。

本年 学校承担的国家海洋局、省市科委和其他单位的科研项目及自拟课题32项，有28项完成年度预定任务。

本年 按教育部的部署，自今年起高校招生恢复实行统一考试制度。学校在全国十几个省市计划录取学生372人。招生专业为海洋水文、海洋气象、海洋水声物理、海洋光学、海洋化学、海洋地球物理勘探、海洋地质、海洋生物、数学，学制4年。

1978年

1月

12日　院革委会党的核心领导小组研究决定：撤销各系的专业委员会和学生级队建制，建立教研室、教工党支部和学生党支部。

2月

1日　山东省革委会研究决定：马秉伦、吴飞任山东海洋学院革委会副主任。

27日　根据教育部文件要求和学校安排，于上年第四季度录取的334名新生，今明两天报到。这是恢复高考后的第一批学生。

3月

1日　学校在"六二礼堂"举行开学典礼，全体新生和师生代表参加，院革委会主任张国中到会并讲话。他勉励新同学勤奋学习，立志成才。

18日　全国科学大会在北京召开，赫崇本、方宗熙、文圣常、侯国本出席。

本月　由烟台水产学校归建的水产系教职工及家属陆续迁回山东海洋学院，其中教师36人、职工15人。同时迁回显微镜、解剖镜等设备共895件，价值约61万元；中外文图书计1.2万余册。

本月　侯国本等教师在掌握了山东省日照县近百千米海岸线的气象、海流、潮汐、地质等第一手资料的基础上，呈书国务院领导及有关部委，力主在日照石臼湾建设海港。后经国家计委、国家建委组织专家反复论证，一致认为，日照海湾域阔水深、不冻不淤、地质条件好、风浪影响小，是建设深水大港的良好港址。1982年2月日照港主体工程开工，1986年5月建成并投入运营。

4月

1日　中共山东省革委会文教办党组下文，同意方宗熙为海洋生物系主任。

21日　院革委会党的核心领导小组研究决定：成立学校体育运动委员会，由20人组成，高云昌为主任，郭谨安等6人为副主任。

26日　文圣常教授作为中国海洋科学代表团成员赴美国考察，为期一个月。

5月

26日　经山东省革委会批准，学校晋升侯国本、陈成琳、秦曾灏、余宙文、于良、孙志楷、孙玉善、张正斌、王筱庆、张定民、王德文、李爱杰、冉祥熙、张炳根、林俊轩15人为副教授。

本月　学校承担的"ZD-3"型直读式海流计、水下激光电视等12项科研项目获青岛市科技奖。

6月

8日　美国植物学专家代表团来校访问。

15日　学校上报教育部《山东海洋学院1978—1985年发展规划纲要》，提出"三年调整，打好基础，五年大变，赶中有超。在本世纪末，使学校主要学科大部分接近当时世界先进水平，有相当部分赶上当时世界的先进水平，个别居于领先地位"的奋斗目标，并就教学、科研、师资队伍、生产和基建等确立了具体的工作任务和阶段性目标。

7月

9日　日本海洋石油地质访华团来校参观海洋地质系和"东方红"船。

14日　德国青年访华团一行24人参观海洋地质系和海洋生物系。

17日　院党的核心领导小组决定：提升冯士筰等144人为讲师。

29日　本学期，为贯彻全国教育工作会议精神，把山东海洋学院办成国家海洋科学的教育中心和科研中心，学校重点抓了以下工作：（1）进一步修订《山东海洋学院1978—1985年发展规划纲要》；（2）进一步修订专业教学计划，制订下一年科研计划；（3）采取多种措施加强师资队伍培养，特别是外语水平的提高；（4）恢复、建立教学和科研机构。

8月

5日　学校根据教育部文件要求，恢复研究生招生，今年录取遗传学研究生5名，导师是方宗熙教授等。

13日　学校在大众礼堂为220名应届毕业生举行毕业典礼，次日公布分配方案。

29日　学校研究决定并报教育部批准，成立山东海洋学院海洋研究所，赫崇本任所长，方宗熙、薛廷耀、文圣常、杨有栋、郝颐寿、尹左芬任副所长。

9月

1日　经上级批准，海洋生物专业分为海洋动物、海洋植物2个专业。

10月

9日　本年度录取的464名新生今天报到。

12日　美国海洋代表团一行12人来校参观访问。

13日　教育部、国家海洋局联合发出《关于山东海洋学院改变归属的通知》。通知说，根据国务院领导的批示，同意山东海洋学院改为教育部和山东省双重领导，以教育部为主。

19—24日　利用六个半天，学校召开各系主要负责人及机关组长以上干部会议，深入学习《实践是检验真理的唯一标准》这篇文章。学习过程中，既有小组讨论，也

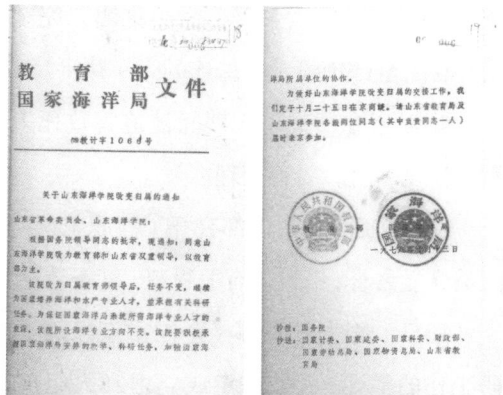

关于学校重归教育部直属的文件

有大会发言。张国中在总结发言时说："通过学习，大家认识到，加快建设四个现代化最根本的一条，就是坚持马克思主义认识路线，实事求是，从实际出发，理论和实践相结合。"

26日　学校召开由党员、干部参加的"实践是检验真理的唯一标准"理论讨论会。

11月

9日　学校举行落实政策大会。从党中央宣布"文化大革命"结束至今，学校在落实干部、知识分子政策方面做了大量工作，组织专门力量对"文革"期间造成的124件冤案假案和受到迫害被立案审查的95名干部、教师的问题进行了复查。

在今天举行的学校落实政策大会上，张国中代表院党的核心领导小组宣布几项决定。

1. 海院党委自成立以来是贯彻执行党中央的路线、方针、政策的，为发展我国的海洋科教事业做了大量工作，成绩是基本的、主要的。"文革"中夺了院党委的权是错误的，对强加给院党委的各种"政治帽子"，对强加给各级领导干部的"死不改悔的走资派""走资派"等诬蔑不实之词一律推倒，恢复名誉；对各级干部所作的错误决定全部撤销。

2. 海院的广大教师和科技工作者，绝大多数是爱党爱国的。把赫崇本、方宗熙、丘捷、尹左芬、王彬华等一大批专家、教授打成"资产阶级反动学术权威"是肆意践踏党的知识分子政策，对强加给他们的一切诬蔑不实之词一律推倒，恢复名誉；对"文革"前重点培养的教师、教授的助手和被指导的学生，以及刻苦好学、业务水平提高较快的讲师、助教等，被扣上"修正主义苗子""资产阶级接班人"等一切诬蔑不实之词全部推倒，恢复名誉。

3. 所谓"海洋学院地下黑司令部"纯属冤案假案，与此有牵连受到审查、株连的人员应予彻底平反，恢复名誉。

4. 所谓"地质系反革命小集团"完全是一起冤案，以前所作一切错误结论全部撤销，材料全部销毁，受株连的人一律平反，恢复名誉。

5. 对于在"文革"期间被迫害致死人员和非正常死亡案件，区别情况给予平反昭雪，恢复名誉，妥善处理。

在此前后，各系也都召开了教职工落实政策大会，对冤假错案予以平反，对受伤害的人员恢复名誉，销毁了有关材料，复查结论大都同本人见了面。

10日　根据教育部《全国重点高等学校暂行工作条例（草案）》，为适应教学与科研工作的需要，学校决定成立由28人组成的学术委员会，赫崇本为主任，高云昌、方宗熙、文圣常、薛廷耀、许继曾为副主任，王彬华、尹左芬等为委员。

18日　学校公布海洋研究所下设的10个研究室及其主要负责人：文圣常任海洋动力学研究室主任，侯国本任海洋工程动力学研究室主任，陈成琳任海气相互作用研究室主任，孙玉善任海洋化学研究室主任，崔承琦任海岸与大陆架研究室副主任，李嘉泳任海洋生物研究室主任，尹左芬任海洋水产研究室主任，陈肯任海洋遥感研究室主任，温保华任海洋仪器研究室主任，徐斯任数据信息研究室副主任。

12月

6日　共青团山东海洋学院第六次代表大会召开，120名正式代表出席会议。大会选举张长业为团委书记。

22日　中共十一届三中全会闭幕。全校师生精神振奋，对在全党重新确立马克思主义的思想路线、政治路线、组织路线，把党的工作重点转移到社会主义现代化建设上来，全面纠正"文化大革命"中及其以前的"左"倾错误等一系列决策，表示衷心拥护。

29日　经中共山东省委文教办党组研究，同意：吴飞兼任山东海洋学院办公室主任，孙洛民任党委组织部部长，孙凤山任党委宣传部部长，杨之全任党委统战部副部长，方志坚任机关党总支书记，刘裕任人事处处长，王滋然任教务处处长，赵磊任科研处处长，蔡国楷任生产设备处副处长，高欣山任总务处处长，顾其真任总务处副处长，薛廷耀任图书馆馆长，刘鹏任基础部党总支书记，邵平任基础部主任，李涛任调查船办公室主任，李亚萍任工会副主席，孙秀林任水产系党总支书记，尹左芬任水产系主任，文圣常任海洋水文气象系主任，杨有桢任海洋物理系主任。由于情况变动，李涛未到任，孙秀林也未到水产系工作。

30日　根据国务院副总理王震、方毅的批示和国家海洋局《关于山东海洋学院改变归属的通知》，教育部计划司于12月26—30日主持召开山东海洋学院改变归属交接工作会议,经协商达成一致意见。要点有:(1)海院的各项计划自1979年1月1日改变领导关系,实行教育部和山东省双重领导,以教育部为主;(2)海院858人的劳动工资关系转给山东省教育局;(3)海院的教育经费,1978年由国家海洋局核拨,1979年1月开始由教育部拨给;(4)"东方红"船移交海院,包括45名船员和物资、设备;(5)国家海洋局驻青单位所用海院的房屋,由国家海洋局尽早安排腾出,交给海院使用。

本年 海洋水文气象系海洋动力实验室荣获全国科技大会重大贡献先进集体光荣称号;方宗熙教授荣获全国科技工作先进个人称号;陈国华、吴葆仁研制的实验室海水电导盐度计获全国科技大会重大贡献奖。

本年 10—12月,学校对教学工作进行了全面检查,内容包括教学计划的执行、课堂教学、教材建设、实验室建设等方面的情况,有力地促进了教学工作的规范化,进一步摸清了教学工作中存在的一些问题。在此基础上,提出了建立教师工作量考核制度、加强教学法研究、尽快开展电化教学、加强基础实验室建设等一系列改进措施。

本年 经教育部批准,水产系设海洋捕捞、水产加工、海水养殖、渔业资源4个专业,学制4年,列入1979年全国招生计划。

1979年

1月

12日 海洋水文气象系牛振义教授逝世，终年70岁。

2月

17日 在八关山礼堂举行全体师生员工大会，由张国中传达党的十一届三中全会精神，提出把学校的工作重点转移到教学、科研上来。

26日 王辉来校工作。

3月

10日 山东省科技工作会议在济南召开，学校承担的"鲁南选港调查""海水及天然水中痕量汞的冰原子吸收直接测定"分获二、三等奖。

30日 庆祝山东海洋学院成立20周年大会在八关山礼堂隆重举行，全院师生及来宾1000多人出席。会议由高云昌主持，张国中作报告，教育部、山东省政府、青岛市政府代表先后讲话表示祝贺，院原党委书记、院长曲相升专程与会并讲话。

校庆期间，各系都举行学术报告会，共提交论文155篇。3月29日举行全院性学术报告会，由赫崇本、毛汉礼、文圣常、方宗熙4位教授次第主持，王彬华、张炳根等十几位教师作重点报告。赫崇本教授就海洋科学的发展谈了看法。他说，海洋科学发展和研究的关键是建立正确的科学概念；海洋研究成果与海上实践是分不开的；科学发展的趋势是各学科互相渗透，不仅由此而取得重要成果，而且会产生新的学科；科研成果要用不同的形式表达；现代科学已进入发挥集体智慧的时代，通力协作是必须采用的途径。

同日 经中共山东省委宣传部批准，院刊《山东海洋学院》在停刊近20年后复刊。

4月

2日 教育部直属高校海洋规划与协作会议在学校召开，南京大学、厦门大学等12所高校的代表与会。会议听取文圣常教授等人作的关于海洋科学发展动态的9个报告；讨论制订教育部1979—1985年海洋科学发展规划和最近两年的海洋科研工作计划；就海洋调查、研究生培养等进行专题研讨。

13日 学校发布《关于加强学生政治思想工作的通知》。

14日 美国海洋大气管理局代表团来校访问。

20日 学校春季田径运动会在大学路操场举行。1人打破山东省高校运动会纪录，6项8人次打破青岛市高校运动会纪录，14项18人次刷新校纪录。

本月 学校贯彻中共中央〔1978〕55号文件，经过大量艰苦细致的工作，对在1959

年整风反右运动中错划为右派的43名教师、干部和因所谓"右派言论"而受到错误处理的党团员复审、改正工作已基本结束，为他们恢复了名誉，补发了工资，调整或安排了工作。

5月

4日　学校在八关山礼堂隆重集会，纪念五四运动60周年。院党的核心领导小组组长张国中在讲话中要求全体师生员工继承和发扬五四运动的爱国主义精神，遵循党的十一届三中全会路线、方针、政策，自觉维护安定团结的政治局面，把教学、科研等各项工作搞上去。周桐作关于五四运动斗争史的报告。

8日　以校长佐佐木忠义为团长的日本东京水产大学访华团一行16人来校参观访问，进行学术交流，并商定建立校际交流合作关系。

26日　山东海洋学院第四届工会代表大会召开，96名代表出席会议。大会选举马秉伦为工会主席。

31日　经国家科委批准，《山东海洋学院学报》复刊，自1979年起在国内外公开发行。学报编辑委员会业已成立，赫崇本为主任委员，方宗熙、文圣常为副主任委员，王彬华等6人为委员。

6月

中旬　为保证学校教学、科研工作顺利进行，把山东海洋学院办成教学、科研双中心，学校组织的为期一个月的教学、科研大检查结束。其间，对开出的146门课程、在研的包括国家重点课题在内的75项科研项目进行了全面检查，有效地促进了教学质量和科研水平的提高。

7月

2日　以日本极地研究振兴会事务局局长鸟居铁也教授为团长的访华团一行4人来校参观访问，并作有关南极问题的学术报告。

8月

10日　学校在八关山礼堂为1979届毕业生举行毕业典礼。本届毕业生共有278人。

本月　学校共录取本专科学生394名、研究生6名。

9月

14日　学校与国家海洋局北海分局商定，即日起，"东方红"船划归海院建制领导，48名船员及船上物资、设备（军用除外）随船交由学校管理、使用。

17日　中共教育部党组通知：经党中央批准，张国中任山东海洋学院党委书记、院长；高云昌、王辉任党委副书记、副院长；赫崇本、侯连三、马秉伦、吴飞、方宗熙、文圣常任副院长。

张国中（1919—1980），山东桓台人，1938年参加革命工作，1939年加入中国共产党。曾任中共桓台县第三区区委书记，中共清河地委宣传部科长，中共德州市委书记、市长，中共淄博市地委第二书记等职。1961年任山东工学院党委书记，1970年任山东大学革委会主任、党的核心领导小组第一副组长，1974年任山东海洋学院党的核心领导小组组长兼革委会主任；1979年9月，任山东海洋学院党委书记、院长。

党委书记、院长张国中

24日 国家海洋局在青岛召开的仪器鉴定和验收会议结束，海院的海面温湿梯度仪、直读式海流计、电测表面温度计通过鉴定和验收。

28日 由学校承担的胶州湾海洋遥感试验结束。经过直升机十几个航次、12条工作船连续工作8天，顺利完成了预定测试任务，取得了大量第一手资料。

本月 为更好地贯彻教育部《全国重点高等学校暂行工作条例（草案）》和直属综合大学理科专业调整会议精神，经过近半年的工作，学校修订教学计划工作基本完成。新教学计划进一步明确了专业方向和培养目标，强化了基础理论教学，突出加强了外语、计算机和实验课等应用环节；开设选修课和任选课，注重拓展各专业知识面；在物理海洋和海洋气象专业开始试行学分制。新教学计划在1979级学生中开始实行。

10月

15日 由教育部主持召开的生物学基础分支学科科研工作座谈会在学校召开，来自全国23所高校的60多名代表与会。教育部副部长黄辛白主持会议并讲话，张国中院长应邀出席开幕式。

27日 学校秋季田径运动会闭幕。经过2天紧张比赛，在91个竞赛项目中，有37人17项49人次打破学校田径纪录，5人4项6人次打破青岛市和山东省高校纪录。

11月

3日 学校发出通知，根据教育部指示，院党的核心领导小组研究决定，晋升和确定秦启仁、管华诗等132人为讲师（含工程师2名）。

同日 接教育部批复，海洋光学专修班1978级的修业年限由招生时的3年改为4年。

30日 山东省教育局在《山东海洋学院关于建立数学系的请示报告》上批复：同意在数学教研室的基础上建立数学系。

12月

5日　副院长赫崇本受聘任《中国大百科全书（海洋卷）》副主编,副院长方宗熙和王彬华任编委,杨有梽、陈成琳等任编辑。

本年　受国家水产总局委托,学校举办了海藻养殖师资进修班,为期九个月;举办了水产品分析检验培训班,为期三个月,结业31人。

本年　为提高教师的外语水平,学校共举办英语、日语、德语、俄语教师进修班7个,有261人参加学习。

本年　全校共承担国家、省市下达的科研项目71项,其中有国家重点项目2项。教师在全国性学术刊物上发表论文50篇。

本年　学校基建工作全面展开。鱼山路、红岛路4800平方米教工宿舍楼基本完工;面积达5300平方米的八关山学生宿舍楼正在建设中;8000平方米的教工住宅和1000多平方米的印刷厂相继开工。

本年　学校相继制定了《山东海洋学院学生学籍管理暂行规定》及院党委和行政各部门工作职责等十几个规章。

1980年

1月

7日　中共山东省委组织部通知，经省委研究，同意侯连三、马秉伦、吴飞、孙洛民、王滋然任山东海洋学院党委常委。

17日　中国民主同盟山东海洋学院支部、九三学社山东海洋学院支社恢复活动大会召开。刘智白教授被选为民盟海院支部主委，马绍先为副主委；郭谨安被选为九三海院支社主委，景振华为副主委。院党委书记、院长张国中，青岛市委统战部副部长蓝陵到会讲话并表示祝贺。学校民主党派的组织建设和各项活动开始恢复。

18日　根据教育部直属综合大学理科专业调整会议的精神，经过半年广泛深入的研讨，学校专业设置和调整意见上报。要点有：（1）现设14个专业：物理海洋学、海洋气象、海洋物理学、海洋化学、海洋植物学、海洋动物学、海洋地质、海洋地质地球物理、海洋捕捞、海水养殖、水产加工、渔业资源、应用数学、海洋机械工程；1982年之前不再增设新专业。（2）在校的1977级、1978级、1979级学生区别情况或按原专业培养，或按新专业培养。（3）各专业学制均为4年。

21日　经中共山东省委批准，院党的核心领导小组改为院党委。院党委印章即日起正式启用，原院党的核心领导小组印章同时废止。

2月

7日　经院党委研究并报中共山东省文教委党组批准，院党委纪律检查委员会成立，王辉兼任书记，李涛任副书记。

3月

8日　院党委在八关山礼堂召开全院师生员工大会，总结上年工作，布置今年工作要点，表彰师生中涌现出来的先进集体和先进个人。

27日　院党委召开科级以上党员干部会议，传达党的十一届五中全会文件，表示坚决拥护中央的人事安排和决议。

4月

4日　中共山东省文教委党组研究，同意王国平任院工会副主席，何庆丰任海洋化学系党总支书记。

本月　院党委先后举办两期党员干部轮训班，集中学习、领会党的十一届五中全会文件和《关于党内政治生活的若干准则》精神，旨在提高党员干部坚持党的思想路线、执行民主集中制的自觉性。轮训班共办了9期。

本月　教育部通知,孔真任院党委副书记。

5月

2日　经青岛市同意,学校在标本站、标准海水厂、药厂的基础上成立海洋生物资源综合利用厂。该厂属集体所有制性质,实行独立核算、自负盈亏。此举解决了部分职工家属、子女的就业问题。

17日　学校师生员工收听、收看刘少奇追悼大会实况,缅怀这位为中国人民革命和建设事业作出卓越贡献的党和国家领导人。

20日　院党委通令表彰院男、女排球队。在5月11日结束的山东省大学生排球比赛中,女队五战五胜荣获冠军,并取得了代表山东省高校参加全国大学生"三好杯"排球比赛的资格;男队取得第三名。

本月　"文革"后学校建设的首批教职工住宅分配完毕。102套住宅除安排给拆迁户外,有57位教师、25位职工分到了新房。

6月

21日　在今天结束的青岛市大中专院校田径运动大会上,学校代表团获男子团体第一名、女子团体第三名,有3人打破3项省高校纪录,10人次打破7项市高校纪录。

本月　水产系与山东省文登县渔业公司联合进行的"对虾养殖技术及饵料研究"初步获得成功,孵化出虾苗7000余万尾。参加此项工作的7名教师受到文登县政府的表彰和奖励。这是我国历史上首次海水对虾养殖规模化育苗取得成功。

7月

1日　1965年以来入党的新老党员一起参加隆重的入党宣誓仪式。

15日　国家海洋局主持仪器鉴定会,学校的水下激光电视、水下光散射仪通过专家鉴定。

本月　为进一步落实政策,在以往工作的基础上,学校再次组织力量,对"文革"中的部分冤假错案及历史遗留案件进行复查、处理,做到了让群众满意。至此,学校的落实政策工作基本结束。

水下光散射仪

8月

8日　1980年全国大学生"三好杯"排球赛在大学路操场举行,教育部副部长曾德林、山东省副省长丁方明出席开幕式。学校男队以东道主身份参赛,女队则以山东省高校冠军队身份参赛。

9月

1日 1980级新生开始报到。本年度学校共录取本科生400人、专科生（走读）90人、研究生9名。

18日 根据国务院《关于职工升级的几项规定》和教育部指示以及山东省职工调整工资工作部署，学校成立了考评升级委员会，自4月起，在群众性考察、考核、民主评议的基础上，本着择优晋升的原则，经党委研究并报山东省教育厅审批，有540名教职工升级并调整、增加了工资。

20日 经教育部批准，学校设立海洋机械工程专业。随后，海洋工程系获准建立。

21日 日本群马县青年洋上大学友好访华团来校参观访问。

25日 全国人大代表、副院长方宗熙教授传达五届全国人大三次会议精神。

10月

18日 教育部批复，同意学校建立保卫处。

28日 山东海洋学院党委书记、院长张国中因病逝世，终年61岁。张国中同志的追悼会于11月13日在"六二礼堂"举行，教育部、山东省政府、青岛市政府和兄弟院校的代表参加追悼会；追悼会由学校党委副书记、副院长王辉主持，党委副书记、副院长高云昌致悼词。根据张国中同志的遗嘱，其骨灰撒进大海。

本月 《山东海洋学院1981—1990年教育事业发展规划（草案）》出台。该规划就学校10年的发展目标、专业设置、师资队伍建设、教材与实验室建设、科学研究等提出了设想，力争经过10年的建设，使一些学科达到或接近世界先进水平，为国家"四化"建设解决一批重大科技问题；培养出一批学术造诣较高的学科带头人；新设社会急需的专业，现有专业进行宽口径培养，扩大办学规模，基本形成以海洋为特色的综合性大学的框架。

11月

3日 以日中海洋水产科技交流协会会长佐佐木忠义教授为团长的日本海洋学者访华团一行6人来校访问并进行学术交流，还就学校与东京水产大学进行校际交流与合作达成协议。佐佐木忠义被学校聘为名誉教授。

12月

10日 中共中央组织部通过教育部党组下发通知，孔真任山东海洋学院顾问，免去其山东海洋学院党委副书记职务。

17日 学校发文，任命郝颐寿为海洋地质系主任，李嘉泳为海洋生物系主任。

18日　院党委召开中层干部会议，传达由国务院副总理邓小平主持的全国教育工作座谈会精神。

20日　学校的大众礼堂（曾称大礼堂）拆除，今日开建计算机中心楼。计划建筑面积1100平方米，总投资32万元。

本年　经学校评议、山东省文教委批准，王彬华、侯国本、杨有楙、李嘉泳、李冠国、郑柏林、尹左芬、温保华晋升为教授；冯士筰、施正铿等41人晋升为副教授。

本年　全校共承担科研课题50项，其中国家级和省部（委）级有25项，按计划完成阶段性任务的占82%；有120多人次参加国内外学术会议，宣读论文65篇，在国内外学术刊物上发表论文104篇，出版专著7部；在公布的山东省优秀科研成果奖中，学校的"渤、黄、东海近海区大面积水温预报"获一等奖，"斗式含沙比自控装置"获二等奖。

本年　共有13批近百名学者、专家来校讲学、访问和进行学术交流，他们大都来自美国、日本、加拿大、英国的大学或研究机构。

本年　据统计，全校共有8个系14个专业，即物理海洋与海洋气象系（物理海洋学、海洋气象学），海洋物理系（海洋物理学），海洋化学系（海洋化学），海洋生物系（海洋动物学、海洋植物学），海洋地质系（海洋地质、海洋地质地球物理），水产系（海水养殖、海洋捕捞、水产加工、渔业资源），海洋工程系（海洋机械工程），数学系（应用数学）；图书馆藏中外文书籍46万册，期刊2100余种；在校本专科学生1643人，研究生20人；教职员工1202人，其中教学人员599人。

1981年

1月

12日 为贯彻全国教育工作座谈会精神和中央有关指示，院党委召开思想政治工作会议，提出要充分认识思想政治工作的重要性，针对学校存在的薄弱环节采取有效措施，加强对师生的思想政治教育。

2月

3日 教育部批复，同意学校建设教育部青岛学术活动中心，核定建筑面积8700平方米，计划投资250万元。同时指出："中心建成后，作为你校校产，并由你校负责管理。"

3月

3日 受教育部委托，为期七个月的第二期全国英语师资培训班在学校举行。经过考试选拔，来自全国25所高校的32名教师参加培训。

6日 山东省编制委员会批复，同意学校设立学生工作部，与团委合署办公。

11日 学校公布调整、充实后的学报编辑委员会，共有27人，赫崇本为主任，方宗熙、文圣常、薛廷耀为副主任，冯士筰等23人为委员。

19日 为贯彻因材施教原则、拓宽学生知识面，学校制定并开始实行《学生选修、免修课程暂行办法》。

20日 党委常委会研究决定：成立总务处党总支、生产设备处党总支，并同意经选举产生的2个总支委员会。任命高欣山任总务处党总支书记，杨镇世任生产设备处党总支书记，刘鹏任基础部党总支书记。

4月

13日 为加强对体育工作的领导，学校公布调整、充实后的院体育运动委员会，高云昌为主任，王滋然、郭谨安为副主任，另有委员10人。

25日 党委制定《关于贯彻十一届五中全会精神，改进党委领导的若干规定》，重申严格实行党委领导下的院长分工负责制；实行民主集中制，凡重大问题必须经常委会集体讨论决定，并注重发挥党政各职能部门的作用；对转变领导作风、不准利用职权搞特殊化也作了相应规定。

5月

6日 党委连续召开院、处（系）干部会议，利用3天时间学习、讨论山东省高等学校院（校）长会议精神。提出要肃清"左"的影响，提高教学质量，抓好调整、改革。

14日 "东方红"船在沪东造船厂完成中修，副院长王辉率组赴上海验收。此次中修历时1年多，更换了主机，更新、修复了甲板机械，新建、调整了实验室，更换上了先进的卫星导航、雷达等设备。

6月

13日　山东海洋学院第六次学生代表大会在"六二礼堂"举行，党委副书记王辉到会并讲话。大会通过了《深入开展"五讲四美"活动，争当建设社会主义精神文明的先锋》的决议，并对学校的教学、生活管理等方面提出了400多条合理化建议、意见。大会选举王卫为学生会主席。

18日　党委常委会研究，任命牟力为学生工作部部长；同意经选举产生的海洋地质系党总支委员会，魏传周代理总支书记职务。

7月

7日　党委常委会研究，同意经选举产生的海洋生物系党总支委员会，刘文浩任总支副书记，主持总支工作。

8月

5日　接中共中央组织部通知，中央同意华山任山东海洋学院党委书记。华山于本月13日到职视事。

华山（1912—2002），原名郑化善，山东惠民人。1934年秋考入国立北平大学农学院。1938年在陕北加入中国共产党，后辗转山东各地开展革命工作。1946年起先后任曲阜师范学校校长、鲁中南建国学校校长。新中国成立后，历任山东农学院副院长、党委书记，山东省临沂地区革委会副主任，山东大学党委副书记、革委会副主任，北京农业大学党委副书记、副校长等职。1981年5月任山东海洋学院党委书记。

党委书记华山

26日　为更好地落实教育部颁布的《高等学校教师工作量试行办法》，学校制定并公布具体实施细则，从新学年开始执行。

9月

5日　学校举行1981—1982学年开学典礼。本年度共录取新生370人，其中研究生13人、本科生357人。

10月

31日　党委常委会研究决定：张克任海洋研究所副所长（正处级）兼海洋法研究室主任，姚明达任科研处处长，蔡国楷任生产设备处处长，谈家诚任数学系党总支书记，吕增尧任物理海洋与海洋气象系党总支书记，魏传周任海洋地质系党总支书记，李继舜任水产系党总支代理书记，刘文浩任海洋生物系党总支代理书记。

11月

3日　经国务院批准，学校成为全国首批具有博士和硕士学位授予权的151个单位之一。具有博士学位授予权的学科是物理海洋学，博士生导师是文圣常教授；具有硕士学位授予权的专业为物理海洋学、海洋生物学、海洋化学、海洋气象学。

20日　根据教育部《关于部属高等学校报送"五定"方案的通知》要求，结合国家海洋事业发展的状况及学校实际情况，在反复酝酿、讨论的基础上，形成并上报《山东海洋学院"五定"方案》。"五定"（定任务、定专业、定学制、定规模、定编制）方案提出，到1985年：

一、学校的主要任务是服务于国民经济和海洋事业的发展，解决国家重大海洋科技问题，把海院办成一所以海洋为特色的，理、工、农（水产）结合的高等学校；提高办学层次，适当控制本科生在校规模，逐步扩大招收研究生的比例；使学校成为海洋科学的教育与科研中心。

二、在保持现有的物理海洋、海洋气象、海洋地质、海洋地球物理、海洋动物、海洋植物、海水养殖、水产加工、海洋捕捞、海洋渔业资源、海洋机械工程11个本科专业的情况下，拟将海洋物理、海洋化学两专业调整为普通的物理、化学专业；拟增设无线电工程专业、英语专业；争取海洋物理、海洋地质、水产养殖、水产加工、海洋捕捞、应用数学专业成为硕士、博士学位授权点。

三、拟定学制为：本科生4年，硕士生3年，博士生4年。

四、学校现占地500亩，最大在校生规模以4000人为宜；到1985年，学校规模为在校生2500人左右，其中研究生约120人，夜大生约200人。

五、根据学生规模，教师编制为600人，其中科研编制为200人，职工编制数与教师数大致相同；"东方红"船、养殖场及生产性工厂等另列编制。

23日　党委举办的干部学习班结束。自9月起，分4期对副科以上党政干部进行轮训，重点学习、领会中共十一届六中全会精神和《关于建国以来党的若干历史问题的决议》。并组织30多人的宣讲队，分专题向教职工和学生宣讲《决议》精神，把师生的思想统一到坚持四项基本原则、反对资产阶级自由化上来。

25日　根据上级文件精神，为促进院系干部队伍"四化"，学校党委制定并实施《关于院系领导班子建设的几点意见》，提出了加快培养、选拔年轻干部的一些具体措施和办法。

同日　党委常委会研究同意经选举产生的海洋物理系党总支委员会,孙秀林任总支书记。

本月　建筑面积达6800平方米的教学大楼竣工。新教学楼中间7层,两侧分别为6层、4层;共有大、中、小型教室48个,可同时容纳3000多名学生上课;每层还设有教员休息室,供上课的教师课间休息。新教学大楼的投入使用,不仅缓解了学校教学场所严重不足的状况,也为扩大办学规模提供了必要条件。

本月　学校研究制定了《关于加强教学工作的几点意见》,要求教师妥善安排教学与科研工作,要以教学为主;要加强教学管理,整顿教学秩序,特别要认真整顿学生的学习纪律,形成良好学风;要有计划地抓好教材编写、实验室建设等工作;进一步加强师资队伍建设,逐步形成梯队。

12月

5日　经山东省文教委批准,郭谨安晋升为教授。

本年　在公布的山东省优秀科研成果奖中,学校王克行教授主持的"对虾工厂化育苗技术"获一等奖,"JGCG1"型激光细胞手术仪获二等奖。

王克行教授(左)在实验室

1982年

1月

11日 学校在"六二礼堂"召开1977级学生毕业典礼，354名应届毕业生和院、系负责人参加。学校党委副书记、副院长高云昌在讲话中勉励毕业生牢固树立为人民服务的思想，发扬艰苦创业精神，努力做好工作。

12日 国务院下发《关于下达首批授予学士学位的高等学校名单》，山东海洋学院名列其中。1977级、1978级的学位证书由教育部统一印制。

2月

5日 根据《中华人民共和国学位条例暂行实施办法》，教育部批复，同意学校成立学位委员会，由19人组成，他们是赫崇本、高云昌、方宗熙、文圣常、薛廷耀、王彬华、李嘉泳、郝颐寿、杨有棽、尹左芬、郑柏林、陈修白、孙玉善、张正斌、景振华、张保民、于良、冉祥熙、王滋然；赫崇本为主席，高云昌、方宗熙、文圣常、薛廷耀为副主席。院学位委员会的主要职责是：（1）审查通过申请硕士学位和博士学位的人员名单；（2）确定硕士学位的考试科目、门数及博士学位基础理论和专业课程考试范围，审批主考人和论文答辩委员会成员名单；（3）通过学士学位获得者名单；（4）审批申请博士学位人员免除部分或全部课程考试的名单；（5）作出授予硕士学位和博士学位的决定；（6）作出撤销违反规定而授予学位的决定；（7）通过授予名誉博士学位的决定；（8）研究和处理授予学位的争议和其他事项。

8日 为加强对科研工作的领导，学校研究决定：数据信息处理研究室、海洋调查研究室、海洋法研究室、海洋仪器研究室、海洋科技情报编译室划归院海洋研究所领导。

22日 1982年攻读硕士学位的34名研究生今日报到；选拔录取的9名出国预备留学生业已分赴上海、北京进行外语培训。

3月

2日 学校在八关山礼堂召开全体教职工大会，表彰1981年在教学、科研、后勤等方面涌现出来的先进集体、先进个人。党委书记华山在讲话中，号召全体师生向先进学习，迅速行动起来，开展以治理脏、乱、差，绿化校园，讲文明讲礼貌为主要内容的"文明礼貌月"活动。会后，全校师生连续几天进行大规模清扫校园和植树活动。

16日 学校领导与学位委员会研究决定，并报教育部批准，院学位委员会下设物理海洋与海洋气象学系、海洋物理学系、海洋化学系、海洋生物学系、海洋地质学系、水产系、数学系7个分会，分会的主席分别是文圣常、杨有棽、孙玉善、李嘉泳、郝颐寿、尹左芬、冉祥熙。

22日 水产系王克行、李德尚、孟庆显等人承担的研究项目"对虾人工育苗和养殖技术的推广"获国家科委、国家农委联合颁发的农业科技推广奖。中共中央总书记胡耀邦给予充分肯定，并在这项研究成果的新闻稿上批示：这才是应该大力表扬的科研方向。

本月 《山东海洋学院学生手册》下发。该手册除了包括教育部《高等学校学生守则》外，还汇编了学校关于学生的学籍管理、成绩考核、公共场所规则等方面的规章，使学生在学习、生活中有章可循。

4月

10日 1982年春季田径运动会经过2天激烈角逐，今日结束。有3人4项8人次打破省、市高校纪录。

21日 院学位委员会举行第一次全体会议，研究并原则通过《山东海洋学院学位授予工作细则》，决定稍加修改后下达执行。

27日 学校在八关山礼堂召开全体教职工大会，王辉副院长作"文明礼貌月"活动总结。这次活动成效显著。共出动1500多人次，先后进行了6次大、中型集中扫除，清除卫生死角18个、垃圾720多吨；清挖水沟1400多米，粉刷房屋58间；栽种冬青、黄杨、蔷薇等32000多株；种植黑松、花柏、碧桃等3000多棵；新建一个2000多平方米的花园。校容校貌大为改观，教职工的文明素质进一步提高。

30日 党委常委会研究决定：蔡国楷任党委办公室主任；张鼎周任院长办公室主任；王元忠任院党委纪律检查委员会副书记。

5月

5日 院长办公会议研究决定：成立水产系海洋药物研究室，李爱杰兼任主任，管华诗任副主任。

8日 共青团山东海洋学院第六次代表大会召开，华山等院党政领导、各系党总支负责人出席开幕式。华山在讲话时指出，大学生是国家的未来，是社会主义事业的接班人，应当树立正确的人生观和世界观，为祖国、为"四化"而刻苦学习，努力上进，做有理想、有知识、有道德、有体力的新一代青年。会议选举25人组成新一届团委，王庆仁为书记。

6月

14日 党委常委会和院长办公会研究决定：杨靖先任海洋化学系主任。

19日 院党委书记华山主持召开座谈会，讨论学校易名事宜。会议认为，随着学校事业的发展，易名是必要的、适宜的。关于校名，有些人认为，从历史渊源考虑，学校应恢复青岛大学名称；有些人提出应改为中国海洋大学或海洋大学，其主要理由是"海洋"是学校的特色和优势。

29日　受教育部委托，为提高部属综合性大学物理实验骨干教师的业务水平，由山东海洋学院与北京大学、南京大学、复旦大学等高校联合承办的"误差及实验分析"讲习班今日开班。讲习班共有近百位教师参加，为期10天。

7月

12日　学校党委制定《关于改进和加强马列主义理论课的几项规定》。规定指出，马列主义理论课是学校的一门主课，课时不少于70学时；通过考试对学生的学习情况进行检查、评定；任课教师要不断提高理论水平，提倡院、系两级领导干部承担该课程的部分教学任务。

16日　学校举行毕业典礼。应届本专科毕业生521名，有377人获学士学位；应届硕士研究生有6名。

19日　教育部批复，同意海洋物理学专业改为物理学专业、海洋化学专业改为化学专业。1982年即按新专业招生。

8月

2日　冯士筰副教授在加拿大参加国际联合海洋学大会。会议上交流的论文是《关于中国海环流和潮汐的数值预报》。

8日　方宗熙副院长在加拿大参加国际藻学大会。会议上交流的论文为《海带的遗传学研究》。

9月

1日　中国共产党第十二次全国代表大会在北京召开。晚上，学校组织全体师生收听收看大会盛况和胡耀邦所作题为《全面开创社会主义现代化建设的新局面》的报告。

3日　学校举行开学典礼。本年度共录取本科生366名，攻读硕士学位研究生15名；选拔出国预备留学生14名。新生9日正式上课。

22日　受国家农牧渔业部委托，学校举办为期一个月的"海藻工业利用"培训班。参加培训的43名学员均为相关企业的技术干部。

23日　学校党委召开全体党员大会，由党的十二大代表、副院长赫崇本传达会议精神。党委副书记王辉就学习、贯彻党的十二大精神作了部署。

27日　经过积极筹备，山东海洋学院夜大学恢复招生。本年度招收的英语专修科（学制3年）31名学生今天报到，10月4日正式上课。

10月

6日 第一期党员干部学习班开学。院党委为学习、贯彻党的十二大精神，决定在本学期内分期分批对全校150多名党员干部进行轮训，重点学习党的十二大修改并通过的新党章。旨在通过学习，提高党员干部的政治素质，在各项工作中更好地发挥先锋模范作用。学习班以自学为主，集体讨论、专题辅导为辅的方式进行。

28日 院党委常委会研究决定：高欣山任院长办公室主任；顾其真任总务处处长兼基建办公室主任；刘中华任基建办公室第一副主任；冉祥熙任数学系主任。

11月

5日 本学期期中教学检查工作开始。此次教学检查的重点是教学方法研究、加强实践性教学环节和因材施教等方面的情况。

19日 党委常委会、院长办公会研究决定：李爱杰任水产系主任；张保民任海洋地质系主任。

27日 受国家农牧渔业部委托，由学校承办的第三期全国对虾养殖培训班结束。全国水产养殖系统的77名技术人员和干部参加了培训。

28日 为进一步加强外语教学工作，提高外语教学的水平和质量，学校制定《关于加强外语教学的几点意见》。对开设多种外语选修课程、根据学生的英语基础实行快班慢班教学、改革测试方法、加强外语师资的培训等作了具体规定。

本年 学校共承担科研项目75项，总经费约160万元；在国内外学术刊物上发表论文130多篇；来校进行学术交流、讲学、考察、访问的外国专家、学者有87人。

本年 郑柏林教授、冉祥熙副教授被评为山东省劳动模范。

本年 秦曾灏、冯士筰、孙文心承担的"浅海风暴潮的动力机制及其预报方法的研究"获国家自然科学三等奖；冯士筰编著的我国第一部关于风暴潮的专著——《风暴潮导论》获1982年度国家优秀科技图书一等奖；陈国华、吴葆仁研制的HD-12型海水盐度计获国家重大科学技术发明四等奖。

冯士筰编著的《风暴潮导论》获国家优秀科技图书一等奖

1983年

1月

9日　青岛市政协常委、海洋物理系主任杨有棵教授因病医治无效逝世，终年70岁。

12日　院长办公会研究决定：增补丁履量、王滋然、孙涵光、李平衡、郝颐寿、侯国本、张保民、张正斌、姚明达、徐维垣、崔于枝为院学术委员会委员。

24日　教育部公布全国普通高等学校举办函授部和夜大学名单。同意学校开办夜大学，暂设英语、生物、化学3个专修科，学制均为3年。院领导决定：本年度英语、生物专修科招生。

3月

1日　党委常委会研究决定：戚贻让任海洋物理系主任。

本月　全校上下积极开展以"五讲四美三热爱"为主要内容的"文明礼貌月"活动。举办先进事迹报告会14次，1200多人参加；成立学雷锋小组27个；组织参加义务劳动3000余人次，清除垃圾800余吨；栽树800棵、绿篱1400余株，参加绿化活动200余人次。

4月

1日　教育部批复，同意学校增设英语专业。前几年先办专科，待条件具备时再办本科。

28日　新图书馆楼开工。设计建筑面积6630平方米，总投资149万元，当年投资21万元。

30日　学校春季田径运动会闭幕。经过2天激烈角逐，共有9人19次打破11项青岛市高校和学校纪录。

5月

26日　根据教育部文件规定，学校成立教育管理干部职称评定委员会，马秉伦为主任委员，文圣常、王滋然为副主任委员，方宗熙、冉祥熙等14人为委员。

本月　受国家城乡建设环境保护部委托，学校承担《中华人民共和国海洋环境保护法实施细则》的起草工作。为高质量完成此项国家立法性质的工作，学校成立了由海洋法研究室、海洋水文气象系、海洋化学系、海洋地质系、海洋生物系、水产系等单位专家参加的骨干小组，开始进行全面系统的调查研究工作。

本月　学校评出1982—1983学年三好学生标兵，他们是梁振林、宋文杰、王晓华、傅刚、张达平、黄志文、余乃绚、杨桂朋、叶深、孙菊、夏勋、耿勤。

6月

29日　教育部批复，同意海洋化学系张正斌副教授赴美国俄勒冈州立大学进行为期三个月的合作研究。

本月 由方宗熙教授负责的"单海1号"海带新品种科研项目,在山东荣成通过由省科委主持的鉴定会。专家评价,"单海1号"是单倍体育种在海藻中首次获得成功,可作为新品种因地制宜予以推广。

本月 经自下而上推荐、评比,党委常委会研究决定:张建华、侍茂崇、徐家振、冉祥熙为学校模范共产党员。

7月

11日 教育部就学校办学方向及校名问题作出批复:"经与国家计委和国家海洋局研究,原则同意来文中意见。根据我国海洋及水产事业发展的要求,你院主要任务是为国家培养海洋及水产方面的专门人才,积极开展海洋及水产方面的科学研究工作。在保证上述主要任务的前提下,亦可根据地方的要求,并视办学条件的可能,经过批准,设置少量面向山东省的专业,为地方培养一些专门人才。你院名称已为国内外所了解,不宜再更名。"

本月 党委副书记王辉等出席中共山东省第四次代表大会。会上,数学系主任冉祥熙当选为新一届省委候补委员,党委书记华山当选为省顾问委员会委员。

9月

5日 1983级新生注册报到。本年度共招收研究生35人(包括出国培训研究生10人)、本科生474人、专科生35人、夜大生56人、干部专修科学员90人。

19日 院长办公会研究,院党委常委会同意,王景明任物理海洋与海洋气象系主任。

同日 根据教育部《高等学校中青年学术骨干考察工作暂行规定》,经考察,确定秦曾灏、冯士筰、余宙文、张正斌等人为学术骨干,并上报教育部。

20日 山东省教育厅发文,同意学校设立外语系。

25日 本年度共有本科毕业生386人。其中374人获得毕业证书,356人被授予学士学位。

外语系成立

10月

6日 应日本海洋水产科技协会会长、东京水产大学前校长、学校名誉教授佐佐木忠义的邀请,经教育部批准,以副院长侯连三为团长,党委常委、教务处处长王滋然为副团长,由山东海洋学院等17所高校组成的友好访日代表团乘"东方红"船赴日本访问。代表团在为期半个月的时间里,考察访问了东海大学、东京水产大学、东

以副院长侯连三为团长，由17所高校组成的友好访日团乘"东方红"船赴日本访问

京大学海洋研究所等17个单位。

8日　院党委常委会研究决定：成立外语系党总支，刘文浩任总支副书记（副处级）。

14日　经教育部批准，学校成立物理海洋研究所。文圣常兼任物理海洋研究所所长，王景明兼任副所长，秦曾灏任副所长。

18日　院党委常委会研究决定：刘裕任纪律检查委员会副书记，何庆丰任人事处处长。

25日　院长办公会决定：成立世界银行贷款领导小组，负责和处理世界银行贷款的申请、国外先进仪器设备的引进及重点实验室的建设工作；文圣常任组长。

28日　经教育部批准，学校成立河口海岸带研究所。赫崇本兼任河口海岸带研究所所长。

同日　院党委常委会研究决定：谈家诚任海洋化学系党总支书记。

29日　学校第七次学生代表大会在新教学楼召开。181名学生代表参加会议。大会选举产生由32人组成的新一届学生会，张达平为主席。党委副书记王辉到会并讲话，希望同学们自觉抵制精神污染，坚决反对资产阶级自由化倾向。

12月

25日　10月起，院党委举办4期干部读书班，重点学习《邓小平文选》。共有35名处级干部、19名政工干部参加学习。

本年　正式列入计划的科研项目有85项，科研经费共计105万元。共发表论文156篇。"渤黄东海大面积水温预报""对虾工厂化育苗"获农渔部一等奖；《风暴潮导论》获全国自然科学专著一等奖；"胶州湾污染状况及其自净能力的研究"获山东省优秀科技成果二等奖；DF-1型电化学分析仪获省科技成果三等奖。

本年　院学术委员会审议通过，景振华、秦曾灏、张保民、张正斌、彭其祥晋升为教授；王如才、秦启仁等55人晋升为副教授。

1984年

1月

16日　国务院学位委员会下达第二批博士和硕士学位授予单位名单,学校海洋气象专业被批准为具有博士学位授予权的学科。海洋地质学、水产养殖、海洋捕捞、水产品贮藏与加工4个专业为具有硕士学位授予权的学科。到目前为止,学校已有2个博士点、8个硕士点。

2月

13日　中共中央总书记胡耀邦在东营市接见侯国本教授,听取他关于在东营建设黄河海港(后称东营港)、稳定河口流路及黄河三角洲开发的汇报,余秋里、康世恩等接见时在座。

3月

12日　国家海洋局聘请方宗熙教授为"海洋开发战略"研究专家组成员。

31日　我国著名诗人、学者、民主战士闻一多的雕像在"一多楼"前落成。雕像由白色花岗岩雕成,高4米多,底座背面刻有闻一多的学生、诗人臧克家撰写的碑文。周围修建了花坛,占地400多平方米。在落成仪式上,党委副书记高云昌发表讲话,对闻一多的一生给予高度评价,希望师生了解闻一多,学习闻一多,学习他高尚的爱国情操和为民族解放、国家富强而不怕牺牲的大无畏精神,为振兴中华、实现"四化"而奋斗。中共青岛市委书记王今吾,民盟中央常委、山东大学校长吴富恒,闻一多之子、中央美院油画系主任闻立鹏及夫人,清华大学、北京大学等高校的代表,院党委书记华山等院党政领导及师生代表、来宾300多人出席落成仪式。

4月

6日　教育部转发中共中央组织部关于学校干部职务任免通知:王辉留任党委副书记(主持党委工作),免去其副院长职务;文圣常任院长;王滋然任党委副书记;冉祥熙、徐家振任副院长,任期4年。华山任顾问,免去其党委书记职务;免去高云昌副院长、党委副书记职务,离职休养;免去赫崇本、方宗熙副院长职务。

文圣常(1921—2022),河南光山人,九三学社社员、中共党员,教授、博士生导师。1944年毕业于国立武汉大学,1946年赴美国进修。1953年10月,调入山东大学海洋学系任教。

同日　学校发文,任命童裳亮为海洋生物系主任。

院长文圣常

165

侯国本教授在实验室

8日　国务院总理赵紫阳在东营市听取侯国本教授关于《开发黄河三角洲的设想和实施计划》的汇报。之后，国务委员兼石油工业部部长康世恩又组织专家反复考察和论证，采纳了侯国本教授等提交的《黄河三角洲无潮区深水大港港址的可行性研究报告》。接着，国务院批准在东营建设先为2万吨、后为10万吨泊位的油港。该港于1988年建成并投入运营，为胜利油田的海上石油勘探开发和原油外运发挥了巨大作用。

5月

26日　学校被批准为世界银行贷款第二批项目单位，获贷款资助390万美元，计划配套经费1106万元人民币。重点支持建设物理海洋实验室、分析测试中心、计算中心、海洋调查实验室以及部分重点实验室。

同日　学校发文，任命王元忠为党委组织部部长，牟力为党委统战部部长，张长业为水产系党总支书记，秦启仁为教务处处长，顾其真为总务处处长。

29日　在广泛听取群众意见和反复讨论的基础上，经院党政多次研究，学校的领导体制、机构改革方案公布。要点有：（1）学校实行党委领导下的院长负责制。党委的领导主要是方针政策、思想政治、党团群众组织的领导，对院行政重大问题的决定参与讨论，至于行政经常性的工作由院长分工负责。（2）撤销学生工作部和机关党总支，有关部门成立直属党支部；撤销生产设备处，教学设备科和实验室管理科划归教务处；撤销保卫处，有关工作划归人事处领导。（3）干部实行聘任制和任期制。行政系统中层正职由院长提名、党委审查、院长任命；副职及科级由正职推荐，院长同意后，经党委审查由院长任命；党委系统的干部按党章有关规定办理。院机关处级、科级干部3年一届，系正、副主任2年一届；任期届满，经考核合格者可以连任；为照顾系主任业务工作，任期一般不超过2届。（4）扩大系的办学自主权，实行系主任负责制。

6月

19日　中共教育部党组下文，同意王辉、王滋然、孙洛民、冉祥熙、徐家振、蔡国楷、孙凤山组成院党委常委会；王滋然、刘裕、王元忠、王庆仁、魏传周组成党委纪律检查委员会，王滋然兼任纪委书记，刘裕留任纪委副书记，王庆仁任纪委专职副书记。

21日　教育部批复，同意建设测试中心楼，计划建筑面积2200平方米，投资70万元。

26日　学校发文，任命梁中超为数学系主任。

29日　经院党委研究，党委常委分工如下：王辉抓全面工作；王滋然分管思想政治工作和工会、共青团工作；孙洛民协助王元忠负责组织工作；蔡国楷分管保卫、保密、武装部工作；孙凤山分管宣传、马列室、德育室、院刊等方面工作；冉祥熙分管行政和教学工作；徐家振分管后勤工作。

7月

10日　《山东海洋学院关于实行系主任负责制的试行规定》公布施行。明确规定系主任在院长领导下，系党总支监督、保证下，领导和主持全系教学、科研、研究生培养、师资队伍建设、实验室建设、国内外学术交流等工作；系主任在教学、科研、人事、财务及奖惩等方面具有管理权力。

12日　本年度共有本科毕业生394人，其中376人获学士学位；硕士毕业生13人；孙孚获博士学位，成为学校发展史上自行培养并授予博士学位的第一人。

8月

4日　山东省大学生"三好杯"排球赛决赛在体育场举行，经过7天35场角逐，学校男排获冠军，女排列第五。

13日　教育部科技司批准文圣常院长的"海浪航空遥感方法及其信息处理的研究"及秦曾灏等科研人员承担的"小尺度海气相互作用"等9项科技重点课题，经费总额为35.3万元。

29日　学校发文，任命杨靖先为化学系主任。

本月　根据中共山东省委组织部、统战部、纪检委《关于解决错划右派改正结论中"尾巴"问题的通知》，7—8月学校组织人员复查了沈汉祥等43人错划为右派已予改正，但改正结论中或多或少留有"尾巴"的问题，重新作出复查决定，予以彻底纠正。

9月

5日　1984—1985学年开学典礼在八关山礼堂举行，文圣常院长讲话，勉励新生打好数理、外语基础，立志成才报国。本年度共招收研究生51人（含博士生3人）、本专科生1006人；招收干部专修科学员68人、夜大学专科生119人。

15日　教育部转发中央组织部文件，任命施正铿为山东海洋学院党委书记。

施正铿（1932—　　），福建龙溪人，中共党员。1954年山东大学海洋学系毕业后留校任教。1959年转入山东海洋学院任教，历任海洋水文气象学系副主任、系党总支副书记和科研处处长等职。1981年调往中国驻美国大使馆工作。1984年9月任山东海洋学院党委书记，1987年4月任山东海洋学院院长（1988年1月为青岛海洋大学校长）。主要社会兼职：山东省科学技术协会副主席、中国海洋学会副理事长、中国海洋湖沼学会常务理事、山东海洋湖沼学会理事长等。是党的十三大代表。

党委书记施正铿

17日　学校发文，任命王景明为物理海洋与海洋气象系系主任，夏宗伦为外语系主任。

25日　学校发文，任命张保民为海洋地质系主任。

26日　《山东海洋学院实行处长（室主任）责任制暂行规定》公布施行。

同日　学校出台《有关落实知识分子政策的几点意见》。要点有：（1）在政治上信任和关心知识分子，切实解决知识分子入党难的问题；（2）为了有利于知识分子的教学、科研工作，凡与他们业务关系较大的会议、文件和内部资料，允许他们参加、阅读和订阅；（3）要尽快给造诣较深的专家、学者、教授配备助手；（4）要给从事教学、科研的中级以上知识分子进修、学习时间；（5）要鼓励发明、创造，奖励有突出贡献的知识分子；（6）解决知识分子住房困难；（7）解决知识分子两地分居和家属"农转非"的问题；（8）要关心知识分子的身体健康，解决知识分子出差和就诊用车问题；（9）解决南方籍高中级知识分子吃大米难的问题。

28日　秦曾灏被评为山东省劳动模范，即日赴济南参加表彰会。

10月

学校党委副书记王辉、副院长冉祥熙、副教授奚盘根当选为中共青岛市第五次代表大会代表。

11月

12日　学校发文，任命陈向荣为海洋工程系主任。

19日　教育部批复，同意将海洋动物学和海洋植物学两个专业合并为海洋生物学专业；水产养殖专业分为海水养殖和淡水养殖两个专业；海洋地质地球物理专业改为应用地球物理专业；增设应用电子学专业和海岸工程专业。上述专业修业年限均为4年。

12月

4日　朝鲜海洋代表团一行6人来校访问，参观水产系、海洋物理系等单位。

15日　经院党委常委会同意，院学术委员会予以调整：文圣常为主任委员，冉祥熙、秦曾灏、徐世浙为副主任委员，王景明、秦启仁等25人为委员。

24日　经院党委常委会同意，文圣常任物理海洋研究所所长（兼）；杨作升任河口海岸带研究所副所长（主持工作）；方宗熙任海洋生物遗传研究室名誉主任，戴继勋任副主任；李明仁任海藻类培养研究室主任；赫崇本任海洋环境保护研究中心名誉主任，奚盘根任主任。

31日　根据《中共中央关于整党的决定》和山东省委有关工作部署，院党委着手进行整党工作，决定成立整党办公室，由党委副书记王滋然任主任，党委组织部部长王元忠任副主任，王庆仁等5人为成员。

本月　党委常委会研究决定：魏传周任海洋地质系党总支书记；陈杏生任马列主义教研室临时党总支书记；刘存义任数学系党总支书记；吕增尧任海洋物理系党总支书记；谈家诚任海洋化学系党总支书记；喻祖祥任物理海洋与海洋气象系党总支书记；戴秋英任教务处党总支书记（兼）；陈一鹤任海洋工程系党总支书记；刘文浩任外语系党总支书记；顾其真任总务处党总支书记；张长业任水产系党总支书记；孙秀林任海洋生物系党总支书记。

本年　"海带单倍体的应用""栉孔扇贝人工采苗研究""海螺酶I号、II号制备性质和应用研究"分获山东省科技进步一、二、三等奖；"彩虹全息技术重要进展""黄河三角洲无潮区、深水港港址可行性研究报告""1986—2000年山东省基础科学发展预测研究"获山东省自然科学理论成果二等奖；"黄河三角洲水文特征分析及泥沙运动规律研究""现代海洋沉积相的研究""聚类分析法在海水团分析中的应用及黄东海变性水团的分析"获山东省自然科学理论成果三等奖；"降糖素""PS型胃肠双重造影硫酸钡制剂"获得农牧渔业部技术改进二等奖。

1985年

1月

3日　院党委在八关山礼堂召开全体党员大会，动员布置整党工作。党委书记施正铿作题为《提高认识，统一思想，联系实际，搞好整党》的报告，提出通过整党要解决五个问题，即端正工作指导思想，做到在思想上、政治上与党中央保持一致；彻底否定"文化大革命"，根除派性，增强党性；认真纠正和查处严重的官僚主义和以权谋私等不正之风；继续完成机构改革和领导班子的调整；提高思想觉悟，振奋革命精神，做合格共产党员。按照《中共山东海洋学院委员会关于整党的计划》的安排，整党工作分学习文件、对照检查、集中整改、组织处理和党员登记、总结验收五个阶段，历时半年。

5日　青岛市政府同意教育部在青岛建立国际学术交流中心。征用土地面积约42.24亩。

8日　水产系1983年3月由美国引进的优质虹鳟鱼鱼卵，经人工孵化和两年的精心饲养，在临朐通过山东省水产局组织的专家验收。之后又将部分鱼种推广到北京、新疆、黑龙江等地。

23日　院党政联席会议研究决定：海岸工程专业划归海洋工程系建制；海岸工程研究室归属海洋工程系领导；物理海洋与海洋气象系的海洋工程动力教研室、实验室和海岸工程研究所所属人、财、物归属海洋工程系；图书、资料仍由物理海洋与海洋气象系管理；两系在教学、科研等方面应继续加强合作，互相支持。

3月

4日　《山东海洋学院1984—1985学年第二学期教学改革的若干措施》公布实施。要点有：（1）做好准备工作，自1985级起实行学分制；（2）开设公共选修课，学生可自由选学；（3）公共基础课可以选择不同任课教师；（4）成绩优良的二年级以上学生经批准后可以不参加某些课程的课堂学习，但必须参加期中、期末考试；（5）成绩优良的学生经批准后可以跨系、跨专业选课；（6）学习优异的学生可以申请跳级学习或提前毕业；（7）招收优秀助教作为在职研究生，学习期限4～5年；（8）优秀硕士研究生可以提前攻读博士学位；（9）专业之间应有计划地培养双学位人才；（10）公共基础课考试统一命题、统一考试、统一评分；期末考试一律采用学生混合编号后统一安排考场。旨在通过改革培养复合型、创造性人才。

4月

6日　全体研究生开会，选举产生首届研究生会，王少华被选为院研究生会主席。文圣常院长到会并发表讲话，勉励研究生要胸怀大志，放眼未来，献身于祖国的海洋事业。

10日　党委常委会研究决定：院财务室改为财务处；钟砺任财务处代理处长。

17日　教育部批复，同意学校增设环境生态学、淡水渔业、计算机应用、经济管理4个专业。

5月

7日　山东省招生办公室同意学校在全省13所重点中学招收保送生，本年度分配保送生名额为20名。

15日　学校与法国联合进行的"黄河口痕量金属和有机物的地球化学行为研究"第一次考察结束。由41名中方研究人员和6名法方研究人员组成的考察队，历时14天，完成44个站点的观测，获得大量数据，顺利完成预定的考察任务。

6月

11日　学校与美国俄勒冈州立大学合作进行的"渤海中南部及黄河口海域沉积动力学研究"第一次考察结束，历时12天。通过考察获取了该海域大量的水文、地质、化学、生物等基础资料和高质量样品。

同日　学校研究决定：院审计组更名为审计室。

24日　学校发文，任命戚贻让为物理系主任。

7月

1日　国家教委批复，同意学校在徐家麦岛征地300亩，用于扩大办学空间。

2日　经研究决定：高欣山任科技公司总经理。

6日　中国共产党党员，民盟中央委员、山东省常委、青岛市副主任委员，山东省政协副主席，第六届全国人大代表，山东海洋学院原副院长，我国著名海洋生物学家，二级教授方宗熙因病医治无效逝世，终年73岁。

方宗熙（1912—1985），福建云霄人。1936年毕业于厦门大学，1947年赴英国伦敦大学专攻遗传学，并获得博士学位。1950年冬回国，先后任出版总署、人民教育出版社编审；1953年任山东大学教授；1959年转入山东海洋学院，任教授、海洋生物系主任、副院长。1985年6月加入中国共产党。他长期致力于海洋生物学、遗传学的教学与研究，编著有《生物学引论》《达尔文主义》《普通遗传学》等大学教材，并在海藻遗传育种领域做了大量开创性工作，成功培育出"海青一号、二号、三号"和"单海一号"等海带新品种。他还不辞劳苦，热心中国青少年的海洋科技知识普及工作，创作了百万字的科普读物。

同日　山东海洋学院第八次学生代表大会举行，157名学生代表与会。党委副书记王滋然到会讲话。大会选举产生新一届院学生会。

9日　党委常委会研究决定：郭田霖任基建处处长，刘龙太任院长办公室主任。

10日　学校为407名应届毕业生举行毕业典礼。文圣常院长到会并讲话，希望毕业生珍惜青春年华，用所学知识服务于"四化"建设，努力成为栋梁之材。

14日　中国共产党党员、山东海洋学院原副院长、二级教授赫崇本因病逝世，终年77岁。

赫崇本（1908—1985），辽宁凤城人，满族。1931年毕业于清华大学物理学系，1944年赴美国留学并获博士学位，1949年春回国任山东大学教授。先后担任山东大学海洋物理研究所所长、海洋系主任，山东海洋学院教务长、副院长、院学术委员会主任，兼任海洋研究所所长、河口海岸带研究所所长、国家科委海洋组副组长等职。1956年加入中国共产党，是党的十二大代表，第三届、第五届全国人大代表，第五届全国人大常务委员会委员。赫崇本先生长期从事海洋教育、科学研究及管理工作，是我国海洋事业的先驱，物理海洋学科的奠基人、开拓者。他参与了山东大学海洋系的创建和山东海洋学院的筹建工作；建议国务院成立国家海洋局，参加制订我国海洋科技发展规划；主持了"海洋基础丛书"、《中国大百科全书》（海洋卷）、《辞海》海洋类条目、《海洋学辞典》等的编审工作，并在海洋调查方法和水团研究方面有较深造诣。

8月

16日　党委常委会研究决定：郭田霖任院总务长。

23日　党委常委会研究决定：恢复院保卫处，任命胡增淼为保卫处处长；任命高清廉为水产系主任，徐世浙为海洋地质系主任，杨作升为河口海岸带研究所所长。

9月

10日　上午，学校在青岛市人民会堂举行1985—1986学年开学典礼。本年度共招收新生1399名，其中研究生77名（含博士生3名）、本专科生1020名、夜大生302名。

下午，全校教职工在青岛市人民会堂隆重集会，热烈庆祝我国第一个教师节。山东省委常委、省政府副省长、青岛市委书记刘鹏，青岛市委副书记刘镇等市党政领导及驻青海军部队首长到会向广大教师祝贺节日。学校党委书记施正铿讲话，希望全校教师不断提高政治素质和业务素质，增强事业心和责任感，像红烛一样，把一生的光和热献给人民的教育事业。

同日　新建图书馆开放。该馆总建筑面积为6500平方米。除藏书库房外，设有期刊、报纸阅览室、自修室、缩微阅览室等。

新建图书馆

25日　根据国家教委《高等学校教师学衔条例（草案）》的规定，为做好教师学衔评定和教师职务聘任制试点工作，学校研究决定：成立院教师学衔委员会，下设11个学科评议组；文圣常为学衔委员会主任，副主任为施正铿、冉祥熙，秦启仁等14人为委员。

本月　学校评出1984—1985学年校三好学生标兵，他们是王正林、孙珊、丁慧、鲍军波、叶深、肖倩、逄少军、孙书贤、魏玉西、赵涛、刘文仲。

10月

8日　经院长办公会研究、院党委常委会同意，冯士筰任物理海洋研究所所长。

11月

7日　院教师学衔委员会评审通过，并报山东省高校教师学衔委员会，冯士筰、余宙文、苏育嵩、陈宗铺、徐世浙、孙玉善、佘敬曾、李德尚、洪文友、梁中超、张炳根、徐维垣晋升教授学衔。

8—9日　山东海洋学院第一次教职工代表大会在"六二礼堂"举行。189名正式代表、27名列席代表、16名特邀代表出席大会。党委副书记、院工会主席王滋然主持会议，党委书记施正铿讲话。文圣常院长作题为《加快改革步伐，提高教育质量，为实现我院发展规划而奋斗》的报告。大会通过《教职工代表大会暂行条例实施细则》《教职工代表大会提案工作暂行办法》《教职工福利费管理使用暂行办法》，讨论了《职工住房分配暂行条例》。

16日　学校整党工作结束。全校有814名党员参加了整党，其中正式党员702人、预备党员112人。准予登记的党员有693人，有9人不予登记。

19日　院党委常委会研究决定：成立学生工作指导委员会，王滋然为主任委员，冉祥熙为副主任委员，秦启仁等7人为委员。

12月

4日　物理海洋实验楼正式开工，规划建筑面积为3051平方米，投资150万元，计划

1987年9月竣工。

20日　电教及精密仪器室楼正式开工，规划建筑面积为1600平方米，投资20万元。

本年　学校教师在各级刊物上发表论文194篇；出版专著4部；鉴定、评审科研项目23项。有25项科技成果获奖，其中3项获国家科技进步奖。

本年　学校相继制定并发布实施一系列管理制度，包括《山东海洋学院试行〈高等学校教师学衔条例（草案）〉实施细则》《山东海洋学院学衔委员会及学科评审组成员守则》《山东海洋学院〈高等学校教师职务聘任工作试行条例〉实施细则》《山东海洋学院试行毕业生提前一年预分的办法》《山东海洋学院科研计划管理办法》《山东海洋学院科研编制核定工作暂行办法》《山东海洋学院科学技术成果管理暂行条例》《山东海洋学院申办出席国际学术会议暂行规定》等。

本年　王景明、李德尚、汪人俊、徐世浙被评为山东省优秀教师。

本年　学校获全国计划生育先进单位称号。

1986年

1月

24日　院长办公会研究决定：数学系更名为应用数学系。

2月

17日　国家教委批复，同意恢复海洋物理学和海洋化学专业，学制4年；同意海洋渔业资源专业改名为渔业资源与管理专业；同意海洋捕捞专业改名为渔业工程专业；同意增设马克思主义基础专业，学制4年。

至此，学校共设置9个系、23个专业，即物理海洋与海洋气象系（物理海洋学专业、海洋气象学专业），物理系（物理学专业、海洋物理学专业、应用电子学专业），海洋化学系（化学专业、海洋化学专业），海洋地质系（海洋地质专业、海洋应用地球物理专业），海洋生物系（海洋生物专业、环境生态专业），海洋工程系（海洋机械工程专业、海岸工程专业），水产系（海水养殖专业、食品工程专业、渔业工程专业、淡水渔业专业、渔业资源与管理专业），应用数学系（应用数学专业、经济管理专业、计算机应用专业），外语系（英语专业）；马克思主义基础专业。

3月

8日　中国共产党山东海洋学院第五次代表大会在"六二礼堂"举行，169名正式代表、12名列席代表出席大会开幕式。党委书记施正铿代表上届党委作题为《继续解放思想，不断进行改革，努力开创我院工作新局面》的工作报告；纪委副书记刘裕作纪委工作报告。大会讨论并通过了上述两个报告，选举产生新一届党委委员和纪律检查委员会委员。新当选的党委委员是施正铿、王滋然、文圣常、冉祥熙、徐家振、王元忠、蔡国楷、管华诗、魏传周、吕增尧、秦启仁、喻祖祥、王薇、董柏林、李耀臻、郭田霖。

22日　院党委常委会研究，任命张志南为海洋生物系主任。

27日　国家教委党组下文，同意山东海洋学院第五次党代会选举结果：施正铿、王滋然、文圣常、冉祥熙、徐家振、王元忠、蔡国楷组成党委常务委员会；施正铿任党委书记，王滋然任副书记；同意纪律检查委员会由9人组成，王元忠任书记，刘裕任副书记。

4月

3日　国务院副总理万里在山东省副省长、青岛市委书记刘鹏等陪同下来校视察。在听取学校领导的工作汇报后，参观了海洋生物系的鱼类生物学实验室、海洋药物研究室、应用光学实验室、微藻研究室，仔细听取了张志南、管华诗、郑国星、李明仁、卞伯仲关于各自科研项目的汇报、演示，对他们取得的成果表示赞许，并鼓励科研人员："凡是人民需要的我们就要搞。""要为人类造福。"

19日　院党委常委会研究决定：谢洪芳任党委组织部部长，于文柏任总务处党总支书记，袁宗久主持党委宣传部工作。

同日　院党委常委会研究决定：撤销政治理论教研室临时党支部。政治理论教研室与体育教研室合建成立直属教研室党总支，戴秋英任总支书记。

24日　经院长办公会研究、院党委常委会同意，张亭健任总务处处长。

5月

2日　国家教委同意学校成立审计处。经院长办公会研究、院党委常委会同意，王岚任审计处处长。

17日　国家教委批准，学校教师学衔委员会有权审定副教授任职资格。

30日　山东海洋学院第六次工会会员代表大会在"六二礼堂"举行，120名代表与会。大会讨论通过上届工会副主席董柏林所作的工作报告，选举产生由21人组成的第六届工会委员会，王滋然为主席，董柏林、张定民、王兴铸为副主席。

本月　《山东海洋学院党政干部考核制度和实施办法》公布施行，对干部的德、能、勤、绩等进行综合考评。考评结果记入个人档案，与晋级、提职挂钩。

6月

19日　院党委常委会研究决定：王景明任物理海洋与海洋气象系主任，张正斌任海洋化学系主任，高清廉任水产系主任，汪人俊任应用数学系主任，戴书绅任外语系主任，郑可圃任马列教研室主任，江福来任体育教研室主任。

21日　共青团山东海洋学院第八次代表大会召开，151名正式代表出席，共青团青岛市委和驻青高校的代表到会祝贺。李耀臻作题为《高举共产主义旗帜，努力培养有理想、有道德、有文化、有纪律的一代新人》的工作报告。党委副书记王滋然在讲话中希望广大团员正确认识理想、纪律与成才的关系，加强思想修养，为建设"四化"勤奋学习，为振兴中华贡献智慧和力量。大会选举产生由27人组成的新一届团委，李耀臻为书记。

23日　院党委常委会研究决定：《山东海洋学院学报》编辑室改为编辑部，刘安国任编辑部主任。

24日　学校发文，成立函授部；实验中心更名为测试中心，为直属单位（副处级），挂靠教务处。

29日　山东海洋学院第九次学生代表大会召开，136名正式代表与会。大会选举产生由27人组成的新一届学生会，魏明为主席。

7月

1日　党委常委会决定：将院"学衔委员会"改名为"专业技术职务评审委员会"。

7日　学校为应届毕业生举行毕业典礼。本年度毕业生共有577名，其中专科生189人、本科生363人、研究生25人。

18日　院党委常委会决定：徐斯任图书馆代理馆长。

8月

11日　经国务院学位委员会批准，海洋化学、水产养殖、水产品贮藏与加工3个专业为第三批博士学位授予专业；应用数学、海洋物理学为第三批硕士学位授予专业。

9月

4日　经院长扩大会议研究、院党委常委会同意，将水产系改为水产学部，下设水产养殖系、海洋渔业系、食品工程系；应用数学系改为应用数学与管理学部，下设应用数学系、管理科学系、计算机科学与技术系。

10日　在青岛市人民会堂隆重举行新学年开学典礼暨庆祝教师节大会。1986级全体新生、部分教职工和指导军训的部队代表1000余人参加。本年度学校共录取新生1379人，其中研究生74人、本科生661人、专科生236人、干部专修科学员105人、夜大学生224人，还有少量自费生。

18日　国家教委批复，同意学校成立分部筹建处，负责征地、规划和筹建等工作。学校研究决定：徐家振副院长兼任分部筹建处主任。

30日　院党委召开扩大会，学习《中共中央关于社会主义精神文明建设指导方针的决议》，讨论、研究贯彻意见。

10月

8日　国家教委学术中心2号楼开工建造，计划建筑面积为2760平方米，总投资145万元。

29日　院党委常委会研究决定：在马列教研室基础上成立社会科学系。

本月　学校评出并表彰1985—1986学年校三好学生标兵，他们是杨智章（物理海洋学专业1985级）、崔红（海洋化学专业1984级）、肖倩（海洋动物专业1983级）、陈志军（海洋机械工程专业1984级）、徐崇伟（政治思想教育专业1985级）。

11月

3日　为期三天的"国际浅海海湾、河口及陆架物理学"学术讨论会召开。院长文圣常教授出席会议并致开幕词。来自美国、英国、日本、比利时、荷兰、联邦德国、苏联以及我国的80多名物理海洋学专家、学者出席会议，交流浅海海域中有关潮汐、风暴潮、环流、海浪与内波、沉积物输运等方面的新近研究成果。

6日　为加强对教学评估工作的领导，院长办公会研究决定：成立山东海洋学院教学评估领导小组，文圣常任组长，王滋然、冉祥熙任副组长，另有成员8人；成立教学评估专家委员会，张保民为主任委员，佘敬曾、梁中超为副主任委员，另有委员12人。

20日　经院长办公会研究、院党委常委会同意，陈向荣任海洋工程系主任。

21日　国家教委下发《关于选拔奖励有突出贡献专家的通知》，张正斌、苏育嵩榜上有名。

29日　以学校为主承担的国家计委、国家教委科技专项研究项目"北太平洋海域海洋气象导航"通过部级评审。该项目完成有创见性科技报告19篇，初步建立起海洋气象导航资料数据库和一套较为完整的海洋导航系统，为填补我国海洋气象导航空白迈出了重要一步。

12月

18日　民盟山东海洋学院总支委员会正式成立，郑柏林当选主任委员，马绍先、尹左芬当选副主委。院党委书记施正铿出席成立大会并讲话，希望民主党派成员积极参政议政，共同努力办好学校。

本年　学校共承担科研项目130项，经费达303.5万元。其中国家"七五"攻关项目费34.2万元，国家教委项目96.9万元，科学基金项目37.9万元，其他134.5万元。在国内外刊物上发表学术论文165篇。

本年　"海水中微量元素——固体粒子等温线的研究""海浪理论及计算原理""中国标准海水"分获国家教委一、二等奖；"新药PSS及其制备""栉孔扇贝人工育苗"分获山东省科技进步一、二等奖；"栉孔扇贝自然海区采苗技术的研究"获农牧渔业部科技进步三等奖。

本年　学校有5个博士点、10个硕士点。博士点学科为物理海洋学、海洋气象学、海洋化学、水产养殖、水产品贮藏与加工。博士生导师为文圣常、冯士筰、秦曾灏、张正斌、李德尚、陈修白。

本年　学校在专科学生管理中引入竞争机制，实行选拔优秀专科生升入相同或相近本科专业学习的制度。专科升入本科的学生不超过本届专科学生总数的5%。

本年　海洋动物学专业1983级学生肖倩、海洋化学专业1982级学生叶深被评为山东省尖子学生。

本年　学校被评为青岛市计划生育模范单位、全国计划生育先进集体。

1987年

2月

26日　国家教委批准学校专业技术职务评审委员会有权审定以下专业技术职务任职资格：（1）科学研究人员系列副研究员及中级职务任职资格；（2）实验技术人员系列高、中级职务任职资格；（3）工程技术人员系列中，实验室、校办工厂技术人员中级职务任职资格；（4）图书资料、出版专业、会计专业人员系列中级职务任职资格。

3月

19日　山东海洋学院第三次研究生代表大会召开。大会通过上届研究生会工作报告；选举产生由9人组成的研究生会，王正林当选为主席。

27日　院第一届教代会第二次全体会议在"六二礼堂"召开。会议期间，190多名与会人员听取冉祥熙副院长所作《关于我院1986年度行政工作》的报告和财务处副处长官荣垲所作《关于我院1986年度财务决算》的报告。会议讨论并通过了这两个报告和《教职工住房暂行分配办法》，并对实行聘任制、校务管理、住房分配等工作提出意见和建议。

4月

7日　国家教委副主任朱开轩来校检查、指导工作。

9日　国家教委下发《关于部分普通高校试招收高水平运动员工作的通知》，学校被列为试点高校。

20日　中共国家教委党组下文，对学校领导班子予以调整：冉祥熙任山东海洋学院党委书记，免去其副院长职务；工滋然留任党委副书记；施正铿任山东海洋学院院长，免去其党委书记职务；秦启仁任副院长；徐家振留任副院长。

　　冉祥熙（1932—2021），山东济南人，中共党员。1953年从山东大学数学系毕业后留校任教。1959年转入山东海洋学院任教，历任数学教研室主任、数学系主任、副院长等职。1983年当选为中共山东省第四届委员会候补委员。1987年4月任山东海洋学院党委书记。

　　本月　管华诗荣获山东省富民兴鲁劳动奖章。

党委书记冉祥熙

5月

25日　由副院长徐家振为领队、50多名专家和技术人员组成的海上调查队，乘"东方红"船，启程参加与日本鹿儿岛大学合作进行的"东海水团分布机制多学科研究"项目的首次海上调查。此次调查在日本海域内进行，共设8条断面、56

个测点，观测内容涉及海洋水文、气象、地质、化学、生物等，历时20天。其间，代表团还顺访了鹿儿岛大学并进行学术交流。

6月

11日 山东海洋学院教学工作经验交流会召开。院长施正铿到会并就学校的当前工作和发展方向发表讲话。

14日 山东海洋学院第十次学生代表大会在科学馆举行。大会决定对原有体制进行改革，撤销外联部、勤工助学部，增设社会实践部；设立主席团，并由主席团选举产生执行主席一人，任期半年或一年。大会选举产生由29人组成的学生会。

27日 1987届毕业生开始进行为期一周的毕业教育。本届毕业生共有810人，其中研究生40人、本科生468人、专科生302人。

7月

8日 党委常委会研究决定：魏传周任物理海洋与海洋气象系党总支书记，张长业任海洋物理系党总支书记，王庆仁任海洋化学系党总支书记，林乐夫任海洋生物系党总支副书记（主持工作），吕增尧任水产学部党总支书记，付聿甫任海洋工程系党总支副书记（主持工作），陈一鹤任外语系党总支书记，刘文浩任总务处党总支书记（兼）。

16日 院长办公会研究决定，并经院党委常委会同意，任命刘龙太为院长办公室主任，孙秀林为人事处处长，沈剑平为科研处处长，刘文浩为总务处处长，官荧塏为财务处处长，王世理为生产处副处长（主持工作），郭田霖兼任基建处处长和新校区筹建处主任，张春桥为船舶管理处处长，陈晓明为学术中心筹备处副主任（主持工作）。

20日 经国家教委批准，学校外事办公室改为外事处。

8月

18日 经院长办公会研究、院党委常委会同意，张正斌任海洋化学系主任，徐世浙任海洋地质系主任，吕大英任体育教研室主任，刁传芳任外事处代理处长。

9月

9日 1987—1988学年开学典礼在青岛市人民会堂举行，校党政领导冉祥熙、施正铿、王滋然、秦启仁、徐家振及各系各部门负责人和1000多名新生齐集一堂。施正铿院长介绍了学校的发展状况、办学方向、专业结构及教学改革等，并希望新生坚持四项基本原则，勤奋学习，注重社会实践，成为适应国家社会主义建设需要的一代新人。

本年度学校共录取各类全日制学生2084名，其中研究生75人、本专科生1909名、干部培训班100名。录取函授和夜大学生1240人。

11日　院长办公会研究决定：学术委员会、学位委员会、专业技术人员任职资格评审委员会予以调整：学术委员会主任委员为施正铿，副主任委员为文圣常、秦启仁，李淑霞等25人为委员；学位委员会主席为施正铿，文圣常、王滋然、秦启仁为副主席，管华诗等16人为委员；专业技术人员任职资格评审委员会主任为施正铿，冉祥熙、秦启仁为副主任，王滋然等21人为委员。

同日　院长办公会研究决定：刘龙太任国家教委青岛学术中心筹备处主任。

23日　院党委制定并实施《关于贯彻〈中共中央关于改进和加强高等学校政治思想工作的决定〉的意见》，采取一系列措施，改进和加强学校的政治思想教育工作。

本月　《山东海洋学院学生贷款试行条例》公布施行。

10月

14日　院党委常委会研究决定：成立院妇女工作委员会，胡正琪为主任委员，王淑静、史致丽为副主任委员，解淑萍等12人为委员。

16日　国家教委下发文件，同意学校增设水文地质与工程地质专业，学制4年。

同日　院党委常委会研究决定：袁宗久任宣传部部长，王淑静主持统战部工作。根据国家教委文件要求，学校共产主义思想品德课教研室改为思想政治教育研究室，牟力任研究室主任。撤销教务处党总支，成立教务处、科研处党总支，张春桥任总支书记（兼）。

22日　党的十三大代表、院长施正铿赴京参加定于25日召开的中国共产党第十三次全国代表大会。

11月

21日　应用数学与管理学部李淑霞副教授等承担的山东省"六五"重点攻关课题——"夏玉米高产、稳产与营养生理指标及环境因素关系的研究"通过省级鉴定。这项课题在国内首次提出夏玉米在整个生育期内的干物质积累呈"双S"动态模型，对玉米生长规律的进一步研究有重要意义。专家们认为，该研究成果具有科学性、系统性，居国内先进水平，有推广应用价值。

28日　学校首期党的十三大文件党员干部学习班结束，各党总支、直属党支部书记，组织部、宣传部的负责人参加了学习班。

本月　经院专业技术职务评审委员会评审通过，并报山东省审批，王景明、左中道、于良、孙秉一、李永祺、程广芬、朱而勤、李爱杰、邹积贵、王筱庆、黄世玫、陈世阳获教授任职资格。

12月

12日　山东省土地管理局下文，同意学校征用崂山县中韩镇王家麦岛村、徐家麦岛村共计336.85亩土地，用于新校区建设。

16日　国家教委副主任何东昌在山东省教育厅厅长吕可英、青岛市副市长施稼声陪同下来校检查、指导工作。何东昌听取了院党政领导的工作汇报，询问了学校的建设、政治理论课设置、党史课教学改革等方面的问题，指出要加强对学生的政治思想教育，大学生要有艰苦奋斗精神，不要超过老百姓的平均生活水平，这个问题从现在就要抓起。他还参观了物理海洋实验室，并到正在建设中的国家教委青岛学术中心工地参观。

23日　院党委常委会研究，并经国家教委同意，撤销教务处研究生科，成立研究生部。任命徐世浙为研究生部主任（兼）。

本月　联合国教科文组织海洋处主持、山东海洋学院承办的"亚太地区大学海洋科学教育大纲"研讨会召开，来自19个国家和地区的代表出席会议。大会讨论分析了亚太地区海洋科学教育的现状、发展前景和大学毕业后人员的专业培训等问题，提出了调整亚太地区大学海洋科学教育大纲的建议报告。会议期间，与会人员还参观了学校的计算中心、物理海洋实验室等。

本年　1985级学生参加全国大学英语统一考试，成绩在全国高校中名列前茅，在山东省高校中列第一位。

本年　管华诗被评为青岛市劳动模范。

1988年

1月

21日　经国家教委批准,山东海洋学院更名为青岛海洋大学。在庆祝更名仪式上,校长施正铿介绍学校的现状和发展简况,号召全校师生员工团结一致,深化改革,为祖国实现四个现代化的宏伟目标作出更大贡献。

2月

6日　国家教委青岛学术中心生活楼竣工验收。

3月

4日　党委常委会研究决定:水产学部改为水产学院,高清廉任院长;应用数学与管理学部改为管理学院,汪人俊任院长;海洋药物研究室改为海洋药物研究所,管华诗任所长;微藻研究室改为微藻研究所,李明仁任所长;成立海洋生物材料研究所,楼宝城任所长;成立海洋仪器研究室,高慎月任主任。

邓小平题写校名手迹

11日　经校长办公会研究、党委常委会同意,管华诗任水产学院副院长兼食品工程系主任,王如才任水产学院副院长兼水产养殖系主任,侯恩淮任渔业系主任,王克行任水产增养殖研究所所长,林鸿洲任管理学院副院长兼管理科学系主任,冯锡琪任管理学院副院长兼计算机科学系主任,崔玉亭任应用数学系主任,李昭荣任海洋地质系主任。

本月　海洋新药"藻酸双酯钠片"获得卫生部新药证书和生产批件。

4月

9日　以海洋地质系副教授曹钦臣为主研究确认的优质麦饭石在青岛通过省级鉴定。

13日　山东省教育厅下发文件,同意学校教师职务评审委员会具有物理学、外国语言文学、哲学、经济学学科副教授任职资格评审权。

16日　经校长办公会研究、党委常委会同意,谈家诚任国家教委青岛学术中心主任。

21日　党委常委会研究决定:王克行为垦利县挂职副县长,李天明为即墨县挂职副县长,陈晓明为平度县挂职副县长(兼青岛海洋大学管理学院平度分院副院长),庄肃敬任青岛海洋大学昌邑生物养殖培训中心副主任。

23日　青岛海洋大学1988年田径运动会经过2天的紧张比赛结束,有1人破2项山东省高校纪录,5人破5项青岛市高校纪录。

5月

4日 海洋生物研究所所长、副教授楼宝城等研制的"864—人工皮肤"通过省级鉴定。专家们认为,该人工皮肤具有同种异体皮的功能,使用方便,疗效显著,具有重大的社会效益和经济效益。

方宗熙著《普通遗传学》获国家教委首届优秀教材一等奖

同日 国家教委公布首届优秀教材评选结果,方宗熙教授所著的《普通遗传学》等4部教材获一等奖、9部教材获二等奖、15部教材获三等奖。

5日 学校研究决定:成立青岛海洋大学海大集团公司,郭田霖为总经理。

15日 《青岛海洋大学学报（社科版）》首期出版,为社会科学综合性季刊。党委书记冉祥熙任主编,邹积贵、郑可圃任副主编,另有编委12人。

23日 经校长办公会研究、党委常委会同意,杨楚良任研究生部代理主任。

同日 国家教委批复,同意学校将在平度县大泽山乡的房产无偿调拨给平度县教育局,用于兴办教育事业。这些房产占地10.6亩,建筑面积为3967平方米,于1969年建成。

6月

2日 经校长办公会研究、党委常委会同意,成立麦饭石研究开发中心,曹钦臣为主任;成立工业水回用技术研究所,王恕昌任所长。

7月

7日 学校召开党政干部,各级人大代表、政协委员,各民主党派负责人和群众团体负责人会议,传达国家教委直属高校党委书记、校长会议精神和学校贯彻意见。党委书记冉祥熙围绕国家经济发展形势、物价与工资改革、全面从严治党、加强党的基层组织建设以及巩固和发展安定团结的政治局面等重大问题作报告,并要求全校党员、干部认清形势、振奋精神,同心同德,共闯改革难关。

9日 学校在青岛市人民会堂为应届毕业生举行毕业典礼。本年度共毕业学生1192名,其中研究生56名（含博士生10人）、本科生568名、专科生248名、成人教育学生320名。毕业生于11日离校。

20日 党委常委会研究决定:成立青岛海洋大学业余党校。党委书记冉祥熙兼任党校校长,袁宗久、谢洪芳兼任副校长;党校设校务委员会。党校的主要任务是:对党员和入党积极分子进行党的基本知识、基本理论教育;举办党员干部理论学习班、专题研讨班等。旨在加强学校党的思想建设和组织建设,更好地发挥党员的先锋模范作用和党组织的战斗堡垒作用。

22日　经国家教委审核批准,物理海洋学成为国家级重点学科。

8月

21日　国务委员、国家科委主任宋健,在山东省副省长赵志浩、中共青岛市委副书记刘镇陪同下来校检查指导工作。校党政领导和海洋药物研究所所长管华诗、海洋生物材料研究所所长楼宝城、矿物资源研究所所长曹钦臣、工业水回用技术研究所所长王恕昌等,就学校的科研情况作了汇报。宋健对学校科学研究工作所取得的成就给予肯定。

9月

5日　经国家教委批准,学校具有教授、副教授任职资格评审权。

11日　青岛海洋大学1988—1989学年开学典礼暨庆祝教师节大会在青岛市人民会堂举行,1988级新生和教师代表1800多人参加。校党政领导冉祥熙、王滋然、秦启仁、徐家振出席大会。秦启仁副校长在讲话时勉励新生要珍惜来之不易的大学生活,不断提高政治思想觉悟,刻苦学习科学文化知识,为民族的振兴、国家的富强贡献青春和力量。

本年度共录取各类新生2103人,其中研究生70人、本科生774人、专科生459人、成人教育学生800人。

16日　学校发文,任命冯瑞龙为学生工作办公室主任,王世理为生产处处长,黄希仁为教务处处长,王淑静为党委统战部部长,林乐夫为海洋生物系党总支书记,涂仁亮为海洋地质系党总支书记,付聿甫为海洋工程系党总支书记。

22日　经校专业技术职务任职资格评审委员会评审,林俊轩、陈国华、孟庆显、刘智深、王琦、柴象浩、唐思齐、江福来、杨文民、孙凤山获教授任职资格。

23日　党委常委会研究决定:成立校行政人员任职资格评审组,组长为施正铿,副组长为冉祥熙、秦启仁,成员有王滋然、徐家振、王元忠、文圣常、蔡国楷、王化桐、郭田霖、谢洪芳、喻祖祥、孙秀林。

10月

4日　国家自然科学基金资助项目公布,学校在地学部、生物学部、信息学部有10个项目获得资助,资助总额为41.5万元。

5日　学校3项科研成果在北京举行的国际发明展览会上分获金、银、铜牌奖,这3项成果是“对虾工厂化全人工育苗”(王克行、李德尚、高洁),“实时多功能脉象仪”(于良、孙志楷、路德明),“864—人工皮肤”(楼宝城)。

6日　校长办公会研究决定：郭田霖兼任国家教委青岛学术中心主任。

14日　党委常委会研究决定：谈家诚任业余党校常务副校长。

17日　校业余党校成立大会暨第一期入党积极分子党的知识学习班开学典礼在物理海洋研究所会议室举行。党委书记、党校校长冉祥熙到会并讲话，希望经过党校培训，申请入党的知识分子和青年学生进一步加深对党的认识，为实现入党的愿望打下基础。

22日　学校举行表彰大会，在1987—1988学年中表现突出的8个先进班级、4名校三好学生标兵、355名校三好学生受到表彰奖励。这4名校三好学生标兵是江俊生（海洋工程系机械设计与制造专业1985级）、王原声（渔业资源与管理专业1985级）、邢军（海洋生物专业1986级）、王菊英（海洋化学专业1985级）。

11月

1日　国家教委下文，同意学校增设工业自动化专业，学制4年。

2日　邓小平同志为学校题写校名。现学校正门校牌即依照邓小平的亲笔而制作。

10日　马绍先、张正斌出席在北京召开的中国民主同盟会第六次全国代表大会，马绍先当选为民盟中央委员。

24日　应日中海洋水产科学技术交流协会的邀请，党委书记冉祥熙等3人赴日本考察、访问。

12月

6日　党委常委会研究决定：隋济民任图书馆党支部书记。

11日　海洋生物材料研究所所长、副教授楼宝城发明的"864—人工皮肤"，在比利时布鲁塞尔举行的第37届"尤里卡"世界发明博览会上荣获金奖。

23日　海洋药物楼工程开工。规划建筑面积为1500平方米，总投资75万元。

29日　经国家教委批准，学校专业技术职务评审委员会具有科学研究、工程技术实验、图书、资料、出版系列专业技术人员的副高级以上任职资格和基建工程师的评审权。

同日　海洋药物研究所所长、副教授管华诗等研制的贻贝系列保健食品新成果，通过山东省科委主持的鉴定。专家们认为，该项目研究水平居国内领先，其系列产品属国内首创。

本年　根据国家教委《关于所属高等学校行政管理部门实行专业技术职务聘任制工作的实施细则的通知》，学校首次在行政管理系列评审专业技术职务，共评审通过4名副研究员、24名助理研究员的任职资格，确认12名实习研究员的任职资格。另外，李凤岐等

91人获副高级专业技术职务任职资格,叶立勋等75人获中级专业技术职务任职资格。

本年 文圣常、管华诗、冯士筰、陈宗镛、苏育嵩、张正斌、陈国华、王克行、刘智深、梁中超被山东省委、省政府认定为山东省专业技术拔尖人才;陈国华获国家有突出贡献的中青年专家称号;文圣常被评为全国教育系统劳动模范,并获"人民教师"奖章;王滋然被评为全国优秀教育工作者;汪人俊被评为全国优秀教师;初汉平、于良、山广恕、高清廉被评为山东省优秀教师。

1989年

1月

9日　遵照国家教委文件精神,学校尝试对毕业生分配制度进行改革。在山东省率先试行学校、用人单位、毕业生三方见面,在一定范围内进行双向选择的办法。在当天举行的供需见面洽谈会上,来自全国各地150多个部委、企业、科研单位的代表,与应届毕业生直接见面、洽谈,有不少学生当场与用人单位签订了协议。

2月

27日　党委常委会研究决定:孙秀林为党委组织部部长。

3月

9日　国家教委批准学校成立成人高等教育学院。该院下设教育科、培训科、函授部。校党政联席会决定:秦启仁兼任成人高等教育学院院长,赵焕登任常务副院长。

4月

28日　党委书记冉祥熙在参加了国家教委召开的会议后返校,相继召开党委扩大会议、副处级以上党员干部会议,传达邓小平讲话精神。校党委表示,要坚决贯彻党中央的指示,并根据学校的具体情况,作出了坚守岗位等几项规定。

29日　学校1989年春季田径运动会结束。在2天的比赛中,有3人打破3项山东省高校纪录,2人打破2项青岛市高校纪录,29人打破16项校运会纪录。

5月

8日　国家教委下发文件,新闻出版署批准成立青岛海洋大学出版社,出版范围包括教材和科研著作。出版社下设办公室、总编室、自然科学编辑室（第一编辑室）、社会科学编辑室（第二编辑室）、出版科、发行科、印刷厂、环境艺术装饰部。不久,学校发文,任命谢洪芳为出版社社长。

同日　经学校专业技术职务评审委员会评审,王如才、管华诗、杨作升、杨靖先获教授任职资格。

本月　九三学社青岛海洋大学支社领导班子换届,景振华当选第三届主委。

6月

10日　党委常委会研究决定:谈家诚任社会科学系党总支书记。

7月

1日　校党委召开全校党员大会。党委书记冉祥熙传达山东省高校工作会议精神和有关领导讲话,并就近期学习邓小平的重要讲话和四中全会公报等作出布置,要求党员、干部认真学习，提高认识，在重大原则问题上明辨是非，在思想上、政治上与党中央保持一致。

4日　孟庆显、王克行两位教授被农业部聘为全国对虾养殖专家顾问组成员。

5日　毕业生派遣工作基本结束。本年度学校共有全日制毕业生1106人，其中研究生70人、本科生717人、专科生319人。有成人高等教育毕业生177人。

15日　中国共产党党员，离休干部，原山东海洋学院党委副书记、副院长高云昌因病医治无效逝世，终年66岁。

　　　高云昌（1923—1989），山东平度人，1938年参加革命，1940年加入中国共产党。先后任平度县政府教育科员，华东大学干部科支部书记，山东大学人事科科长、党委组织部部长、党委办公室主任、党委副书记，山东海洋学院党委副书记、副院长。他参加革命工作50余年，主要从事党务和行政管理工作，是原山东海洋学院的主要创建者之一。

8月

2日　海洋化学系教授张正斌、副教授张曼平出席在瑞典斯德哥尔摩召开的第32届国际纯粹化学与应用化学会议，并宣读由潘纲、张曼平、张正斌合作的论文《一种用于液固界面动力的新技术》。这是我国学者在此次会议上宣读的唯一的学术论文。

3日　世界海洋环流实验（WOCE）中国委员会在北京成立，文圣常当选为副主任委员，冯士筰当选为委员、专家组副组长。

9月

1日　校党委召开党员代表大会，选举冉祥熙、管华诗为出席中共青岛市第六次代表大会代表。

9日　学校在对教师、干部进行培训的基础上，组织学生集中学习中央领导人的讲话和《五十天的回顾与反思》一书，观看《飘扬，共和国的旗帜》等录像片，举办专题讲座。教师、干部深入学生班级和宿舍与学生谈心，帮助学生正确认识保持社会安定对国家前途、社会主义命运的极端重要性。同时对学生进行法制教育，提高他们遵纪守法的意识和自觉性。

19日　新生开学典礼在青岛市人民会堂举行。本年度录取研究生66人、本科生472人、专科生474人，成人高等教育实际注册的夜大、函授生为897人。

10月

16日　本年度国家自然科学基金资助项目评审揭晓，学校共有14项入选，资助额达

64.3万元。

25日　以郑国星副教授为首的课题组经过多年研制的宽视角水下激光电视通过技术鉴定。同行专家一致认为，该成果主要技术指标达到国际先进水平。

本月　管华诗荣获山东省劳动模范称号。

11月

10日　麦岛校区（现浮山校区）综合楼正式开工。该工程计划投资662万元，建筑面积14319平方米。

22日　经国家教委批准，水产养殖学科为全国重点学科。

23日　国家教委下文，同意蔡国楷任青岛海洋大学副校级调研员。

29日　文圣常教授领衔的海浪数值预报课题组在"七五"重点课题攻关中成绩突出，被国家科委、国家计委授予国家科技攻关先进集体称号。

12月

15日　党委副书记王滋然在全校思想政治工作经验交流会上指出，对大学生的理想信念教育、人生观和世界观教育、奉献精神教育，只能加强，不能削弱；思想政治工作是一项塑造人的系统工程，需要齐抓共管，形成合力，并且要不断改进方式方法；思想政治工作者要加强理论修养，不断提高自身素质。

21日　经国家教委批准，学校成为新增设的TOEFL考试点。

本年　学校实到科研项目经费369.76万元。"拉格朗日余流和长期输运过程的研究——一种三维空间弱非线性理论"获国家教委科技进步一等奖；"海洋钾肥资源的化学研究""黄河口及邻近海域沉积物中重金属含量分布及其赋存形式""864—人工皮肤""青岛麦饭石研究""浅海工程环境和海底不稳定性研究"获国家教委科技进步二等奖。

本年　校保卫处被评为全国经济文化系统保卫先进集体。

1990年

1月

13日　党委常委会研究决定：任命喻祖祥为党委办公室主任，付聿甫为管理学院党总支书记，袁葆昭任船舶管理处处长，沈剑平为外事处处长，邹积明为麦岛校区筹建处代理主任。

16日　接青岛警备区文件，李勤斋任青岛海洋大学武装部部长。

23日　山东省公安厅等三家单位联合下发文件，同意成立青岛海洋大学公安处，与校保卫处两块牌子、一套机构。经青岛市公安局同意，任命胡增淼为公安处处长。

2月

15日　党委常委会研究决定：成立党委学生工作部和学生工作处。任命冯瑞龙为学生工作部部长兼学生工作处处长。

27日　党委常委会研究决定：陈维胜任人事处处长。

3月

10日　党委常委会研究决定：任命王思杰为基建处代理处长。

20日　学校向山东省教委报送本专科专业设置情况，共有本科专业25个、专科专业19个。本科专业学制为4年，专科专业学制为2年。本科专业有物理海洋学、天气动力学、物理学、海洋物理学、电子学与信息系统、化学、海洋化学、海洋生物学、生态学与环境生态学、海洋地质学、勘查地球物理、水文地质与工程地质、海水养殖、淡水养殖、食品工程、渔业工程（海洋渔业）、渔业资源与管理、应用数学、计算机及应用、经济管理、机械设计及制造、港口及航道工程、工业自动化、英语、马克思主义基础；专科专业有应用电子学、微机技术及应用、电气技术、化学、生物学、地理学、水产养殖、市场营销、计算机及应用、企业管理、财务会计、工业自动化、自动控制、工业与民用建筑工程、专门用途英语（国际贸易）、中外文秘书、政治思想教育、国际经济、公共关系。

26日　校党委举办的首期青年干部哲学学习班开班。党委书记冉祥熙在开班式上讲话，强调新时期各级干部，尤其是青年干部加强理论修养，特别是掌握马克思主义哲学基本原理、树立正确的世界观和方法论，对于指导社会主义实践和具体工作实践具有重要意义。要求学员学会自觉地运用马克思主义的辩证唯物主义、历史唯物主义基本原理来观察问题、指导工作。

参加本期哲学学习班的有各院（系）党总支副书记、机关副处级干部共20人。学习班共安排120学时，为期10周；采取自学、讨论、辅导的方式进行，主要学习《马克思主义哲学学习纲要》《矛盾论》《实践论》等毛泽东的哲学著作。学习班结束时采取闭卷考试、开卷考试、撰写论文3种方式对学员学习情况进行考核。

4月

9日　党委常委会研究决定：纪委与监察处合署办公；体育教研室改为体育部，原体制不变，原教研室主任、副主任改任体育部主任、副主任。

20日　党委常委会研究决定：魏传周任物理海洋与海洋气象系党总支书记，张长业任海洋物理系党总支书记，王庆仁任海洋化学系党总支书记，林乐夫任海洋生物系党总支书记，吕增尧任水产学院党总支书记，于慎文任海洋工程系党总支书记，陈一鹤任外语系党总支书记，谈家诚任社科系党总支书记，于文柏任教务处党总支书记，金德寅任总务处党总支书记。

21日　学校下文，任命侯家龙为教务处处长。

本月　根据国务院、山东省有关文件规定，学校进行了职工工资调整，1772人的工资普调一级；普调后符合升级条件的916人工资再升一级。

5月

7日　学校发文，任命汪人俊为管理学院院长，高清廉为水产学院院长，冯士筰为物理海洋研究所所长，奚盘根为海洋环境保护研究中心主任。

18日　中共山东省委常委、山东省人大教科文卫委员会副主任李聚馨一行3人来学校调查了解思想政治工作。在听取了党委副书记王滋然的情况汇报后，分别与教师、学生、政工干部进行座谈，对学校的思想政治工作表示满意。

19日　海洋药物楼通过验收，工程质量总体被评为优良。该楼主要由海洋药物研究所用于海洋药物的科学研究。

6月

12日　校党委在逸夫馆召开全校党员大会。党委副书记王滋然传达上级关于党员重新登记的文件，党委书记冉祥熙作学校党员重新登记的工作部署。7月21日此项工作结束，839名党员获准重新登记；有3名预备党员被取消预备资格，1名预备党员延长预备期；不予登记或暂缓登记的党员有6名。

20日　国务委员、国家教委主任李铁映在山东省省长赵志浩、青岛市委副书记刘镇陪同下来校考察。党委书记冉祥熙、校长施正铿陪同李铁映等参观物理海洋研究所、生物材料研究所、图书馆等。

22日　学校领导研究决定：青岛海洋大学科技公司更名为青岛海洋大学科技开发公

司,任命郭田霖为总经理。

本月　22日、25日,《中华人民共和国海洋环境保护法》的两个配套法规——《中华人民共和国防治陆源污染物污染损害海洋环境管理条例》和《中华人民共和国防治海岸工程建设项目污染损害海洋环境管理条例》,经国务院总理李鹏签发公布实施。这两个条例由学校海洋法研究室主任张克副教授等人负责起草,历时两年多。

7月

4日　党委常委会研究决定:李昭荣任海洋地质系主任。

11日　全国人大常委会副委员长严济慈来校视察。在听取校长施正铿关于学校发展状况的汇报后,参观物理海洋研究所、生物材料研究所等单位,对学校在开发、利用海洋方面的工作给予高度评价。

本月　经国务院批准,文圣常教授自1990年7月起享受政府特殊津贴。

8月

23日　党委常委会研究决定:涂仁亮任海洋地质系党总支书记。

9月

4日　党委常委会研究决定:中共青岛海洋大学业余党校更名为中共青岛海洋大学党校;原业余党校校长、副校长改任党校校长、副校长。

8日　1990级新生开始报到。本年度学校在26个省市招收本科生、专科生1020人,硕士生66人,博士生7人,成人高等教育夜大生202人、函授生296人。本科新生要进行为期15天的军事训练,这是恢复高考以来学校第一次进行新生军事训练。9月24日正式上课。

17日　应用数学系教授梁中超因病医治无效,不幸逝世,终年56岁。

20日　应苏联科学院远东分院、莫斯科希尔绍夫海洋研究所邀请,党委副书记王滋然等8人赴符拉迪沃斯托克出席第11届苏中海洋学讨论会,并商谈合作研究计划,为期15天。

10月

本月　校党委举办青年教师《关于社会主义若干问题学习纲要》学习班,分期分批对青年教师进行培训。党委书记冉祥熙在8日、10日、31日分别作题为《在当前形势下,加强党的建设的重要性和迫切性》《党的领导地位在高校如何体现》《关于坚持党的群众路线问题》的报告。

本月　学校评出并表彰1989—1990学年学生先进个人和先进班级。孙焱(海水养殖专业1988级)、付元蕴(海洋生物专业1988级)、卢嫣(经济管理专业1987级)被评为校三好学生标兵。

11月

20日 国务院学位委员会公布第四批博士、硕士学位授权点和博士生指导教师名单。海洋地质学专业被批准为博士学位授权点；由于专业目录调整的原因，物理海洋学博士学位授权点分为物理海洋学、环境海洋学博士授权点；物理海洋学硕士学位授权点分为物理海洋学、环境海洋学硕士学位授权点；博士生指导教师为苏纪兰、徐世浙、王如才、管华诗。

25日 青岛海洋大学第11次学生代表大会召开。大会修订了《青岛海洋大学学生会章程》；选举出25人组成新一届学生会，肖民为主席。

12月

12日 党委常委会研究决定：学校行政管理体制不再设秘书长、教务长、总务长，设校长助理；刘文浩任校长助理（兼）。

20日 党委常委会研究决定：在教务处设备科和实验室管理科基础上成立设备与实验室管理处，任命吴忠济为代理处长。

28日 根据国家教委文件要求，《青岛海洋大学"八五"事业计划和十年规划方案框架》上报，要点如下。

1. 关于指导思想。继续贯彻坚持方向、稳定规模、优化结构、深化改革、改善条件、提高质量的方针，不断完善内部运行机制，密切与社会的联系，增强人才培养对社会要求的适应性，保持教育、科研、科技开发事业持续、稳定、协调发展。

2. 关于"八五"事业计划和十年规划。（1）学生规模稳定在4000人左右，其中本专科生3700人、研究生300人（博士生90人，硕士生210人）；到2000年，在校生规模达6000人，其中本专科5500人、研究生500人（博士生150人、硕士生350人）。（2）调整学科结构，改革专业设置。在加强海洋、水产等重点学科的同时，注重学科交叉渗透，培养高层次人才；应用数学、物理、化学、生物等专业要控制招生数量，计算机应用等应用性专业在进一步拓宽专业口径的同时，适当扩大招生数量；拟增加工业与民用建筑工程专业、远洋船舶驾驶专业、食品化学专业、国际贸易专业、体育专业等，使本科专业达25个，到2000年达到30个。（3）调整内部科研机构，专职科研编制达到250人；争取物理海洋实验室成为国家重点实验室，水产养殖实验室成为国家教委开放研究实验室，并逐步建设成国家重点实验室；拟增设海洋化学、海洋药物、食品工程等学科为博士点。（4）师资队伍建设重点解决老化带来的青黄不接问题，注重学术梯队建设，采取选派出国攻读学位、定向培养、吸引留学回国人员等措施，保证骨干教师队伍的新老交替。（5）加强科技开发和科技产业工作，以海洋药物和生物材料为主要内容建立科技产业，进一步开发废水处理技术；到2000年计划开创以海洋化工和电子技术为主要内容的科技产业，逐步形成几个有特色的拳头项目及实用产品。

本月　国家教委、国家科委联合表彰全国高等学校科技工作先进集体、先进个人。学校物理海洋研究所荣获全国高校科技工作先进集体称号，冯士筰、管华诗、张正斌被评为全国高校先进科技工作者。

本年　学校共承担科研课题228项，新开课题112项，经费总额为486万元；鉴定成果35项，技术转让成交金额19万元；出版专著16部，在国内外刊物上发表学术论文336篇。

本年　学校科研成果获奖情况（省部级三等奖以上）见表2。

表2　1990年学校科研成果获奖情况（省部级三等奖以上）

序号	项目名称	获奖情况	主要完成人
1	宽视角水下激光电视	国家发明三等奖	郑国星　谭　锐　周汝城
2	理论风浪谱及其应用	国家教委科技进步一等奖	文圣常　张大错　郭佩芳　陈伯海
3	一种新发现的细菌特殊存活形式——活的非可培养状态	国家教委科技进步一等奖	徐怀恕
4	《海洋物理化学》（专著）	国家教委科技进步二等奖	张正斌　刘莲生
5	印染废水回收再用	国家教委科技进步二等奖	王恕昌　田由芸　黄立英
6	防波堤护面块栅栏板的设计计算方法	国家教委科技进步三等奖	张就兹　纪再华　孙学信
7	栉孔扇贝人工育苗的自然海区采苗	国家教委科技进步三等奖	王如才　张连庆　王兴章
8	SLC9-2型直读式海流计	国家教委科技进步三等奖 山东省科技进步二等奖	宋文洋　吴葆仁　孟昭舫
9	单细胞藻薄膜袋封闭式大量培养技术	山东省科技进步二等奖	缪国荣　解承林　宫庆礼　王德秀
10	贻贝系列保健食品的开发研究	山东省科技进步二等奖	李八方　管华诗　王长云　张群乐

序号	项目名称	获奖情况	主要完成人
11	防暴程控流量仪	国家新产品奖	卫孝泉
12	激光探测海洋次表面温度剖面	山东省科技进步二等奖	刘智深　张锦龙 陈文忠　马　君
13	海南水产资源开发利用前景分析研究	海南省科技进步三等奖	王启华　吕拔明 王克行　王如才
14	焦河蓝蛤的资源调查与生物学特性研究	山东省科技进步三等奖	董景岳　廖承义

1991年

1月

9日　水产学院教授尹左芬因病逝世，终年77岁。

18日　经校专业技术职务评审委员会评审，俞光耀、张大错、王化桐、贺明霞、张志南、高清廉、汪人俊、李淑霞、胡正琪、初汉平、郑可圃、陈时俊、汪炳祥、孙志楷、郑国星、吕明达、史致丽、王硕儒、王克行、马绍先、蓝进、陈向荣、张春寿、夏宗伦、周桐、奚盘根、徐斯获教授任职资格。

2月

12日　接国家教委党组通知：经研究并与山东省委商得一致，同意冯瑞龙任青岛海洋大学党委副书记。

3月

1日　党委常委会决定：团结、勤奋、求实、创新为学校校训。

4日　党委常委会研究决定：路德明任物理系主任，林乐夫任校报编辑部主任，金德寅任海洋生物系党总支书记，方胜民任总务处党总支副书记（主持工作），符瑞文主持学生工作部、学生处工作。

8日　党委常委会研究决定：李耀臻任麦岛校区党委办公室主任兼党总支书记，邹积明任麦岛校区办公室主任。

13日　党委常委会研究决定：对学生工作委员会予以调整，秦启仁为主任，冯瑞龙为常务副主任，侯家龙等11人为委员。

14日　党委常委会研究决定：麦岛校区下设以下行政管理机构：办公室，教务处教学行政科，总务处总务二科、膳食二科，学生处学生管理科，公安处公安科。

27日　苏联科学院希尔绍夫海洋研究所所长Yastrebov一行3人应邀来校访问。本着平等互利的原则，围绕西太平洋暖池系统等9个科研项目达成合作交流协议，为期五年。

30日　党委全委会讨论通过校学术委员会名单，施正铿为主任，文圣常、王滋然、秦启仁为副主任，管华诗、冯士筰等26人为委员。

本月　结合开展学习雷锋活动，学校组织观看影片《焦裕禄》。焦裕禄的感人事迹在师生、干部中引起强烈反响。校党委及时组织讨论、座谈，大家纷纷表示，要以焦裕禄为榜样，勤奋学习，扎实工作，为学校建设和发展多作贡献。

4月

1日　党委常委会研究决定：建立麦岛校区党委，徐家振兼任党委书记，李耀臻任党委副书记兼党委办公室主任；任命王思杰为基建处处长。

2日　学校为属于山东省生源的应届毕业生举行就业洽谈会，来自省内各地市的114个单位与会，提供需求信息227个，当场签订用人协议39份。

3日　受国家教委委托，山东省教委和浙江大学等5所高校的领导、专家组成的华东高校物资清理整顿验收组，按照有关规定，采用审核报表、核查账物、随机抽查、现场察看等方式，总计检查仪器设备220件，查对物资30种，确认学校的物资清理整顿工作达到国家教委规定的要求，一致同意通过验收。

15日　学校发文，任命管华诗为企业管理委员会主任，周迪颐为高教研究室代理主任（兼）。

20日　接国务院学位委员会通知，聘任冯士筰教授为第三届地理学、大气科学、海洋科学评议组成员，徐世浙教授为地球物理学、地质学评议组成员，李德尚教授为畜牧、水产学科评议组成员。

本月　管华诗荣获全国五一劳动奖章。王滋然、袁宗久、吕增尧、李耀臻、赵庆礼、王国宇被评为山东省高校优秀思想政治工作者。

5月

4日　晚，学校第四届青年文化艺术节在大学路操场举行，青岛市委常委、宣传部部长孔心田、冉祥熙、施正铿等校党政领导出席开幕式。党委副书记冯瑞龙致辞，希望广大学生在为期20天的艺术节里，积极参加各项文化艺术活动，弘扬民族文化，创造高雅健康的校园文化环境。开幕式上还举行了大型歌咏会和舞龙灯、舞狮子、扭秧歌、跑旱船等丰富多彩的民间艺术表演。

10日　党委常委会研究决定：付聿甫任党委统战部部长，朱福勤任管理学院党总支代理书记。

18日　党委常委会研究决定：王磊主持校团委工作，吕增尧任校工会主席，于慎文任水产学院党总支书记，周旋主持海洋工程系党总支工作。

6月

3日　在1991年青岛市高校田径运动会上，学校教工代表队、男女生代表队均获团体总分第一名。其中有5项7人次破山东省高校大学生纪录，11项13人次破青岛市高校大学生纪录。

4日　学校召开培养博士生工作会议。在听取了各单位情况汇报后，秦启仁副校长强调指出，博士生培养关系到为国家输送高层次建设人才的质量，也是衡量高校教学水平的重要标志。提出要高度重视博士生导师的梯队建设,制定政策,在经费、设备等方面创造良好条件,在博士生培养方面取得更好的成绩。

22日　中共山东省顾问委员会主任梁步庭、副主任刘鹏,中共山东省委副书记、省长赵志浩,分别于22日、23日来校考察海洋药物与食品研究、开发工作。青岛市分管副市长、校长施正铿等陪同省领导参观海洋药物与食品研究所,并听取该所所长管华诗教授关于藻酸双酯钠(即PSS)等新药的开发和生产情况,对学校走科、工、贸一体化的路子给予充分肯定。

29日　学校在"六二礼堂"隆重集会,师生员工及老干部代表600多人参加,庆祝中国共产党成立70周年。党委书记冉祥熙在讲话中简要回顾了我们党领导中国革命和建设所取得的辉煌成就后,强调要坚持社会主义办学方向,培养又红又专的社会主义事业接班人。会上还表彰了一批先进集体和先进个人,并演出了精彩的文艺节目。

本月　国家教委公布全国普通高等学校本科专业设置清理审核结果,同意学校设置下列本科专业:物理海洋学、天气动力学、海洋物理学、海洋化学、海洋生物学、生态学与环境生态学、海洋地质学、应用数学、物理学、化学、电子学与信息系统、计算机及应用、海水养殖、海洋渔业、渔业资源、淡水渔业、食品工程、水文地质与工程地质、勘查地球物理、机械设计及制造、港口及航道工程、英语、国民经济管理学、马克思主义基础,共24个。其中理科类12个,工科类5个,农科类4个,文科、经济、法学类各1个。各专业学制均为4年。

7月

1日　国家教委党组发文:经研究并与山东省委商得一致,同意管华诗任青岛海洋大学副校长。

3日　1991届毕业生派遣工作基本结束。本届毕业生共计1358名,其中本科生742名、专科生438名、研究生62名,除116名自费生自谋出路外,大都已分赴工作岗位。这届毕业生的分配采取以国家计划为主、供需双方在一定范围内双向选择的办法,是对传统的毕业生分配制度进行改革的一种尝试。

8月

3日　国家教委公布第一批15个专业为国家理科基础科学研究和教学人才培养基地(简称"基地"),学校物理海洋学专业入选。国家教委有关文件要求:(1)基地专业的生源大部分为优秀的免试保送生,少量从本校其他专业当年入校的优秀学生中选拔。(2)高标准培养,从本科低年级开始,强化思想政治教育和理科基础(基础理论和科学实验）教学,高年级要加强科研训练、实践教学和能力培养,实行"本科生—硕士生—博士生分流制"。（3）基地专业的毕业生大部分要进入研究生阶段学习,其他优先分配到国家科研单位和高校工作。文件对基地专业的师资配备、实验条件、配套经费等也作出了具体规定。

5日 国家教委副主任滕藤在山东省教委主任吕可英等陪同下,来校检查并指导工作。在听取了校长施正铿等学校党政领导的情况汇报,特别是关于海洋药物研究和生产情况后,他说:"学校要多搞一些拳头产品,推进校办产业的全面发展,尽快把科研成果转化为生产力。"

15日 国家计委副主任郝建秀来校,参观了物理海洋实验室和校园。

19日 数学系教授刘智白因病逝世,终年83岁。

31日 日本东京水产大学校长野村稔应邀率团来校访问,历时五天。其间,双方确定两校结为姊妹学校,并签订学术交流协议。

9月

10日 1991级新生报到。本年度学校在北京、云南等25个省、自治区、直辖市共录取学生1802名。其中本科生644名,专科生322名,硕士生61名,博士生6名;成人高等教育学生769名（夜大生300名、函授生469名）。全日制本专科生经过十几天的军事训练后于9月26日正式上课。

11日 法国海洋研究开发中心空间海洋学部负责人、欧空局法国Brest中心研究部主要负责人之一R.埃斯雷蒂教授,应邀来校访问,经双方友好协商,正式签署"欧洲遥感卫星一号散射计风场数据验证合作研究"协议。

13日 党委常委会研究决定:成立校办产业管理委员会党总支,下设生产处党支部、科技公司党支部;成立图书馆党总支,下设图书馆党支部、出版社党支部。任命王世理为校办产业管理委员会党总支书记,隋济民为图书馆党总支书记。

23日 入夏以来,我国安徽、江苏等地遭受特大洪灾,师生员工纷纷伸出援助之手,自觉捐款捐物。至本日,共捐款17700.9元、粮票15512.2千克、衣物1621件。

24日 江泽民、李鹏等国家领导人在中南海会见"在成才的道路上"优秀大学生报告团成员。学校1988级海水养殖专业本科生孙焱为报告团成员之一。12月3日,团中央作出决定:授予"在成才的道路上"优秀大学生报告团成员孙焱等12名学生为全国优秀青年学生称号。

本月 在北京召开的国家"七五"科技攻关总结表彰大会上,文圣常教授主持的"大面积海浪数值预报"、冯士筰教授主持的"风暴潮数值预报模型"、贺明霞教授等承担的"波浪光学探测及信息处理"三个专题，均获国家科技攻关重大成果奖；文圣常教授获科技攻关有突出贡献的科学家荣誉称号；学校获科技攻关先进集体荣誉称号。

本月　物理海洋与海洋气象学系副教授周天华获1991年全国优秀教师称号；外语系副教授李玉兰、海洋地质系副教授李昭荣获山东省优秀教师称号。

10月

14日　校党委制定《关于处级以上干部马克思主义理论学习、培训工作的意见》。

22日　逸夫科技馆落成仪式在该馆门前举行，邵逸夫先生的代表马临博士、国家教委港澳台办主任王复孙、校长施正铿出席并剪彩。逸夫科技馆分为两部分，一部分为海洋科技开发研究实验室，另一部分为科技成果陈列厅和学术会议厅，总建筑面积3658平方米。该馆是由我国香港知名爱国人士、著名实业家、香港广播电视有限公司及邵氏影业公司董事长邵逸夫先生捐赠200万港元资助建造的，故名逸夫科技馆，馆名由第七届全国人大常委会副委员长严济慈题写。

同日　青年教师王成海、叶立勋为完成山东省科委下达的威海片海岛调查任务，到山东省荣成市镇锣岛海区进行第二次采样作业。在同事下潜遇到困难后，为及早完成任务回校为学生上课，叶立勋不顾个人安危，奋力潜水采样，终因涌大流急，体力不支，不幸牺牲。当叶立勋遇险时，王成海置生死于不顾，在连续潜水作业、身体极度疲劳的情况下，毅然跳入海中奋力抢救，不幸英勇牺牲。12月18日，山东省人民政府批准王成海、叶立勋为革命烈士。

王成海（1962—1991），浙江淳安人，1978年毕业于浙江水产学院，1983年10月赴日本留学并获水产学博士学位，1989年3月回国到青岛海洋大学水产学院工作，任讲师、渔业系科研秘书。1991年12月18日根据王成海生前申请，中共山东省委组织部追认他为共产党员。

叶立勋（1955—1991），山东青岛人，中共党员，1982年1月毕业于学校海洋生物系并留校工作。1988年4月公派去澳大利亚进修，1989年8月按期回国，在水产学院从事教学与科研工作，任讲师、渔业系资源教研室副主任。

王成海、叶立勋两位烈士的模范事迹在社会上，特别是在学校内引起强烈反响。广大师生、干部痛惜之余，纷纷表示要学习他们热爱祖国、热爱事业、无私奉献、拼搏不已的崇高精神，为发展我国的海洋科教事业多作贡献。

26日　经国务院批准，冯士筰、张正斌、苏育嵩、李德尚、管华诗5位教授自1991年7月起享受政府特殊津贴。

11月

11日 文圣常、冯士筰、李德尚、徐世浙、张正斌5位教授被推荐为国务院第三届学位学科评议组成员。

18日 日本鹿儿岛大学水产学部前田明夫教授一行67人，乘"鹿儿岛丸"实习调查船来校访问并进行学术交流，为期四天。这是青岛海大与鹿儿岛大学合作进行"东海水团分布机制的研究"课题计划中的一部分。

28日 学校在"六二礼堂"举行向王成海、叶立勋烈士学习动员大会，国家教委、国家海洋局、山东省委高校工委、山东省科委、青岛市政府等有关单位的负责人，校党政领导及各单位负责人，师生员工代表和两位烈士的亲属共600多人出席。党委副书记王滋然宣读山东省人民政府《关于批准王成海、叶立勋为革命烈士的决定》和中共山东省委组织部《关于追认王成海为中国共产党党员的决定》；水产学院院长高清廉介绍两位烈士的模范事迹；校长施正铿宣读校党委《关于开展向王成海、叶立勋同志学习的决定》；党委书记冉祥熙在讲话中指出，王成海、叶立勋是党培养教育下成长起来的青年知识分子的典范，号召全校共产党员、共青团员和广大师生学习他们崇高的爱国主义思想，学习他们对事业执着追求、顽强拼搏的精神，学习他们正确处理政治与业务、个人利益与集体利益、生与死等关系的高尚的人生观、价值观。之后，学校成立王成海、叶立勋烈士事迹宣讲团，在省内外高校进行宣讲。

向王成海、叶立勋烈士学习动员大会

29日 青岛海洋大学第二次教职工代表大会暨第七次工会会员代表大会在逸夫馆召开，校党政领导冉祥熙、施正铿、王滋然、秦启仁、徐家振、冯瑞龙，168名正式代表，59名特邀代表和列席代表及各单位党政负责人出席。校长施正铿作题为《高举社会主义旗帜，为开创我校工作新局面而奋斗》的报告。"双代会"讨论通过《青岛海洋大学关于〈高等学校教职工代表大会暂行条例〉的实施细则》；选举产生了以吕增尧为主席的由19人组成的第七届校工会委员会；大会共收到提案224件，立案216件，分别责成有关职能部门提出解决意见。青岛市人大常委会副主任、市总工会主席孙炳岳到会祝贺并讲话。

12月

10日　青岛海洋大学第四次研究生代表大会举行，正式代表50人，列席代表50人。大会选举产生由10人组成的新一届研究生会，任泽林为主席。

14日　国家教委公布直属高等学校专科专业设置清理审核结果。学校的专科专业为应用电子技术、微机技术及应用、电子技术、化学、生物学、地理学（学制3年）和水产养殖、市场营销、船舶驾驶（学制2年），其中船舶驾驶是本年度新增设的专科专业。

本年　学校共争取到科研项目214项，累计经费511.6万元；高质量地完成"七五"科技攻关项目的总结验收工作，28个专题达到国际先进水平，部分达到国内领先水平；完成科技成果评审或鉴定20项，其中3项达到国际先进水平，7项达到国内先进水平，2项属国内领先；发表论文206篇，出版专著7部。

本年　水产学院李德尚教授主持的"水库对投饵网箱养鱼负荷力研究"课题，首创用实验生态学围隔实验方法，结合现场调查，解决了网箱养鱼的负荷力问题，为正确计划网箱养鱼的发展规模及保护水库的生态环境提供了科学依据，具有很大的潜在经济效益。在水利部组织的专家鉴定会上，该课题被认为达到国际先进水平。

本年　曲文东、陈卫标、王军朝被评为1990—1991学年校三好学生标兵。

本年　学校科研成果获奖情况（省部级三等奖以上）见表3。

表3　1991年学校科研成果获奖情况（省部级三等奖以上）

序号	项目名称	获奖情况	主要完成人（前三位）
1	海洋环境数值预报业务系统	国家"七五"科技攻关重大成果奖	（1）文圣常　张大错　吴增茂 （2）冯士筰　孙文心　汪景庸
2	海洋光学探测及信息处理	国家"七五"科技攻关重大成果奖	贺明霞　赵朝方　方　辉
3	风浪频谱的改进及应用	国家自然科学四等奖	文圣常　张大错　郭佩芳
4	生物敷料膜生产工艺	国家发明三等奖	楼宝城　林华英　刘万顺
5	对虾营养及配合饲料的研究	国家教委科技进步一等奖	李爱杰　楼伟凤　徐家敏

序号	项目名称	获奖情况	主要完成人（前三位）
6	意MOD GLCO磨粉机噪声控制	国家教委科技进步三等奖 山东省科技进步三等奖	傅圣雪　许龙江　李　刚
7	渤海中部海洋水文气象观测与研究	国家教委科技进步三等奖	沈育疆　俞光耀　张大错
8	对虾人工越冬亲虾疾病的防治研究	山东省科技进步二等奖	孟庆显　俞开康　骆登坤
9	浅海风暴潮动力机制及数值预报方法的研究	山东省科技进步三等奖	秦曾灏　刘风树　孙文心
10	海水中液固界面离子/配位子交换的化学动力学研究	山东省科技进步三等奖	刘莲生　张正斌　蔡卫君
11	波思帕氏水域中国丛纤毛虫分类研究	山东省科技进步三等奖	宋微波
12	《泛函微分方程振动理论》	山东省科技进步三等奖	张炳根
13	网箱养鲤配套技术的研究	山东省科技进步三等奖	李德尚　张兆琪　李文旭

1992年

1月

8日　学校发文，任命杜曾荫为外语系主任，郑可圃为社科系主任，谢式南为海洋化学系主任，山广恕为海洋工程系主任，于文柏为体育部主任。

16日　党委常委会研究决定：朱胜凯任总务处党总支书记（兼）。

21日　农业部成立全国水产原、良种审定委员会，水产学院李德尚教授被聘为委员。

24日　麦岛校区综合楼竣工验收。该楼设计有图书馆、教室、实验室、办公室，总建筑面积为14319平方米。

25日　国家教委向全国教育部门和直属高等学校发出通知，授予王成海、叶立勋人民教师光荣称号，并要求在全国各级各类学校教师和大学生中广泛开展向两位烈士学习的活动。

2月

管华诗荣获国家有突出贡献中青年专家称号。

3月

4日　青岛海洋大学麦岛校区正式启用，460名1991级新生成为首批在校区学习的学生。麦岛校区的启用大大缓解了学校校舍紧张状况，办学条件大为改善。

16日　国家教委副主任滕藤来校检查、指导党建工作，并就此专题与部分干部座谈、研讨。

28日　文圣常教授被国家海洋局聘任为海洋攻关项目技术组副组长。

30日　党委常委会研究决定：刘建坤任海洋地质系党总支书记，涂仁亮任高教研究室主任。

4月

7日　学校举行应届毕业生供需见面洽谈会，70多家用人单位与会，有100多名学生签订协议。至本日，1138名毕业生中已落实工作单位的占70%左右。

18日　党委常委会研究决定：王庆仁任教务处党总支书记，刘孔庆主持海洋化学系党总支工作。

26日　来自北京及全国沿海城市的近200名系友代表齐集海大园，参加为期五天的物理海洋与海洋气象学系成立40周年庆祝活动。校党政领导冉祥熙、施正铿等出席在逸夫馆举行的庆祝大会。40年来，该系共培养出本科生2225人、研究生146人、博士后2人；完成国家重点科研项目20多个，研究出一批具有世界先进水平的科研成果，造就了以赫崇本、文圣常、冯士筰等为代表的一批学术造诣高、在国内外有影响力的海洋科学家、学术带头人、教授；物理海洋学专业发展成为全国重点专业，并被批准为首批国家基础理科科研与教学人才培养基地。

29日　学校发文，任命郭田霖为科研处处长。

同日　青岛海洋大学首届青年教师、青年干部工作会议在逸夫馆召开，校党政领导及干部、师生代表500多人参加。会上表彰了沈正、鲁守芳等一批优秀青年教师和优秀青年干部，讨论了学校制订的《青年教师队伍建设规划》及《关于加强青年教师工作的若干规定》。党委书记冉祥熙作题为《努力加强青年教师、青年干部队伍的建设》的报告，希望广大青年教师、青年干部不断提高素质，承担起学校事业发展的历史责任。

5月

5日　校长施正铿主持召开各单位负责人会议，研讨加快学校改革开放步伐。他提出，要进一步解放思想，不等不靠，大胆地试，大胆地闯，把改革引向深入。

13日　国家科委副主任朱丽兰借在青岛调研高新技术开发情况的机会，来校考察海洋高新技术开发情况。在听取了校长施正铿、副校长管华诗的情况汇报后，说："学校和地方企业合作要向前看，不要向后退。"并对学校高新技术的发展前景表示乐观。

15日　国家教委行政司批复，同意校长办公室主任刘龙太兼任国家教委青岛学术中心主任。

18日　学校发文，任命高清廉为水产学院院长，俞光耀为物理海洋与海洋气象系主任，孙孚为物理海洋实验室主任，且钟禹为海洋地质系主任。

20日　学校与青岛第三制药厂联合建立青岛海洋大学实验药厂签字仪式在逸夫馆举行，藻酸双酯钠（PSS）的发明人、副校长管华诗与青岛第三制药厂厂长张锦福代表双方在协议书上签字。校长施正铿、青岛市分管副市长及市有关单位的负责人出席仪式。

30日　在今天结束的青岛市第五届高校田径运动会上，学校学生代表队分获男、女团体冠、亚军，并打破2项山东省大学生纪录、6项青岛市大学生纪录。

6月

14日　共青团青岛海洋大学第九次代表大会在逸夫馆举行。大会讨论通过王磊所作《锐意进取，勇于开拓，为培养适应社会主义现代化建设需要的一代新人而努力奋斗》的工作报告，选举产生由21人组成的团委会，王磊为团委书记。

19日　学校向国家教委报送《青岛海洋大学国家理科基础科学研究和教学人才培养基地——物理海洋学专业改革建设计划实施方案》。该方案对未来5年内基地专业改革建设的目标、配套措施、建设项目及投资计划均作出了规划和安排。

24日　学校成人高等教育录取工作结束，共录取707人。其中夜大生333人，函授生374人（本科生317人、专科生57人）。

7月

1日　学校3项科研成果实现技术转让，共获转让费100万元。这3项成果是类透明质酸（刘万顺、张学成），无频闪直流荧光灯（余希湖、孙志楷），农药新产品"灭敌威"（钱佐国）。

5日　中共中央办公厅和国务院办公厅高新技术考察组组长、国家科委"火炬计划"办公室主任李肇杰一行7人来校考察海洋高科技开发工作。

9日　党委常委会研究决定：成立船舶管理处党总支，并任命蔺耀政为党总支代理书记。

10日　学校发文，任命山广恕为教务处处长兼成人高等教育学院第一副院长，张就兹为海洋工程系主任。

15日　国家教委对学校上报的《新建综合性海洋实习调查船方案设计任务书》作出批复：（1）为替代老龄退役船——"东方红"船，确保学校海上教学科研工作需要，为日益发展的海洋科学调查提供先进手段，同意你校近期再新造一艘海洋实习调查船。（2）新建船应具有科学、先进、实用、经济、安全等特点，其设计方案应参照国家现行规定和规范，结合海上教学科研的实际需要，在专家充分论证的基础上确定。（3）新船的建造经费控制在6000万元以内。

21日　国家教委党组通知：经研究并与山东省委商得一致，决定曾繁仁任中共青岛海洋大学委员会书记；免去冉祥熙的中共青岛海洋大学委员会书记职务。

曾繁仁（1941—　），安徽泾县人，教授、博士生导师。著名美学家与文艺理论家，当代中国生态美学的奠基人。1964年7月毕业于山东大学中文系，同年任教于山东大学中文系。1978年晋升讲师，1983年晋升副教授，1987年晋升教授。曾先后担任山东大学教务长、常务副校长，山东省教委副主任兼党组副书记。兼任教育部人文社科重点研究基地文艺美学研究中心名誉主任，教育部社科委人文艺术新闻学部召集人。

党委书记曾繁仁

22日　为表彰副校长管华诗教授在研制开发降脂新药"藻酸双酯钠"（PSS）以及推动山东省、青岛市科技进步中所作出的突出贡献，山东省委、省政府奖励他20万元、三室一厅住房1套、奥迪牌轿车1辆。此前青岛市委、市政府曾重奖PSS有关研制人员59.9万元，其中管华诗教授获奖17.9万元。

24日 校党委发文，任命朱福勤为管理学院党总支书记。

26日 在青岛视察工作的中共中央总书记江泽民，在中国科学院海洋研究所学术交流中心召开科学工作座谈会，校长施正铿、副校长管华诗应邀参加。施校长以"发展海洋科技，开发海洋国土"为主题第一个发言，之后又有曾呈奎等10位专家、学者发言。江总书记边听边记，不断询问有关情况。他说，当今科技对整个经济的发展，作用越来越大。我们在向20世纪末第二个奋斗目标迈进的过程中，在很大程度上要靠科学技术。并强调指出，我们的各级党政干部必须切实尊重知识、尊重人才。我们既重视本国培养出来的博士生、硕士生，也非常欢迎国外留学的人回来为祖国的科学事业发展服务，他们的爱国主义激情是难能可贵的。希望广大知识分子热爱祖国、热爱本行，以强烈的事业心搞好科学研究，为社会主义现代化建设服务。国家计委副主任刘江、经贸部副部长吴仪、山东省和青岛市主要负责同志参加了座谈会。

8月

7日 新建海洋实习调查船方案设计审查会在学校召开。来自国家计委、国家科委、国家教委、国家海洋局、中国科学院有关部门，中国船舶工业总公司及其708所，沪东造船厂，中华船厂，厦门大学，大连海运学院及青岛海大的领导、专家共55人，在审阅并听取了708所提交的《新建海洋实习调查船方案设计报告》及说明后，经过认真讨论，原则同意这个方案，并就主机及推进方式、导航系统、通信手段、甲板设备配置等提出具体要求。最后确定该船主要性能参数为：排水量3500吨、船长95～100米、型宽14～16米、吃水5～6米、型深7～9米；最大航速16.5节、经济航速13节、自持力60天、续航力13000海里、定员130～140人。

24日 国家教委公布《有权推荐优秀应届本科毕业生为硕士生的高等学校名单》，青岛海洋大学名列其中。

本月 学校有3项科技成果实现技术转让，共获转让费74万元。这3项成果分别是新型氧化杀菌剂稳定态二氧化氯（陆昱京）、高效能降污煤用助燃剂（张锡仁）、水果保鲜剂噻苯达唑（陆昱京等）。

9月

8日 在今年举行的全国大学英语四级统考中，1990级学生取得及格率94.3%、优秀率24.6%的历届最好成绩。学校决定对外语系和通过率达100%的物理海洋专业1990级等

6个班集体，以及取得优秀成绩的学生予以表彰和奖励。

9日　为贯彻邓小平南行谈话精神和国家教委关于对高等学校内部管理体制进行改革的决定，经过反复研讨，学校内部管理体制改革初步方案已经确定。在今天举行的全校副处以上干部会上，党委书记曾繁仁、校长施正铿进行部署。要点有：（1）对改革实行整体规划，分步实施，小步走、快节奏，既积极又稳妥的方针。重点抓校内人事制度与校办产业管理体制改革，逐步延伸到分配、后勤服务等方面，配套进行住房、医疗与退休保险制度的改革，结合进行教育改革。（2）人事制度改革实行"四定"（定规模、定编制、定岗位、定人员）、"二评"（单位考评、个人考核）、"一包"（工资总额包干）和"一校三制"（事业、企业、后勤企业化三种管理制度）。（3）校办产业实行政企分开、经营权与所有权分离；对从校外招聘的企业编制人员不包工资、不包住房、不包破产后的出路；经过一定过渡期后，实现自主经营、自负盈亏。（4）总务后勤实行任务与经费承包制，强化考核，人员待遇与服务质量挂钩。（5）在分配制度上变奖酬金平均发放为校内津贴，在考核的基础上按劳分配，逐步做到国家工资与校内津贴双轨运行。（6）各项改革工作自本月起陆续启动，梯次展开。

12日　学校在青岛市人民会堂举行开学典礼。本年度共招收新生1074人，其中本科生695人、专科生60人、委托培养生210人、自费生35人、硕士生58人、博士生16人。另有博士后3人。

同日　党委常委会研究决定：李建筑任社会科学系党总支副书记（主持工作）。

18日　校党委发文，调整党校领导班子，曾繁仁任校长，聘何庆丰任常务副校长，孙秀林、袁宗久任副校长。

30日　经国家教委批准，学校新建海洋实习调查船由708所负责设计，双方代表今天在上海正式签订设计合同。按约定，1992年12月15日完成技术设计送审图纸，设计费为140万元。

本月　《青岛海洋大学"定线定额淘汰制"规定》开始施行。凡达到规定的淘汰线的学生，一次"黄牌"警告，二次则被淘汰，发给肄业证书。

10月

9日　应日本东京水产大学邀请，由党委副书记王滋然为团长，党委副书记冯瑞龙为副团长的青岛市高校友好之船访日代表团共75人，乘"东方红"船赴日本参观访问。

12日　中国共产党第十四次全国代表大会在北京召开。学校组织广大师生收看实况转播。之后连续组织多种形式的座谈会、讨论会，深入学习和领会党的十四大精神。

15日　中共山东省委组织部下文，同意秦启仁、管华诗任青岛海洋大学党委常委。

26日　学校在青岛市人民会堂举行表彰三好学生、先进班集体暨创建优良学风班活动员大会，在1991—1992学年中表现突出的343名校三好学生、113名优秀学生干部、12个先进班级、5名三好学生标兵受到表彰奖励。党委副书记王滋然、冯瑞龙，副校长秦启仁出席大会并讲话，希望广大学生坚定正确的政治方向，刻苦学习科学文化知识，奋发向上，把自己锻炼成为社会主义事业的合格接班人。三好学生标兵是周冰（物理海洋专业1989级）、孙承君（化学专业1990级）、武建秋（海洋生态学专业1989级）、王伟庆（海水养殖专业1989级）、张锐铧（马克思主义基础专业1989级）。

本月　本年度国家自然科学基金项目评审结果揭晓，学校有15个项目获资助，各项目负责人分别是文圣常、孙孚、秦曾灏、俞光耀、吴德星、陆贤昆、汪炳祥、庄振业、于志刚、徐世浙、王硕儒、薛长湖、刘群、张正斌、林俊轩。

本月　经协商，美国、中国、英国、法国、德国、澳大利亚、日本、韩国等近20个国家的海洋科学家联合对太平洋"暖池核心区"进行热带海洋与全球大气海气相互响应实验（TOGACOARE）的强化观测，旨在进一步了解该区的海气相互作用，探讨对全球气候变化有重大影响的厄尔尼诺与南方涛动（ENSO）事件的可预报性。10月，侍茂崇、吴增茂、吴德星、魏皓、胡瑞金5位教师分别从广州、青岛乘科考船赶赴预定海区，参加为期四个月的大规模国际联合海洋考察活动。

11月

5日　学校发文，任命符瑞文为学生工作处处长，陈晓明为生产处处长，方胜民为总务处党总支书记。

7日　学校发文，任命侯家龙为校长助理兼麦岛校区主任。

16日　学校发文，任命纪明义为校办产业处处长。

12月

5日　党委常委会研究决定：（1）撤销管理学院，成立经济贸易学院，下设国际经贸系、经济管理系、应用数学系；（2）撤销社科系，成立社科部，负责全校马列主义基础课和德育课教学；（3）物理海洋系调整为海洋科学系、海洋气象学系；（4）物理学系调整为物理学系、电子系；（5）计算机科学系独立建制。

7日　学校发文，任命李淑霞为经济贸易学院院长，王安东为社科部主任。

11—12日　为期两天的全校科技工作会议在逸夫馆召开。会议总结了"七五"以来学校科学研究和科技产业工作的经验教训，讨论并原则通过了《青岛海洋大学1993—

2000年科技发展规划》和《"八五"科技产业发展规划》，表彰了在科技工作中作出优异成绩的先进集体和个人。校长施正铿作题为《解放思想，深化改革，尽快提高我校科技工作的水平和效益》的报告。党委书记曾繁仁在闭幕式讲话中指出，对于高校而言，科技水平是其学术水平的重要标志，要始终高度重视；稳定并培养学科带头人，尤其是青年学科带头人和学术骨干，更是特别重要的工作。

19日　按照《中华人民共和国全国人民代表大会和地方各级人民代表大会选举法》及青岛市人大有关规定，学校5671名选民充分行使自己的民主权利，经过差额选举，选举刘新国、吴成斌为青岛市市南区第13届人民代表大会代表。

22日　在山东省举行的科技兴鲁经验交流会上，水产学院被评为科技兴鲁先进集体，物理海洋与海洋气象系副主任侍茂崇被评为科技兴鲁先进工作者。

24日　以副校长管华诗教授为首的课题组研制的海洋新药甘糖酯，在经过临床试验证明疗效显著后，通过了受国家科委委托、山东省医药管理局组织的技术鉴定。来自北京医学科学院、上海医科大学等18家单位的21名专家、教授组成的鉴定委员会一致认为，该药是具有高抗栓、低抗凝、有明显降血脂作用的新海洋药物，属国内首创，研究成果达到国际先进水平。

25日　学校发文，任命朱胜凯为总务处处长。

30日　为了加强学科建设，提高科技工作的效率和水平，学校研究决定对科研机构予以调整：（1）保留的机构有物理海洋研究所、物理海洋开放研究实验室、河口海岸带研究所、海洋药物与食品研究所。（2）原水产增养殖研究所、海洋生物遗传研究室、应用微藻研究室合并组成水产养殖研究所；成立海洋环境科学研究所，与海洋环境保护研究中心一个实体、两个名称。（3）新成立的机构有海洋遥感研究所、海洋化学研究所、地质地球物理研究所、海洋生物工程研究所。（4）同意产业管理委员会设置以下开发研究机构：工业水回用技术研究所、矿产资源研究所、生物材料研究所、精细化工研究所。（5）撤销的机构有海气相互作用研究室、海洋生态研究所、海洋工程研究所、海洋物化及腐蚀研究所。

上述机构负责人的任免名单也一并公布。

本年　经校专业技术职务评审委员会评审通过，共有69人（含离退休人员14人）获正高级专业技术职务任职资格，他们是孙文心、孙孚、侍茂崇、方欣华、周发琇、李凤岐、王赐震、周天华、沈正、赵玉芝、戚贻让、张闻迪、王维新、陆贤昆、钱佐国、李静、刘莲生、王庆璋、张经、徐怀恕、戴继勋、童裳亮、廖承义、且钟禹、杨和乃、侯恩淮、陈大刚、胡维兴、楼伟凤、宋微波、路季平、吴保罗、张德贤、赫羽、卢同善、刘新国、张就兹、吴葆仁、杜曾荫、李玉兰、杨自俭、刘汝山、陈国恒、王安东、林华英、曹钦臣、王恕昌、冉祥熙、施正铿、秦启仁、蔡亚能、刘秦玉、徐德伦、秦鸿才、刘安国、许乃猷、包青华、陈芸、赵白、李荣光、刘仲衡、赵其渊、田学琳、高洁、李贵立、赵森、李世珍、赵焕登、刘桓。

本年　管华诗、冯士笮、刘莲生、傅圣雪被评为山东省优秀科技工作者。

本年　学校共获准立项科研课题264项，总经费达1077.7万元，人均5.7万元，居委属院校前列；出版专著18部，发表学术论文376篇；鉴定成果21项；技术转让14项，合同额为146.9万元，当年实到103万元；共有18项成果获奖，其中省部级三等奖以上11项。

本年　学校科研成果获奖情况（省部级三等奖以上）见表4。

表4　1992年学校科研成果获奖情况（省部级三等奖以上）

序号	项目名称	获奖情况	主要完成人（前三位）
1	时滞微分方程的定性研究及其应用	国家教委科技进步二等奖	张炳根
2	对虾疾病防治技术研究	国家教委科技进步二等奖	孟庆显　俞开康　战文斌
3	黄河口及渤海南部沉积作用	国家教委科技进步三等奖	杨作升　王　琦　曹立华
4	紫菜叶状体细胞和原生质的研究	国家教委科技进步三等奖	戴继勋　张全启　包振民
5	对虾体表致病纤毛虫的生态与区系	国家教委科技进步三等奖	宋微波
6	大港电厂海水冷却系统腐蚀与污损综合治理	国家教委科技进步三等奖　冶金部科技进步三等奖	王庆璋　颜　民　韩　冰
7	海表温度数值预报研究	山东省科技进步二等奖	苏育嵩　王赐震　李凤岐
8	真鲷工厂化育苗技术研究	山东省科技进步二等奖	姚善成　等
9	鲤鱼全价配合饲料的研究	山东省科技进步二等奖	李爱杰　等
10	海水中重金属与浮游植物间相互作用化学研究	山东省科技进步三等奖	孙秉一　史致丽　陆贤昆
11	海洋温跃层深度声探测	中国科学院科技进步三等奖	包青华　惠少华　王辉照
12	舰船磁场机动监测系统	全军科技进步三等奖	陈　芸　赵培聪　顾新宏
13	战术导弹低空环境测定	航空航天部科技进步二等奖	吴世义　张大错　徐静琦

1993年

1月

3日　学校发文,任命方胜民为基建处处长,王思杰为设备与实验室管理处处长。党委常委会研究决定:朱胜凯任总务处党总支书记(兼)。

26日　徐家振副校长一行五人启程赴乌克兰,就新建海洋综合调查船所用钢材等事项进行考察、采购。

2月

20日　为期两天的工作会议结束。校长施正铿、党委书记曾繁仁先后发表讲话,就深化校内管理体制改革、提高科研水平、大力发展校办产业等重要工作谈了意见,并要求各级干部切实转变作风,团结一致,真抓实干,把各项工作落到实处。

27日　国家教委下文,任命冯瑞龙为青岛海洋大学副校长。

29日　国家教委党组下文,任命李耀臻为青岛海洋大学党委副书记;免去冯瑞龙的青岛海洋大学党委副书记职务。

3月

4日　党委常委会研究决定:任命朱福勤为经济管理系党总支书记,李建筑为国际经贸系党总支书记,林建华为应用数学系党总支书记,吴成斌为计算机科学系党总支书记。

12日　党委常委会研究决定:(1)成立海洋环境学院,下设海洋学系(原海洋科学系)、海洋气象学系、物理海洋研究所、海洋环境科学研究所、物理海洋实验室;物理海洋与海洋气象学系党总支改为海洋环境学院党总支,其成员及职务不变。(2)成立工程学院,下设机电工程系、土木工程系、海岸工程设计研究所;撤销工程系,工程系党总支改为工程学院党总支,其成员及职务不变。(3)成立海大对外汉语教学中心。(4)成立总务处计划财务科。(5)撤销分部筹建处。

同日　学校发文,任命冯士筰为海洋环境学院院长,张就兹为工程学院院长兼海岸工程设计研究所所长,杨自俭为对外汉语教学中心主任,陈兰花为监察处处长。

本月　经山东省七届人大六次会议选举,管华诗、张正斌当选八届全国人大代表。

4月

22日　工程学院成立大会举行。文圣常教授,党委副书记王滋然,副校长秦启仁、冯瑞龙到会祝贺并为学院揭牌。

23日　党委常委会研究决定:刘贵聚主持党委组织部工作。

26日　海洋环境学院成立大会上午在逸夫馆举行。青岛海大党政领导曾繁仁、施正铿、王滋然、秦启仁，学部委员、北京大学教授赵柏林，学部委员、中国科学院大气物理所研究员黄荣辉等20多所高校、科研单位的代表，校内各单位负责人及该院师生300多人出席。院长冯士筰教授首先介绍学院的发展简史和今后主要打算；名誉院长文圣常教授就海洋科学、环境问题及如何在基础学科、邻近学科支持下，发展物理海洋学和环境海洋学谈了意见；校长施正铿希望学院成立后，充分发挥学科优势，为国家培养更多的高水平人才，多出高新科技成果。全体来宾参观了海洋环境学院成果展览和物理海洋实验室。

27日　新建综合性海洋实习调查船建造合同在上海中华造船厂正式签订，双方代表在合同书上签字。新船长96米、宽15米，设计排水量3404.2吨，设计水线长88.0米，垂线间长84.0米，结构吃水5.5米，合同造价6887万元人民币。

29日　党委常委会研究决定：成立技术科学学院，下设物理学系、电子工程系（原电子系）、计算机科学系、海洋遥感研究所。

5月

1日　党委常委会研究决定：张长业任校工会代理主席。

3日　学校发文，任命林俊轩为技术科学学院院长。

5日　青岛海洋大学《校园管理巡察规定》《关于在校内进行经商活动的暂行规定》《校内交通安全管理规定》《关于在校内举办文体活动的管理规定》《关于废品出售、收购的管理规定》公布实行。

11日　根据青岛海洋大学"定线定额淘汰制"规定，学校对98名达到淘汰线的学生及他们的家长发出了《淘汰警告通知书》，给予这些学生"黄牌警告"。此举引起广大学生及家长的强烈反响，对促进优良学风的养成大有裨益。

14日　水产养殖研究所成立大会在逸夫馆举行，学部委员曾呈奎等驻青水产科研单位的代表和校党政领导曾繁仁、施正铿及水产学院的师生代表近300人出席。该所所长李德尚教授介绍了研究所的情况和今后设想；校长施正铿在讲话中希望师生继续发扬爱国、敬业、务实、献身的优良传统，为我国和山东省的水产事业作出更大贡献。

19日　党委常委会研究决定：赵新民主持党委统战部工作。

22日　青岛市高校第七届田径运动会在市第一体育场结束。学校男女生代表队、教工代表队均获总分第一名，并打破8项省、市大学生运动会纪录。

6月

17日　根据《青岛海洋大学选拔优秀青年骨干教师暂行办法》，确定沈正、杜勇、傅刚、王伟、亓夫军、姬光荣、赵朝方、张春海、张经、姬泓巍、王修林、杨桂朋、高明君、韩宗珠、姜效典、宋微波、薛长湖、李八方、万荣、刘新国、徐兴忠、韩立民、王安民、倪均援、冯正农、何小权、李忠华、乔爱玲、常宗林、程伟、洪涛、赵广涛共32人为1993—1995年度校优秀青年骨干教师。

21日　中共中央政治局委员、山东省委书记姜春云，省委常委、省委秘书长韩喜凯，副省长宋法棠等领导，在青岛市委副书记徐长聚等陪同下来校视察工作。校长施正铿汇报学校的教学、科研、人才培养情况，文圣常、侯国本、高清廉3位教授就建设"海上山东"、开发黄河三角洲发表了建议和意见。姜春云说，建设"海上山东"和黄河三角洲开发是山东省的两项跨世纪工程，青岛海洋大学承担着重要使命，要充分发挥海洋科技和多学科交叉的综合优势，当好排头兵；要拓宽思路，根据经济与社会发展需要，不断调整办学方向和专业设置，为国家、省市多培养人才，多出高新技术成果。

28日　位于青岛市东部开发区、占地40多亩的青岛海洋大学华海制药厂奠基。青岛市委副书记徐长聚及省市科委负责人，校党委书记曾繁仁、校长施正铿等出席奠基仪式并剪彩，副校长、华海制药厂董事长管华诗主持仪式。

同日　党委常委会研究决定：李耀臻兼任麦岛校区党委书记，侯家龙兼任副书记，赵庆礼任副书记兼党办主任。

7月

2日　1993届毕业生开始离校。本年度学校共有毕业生916名，其中本专科生815名、硕士生61名、自费生40名。另有成人高等教育毕业生486名。

13日　国家教委下文，任命管华诗为青岛海洋大学校长；免去施正铿青岛海洋大学校长职务。

管华诗（1939—　），山东夏津人，中共党员。1964年从山东海洋学院水产品加工专业毕业后留校任教，历任助教、讲师、副教授、教授，博士生导师，青岛海洋大学副校长、校长、党委书记，中国海洋大学校长。

校长管华诗

15日　国家教委《关于重点建设一批高等学校和重点学科点的若干意见》公布，决定设置"211工程"重点建设项目，即面向21世纪，重点建设100所左右的高等学校和一批重点学科。"211工程"建设的中心任务是提高高等学校的教育质量、科研水平和办学效益；建设目标是经过十年或者更长一点时间的努力，使相当一批高等学校和重点学科能够成为培养高层次专门人才和解决国家经济建设、科技和社会发展重大科技问题的基地，在教育质量、科学研究和管理等方面处于国内先进水平，并有一定的国际影响，其中若干所高等学校和部分重点学科达到或接近世界先进水平。基本形成适应社会主义现代化建设需要、结构布局合理、水平较高、各具特色的重点学科和示范带头学校，建立适应社会主义市场经济体制和政治、科技体制改革需要的高等教育新体制。据此，学校开始着手准备，争取首批进入"211工程"。

29日　国家教委副主任韦钰等来校检查、指导工作。

8月

10日　以党委书记曾繁仁为团长、校长管华诗为副团长，由18名海洋环境、海洋工程、水产、海洋生物、海洋化学、海洋地质等方面专家组成的考察团，带着事先论证、初选的"两跨工程"项目，赴黄河三角洲实地考察。专家们在为期一周的时间里，到黄河口、东营港、孤东油田、自然保护区、水产养殖场、养虾示范场等地进行调研，并分别与东营市、胜利油田管理局的领导、专家就开发黄河三角洲的一些重大技术问题、双方合作研究的领域、开发的项目等达成广泛共识，与东营市签订了《合作开发黄河三角洲协议书》，与胜利油田管理局签订了《科学技术合作意向书》。这标志着学校积极参与山东省"两跨工程"迈出重要一步。

9月

4日　学校在逸夫馆召开副处以上干部、各民主党派负责人会议，传达贯彻全国高校党建会议精神，布置新学期工作。校长管华诗在讲话中指出，国家教委即将启动"211工程"计划，我们要抓住机遇，争取首批进入该项计划。

同日　党委常委会研究决定：成立校"211工程"领导小组，管华诗任组长，秦启仁为副组长，侯家龙等16人为成员；成立校"两跨工程"领导小组，管华诗为组长，曾繁仁为副组长，山广恕等13人为成员。

13日　学校在市人民会堂举行1993—1994学年开学典礼。本年度共录取全日制新生1337名，其中本专科生1201名（含委培生478名、自费生33名）、硕士生104名、博士生32名；成人高等教育学生850名（夜大生420名、函授生430名）。

27日　由中国科学院学部委员陶诗言、苏纪兰、汪品先等10位学者、教授组成的专家评审组，在国家教委科技司组织下，对学校物理海洋实验室申报国家重点实验室进行论证。评审组听取了该室主任孙孚教授关于科技攻关、合作研究、人才培养所取得的成果和实验室建设等情况汇报，听取了吴德星、丁平兴、管长龙、杨宗严4位博士的学术报告，并实地考察了物理海洋实验室。专家组经过认真审议，一致同意申报国家重点实验室。

29日　党委常委会研究决定：成立物理学系与电子工程系党总支，任命董淑慧为总支书记；撤销海洋物理系党总支。

10月

9日　学校在市人民会堂召开三好学生、先进班集体表彰大会，校党政领导王滋然、秦启仁、冯瑞龙、李耀臻及各院系和部门负责人、学生工作干部、班主任和2000多名学生代表参加。受表彰的有省级三好学生王伟庆、李景玉、董申甫、孙承君、杨惠敏、许伟，省级优秀学生干部崔青、初晓波、范其伟、阚金军，校三好学生标兵李景玉、阚金军、杨惠敏、董申甫、温利、李莉，以及海洋学专业1992级等14个先进班级和459名校三好学生。

29日　青岛海洋大学经济工作会议在逸夫馆举行。校长助理侯家龙作《理顺关系，突出重点，加速校办产业健康发展》的报告。党委书记曾繁仁在会议总结讲话中谈到如何做好学校经济工作时说，各级领导要把经济工作放在重要位置；要充分发挥科技优势，大力发展校办产业；多争取科研课题；加强财务管理，建立健全有关规章、堵塞漏洞、节省开支等，促使学校经济状况尽快步入良性循环。

11月

10日　国家科委副主任邓楠一行3人在山东省副省长宋法棠等陪同下来校检查、指导工作。在听取了学校党委书记曾繁仁、校长管华诗的情况汇报后，邓楠说，高等学校是国家重要的科技力量，有明显的人才和科技优势，国家科委今后要给高校更多的支持；青岛海洋大学在发展海洋科技方面担负着重要任务，希望有较大的发展。

13日　青岛海洋大学第五次研究生大会和第十二次学生代表大会在逸夫馆举行。会议选出15人组成新一届研究生会，王伟庆为主席；选出25人组成新一届学生会，李景玉为主席。

15日　党委常委会研究决定：撤销校办产业管理委员会办公室和生产处，成立校办产业管理处和海大高科技集团公司，下辖校办工厂、校办科技企业及院（系）办的各类经济实体。

19日　张炳根、徐世浙、徐怀恕、奚盘根教授被评为第三批山东省专业技术拔尖人才并享受津贴。

12月

11日　中国科学院发出通知，经中国科学院学部委员选举并经中国科学院学部主席团审议批准，文圣常教授当选中国科学院院士。

中国科学院是国家在科学技术方面的最高学术机构和全国自然科学与高新技术的综合研究与开发中心。中国科学院院士是国家设立的科学技术方面的最高学术称号，为终身荣誉。文圣常院士是学校发展史上获此殊荣的第一人。

中国科学院院士文圣常

文圣常（1921—2022），河南光山人。教授，博士生导师。1944年毕业于武汉大学，1946年赴美国进修。1960年在《中国科学（英文版）》上发表《普遍风浪谱及其应用》和《涌浪谱》，被国内外称为"文氏风浪谱"。1961年出版的《海浪原理》，被列为国际五大海浪巨著之一。1984年出版《海浪理论与计算原理》。1985年获国家科技进步二等奖。1986年提出"新型混合型海浪数值预报模式"，获国家"七五""八五"重大科技成果奖、国家教委科技进步一等奖。1988年荣获全国教育系统劳动模范和"人民教师"奖章。1990年开始享受国务院政府特殊津贴。先后任山东海洋学院物理海洋研究所所长、山东海洋学院院长、国务院学位委员会委员、国家奖励委员会委员、国家自然科学基金委委员及海洋学科组组长等职。

12日 《中共青岛海洋大学委员会干部任免工作程序》公布施行。

15日 韩国国立群山大学总长韩年钟教授一行来校访问。双方商定两校结为姊妹学校，并签订《两校合作交流关系协议书》《两校人员交流协议书》。

24日 学校纪念毛泽东诞辰100周年大会在逸夫馆举行，校党政领导及各民主党派负责人、机关党政干部、学生干部等共300多人参加。党委书记曾繁仁发表讲话。他在充分肯定毛泽东对中国革命和建设所作出的丰功伟绩与毛泽东思想的历史地位后说，我们纪念伟人毛泽东，就要努力完成他的未竟事业，用毛泽东思想、邓小平建设有中国特色社会主义理论武装头脑、教育学生，培养更多更好的"四有"新人，为国家强盛和民族复兴作出贡献。在此前后，学校各单位组织了"红太阳颂"合唱比赛、纪念毛泽东征文比赛等一系列纪念活动。

28日 国家教委批准学校的海洋遥感信息处理实验室、水产养殖实验室为国家教委开放研究实验室。

31日 党委常委会研究决定：（1）成立外国语学院，下设英语系、东方语言系、大学外语部、对外汉语教学中心；撤销外语系，原外语系党总支改为外国语学院党总支，其成员及职务不变。（2）成立信息中心，下设图书馆、计算中心、信息管理研究所；图书馆党总支改为信息中心党总支，其成员及职务不变。（3）成立新技术研究与开发中心

（挂靠科研处）。（4）产业管理委员会党总支改为校办产业管理处党总支，其成员与职务不变。

本月　经国务院学位委员会第12次会议审核批准，学校的海洋物理学为新增博士学位授权点，刘智深教授被批准为该点博士生导师；孙孚、刘秦玉、戴继勋、宋微波教授被批准为博士生导师；企业管理、光学仪器、信号与信息处理、环境地质、渔业资源5个学科为新增硕士学位授权点。至本年，学校共有博士点8个、硕士点16个。

本年　经校专业技术职务任职资格评审委员会评审通过，有51人获正高级专业技术职务任职资格，他们是郑继民、葛国昌、崔玉亭、沈育疆、张淮、王中柱、黄祖珂、叶安乐、胡基福、汪景庸、蒋德才、李心铭、王超英、路德明、王恕铨、冯天瑾、洪忠渝、孙明昆、张曼平、彭启强、崔清晨、王修林、钱树本、高尚德、张学成、陈登勤、焦湘恒、庄振业、常瑞芳、缪国荣、王启华、徐家敏、姚善成、沈毓毅、刘文斌、李克山、魏守林、胡满田、徐立伦、谷磊昭、韩丽梅、王树人、楼宝城、山广恕、余希湖、赵茂祥、宋文洋、王滋然、喻祖祥、刘龙太、沈剑平。

本年　共获基金项目27项，经费180万元；"八五"科技攻关项目新增6项，已达18项，总经费706万元；另有11项课题列入"海上山东"计划，经费44万元。全年实到科研经费1025万元。

本年　在国家自然科学基金评审中，学校有21个科研项目获得资助，经费160多万元。其中，地学部海洋学科13项、生命科学5项、数理学部3项。

本年　学校设有8个学院、21个系（部）、32个本科专业；2个国家重点学科、5个省级重点学科、1个国家理科基础科学研究与教学人才培养基地；1个博士后流动站、8个博士学位授权学科、16个硕士学位授权学科；2个教育部重点实验室、4个省级重点实验室和90个实验室、20个研究所；1艘2500吨"东方红"船；教职工总数为1892名，其中有中国科学院院士1人、国务院政府特殊津贴享受者61名、教授131名、副教授231名；有在校学生7338名，其中博士生56名、硕士生216名、本科生2838名、专科生1594名，成人高等教育本专科生2634名；学校占地967.22亩（含浮山校区），建筑面积208945平方米；图书馆藏书625504册、中文和外文期刊1962种。

本年　学校科研成果获奖情况（省部级三等奖以上）见表5。

表5　1993年学校科研成果获奖情况（省部级三等奖以上）

序号	项目名称	获奖情况	主要完成人（前三位）
1	养殖对虾疾病调查及主要疾病防治的研究	国家科技进步三等奖	孟庆显　俞开康　战文斌
2	南沙群岛及其邻近海区综合科学考察	中国科学院自然科学一等奖	钱树本　陈国蔚
3	中国器测海面和沿海地壳变形的研究	国家教委科技进步二等奖	陈宗镛　周天华　于宜法
4	栉孔扇贝及大连湾牡蛎三倍体育苗技术研究	国家教委科技进步三等奖	王如才　于瑞海　闫炳钧
5	对虾体表致病性纤毛虫的生态与区系	国家教委科技进步三等奖	宋微波
6	印染废水回收再用工程技术	国家教委科技进步三等奖	王恕昌　田由芸　黄立英
7	黄河口及渤海南部沉积作用	国家教委科技进步三等奖	杨作升　等
8	海洋激光雷达系统及探测机制研究	山东省科技进步二等奖	刘智深　张锦龙　陈文忠
9	时滞微分方程和时滞差分方程的定性分析	山东省科技进步二等奖	张炳根
10	陆架陆坡区内波的随机特征	山东省科技进步三等奖	方欣华　张玉琳　王景明
11	搞好课程评估，确保教学质量	国家级优秀教学成果二等奖 山东省优秀教学成果一等奖	秦启仁　陈宗镛　佘敬曾
12	高校计算机中心的目标管理	国家级优秀教学成果二等奖 山东省优秀教学成果一等奖	秦鸿才　赵茂祥　王梅芬
13	结合技术服务，抓好生产实习	山东省优秀教学成果二等奖	王克行　俞开康　张道波
14	把物理实验课当做"小科研"进行教学	山东省优秀教学成果二等奖	吕振洪
15	经济运行机制改革研究	山东省社会科学优秀成果三等奖	陈国恒

1994年

1月

3日　学校发文,任命李静为海洋化学系主任。

4日　以市委书记李殿魁、市长张庆黎为首的东营市访问团一行15人来校,就校地联合开发黄河三角洲进行协商。访问团在参观了物理海洋、海洋药物、海洋遥感3个研究所等单位后,分水产生物组、化工组、综合组分别与学校有关单位对口商谈,具体落实开发、科研项目。

13日　党委常委会研究决定:刘贵聚任党委组织部部长,赵新民任党委统战部部长。

21日　国家教委发文,同意学校增设会计学、市场营销、声学3个本科专业,学制均为4年;另有应用电子技术、计算机软件、建筑工程3个专业准予备案。

25日　学校海洋药物与食品研究所和青岛第三制药厂共同研制的多功能复合医用材料——止血海绵,通过由国家科委委托青岛市科委主持的技术鉴定,10位专家一致认为,该成果达到国内领先水平。

26日　学校海洋药物与食品研究所同青岛第三制药厂联合研制的海洋新药——海力特,通过由山东省医药管理局主持的技术鉴定,来自全国各地的十几位专家一致认为,此项研究成果达到国际先进水平,并建议尽快投入批量生产。海力特是山东省科委下达的研究课题。

3月

10日　国家教委下文,任命侯家龙为青岛海洋大学副校长。

同日　学校发文,任命杨自俭为外国语学院院长。

21日　校党委举办的科级以上干部读书研讨班开班。研讨班共安排8期,每期1周,重点学习《邓小平文选》第三卷。

本月　按照国务院关于国家机关和事业单位工作人员工资制度改革的有关规定及山东省的统一部署,学校教职工工资调整工作基本结束。教职工月工资平均增长135元,最高者增长550元,最低者增长46元。

4月

5日　经校党委常委会研究同意,并报青岛市卫生局批准,学校成立职工医院。

同日　党委常委会研究决定:王思杰任信息中心党总支书记,邓桂荫任总务处党总支书记,王厚谦任老干部处处长。

7日　学校发文,任命王克达为体育部主任。

12日　《青岛海洋大学总务后勤改革方案（试行）》公布施行。该方案重点就总务后勤管理体制、运行机制、人事与分配制度进行了力度较大的改革。

20日　《青岛海洋大学关于举办成人非学历教育班的暂行规定》公布施行，就全校各单位举办此类教育班的审批、管理、证书发放、违规责任追究等作出明确规定。

5月

8日　国家教委通知：经国家人事部批准，孙孚为有突出贡献的中青年专家；孟庆显、秦鸿才、秦启仁自1994年5月起享受政府特殊津贴。

30日　国家教委下文：任命冯士筰为青岛海洋大学副校长。

6月

3日　国家教委党组下文：经研究并与中共山东省委商得一致，曾繁仁因工作变动不再担任青岛海洋大学党委书记职务，管华诗任青岛海洋大学党委副书记、代理书记；任命王元忠为青岛海洋大学党委副书记；增补侯家龙为青岛海洋大学党委委员、常委。

6日　秦启仁副校长一行4人，应邀对韩国群山大学、釜山水产大学及国立水产振兴院等院校进行访问，具体商谈学校在韩招收留学生、双方开展合作研究等事项。

28日　国家教委下文，聘任贺明霞教授为国家教委海洋遥感信息处理开放研究实验室主任，宋微波教授为国家教委水产养殖开放研究实验室主任。

7月

2日　毕业生离校。本年度共有应届毕业本专科学生1792人，其中国家计划的学生1028人、委托培养和自费的学生764人，毕业硕士生61人、博士生7人。

6日　奉国家教委指示，华东师范大学教育科学研究院朱有瓛教授、钱曼倩副教授，根据学校提交的校史资料，就青岛海洋大学校史源头追溯给出评审意见："关于青岛海洋大学校史，在查阅了《山东大学大事记（1901—1990）》《山东大学校史资料》以后，我们认为青岛海洋大学校史，从1959年向前追溯至1924年10月私立青岛大学成立是可以的。理由有二：1.根据史料记载，现青岛海洋大学校舍是继承了1924年私立青岛大学校舍的（略）。2.现青岛海洋大学与国立青岛大学在专业学科上有着前后连续的关系（略）。"

7日　校党委召开扩大会议，决定成立海洋生命学院，下设海洋生物系、海洋生物工程系、环境生态系、海洋生物工程研究所；任命李永祺为院长。7月13日海洋生命学院成立大会在逸夫馆召开，中国科学院院士曾呈奎应邀出席，并受聘任该院名誉院长。

8日　学校第一次研究生工作会议在逸夫馆召开。会议总结、交流了以往研究生教育工作的经验和教训,提出了存在的主要问题及解决措施,讨论了到2002年研究生教育发展的规划。冯士筰副校长作题为《团结奋进,为进一步提高我校研究生质量而努力》的报告。校长管华诗在总结报告中说,要不断深化研究生教育改革,加强管理,建设一支良好的研究生导师队伍。

25日 为贯彻落实国务院颁布的《中国教育改革和发展纲要》精神,加快山东省高等教育改革与发展的步伐,国家教委和山东省人民政府联合下文,决定共建山东大学和青岛海洋大学,对两校实行双重领导、联合办学,争取早日进入"211工程"。实行共建后,两校原建制和投资渠道不变,山东省自1994年起每年为两校各提供1000万元共建费。山东省把山东大学和青岛海洋大学

国家教育委员会和山东省人民政府联合共建青岛海洋大学

作为人才培养和发展科技的重要依靠力量,在专业设置、招生、毕业生就业、科研方向等方面优先满足山东省经济建设和社会发展的需要;两校要充分发挥知识和智力密集的优势,为科技兴鲁、建设"海上山东"和开发黄河三角洲多作贡献。

25—26日 奉国家教委指示,北京师范大学教授、博士生导师郭齐家和中央教育科学研究所教育史研究室宋恩荣研究员,就青岛海洋大学校史溯源之事,专程来校实地考察。他们参观了校园,重点考察了海洋馆、水产管、"一多楼"、地质馆、科学馆、化学馆和原图书馆楼(现铭史楼),还利用晚上时间开了校史座谈会。两人给出正式评审意见。

郭齐家在评审意见中说:"青岛海洋大学校庆纪念日定为1924年10月25日私立青岛大学成立之时,是合情合理的,历史资料是充足的。我赞成这个意见。"(略)

宋恩荣在评审意见中说:"将青岛海洋大学的校史源头确定为1924年10月25日成立的私立青岛大学,我认为是合适的。……当时的国民政府教育部决定于1930年在青岛原私立青岛大学原址成立国立青岛大学并收用二校校产。此时国立青岛大学可以当作原省立山东大学与私立青岛大学合二为一的结果。……1958年,山东省委决定山东大学迁往济南,第一、二梯队成为济南部分,而留在青岛的海洋、水产、地质等专业即青岛部分就地继续办学,成立了山东海洋学院。这一过程,实际上是青岛海大与山东大学一分为二的过程。……从专业方向上讲,应往上追溯至1930年合二为一时期的国立青岛大学。当时的校长杨振声筹建海边生物学、海洋学、气象学,生物学系主任曾省先生也积极倡导。

在校系两级倡导下，海洋生物方面的教师实力不断壮大，有关研究逐渐凸现。……另外，从校址和校产以及人事等方面，今天的青岛海大与当时的私立青岛大学、国立青岛大学都有着直接继承的关系。"

27日　根据朱有瓛、钱曼倩、郭齐家、宋恩荣4位学者的结论，学校向国家教委报送《关于我校70年校史专家论证工作情况的汇报》，以为正式备案。至此，青岛海洋大学校史源头是1924年创立的私立青岛大学的论证工作结束，10月25日为校庆纪念日亦随之而定。

同日　韩国国立釜山水产大学河钟郁等率团来校访问，两校正式建立姊妹学校关系。

8月

5日　学校新建综合性海洋实习调查船在上海中华造船厂正式投料开工。

31日　1994级新生报到。本年度学校共录取本专科生1250人（含自费生463人）、硕士生61人、博士生7人；成人高等教育共录取850人，其中函授生360人、夜大生490人。

9月

1日　学校发文，任命山广恕为校长助理，方胜民为校长办公室主任，丁宜法为校长秘书兼校长办公室副主任，邹积明为麦岛校区主任兼分部党委副书记，赵庆礼为纪委副书记兼监察处处长，张志南为研究生部主任（兼），陈永兴为基建处处长，于振江为设备与实验室管理处处长，吴成斌为党委办公室主任，王庆仁为组织部部长，朱福勤为宣传部部长，李建筑为经济管理系党总支书记，刘贵聚为计算机科学系党总支书记，陈兰花为外国语学院党总支书记，袁宗久为学报（社科版）编辑部主任，于长江为麦岛校区党委副书记兼党委办公室主任，丁灿雄为国际经贸系党总支副书记（主持工作）。

5日　经全校党员酝酿、推荐，党委研究决定：管华诗、王元忠为中共青岛市第七次代表大会代表。

13日　学校发文，任命俞光耀为海洋环境学院院长。

16日　学校党委发文，调整党校领导班子，王元忠任校长，朱福勤任常务副校长，王庆仁任副校长。

18日　中共山东省委副书记、省长赵志浩，省委常委、青岛市委书记、市长俞正声来校检查指导工作。在听取了管华诗校长等校党政领导的工作汇报后，赵志浩、俞正声表示，省、市两级政府积极支持青岛海大争取首批进入"211工程"。

20日　1993—1994学年学生先进个人和先进集体表彰大会在逸夫馆举行。全国三好学生王伟庆，省级三好学生尉艺、钱海峰、张国芮、顾方方、曾侃、邱卫东、吕佩艳、高鲁媛，省级优秀学生干部李鹏、张学雷、邢洪涛、欧阳修兵、田刘柱、李斌，省级先进班级英语专业1991级、电子学与信息系统专业1991级、经济管理专业1993级，校三好学生标兵尉艺、宫在晓、孙海萍、李洪春、李鹏、王晓军、张学雷，以及物理海洋学1992级等17个校先进班级受到表彰。党委副书记李耀臻讲话，希望广大学生树立正确的人生观、世界观，积极追求高尚的道德情操和健康的审美情趣，学好知识，练就技能，报效祖国。

10月

24日　学校陆续收到国务院总理李鹏，全国人大常委会委员长乔石，国务院副总理李岚清，中共中央政治局委员、书记处书记、山东省委书记姜春云，国务委员兼国家科委主任宋健，山东省省长赵志浩关于学校70周年校庆的题词。李鹏的题词是"开发海洋，面向经济，努力办好青岛海洋大学"；乔石的题词是"培育人才，开发海洋，迎接二十一世纪科技和经济发展"；李岚清的题词是"进一步搞好高等教育的改革与发展，为培养更多的优秀人才作贡献"；姜春云的题词是"尊师重教"；宋健的题词是"发展海洋科技，争创一流学府"；赵志浩的题词是"办一流学校，育一流人才，创一流业绩"。

同日　学校对学术委员会进行调整，管华诗为主任，文圣常、秦启仁、王元忠、冯士筰为副主任，山广恕等26人为委员。

25日　青岛海洋大学建校70周年庆祝大会在市人民会堂隆重举行。中共山东省委常委、青岛市委书记、市长俞正声，山东省政协副主席、省教委主任崔惟琳，山东省人大常委会副主任、中国科学院院士曾呈奎，国家教委、国家海洋局、驻青海军的领导，北京大学、日本东京水产大学等国内外友好学校的代表，校友及师生代表数千人出席庆祝大会。庆祝大会由副校长秦启仁主持，校长管华诗作《团结起来，为创办国内一流、国际知名的青岛海洋大学而奋斗》的报告，俞正声、崔惟琳发表热情洋溢的贺词。校庆期间，全校各单位共举办50多场学术报告会，宣读论文300余篇，来自13个国家和地区的20多名专家、学者参加学术交流；另外，学校还举行了大型文艺晚会，校内各单位也组织了丰富多彩的文艺体育活动。

30日　学校发文，任命秦鸿才为图书馆馆长，郑国星为技术科学学院院长。

11月

5日　经校党委常委会研究并报青岛市总工会同意，张长业任校工会主席。

7日　党委常委会研究决定：（1）成立机关党总支，下设党群一支部、党群二支部、人事保卫支部、校办外事支部、财务审计处支部；（2）成立总务基建处党总支，撤销总务处党总支；（3）王庆仁兼任机关党总支书记；邓桂荫任总务基建处党总支书记。

14日　学校发文，谢洪芳兼任出版社总编辑，魏世江兼任出版社副总编辑。

本年　经校专业技术职务任职资格评审委员会评审通过，共有31人获正高级专业技术职务任职资格，他们是吴增茂、王大鸿、于慎余、邱永绥、孙家昌、邹兴长、夏宗凤、谢式南、杨德渐、陈国蔚、崔承琦、李桂群、朱永盛、俞开康、董双林、周玉光、周春生、李春柱、黄南发、王荣良、赵维谦、林振宏、梁德成、王永辰、田纪伟、高明君、王贻义、孙曰彦、侯家龙、胡增森、单启蛰。

本年　国家教委批准学校增设国际贸易、汉语言文学、药物化学、生物技术4个本科专业，学制均为4年，自1995年秋季开始招生。

本年　校出版社社长、总编辑谢洪芳被评为山东省十佳出版工作者。

本年　学校科研成果获奖情况（省部级三等奖以上）见表6。

表6　1994年学校科研成果获奖情况（省部级三等奖以上）

序号	项目名称	获奖情况	主要完成人（前三位）
1	山东省海岛资源调查	山东省科技进步一等奖	史致丽
2	莱州湾开发整治研究	山东省科技进步二等奖	李进道　袁峻峰
3	海岛调查（威海片）	山东省科技进步二等奖	钱树本　王凤钦　沈渭铨
4	烟台市城市污水排海工程研究	山东省科技进步二等奖	孙英兰
5	罗氏沼虾人工配合饵料的研究	山东省科技进步三等奖	李爱杰　徐　玮

1995年

1月

16日　党委常委会研究决定：（1）成立党委政策研究室；（2）成立教务科研党总支，撤销教务处党总支、船舶管理处党总支、科研外事直属党支部；（3）成立经济贸易学院党总支，撤销经济管理系党总支、国际经贸系党总支、应用数学系党总支；（4）成立技术科学学院党总支，撤销物理学系与电子工程系党总支、计算机科学系党总支；（5）成立体育部直属党支部；（6）经济贸易学院所属系调整为应用数学系、经济管理系、会计学系、经济贸易系、法律研究所。

同日　党委常委会研究决定：李建筑任党委政策研究室主任兼党委办公室副主任，邹积明任麦岛分部党委书记，林建华任海洋环境学院党总支书记，董淑慧任技术科学学院党总支书记，刘贵聚任海洋生命学院党总支书记，刘孔庆任经济贸易学院党总支书记，涂仁亮任教务科研党总支书记。

17日　学校发文，任命李淑霞为经济贸易学院院长，彭凯平为科研处处长，徐天真为外事处处长，陈合乾为审计处处长。

19日　国家教委下文：经研究并与中共山东省委商得一致，同意王庆仁任青岛海洋大学党委委员、常委、纪委书记；免去王元忠兼任的青岛海洋大学纪委书记职务，免去王滋然青岛海洋大学党委副书记、常委职务。

26日　经山东省科委同意，以学校海洋药物工程研究院为依托，以华海制药厂为中试和工程化基地的山东省海洋药物工程技术研究中心正式成立。

2月

23日　国家教委批复：同意将新的综合性海洋实习调查船命名为"东方红2"号。

25日　学校正处级干部、教授及各民主党派负责人，以无记名投票方式，对在职的校级党政领导干部管华诗、秦启仁、王元忠、冯瑞龙、李耀臻、侯家龙、冯士筰进行民主评议。山东省委高校工委派员监督评议。

3月

8日　《青岛海洋大学关于校处级党政领导干部党风廉政建设的若干规定》开始施行。

14日　青岛市"十大科技明星"评选揭晓，管华诗榜上有名。

4月

4日　党委常委会研究决定：成立校行政干部任职资格评审组，管华诗为组长，王元忠为副组长，秦启仁等8人为成员。

11日　党委常委会研究决定：任命陈维胜为党委组织部部长，宋志远为人事处处长。

同日　学校决定：成立海大校园网控中心，撤销海大信息中心和信息管理研究所。

27日　学校举行迎接校园文明建设检查评估动员大会。党委副书记李耀臻传达《青岛海洋大学关于校园文明建设的意见》，就校园文明建设的目标意义、组织领导、工作部署、监督检查等作阐述。管华诗校长在动员时强调，进一步加强校园文明建设，不仅是迎接国家教委检查的需要，更重要的是学校争取首批进入国家"211工程"的需要，是培养"四有"人才的需要。他要求全校各级干部、全体师生员工积极行动起来，把这项对学校发展具有重要影响的基础性工作抓实、做好。

本月　水产学院博士生导师、教授宋微波获国家杰出青年科学基金资助60万元。此次全国共评出杰出青年科学基金获得者49人。

本月　管华诗校长被评为全国劳动模范，秦启仁副校长被评为山东省劳动模范。

5月

1日　按照国务院有关文件规定，自本日起，学校实行每周5天工作制，教职工每天工作8小时，每周工作40小时，星期六、星期日为休息日。

3日　党委常委会研究决定：（1）成立海洋地球科学学院，下设海洋地球科学系、环境建设系、旅游系、河口海岸带研究所、地质地球物理研究所。撤销海洋地质系，原海洋地质系党总支改为海洋地球科学学院党总支，其成员及职务不变。（2）成立退休教职工党总支，撤销退休教职工党支部，原支部成员改为总支成员，其职务不变。（3）成立图书馆党总支，撤销信息中心党总支，其成员与职务不变。（4）成立中国语言文学系，与对外汉语教学中心两块牌子、一套班子。

同日　学校发文，任命孙孚为海洋环境学院院长；郑国星任技术科学学院院长；杨作升任海洋地球科学学院院长，徐世浙任海洋地球科学学院名誉院长；刘德辅任工程学院院长；王安东任社科部主任。

同日　青岛天泰股份有限公司出资50万元在学校设立"天泰奖学金"，期限暂定10年，用以奖励品学兼优的学生。青岛天泰股份有限公司董事长王若雄、副校长秦启仁代表双方在协议书上签字。

10日　国家教委批准并公布高等理科教育面向21世纪教学内容和课程体系改革计划第一批项目，学校获准立项的课题有：（1）海洋科学类专业教学内容和课程体系改革研究（冯士筰等）；（2）面向21世纪海洋生物专业课程体系的研究（钱树本等）；（3）海洋学专业课程体系的研究（李凤岐等）；（4）面向21世纪化学专业课程体系的研究（王永辰、李静）；（5）面向21世纪物理学专业（声学方向）课程体系的研究（王恕铨等）。

12日　接国务院学位委员会〔1995〕20号文《关于改革博士生指导教师审核办法的通知》和国家教委学位办通知，学校具有自行遴选审定博士生导师的权力。

本月　《青岛海洋大学一类课程建设管理办法》《青岛海洋大学关于在本科生中实行导师制的意见》公布实施。

6月

14日　山东省高校"十大优秀教师""十大优秀学生"评选结果公布，水产学院教授、博士生导师宋微波，水产学院渔业资源与管理专业1991级学生李景玉榜上有名。

15日　《青岛海洋大学教师高级职务岗位设置实施意见》《青岛海洋大学专业技术职务聘任制实施办法》公布实施。

20日　中国工程院院长朱光亚致函管华诗校长：经国务院批准，您于1995年5月当选中国工程院院士，并表示祝贺。管华诗教授是学校发展史上的第一位中国工程院院士。

管华诗（1939—　），教授、博士生导师。1964年毕业于山东海洋学院水产系并留校任教。1978年参与研制海藻丙二酯和农药乳化剂获得全国科技大会奖。20世纪80年代因主持研制海洋新药PSS等，产生了巨大社会效益和经济效益，先后获国内外多项奖励，并于1990年晋升教授、当选博士生导师和国家有突出贡献中青年专家。1991年开始享受政府特殊津贴，并荣获全国五一劳动奖章。1993年当选八届全国人大代表。

中国工程院院士管华诗

26日　根据《国务院关于深化城镇住房制度改革的决定》和国家教委有关文件规定，学校向国家教委申报并获批准，向教职工出售位于长汀路、红岛路、鱼山路的部分公有住房，共18栋计45306.4平方米，占学校教职工住房总面积81590.2平方米的56%。据此，学校按青岛市的工作部署，开始进行公有住房出售工作。

27日　中国共产党青岛海洋大学第六次代表大会于6月27—29日在逸夫馆举行。113名正式代表、171名列席人员参加开幕式，中共青岛市委副书记徐长聚到会并讲话。大会审议通过了管华诗代表第五届党委所作《加强党的建设，深化教育

中国共产党青岛海洋大学第六次代表大会召开

改革，为把我校建成一流的社会主义大学而奋斗》的工作报告和王庆仁代表上届纪委所作的纪委工作报告；选举产生由19人组成的新一届党委会和9人组成的纪律检查委员会。在29日举行的党委全委会和纪委会上，分别选出了党委常委、副书记、书记，纪委书记、副书记，并报上级党委审批。

7月

1日　学校在逸夫科技馆为1995届毕业生举行毕业典礼。本届毕业生共有1502人，其中本科生686人、专科生750人、硕士生49人、博士生17人。

4日　党委常委会研究决定：（1）成立人才交流中心（挂靠人事处）；（2）成立档案馆，撤销综合档案室；（3）成立计算机辅助设计与多媒体研究中心（挂靠科研处）。

10日　《青岛海洋大学人员交流管理办法（试行）》《青岛海洋大学完善学分制的实施方案》公布，自新学年起施行。

13日　联合国教科文组织生物工程委员会中国海洋生物工程中心挂牌，海洋生命学院教授徐怀恕应聘担任中心主任；美国国家基金委员会主席、马里兰生物工程研究所所长Rita R. Colwell教授和中国科学院院士曾呈奎任顾问。在中国成立海洋生物工程中心，并将其设在青岛海洋大学，是联合国教科文组织在1995年4月举行的巴黎会议上决定的。

15日　"东方红2"船在上海中华造船厂下水。

20日　中共山东省委组织部通知：同意中共青岛海洋大学第六届委员会和中共青岛海洋大学纪律检查委员会第一次会议的选举结果。管华诗、王元忠、李耀臻、冯瑞龙、侯家龙、王庆仁、刘建坤为常务委员，管华诗为书记，王元忠、李耀臻为副书记；王庆仁为纪委书记，赵庆礼为纪委副书记。新当选的党委委员是于慎文、山广恕、王元忠、王庆仁、王安民、方胜民、冯瑞龙、朱福勤、刘建坤、李凤岐、李耀臻、吴成斌、吴德星、邹积明、陈维胜、赵新民、侯家龙、秦启仁、管华诗。

27日　经专家评审，并经香港柏宁顿（中国）教育基金会批准，吴宝罗教授获首届"孺子牛金球奖"荣誉奖。该奖项是香港柏宁顿国际集团公司董事长邓崇光先生设立的，主要奖励对中国教育事业有卓越贡献的教育工作者，分"杰出奖"和"荣誉奖"两种。

8月

16日　党委常委会研究决定：刘建坤任麦岛校区党委书记兼麦岛校区主任，朱胜凯任工程学院党总支书记，魏世江任海洋地球科学学院党总支书记，王洪欣任党校常务副校长，邹积明任总务处处长，解淑萍任档案馆副馆长（主持工作）。

30日　《青岛海洋大学博士生指导教师岗位津贴实施办法》公布实行。

同日　1995级学生今、明两天报到。本年度学校共录取全日制学生1511人,其中本专科生1385人、硕士生95人、博士生31人;成人高等教育学生共录取920人,其中夜大生577人、函授生343人。

9月

5日　学校发文,任命杨自俭为外国语学院院长兼语言文化研究所所长,丁香乾任计算机辅助设计与多媒体研究中心主任。

本月　海洋环境学院副院长、教授李凤岐被评为全国优秀教师;海洋生命学院海洋生物系主任、教授徐怀恕,经济贸易学院院长、教授李淑霞被评为山东省优秀教师。

10月

4日　党委常委会研究决定:(1)成立经贸学院法律系,下设国际经济法研究所、海洋法研究所;撤销法律研究所;(2)成立外国语学院语言文化研究所。

9日　国家教委校园文明建设检查组开始对学校的校园文明建设工作进行检查。检查组在听取了校领导关于校园文明建设工作的全面汇报,观看了校园文明建设的录像片后,在近3天的时间里,分成4个小组,从不同方面和角度,通过实地查看、随堂听课、随机问卷调查、随机与师生员工交谈、查阅原始资料、召开各类人员小型座谈会、查看学生早操、参加"海大人心中的故事"演讲会等方式,对学校的校园文明建设情况进行了全面、认真、细致的检查,对照评估指标体系进行了严肃、认真的评估,一致认为:

1. 青岛海洋大学校园安定、文明、整洁、有纪律;教室、实验室、图书馆管理有序;学生宿舍做到了文明、整洁、朴素、安全;学生食堂环境整洁、饭菜品种丰富、价格合理,炊管人员为学生服务的思想明确,学生普遍比较满意。

2. 校园优美,有着浓厚的高等学府的文化气息和氛围,良好的校风、学风,"团结、勤奋、求实、创新"的校训和"热爱海大、建设海大"的精神,得到充分体现。

3. 校党政领导对校园文明建设高度重视,认识统一,措施得力,师生员工参与广泛;解决了一些长期难以解决的问题,整治了校园环境和秩序,优化了育人环境;师生员工的精神面貌为之一新,增强了凝聚力;学生的自我教育、自我管理、自我服务的水平和整体文明素质有了明显提高。

4. 青岛海洋大学校园文明建设成绩优秀,建议国家教委予以表彰和奖励,并授予文明校园光荣称号。

11月24日,学校对在校园文明建设工作中表现突出的单位和个人给予表彰和奖励,王思杰等13人获优秀个人称号,海洋地球科学学院等3个单位获优秀单位称号。

本月　学校评出并通报表彰1994—1995学年涌现出的学生先进个人和先进班集体。李景玉、来向华、于鹏、孙海萍、宫在晓、姜鹏、王英刚、刘艳艳、陈旭茂、辛罡、潘鹏、于海青被评为山东省三好学生，刘建军、于勇、张海颖、刘蓓被评为校三好学生标兵。

11月

27日　综合性海洋实习调查船"东方红2"号于11月25—27日在浙江省花岛山海域试航。结果表明，该船主副机、舵机、锚机、导航、通讯等关键设备的性能优良，航速等主要指标达到设计要求，总体性能在国内调查船中是最先进的。通过试航，技术人员和船舶检验人员提出了不少问题，厂家承诺立即采取措施进行整改。

同日　根据国务院学位委员会学位〔1995〕20号文件规定，校学位评定委员会审定通过，13名教授取得博士生导师资格。他们是物理海洋学专业方欣华、余宙文（兼职）、徐德伦，环境海洋学专业孙文心、张志南、陆贤昆，海洋气象学专业周发琇，海洋化学专业张经、陈国华，海洋地质专业杨作升，水产养殖专业武云飞、徐怀恕、董双林。

28日　《青岛海洋大学处级干部考核暂行办法》《青岛海洋大学关于院系职责划分的意见》公布实施。

29日　《青岛海洋大学关于选拔培养学科带头人、跨世纪青年学科带头人、优秀青年骨干教师的意见》《青岛海洋大学工资总额动态包干管理实施办法》公布，自1996年开始施行。

12月

7日　学校发文，任命武心尧为教务处处长。

11日　党委常委会研究决定：成立离退休干部工作处，撤销老干部处和退休职工办公室。王厚谦任离退休干部工作处处长。

26日　学校发文，任命蒋六甲为"东方红2"船船长。

28日　"东方红2"船正式交接。该船主要尺度与参数如下：总长96.0米，设计水线长88.0米，垂直间长84.0米，型宽15.0米，型深8.0米，设计吃水5.0米，结构吃水5.5米，主机MAK8M332C 2台、1600×2kW900转/分，设计航速双机18节、单机14节，续航力11000海里，定员196人。

29日　党委常委会研究决定：成立国家教委青岛查新中心，设在图书馆。

本月　九三学社青岛海洋大学支社领导班子换届，钱树本当选第五届支社主委。

本年　学校新上科研项目80余项，课题经费实到1395.7万元；发表论文430篇，出版专著15部，获国家专利12项。

本年　经国务院学位委员会第14次会议批准，学校新增海洋生物学博士学位授权点，新增会计学、环境化学、声学、计算机应用、近海工程、生药学、流体力学硕士学位授权点，新增日语、国际经济法、金融学、国际金融4个本科专业。

本年　经校专业技术职务任职资格评审委员会评审通过，53人获正高级专业技术职务任职资格，他们是王凤钦、吴德星、常美桂、刘文通、蔡明华、唐功友、许龙江、卫孝泉、徐定藩、周曾昊、王薇、崔仙舟、刘剑华、李秉富、沈渭铨、吴铭先、刘长安、姜福德、李好好、郑守峰、徐玉琳、王安民、孙即霖、王修田、孙效功、姜效典、麦康森、薛长湖、刘群、姜招峰、徐兴忠、秦前清、韩立民、李华军、梅宁、常宗林、洪涛、王长云、王宁、黄介洲、于圣睿、张建华、刘竹伞、孙天保、袁锡路、柴心玉、李福荣、孙士才、涂仁亮、陈维胜、魏传周、袁葆昭、袁宗久。

本年　学校科研成果获奖情况（省部级三等奖以上）见表7。

表7　1995年学校科研成果获奖情况（省部级三等奖以上）

序号	项目名称	获奖情况	主要完成人（前三位）		
1	浅海变性水团分析和预报研究	国家教委科技进步二等奖	苏育嵩	李凤岐	王凤钦
2	我国北方海域小型底栖生物生态学、方法学和分类学研究	国家教委科技进步二等奖	张志南	于子山	钱国珍
3	AHA研制及其应用基础的研究	国家教委科技进步三等奖	刘万顺	张学成	陈西广
4	舰船磁场机动监测系统及应用	国家教委科技进步三等奖	陈芸	赵培聪	顾新宏
5	污染物通过大气向海洋的输运过程	国家教委科技进步三等奖	张经	刘敏光	刘素美
6	海浪非线性与二阶谱结构的实验和理论研究	国家海洋局科技进步二等奖	孙孚	丁平兴	余宙文
7	海温跃层声深测实验研究	国家海洋局科技进步三等奖	包青华	惠少华	王辉

序号	项目名称	获奖情况	主要完成人（前三位）
8	茌博园铃枣、大蒜保鲜技术研究	山东省科技进步二等奖	与外单位协作
9	黄河口的河口——海洋化学	山东省科技进步二等奖	张正斌　刘莲生　孙秉一
10	黄河三角洲银鱼渔业生物学与渔业资源调查	山东省科技进步二等奖	陈大刚　刘文铎　曾晓起
11	农业环境影响评价技术方法及近岸海域环境保护功能区划与管理对策研究	山东省科技进步三等奖	与外单位协作
12	CTD资料质量控制	山东省科技进步三等奖	方欣华　张玉琳　王景明
13	海上防护建筑物护面块栅栏板的试验研究	山东省科技进步三等奖	张就兹　孙学信　钱炳义

1996年

1月

12日　由厦门大学校长林祖赓教授为组长，包括中国工程院院士刘鸿亮、中国科学院院士秦蕴珊和国家教委副主任周远清在内的十几名学者、专家组成的专家组，经过两天认真、严格考察，在听取了校长管华诗院士关于《海大"211工程"整体建设规划》的报告，观看了专题录像片，实地考察了部分教学、科研单位，分别召开了学术带头人和中青年学术骨干座谈会，并经过认真评议后宣布：青岛海洋大学通过"211工程"部门预审。

专家组认为，青岛海大在为国家特别是海洋、水产事业培养了大批高级专门人才的同时，取得了一批较高水平的科研成果，是我国海洋、水产事业培养高层次人才和科学研究的重要基地，已成为一所学科特色鲜明、优势突出、师资力量较强、教育质量较高，居国内高校前列的大学。学校的"211工程"建设自我评估报告符合实际，建设目标是适合的，围绕这个目标提出的改革与发展思路和具体措施是基本可行的，经过努力是可以实现的。专家组还对学科间交叉渗透，加强应用基础和高新技术研究提出了建议。

中共山东省委常委、青岛市委书记俞正声等领导专程到校出席预审开幕式并发表讲话，他们表示要从各方面更加重视和支持学校的建设与发展，使之尽快成为整体办学水平更好、办学效益更显著、国内一流并具有国际影响的综合性大学。

青岛海洋大学通过"211 工程"部门预审

2月

5日　党委常委会研究决定：成立总务处房产办公室、伙食办公室（均为副处级单位），撤销总务处房产科、饮食服务中心、学生宿舍服务中心；成立学生处学生宿舍管理科。

6日　学校发文，任命吴德星为海洋环境学院常务副院长，李学伦为海洋地球科学学院常务副院长。

3月

11日　学校发文，任命王安民为经济贸易学院代理院长，刘孔庆任常务副院长；李八方任水产学院常务副院长。

28日　党委常委会研究决定：恢复成立校务委员会，管华诗为主任委员，秦启仁、王元忠、文圣常、冉祥熙为副主任委员，山广恕等34人为委员。在6月举行的全体会议上通过《青岛海洋大学校务委员会章程（试行）》。

4月

3日　离休干部、原海洋地质系主任郝颐寿教授因病逝世，享年89岁。

13日　受国家计委、国家科委委托，国家自然科学基金委组织由周秀骥、巢纪平、苏纪兰、袁业立4位两院院士领衔的12人专家组，对学校的国家教委开放研究实验室——物理海洋实验室进行考察评估，认为其研究方向符合物理海洋学发展趋势，国内第一套可用于内波生成、传播与消浪等机理的分层水槽的功能，已达到国外此类装置的水平，使某些理论成果可用实验来检验和补充；该实验室开放程度很高，与国内外有广泛的学术交流和合作研究，培养了一批高水平的科技人才；1992年以来，取得了一批有水平、有价值、有发展前景的科研成果，有的达到国际先进水平。专家组建议将物理海洋实验室上升为国家重点实验室。

19日　学校发文，任命蔺耀政为船舶管理处处长。

5月

1日　国家教委通知：经国家人事部批准，束越新、刘秦玉、宋微波3位教授，自1995年起享受政府特殊津贴。

16日　学校举办的党政管理干部管理理论与实践学习班开学，123名处级干部参加学习。学习班采用专题报告、研讨、参观等形式学习现代管理基本理论，为期一年。

27日　管华诗校长一行3人赴韩国木浦海洋大学访问并顺访群山大学、釜山水产大学，为"东方红2"船出访作准备。

6月

1日　学校二届二次教代会闭幕。会议讨论通过副校长秦启仁所作的工作报告；通过了《青岛海洋大学教职工住房分配和管理条例》《青岛海洋大学公费医疗管理暂行条例》；共征集议案152件，立案处理的有6件，其余转交有关部门提出处理意见并尽快解决。

13日　党委常委会研究决定：刘秦玉任校妇女委员会主任（兼），姚云玲任常务副主任。

24日　学校发文，任命朱福勤为国家教委青岛学术中心主任。

30日　根据《中华人民共和国教师法》《教师资格条例》《教师资格认定的过渡办法》，经山东省教委认定，学校首批516人获高等学校教师资格，16人获幼儿教师资格。

本月　经中共山东省委组织部、山东省人事厅等单位联合评审，海洋生命学院生物工程系主任、教授高明君，工程学院副院长、教授李华军获山东省第四届青年科技奖。

7月

1日　学校下文，自即日起，麦岛分部更名为麦岛校区。

2日　毕业生离校。本届毕业生共有1136人，其中本专科生1020人、硕士生104人、博士生12人。

9日　经党委常委会研究，并报国家教委人事司同意，于宜法任校长助理。

19日　党委常委会研究决定：在海洋化学系、海洋化学研究所的基础上，成立化学化工学院。下设海洋化学系、应用化学系、海洋化学研究所，并任命张正斌为名誉院长、张经为院长、张曼平为常务副院长。

同日　学校发文，任命李建筑为出版社社长。

22日　经校学术委员会评审，吴德星、田纪伟、沈正、王修林、王永辰、高明君、唐学玺、王修田、姜效典、孙效功、麦康森、薛长湖、刘群、姜招峰、王长云、王树林、李华军、梅宁、韩立民、徐兴忠、王安民、秦前清被评为跨世纪青年学科带头人；管长龙等52人被评为优秀青年骨干教师。

23日　国家教委主任朱开轩来校检查、指导工作。朱开轩听取了管华诗等校领导的工作汇报，参观了麦岛校区、学术中心和"东方红2"船，对学校的建设与发展情况表示满意。他指出，委属高校办学要着眼于推动区域经济发展，青岛海大要服务于"海上山东"建设，多为地方的经济发展培养人才；地方也要把委属高校当成自己的高校，形成合力，合理配置教育资源，提高办学

国家教委主任朱开轩（右二）视察"东方红2"船

效益。

同日　党委常委会研究决定：撤销海洋化学系党总支，成立化学化工学院党总支，其成员的职务及分工不变；任命王洪欣为党委宣传部部长。

8月

1日　学校向国家教委上报《青岛海洋大学"九五"师资队伍建设规划》。其要点有：（1）到2000年，教师总数达到800人，师生比稳定在1：10。（2）教师职称结构（教授：副教授：讲师：助教）稳定在2：4：3：1；具有研究生学历的占80%～85%，其中具有博士学位的占25%，省级、国家级重点学科具有博士学位的分别占40%、70%以上。（3）年龄结构上，教授的平均年龄由现在的57岁下降到50～52岁，教师平均年龄不超过40岁。（4）到2000年，选拔培养学科带头人、跨世纪学科带头人50名左右，优秀青年骨干教师80人左右。（5）造就10～15名国际上知名度较高的学者。经过5年建设，形成一支忠于祖国教育事业、结构合理、学术水平高、学风严谨、有一批国内外同行专家公认的知名教授作为学术带头人的教师队伍。

26日　根据学校事业发展规划和工作安排，经过积极筹备，外国语学院由校本部顺利迁入麦岛校区办学。这是麦岛校区投入使用后第一个整建制迁入的学院。

31日　1996级新生报到。本年度学校在全国26个省、自治区、直辖市共录取全日制新生1648人，其中本科生1209人、专科生280人、硕士生118人、博士生41人；成人高等教育新生共报到880人，其中夜大生352人、函授生528人。

9月

2日　学校发文，任命徐天真为校长办公室主任，张永玲为高教研究室主任。

9日　学校在逸夫馆举行由博士生导师、学科带头人、跨世纪青年学科带头人、优秀青年骨干教师、从教满30年的教育工作者、校党政领导及各单位负责人参加的大型座谈会，共同庆祝第12个教师节。下午4时许，中共山东省委常委、青岛市委书记俞正声等来到会场，向广大教师祝贺节日并就青岛市的建设与发展听取大家的建议和意见。

13日　校党委扩大会议研究，同意《关于"海尔经贸学院"冠名协议》主要条款，即海尔集团出资200万元支持经贸学院大楼建设，经贸学院更名为海尔经贸学院；党总支亦同时易名，成员及分工不变。在20日举行的冠名仪式上，校长管华诗、海尔集团总裁张瑞敏代表双方在协议书上签字。张瑞敏应聘任海尔经贸学院名誉院长。

同日　由山东省教委组织的首次省高校非计算机专业学生计算机文化基础统一考试结果公布，青岛海洋大学获通过率、优秀率两个第一名。

18日　党委常委会研究决定：董淑慧任党委政策研究室主任，刘贵聚任技术科学学院党总支书记，王磊任海洋生命学院党总支书记，官荧垲任副总会计师。

24日　校骨干教师政治理论学习班开学。学习班为期三个月，采用自学为主，讨论、专题辅导相结合的方式进行。党委书记、校长管华诗在讲话时要求大家通过学习提高政治理论水平，增强识别错误思潮的能力，正确处理红与专的关系；进一步加强师德修养，正确处理国家、集体、个人之间的利益关系，堂堂正正做人，踏踏实实治学，担负起学校建设和发展的历史责任。

10月

1日　《青岛海洋大学专业技术职务任职资格评审委员会组织条例》公布施行。

10日　学校出台《关于试办双专业教学改革的意见》。旨在让学有余力的学生，在学好原修专业的同时，根据自己的兴趣和志愿，修读另一专业课程，以拓宽知识面、增强适应能力，经考核合格者可获得双学位。

16日　海洋环境学院庆祝海洋系成立50周年大会在逸夫馆举行，来自美国、英国、加拿大等国家的国际友人，校友，校党政领导及该院师生共600多人与会。院长孙孚教授作题为《乘"211"东风，办好海洋环境学院，迎接海洋科学新世纪》的报告，名誉院长、中国科学院院士文圣常，党委书记、校长管华诗院士发表讲话，共同回顾海洋系的发展历程和为国家海洋事业所作出的开拓性贡献、在培养海洋科技人才等方面所取得的历史成就，以及海洋科学发展所面临的形势和任务。勉励该院师生发扬成绩，办好海洋学人才基地，既在基础理论研究方面多出高水平的新成果，也在应用开发方面作出新贡献。

17日　学校发文，朱胜凯兼任工程学院常务副院长。

19日　海洋地球科学学院建置50周年庆祝大会在逸夫馆举行。院长杨作升教授作主题报告；曾任海洋地质系主任的张保民教授回顾学院的发展历史；管华诗校长在致辞中希望地学院师生强化海洋地质特色，抓住机遇，为解决日益严重的环境恶化等问题作出应有贡献。

25日　水产学院（水产系）建立50周年庆祝大会在青岛市人民会堂举行，学院师生、校友及来宾1000多人出席。院长高清廉教授作主题报告，回顾学院的发展历史和未来设想；党委书记、校长管华诗，青岛市委副书记徐长聚，中国科学院院士、原国立山东大学水产系主任曾呈奎先后讲话，对水产学院在人才培养、科学研究、应用技术推广等方面所取得的丰硕成果和为我国水产事业所作出的历史性贡献给予高度评价。院庆期间，举行了研讨会、座谈会，还收到有关单位、校友的资助53万余元。

29日　学校召开表彰大会，褒奖在1995—1996学年表现突出的优秀学生和先进班级。马小航（技术科学学院）、陈刚（工程学院）、陈华兵（外国语学院）、陈卫标（技术科学学院）、刘文菁、刘方（海尔经贸学院）、周鹏（水产学院）、王桂芝（海洋地球科学学院）被评为省级三好学生，袁子鹏（海洋环境学院）、张宝和（海洋生命学院）、程韶明（海尔经贸学院）、张国栋（化学化工学院）被评为省级优秀学生干部，邢洪涛（水产学院）、李后杰（工程学院）、李成刚（海尔经贸学院）、周鹏（水产学院）、张宝红（海洋生命学院）、张启云（海洋地球科学学院）被评为校三好学生标兵，应用化学专业1994级等9个班级分获省、校先进班集体称号。

11月

13日　经学校推荐、香港柏宁顿（中国）教育基金会评审，张炳根教授荣获第二届"孺子牛金球奖"荣誉奖。

19日　学校发文，任命汪人俊为海尔经贸学院院长。

26日　党委常委会研究决定：成立海洋经济与海洋法学研究院，下设海洋经济与发展研究所、海洋法研究所、海事研究所、海洋灾害防治研究所、办公室；秦启仁兼任院长。

27日　经校长办公会讨论通过，学校《科技进步奖励条例（试行）》《科技成果管理规定（试行）》公布施行。

28日　化学化工学院教授、博士生导师陆贤昆，在工作中突发心脏病，抢救无效，不幸因公殉职，年仅58岁。

12月

2日　学校发文，任命刘宗寅为出版社总编辑。

10日　学校制定《关于实行完善学分制的本科生选专业的实施办法》。该办法规定，自1995级起，大多数本科专业的学生按"大班"组织教学，学完两年基础课后，允许学生在相近学科或"大班"所含专业范围内再选择一次专业。

12日　以副校长侯家龙为团长、副校长冯瑞龙为副团长的友好访问团，在圆满完成韩国和日本的几个高校的访问和海上教学实习后，乘"东方红2"船返回青岛港。这是该船建成后的首次远航。

同日　根据国务院学位委员会〔1995〕20号文件规定，校学位评定委员会审定通过，17名教授获博士生导师资格。他们是物理海洋学专业田纪伟、吴德星、施平（兼职），环境海洋学专业李凤岐，海洋气象学专业吴增茂、吴辉碇（兼职），海洋化学专业王修林、高从堦（兼职），海洋生物学专业张学成、高明君、唐启升（兼职）、朱明远（兼职），海洋地质专业林振宏、吴世迎（兼职），水产养殖专业麦康森、陈大刚、李思发（兼职）。

本年　学校共新上科研项目138项，到位项目经费1734.2万元。

本年　文圣常院士被评为国家"八五"科技攻关先进工作者，并获科技之星称号。

本年　据10月上报国家教委的《普通高等学校基层报表》统计，学校共有本科专业37个、专科专业11个。在校本专科学生4722人（本科生4022人、专科生700人），研究生468人（博士生133人、硕士生335人）；留学生76人；成人高等教育在册学生2550人，其中夜大生1562人、函授生998人。在校教职工1858人，其中有专任教师572人、科研人员192人、行政人员301人、教辅人员216人、工勤人员203人；具有高级专业技术职务任职资格者523人，占教职工总数的28.1%；具有中级专业技术职务任职资者717人，占教职工总数的38.6%。藏书73万册；固定资产额6466万元；占地面积644813平方米；校舍建筑总面积234223平方米。

本年　学校科研成果获奖情况（省部级三等奖以上）见表8。

表8　1996年学校科研成果获奖情况（省部级三等奖以上）

序号	项目名称	获奖情况	主要完成人（前三位）
1	海浪数值预报	发明创新科技之星奖	文圣常　张大错　吴增茂
2	意MOD GLCO磨粉机噪声控制	发明创新科技之星奖	傅圣雪　许龙江　李　刚
3	灾害性海浪数值预报产品的研制	国家"八五"科技攻关重大成果奖	文圣常　张大错　吴增茂
4	冲绳海槽中部和钓鱼岛附近海域勘查	国家"八五"科技攻关重大成果奖	杨作升　林振宏　李巍然
5	南大洋磷虾资源考察与开发利用研究	国家"八五"科技攻关重大成果奖	侍茂崇　孙曰彦　赵松鹤
6	海浪数值预报方法	国家教委科技进步一等奖	文圣常　张大错　吴增茂
7	对虾营养及配合饵料研究	国家教委科技进步一等奖	李爱杰　楼伟凤　徐家敏
8	新药藻酸双酯钠的研究	国家教委科技进步二等奖	管华诗　车琼兰　进
9	复变函数、有限单元法和边界单元法在地球物理中的应用	国家教委科技进步二等奖 山东省科技进步一等奖	徐世浙

序号	项目名称	获奖情况	主要完成人（前三位）
10	微分方程和差分方程的振动理论	国家教委科技进步三等奖	张炳根
11	海洋中化学过程介质效应	国家教委科技进步三等奖	张正斌　刘莲生
12	随机波群的模拟	国家教委科技进步三等奖	徐德伦　吕宏民　侯　伟
13	MJJ煤用节能降污助燃剂	内贸部科技进步三等奖	张锡仁　封宝宽　等
14	黑潮与大气环流相互作用的动力机制	国家海洋局科技进步三等奖	刘秦玉　徐启春　秦增灏
15	反潜飞机机载潜艇尾迹探测系统	中国船舶工业总公司科技进步三等奖	沈　正　王　伟
16	《科技革命与社会主义》	山东省社会科学优秀成果三等奖	邹积贵
17	《中国民俗文化论》	山东省社会科学优秀成果三等奖	曲金良

1997年

1月

1日 经校党政联席会议通过的《青岛海洋大学用水管理暂行规定》《青岛海洋大学用电管理暂行规定》开始实行。用水用电首尝采用指标下达、全额收费、节约有奖、超额加价的新办法。

8日 学校研究决定：成立国际语言文化交流学院，下设中国语言文学系、对外汉语教学中心、办公室，杨自俭兼任院长。之后成立的海洋文化研究所亦隶属于该院。

同日 学校发文，任命刘智深为技术科学学院代理院长，张学成为海洋生命学院院长，洪涛任体育部主任，陈晓明任保卫处处长，严国光任学报（自然版）编辑部主任，解淑萍任档案馆馆长。

13日 接山东省教委文件，经专家组评审，学校的应用数学、水产品贮藏与加工、海洋生物学、海洋渔业4个专业被确定为山东省重点专业；光学光电子学、海洋生态系统动力学2个实验室被确定为山东省重点实验室。

15日 离休干部、原山东海洋学院党委副书记、副院长王辉，因病医治无效逝世，终年73岁。

王辉（1924—1997），山东平阴人，1939年9月加入中国共产党，同年10月参加革命工作。曾任哈尔滨工业大学党委副书记，山东海洋学院党委副书记（主持党委工作）、副院长，青岛市第六届政协委员、常委，1985年12月离休。

同日 按照国家教委人事司要求，学校上报《青岛海洋大学10年来教师职务评聘工作总结》。10年内共评聘高中级教师职务2101人次，其中教授282人次，副教授772人次，讲师1047人次。10年来教师职务结构变化趋于合理，具体情况见表9。

表9 学校教师职称对比

时间	教师总数	教授		副教授		讲师		助教	
		人数	比例/%	人数	比例/%	人数	比例/%	人数	比例/%
1986年	584	20	3.4	137	23.5	279	47.8	148	25.3
1996年	680	149	21.9	190	27.9	207	30.4	134	19.7

22日 接国家教委教人〔1997〕4号文："经研究，同意你校常务副校长秦启仁为正校级级别。"

2月

25日 2月19日一代伟人邓小平逝世。连日来，全校师生怀着沉痛的心情，学习《告全党全军全国各族人民书》，缅怀他为中国革命和社会主义建设，特别是改革开放所作出的不朽功勋。当天，全校各单位组织收看邓小平同志追悼大会实况，校党政领导及各民主党派负责人集中在逸夫馆主会场收看实况转播，沉痛悼念这位改革开放的总设计师、党和国家的卓越领导人。大家纷纷表示，要继承邓小平同志的遗志，紧密团结在以江泽民同志为核心的党中央周围，坚定不移地走建设有中国特色的社会主义道路。

3月

3日 校党委发文，方胜民任海洋环境学院党总支书记。

12日 在民建青岛市第八次代表大会上，冯士筰副校长当选为民建青岛市委主任委员。

30日 在民革青岛市八届一次全委会上，杨作升教授当选为民革青岛市委主任委员。

本月 在学校举办的骨干教师政治理论学习班上，部分青年教师发出"铸造师魂，陶冶师德，提高师能"的倡议，在全校引起强烈反响。外国语学院教师积极响应，表示要"扬起师魂旗帜，恪守师德风范，全面提高师能"，担负起教书育人的神圣职责。

4月

5日 国务院副总理李岚清来校考察。他听取校领导、文圣常院士的工作汇报后，参观了国家教委开放研究实验室——物理海洋实验室。国家教委副主任周远清，山东省委副书记、省长李春亭，省委常委、青岛市委书记俞正声，市长秦家浩等陪同。

8日 学校发文，研究生部更名为研究生教育中心，下设学科建设与学位管理办公室、培养部、管理部、办公室。冯士筰兼任中心主任。

同日 校党委下发《关于加强干部队伍建设的意见（试行）》，主要包括干部的教育与培养、选拔与任用、考核与考察、奖惩与激励、纪律与监督五方面内容。

15日 刚到任不久的中共山东省委书记吴官正，在省委常委、青岛市委书记俞正声和市长秦家浩的陪同下来校考察，并与部分教师、干部座谈。在听取了管华诗校长的工作汇报后，吴官正发表简短讲话，对学校在人才培养、科学研究、高新技术开发等方面所取得的成就表示高兴，同时希望学校在建设"海上山东"的跨世纪工程中多发挥作用，作出更大贡献。

28日 在民盟青岛市第九次代表大会上，张正斌教授当选为民盟青岛市委主任委员。

5月

4日　为鼓励和吸引国外留学人员来校工作,学校《关于引进优秀留学人员来校工作的实施办法》公布施行。

15日　为服务"海上山东"建设,促进水产学院与山东省水产科研、生产的联系,探索产学研相结合的新路子,水产学院同山东省海洋与水产厅及省内沿海30多家企业、单位联合成立水产学院董事会,推举省海洋与水产厅厅长王曙光为董事长,水产学院院长麦康森为副董事长。根据章程规定,董事会负责筹集资金,用于改善水产学院教学、科研和开发条件,并对学院的发展规划、办学方向、专业设置等重大问题进行指导、咨询和监督;水产学院对董事单位提出的生产技术难题优先立项解决,董事单位有选择毕业生和获得技术成果转让的优先权。

19日　校党委发文,任命吕铭为团委书记。

6月

10日　在国家教委、青岛市政府的大力支持下,经平等协商,学校与青岛裕源集团公司就国家教委青岛学术中心土地出让达成协议,出让金为1.05亿元人民币(其中500万元用于处理遗留问题)。在呈报的《关于学术中心土地出让情况及其出让金使用意见的报告》中,建议出让金主要用于学校的麦岛校区、"211工程""人才工程"的基建项目,教职工宿舍供暖,海洋科技综合大楼等项目建设,以改善办学条件。11月国家教委批复,原则同意上述意见。

26日　学校"211工程"建设项目可行性研究报告通过山东省政府组织的专家组论证。专家们认为,该可行性报告建设目标明确,重点突出,符合进一步发展物理海洋、水产养殖、海洋药物、海洋化学等特色学科和发展海洋科技、海洋经济的需要。建议进一步修改后正式上报,并希望省政府尽快批准实施。

青岛海洋大学"211工程"立项专家论证会

27日　青岛海洋大学"庆七一,迎港归"大型歌咏会在大学路操场隆重举行。全校各单位2000多名师生、干部组成的12支合唱队,次第登台演唱,放声高歌,热烈庆祝建党76周年,迎接香港回归祖国大家庭。

28日　学校科学技术工作大会在逸夫馆举行。副校长冯士筰作《抓住机遇,深化改革,团结一致,开创科学技术工作新局面》的主题报告。大会通过《青岛海洋大学

"九五"科技计划和2010年规划》《关于加强科技工作的若干意见》等5个文件。党委书记、校长管华诗在作总结报告时指出，要办成国际知名、国内一流的大学，必须有高水平的科技。强调要进一步加强基础理论研究，搞好应用开发研究，注重发展人文社会科学研究。

7月

3日　1997届毕业生离校。本届毕业生共有1370名，其中本科生774名、专科生415名、硕士生125名、博士生56名。

10日　《青岛海洋大学社会主义精神文明建设规划纲要》公布。《纲要》对学校精神文明建设的指导思想、目标、任务作了阐述，强调精神文明重在建设，贵在落实。

20日　党委常委会研究决定：侯家龙兼任成人高等教育学院院长，于利任学生工作处处长兼毕业生就业指导中心主任，常宗林任外事处处长，丁灿雄任党委政策研究室主任兼机关党总支书记，吴成斌任技术科学学院党总支书记，董淑慧任化学化工学院党总支书记，赵庆礼任海洋地球科学学院党总支书记，朱福勤任水产学院党总支书记，符瑞文任总务基建党总支书记，彭凯平任校办产业管理处党总支书记，张永玲任教务科研党总支书记，魏世江任校报编辑部主任，李建平任党委办公室副主任（主持工作）。

8月

25日　学校党委、行政分别发文，任命刘贵聚为党委组织部部长，张彦臣为监察处处长。

26日　山东省委、省政府发布《关于命名表彰第五批省级专业技术拔尖人才的决定》，麦康森、张志南、杨作升、刘德辅、张经、田纪伟、武云飞、李凤岐8位教授名列其中。

29日　国家教委下发文件：经研究决定，管华诗连任青岛海洋大学校长（任期四年）。

9月

9日　1997—1998学年开学典礼在麦岛校区举行。本年度学校录取本科生1329人、专科生203人、硕士生122人、博士生37人；成人教育共录取学生1051人，其中函授本科生471人、夜大生580人（本科生348人、专科生232人）。

12日　校党政领导及各单位师生在近20个收视点收看中国共产党第十五次全国代表大会实况转播。干部、师生一致反映，将邓小平理论写进党章符合心愿；认为提出公有制实现形式应该多样化是思想解放的又一成果；对把教育摆到立国兴邦的重要战略地位感到鼓舞。

25日　经校党委常委会研究并报青岛市总工会同意，于慎文任工会主席。

10月

6日　《青岛海洋大学教学拔尖人才评选办法》公布施行。《办法》对评选条件、程序，教学拔尖人才的待遇、管理、培养等作出明确规定。这是学校提高师资队伍素质，保证教学质量的新举措。

7日　学校处级党政干部党的十五大精神学习班开学。该学习班共办两期，有140多名党政干部参加学习。

14日　国家教委下文：经研究决定，任命冯瑞龙、侯家龙、于宜法为青岛海洋大学副校长，山广恕为副校级调研员；免去秦启仁、冯士筰的副校长职务。

15日　党的十五大代表、青岛国棉六厂"郝建秀小组"组长程波，来校为大学生作学习党的十五大精神的专题报告。

28日　学校召开大会表彰在1996—1997学年表现突出的优秀学生和先进班集体。王锋（会计学专业1995级）被评为山东省十佳三好学生，法震凯（水文地质与工程地质专业1994级）被评为山东省十佳优秀学生干部，俞涛（英语专业1994级）、李成刚（经济管理专业1994级）、王锋（会计学专业1995级）、童全松（化学专业1994级）、赵斌（海洋生物专业1994级）、杨虎（工业自动化专业1994级）、刘哲（海洋学专业1995级）被评为省级三好学生，吕朋（食品工程专业1994级）、赵斌（海洋生物专业1994级）、齐静波（海洋物理学专业1995级）、韩慧（工业自动化专业1994级）、邓效慧（国际贸易专业1994级）、林志、王桂芝（海洋地质学专业1994级）、杜凌（海洋气象学专业1994级）被评为校三好学生标兵，声学专业1994级等13个班被评为校先进班集体。

同日　学校发文，任命侯家龙兼任研究生教育中心主任，张曼平任常务副主任；吴德星任科研处处长，徐怀恕任联合国教科文组织中国海洋工程中心主任。

同日　《青岛海洋大学外国留学生工作管理规定》公布施行。

11月

15日　管华诗校长一行3人，应德国特利尔大学校长Hettich邀请，启程对该校进行考察访问。

16日　冯士筰教授在中国民主建国会第七次全国代表大会上当选为中央委员会委员。

同日　张正斌教授在中国民主同盟第八次全国代表大会上当选为中央委员会委员。

18日　中国科学院通知冯士筰教授："经中国科学院学部选举并经中国科学院学部

主席团审议批准，您于1997年10月当选为中国科学院院士。"中国科学院院长路甬祥，中共中央政治局委员、山东省委书记吴官正先后致函冯士筰，祝贺他当选中国科学院院士。

冯士筰（1937—　），天津市人。教授，博士生导师。1962年毕业于清华大学并分配到山东海洋学院任教。20世纪70年代初开始进行风暴潮研究，建立了超浅海风暴潮理论，于1982年获国家自然科学三等奖，并出版我国首部风暴潮理论专著——《风暴潮导论》。此后，先后主持国家"七五""八五"科技攻关项目，对风暴潮进行深入研究，1991年获"七五"科技攻关重大成果奖，并开始享受国务院政府特殊津贴。1983年赴美国做高级访问学者1年，开始对前沿课题"拉格朗日余流"进

中国科学院院士冯士筰

行研究；1989年其成果"拉格朗日余流和长期输运过程——一种弱非线性理论"获国家教委科技进步一等奖、国家自然科学进步奖。先后担任青岛海洋大学物理海洋研究所所长，青岛海洋大学副校长，国务院学位委员会海洋学科组组长，国家教委科技委地学部副组长、高校理科海洋科学教学委员会主委，山东省学位委员会委员，民主建国会青岛市委主委、中央委员等职。

12月

3日　《青岛海洋大学重要决策执行情况督查工作规则》公布施行。

4日　党委常委会讨论通过《青岛海洋大学优秀骨干教师培养和考核意见（试行）》，进一步明确了对优秀骨干教师的职业道德和业务要求以及考核办法和激励措施。

10日　按《选举法》规定，全校7419名选民，分别在5个投票点投票选举青岛市市南区人大代表。技术科学学院副院长王宁教授、校长办公室主任徐天真副教授当选市南区第十四次人民代表大会代表。

11日　杨作升教授在中国国民党革命委员会第九次全国代表大会上当选为中央委员会委员。

18日　阜康集团公司出资200万元人民币作为奖励基金，其利息用于奖励学校的海洋药物研究和语言文化交流，第一期暂定4年。今天阜康集团公司总裁梁中时、校长管华诗代表双方在协议书上签字。

28日　《青岛海洋大学专业技术职务推荐评审办法》及修订后的各类各级人员申报专业技术职务的条件同时公布施行。

30日　据学校上报国家教委的《普通高等学校基层报表》统计，学校共有全日制本

科专业38个，在校生总数为5599人，其中博士生134人、硕士生368人、本科生4598人、专科生472人、预科生27人；留学生73人；成人高等教育在册学生2680人，其中夜大生1345人、函授生1241人、专业证书班94人，本科生占70.1%；在校教职工1859人，专任教师578人，其中教授121人、副教授149人，开课总门数926门；馆藏书76万册、电子图书165件、中外文期刊1866种；占地总面积644813平方米，校舍建筑总面积236651平方米，其中职工住宅建筑面积93497平方米；固定资产总值6591万元。

本月　在第五次山东省科协代表大会上，管华诗校长当选为山东省科协主席。

本年　水产学院院长、博士生导师麦康森，化学化工学院院长、博士生导师张经被国家教委、人事部授予全国优秀留学回国人员称号。

本年　经校专业技术职务任职资格评审委员会评审通过，徐肇廷、刘连吉、郭佩芳、徐静琦、孙英兰、杜勇、沈积钧、周培强、王宝升、李江吉、姬光荣、傅圣雪、陈子明、杨振华、温从江、司洪业、李琪、陈淑珠、郁伟军、郝恩良、刘升一、孙汉章、刘万顺、郑家声、李学伦、董玉明、李玉瑛、张兆琪、杜守恩、陈中慧、白锦东、熊凤兰、罗福凯、钟文颖、亢清珍、邓红风、卢永健、曲金良、陈淑英、李八方、田由芸、陆昱京、黄立英、王梅芬、黄玲仙、谢洪芳、林乐夫、于慎文、徐天真、武心尧、张永玲、彭凯平、王思杰、顾郁翘、王世理、管长龙、王伟、戚建华、左军成、陈戈、郑荣儿、赵朝方、杨桂朋、李先国、包振民、江涛、耿美玉、战文斌、李巍然、邱汉学、褚东升、王安民、孙健、权锡鉴、乔爱玲、张积模、李扬等77人晋升为正高级专业技术职务，其中管长龙及之后的22人为破格晋升。

本年　学校共有在研项目321个，其中国家自然科学基金项目55个，"863"高科技、"九五"攻关项目9个，争取到项目总经费2287.3万元；被SCI、EI收录论文66篇；有10项成果通过专家鉴定。

本年　学校科研成果获奖情况（省部级三等奖以上）见表10、见表11。

表10 1997年学校科研成果获奖情况（省部级三等奖以上，自然科学类）

序号	项目名称	获奖情况	主要完成人
1	海浪数值预报方法	国家科技进步三等奖	文圣常　张大错　吴增茂　徐启春
2	新药藻酸双酯钠的研究	国家科技进步三等奖	管华诗　车　琼　兰　进　翁维权
3	近海异常海温分析及预报研究	国家教委科技进步二等奖	王赐震　苏育嵩　杜　勇　戚建华
4	《海洋生物趣谈》（科普图书）	国家教委科技进步二等奖	童裳亮
5	污水海洋处理工程设计参数研究	国家教委科技进步三等奖	孟　伟　杨作升　杨宗严　富国
6	泛函微分方程振动理论	国家教委科技进步三等奖	张炳根
7	《虾病防治手册》（科普图书）	国家教委科技进步二等奖	孟庆显
8	随机波群的模拟	国家教委科技进步三等奖	徐德伦
9	我国北方海区养殖水体中自由性纤毛虫原生动物的生物多样性及细胞发生学（自然理论）	国家海洋局科技进步一等奖	宋微波　王　梅　徐奎栋　魏　军
10	胜利油田前海滩徐石油勘探开发对环境及生态资源的影响和控制对策研究	中国石油天然气总公司科技进步二等奖	奚盘根
11	海螺生产单细胞饵料技术研究	国家海洋局科技进步三等奖	戴继勋　王　海　韩宝芹　胡景杰
12	风暴潮客观分析、四维同化数值预报产品研究	山东省科技进步二等奖	冯士筰
13	新药甘糖酯（ME）的研究	山东省科技进步二等奖	管华诗　李桂玲　袁　玮　韩仲岩
14	日本对虾在黄海放流增殖研究	山东省科技进步二等奖	王克行　张存义　王启华　刘永昌
15	从海洋微生物制备海藻解壁酶	山东省科技进步三等奖	韩宝芹　戴继勋　徐文武　王　海
16	印染废水处理方法	中国专利优秀奖	王恕昌　田由芸　黄立英　张月芬

表11 1997年学校科研成果获奖情况（省部级三等奖以上，社会科学、教学类）

序号	项目名称	获奖情况	主要完成人
1	海洋学人才基地建设和改革	国家级教学成果二等奖 山东省教学成果一等奖	李凤岐　蒋德才 孙　孚　王筱利
2	加强实践教学，促进专业教学水平的提高	山东省教学成果一等奖	邱汉学　贾永刚
3	"两课"改革探索	山东省教学成果二等奖	王安东　袁宗久
4	普通物理教学内容研究	山东省教学成果二等奖	徐定藩
5	高校非计算机专业"计算机基础教育"课程体系与教学研究	山东省教学成果二等奖	王梅芬　秦鸿才
6	计算机在物理实验中的应用	山东省教学成果三等奖	张爱军　王宝升
7	历史学与自然科学	山东省社会科学优秀成果三等奖	邓红风

1998年

1月

7日　学校在逸夫馆为应届毕业生举行供需见面洽谈会。1400多名毕业生与来自北京、广东、辽宁、山东等地的科研、军工、大型国有企业、合资企业等60多家用人单位进行双向选择。有540多名毕业生或签订就业协议，或达成就业意向，仅与海尔集团签订就业协议或达成就业意向的就有130多人。用人单位普遍反映学校毕业生专业基础扎实、外语好、综合素质较高。

2月

23日　学校在逸夫馆召开由副处级以上干部、教授共300多人参加的工作会议。党委副书记王元忠、副校长冯瑞龙分别代表校党委、行政作1997年度工作总结，并布置本年度党政工作。党委书记、校长管华诗就如何完成新一年的工作发表讲话，强调要进一步解放思想，振奋精神，真抓实干，扎扎实实把争创名校的事业推向前进。

3月

18日　共青团中央书记处书记胡春华，在共青团山东省委书记李群陪同下来校检查、指导团的工作。党委副书记李耀臻陪同参观了重点实验室和学生宿舍。

23日　为提高全民海洋意识，学校在"海洋年"里加大对海洋知识的普及和宣传力度。校团委、海洋地球科学学院团总支、学生会联合举办签名活动，有千余名师生在印有"海洋——人类共同的遗产"的横幅上签名。此横幅送交设在北京的"98国际海洋年"宣传工作组委会。

26日　学校召开教师、干部会议，由全国人大代表管华诗、刘新国传达九届全国人大一次会议精神。管华诗在介绍了此次大会盛况后，重点传达会议主要精神和江泽民、李鹏、朱镕基参加山东代表团讨论时的讲话。大家都为大力度改革政府机构、朱镕基当选国务院总理和本届政府继续把教育放在优先发展的战略地位感到振奋。

4月

14日　党委书记、校长管华诗院士在山东省政协八届一次会议上当选为副主席。

16日　在山东省九届人大一次会议上，张正斌教授、杨作升教授当选省九届人大常委会委员。

21日　"21世纪初叶高等理科教育改革与发展战略研究"开题研讨会在学校举行。教育部高等教育司副司长陈祖福到会并讲话，校务委员会常务副主任、课题组组长秦启仁教授作开题建议报告。该项目是由政府职能部门与5所部属重点高校联合进行的应用型研究课题,其成果主要用于教育部和各级政府对高等理科教育的未来发展规划提供参考性决策依据。

本月 民主同盟海大基层委员会领导班子换届,张曼平当选第五届委员会主委。

5月

4日 江泽民总书记在北京大学百年校庆上讲话,指出要建设一批世界一流大学和若干一流学科。这在校内引起极大关注,也对学校未来发展充满信心。

9日 为增强市民,特别是青少年的海洋意识,学校设立"青岛海洋大学开放日",每逢周六向中小学生开放,为期三个月。在今天举行的首次开放日仪式上,于宜法副校长讲话,并向中小学生赠送海洋科普图书。来自青岛39中学、广饶路小学等学校的学生及部分市民参观学校的部分重点实验室、陈列室和人文景观,并观看介绍青岛海洋大学发展概况的录像片。

11日 自年初开始,学校本着资源共享、提高效益的原则,对教学实验室管理体制进一步进行改革。将原设置的30个教学实验室调整为13个,并实现了校、院(系)两级管理的体制。

16日 为提高学生文化素质、加强爱国主义教育,学校决定自本日起,每逢周末,免费为大学生放映爱国主义教育影片。

20日 党委常委会研究决定:(1)在机关党总支、教务科研党总支的基础上成立新的机关党总支;(2)在老干部党支部、退休教职工党总支的基础上成立离退休干部党总支;(3)保卫处党支部划归总务基建党总支;(4)撤销党委政策研究室。

同日 校党委发文,任命李建平为党委办公室主任,郭永安为离退休干部工作处处长,李国璋为离退休干部党总支书记,李清修为图书馆党总支书记,张永良为水产学院党总支代理书记。

22日 学校发文,任命孙孚为海洋环境学院院长,王宁为技术科学学院院长,王修田为海洋地球科学学院院长,马成海为校办产业管理处处长。

26日 教育部副部长韦钰来校检查、指导工作。

28日 为适应社会发展需要,加强法学学科建设,学校决定成立法学院。法学院下设法律系、政治学与行政学系、办公室;海洋经济与海洋法学研究院挂靠法学院。党委常委会研究决定:李耀臻兼任法学院院长。

同日 学校为编撰《青岛海洋大学大事记》一事,致函山东大学。要点如下:山东大学与青岛海洋大学原本一家,发展历史一脉相承,这已为两校人士所共识。山大已近百年，是我国历史悠久的名校之一，青岛海大历史从私立青岛大学算起也有70多年了。学校领导研究决定，开始编纂《青岛海洋大学大事记》，管华诗校长出任编委会主任。考虑到两校有长达30年的共同期，其间学校发生的大事，先期出版的《山东大学大事记》已有记载，青岛海大在编纂大事记时不可能"另起炉灶"，需要借鉴、使用共同期内有关内容，现去函征求意见。并在后记中将使用情况予以说明。编纂大事记是青岛海大精神文明建设的一项重要工作，希望山大的领导和有关部门的领导与同志给予大力支持。此意见妥否，或有其他意见，恳请一并来函告知。

12月11日，山东大学回函，全文如下："贵校《关于借鉴使用〈山东大学大事记〉有关内容的意见》函收悉。山东大学与青岛海洋大学历史一脉相承，原本一家，始终情同兄弟，有着深厚的情谊。对于贵校编纂《青岛海洋大学大事记》，需利用《山东大学大事记》有关两校共同期的记载内容一事，我们同意贵校来函中的意见。能为贵校尽绵薄之力，我们是十分高兴的。愿两校的友谊万古长青！"

29日　党委常委会研究决定：成立法学院党总支，王明泉任党总支书记。

6月

11日　第二期国际商务研讨班举行结业典礼。来自德国、奥地利等国的17名学生，在修读了汉语、中国文化和经济方面的8门课程后，经考核合格，领到了学校颁发的结业证书。

23日　为解决职工易进难出问题，促进人才合理流动，学校出台《关于委托人事代理的实施意见》。从即日起，新进校人员（不包括具有博士学位或具有高级专业技术职务人员）的人事关系委托青岛市人才交流中心代为管理，学校只与受聘人员签订《聘用合同书》，合同期满双方再进行双向选择，决定去留。

25日　离休干部、原山东海洋学院副教务长、教授薛廷耀因病逝世，享年84岁。

薛廷耀（1914—1998），福建漳州人。1943年赴美国留学，先后获硕士、博士学位，1948年8月回国在国立山东大学任教授。他参加了山东海洋学院的筹建工作，先后任水产系主任、院副教务长。他编著的《海洋细菌学》填补了该领域空白。曾担任第三届全国人大代表，第五届、第六届全国政协委员和青岛市人大代表，山东省政协委员。

30日　青岛市市长王家瑞来校用1天时间分别与教师和特困生座谈，就青岛市的城市规划与建设、发挥高校知识分子作用、创设勤工俭学环境等听取师生意见和建议，并希望学校在青岛市规划的大项目中发挥作用。

本月 在国务院学位委员会第16次会议上，学校的港口、海岸及近海工程和渔业资源两个专业被批准为新增博士学位授权点；大气物理与大气环境、生态学、水生生物学、计算数学、地球探测与信息技术、金融学、外国语言学及应用语言学7个专业被批准为新增硕士学位授权点；批准海洋学科为博士学位授权一级学科。按照教育部新近颁发的《授予博士、硕士学位和培养研究生的学科、专业目录》，学校现有10个博士点、28个硕士点，涵盖7个学科门类、18个一级学科，并拥有海洋、水产学科的全部博士点和硕士点。

7月

3日 青岛海洋大学第八次工会会员代表大会在逸夫馆举行。大会选举于慎文等21人组成新一届工会委员会；经上级工会批准，于慎文任工会主席。

17日 根据国务院学位委员会〔1995〕20号文件精神，经校学位委员会审定，以下11名教授取得博士生导师资格：气象学专业罗德海、蒲书箴（兼职），物理海洋学（海洋技术）专业王宁，海洋化学专业焦奎（兼职），海洋地质专业夏东兴（兼职），港口、海岸及近海工程专业李华军，环境科学专业张曼平、侯文峰（兼职），水产品贮藏专业薛长湖、张志琨（兼职），渔业资源专业刘群。至此，学校博士生导师已有57人，其中校内42人、校外兼职15人。

同日 "庆祝世界海洋日——迎接海洋新世纪"大型座谈会在逸夫馆举行，青岛市委、市科协的代表和学校中层以上干部、教授300多人与会。中国科学院院士文圣常，中国工程院院士、校长管华诗及十几位学者先后发言，强调要大力宣传海洋对于人类生存环境与前途的极端重要性，唤起国民保护海洋的意识，并大力发展以高新技术为主要特征的海洋经济和创新体系，使之成为我国经济新的增长点。

18日 学校下文，任命张德禄为外国语学院院长，李扬为国际语言文化交流学院院长。国际语言文化交流学院的对外汉语教学中心更名为汉学系。

27日 山东省人民政府对学校上报的《"211工程"建设项目可行性研究报告》作出如下批复。（1）同意青岛海洋大学作为山东省"211工程"项目院校，在"九五"期间进行建设，全部工程在2000年前建成。（2）总体建设目标是：立足山东、服务山东、面向全国，力争到2000年，使青岛海洋大学在学科建设、教育质量、科学研究、管理水平和办学效益等方面有显著提高，重点建设的学科处于国内前例，其中部分学科达到或接近国际先进水平，总体办学水平居全国先进行列，为下个世纪建成有国际影响和中国特色的现代化大学奠定坚实的基础。（3）建设的主要内容：重点学科（物理海洋、水产养殖、海洋药物、海洋化学等）建设；公共服务体系（校园网、海上综合实验室、图书资料等）

建设；新建21300平方米的教学、科研及生活用房。（4）青岛海洋大学"211工程"建设投资总额为1.2亿元，其中国家投资1600万元、山东省共建资金4000万元、学校自筹资金6400万元。

31日　由学校承办的第四届太平洋海洋遥感会议结束。来自美国、日本、加拿大等20多个国家和地区的专家、学者，围绕海洋遥感、水下遥感、海洋监测及预报等交流了最新研究成果。会议历时4天，收到学术论文近200篇。

8月

23日　党委书记、校长管华诗在全校副处级以上干部、教授会议上发表题为《求真务实，迅速兴起学习邓小平理论的新高潮》的讲话，提出：（1）要充分认识学习邓小平理论的重要性，以增强学习的积极性；（2）学习邓小平理论，必须同学习和贯彻党的十五大精神相结合；（3）学习邓小平理论，要同改造主观世界、加强党性锻炼相结合；（4）学习邓小平理论，要与学校的改革、发展相结合。

同日　经国家新闻出版署批准，《青岛海洋大学学报（社科版）》获全国公开刊号，自1999年起向国内外征订发行。学报社科版创刊于1988年，为学术性理论季刊，注重刊载中外哲学、社会科学、语言文学、经济贸易等人文学科的理论文章。

同日　由学校承办的第12届国际高教协会年会在海天大酒店举行。来自美国、德国、加拿大等20多个国家、地区和国际组织的70多位大学校长、专家、官员出席会议，管华诗校长在开幕式上致辞，青岛市市长王家瑞到会祝贺。大会收到论文50多篇，有20位专家、学者作大会论文交流。

27日　教育部世界银行贷款高等教育发展项目可行性研究工作布置会议在青岛海大召开。学校在该项目中获得贷款210万美元，主要用于本科教育中物理、化学与环境化学、生物学与环境生态、电子与电工等的基础实验室建设。高等教育发展项目世界银行贷款总额为7000万美元，执行期为5年，共有28所高校获得资助。

30日　成人高等教育1998级新生报到。本年度有会计学、计算机及应用、法学等12个专业招生，实际有1480人注册，其中夜大生638人（本科生412人、专科生226人），函授生842人（本科生818人、专科生24人）。至目前，学校成人高等教育在校生为3406人，其中夜大生1589人、函授生1817人，本科生占81%。

本月　麦岛校区海尔经贸大楼交付使用，海尔经贸学院和工程学院顺利东迁。至此，麦岛校区已有4个学院、学生近3000人，学校两处办学的格局已经形成。

本月　学校研究决定：长江、嫩江和松花江流域受灾家庭的学生先行注册，缓交学费；在进一步调查清楚受灾情况后，再决定或减或免交学费，保证不让一个学生因家庭生活困难而辍学。

9月

2日　教育部下文，任命吴德星、麦康森为青岛海洋大学副校长。

7日　入夏后，长江流域和嫩江、松花江流域发生特大洪灾。为支援抗洪抢险和灾区人民重建家园，校党委紧急动员，全校师生踊跃捐款捐物。至本日，学校先后组织了3次捐赠活动，共捐款21.5万余元，衣被8491件。

8日　1998—1999学年新生开学典礼暨军训检阅仪式在大学路操场举行。中国人民解放军海军北海舰队航空司令部副司令员阳新国大校、管华诗等校党政领导、学校各单位负责人及全体1998级新生共2000多人出席。在雄壮的军乐声中，1300多名本科新生（专科生未参加军训）组成28个分列式方队，正步通过主席台接受校领导及部队首长检阅。侯家龙副校长代表学校领导讲话，希望新生树立远大理想，努力学习，不断提高思想和业务素质，成为适应改革开放和现代化建设需要的优秀人才。

本年度学校在全国23个省、自治区、直辖市招收本专科学生1512名，其中本科生1393名、专科生119名。第一志愿上线率均接近100%，生源质量好于往年。

9日　研究生开学。本年度学校共录取研究生181人，其中硕士生136人、博士生45人。至目前，在校研究生已达555人，其中硕士生405人、博士生150人。

25日　学校发文，任命麦康森兼任研究生教育中心主任。

10月

5日　为打破教授职务评聘终身制，建立合理的竞争、激励机制，学校制定并开始实行《教授职务阶段确认制实施意见》，对年龄不满50周岁、已取得教授任职资格、被聘任为教授的人员，任职每满3年进行1次考核、确认，并对考核条件、确认的程序、办法等作了具体规定。

9日　由学校和青岛市科协共同承办的国际海洋生物工程学进展与展望学术会议闭幕。国内外专家、学者在为期四天的会议上，围绕水产养殖生物工程、海洋生物细胞培养、环境生物工程及海洋污染的生物治理、海洋生物工程学进展与展望等主题，进行深入研讨。会议共收到学术论文135篇，有50位专家作了大会专题报告。世界著名海洋生物工程学家Rita R. Colwell，联合国教科文组织生物工程委员会主席Indar K. Vasil等22个国家、地区和国际组织的代表，中国科学院副院长许智宏，中国科学院院士曾呈奎，国家有关部委、科研院所、高校的领导和专家200多人与会。

28日　学校原生动物学研究室自1997年10月批准成立，经过1年筹建，累计投资50多万元，正式建成并投入使用。这是目前国内仅有的4个原生动物学研究室之一，也是国内唯一的以海洋生态环境为主要研究对象，并以系统学、分类学、病害学见长的研究室。留学德国并获博士学位的青年教授、水产学院副院长、博士生导师宋微波兼任研究室主任。

11月

3日　按照国家颁行的相关政策，学校积极参与青岛市的住房改革。首批475名教职员工高兴地领到了青岛市房产管理局核发的房屋所有权证。

12日　经"长江学者奖励计划"专家评审委员会评审通过，全国63所高等学校的148个学科获准首批设置特聘教授岗位，学校海洋药物、水产养殖学科入选。该计划是教育部与我国香港爱国实业家李嘉诚先生，为提高我国高等学校的学术地位而共同筹资设立的专项计划。每个特聘教授除正常工资外，每年岗位津贴10万元人民币；作出突出贡献者，还可以获得高额的"长江学者成就奖"。

同日　为促使高层次人才引进工作更加合理、科学，学校成立人才引进专家咨询委员会。咨委会委员由不担任校院（部、处）领导职务、来自不同学科的老中青专家组成，主要职责是就拟引进人才的专业方向、学术水平等进行评估、审查。在今天举行的首次会议上，讨论并通过了《青岛海洋大学引进人才专家咨询委员会职责及工作程序》，并对拟引进的三位博士进行了评议、审查。

23日　经国家新闻出版署批准，《青岛海洋大学报》首批编入全国高校校报系列，刊号为CN（G）37-0135（后改为CN37-0825/CG），自11月30日起正式启用。

26日　校党委召开会议，布置本年度民主评议党员工作。目的是通过个人总结、民主评议和组织考察，提高党员素质，促进全校各项工作。党委副书记王元忠在讲话中强调，在民主评议党员过程中要认真开展批评与自我批评，使那些存在这样或那样问题的共产党员思想上受到触动，做到有则改之，无则加勉。

27日　1998年教学工作会议历时两天，在完成各项议程后结束。会议总结了几年来教学改革的经验，研究确定了深化教学改革的目标和措施，提出近期教学工作要按照"三二一"的思路进行，即三个加强：加强教学管理改革，加强教学基础建设，加强文化素质教育；两个深化：深化教育思想观念的改革，深化教学内容和课程体系的改革；一个模式：构建符合21世纪社会发展需要的，基础宽厚、实践能力强、具有海洋基础知识的创新人才培养模式。

会上还表彰了评选出的首批校教学拔尖人才，他们是徐定藩、徐仁声（技术科学学院）、杜守恩（水产学院）、曹圣山（海尔经贸学院）、肖鹏（法学院）、张德禄（外国语学院）。

本月　在全国博士后流动站管理委员会第四届专家组会议上，经专家组评审，批准学校增设大气

1998年青岛海洋大学教学工作会议

科学、环境科学与工程（因学科调整而增设）博士后流动站；新增食品科学与工程、水产博士后流动站。审定海洋科学博士后流动站。至此，学校博士后流动站已有5个，涵盖现有的全部博士点学科。

12月

3日　学校发文，任命董双林为水产学院院长。

4日　为加强环境科学与环境工程学科的建设，学校决定成立环境科学与工程研究院，暂挂靠海洋环境学院。该院下设海洋环境科学研究所、工业水回用技术研究所（由化学化工学院划入）、资源与环境工程勘察设计检测中心、海洋生态动力学实验室、办公室。

17日　校党委召开纪念党的十一届三中全会20周年座谈会，管华诗等校党政领导，各民主党派、部门、学院负责人，师生和离退休干部代表参加。邹积贵教授等先后发言，畅谈改革开放20年来国家、学校发生的巨大变化，盛赞以邓小平同志为核心的第二代领导集体制定并坚持"一个中心、两个基本点"的基本路线，在开创我国社会主义建设中所立下的丰功伟绩。党委书记、校长管华诗在讲话时说，面对知识经济时代的到来，教育必然成为经济和社会发展的决定性因素。我们要抓住历史机遇，进一步解放思想，加大改革力度，构建21世纪需要的教学模式，努力培养具有创新意识的"四有"人才。

18日　学校第11届大学生科技文化艺术节闭幕。各学院团总支、各学生社团成功举办了海洋知识竞赛、"我爱海洋"双语演讲赛、计算机知识竞赛、卡拉OK校园歌手大赛、校园模特大赛、俱乐部足球联赛等40多项活动，既使大学生增长了知识，又丰富了校园文化生活。

本月　经学校专业技术职务任职资格评审委员会评审通过，吕红民、黄晓圣、王汝

霖、徐仁声、韩宗珠、顾谦群、马甡、梁振林、刘政士、刘美清、于定勇、周继圣、李龙海、王树文、赵领娣、肖鹏、郑敬高、周瑞华、程伟、李进道、陈彰榕、赵广涛、胡增祥、陈伯海、张力军、李巨光、耿德昌、纪明义、于宜法、王元忠、冯瑞龙、朱福勤、严国光、张群乐、窦志宽、王洪欣等36人获正高级专业技术职务任职资格。

本月 国家环境保护总局聘定学校为"渤海碧海行动计划"的国家技术组组长单位。

本年 经教育部批准，学校增设政治学与行政学、信息与计算科学本科专业，学制均为4年，自1999年秋季开始招生。

本年 教育部对所属高等学校现设的本科专业按新颁布的专业目录进行整理。在公布的整理结果中，学校设置34个本科专业，这些专业是（按专业代码顺序）政治学与行政学、国际经济与贸易、金融学、法学、汉语言文学、英语、日语、数学与应用数学、信息与计算科学、物理学、化学、生物科学、生物技术、地质学、大气科学、海洋科学、海洋技术、电子信息科学与技术、生态学、勘查技术与工程、机械设计制造及其自动化、自动化、电子信息工程、计算机科学与技术、土木工程、港口航道与海岸工程、环境工程、食品科学与工程、水产养殖学、海洋渔业科学与技术、药学、工商管理、市场营销、会计学。

本年 由于"2110"报警联动服务和综合治理工作做得好，学校被评为山东省安全文明单位；校保卫处被省公安厅授予集体二等功。

本年 学校共申请到纵向科研课题86项，计划经费2307.4万元，横向课题合同额为1561.9万元，共计3869.3万元，实到3080万元。全年共有61项科研成果获奖，其中省部级以上奖13项；有8项技术成果通过专家鉴定。被SCI、EI、ISTP三大收录系统收录的科技论文数超过50篇。

本年 校办产业在困境中起步，经过艰苦努力，在保证200多名职工约170万元工资的前提下，实现利润105万元，上交学校35万元。

本年 学校投资900万元实施"温暖工程"，新建鱼山校区大型供暖锅炉房，新安装两台10吨锅炉，为503户教职工解决了住宅供暖问题；改造了"六二楼""胜利楼"的供暖设施。

本年 学校科研成果获奖情况（省部级三等奖以上）见表12。

表12　1998年学校科研成果获奖情况（省部级三等奖以上）

序号	项目名称	获奖情况	主要完成人
1	海洋与淡水环境中纤毛原生动物的基础生物学研究	教育部科技进步一等奖	宋微波　王　梅 魏　军　徐奎栋
2	海洋上混合层动力机制的研究	教育部科技进步二等奖	田纪伟　楼顺里 孙　孚　徐肇廷
3	南沙海域内波及垂直细结构研究	教育部科技进步二等奖	方欣华　吴　巍 鲍献文　甘子钧
4	分层介质中波的逆散射的研究	教育部科技进步二等奖	王　宁　赵犁丰 林俊轩
5	关节轴承寿命与额定载荷计算方法	教育部科技进步三等奖	杨咸启　姜招峰 孙立明
6	南海水温的低频振荡	教育部科技进步三等奖	周发琇　于慎余 王东晓
7	振动磨机动力学及其超微颗粒制备机理研究	教育部科技进步三等奖	王树林　胡沂清 李巨光　刘美清
8	《水产养殖手册》	教育部科技进步三等奖（科普图书）	李德尚　朱述渊 刘焕亮　沈宗武
9	有机磷农药对中国对虾的毒性效性及诱发对虾病害的研究	教育部科技进步三等奖	汝少国　李永祺 姜　明　丁美丽
10	中国对虾维生素营养的研究	国家海洋局科技进步二等奖	李爱杰　陈四清 刘铁斌　徐志昌
11	有机磷农药对海洋微藻改毒机理研究	国家海洋局科技进步二等奖	唐学玺　李永祺 宫相忠　黄　健
12	泛函微分方程及其离散形式的定性研究	山东省科技进步三等奖	张炳根
13	青岛海尔兼并案例及产权效率分析	山东省社会科学优秀成果三等奖	孙　健

1999年

1月

1日　中共中央政治局委员、山东省委书记吴官正，复信给麦康森教授等48位留学回国的学校青年教师，感谢他们为山东经济建设和社会发展提出的合理化建议，勉励他们为科教兴国、建设"海上山东"继续贡献才智和学识。

7日　学校在逸夫馆为应届毕业生举办供需见面和双向选择洽谈会，1300多名毕业生与来自省内外的国家党政机关及事业单位、高校及科研院所、国有大中型企业、外资企业等40多家用人单位进行双向选择。用人单位普遍反映学校毕业生综合素质高，敬业精神、适应能力、集体荣誉感强，专业理论知识扎实。

8日　学校发文，成立高等职业技术学院。

26日　学校发文，任命刘子玉为海尔经贸学院院长。

2月

1日　中共教育部党组发文：经研究并与中共山东省委商得一致，同意冯瑞龙同志任青岛海洋大学党委副书记。

8日　教育部公布1998年"跨世纪优秀人才培养计划"入选人员名单，副校长麦康森名列其中。

教育部"跨世纪优秀人才培养计划"该年度共资助生命科学、地学、环境科学3个领域的60名年轻学者，资助金额为每人30万元，其中教育部资助20万元、学校配套10万元。

23日　法国驻华大使毛磊一行来访。管华诗校长向客人介绍了教学科研情况。毛磊大使对学校的发展，特别是对计划筹建法语专业表现出极大兴趣，并向学校赠送了卫星接收器，用于开展法语教学。

26日　学校发文，成立后勤工作办公室、后勤服务总公司（对外保留总务处），撤销后勤工作委员会。

同日　学校发文，任命邹积明为后勤工作办公室主任（兼），符瑞文为后勤服务总公司总经理，刘宗寅为出版社社长，李建筑为出版社总编辑，李华军为工程学院院长。

3月

1日　学校召开由全校教授、副处级以上干部参加的年度工作会议。党委副书记王元忠，党委副书记、副校长冯瑞龙分别代表校党委、行政作1998年度工作总结，并布置本年度党政工作。王元忠指出，本年度党建和思想政治工作紧紧围绕学校改革和发展等各项任务和目标，重点抓好学校第七次党代会的召开和校内管理体制改革两件大事，以优异成绩庆祝新中国成立50周年。冯瑞龙指出,今年学校行政工作要深入贯彻落实党的十五大和十五届三中全会精神,围绕教学、科研两个中心,坚定不移地深化教育体制和内部管理体制的改革,进一步提高教学质量和办学效益。主要抓好六方面工作:一是深化教育体制改革和做好新一轮校内管理体制改革,以改革促发展;二是狠抓教学质量,注重学科建设,提高师资水平,培养创新人才;三是加强科技发展的组织工作,突出研究重点,强化科技成果转化,为国民经济和区域经济建设服务;四是积极推进"高新科技产业化工作",加快学校科技产业发展;五是深化总务后勤的改革,确保高效率、高质量地为教学、科研工作服务,为广大师生服务;六是搞好校园网建设,为教学、科研和管理提供优质服务。党委书记、校长管华诗联系学校改革发展面临的机遇和困难,就精神状态、重点意识和强化全局观念等问题发表了重要讲话,强调指出,改革是事业发展的根本出路,要求全校各级管理工作者和骨干教师以高度的政治责任感、奋发有为的精神状态和求真务实的工作作风,为推进学校的发展而不懈拼搏。

同日　在教育部财政司支持下,学校对财务管理网络进行升级,并按新的高校会计制度要求对会计核算软件进行更新,开发了IC卡会计核算系统、IC卡账务查询系统,顺利实现以卡代本,自本日起正式启用。

2日　校党委发文,成立后勤服务总公司党总支,撤销总务基建党总支;后勤办党支部、基建处党支部、保卫处党支部、测试中心党支部划归机关党总支。任命张庆德为后勤服务总公司党总支书记,李桂玲为华海制药厂直属党支部书记,李学伦为出版社直属党支部书记。

15日　接教育部关于在高等学校设置"长江学者奖励计划"第二批特聘教授岗位的通知,学校物理海洋和海洋生物学科名列其中。至目前,学校已有4个学科获准设置该计划特聘教授岗位。

同日　青岛海洋大学后勤服务总公司成立,标志着学校后勤社会化开始启动。学校发文公布《青岛海洋大学深化后勤改革方案》并开始执行。该方案旨在根据学校具体情况与特点,在做好"三服务、两育人"的同时,逐步建立起企业化的管理体制和运行机制,按社会主义市场经济规律逐步形成与教育事业相配套、具有相对独立运作体系的经济实体。其要点是:

1. 政企分开,职能分离。组建后勤工作办公室,其职能是实施国有资产产权管理,后勤工作规划管理,服务质量监督管理,代表学校掌握、分配、安排、检查、落实后勤各项费用的使用情况。代表学校以契约合同形式提出计划、任务、要求,并检查、监督、协调后勤方面的工作。

2.转变职能，理顺关系。根据学校现有后勤范畴的单位和部门，按照专业化、产业化原则，对现有后勤系统各单位重新规划、组合，组建具有独立法人地位的经济实体——后勤服务总公司。

3.产权清晰，权责明确。后勤服务总公司按企业化管理运行，先清晰产权，逐步实行经营权与产权规范分离，搞好经济核算。

4.转化机制，科学管理。学校要创造条件逐步使后勤服务总公司成为自主经营、自负盈亏、独立核算、自我发展、自我约束的产业实体。

24日　学校召开会议传达九届全国人大二次会议精神，学校各级人大代表、政协委员、民主党派负责人、副处以上单位主要负责人、各党总支书记、各院院长等300余人与会。第九届全国人大代表、党委书记、校长管华诗，全面传达会议精神，要求全校认真学习和贯彻落实会议精神，进一步把思想统一到党的十五大和十五届三中全会的精神上来，以饱满的热情和积极向上的工作态度投入学校改革和发展之中。管华诗校长还结合学校实际，就贯彻教育部《面向21世纪教育振兴行动计划》，制订实施方案，加快学校发展谈了思路，提出要求。

25日　学校召开德育工作经验交流会。中共山东省委高校工委副书记、省教委副主任田建国应邀到会作报告。校党政领导及各院、各有关部门负责人出席会议。田建国对学校在德育工作中所取得的成绩给予充分肯定。党委副书记李耀臻总结了1998年学校德育工作基本情况，布置了1999年的德育工作。10个学院从不同侧面交流了德育工作的经验。管华诗校长在讲话中强调，要结合学校实际，深入探讨新形势下德育工作的新问题、新方法，围绕培养创新人才做好德育工作。

31日　本着精简、理顺、统一、高效的原则，经充分酝酿讨论，党委常委会研究决定，形成了校部机关改革方案：（1）党委办公室与校长办公室合署办公，一个班子两个牌子；（2）学生处、学生工作部、团委、武装部合署办公，一个班子三个牌子；（3）设备与实验室管理处更名为国有资产管理处，财务处负责的国有资产管理工作和后勤服务总公司负责的办公用房、家具等管理工作划归国有资产管理处；（4）麦岛校区全面实行职能部门延伸管理，麦岛校区行政建制改为麦岛校区办公室；（5）学报编辑部（自然版）与学报编辑部（社科版）合并成立学报编辑部；（6）船舶管理处更名为船舶中心，列为学校直属业务单位；（7）计划生育办公室设在妇女委员会；（8）校报编辑部挂靠党委宣传部；（9）党校办公室设在党委组织部；（10）科研处更名为科学技术处，科协办公室设在科学技术处;(11)外事处更名为国际合作与交流处;(12)撤销法律顾问处;(13)关心下一代工作委员会办公室设在离退休干部工作处;(14)高教研究室列为学校直属业务单位,教学评估委员会办公室设在教务处;(15)研究生教育中心负责的博士后管理工作划归人事处。依该方案调整,党政机关部门的总数由29个减至22个。

4月

9日　山东省教委专家组对列入山东省"八五"建设规划的环境海洋学、海洋气象学、海洋地质学、海洋物理学等5个重点学科和海洋药物、海洋生物工程、海洋物理化学、电子信息系统4个实验室验收后,得出结论:4个实验室除电子信息系统为合格外,其余均为优秀,通过验收。下午在逸夫馆举行发牌仪式,9个单位分别被授予山东省重点学科和山东省高等学校重点实验室称号。

13日　按照新的校部机关改革方案,经个人申报、组织考核,党委常委会研究决定各单位的党政主要负责人,名单于昨日和今日先后公布。

吴成斌任党委校长办公室主任,刘贵聚任纪委副书记,宋志远任党委组织部部长,王洪欣任党委宣传部部长,赵新民任党委统战部部长,郭永安任离退休干部工作处处长,李勤斋任武装部部长,魏世江任校报编辑部主任,方胜民任海洋环境学院党总支书记,彭凯平任技术科学学院党总支书记,董淑慧任化学化工学院党总支书记,王磊任海洋生命学院党总支书记,赵庆礼任海洋地球科学学院党总支书记,张永良任水产学院党总支书记,刘孔庆任海尔经贸学院党总支书记,徐葆良任工程学院党总支书记,陈兰花任外国语学院党总支书记,王明泉任法学院党总支书记,丁灿雄任机关党总支书记,鲁中钧任麦岛校区机关党总支书记,李国璋任离退休干部党总支书记,苗深义任校办产业党总支书记,吴力群任图书馆党总支书记,林建华任船舶中心党总支书记,陈晓明兼任党委保卫部部长。

邹积明任后勤工作办公室主任(兼),徐天真任麦岛校区办公室主任(兼),李建平任人事处处长,武心尧任教务处处长,潘克厚任科学技术处副处长(主持工作),李八方任研究生教育中心常务副主任,戴华任国际合作与交流处处长,于利任学生处处长,陈永兴任基建处处长,朱胜凯任财务处处长,陈合乾任审计处处长,张彦臣任监察处处长,陈晓明任保卫处、公安处处长,于振江任国有资产管理处处长,赵军任船舶中心主任,纪明义任图书馆馆长,解淑萍任档案馆馆长,周旋任成人高等教育学院常务副院长,严国光任学报编辑部主任,张永玲任高教研究室主任,李晓静任高等职业技术学院常务副院长。

21日　学校发文,技术科学学院更名为信息科学与工程学院;"211工程"办公室设在研究生教育中心,副处级建置;撤销房地产资源开发办公室。

28日　教育部、共青团中央联合开展的第五次全国三好学生、优秀学生干部和先进班集体评选活动结束,共评出186名全国三好学生、98名全国优秀学生干部和188个全国先进班集体。学校药物化学专业1997级研究生邢洪涛被评为全国三好学生、气象系1997级1班被评为全国先进班集体。

5月

1日　我国著名海洋学家、中国科学院院士文圣常教授被授予全国五一劳动奖章。

同日　经国家新闻出版署批准,《青岛海洋大学报》由旬报改为周报。正式刊号为CN37-0825/（CG）。

4日　值纪念五四运动80周年之际,青岛市市长王家瑞来校为大学生作专题报告,并现场回答大学生提出的问题。王家瑞充分肯定了学校在发展海洋科技、人才培养等方面发挥的突出作用。他表示,市政府要采取更加实实在在的措施支持青岛海大,使青岛海大越办越好。他深情寄语青岛海大学子:眼中有世界,胸中有祖国,心中有人民。

6日　下午,海尔经贸学院召开全院教职工大会,庆贺汪人俊教授被评为1998年全国教育系统劳动模范,同时被人事部授予全国模范教师称号。党委书记、校长管华诗代表校党政感谢汪教授对国家、对学校作出的贡献,向他颁发荣誉证书及奖金。同时,他号召全校教师向汪教授学习,教书育人、为人师表,立足岗位,成名成家。

8日　校党政领导与800多名师生隆重集会,愤怒声讨和谴责以美国为首的北约轰炸我驻南联盟大使馆的罪恶行径;翌日,学校数千名师生上街游行,强烈抗议美国暴行。

16日　由中国环保产业协会及中国声学分会等8个全国专业学会（协会）联合主办,学校承办的第八届全国噪声与振动控制工程学术会议在青岛召开。来自德国、日本、丹麦及我国的140多位专家学者和30多位环保企业界代表参加会议。会议的主题是“让21世纪的环境更安静”。青岛市市长王家瑞到会祝贺并讲话。我国著名科学家、中国科学院资深院士马大猷教授等作学术报告。

21日　山东省教委为加强对高校教学改革项目的管理,促进教学改革不断深化,委派专家组来学校就“面向21世纪教学内容和课程体系改革计划”项目进行检查。侯家龙副校长在汇报会上介绍了学校教学改革总体计划,15个项目课题的负责人运用现代化手段展示了各课题研究情况,专家组对学校教学改革项目进展情况给予充分肯定。认为:（1）学校和课题组都高度重视;（2）教学研究层面广,既有综合性又有单科性,包含不同类型;（3）科学性强,每个课题都瞄准省、国家一流水平,力争有所突破;（4）项目设计严谨,创新精神贯彻始终;（5）进展顺利,不少课题已取得阶段性成果。

22日　学校承办"海信杯"山东省首届大学生电脑知识与技能大赛,山东工业大学、山东师范大学等24所高校的41名选手参加了比赛。青岛海大和山东矿业学院荣获团体比赛一等奖。青岛海大学生杜克平的"雷达临近系统"获应用软件成果评比一等奖,李锋获公开题比赛一等奖。

31日　学校出台《优秀新生奖学金实施办法》。自1999级新生起,对第一志愿报考学校的德智体诸方面优秀的本科生予以奖励,最高奖金可达1万元。

6月

4日　山东省教委、共青团山东省委联合发文公布全省大中专学校三好学生、优秀学生干部和先进班集体评选结果。王韶霞、王宇婧、余华、孙万鹏、罗亚伟、李杨、张红智、夏贤波、刘哲被评为省级三好学生;于冬泉、王轩、李静、袁盛、纪方、王锋、袁绍宇被评为省级优秀学生干部;建筑工程1996级、国际经济法1996级被评为省级先进班集体。

8日　经校工会委员会选举,党委研究,并报青岛市总工会同意,刘建坤任工会主席、吕铭任工会常务副主席。

24日　山东省副省长韩寓群来校考察。他在听取了工作汇报后,对学校的发展及取得的成绩给予了充分肯定,并参观了物理海洋实验室、海洋药物研究所及水产养殖实验室。

同日　山东省委高校工委公布《关于命名表彰高校先进基层党组织、优秀共产党员和优秀党务工作者的决定》,"东方红2"船党支部被评为山东省高校先进基层党组织;刘惠荣、徐仁声、史致丽、曲志茂被评为山东省高校优秀共产党员;朱胜凯、赵新民被评为山东省高校优秀党务工作者。

同日　校党委发文,任命于利为团委代理书记。

29日　学校发文,任命张经为化学化工学院名誉院长、王修林为化学化工学院院长、于志刚为常务副院长。

7月

2日　1999届毕业生离校。本年共有毕业生1338名,其中本科毕业生994名,专科毕业生197名,毕业研究生147名(其中博士生28名、硕士生119名)。本届毕业生中有322人加入中国共产党,占毕业生总人数的24%;有61人被评为优秀毕业生;有5人获校三好学生标兵称号,有15人获省三好学生、优秀学生干部荣誉称号;有149名本科毕业生考取研究生,占本科毕业生人数的15%。

3日　1999年成人高等教育招生录取工作结束。学校共录取新生1159人,其中夜大生

498人、函授生661人。

7日　学校发文，成立现代教育技术研究与开发中心，副处级建制，挂靠教务处，李春荣为主任；成立山东省中澳合作办学青岛海洋大学教学中心；成立海洋地球化学研究所，隶属海洋地球科学学院；国际语言文化交流学院更名为中国语言文化学院。

13日　山东省中澳合作办学青岛海洋大学教育中心揭牌仪式在麦岛校区举行。中澳合作办学是山东省政府同澳大利亚维多利亚州政府的合作项目之一，今年该项目将开设信息应用技术和国际商务会计两个专业，共招收180人，学制两年。

22日　在今天结束的第七届全国大学生田径锦标赛上，学校取得男子团体和男女团体总分第6名；庄振平打破两项全国大学生运动会纪录，获两枚金牌，被授予最佳运动员称号。这是目前学校体育运动队参加此类比赛取得的最好成绩。

24日　校党委在全体党员中开展针对"法轮功"问题的教育活动告一段落。全校各级党组织和广大党员认真学习中共中央作出的决定和有关文章，深刻揭批李洪志及其"法轮大法"的反动本质。广大党员通过此次教育活动统一了认识，提高了觉悟，增强了党性，达到了预期目的。

本月　为贯彻落实第三次全国教育工作会议精神，大力推进素质教育，学校修订了《青岛海洋大学学生综合测评办法》，并更名为《青岛海洋大学学生素质综合测评条例（草案）》。本学年，该条例将在部分院系试行。

8月

4日　从8月2日起，党委书记、校长管华诗主持召开扩大的党政联席会议，深入学习和领会中央、教育部近期有关高教改革与发展的文件精神，结合国内外竞争态势日趋激烈、高等教育大调整、大发展的宏观形势，就学校发展和改革中的一系列基本问题进行深入研讨。

与会者直抒胸臆、各抒己见，经过充分讨论、辨析，达成诸多共识，形成了"建设以海洋、水产为显著特色，各学科协调发展的国内一流综合性大学"的学校发展定位。在处理特色学科与综合学科的关系问题上，认为应强化发展特色、协调发展综合，以特色带动综合、以综合强化特色。在不断增强学校综合实力的基础上，努力做到人无我有、人有我优、人优我强。从国家社会发展和经济建设需要，从高等教育发展规律、高校科学管理的要求及学校办学资源状况等方面出发，认为目前学校规模偏小，应适度扩大规模，并形成了两种意见，即10000名本科生、2500～3000名研究生和8000名本科生、2500名研究生，并以此为参照，研究了支撑体系建设及其他有关工作。

会议还就深化人事分配制度改革重点进行了研讨，形成了以在教学、科研工作中设岗为主要内容的新一轮改革思路。其要点如下。

1. 人事分配制度改革，机构改革要先行。主要措施有：进一步精简机关处科级机构，使机关部处总数在现有基础上再下调15%～20%；科学设置党政管理人员岗位，使机关工作人员的编制数原则上掌握在占教职工总数的8%。在此基础上，对学校管理人员实现由身份管理转变为岗位管理；院系设置按照学科发展的方向和科学与工程一体化的原则进行重组。

2. 建立与社会主义市场经济体制相适应的竞争择优机制和能进能出、能上能下、能高能低的用人制度。以实施教育部"长江学者奖励计划"为契机，重点加强学科带头人队伍建设。科学设岗、竞争上岗、按岗择人，真正体现干多干少不一样、干好干坏不一样、干与不干不一样。具体意见为：设置若干学科带头人岗位，并实行"四定"（定岗位，定目标、定任务、定期考核），初步设四个层次的岗位：一是两院院士；二是特聘教授岗位（含"长江学者奖励计划"岗位）；三是学科带头人岗位，包括博士点、硕士点、未设博硕点但有发展前途的本科专业，国家和教育部开放实验室学科带头人岗位；四是有发展潜力的高学历、高职称的青年骨干教师岗位；高等数学、普通物理、化学、英语、计算机、马克思主义基本原理等重要的基础课设置主讲教师岗位，主讲教师岗位超过三人的增设责任教师岗位。主讲教师和责任教师同样实行"四定"，并按照重新核定的工作量进行聘任。专业基础课、专业课和研究生学位课由各院（系）参照学校的办法自行设岗和聘任。对科研岗位要严格课题考评，将课题的级别层次、数量、经费、产出成果等作为设岗的重要依据。建立、完善固定编制与流动编制相结合的师资队伍。建立相对稳定的骨干层和出入有序的流动层，压缩固定编制人员，逐步使学校固定教师编制人数低于全校教师总数的70%。

3. 分配制度改革要按照效率优先、兼顾公平的原则，在分配上加大向中青年学术骨干的倾斜力度，使教职工的工资收入与岗位职责、工作业绩和贡献直接挂钩，真正实行按劳分配、优劳优酬。具体意见是：实行与工作任务、工作效率相联系的新校内结构工资，新的校内结构工资分为基础工资（由原有的70%职务工资和国家保留的各种政策性补贴组成）、岗位职务工资（由原有的30%职务工资、省内职务补贴和校内岗位津贴组成）、业绩工资（效益工资）和奖励工资四个部分；建立关键岗位的特殊津贴；业绩工资所需资金由学校和学院合理分担，学校统一掌握使用；奖励工资由各单位的各种服务收入中的劳务酬金组成，分等级发放；工资结构调整后，机关各部门的各项收入全部上缴学校，由学校统一使用。对经过竞争没有上岗的部分人员，学校只发给其工资的第一部分（即原工资的70%）和政策性补贴，并自行寻找新的岗位。

这种以"启迪智慧，谋划发展"为宗旨、集中深入研讨学校改革与发展重大问题的扩大的党政联席会议，因首次在位于崂山北九水附近的青岛日报社培训中心举行，而被称为"崂山会议"。

9月

6日　亚洲地区对虾病毒问题及生态防病技术培训班在学校举办，来自韩国、泰国、菲律宾等国家及我国高校、科研院所的20多名海洋生物专家和水产专家在10天的培训中，就亚洲地区对虾病毒问题进行广泛、深入研讨。

10日　学校庆祝教师节暨澳柯玛奖教基金颁奖大会在逸夫馆举行。一批辛勤耕耘在教书育人岗位上并取得突出成绩的教师受到表彰。他们是山东省优秀教师、青岛市"十佳师德标兵"管长龙，青岛市优秀教师李华军、郑荣儿；澳柯玛奖教基金获奖教师有钱成春、孙即霖、王超英、陈国华、唐学玺、韩宝芹、辛柏森、马甡、曾名湧、唐衍力、杨新华、李晓玲、方进明、戴桂林、苏慧文、李庆祥、王峻岩、孟华、李元峰、程伟。

同日　按照国务院关于从1999年7月1日起调整机关、事业单位工作人员工资标准和相应增加离退休人员离退休费的有关规定，学校完成了工资调整工作。此次调资，涉及在职员工（按发薪人员统计）1816人、离退休职工680人。在职工作人员平均月增资136元，离休人员平均月增资167元，退休人员平均月增资135元。

21日　1999—2000学年新生开学典礼暨军训检阅仪式在新落成的麦岛校区操场举行。北航副司令员周登武大校、校党政领导、中国科学院院士文圣常等出席大会。伴随着雄壮的军乐声，近2000名1999级新生组成的35个分列方队，正步通过主席台接受校领导及部队首长的检阅。侯家龙副校长代表学校在大会上讲话，希望新生不断磨炼意志、强健体魄、勤奋学习、勇于实践，成为高素质创新型人才。

本年学校共招生28个专业，录取各类新生2216名，其中博士研究生65名、硕士研究生182名、本科生1729名、预科生19名、高职生221名，是学校历史上招生人数最多的1年，生源遍及26个省（自治区、直辖市），生源质量在驻鲁高校中名列前茅。

24日　中国共产党青岛海洋大学第七次代表大会于上午9时在逸夫馆隆重举行。出席大会的正式代表141人，党外民主人士、全校副处级以上党员干部共178人列席了会议。大会的主要议程是：审议并通过第六届党委工作报告和纪委工作报告；选举产生新一届党委会、纪委会。

中共教育部党组、中共山东省委高校工委为大会发来了贺电，中共青岛市委副书记张旭升出席大会并讲话。学校党委书记管华诗代表第六届党委作《抓住机遇，开拓创新，努力开创我校改革与发展的新局面》的工作报告，王庆仁代表上届纪委作《以高度的政治责任感和求真的作风，努力做好新时期我校纪检监察工作》的报告；大会选举产生了由21人组成的新一届党委会和11人组成的

中国共产党青岛海洋大学第七次代表大会召开

纪律检查委员会。新当选的党委委员是于利、于宜法、方胜民、王庆仁、王洪欣、冯瑞龙、刘孔庆、刘贵聚、朱胜凯、宋志远、宋微波、李华军、李耀臻、吴成斌、吴德星、邹积明、武心尧、赵新民、侯家龙、徐天真、管华诗；新当选的纪律检查委员会委员有丁灿雄、刘贵聚、李八方、李建平、张彦臣、陈兰花、陈合乾、肖鹏、赵庆礼、董淑慧、管长龙。在次日召开的七届一次全体会议上，选出了党委常委、书记、副书记，纪委书记、副书记，并报送中共教育部党组和中共山东省委审批。

同日　山东省政府下文表彰第六批山东省专业技术拔尖人才，环境科学与工程研究院李凤岐教授、海洋生命学院徐怀恕教授榜上有名。山东省专业技术拔尖人才每2年选拔1次，实行5年制动态管理。截至目前，学校已先后有31位教授当选。

27日　经过精心组织和积极筹备，庆祝中华人民共和国成立50周年歌咏大会——"祖国颂"在大学路操场隆重举行。有14支合唱队3000余名师生员工和离退休老教师、老干部先后登台放声高歌，尽情表达对新中国50华诞的庆贺之情，纵情歌颂幸福生活。

28日　校党委在逸夫馆举行庆祝中华人民共和国成立50周年党外人士座谈会。学校部分党外人士、归侨、侨眷、台属及少数民族教职工代表共40余人出席。冯瑞龙在讲话中回顾了新中国成立50年的历程和改革开放20年的成就。与会人员踊跃发言，畅谈中国高等教育取得的重大成就和知识分子多方面待遇的改善，更加坚信只有共产党才能使社会主义中国走向繁荣、民主、文明，同时对学校事业的发展充满希望和信心。

29日　美国图书馆学界知名图书馆学家、俄亥俄大学图书馆名誉馆长、OCLC的创始

人之一李华伟先生来学校图书馆讲学，来自山东省图书馆界的代表30余人参加了这次学术活动。

30日 中共山东省委组织部发文，同意中共青岛海洋大学第七届委员会、中共青岛海洋大学纪律检查委员会第一次全体会议的选举结果。冯瑞龙、李耀臻、管华诗、王庆仁、于宜法、吴德星、刘贵聚为常务委员，冯瑞龙为书记，李耀臻、王庆仁为副书记；刘贵聚为纪委书记、张彦臣为副书记。

冯瑞龙（1947— ），山东青岛人。1982年毕业于山东海洋学院应用数学系并留校任教，先后为助教、讲师、副教授、教授。1984年任山东海洋学院应用数学系教师兼党总支副书记，1987年任山东海洋学院学生工作委员会办公室副主任（主持工作），1988年任青岛海洋大学学生处处长，1991年任青岛海洋大学党委副书记，1993年任青岛海洋大学党委常委、副校长，1999年1月任青岛海洋大学党委副书记、副校长。

党委书记冯瑞龙

10月

13日 教育部组织的以浙江大学郑小明教授为组长、兰州大学杨峻教授为副组长的七人专家组，对学校全国基础科学与研究人才培养基地——海洋学和海洋化学专业进行验收评估和中期检查。

专家组在听取了校领导和海洋环境科学学院、化学化工学院工作人员的汇报后，在两天的时间内先后考察了"东方红2"船和两个基地的实验室、图书室、微机室，查阅了学生毕业论文、实验报告作业、试卷等教学档案，观摩了课堂教学，召开了职能部门干部、院系教师和学生座谈会。

通过全面认真的验收和检查，专家组成员一致认为，青岛海大历届领导高度重视基地建设，很好地发挥了基地在学科建设和人才培养等方面的重要作用，为国家培养了一批高素质理科人才，成绩显著，已形成鲜明特色，并对进一步搞好基地建设提出了建议。

14日 校党委发文，调整党校领导成员和校务委员会成员，冯瑞龙为校长，宋志远（常务）、王洪欣为副校长。

16日 学校举行形式多样的活动，庆祝青岛海洋大学建校75周年。由校长管华诗担任编委会主任，党委副书记王元忠任主编，魏世江、解淑萍、杨洪勋执笔的《青岛海洋大学大事记》经过近两年的紧张编撰，于今日出版。

22日 第四届全国高校青年德育工作者理论研讨会在逸夫科技馆举行。研讨会上，与会代表围绕21世纪我国高校德育观念、德育内容、德育方法等体系进行了深入探讨。教育部社政司司长顾海良应邀在研讨会上作了专题报告。研讨会共收到论文111篇,有47篇被评为优秀论文,并汇集成《走向新世纪——高校青年德育工作者的思考》一书。

25日　化学化工学院建置40周年庆祝大会在化学馆隆重举行。来自祖国各地的百余名校友代表欢聚一堂,共同庆祝学院40华诞。青岛市政协副主席周迪颐、校党政领导、兄弟院系负责人以及该院师生员工代表出席大会。化学化工学院常务副院长于志刚用多媒体以"面向21世纪的化学化工学院"为题,介绍了该院40年来的发展历程和近期改革发展思路、目标及措施。党委书记冯瑞龙到会祝贺,并充分肯定学院40年来取得的成就,希望继承和发扬优良传统,紧跟海洋科学发展趋势,在海洋化学高素质创新人才的培养和高新技术创新与应用中再创辉煌。

同日　学校发文,公布《筒子楼专项经费改造与新建住房分配实施办法》。

本月　从教育部获悉,学校海洋遥感学科获准设立第三批特聘教授岗位。到本月,"长江学者奖励计划"在学校水产、海洋药物、物理海洋、海洋生物和海洋遥感五个学科设置了特聘教授岗位。

11月

2日　学校发文,表彰1998—1999学年表现突出的优秀学生,袁绍宇(物理海洋1996级)、李杨(国际金融1997级)、张红智(国际经济法1996级)、褚春雷(地球物理勘探1996级)被评为三好学生标兵。

8日　校党委公布《青岛海洋大学党的总支、直属支部任期目标管理实施意见(试行)》。

11日　党委副书记李耀臻主持召开会议,布置院(系)德育考核评估工作。他要求各单位要从贯彻落实国家的教育方针和中央《关于加强和改进思想政治工作的若干意见》,全面推进素质教育,培养合格的社会主义事业建设者和接班人的高度来认识和对待这项工作,通过评估,促进德育工作上水平上层次。为增强德育工作考评的可操作性,学校出台了《青岛海洋大学德育工作考核评估体系》并开始实施。该体系所列考评内容共七大类、19个二级指标、60个三级指标,总计600分。同时,对评估的标准、考核方法作了规定。

12日　校第二届教职工代表大会第三次会议在逸夫馆举行。校党政领导和144名正式代表出席会议。会议审议通过了《青岛海洋大学1999年房改和集资建房的实施意见》,为3万余平方米的集资所建教职工宿舍的分配提供了政策性依据。至12月25日,学校1999年教职工集资建房分配工作圆满结束，有347名教职工陆续乔迁新居。

16日　校档案馆顺利通过山东省教委、青岛市档案局共同组成的考评组的验收，达到科技事业单位档案工作目标管理国家二级标准。

17日　在迎澳门回归祖国、纪念人民政协成立50周年和《中共中央关于坚持和完善中国共产党领导的多党合作和政治协商制度的意见》颁布10周年之际，校党委召开第三届邓小平理论研讨会，专题研讨邓小平新时期统一战线理论。

会上，中国科学院院士、民建中央常委、全国政协委员、物理海洋研究所所长冯士筰教授，九三学社青岛市委副主委、山东省政协委员、海洋环境学院院长孙孚教授，民革青岛市委副主委、山东省人大代表、青岛市政协常委、海洋地球科学学院且钟禹教授，党委统战部部长赵新民，就邓小平新时期统一战线理论的时代特征等方面先后发言。青岛市委统战部副部长刘新国出席研讨会并讲话。党委书记冯瑞龙在讲话中要求全面贯彻党的统战方针政策，为巩固和发展新时期爱国统一战线作出积极贡献。

同日　海鸥剧社迎澳门回归专场演出在"六二礼堂"举行。此次演出共推出三个新剧目——《他乡明月》《归宿》《海之魂》。演员们精彩的表演博得阵阵掌声。

海鸥剧社创建于1932年，"文革"结束后恢复演出。它以弘扬话剧文化、活跃校园生活、展示大学生的艺术修养为宗旨，每年都举行演出。

25日　学校发文，任命田纪伟为海洋环境学院院长。

12月

3日　中共青岛海洋大学第七届委员会第二次全体会议在逸夫馆八角厅召开。党委书记冯瑞龙主持会议。会议讨论通过《中国共产党青岛海洋大学委员会全体会议（常务委员会）议事规则》《中共青岛海洋大学委员会关于几项重要制度的规定》。讨论修改了《中共青岛海洋大学委员会关于加强和改进思想政治工作的若干意见》，认真研究了学校2000—2004年在校生规模以及所需要的支撑条件，提出了学校事业发展计划草案。

14日　校党委发文，公布《中共青岛海洋大学委员会关于几项重要制度的规定》。这些制度包括党委常委学习制度、坚持民主集中制原则、坚持集体领导和个人分工负责相结合制度、党委常委严守党的纪律制度、党委常委"一岗双责"和党风廉政建设责任制度、党委常委联系学院、调查研究制度、党委常委向党委常委会报告工作制度、党委常委民主生活会议制度、党委常委个人重大事项公开制度以及党委常委谈心制度等。

15日　中共中央政治局常委、国务院副总理李岚清在听取山东省副省长邵桂芳关于山东省一流大学建设方案汇报时指示说，青岛海洋大学要保留发展它的特色，青岛海洋大学是特色学校，可以由教育部与山东省、青岛市共建，有些事还要和国家海洋局沟通。李岚清副总理的指示，给青岛海洋大学的办学特色、办学体制、发展定位指明了方向。

1998年，山东省提出要建设一所全国一流大学的计划。在充分考虑到青岛海大的实力和发展潜能的基础上，山东省制定了建设一流大学的两个方案，其中第一方案是山东大学和青岛海洋大学合并组建新的山东大学。这一方案由邵桂芳副省长带领省政府办公厅、省教委的有关负责人多次到国务院办公厅、教育部等部门汇报。李岚清副总理、陈至立部长等认为，山大与青岛海大合并，属于异地办学，难度较大。经斟酌，同意山东大学、山东工业大学与山东医科大学合并的第二方案。

同日　在1999年全国大学生电子设计竞赛中，学校信息科学与工程学院电信1996级学生王嘉健、方欣、谢静设计制作的"数字化语音的存储与回放系统"，以其"性能指标好，扩展功能强"而夺得全国一等奖。

17日　学校"迎接澳门回归，迈向海洋世纪"大型文艺晚会在市人民会堂举行。青岛市市长王家瑞及学校党政领导等同师生们一起观看演出。校党委书记冯瑞龙在演出前致辞，表达了师生对澳门回归的喜悦和豪迈，表达了祝愿祖国繁荣昌盛、早日实现和平统一的美好愿望。市长王家瑞在致辞中说：青岛海大的舞台应该在沿海，在中国，在世界！

30日　《青岛海洋大学2000年毕业生就业工作暂行办法》公布实施。

本月　经学校专业技术职务任职资格评审委员会评审通过，王启、傅刚、范植松、杨冠杰、彭临慧、谭锐、于志刚、张龙军、冯丽娟、张全启、辛柏森、薛荣俊、贾永刚、孙世春、于文功、林洪、崔俊山、李福印、李玲、戴桂林、李元峰、栾新、孙庆和、于磊、丁香乾、李清修、李耀臻、于振江、朱胜凯、赵庆礼、吴成斌、陈兰花、宋志远、解淑萍、刘孔庆、邹积明、鲍洪彤、李建筑等38人获正高级专业技术职务任职资格。

本年　教育部公布1999年度经教育部备案或批准设置的高等学校本科专业名单。学校新增法语、朝鲜语、环境科学、旅游管理4个本科专业，并计划于2000年开始招生。

本年　学校学生公寓建设和筒子楼改造成绩显著。投资220万元在麦岛校区新建建筑面积为3000平方米的学生公寓1栋，今年扩招的800余名新生如期入住。投资80万元，改造筒子楼2000平方米；投资188万元，在麦岛校区新建教职工公寓1栋，建筑面积为2814平方米。这两项工程大大缓解了青年教职工住房困难问题。

本年　据10月上报教育部的《普通高校基层报表》统计，学校共有博士点10个、硕士点28个、本科专业34个、专科专业25个、博士后流动站5个。在校生总数为9771人，其中博士生185人、硕士生451人、本科生5702人、专科生329人、成人教育1897人、成人教育专科生1207人。另有在校留学生136人。在校教职工总数为1876人，专任教师607人，其中教授169人、副教授171人。

本年　学校科研成果获奖情况（省部级三等奖以上）见表13。

表13　1999年学校科研成果获奖情况（省部级三等奖以上）

序号	项目名称	获奖情况	主要完成人
1	中国沿海月均和年均相对海面的机理和预报的研究	教育部科技进步一等奖	陈宗镛　郑文振　于宜法
2	海带配子体细胞工程研究及其应用	教育部科技进步一等奖	戴继勋　崔竞进　欧毓麟
3	验色光谱仪（智能验色光谱仪）	教育部科技进步一等奖	束越新　张幼红　顾宝荣
4	齐鲁石化公司排海管线（广饶段）泄露调查评价	教育部科技进步二等奖	刘贯群　贾永刚　刘红军
5	WDA相对电导率测定仪	教育部科技进步三等奖	陈国华　吴葆仁
6	龙须菜遗传学研究	国家海洋局科技进步一等奖	张学成　隋正红　李向峰
7	濒危动物文昌鱼的发育和生殖	国家海洋局科技进步二等奖	张士璀　张红卫　吴贤汉
8	《功能文体学》	山东省社会科学优秀成果二等奖	张德禄
9	黄河流域骨干工程系统设计与应用	山东省社会科学优秀成果三等奖	张勤生
10	岩藻聚糖硫酸酯生产的技术研究	山东省科技进步二等奖	薛长湖　林鹤峰　李兆杰

2000年

1月

13日　2000年毕业生供需见面和双向选择洽谈会在逸夫馆多功能厅举行。酒泉卫星发射中心、海尔集团等50余家用人单位带来700余条用人信息。用人单位对学校毕业生综合素质评价较高，认为专业知识基础扎实、创新意识强、敬业精神好。300多名毕业生与用人单位达成就业意向。

18日　首届"挑战杯"全国大学生创业计划竞赛落幕，海尔经贸学院张大鹏、刘伟，水产学院刘明等设计的"海利德创业公司商业计划"荣获银奖，这是决赛中唯一的海洋科技类创业计划项目。

23日　至27日，学校党政联席扩大会议（第二次"崂山会议"），在崂山区仰口海尔山庄举行。会议的议题是：（1）根据李岚清副总理指示，深化学校的教育体制改革，加强与驻青海洋研究院所的联合，把学校建成特色高水平大学的战略思想和实施计划。（2）研究进一步深化校内管理体制改革的具体方案（包括机构改革、人事分配制度改革、院系学科调整、后勤社会化改革等）。

与会人员有：院士及党政联席会成员文圣常、管华诗、冯士筰、冯瑞龙、王元忠、李耀臻、侯家龙、王庆仁、于宜法、吴德星、麦康森、刘贵聚、邹积明、吴成斌、朱胜凯；有关部处负责人及部分院长宋志远、李建平、武心尧、潘克厚、李八方、于利、符瑞文、陈永兴、徐天真、魏世江、田纪伟、董双林、王宁、于志刚；工作人员张静、吴强明、陈忠红。会议由党委书记冯瑞龙教授、校长管华诗院士共同主持。

在23日上午的开场白中，管华诗校长在重申了会议议题后说，国内高校之间的竞争日趋激烈，大家都采取各种措施寻求发展。山东省建一流高校学校没有挤进去，给发展带来了问题。学校应以何对策求得自身的大发展，以在激烈的竞争中立于不败之地？这就是大家首先要考虑的一个重大问题。本次会议和上次"崂山会议"一样，意在"启迪智慧，谋划发展"，没有专题报告，是"圆桌会议"。其后，冯瑞龙书记传达了教育部直属高校第14次咨询工作会议精神，为与会者研讨主题提供背景资料和分析依据。

与会者从学校的发展目标定位切入，围绕主题各抒己见。通过辨析，逐步达成以下共识。

1. 学校发展目标定位为：以海洋和水产学科为显著特色的多科性研究型大学，即特色高水平大学、高水平的特色大学。管校长在总结时，正式表述为高水平特色大学。

2. 高水平特色大学的建设路径和方式：在学科建设方面，用特色带动综合，用综合强化特色，不追求学科门类齐全；在人才队伍建设方面，既要大力引进一流人才，也要采取措施留住人才、"解放"人才，重视建设人才梯队；在实现方式上，不走合并其他高校或研究单位的路子，而是以李岚清副总理的指示和指导，力促教育部、山东省、国家海洋局和青岛市共同建设青岛海大。

3. 抓改革，促管理，上水平。要以用人制度改革为突破口，进行分配制度改革。教师实行聘任制，干部实行教育职员制，工人实行合同制，破除职务和身份的终身制。

会议还分别研究了机构改革方案、教师系列岗位设置及津贴标准和后勤社会化改革等工作。

2月

29日　学校召开全体教授、副处级以上干部大会。党委书记冯瑞龙传达了江泽民总书记《关于教育问题的谈话》和校党委《关于认真学习贯彻江泽民总书记〈关于教育问题的谈话〉的意见》，并布置党委2000年工作要点。侯家龙副校长布置2000年行政工作要点。

管华诗校长在会上发表讲话，他根据第二次"崂山会议"精神着重对学校的发展定位、新一轮校内管理体制改革等重大问题谈了意见。他说，根据李岚清副总理关于四家共建青岛海大的指示精神，经过论证，学校的发展定位确定为：以海洋、水产学科为显著特色的综合性研究型大学。其中，综合性是基础，是知识经济时代科学技术发展的需要，也是21世纪培养高素质人才的需要。深厚的文化底蕴和强大的特色学科是创建高水平特色大学必不可少的条件。研究型是核心，特色大学要把科学研究放在突出位置，要通过重大科技创新来为我国生产力的发展和综合国力的提高作贡献，从而强化特色学科的学术地位，保持特色学科的领先水平。特色（优势）学科是标志，特色大学的优势学科应是世界一流的学科，无论是专业布局、学科结构，还是学术水平、师资队伍、实验基地都代表着本学科发展方向及趋势，是国内公认、国际知名的学科群体，是学校的标志和象征。

他说，关于新一轮校内管理体制改革主要有三项内容：一是学科整合与院系调整，二是后勤社会化，三是以分配制度为核心的人事制度改革。众所周知，人才资源是高校的第一资源，未来高校的生存、发展、提高主要取决于是否拥有一支高水平高素质的师资队伍。我们要建设一支结构合理、富有理想、事业心强、具有良好师德和创新能力的师资队伍，以适应新世纪新形势和学校事业发展的需要，就必须对传统的分配制度进行彻底改革，这也是国内外大环境和校内客观情况使然。目前学校人事制度改革方案已初步形成，尚需进一步论证，其基本思路是在严格定编定岗的基础上，打破职务和身份的终身制，教师实现真正意义上的聘任制，干部实行教育职员制，工人实行合同制；实现优劳优酬，能者有其位，庸者无岗位。

3月

1日　水产学院副院长、博士生导师、"长江学者奖励计划"特聘教授宋微波被评为1999年山东省十大中青年科技专家，海洋环境学院院长、博士生导师田纪伟被评为1999年山东省十大杰出留学科技专家。

6日　党委书记冯瑞龙主持召开党外人士情况通报会，通报学校2000年要重点抓好的推进高水平特色大学建设、深化校内管理体制改革、深入开展"三讲"教育、搞好校园文明建设检查评估等主要工作安排。张正斌、钱树本、梅宁、孙孚、且钟禹等党外人士先后发言，表示支持学校本年度的工作安排，并就抢抓机遇、加快发展积极献计献策。

20日　学校发文，任命潘克厚为科学技术处处长。

21日　管华诗校长主持召开党政联席（扩大）会议。开会前，在他提议下，与会者每人随机选定一个教室听一节课。大家在汇总听课情况时认为，学校的课堂教学情况总体上是好的，但也存在一些问题。管华诗校长在与大家交流后指出，向课堂要质量关键在于不断深化教学改革，千方百计调动教师的积极性。全校教师一定要努力把先进的教育思想、观念融入课堂，把教学改革的成果搬进课堂，把最先进的科学知识和发展动态引入课堂，以高质量的课堂教学来保证和提升整体教育质量，进而确保人才培养的质量。

同日　学校发文，任命翟世奎为海洋地球科学学院院长。

28日　学校发文，任命董双林为水产学院院长。

同日　全国优秀教师、海洋环境学院退休教授周天华因病逝世，终年65岁。

4月

3日　中共山东省委高校工委发文，表彰1999年度高校先进基层党组织和高校优秀共产党员、优秀党务工作者。化学化工学院党总支、"东方红2"船党支部获高校先进基层党组织称号，戴继勋、李扬、徐国君、范洪涛、王筱利、徐天真获高校优秀共产党员称号，赵新民、魏世江获高校优秀党务工作者称号。

5日　青岛海洋大学和山东大学分别组队，在青岛和济南两地通过ATM宽带网络教学系统，成功地进行了一场别开生面的大学生网上辩论赛，此举开国内高校先河。

6日　"海大论坛"创办仪式暨首场报告会在逸夫馆多功能厅举行。中国工程院院士、山东省政协副主席、山东省科协主席、九届全国人大代表管华诗校长作首场报告。

他以崭新的观念、独特的视角全方位地阐述了创新能力的培养问题，并以中国高等教育改革与发展的趋势为背景，展望了青岛海大建设高水平特色大学的宏伟蓝图。管校长的演讲旁征博引、热情洋溢，赢得大学生们的热烈掌声。

7日　水产学院宋微波受聘学校首位"长江学者奖励计划"特聘教授上岗仪式在逸夫馆举行。根据《高等学校特聘教授岗位制度实施办法》，经"长江学者奖励计划"专家评审委员会审定，宋微波被确定为117位"长江学者奖励计划"第二批特聘教授之一，被聘为水产养殖学科特聘教授，成为山东省第一批正式上岗的特聘教授。

宋微波（1958—　），1982年山东海洋学院本科毕业，1985年获硕士学位，1989年获德国波恩大学博士学位。主要从事原生动物的细胞发生学、系统学与形态分类学、病害学以及生态学等方面的研究。十几年间，先后主持完成了包括国家杰出青年基金、国家自然科学基金等在内的近10项课题，成果填补了国内外相关领域的多项空白。主持完成的"我国北方海区养殖水体中危害性纤毛虫研究"获1997年国家海洋局科技进步成果一等奖，"海洋与淡水中纤毛虫原生动物的基础生物学研究"获1999年教育部科技进步成果一等奖。

10日　学校发文，成立基础教育中心，由计算机基础部、社科部和体育部组成；应用数学系从海尔经贸学院中分离出来，独立建制。

13日　校党委发文：魏世江任党委宣传部部长，王磊任基础教育中心党总支书记，吴力群任海洋生命学院党总支书记，姚云玲任应用数学系党总支书记，徐天真任图书馆党总支代理书记，赵新民任机关党总支书记（兼）。

14日　学校发文，任命徐天真为图书馆馆长（兼），李凤岐为学报编辑部主任，王洪欣为高教研究室主任，王磊为基础教育中心主任，陈永兴为规划建设处处长，张彦臣为监察审计处处长。

同日　教育部"高等学校优秀青年教师教学科研奖励计划"公布，海洋遥感研究所陈戈教授获得此奖项，奖励时间从1999年至2003年，年度奖励经费10万元，共计50万元。1999年度全国获得该计划资助的专家共有100位，山东省仅有3位。陈戈教授是学校获得该计划资助的第一位专家，也是青岛市唯一的一位。

17日　校部机关改革工作大会在逸夫馆召开，管华诗校长主持大会，全校副科级以上党政管理干部，各院正、副院长等300余人与会。会议公布了经中共青岛海洋大学第七届委员会第二次全体会议讨论通过的《青岛海洋大学校部机关改革方案》和关于公开招聘部分管理干部、科级党政管理干部聘任上岗的有关文件，标志着以校部机关改革为启动点的新一轮校内管理体制改革正式拉开帷幕。

本次校部机关改革的指导思想是，以邓小平理论为指导，解放思想，转变观念，进一步调整和精简校部党政管理机构和人员，优化人员结构，压缩管理编制，做到减员增效，形成"能进能出、能上能下、能高能低"的竞争机制，全面提高学校的办学效益和整体水平，为建设高水平特色大学奠定良好的基础。改革的目标是，合理配置和优化教育人力资源，进一步明确各部门职责，理顺工作关系，改变目前机构重叠、队伍臃肿、效率不高的状况，建立起以竞争上岗、定岗聘用为主要内容的新型用人机制。改革的原则是，精兵简政、精干高效，强化岗位、淡化身份，按需设岗、公开竞争、择优聘用。通过新一轮校部机关改革，学校党政管理机构、人员将有较大幅度的调整和精简：校专职党政管理人员由383人精简到281人；校部机构减少10个，减少34.5%；科室由30个精简到23个；校部机关总人数由248人精简到177人，其中干部人数由200人精简到166人，即处级职数由68人精简到57人、科级职数由49人增加到60人、科员人数由83人精简到49人，工勤人员人数由48人精简到11人。从而使全校专职党政管理人员占全校教职工总数的比例由20.6%下降到15.1%；校部机关人数占全校教职工总数的比例由13.1%下降到9.5%。

党委书记冯瑞龙在大会上指出，学校正处在改革和发展的关键时期，深化内部管理体制改革是国家对高等学校的要求，也是我们谋求发展的必由之路。早改革，早主动；晚改革，就被动；不改革，无出路。这次公布和实施的校部机关改革方案，是去年机关改革的继续。其他如用人制度、分配制度改革等方案经教代会审议后，争取下半年实行。

同日　由教育部考试中心和英国剑桥大学主办、外国语学院承办的BEO（商务英语）、MSE（剑桥英语五级证书考试）口试考官组长会议在青岛海大举行。来自英国剑桥大学及澳大利亚、泰国、韩国等国的语言测试专家、教育部考试中心有关领导及全国62个BEO考点的主考、主任或考官参加会议。

18日　山东省教委副主任、曲阜师范大学校长、博士生导师齐涛受聘学校客座教授。晚上，齐涛在"海大论坛"作题为《中国历史与中国人》的演讲，受到大学生的好评。

19日　学校召开本科教学优秀学校评价迎评工作试点动员大会，会议明确提出"争创海大本科教学国优品牌"的口号，并以此作为进一步提高本科教学质量的目标，夯实建设高水平特色大学基础。党委书记冯瑞龙在讲话中说，进行教学评优工作是学校事业发展的内在需要，是学校教学改革、教学建设、教学管理发展到现阶段的自我诊断、自我完善、自我提高，是推动学校本科教学迈上新台阶的大好机遇。学校本科教学优秀学校评价迎评工作应该把着力点放在人才培养上，经过几代海大人的努力，我们已经形成了良好的学风，在社会上享有"学在海大"的美誉，可以说"海大品牌"已经存在了，通过这次迎评工作就是要"创国优"。侯家龙副校长作《统一认识，讲究实效，评创结合，抓好试点》的主题讲话。1996年国家教委启动了对本科教学进行评价的工作，评价的形式有三种：合格、优秀和随机性水平评价。合格评价是针对一些建校历史比较短的学校，主要是改革开放后新成立的普通高等院校或专升本的学校；优秀评价主要针对本科教育历史较长、基础较好、工作水平较高的学校；在这两类学校以外，教育部将进行随机抽查。1998年学校正式向教育部提出了在2001年下半年进行本科教学优秀学校评价的申请，得到批准。

21日　历时两天的青岛海洋大学2000年春季田径运动会在大学路体育场圆满闭幕。海洋生命学院王成打破青岛市普通高校男子撑竿跳高纪录。

30日　庆祝海洋生命学院建置70周年庆典大会在逸夫馆召开。中国工程院院士、校长管华诗到会讲话，充分肯定了海洋生命学院在学校建立和发展过程中的重要历史地位与在教学科研中作出的巨大贡献。曾呈奎、文圣常、刘瑞玉、袁业立、冯士筰、赵法箴、唐启升、张福绥等在青的两院院士参加了庆典大会。会前，这9位院士还题词向海洋生命学院70华诞表示祝贺。海洋生命学院是我国最早建立和最重要的海洋生物人才培养基地之一，其前身是1930年成立的国立青岛大学理学院生物系，以后历经国立山东大学生物系、山东海洋学院生物系、青岛海洋大学海洋生物系，1994年成立海洋生命学院。

5月

9日　以淄博市人大常委会副主任韩其诰为组长的山东省高校"三讲"教育巡视组一行6人进驻学校并开始工作。

在县处级以上党政领导班子和领导干部中深入开展以"讲学习、讲政治、讲正气"为主要内容的党性党风教育，是党中央面向新世纪全面推进党的建设新的伟大工程的一项重大举措，对从整体上提高领导班子和领导干部队伍素质，坚持党的基本路线，增强党组织的战斗力、凝聚力，加强党同人民群众的联系，确保我国跨世纪发展目标的实现，都具有重大的现实意义和深远的历史意义。按照中共中央、教育部党组和山东省委高校工委的文件要求与工作部署，校级领导班子和117名处级以上党员领导干部将参加"三讲"教育。

12日　学校召开"三讲"教育动员大会。党委书记冯瑞龙指出，我们一定要从事关党和国家前途命运的高度，事关学校改革、发展、稳定的高度，统一认识，积极行动起来，切实搞好"三讲"教育，不辜负教育部党组和山东省委高校工委对我们的要求，不辜负全校师生员工对我们的期盼。党委副书记王庆仁传达了《中共山东省委关于在全省高等学校领导班子、领导干部中深入开展"三讲"教育的实施意见》。按上级文件要求和学校党委安排，学校"三讲"教育历时10周，分四个阶段进行。第一阶段为"思想发动，学习提高"，主要任务是学习理论，统一认识，征求意见；第二阶段为"自我剖析，听取意见"，主要任务是查摆问题，民主测评；第三阶段为"交流思想，开展批评"，主要任务是在校党政班子内交流自我剖析情况，开展批评与自我批评；第四阶段为"认真整改，巩固成果"，主要任务是根据全校师生员工提出的意见、建议，对工作中存在的主要问题进行梳理、整改。

22日　党委书记冯瑞龙召集有关部门负责人，进一步学习领会《关于认真学习江泽民同志在江浙沪等视察时的重要讲话的通知》，就全校兴起学习"三个代表"重要论述的热潮作出具体安排。

冯瑞龙在阐述了学习"三个代表"重要思想的重要性后指出，学校各级党组织要把对"三个代表"的学习作为本学期政治理论教育的重要内容，在全校广大党员干部和师生员工的各个层面广泛开展。在学习过程中，要与校级、处级干部的"三讲"教育结合起来，与学习江总书记《关于教育问题的谈话》结合起来，与加强和改进学校思想政治工作结合起来，与建设一支高素质的干部队伍结合起来，与党的组织生活会结合起来，与"两课"教学结合起来。

25日　按照《青岛海洋大学校部机关改革方案》的要求，学校下发《关于科级以下党政管理干部聘任上岗意见》，此次聘任上岗的科级以下专职党政管理岗位共73个，其中校部机关科员岗位45个、教学科研及直属业务单位科员岗位28个。

26日　学校发文，应用数学系改名为数学系；任命朱胜凯兼任会计服务中心主任。

本月　2000年全国英语专业八级考试成绩揭晓，外国语学院英语1996级取得了一次通过率91%的优异成绩，比全国综合性大学平均成绩高出29.9个百分点，比全国普通高校平均成绩高出35.4个百分点，是学校历史最好成绩。

6月

22日　第四届赫崇本优秀学生奖学金在物理海洋研究所颁奖，有6名同学获得本届奖学金，其中海洋1996级袁绍宇获一等奖，得奖金2000元；气象1996级钟霖浩、气象1997级姜治娜获二等奖，各得奖金1200元；气象1998级刘衍、海洋1998级张钰、海洋

1997级李强获得三等奖，各得奖金800元。

同日　学校发文，任命白锦栋为数学系主任。

24日　中共山东省委常委、青岛市委书记张惠来到校考察工作。在党委书记冯瑞龙、校长管华诗等陪同下，他参观了海洋遥感研究所、物理海洋研究所、海洋药物工程技术研究中心和水产养殖实验室，并表示将积极支持青岛海大创建高水平特色大学。

30日　2000年青岛海洋大学博士、硕士学位授予仪式在逸夫馆多功能厅举行，文凡等25人被授予博士学位，李培良等163人被授予硕士学位。今年是学校实施研究生论文盲评制度的第三年，研究生论文水平有大幅度提高，取得学位的研究生发表相关论文由上年的人均1.84篇上升到3.6篇，被SCI、EI收录文章的人均数也比上年增加了1.3倍。

7月

1日　2000届毕业生离校。本届毕业生共有1486名，其中本科生1247名、专科生111名、硕士生107名、博士生21名。

4日　党委发文，吕铭任代理团委书记，丁灿雄任妇女工作委员会常务副主任。

11日　学校发文，任命于志刚为校长助理。

15日　由学校与国家海洋局共建的全国海洋观教育基地在逸夫馆揭牌，中国工程院院士、校长管华诗和国家海洋局局长王曙光担任教育基地领导小组组长。揭牌当天，主题为《海洋——中国可持续发展的新天地》的大型展览同时开展，数千名社会各界人士前来参观。

17日　作为中国百支博士团"三下乡"志愿服务活动之一，由水产学院博士生导师武云飞教授为指导教师组成的六人博士团，启程赴青海省海西蒙古族、藏族自治州进行为期半个月的科技扶贫活动。今年学校共组织了14支重点服务队开展文化科技卫生"三下乡"活动，取得良好效果，学校连续12次获得全国先进单位称号。

21日　历时两天的青岛海洋大学第三届教职工代表大会第一次会议闭幕。与会代表对管华诗校长所作的题为《继往开来，锐意改革，为把我校建设成为高水平特色大学而努力奋斗》的报告以及《青岛海洋大学校内分配制度改革方案》等进行了讨论和审议后，一致通过了《青岛海洋大学第三届教职工代表大会第一次会议决议》和《青岛海洋大学教职工代表大会暂行条例（试行）》。

党委书记冯瑞龙致闭幕词时说，希望全校师生员工在改革的攻坚阶段、发展的关键时期，以高度的主人翁精神和责任感，良好的精神状态和求真务实的工作作风，团结一心，顽强拼搏，把高水平特色大学建设事业不断推向前进。

同日 "三讲"教育总结大会召开。历时两个多月的"三讲"集中教育，在山东省高校"三讲"办和山东省委、教育部党组驻校"三讲"巡视组的具体指导下，在校党委的领导下，顺利完成了各项任务，达到了预期目的。党委书记冯瑞龙在总结时指出，通过"三讲"教育，党员领导干部特别是校党政领导班子全体成员主要在五个方面有较明显的收获：一是受到了一次深刻的马克思主义理论教育，理想信念更加坚定，政治意识、大局意识、责任意识明显增强；二是推进了党的群众观点和群众路线的再教育，坚定了相信群众、依靠群众的决心和信心，增强了廉洁勤政、接受群众监督的自觉性；三是恢复和发扬了批评与自我批评的优良传统，领导干部经受了一次党内生活的严格考验，领导班子提高了解决自身问题的能力；四是激发了进取精神，促进了作风转变，有效地推动了当前各项工作；五是找准了党性党风方面和工作中存在的突出问题，制订了整改方案和措施，进一步明确了今后工作的主攻方向。

巡视组组长韩其诰高度评价学校"三讲"教育活动所取得的成效，他希望学校领导班子带领全校教职工，以"三讲"教育为动力，进一步解放思想，抓住机遇，把一个充满生机与活力的新青岛海大展现在世人面前。

同日 经国家人事部批准，董双林、张学成、徐定藩、王建国自1999年起享受政府特殊津贴。

24日 教育部部长陈至立在山东省副省长邵桂芳、青岛市市长王家瑞等陪同下来校考察。在逸夫馆八角厅，管华诗校长向陈部长作了工作汇报。邵桂芳副省长、王家瑞市长表示将积极支持青岛海大建设高水平特色大学。

陈至立在讲话中指出，青岛海洋大学是一所非常重要的大学，也是一所具有很强特色的大学，有高水平的研究成果，现在又拓展了许多人文学科，像与海洋有关的法学、管理学等，在保持特色的基础上，应更多地研究青岛市、山东省的发展需要，使得学科进一步拓展。

关于青岛海洋大学的发展定位，应是一所有特色的高水平大学。海大发展特色，异峰突起，争取在峰上有水平，在这个特色领域不断有所突破，代表国家到世界上去竞争。这样就需要投入，特别是目前发展的空间、内涵，包括学科建设、海洋研究需要很多现代化的设备，还要吸引人才、留住人才、培养人才。这种投入上的支持非常必要，教育部明年、后年，每年3500万元，应该没有问题。这样经过一段时间的投入，使得青岛海洋大学的硬件建设能够上去。当然，主要的是靠学校领导班子坚强有力的领导，靠全校师生员工的共同努力，也要靠山东省、青岛市的支持。

学校内部管理体制改革搞得很好，通过"三讲"有了新的深化。科技体制改革要搞，青岛有20多个海洋科研机构，分属于不同的部门，海大可以同这些科研机构进行合作，大家不要分你我，设备可以共用，研究人员和教学人员可以相互兼职，也可以招他们的研究生。

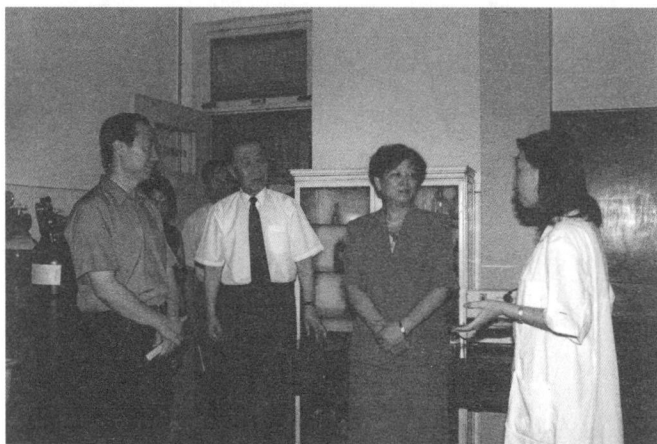

教育部部长陈至立（右二）来校视察

汇报会结束后，陈至立考察了物理海洋教育部重点实验室和海洋药物与食品研究所。

本月　教育部和国务院学位委员会公布评选结果，物理海洋学专业吴克俭荣获2000年全国优秀博士学位论文奖，其获奖的论文是《海浪的随机性、混乱性与局域性研究》。

8月

4日　新世纪海洋研究与开发战略国际研讨会在学校召开。国家海洋局局长王曙光，科技部基础司司长邵立勤，中国科学院院士曾呈奎、刘瑞玉，中国工程院院士袁业立、赵法箴，欧盟驻华代表团科技参赞Sanders及来自美国、日本等国的专家学者出席会议。王曙光作《海洋与21世纪》的报告。

17日　教育部公布60个研究机构为第三批教育部重点实验室，学校水产养殖实验室入选。

30日　学校召开全体教授、副处级以上干部大会。党委书记冯瑞龙在通报了暑期召开的学校党建和思想政治工作研讨会的情况后指出，面对新形势和新情况，要认真学习和贯彻中央思想政治工作会议和全国第九次高校党建会议精神。学校改革已到了攻坚阶段，我们要进一步增强政治意识、大局意识和责任意识，积极主动地做好稳定工作，为改革和发展提供有力保证。要进一步巩固"三讲"教育成果，认真落实整改措施，做好"回头看"工作，使"三讲"教育真正达到思想有明显提高、政治上有明显进步、作风上有明显转变、纪律上有明显增强。

管华诗校长结合第三次"崂山会议"形成的共识发表讲话。他在谈到高水平特色大学建设的目标和规划时指出，高水平特色大学的本质是"特色"二字，我们用了近半个世纪建设特色学科，赢得了国家和社会公认的特色，赢得了今天高水平特色大学的建设机遇。国家所要求的也是在海洋和水产学科特色上形成较高的显示度，能代表国家此方面的学术水平。今后我们仍将按这个方向继续努力，并站在国家需要的高度，面向21世纪来认识和理解新时期的海洋特色，要依托现有特色带动和发展新特色，力求使现有的海洋特色得到强化，达到世界水平，同时加快培育和发展新的海洋特色学科，使之很快在我国成为很有显示度的方向。除了具体的学科特色外，还应该使校园里充溢着海洋文化特色，有独特的文化底蕴。高水平是整体实力的体现，是特色建设的方向。主要体现在以下六个标志性指标中：一是教学质量高，没有高质量的学生就谈不上高水平的大学；二是必须有一流的学科，应有50%的学科达到或接近国际先进水平；三是要有标志性的人才；四是必须有一流的科研水平，要出震撼性成果，要有源头性的发现；五是必须有在国内叫得响的科技产业；六是要有一流的管理。

本月　从1996年开始创办国家海洋药物工程技术研究中心，经过3年多的建设，国家海洋药物工程技术研究中心通过科技部验收。

9月

4日　2000级研究生报到。本年学校研究生招收数量有了突破性进展，共招收博士研究生108人、硕士研究生349人、工程硕士生72人，总数达到了529人，比上年增加九成多。

13日　学校工程学院1997届毕业生、海军北海舰队炸礁队助理工程师郝文平执行任务时壮烈牺牲，被追记二等功、追认革命烈士。郝文平的事迹在学校引起强烈反响，校党委发出《关于在全校师生员工中开展向郝文平烈士学习的决定》，校长管华诗题词"向郝文平同志学习，做新世纪有为青年"。学校通过邀请郝文平烈士生前所在部队首长和战友来校作专题报告，举行纪念郝文平烈士座谈会，利用校报、广播、宣传栏等广泛宣传郝文平烈士事迹，在全体毕业生中开展"学习优秀毕业生郝文平"活动，在全体共青团员中开展"学习郝文平烈士，做新时期优秀共青团员"活动，在工程学院中命名"郝文平班"，海鸥剧社推出新编话剧《海大英烈郝文平》等，大力开展向郝文平烈士学习活动，产生了广泛的影响，收到了显著的效果。

郝文平（1973—2000），安徽省太湖县人。1993年9月考入学校工程学院土木工程系港口航道与海岸工程专业，曾任班长，并在班里首批入党。1997年7月毕业后入伍，成为海军北海舰队炸礁队技术员。3年来，从长江三峡、秦山核电站到旅顺军港，郝文平负责的每一项工程，几乎无一例外地被评为"金牌"工程。2000年9月13日下午，在宁波万吨轮码头施工中，为保护施工船只的安全，郝文平与突袭而来的强台风搏斗近1个小时，直至壮烈牺牲，年仅27岁。

18日　学校发文，任命魏世江兼任新闻中心主任，李学伦任出版社社长。

23日　2000级学生开学典礼暨军训阅兵式在鱼山校区操场举行。管华诗校长与中国人民解放军54685部队副部队长冯育军少将乘阅兵车检阅受训队伍。学校党委书记冯瑞龙殷切希望新生努力学习，尊重师长，团结勤奋，实践创新，不断提高自身的思想素质和文化素质，努力成为高素质创新型人才，为新世纪祖国的繁荣富强作出贡献。学校2000年在祖国大陆（内地）共招收本科生2125人，首次招收台湾省学生1人、澳门特区学生5人。高等职业技术学院共招生466人。随着建设高水平特色大学规划的实施和对外宣传力度的加大，学校今年的生源质量明显好于往年，共有51人获得了优秀新生奖学金，奖金总额15万多元，为历年之最。

同日　美国德拉华大学遥感中心常务主任、终身教授严晓海博士，受聘学校"长江学者奖励计划"海洋遥感学科讲座教授聘任仪式在逸夫馆举行。这是自1999年"长江学者奖励计划"实施以来，驻鲁高校首位上岗的讲座教授。

同日　2000年度何梁何利基金奖评选结果揭晓，中国科学院院士文圣常教授荣获何梁何利基金科学与技术进步奖。文圣常先生把获得的20万港元奖金的一半捐给学校，用于奖励优秀学生和资助特困大学生，另一半则捐给豫南革命老区光山县，用于家乡的"希望工程"。

何梁何利基金是1994年在香港注册成立的科技奖励基金，其宗旨是通过奖励取得杰出成就的我国科技工作者，倡导尊重知识、尊重人才、崇尚科学的良好社会风尚，激励科技工作者不断攀登科学技术高峰，加速国家现代化建设。基金设科学与技术进步奖，奖励在自然科学的某一领域取得重大发明、发现和科技成果者。

24日　中共山东省委组织部、宣传部、高校工委和省教育厅党组发文，授予青岛海洋大学1998—2000年党的建设和思想政治工作先进高校称号，授予海洋地球科学学院党总支书记赵庆礼、党委校长办公室副主任张静、党委校长办公室秘书陈鹭和社科部教授王安东山东省高校党的建设和思想政治教育先进工作者称号。

10月

13日　教育部复函山东省人民政府，同意共建青岛海洋大学。函件全文如下：

你省《关于共建青岛海洋大学的函》收悉。经研究，现回复意见如下：

一、原则同意你省提出的由教育部、山东省人民政府、国家海洋局、青岛市人民政府对青岛海洋大学实施共建，以发挥青岛海洋大学的特色和优势，提高其办学水平和效益，优化国家海洋科教资源，并与驻青岛的相关海洋科研单位加强紧密合作的意见。二、根据国务院部门履行职能的规程和惯例，共建协议可先以三年为期。到协议执行后期，可依据当时情势新签、续签或发文顺延执行。三、共建协议的正式签署，需待我部商财政部、国家计委对直属高校的预算作出整体安排后，与有关省市的若干所高校一并操作。

根据李岚清副总理1999年12月的指示精神，2000年1月召开的第二次"崂山会议"对学校的发展定位作出了新的规划，并积极促成四家达成共建协议。7月24日，教育部部长陈至立来校视察，对学校建设高水平特色大学的思路、做法表示充分肯定和大力支持，山东省副省长邵桂芳、青岛市市长王家瑞也积极表态支持海大建设高水平特色大学，至此四家共建形成共识。随后，山东省人民政府向教育部呈送了《关于共建青岛海洋大学的函》。

20日 由学校承担的国家"九五"重点科技攻关项目"含油废水凝油处理剂的研究"，通过山东省科技厅（受科技部委托）组织的专家鉴定和验收。鉴定意见认为：该专题研制的凝油剂和集油剂经验索均属创新产品，具有凝、集油品种多，凝油速度快，集油能力强，无毒，无二次污染和原料丰富易得等优点，其综合性能已跻身国际先进行列，对于海洋环境保护和油污染治理具有重大意义，有着广阔的应用前景。

25日 校园文明建设检查评估总结大会举行。山东省委高校工委、山东省教育厅高校校园文明建设检查评估组组长、山东工程学院原院长许万敬宣布，青岛海大校园文明建设达到了优秀标准，在全省已评估过的30多所高校中得分最高、建设最好。山东省委高校工委副书记、山东省教育厅副厅长田建国把学校校园文明建设的成果高度概括为"海大现象"和"海大精神"。

从22日开始，山东省委高校工委、山东省教育厅高校校园文明建设检查评估组对学校校园文明建设工作进行检查评估。检查组听取了党委副书记李耀臻代表学校作的工作汇报，观看了反映建设情况的专题电视片，并分成3个检查评估组通过实地察看、个别访谈、问卷调查、测验和听课、查阅档案资料以及观看《蓝色的辉煌》文艺晚会等，对学校的校园文明建设工作有了较为全面、深入的了解。经过认真测算、评议，检查组提出以下评估意见。

1. 青岛海大高度重视校园文明建设和检查评估工作，把这项工作作为促进精神文明建设、全面提高教学质量和办学水平的跨世纪工程来抓。通过多种形式的宣传、教育，开展丰富多彩的创建活动，调动广大师生的积极性、主动性，形成了共创文明校园的局面。

2. 青岛海大成立了专门的领导小组和工作机构，党政主要领导亲自负责，全面领导、检查、督导、落实校园文明建设的每项工作。制定了清晰新颖的工作思路，采取了扎实有力的措施，同时加强硬件和软件建设，实现了高起点、高标准、高品位、高水平的目标。

3. 经过建设，青岛海大校园面貌发生了巨大变化，师生精神面貌焕然一新，思想道德素质和文明素质显著提高。校园环境整洁优美、格调优雅、安全有序。景观建设高雅别致，体现了学校的悠久历史和鲜明特色。绿化工作规划科学、养护良好。道路、教室、办公室、实验室、图书馆、食堂、学生公寓干净整齐。学生管理工作严格规范，学生文明礼貌，课余文化娱乐活动丰富多彩。宣传、文化设施高标、齐全、效果良好。迎评工作组织周密、部署严谨、认真细致、氛围浓郁。

4. 青岛海大校园文明建设达到了优秀标准。

学校校园文明建设检查评估（复审）汇报会

26日　经教育部和海军司令部批准，由学校和国家海洋局第一海洋研究所、海军司令部航海保证部联合举办的首期（海洋）工程硕士班开班。首期硕士班共有学员21人。

28日　中国台湾著名作家刘墉应"海大论坛"之邀，在青岛市人民会堂作了题为《爱的变化与飞扬》的演讲，受到大学生的欢迎。

11月

8日　由青岛海洋大学与科技部中国农村技术开发中心联合主办，历时2天的中日韩第二届东海、黄海国际学术研讨会在逸夫馆闭幕。来自3个国家的几十位专家学者就东海、黄海的水产养殖与养殖环境等方面的研究进展情况进行了广泛深入的交流，并提出了许多新方法和新思路。

9日　首届海洋类和水产类本硕连读强化班开班典礼举行。这两个班分别由39人和26人组成，都是通过考试从2000级新生中选拔出来的优秀学生。按规定，他们将用6年时间一直读完大学本科和硕士研究生课程，直接申请硕士学位。

16日　学校发文，任命张士璀为海洋生命学院院长。

17日　学校"长江学者奖励计划"特聘教授第三人上岗，管华诗校长向北京生物医药研究所所长崔承彬教授颁发海洋药物学科特聘教授聘书。

21日　学校发文，任命徐祥民为法学院院长。

26日　我国3所海洋大学在湛江"牵手"，青岛海洋大学副校长麦康森、台湾海洋大学副校长陈幸臣、湛江海洋大学校长胡日章在学术交流与合作协议书上签字。根据协议，3所大学将在学术研究、图书与教育信息交流、教师互访、交换学生、联合主办国内外学术研讨会和联合培养研究生等6个方面开展交流与合作，共同促进我国海洋科教事业的发展。

12月

1日　校园文明建设检查评估工作总结表彰大会在逸夫馆多功能厅召开，共有45个先进集体、169名先进教职工、150名先进学生和110个先进宿舍受到表彰。党委书记冯瑞龙、校长管华诗先后讲话，指出巩固校园文明建设取得的成果已成为每一位海大人的强烈要求，各级领导、各个单位都有责任来巩固和维护全校师生为之付出大量心血换来的成果，使之发扬光大，在高水平特色大学建设中发挥基础性作用。

6日　在吸取北京大学、清华大学等高校改革经验的基础上，结合学校的实际情况，经过1年多的酝酿讨论并在7个学院进行试点，又吸取了方方面面的意见和建议后，学校人事分配制度改革正式启动。管华诗校长在大会上说："我们要通过人事分配制度改革，体现对人才资源价值的尊重，赢得全校教职工的奉献精神。"

这次校内人事分配制度改革的力度与北京大学、清华大学相当，改革以实行岗位聘任和岗位津贴制度为主要内容。坚持按照淡化身份、强化岗位，按需设岗、公开招聘，平等竞争、择优聘任，精干高效、满负荷工作量等原则设置岗位。岗位设置分A、B、C类，每类3个级别。A类是校聘关键岗位，B类是院聘重点岗位，C是基础岗位。岗位津贴遵循效率优先、兼顾公平，按劳取酬、优劳优酬，以岗定薪、岗变薪变，存量不变、增量拉开的原则设置，基础津贴占30%，业绩津贴占70%。年津贴标准：A1岗5万元、A2岗4万元、A3岗3万元、B1岗2万元、B2岗1.5万元、B3岗1万元、C1岗0.8万元、C2岗0.5万元、C3岗0.3万元。同时，设立每年10万元的院士特别津贴。

学校按专业技术人员总数的15%设置校聘关键岗位、40%设置院聘重点岗位、35%设置基础岗位。由学校掌握10%左右的校聘关键岗位和院聘重点岗位，用于向国内外公开招聘优秀人才。在专业技术人员岗位聘任的同时，专职党政管理干部聘任工作亦启动。

7日　由教育部高等教育司和中国工业与应用数学学会共同组织的2000年"网易杯"

全国大学生数学建模竞赛颁奖仪式在北京举行，学校学生王君、贾东宁、李欣组成的参赛小组获得一等奖。

12日　学校1999—2000学年学生先进集体、先进个人表彰大会在逸夫馆举行。英语1998级姜瑜、海洋科学1998级张钰、生物技术1998级梁今、国际经济法1997级邱鸿坤荣获本年度校三好学生标兵称号。

27日　青岛海洋大学2000年教学工作会议召开。校长助理于志刚代表学校作《深化教学改革，争创国优品牌，为建设高水平特色大学作贡献》的报告。王萍、褚东升、刘文斌、高先池、徐国君、李扬等分别作关于"两课"教学改革、考试方法改革、实验实践教学改革、专业建设、多媒体课件制作等专题发言。

会议向获得2000年学校优秀教学成果、优秀教材、优秀教学研究论文的集体和个人颁发了荣誉证书。党委书记冯瑞龙在总结讲话时说，质量是立校之本，我们要以本科迎评创优工作为契机，以培养创新型人才为目的，力创本科教学国优品牌。

28日　第一届文苑奖学金颁奖仪式举行，海尔经贸学院李杨、海洋环境学院张钰、海洋生命学院梁今等3名品学兼优的本科生获奖，各得奖金5000元。

文苑奖学基金是学校以中国科学院院士文圣常贡献出的何梁何利基金科学与技术进步奖的部分奖金为基础，又注入部分资金，于2000年9月设立的，是当时学校额度最高的奖学金。

29日　国务院学位委员会下文，批准学校新增水产学科、环境科学与工程学科为博士学位授权一级学科，水生生物学、生态学、地图学和地理信息系统、环境工程、捕捞学为博士学位授权专业。另外，学校还获准新增国际贸易学、国际法学、日语语言文学、细胞生物学、工程热物理、通信与信息系统、食品科学、药物化学、地球化学、遗传学、防灾减灾工程及防护工程等为硕士学位授权专业。

本月　天泰跨世纪优秀人才奖暨天泰奖学金颁奖仪式在逸夫馆举行。李琪、赵广涛、薛长湖、张德禄、张士璀、梅宁、谢树森、王伟、张勤生、左军成、王修林、黄亚平等12名教师荣获跨世纪优秀人才奖；邱鸿坤等21名三好学生标兵和品学兼优家庭生活困难的学生获得了本次天泰奖学金。

本年　"东方红2"船共出海作业15个航次，其中执行学生海上实习任务8个航次、国家基金项目973海洋环境生态调查2个航次、国际海底光缆中国段路由勘察3个航次、海上海洋仪器试验2个航次。登船进行海洋实习的研究生、本科生达630人，进行科学考察的科学家和科考队员达250人。海上作业187天，安全航行了15662海里。

本年 经校专业技术职务任职资格评审委员会审议通过，2000年共有28人获正高级专业技术职务任职资格，他们是钱成春、董顺乐、赵犁丰、王江涛、杨官品、栾光忠、刘怀山、周辉、李琪、高天翔、江晓路、王淼、李承梅、孟华、李春荣、孙晓光、曲君绪、曲维政、王庆仁、周旋、魏世江、符瑞文、陈晓明、王兴铸、董淑慧、刘贵聚、戴华、汤连娣。

本年 据上报教育部的《普通高校基层报表》统计，学校共有全日制本科专业38个、博士点10个、硕士点28个、博士后流动站5个。在校学生总数为8015人，其中博士生264人、硕士生660人、普通本科生6609人、普通专科生482人、成人教育本科生3073人、成人教育专科生747人。另有在校留学生254人。在校教职工1888人，专任教师633人，其中教授159人、副教授166人。

本年 学校科研成果获奖情况（省部级三等奖以上）见表14。

表14 2000年学校科研成果获奖情况（省部级三等奖以上）

序号	项目名称	获奖情况	主要完成人
1	大型海藻生物技术研究及其应用	国家科技进步二等奖	戴继勋　张学成　崔竞进
2	中国沿岸现代海平面变化及其应用研究	国家科技进步二等奖	陈宗镛　郑文振　左军成
3	海浪统计理论与海浪研究	中国高校科技奖一等奖	孙　孚　管长龙　丁平兴
4	对虾养殖白斑症病毒的研究	中国高校科技奖一等奖	战文斌　王远红　周　丽
5	海洋界面化学	中国高校科技奖二等奖	张正斌　王修林　刘莲生
6	热带太平洋环流中几个重要问题的研究	中国高校科技奖二等奖	吴德星　孙即霖　王　凡
7	时滞微分方程和差分方程的定性分析	中国高校科技奖二等奖	张炳根　周　勇　杨　博
8	对虾苗期细菌病毒诊断与控制：养殖环境、技术与虾苗健康的关系	中国高校科技奖二等奖	徐怀恕　杨学宋　李　筠
9	对虾白斑症（WSSV）病毒的流行病学与检测诊断技术研究	国家海洋局海洋创新成果二等奖	战文斌　福田颖穗　王远红

序号	项目名称	获奖情况	主要完成人
10	时滞差分方程和微分方程的振动理论	山东省科技进步二等奖	张炳根
11	天然海洋生物硒制品的开发研究	山东省科技进步二等奖	毛文君　李　翊　李八方
12	珍稀濒危动物文昌鱼的生殖发育和保护生物学	山东省科技进步三等奖	张士璀　李国荣　吴贤汉
13	《海洋文化概论》	山东省社会科学优秀成果二等奖	曲金良
14	《语篇连贯研究纵横谈》	山东省社会科学优秀成果二等奖	张德禄

2001年

1月

9日　教育部71所直属高校党委书记、校长参加的教育部直属高校工作咨询委员会第11次全体会议在北京人民大会堂举行。校长管华诗作大会发言，介绍学校高水平特色大学建设的情况。他指出，所谓高水平特色大学，是指这样一类大学：就总体规模和实力而言，它们比不上少数名牌大学，但它们具有较长的发展历史，形成了深厚的文化底蕴；学科设置较为齐全，规模适中，办学质量与水平受到社会广泛认可；在此基础上，有特色鲜明、优势突出的学科群和学科方向，相对集中了一批该学科领域造诣深、贡献大的知名学者和代表人物，建有优化合理的人才梯队，建成了国内最先进的具有学科特色的教学科研支撑体系；特色学科的学术水平、人才培养和创新能力居于国内领先、国际先进地位。就青岛海洋大学而言，建设高水平特色大学就是要建设以海洋和水产为显著特色的高水平综合性大学。管校长同时就学校高水平特色大学的学科发展思路和目标作了阐述。他指出，学校的学科发展思路是：强化发展特色，协调发展综合，以特色带动综合，以综合强化特色；学校的发展目标是：经过一段时间的努力，使学校人才培养质量大跨度提高，海洋和水产等优势学科的整体力量和主要研究领域达到国际先进水平，某些方向处于国际领先水平，整体办学实力居国内高校先进列。管校长的发言引起高教界的重视，高水平特色大学的概念、思路和做法得到教育行政部门的肯定。

10日　《中共青岛海洋大学委员会关于处级干部年度考核的实施意见（试行）》公布执行。学校对专职正、副处级党政管理干部（不包括处级调研员）从德、能、勤、绩4个方面进行考核，重点考核德和绩。考核结果分为优秀、称职、基本称职、不称职4个等次。

2月

13日　科技部副部长李学勇来校考察，对学校的科研工作给予高度评价，并希望学校在海洋研究方面有更大的突破。

15日　《教育部、山东省人民政府、国家海洋局、青岛市人民政府关于重点共建青岛海洋大学的决定》下发。其要点为：（1）重点共建青岛海洋大学旨在促进该校各项事业的改革和发展，积极适应21世纪国家经济建设和社会发展的需要，不断提高教育质量和科研水平，努力成为我国海洋领域高水平创新人才培养、高新技术研究和成果转化、高层次决策咨询的重要基地，逐步将青岛海洋大学建成海洋学科特色鲜明并在国内外有重要影响的高水平大学。（2）青岛海洋大学仍为教育部直属学校。（3）青岛海洋大学校级领导班子的管理和任免，按中共中央组织部和中共教育部党组的有关规定执行。（4）教育部和山东省将积极推进青岛海洋大学参与山东省高校布局结构调整，优化教育资源配置，为提高山东省高等教育的整体水平和办校效益发挥龙头和示范作用。（5）除对学校的正常经费安排和山东省承诺拨付的"211工程"建设经费外，在2001—2003年，教育部、山东省、国家海洋局和青岛市将分别向青岛海洋大学投入建设经费1.05亿元、0.15亿元、0.9亿元和0.9亿元人民币。其中，教育部2001—2003年每年投入3500万元；山东省每年投入500万元；国家海洋局每年投入3000万元；青岛市每年投入3000万元。2003年后，各方将根据学校改革和发展的情况，采取续签协议或其他方式继续给予必要的支持。学校可据此制订重点建设项目规划，经教育部、山东省政府、国家海洋局、青岛市政府审定后实施。（6）教育部、山东省政府、国家海洋局和青岛市政府依据《中华人民共和国高等教育法》，积极创造条件，支持和鼓励青岛海洋大学进一步深化校内管理体制改革，建设并完善自我发展、自我约束的运行机制，最终实现面向社会依法自主办学。（7）由原国家教委和山东省人民政府共同制定的《国家教育委员会和山东省人民政府关于共同建设山东大学和青岛海洋大学实行双重领导联合办学的意见》继续有效。

18日　学校水产养殖专家、教授王如才被科技部授予"863计划"有突出贡献的先进个人。在国家科学技术奖励大会上，受到了江泽民、朱镕基等党和国家领导人的接见。他还于2001年4月被山东省政府授予农业科技先进个人并荣立一等功。王如才教授从事贝类学和贝类养殖学教学与科研工作已达44年，他主持完成了"863计划"项目牡蛎三倍体育苗与养殖技术研究，从而荣获国家突出贡献个人奖。

19日　中共中央、国务院隆重举行2000年度国家科学技术奖励大会，重奖中国科学院院士吴文俊、中国工程院院士袁隆平等一大批科技精英及其取得的创新成果。其中，学校两项成果荣获国家科学技术进步二等奖，项目代表戴继勋教授、陈宗镛教授赴京参加奖励大会并受到党和国家领导人接见。这两项成果分别是"大型海藻生物技术研究及其应用""中国沿岸现代海平面变化及其应用研究"。

从2000年起设立国家最高科学技术奖，对为科学技术发展作出杰出贡献的科学家给予最高荣誉奖励，是党中央、国务院作出的重要决定。

22日　新学期开学第一天，两个校区同时开展"校园拒绝邪教"万人签名活动，校党政领导冯瑞龙等同广大师生一起参加了活动。党委副书记李耀臻在活动仪式上讲话，要求广大师生充分认识同"法轮功"邪教组织斗争的长期性、复杂性，积极行动起来，崇尚科学，传播文明，自觉抵制伪科学、反科学的言行。

23日 学校召开副处级以上干部、教授300多人参加的新学期教师、干部大会，党委书记冯瑞龙总结了2000年的主要工作，并就今年党政工作作出部署。管华诗校长发表重要讲话，针对即将推出实施的四家共建海大的方案，要求全校各级干部和广大教职员工，珍惜千载难逢的发展机遇，进一步解放思想、更新观念、大胆探索、勇于实践，用良好的精神状态和科学态度，以及对学校事业高度的责任心，把各项工作落到实处，不断开创高水平特色大学建设的新局面。

27日 教育部、山东省人民政府、国家海洋局、青岛市人民政府在青岛市市级机关会议中心签署《关于共建青岛海洋大学的协议》。山东省、青岛市有关部门代表，海大各部门主要负责人和师生代表共1000人与会。教育部党组副书记、副部长吕福源，山东省副省长邵桂芳，国家海洋局副局长倪岳峰，青岛市政府主要领导代表四方在协议上签字并先后讲话。中国工程院院士、青岛海洋大学校长管华诗在讲话中表示，海大人一定会十分珍惜这难得的发展机遇，团结一心，深化改革，加快发展，扎实推进高水平特色大学建设，为我国的海洋科教事业，为山东省、青岛市的经济和社会发展作出新的更大贡献。

教育部、山东省人民政府、国家海洋局、青岛市人民政府签署《关于共建青岛海洋大学的协议》

3月

1日 青岛市委、市政府召开大会，隆重命名表彰89名2000年青岛市专业技术拔尖人才，学校12人榜上有名，他们是张学成、张士璀（海洋生命学院）；陈戈、孟庆春、王宁（信息科学与工程学院）；徐肇廷、罗德海（海洋环境学院）；杨桂朋、王江涛

（化学化工学院）；战文斌（水产学院）；周辉（海洋地球科学学院）；张德禄（外国语学院）。

2日　学校发文，成立地震工程与地质工程研究所，冯启民任所长。

9日　首届12名教学督察员正式持证上岗，标志着学校教学督察工作启动。学校自1月起实施教学督察员制度。按规定，教学督察员必须具有高尚的师德、丰富的教学经验、较高的学术造诣和高度的责任心，并具有高级职称，每年聘任1次，每届任期1年。

19日　经校学位委员会审定通过，第五批博士生指导教师遴选结果公布，47位教授获得博士生导师资格，其中包括袁业立、张明高、谢世楞3位中国工程院院士。至此，学校共有博士生指导教师122人，其中中国科学院院士3人、中国工程院院士6人。

本次增列的博士生指导教师有38人。他们是：物理海洋学郭佩芳、王伟、张占海（兼），环境科学高会旺、张德贤、徐祥民，物理海洋学（海洋技术）刘新国、唐功友、姬光荣、林明森（兼），海洋化学于志刚，海洋生物学包振民、刘万顺、王清印（兼）、孙修勤（兼），生态学唐学玺、董良峰，海洋地质李广雪、孟凡顺、曹志敏、李巍然、业渝光（兼）、刘保华（兼），港口、海岸及近海工程梅宁，环境工程郑西来、孙英兰、李培英（兼）、倪岳峰（兼），水生生物学孙世春，水产养殖马甡、李琪，水产品加工及贮藏工程于文功、林洪、顾谦群、李八方，捕捞学张秀梅、梁振林，渔业资源金显仕（兼）。

认定同意转入学校的博士生指导教师有9人。他们是：物理海洋学袁业立（兼），物理海洋学（海洋技术）张明高（兼），环境科学崔作林（兼），环境工程冯启民，水产品加工及贮藏工程崔承彬、果德安（兼），海洋地质李乃胜（兼），港口、海岸及近海工程谢世楞（兼），渔业资源韩立民。

21日　学校召开会议，全国人大代表管华诗、刘新国传达九届全国人大四次会议精神。管华诗校长指出，学校贯彻落实这次会议精神，首要的是要进一步解放思想，转变观念，深入调整学科结构，积极稳妥地推进校内人事分配制度改革。他同时强调指出，发展是解决学校所有问题的关键，我们要紧紧盯住国内一流大学，采取有效措施，加快发展步伐，然后赶上他们。

同日　校内人事分配制度改革稳步推进，经各单位专业技术聘任委员会分会评议推荐、校聘任委员会评审，并经校聘关键岗位资格审定专家组审定，学校共有144人获得校聘关键岗位上岗资格。至5月24日，306位教师应聘学院重点岗位，其他序列上岗也陆续展开。获得首批校聘关键岗位上岗资格的144人名单如下。

第一层次（A1）：孙孚、田纪伟、刘秦玉、贺明霞、张正斌、徐怀恕、杨作升、翟世奎、董双林、麦康森、张德禄、徐祥民、张炳根、陈国华、王庆璋、刘万顺。

第二层次（A2）：罗德海、管长龙、吴德星、徐肇廷、徐德伦、王伟、吴增茂、孙文心、李凤岐、王宁、孟庆春、姬光荣、陈戈、唐功友、刘智深、王修林、戴继勋、张志南、张士璀、张学成、曹志敏、李广雪、王修田、战文斌、薛长湖、耿美玉、王如才、梁振林、林洪、张秀梅、孙健、刘子玉、徐国君、张德贤、冯启民、刘德辅、李华军、李庆祥、杨自俭、李志清、李扬、刘新国、乔爱玲、刘文斌、王安东、洪涛、于磊、冯天瑾、丁香乾、李永祺。

第三层次（A3）：郭佩芳、左军成、孙即霖、周发琇、高会旺、孙英兰、李琪（信息）、杨冠杰、郑荣儿、王汝霖、陈卫标、傅圣雪、张曼平、于志刚、李先国、李静、王江涛、包振民、唐学玺、杨官品、郑家声、韩宝芹、孟凡顺、郑西来、赵广涛、贾永刚、林振宏、李三忠、陈大刚、徐家敏、马牲、孙世春、李琪（水产）、于文功、顾谦群、喻子牛、高天翔、刘群、武云飞、江涛、权锡鉴、戴桂林、王淼、董玉明、苏慧文、赵领娣、张勤生、梅宁、褚东升、郭海燕、于定勇、史宏达、李龙海、林少华、刘汝山、曲金良、孟华、郑敬高、肖鹏、方进明、白锦栋、钱成春、路德明、周东辉、钱佐国、孙明昆、姜国良、胡增祥、徐定藩、黄晓圣、张龙军、陈淑珠、李玲、卢同善、陈中慧、李元峰、李春荣、陈云霞。

4月

6日 学校班主任工作经验交流会在逸夫馆多功能厅召开。化学化工学院应用化学1997级班主任高荣杰、海洋生命学院生物科学1999级班主任朱丽岩、海洋环境学院气象1999级班主任白洁、信息科学与工程学院电子1997级班主任徐洪梅、海洋地球科学学院水工1998级班主任郑建国在会上作经验交流。此举对新形势下如何指导教师做好班主任工作，引导大学生健康成长将起到重要作用。

9日 国家新闻出版署、科技部和教育部三部门联合发文，批准《青岛海洋大学学报》（自然科学英文版）创刊。这是全国科技期刊整顿四年以来，首批获准创办的期刊。该刊是一份以海洋科学与技术为特色，促进国际海洋界学术交流的综合性英文期刊。刊期为半年。

12日 校党委召开"三讲"教育"回头看"动员大会，部署学校"三讲"教育"回头看"工作。党委书记冯瑞龙在会上指出，要通过回顾"三讲"集中教育以来的思想实际和工作实践，以总结经验、找出差距、解决存在的主要问题为重点，巩固和扩大"三讲"

教育成果，进一步加强党的建设，真正使讲学习、讲政治、讲正气在党内蔚成风气，成为各级领导干部的自觉行动，把"三个代表"的要求体现在贯彻党的十五届五中全会精神和全国、全省党建会议精神的实践中去。全校副处级以上干部，正高级职称教师，原校级领导，市级以上人大代表、政协委员，各民主党派基层组织主要负责人参加了会议。"三讲"教育"回头看"活动共分学习提高、征求意见、自看自查和通报情况4个阶段进行，4月9日开始，4月28日结束。

19日　为确立与新世纪高等教育发展相适应的大学精神，进一步推动学校的改革与发展，校党委决定在全校师生中开展"21世纪大学精神"讨论。在由党委副书记王庆仁主持、党委书记冯瑞龙出席的工作会议上，党委宣传部部长魏世江就此项工作进行布置。经过近一个学期的讨论，在充分吸收各方意见和建议基础上，党委宣传部经过总结、提炼，初步把海大精神概括为：兼容并包、海纳百川的学术理念和博大胸襟；崇德守朴、求真务实的人文追求和科学态度；上下齐心、锲而不舍的团队精神和坚韧毅力；心系国运、探索不已的优良传统和进取精神。新校训方案为：海纳百川，至人至德。并请各单位再行讨论，以便进一步完善。

同日　学校向教育部上报《关于报送学校"十五"事业发展规模自核建议数的函》，拟将学校"十五"事业发展规模在原定基础上适度增加，到"十五"末，在校学生数达到21243人，其中本科生10000人、专科生1613人、研究生3530人、留学生800人、成教生5300人。

同日　2001年青岛海洋大学体育运动会4月19—20日在大学路运动场隆重举行。法学院学生王成以3.40米的成绩打破青岛市普通高校撑竿跳高学生纪录。

20日　由学校主办、外国语学院承办的全国译学学科建设专题讲座会在青岛举行。中国译协常务副会长兼翻译理论和翻译教学委员会主任委员林戊荪等70余名国内译学理论专家围绕译学学科建设的基本范畴等问题进行深入研讨。大会共收到论文50余篇，译协翻译理论和翻译教学委员会委员、外国语学院杨自俭教授作《我国译学建设的形势和任务》的主题学术报告。

27日　中国香港城市大学校长张信刚一行7人来校参观，校长管华诗院士向客人介绍学校教学科研工作，双方还就学术交流、学生培养等合作事宜进行了磋商。

5月

10日　法国布列塔尼大区议会主席若斯兰·德鲁昂率领的代表团一行14人来校参观访问，并就双方在教育领域的合作进行了探讨。

13日　学校举行仪式，聘任中国科学院院士陈运泰、中国工程院院士李庆忠为客座教授。

20日　以厦门大学原校长林祖赓教授为组长的国家"211工程"验收专家组对学校"211工程""九五"期间重点项目建设情况进行认真全面的检查验收。专家组先后听取管华诗校长关于学校"211工程""九五"建设情况的汇报，观看了"211工程"建设成果展，实地考察了物理海洋、海洋药物、水产养殖、海洋化学等学科，"东方红2"船和数字化图书馆等，对学校的重点学科和人才队伍建设、公共服务体系建设、配套基础设施建设以及校园文化等方面进行了全面详尽的考察和验收。5月21日下午，验收专家组组长林祖赓教授主持召开了验收情况通报会。青岛市委副书记张旭升、省市有关领导、学校领导和相关部门主要负责人出席。

专家组的验收意见认为，青岛海洋大学按计划、高效益圆满完成"211工程""九五"期间重点建设任务，为学校"十五"期间的建设和发展打下了坚实的基础；青岛海洋大学"211工程"建设是中央部门与学校所在地方政府共建的一个成功的典范，也是国家"211工程"建设中的一个特色范例。

"211工程""九五"建设项目顺利通过国家验收

30日　山东省人大常委会主任赵志浩来校考察，管华诗校长就师资队伍、人才培养、基础设施建设等方面作汇报，并陪同他参观校"211工程""九五"科技成果展。赵志浩对学校所取得的15项重大科技成果和各方面所取得的成绩给予高度评价，对学校发展和办学思路表示赞同。他在讲话中强调，青岛海大一定要向着特色化的方向发展，要以海洋和水产为特色办成一所高水平的大学，走向世界，去和国际上的同类学校竞争。

6月

6日　由中共中央组织部、国家人事部、中国科协共同设立的中国青年科技奖第七届评审结果公布，学校海洋遥感研究所教授陈戈榜上有名。陈戈是目前驻鲁高校中唯一获此奖项者。

7日　科技部副部长邓楠来校考察，并在逸夫馆八角厅与学校党政领导及各院、部、处的负责人进行座谈。邓楠副部长对学校按计划、高效益圆满地完成"211工程""九五"期间的建设任务，并被誉为"中央与地方共建的成功典范"表示祝贺。对学校提出的"以特色带动综合，以综合强化特色"的学科发展理念表示赞许。

8日 经校工会委员会选举、党委研究，并报青岛市总工会同意，丁灿雄任工会常务副主席，于长江任工会副主席，吕铭由工会常务副主席改任工会副主席（兼）。

13日 由学校主办的"海大论坛"于今日举行"新世纪国际海洋科技论坛"。来自斯坦福大学、汉堡大学等海内外知名大学、公司和科研机构的150余名校友、专家学者及驻青高校、科研单位、大型企业和有关部门的杰出人士300多人参加。本次论坛共举办42场报告，内容涉及海洋大气环流、海洋遥感科学、海洋生物、水产及海洋文化等方面。来自海内外的校友和专家对我国海洋事业的发展以及学校高水平特色大学的建设提出了许多宝贵的、建设性意见。

14日 名为"银色的波涛"的大型数字钢琴被列入基尼斯纪录。这架世界上最大的数字钢琴由信息科学与工程学院教授傅圣雪为主研制，于2000年12月落成于青岛市音乐广场。它集科学与艺术为一体，整体长5米、键盘宽1.2米，一般由2～3人同时弹奏，音色纯正，方圆2平方千米内可闻其声。

15日 海洋水文专业1984届毕业生、美国夏威夷大学国际太平洋研究中心副教授谢尚平博士和海洋环境学院副院长、博士生导师刘秦玉教授等合作完成的学术论文《夏威夷群岛对太平洋海洋——大气的远距离影响》，在本日出版的美国*SCIENCE*周刊上发表。这是国际大气和海洋动力学领域研究取得的重大成果，是学校在该刊发表文章零的突破，也是我国物理海洋领域在该刊发表文章零的突破。

18日 山东省教育厅、共青团山东省委公布普通高校三好学生标兵、先进班集体标兵、三好学生、优秀学生干部、先进班集体名单。学校学生董少帅被评为省级三好学生标兵；工程学院港口航道与海岸工程1999级本科班被评为省级先进班集体标兵；罗娜、刘明、贾婧、曹光亮、陈青、韩磊、王丹、胡金凤、王亮被评为省级三好学生；陈金龙、孟凡、王春谊、薛佐、郑仲望、张兆炜被评为省级优秀学生干部；海洋生命学院生物技术1999级、外国语学院英语1999级、信息科学与工程学院海洋技术1999级、法学院法学1999级被评为省级先进班集体。

28日 校党委在逸夫馆隆重举行庆祝中国共产党成立80周年大会，一批先进党支部、优秀党员、优秀党务工作者受表彰。党委书记冯瑞龙在会上发表讲话。他在回顾了建党80年的辉煌历程和学校党建工作取得的成就后强调指出，我们要高举邓小平理论伟大旗帜，坚持党的基本路线不动摇，坚持社会主义的办学方向不动摇，继续深化改革、求真务实、奋勇拼搏，尽快把青岛海大建设成为国内外有影响的高水平特色大学，为培养更多更优秀的社会主义建设者和接班人作出更大的贡献，为实现中华民族伟大复兴而团结奋斗。

7月

1日　毕业生开始离校。今年共有毕业生1646名，其中本科生1358名、高职生117名、研究生171名。毕业生中有387人加入了中国共产党，占毕业生人数的23.5%；有73人被评为省级优秀毕业生，有2人获得校三好学生标兵称号，有32人获得山东省三好学生、优秀学生干部称号；有303名毕业生考取了研究生，占本科毕业人数的22.3%，各方面成绩较上届均有所提高。截至6月12日，本科生就业率为94.0%，研究生就业率为98.8%。

4日　学校在逸夫馆隆重举行2001年博士、硕士学位授予仪式，48名博士、150名硕士成为学校在新世纪的第一批博士、硕士毕业生。两院院士文圣常、管华诗、冯士筰等人出席仪式。管校长在讲话中殷切希望毕业生在今后的学习和工作中，纳百家之长为我所用，先学会做人，再做学问，爱岗敬业，努力实践所学技能，为母校争光，为祖国和人民作出积极贡献。仪式后，毕业生分赴各自的工作岗位，服务于国家的四个现代化建设。

24日　学校召开研究生工作会议，中国工程院院士、校长管华诗分析了学校研究生教育的发展历史、现状和问题，认为学校已初步建成一支"以校内为主、校内外相结合，以国内为主、国内外相结合"的适应21世纪发展的导师队伍。会议总结了学校研究生教育工作的经验，找出了工作中存在的问题和不足，分析和研究了当前研究生教育的形势，提出了学校研究生教育今后的任务和努力方向，为确保研究生培养质量，加快发展研究生教育规模，提高办学层次，起到积极推动作用。

25日　教育部发文，公布青岛海洋大学新一届行政领导班子，管华诗连任校长，于宜法、吴德星、麦康森、于志刚、翟世奎任副校长。

8月

5日　校党委先后举办两期"学习实践'三个代表'、办好高水平特色大学"理论学习班。在认真学习讨论江泽民"七一"重要讲话和"三个代表"重要思想的基础上，结合当前的形势和特点，研究探讨做好新时期党建和思想政治工作的策略和具体措施。

28日　上午，学校第三届教职工代表大会第二次会议在逸夫馆隆重召开，169名正式代表参加大会，部分原校党政领导列席会议。党委副书记李耀臻主持第一次全体会议。与会代表认真听取、审议并通过管华诗校长所作的《努力把学校办成整体水平居于国内高校前列并在国内外有重要影响的特色鲜明的高水平大学》的工作报告，于宜法副校长作《关于学校"十五"事业发展计划的编制说明》的报告。代表们表决通过《青岛海洋大学教育事业"十五"发展计划》。党委书记冯瑞龙在闭幕式上作题为《以'三个代表'思想为指导，努力完成十五发展计划提出的各项任务》的讲话。他指出，学校"十五"发展计划是今后5年发展、建设的宏伟蓝图。全校师生要高举邓小平理论伟大旗帜，在党委的领导下，以高度的主人翁精神和责任感、良好的精神状态和求真务实的工作作风，抓住机遇、团结一心，为全面落实"十五"发展计划提出的各项任务，实现建设高水平特色大学的目标作出新的贡献。

30日　学校举行"长江学者奖励计划"讲座、特聘教授聘任仪式。聘美国Wisconsin–Madison大学刘征宇为物理海洋学科讲座教授、麦康森为水产养殖学科特聘教授、陈戈为海洋遥感学科特聘教授。至此，学校已拥有6名"长江学者奖励计划"讲座、特聘教授。

陈戈（1965—　　　），1993年获青岛海洋大学理学博士学位后留校任教，曾在法国及国内从事博士后研究工作，1999年被遴选为博士生导师，现任学校海洋遥感所副所长，兼任国际太平洋海洋遥感委员会秘书等职务。先后发表论文45篇，SCI收录10篇，EI收录4篇，《科学通报》曾用中、英文对其研究成果给予专题报告。获省部级奖励3项，主持国家"863计划"项目1项、省部级科学基金项目4项、国际合作项目1项，并获得教育部首届高校优秀青年教师教学科研奖励计划和国家杰出青年科学基金共130万元的重点资助。

同日　学校"海之子"（Season）网站正式开通，由党委学生工作部指导，内容包括"海大风采""远洋罗盘""旗帜飘扬"等十几个板块。

9月

6日　学校发文，成立公共管理学院。这是学校与青岛市委党校本着优势互补、资源共享、共谋发展的原则，经过充分酝酿而联合举办的。本月该院招收的第一批本科生随其他院系学生一起入学。

11日　研究生报到。学校研究生教育规模实现突破，本年度共录取研究生716名，其中博士生200名、硕士生516名。至目前，在校研究生有1600余人。2000年新增的水生生物学、生态学、地图学和地理信号系统、环境工程、捕捞学5个博士点今年首次招生。

13日　校党委发文，成立机关党的工作委员会（简称"机关工委"），机关党总支调整为机关第一党总支、机关第二党总支；成立中国语言文化学院党总支；成立环境科学与工程学院党总支；图书馆党总支更名为直属业务部门党总支。任命：刘贵聚为机关工委书记（兼），张静为党委校长办公室主任，王筱利为党委统战部部长兼机关第一党总支书记，李八方为党委研究生工作部部长，吴成斌为麦岛校区机关党总支书记，吕铭为海洋环境学院党总支书记，陈兰花为海洋生命学院党总支书记，鲁中均为工程学院党总支书记，赵新民为外国语学院党总支书记，陈永兴为环境科学与工程学院党总支书记，徐葆良为中国语言文化学院党总支书记，张彦臣为船舶中心党总支书记，林建华为直属业务部门党总支书记，朱胜凯为机关第二党总支书记（兼）。

同日　学校发文，成立环境科学与工程学院。

同日　学校发文，任命吴成斌为麦岛校区工作委员会主任，于振江为监察审计处处长，王正林为国有资产管理处处长兼外资贷款办公室常务副主任，李鲁明为规划建设处处长，范洪涛为船舶中心主任，吴力群为档案馆馆长，赵军为船舶中心总工程师兼工程勘察设计开发院副院长。

17日　为加快我国海洋事业发展，学校面向社会需要，推出海洋管理教学班。该班是从1998级气象学、海洋化学、水文地质与工程地质、渔业资源与渔政管理等14个专业中选拔部分优秀学生组建，由海洋环境学院负责管理，专业名称为海洋学海洋管理方向，培养时间为1年。

18日　在九一八事变70周年之际，学校组织座谈会、收听收看报告、参观革命遗址和展览等活动，教育师生不忘日本帝国主义侵略给中国人民造成的深重灾难，对日本军国主义复活保持高度警惕。

22日　2001级新生开学典礼暨军训阅兵式在麦岛校区隆重举行。中国人民解放军71146部队副参谋长张维茂大校、冯瑞龙等校党政领导及学校各单位负责人出席。张维茂大校在于宜法副校长的陪同下，乘阅兵车检阅了25个新生方队。在雄壮的军乐声中，2000多名新生组成的各院分列方队，正步通过主席台接受学校领导及部队首长检阅。党委书记冯瑞龙讲话，希望新生磨炼意志，锻炼体魄，学习解放军的好思想、好作风，努力成为合格的社会主义事业建设者和接班人。

本年度学校共录取本科生2117人、高职生289人。

30日　校党委常委会研究，并商中共青岛市纪律检查委员会同意，于振江任中共青岛海洋大学纪律检查委员会副书记。

本月　经国家人事部批准，王修林、王宁和罗德海3位教授自2000年享受政府特殊津贴。

本月　李庆忠院士正式落户青岛海大，任海洋地球科学学院名誉院长。他说，青岛海大最吸引他的地方除了历史悠久、环境优美、地理位置优越外，更主要的是青岛海大培养的学生大多已成为我国海洋科研院所的骨干力量。就地学院来讲，特别在科研环境上发展势头很好，最近新建成了2个投资数百万元的实验室，硬件、软件都堪称是世界上最先进的。学院拥有24个接点的微机群，这些对于地震资料的处理、对于海陆油气田特别是复杂油气田的开发大有裨益，希望自己在三五年内拿出较好的成果来。

李庆忠（1930—2022），1952年毕业于清华大学物理系，1995年当选中国工程院院士，是我国物理地震学的奠基人。他最早提出"积分法绕射扫描迭加"偏移归位的方法，获得我国第一条迭加偏移剖面。在国际上首次提出了"三维地震勘探"的方法原理，并在胜利油田首次进行了早期实验，其成果得到国内外专家学者的高度评价。目前，此方法已成为石油物探普遍应用的勘探手段。他在国际上首创使用"两步法"实现了三维偏移成像。20世纪80年代以来，他又系统开展了地震地层学、高分辨率地震勘探等国际前沿性重大课题的研究，取得了一系列重要成果，"渤海湾复式油气聚集带勘探理论及实践"获得国家科技进步奖特等奖。他还是我国第一台模拟磁带地震仪、第一台超声波测井仪和第一台伽玛测井仪等许多勘探仪器的组织研制者。

10月

15日　学校发文，通报表彰2000—2001学年三好学生标兵，他们是钟华（海洋生物1998级）、丛威青（海洋地质1999级）、于红（水产养殖学1999级）、付玲（会计学1998级）、潘晓明（国际经济法1998级）。

17日　为进一步贯彻落实学校《关于实施人事分配制度改革的决定》文件精神，建立按劳取酬、优劳优酬的竞争激励机制，营造吸引、培养、造就高素质教师队伍的环境，实现学校高水平特色大学的建设目标，《青岛海洋大学专业技术岗位（教师系列）业绩津贴实施细则》公布实施。业绩津贴包括教育和科学研究项目及成果津贴、教学津贴、指导研究生论文津贴、其他工作津贴4部分。

19日　学校文科发展工作会议召开。会议指出，"十五"期间，学校要以综合学科强化特色学科，不断提升和扩大文科的发展水平和规模，加速向综合性大学发展的步伐。

20日　国务院副总理吴邦国在青岛市委书记张惠来等陪同下，到音乐广场参观由学校设计的世界上最大的数字钢琴——"银色的波涛"，听取设计者傅圣雪教授的介绍，欣赏了学校大学生艺术团弹奏的世界名曲《天鹅湖》，并给予很高评价。

25日　在上月校党委常委会作出更改校名决定后，冯瑞龙书记、管华诗校长专程赴京，当面向教育部副部长张保庆陈述更名理由，张保庆副部长明确表示支持青岛海洋大学更名为中国海洋大学。

31日　值文圣常院士从事海洋科学教育工作50周年之际，学校研究决定：将学校物理海洋实验楼命名为"文苑楼"，以铭记文圣常院士为海洋科教事业和学校发展所作出的卓越贡献，表达全校师生对文圣常院士的崇高敬意。

11月

1日　海洋环境学院建置55周年暨文圣常院士从事海洋科教事业50周年庆祝大会在逸夫馆隆重举行。海洋环境学院是海大建置最早的学院之一，是学校特色学科的重要支柱。文圣常院士作为我国著名的物理海洋学家，是我国海浪研究的开拓者和带头人，是我国物理海洋学奠基人之一。在50年海洋科学执教生涯中，文圣常院士培养了众多高水平人才。

科技部部长徐冠华、中国科学院院长路甬祥等百余单位和个人发来贺信、贺电，国家海洋局副局长张宏生等数十名来宾出席庆祝大会。管华诗校长在会上讲话，代表学校向海洋环境学院全体师生和文圣常院士表示祝贺，对海洋环境学院建置55周年来取得的成绩和文圣常院士从教50年对我国海洋科教事业所作出的贡献给予高度评价。

庆祝大会后，文圣常院士作了《美国海洋科学技术中心政府作用和新世纪的海洋探索》的学术报告。中国科学院海洋所研究员胡敦欣，学校冯士筰院士、孙孚教授等举办了专题学术讲座。

同日　第二届文苑奖学金评奖结果揭晓，管小睿（海洋1998级）、于红（水产养殖1999级）、潘晓明（国经法1998级）3名优秀学生获奖。

13日　党委书记冯瑞龙主持召开文科学院（部）教授及有关部门负责人会议，传达山东省社科工作会议精神，并就学校文科建设作了讲话。他强调指出，学校对文科"十五"发展规划作了进一步调整，努力把学校建设成为海洋、水产学科特色鲜明，优势突出，综合学科协调发展，在国内外有重要影响的高水平大学。要以求实创新的精神，整合力量，加快发展，迅速提升和扩大学校文科的发展水平和规模，力争在山东、全国占有一席之地。

15日　2001年国家自然科学基金项目评审结果公布，学校共有23个项目获得资助，其中面上项目21项、重点项目2项，资助总金额高达780.5万元，比上年增长70.4%。两项国家自然科学基金重点项目是：管华诗院士的"新型抗艾滋病药物911，HPB1，FD作用机制研究"，资助金额为145万元；化学化工学院王修林教授的"渤海典型环境负荷物的迁移、转化过程及环境容量研究"，资助金额为195万元。

同日　学校发文，任命王宁为信息科学与工程学院院长，张德禄为外国语学院院长，曹志敏为海洋地球科学学院院长。

28日　科技部副部长程津培在山东省、青岛市有关领导的陪同下来校考察，在听取校长管华诗院士关于学校的情况汇报后，程津培在讲话中对青岛海大的发展给予高度评价，并介绍了国家在科技领域的重大攻关领域、重点方向等，同时对加强基础研究、应用研究和科技开发谈了看法。

29日　学校发文，成立外国语学院日语系、法语系、朝鲜语系，撤销外国语学院东语系。青岛海洋大学校报编辑部更名为青岛海洋大学报社。

12月

3日　学校发文，撤销海尔经贸学院，成立管理学院，下设工商管理系、会计学系、营销与电子商务系、旅游学系、办公室；成立经济学院，下设国际经济贸易系、金融系、办公室；成立国际学院（暂定名）。任命徐国君为管理学院院长，孙健为经济学院院长，刘孔庆为职业技术学院院长。

同日　校党委发文，成立管理学院党总支委员会，任命周旋为党总支书记；成立经济学院党总支委员会，任命方胜民为党总支书记。

同日　学校发文，成立文科工作委员会，下设办公室，刘子玉任文科工作委员会主任。

6日　中国水产学会第三届青年学术年会在学校召开。厦门大学、中国科学院海洋研究所等10余所高校、科研单位的150余位青年水产专家出席了会议。校长管华诗院士、世界水产养殖协会会长Craig Browdy先生和中国水产学会会长唐启升到会祝贺。年会对推动相关国家水产养殖领域的科研和产业化水平，增进科技合作具有重要作用。

11日　学校发文，任命李巍然为教务处处长，武心尧为成人高等教育学院院长，刘孔庆为国际学院院长（兼）。

12日　学校和韩国新罗大学学术交流协议签字仪式在"胜利楼"会客室举行。副校长吴德星、新罗大学校长李炳华代表两校在协议书上签字。根据协议，双方在教师互访、学生交流、图书交换方面密切合作。

25日　2001年全国大学生数学建模竞赛和电子设计竞赛结果揭晓，数学系的孙晓勋和信息科学与工程学院的刘秉义、张林林小组，数学系的高建、宋振亚和信息科学与工程学院的张淑军小组均获数学建模竞赛全国二等奖；工程学院的张成国、刘兰军、颜世建小组获得了电子设计竞赛全国二等奖。

29日　校党委发文，王明泉任法学院党总支书记，李国璋任离退休干部党总支书记。

本年　经校专业技术职务任职资格评审委员会评审，**魏皓、吴克俭、郭忠文、张爱军、周东辉、李欣、马启敏、樊廷俊、韩宝芹、李三忠、孔晓瑜、李英霞、王荭、张世兴、冷绍升、朱新瑞、牛培峰、黄维平、杨咸启、托娅、黄大华、路佳、黄亚平、王琪、刘惠荣、张焕尧、王培广、唐原广、侯永海、李兰生、王文正、张永良、王磊、赵新民、丁灿雄、李晓静、孟庆莲**等37人晋升为正高级专业技术职务。

本年　学校实到科研经费6670万元，其中纵向经费2800万元、横向经费1870万元，科技成果转让经费2000万元；主持"863计划"A类（重点）课题18项、B类（青年）课题数13项，共获经费5000多万元；获国家自然科学基金资助24项，其中重点基金2项、经费785万元；主持科技攻关课题2项，经费256万元，副主持课题4项（经费220万元）；人文社科项目经费总额26万元；共鉴定验收成果26项，其中达到国际先进水平的有16项；被SCI收录论文103篇，EI收录论文（1—9月）14篇，其中*SCIENCE*文章1篇，实现了山东省零的突破。

本年　据10月上报教育部的《普通高等学校基本工作状态数据库》更新报表统计，学校共有博士点15个、硕士点41个、本科专业40个、专科专业6个、博士后流动站5个。在校学生总数为14003人，其中博士生417人、硕士生1052人、普通本科生7362人、普通专科生608人、预科生40人、成人教育本科生3640人、成人教育专科生884人。另有在校留学生345人，其中博士生2人、硕士生3人、本科生65人、进修生275人。在校教职工共1854人，专任教师762人，其中教授195人、副教授205人。

本年　学校科研成果获奖情况（省部级三等奖以上）见表15、表16。

表15　2001年学校科研成果获奖情况（省部级三等奖以上，自然科学类）

序号	项目名称	获奖情况	主要完成人
1	牡蛎三倍体育苗与养殖技术研究	国家海洋局海洋创新成果奖一等奖	王如才　王昭萍　田传远
2	海洋环境因素概率预测新理论，联合概率模拟技术及其工程应用	国家海洋局海洋创新成果奖二等奖	刘德辅　董　胜　宋　燕
3	纤毛虫原生动物的个体及系统发生学	中国高校科技奖一等奖	宋微波　胡晓钟　王　梅
4	风浪破碎研究	中国高校科技奖一等奖	徐德伦　于定勇　郑桂珍
5	浅海工程勘察与评价研究及其在埕岛油田的应用	中国高校科技奖二等奖	姜效典　冯秀丽　杨荣民
6	卫星高度计海洋观测的理论、方法与应用	山东省科技进步一等奖	陈　戈
7	中日东海特定海区河流入海环境负荷及其对海洋生态系统的影响	国家海洋局海洋创新成果奖（合作）二等奖	王修林
8	海洋光学遥感信息应用技术研究	国家海洋局海洋创新成果奖（合作）二等奖	陈文忠

表16　2001年学校科研成果获奖情况（省部级三等奖以上，社会科学、教学类）

序号	项目名称	获奖情况	主要完成人
1	面向21世纪海洋科学专业的教学改革与实践	国家级教学成果二等奖山东省教学成果一等奖	冯士笮　武心尧　李凤岐
2	以学生为本，构建新型人才培养模式的探索与实践	国家级教学成果二等奖	侯家龙　山广恕　武心尧
3	以学生为本，构建新型人才培养模式的探索与实践	山东省教学成果一等奖	侯家龙　武心尧　高　艳
4	以"学—研—产相结合"为主线，建设高水平水产养殖专业	山东省教学成果一等奖	马　甡　张兆琪　潘鲁青
5	大学生艺术教育教学实践与探索	山东省教学成果一等奖	李耀臻　吕　铭　杨立敏
6	基于校园网的分布式教务管理系统	山东省教学成果二等奖	武心尧　魏振钢　高　艳

序号	项目名称	获奖情况	主要完成人
7	面向21世纪的会计学专业培养模式再造工程	山东省教学成果二等奖	徐国君　李　雪　王　茳
8	物理学专业本科教学及其管理模式的改革设想与实践	山东省教学成果二等奖	郑荣儿　王金城　王维理
9	以改革教学内容、方法、手段为中心，完善我校计算机基础教育课程体系	山东省教学成果二等奖	赵茂祥　陈云霞　李春荣
10	《海水养殖动物病害学》（全国高等农业院校教材）	山东省教学成果二等奖	孟庆显　俞开康　战文斌
11	以教学评估为基础，建立学校内部教学质量保障体系	山东省教学成果二等奖	李凤岐　张永玲　王洪欣
12	有机设计实验的设立和教学方法的改革	山东省教学成果三等奖	高先池　刘升一　蔡月琴
13	《自动控制原理》多媒体积件式CAI/CAL软件开发	山东省教学成果三等奖	褚东升　侯永海　刘建丽
14	春秋时期法律形式的特点及其文化趋势	山东省社会科学优秀成果一等奖	徐祥民
15	从全球视角看重组信托公司在中国的发展	山东省社会科学优秀成果二等奖	孙　健
16	海洋经济可持续发展理论研究	山东省社会科学优秀成果三等奖	张德贤
17	国有资本的政策性经营、服务性经营和营利性经营	山东省社会科学优秀成果三等奖	云　宏
18	资源配置最优控制模型研究	山东省社会科学优秀成果三等奖	殷克东

2002年

1月

3日　著名书画家范曾先生应聘为青岛海洋大学人文社会科学研究院院长，并就现代人文精神问题在逸夫馆发表演讲。

6日　文化部原部长、中国文联副主席、著名文学家、著名作家王蒙来校考察，并商榷学校文学院建设发展事宜。

11日　全校教学工作会议在逸夫馆召开，教育部高教司司长张尧学应邀出席并作重要讲话。张尧学就教育部《关于加强高等学校本科教学工作提高教学质量的若干意见》《关于做好普通高等学校本科学科专业结构调整工作的若干原则意见》出台的背景、目标和要求作了阐释，并就本科教学改革，人才培养模式，知识与能力、教学与科研的关系，教授上讲台，高等教育如何应对新的挑战等热点、难点问题提出独到见解。他对青岛海大高度重视教育教学改革，努力提高教育教学质量给予高度评价。厦门大学前副校长、高教研究中心博士生导师潘懋元教授，华中科技大学高教研究所副所长别敦荣教授，先后就高等教育和本科教学改革的一系列问题作报告，使与会者获益匪浅。

12日　于志刚副校长作题为《开拓创新，脚踏实地，全面提高我校本科教学工作水平》的主题报告，提出了2002年教育教学工作的思路。管华诗校长发表讲话，指出教学质量是学校的生存之本，提高教学质量是学校的永恒主题。学校历来重视教学质量，有一套成型的管理模式，在社会上有"学在海大"的美誉。在新形势下，要进一步强化质量意识，实施全员育人机制，把教育部文件精神落到实处，全面提高学校教学质量。

15日　校党委召开各级人大代表、政协委员、民主党派负责人及各院系党外知识分子联络员迎春座谈会。党委书记冯瑞龙向与会代表通报学校在2001年中所取得的成绩，并听取他们对学校改革发展的意见和建议。

18日　教育部公布高等学校重点学科点名单，学校物理海洋学、海洋化学、海洋生物学、水产品加工及储藏工程、水产养殖5个学科点榜上有名。

2月

26日　经教育部批准，学校新增9个本科专业：编辑出版学、海洋管理、军事海洋学、材料化学、通信工程、行政管理、运动训练（水上运动）、航海技术和轮机工程，其中前6个专业将于今年秋季开始招生。

27日　学校在逸夫馆召开由副处以上干部及各院院长、副院长、系主任、教授等300余人参加的干部、教师大会，部署2002年工作。党委书记冯瑞龙在简要总结2001年学校取得的成绩后，重点部署2002年党政工作，要点有：（1）实施人才战略，通过引进与培养相结合，增强3支队伍（教师、实验技术、管理）的实力与活力；（2）采取重点建设与重点培植相结合的措施，加大学科建设的力度，提高学科水平；（3）以保证和提高质量为目的，探索新的教育模式和方法，改进教学手段，加强过程管理和思想教育；（4）重点抓好科技项目的实施，强化重大成果的培育，提高整体科研水平，增强服务于国家、地方经济建设和社会服务的能力；（5）应对国家加入WTO后的挑战，积极推进教育国际化。

管华诗校长在讲话中深刻分析了"入世"后学校面临的新形势、新情况和新挑战，提出全体师生员工特别是骨干队伍，要增强加快发展的紧迫感、危机感和责任感，在竞争中求发展，在发展中增强实力，加快高水平特色大学建设的步伐，直至在科教事业上达到应有的位置。在今年的工作中，我们要继续坚持"强化发展特色，协调发展综合，以特色带动综合，以综合强化特色""先做强、再做大""有所为有所不为"等办学理念，强化重点意识、质量意识、全球意识、创新意识和整体意识。

28日　根据2001年学校与韩国的江南大学、江陵大学、韩瑞大学签署的互派留学生协议，首批韩语2000级12名学生赴韩留学。这是学校加强与国外大学的交流与合作，推进教育国际化的重要举措之一。这些学生赴韩留学期间，学校将保留其学籍，在韩国大学修得的学分，学校予以承认。

3月

4日　学校公布第六批自审增列的26名博士生指导教师名单，其中增列的博士生指导教师有20人：物理海洋学刘玉光、左军成、马继瑞；物理海洋学（海洋技术）高存臣；气象学康建成；环境科学曹洪军、高之国、王辉；海洋地质李三忠、孙效功、赵广涛、周辉、孟宪伟；港口、海岸及近海工程郭海燕；海洋生物学张全启、宁修仁、陈松林；水产品加工及贮藏工程江涛、王睿；水生生物学徐存栓。认定同意转入海大的博士生指导教师有6人：物理海洋学刘征宇、严晓海；海洋生物学池振明、杨宇峰；海洋地质李庆忠；环境科学丁德文。至此，学校博士生导师已有149位，其中本校96位、兼职53位。

5日　学校召开本年度第一次教学督察工作会议，指出教学督察工作的重点是基础课、专业基础课和2001年教学评估结果为优秀的课程及在教学评估中存在问题较多的课程。教务处处长李巍然对上年教学督察工作所取得的成绩给予充分肯定，并对学校下一步的教学改革重点作了说明。

8日　在2002年度英语专业八级全国统考中，外国语学院英语1998级50名学生全部参加考试，49人获得通过，一次通过率高达98%，比全国综合性大学和全国高校平均通过率分别高出37.9和38.4个百分点，是继英语1996级八级全国统考91.96%的通过率后创下的历史新高。

同日　教育部发文，麦康森已被聘为青岛海洋大学"长江学者奖励计划"特聘教授，不再担任青岛海洋大学副校长职务。

11日　教育部下发关于2001年度高等学校增设第二学士学位专业点的批复，学校计算机科学与技术专业获准增设第二学士学位。修业年限为2年，每期招生120人，授予工学学位。

19日　学校党风廉政建设大会在逸夫馆多功能厅召开。党委常委、纪委书记刘贵聚传达全国教育系统纪检监察工作会议的主要精神和江泽民总书记在中央纪检监察工作会议上讲话的主要内容，通报了2001年全国及全国教育系统纪检监察工作的基本情况和2002年全国教育系统党风廉政建设的主要工作，分析了当前一些领导干部出问题的原因和应该汲取的教训，并布置了学校2002年纪检监察审计工作的主要打算。党委书记冯瑞龙指出，要以"三个代表"重要思想为指导，与时俱进，开拓创新，把学校的党风廉政建设工作抓实抓好，为高水平特色大学建设保驾护航。

25日　我国研制的"神舟"三号飞船在酒泉卫星发射中心成功发射，20名校友直接参与发射工作。目前在酒泉工作的海大学子达30人，今年又有12人正式签约，毕业后到酒泉卫星发射中心工作。

28日　第七届全国英语演讲比赛决赛结束，外国语学院英语专业1999级学生李军获得第二名。在之前举行的华东地区选拔赛中，李军获得第一名。

4月

1日　学校在逸夫馆多功能厅隆重举行聘任王蒙先生为青岛海洋大学顾问、教授、文学院院长的仪式。山东省委常委、青岛市委书记张惠来应邀出席。在全场热烈的掌声中，管华诗校长向王蒙先生颁发聘书。王蒙、张惠来、管华诗共同为文学院和王蒙文学研究所揭牌。

王蒙（1934—　），1953年步入文坛，长期进行不倦的文学探索和创新，首开新时期国内意识流小说创作先河，成为当代文坛上创作最为丰硕也最具实力的语言大师之一。其代表作有长篇小说《青春万岁》、中篇小说《蝴蝶》、短篇小说《春之声》等，曾任文化部部长、中国艺术研究院院长、《人民文学》主编等职。现为全国政协常委、中国作协副主席。

王蒙先生发表热情洋溢的讲话。他表示，随着高等教育的改革和发展，高校越来越重视全面素质人才的培养，尤其是青岛海大下了更大的决心，要重振人文学科。自己赶上这个机会，若能起点微薄作用，发挥一点小小的影响，将是一件很有意义的事情。

管华诗校长对王蒙先生加盟青岛海大表示诚挚的谢意和热烈的欢迎。他说，青岛海大在近80年的发展历程中，人文学科曾在20世纪30年代、50年代两度兴盛。王蒙先生加盟青岛海大，是学校向重振人文学科、建设高水平、有特色的综合性大学的目标迈出的具有里程碑意义的一步。相信王先生会像当年闻一多先生培养出诗人臧克家一样，也为青岛海大培养出优秀的作家和学者，为中国培养出像高尔基、安徒生那样的文学大师。同时他表示，学校将以最大的努力，高度地尊重和支持王蒙先生在办学思路、学科设置、人才引进、科研规划和国际交流方面的建议，为把文学院建设成为国内外具有影响力的教学科研基地而不懈努力。

随王蒙先生一起来的中国中外文艺理论学会副会长、北京师范大学教授、博士生导师童庆炳，中国当代著名法语文学翻译家、中国法国文学研究会名誉会长、中国社会科学院外国文学研究所研究员柳鸣九和中国当代著名文艺理论批评家、散文家、中国社会科学院文学研究所研究员

王蒙先生（左）受聘为学校教授、顾问、文学院院长

何西来受聘学校客座教授。之后，王蒙先生应邀在逸夫馆多功能厅为师生作题为《小说的可能性》的学术报告。童庆炳、柳鸣九、何西来也先后在逸夫馆作《美在关系说》《雨果奇观》和《文学的世纪反思》的学术报告，大师们的演讲让师生的心灵受到了震撼与撞击，引发了大家对人文的深度反思。

同日　学校发文：中国语言文化学院更名为文学院，成立王蒙文学研究所。

同日　经校党委常委会研究，并商青岛市总工会同意，党委副书记王庆仁兼任校工会第八届委员会主席。

3日　英国文化委员会与学校联合建立雅思（IELTS）考试中心签字仪式举行。英国驻华文化参赞兼英国文化委员中国办事处主任沙利文、英国使馆文化教育处考试中心主

管彼德、澳大利亚教育国际开发署雅思考试考官主管鲁皖笛，副校长于志刚等出席签字仪式。

同日　下午，王蒙与文学院部分教师及留学生代表，在"一多楼"王蒙文学研究所座谈，王蒙就师生们关心的问题作精彩解答。与此同时，童庆炳、何西来和柳鸣九也分别举行小型座谈会，就师生们关心的话题进行座谈、交流。

12日　在第三届全国机器人足球锦标赛上，首次组队参赛的学校代表队参加仿真机器人足球赛，获得标准动作比赛亚军。

15日　学校发文，成立青岛现当代作家研究中心。

同日　学校发文，任命高会旺为环境科学与工程学院院长。

22日　海洋环境学院1998级张钰入选第二届山东省高校十大优秀学生。

25日　海军依托青岛海洋大学选拔培养干部协议签字仪式在逸夫馆多功能厅举行。根据协议，海军在学校设立中国人民解放军驻青岛海洋大学后备军官选拔培训工作办公室，并从2002年起开展选拔培养军队干部工作。海军北海舰队政治委员陈少锋中将、校长管华诗院士出席签字仪式。双方同意建立长期稳定的协作关系，充分利用学校在人才培养方面的优势，共同做好为海军培养输送优秀毕业生的工作。

26日　第四届天泰优秀人才奖暨第七届天泰奖学金颁奖仪式在逸夫馆举行。青岛天泰集团股份有限公司董事长王若雄、副校长于志刚参加颁奖仪式。有12位教师荣获本届天泰优秀人才奖，他们是于定勇、吴建政、姜国良、刘素美、孟庆春、耿美玉、刘新国、战文斌、鲍献文、杜树杰、修德健、薛海燕。另有21名优秀学生荣获本届天泰奖学金。

同日　学校发文，成人高等教育学院更名为继续教育学院。

28日　学校规定，自今年起，凡获得学校保送资格的考生，如奥林匹克竞赛的获奖者、省级优秀毕业生等，必须参加学校统一组织的综合测验。测试内容包括外语、数学、物理、化学4科，满分为200分；外国语学校保送的优秀学生必须参加由学校命题的语文、数学、外语3科的综合测试，满分为150分。至本月，共有50名保送生参加了测试，其中有15人因测试成绩不合格被淘汰。

29日　中共山东省委副书记王修智在青岛市委副书记张旭升陪同下到校考察，党委书记冯瑞龙、校长管华诗陪同参观水产学院等的实验室，党委书记冯瑞龙就学校概况、高水平特色大学建设、党建和思想政治工作等作汇报。王修智在听取了汇报后说，非常赞成和拥护李岚清副总理、陈至立部长对青岛海大提出的办学方向和要求。青岛海大之所以有高水平，也正是因为特色显著，应该沿着这个方向继续发展、继续前进。

5月

9日 《中共青岛海洋大学委员会关于贯彻〈公民道德建设实施纲要〉的实施意见》正式下发，就贯彻落实中共中央颁发的《公民道德实施纲要》精神，加强教师、干部、职工的职业道德建设和青年学生的思想道德教育，提出了具体的措施。

同日 2002年学校2000级大学英语四级考试通过率达81.6%，优秀率达18.2%，与全国重点院校通过率49.1%、优秀率0.9%相比，处于全国重点院校领先水平。

14日 青岛海洋大学工会第九次会员代表大会在逸夫馆多功能厅隆重召开，150名代表出席大会。党委书记冯瑞龙作题为《以"三个代表"重要思想为指导，团结和动员全校教职工全面推进高水平特色大学建设》的讲话，党委副书记、工会主席王庆仁代表第八届工会委员会作了题为《以"三个代表"重要思想为指导，认真贯彻落实〈工会法〉，开创我校工会工作新局面》的工作报告。本次会议审议并通过了第八届工会委员会工作报告、财务工作报告、经费审查委员会工作报告；选举产生了由21人组成的第九届工会委员会。下午，新一届工会委员会第一次全体会议选出第九届工会委员会主席、副主席，并报上级工会批准。

15日 以师德建设为重点的全员职业道德建设全面启动。校党委召开动员大会，对此作出部署。校党政领导，各党总支、直属党支部书记，各院院长，各单位主要负责人参加会议。党委书记冯瑞龙传达教育部关于加强学术道德建设的文件并作题为《以德治校，扎实推进高水平特色大学建设》的讲话。校长管华诗就师德建设和学校工作提出要求，他强调：不用考试，行动就是答案！此后，学校开展大讨论、交流会、撰写文章等系列活动，广大教师提高了新时期加强师德建设的自觉性，师德师风状况呈现出新面貌；确立了"治学严谨、执教严明、要求严格"的海大教风。同时修订了《青岛海洋大学教师职业道德规范》。

同日 学校历史最为悠久的学生社团——海鸥剧社成立70周年庆祝大会在逸夫馆多功能厅举行，同时拉开了学校第一届大学生话剧节的序幕。党委副书记李耀臻出席庆祝大会并观看演出，在演出结束后会见海鸥剧社的全体成员。他鼓励大家继承和发扬海鸥剧社的光荣传统，编排更多更好的剧目，使之成为海大社团活动中的一个亮点，为活跃校园文化、推动校园文明建设作出更大的贡献。

16日 学校发文，国际学院更名为国际联合教育学院。

同日 学校发文，任命戴华为国际联合教育学院院长，高艳为高等职业技术学院副院长（主持工作）。

同日　校党委发文，成立国际联合教育学院党总支委员会，任命刘孔庆为党总支书记。

17日　学校召开扩大的机关工委全体会议，党委书记冯瑞龙出席会议，要求不断完善机关工作各项规章制度，加强干部职业道德建设，实现学校党政管理工作全面"提速"。他特别强调，管理工作"抓而不实等于不抓，抓而不严等于白抓"。

20日　学校发文，任命徐祥民为法学院院长。

23日　第五届中国青年科学家奖在北京揭晓，水产学院"长江学者奖励计划"特聘教授宋微波获此殊荣。这次全国共有11名青年科学家获奖，宋微波是山东省唯一获此奖项者。

25日　山东省"九五"省级重点学科、重点实验室验收专家组在学校进行为期三天的检查验收，在听取了副校长吴德星的总体情况汇报，到各重点学科、重点实验室听取专题汇报，实地考察了有关院系后，专家组宣布：接受验收的水产品贮藏与加工、海洋渔业、海洋生物学、应用数学4个省级重点学科和光学光电子学、海洋生态系统动力学2个省级重点实验室均被评为优秀。

专家组认为，学校这6个省级重点学科、重点实验室在"九五"期间取得了很大成绩，科研经费已经达到5900万元，是建设初期的6倍；科研成果丰硕，在此期间共发表论文1529篇，比建设初期增加了2.5倍；学校大力引进人才，师资队伍的新老更替工作做得比较好，6个省级重点学科、重点实验室到"九五"末已有科研人员293人，新增的74人大都是来自国内外的高水平人才。

同日　全国高校法语歌曲大赛总决赛在武汉大学举行，学校外国语学院法语2001级学生王文佳以绝对优势摘取桂冠。

27日　学校在科学馆举行纪念我国著名的生物学家、优秀的教育家和卓越的实验胚胎学家童第周先生诞辰100周年座谈会。童第周先生的子女应邀出席会议。国际生物联合会中国委员会、中国科学院、山东大学、西北大学、东北农大、山东师大等单位近20位专家、教授出席座谈会，深切缅怀这位中国"克隆之父"在生命科学领域所作出的杰出贡献。在童第周先生诞辰100周年前夕，海大出版社出版了《童第周百年诞辰纪念集》。

童第周（1902—1979），浙江人，1934—1938年任国立山东大学理学院生物学教授。1946年国立山东大学复校后，任理学院动物学系教授兼系主任，1947年被聘为海洋研究所所长，新中国成立后任山东大学副校长。他致力于发育生物学研究，胚胎发育、生物进化、鱼类的胚胎发育和细胞遗传等研究居于当时国际同类研究前列，开创了我国基因动物和克隆动物研究的先河，为我国基因学研究奠定了基础。

30日　在2002年青岛市高校运动会上，青岛海大获男子团体第一名、女子团体第三名的好成绩，其中男子4×100米接力打破青岛市高校运动会纪录、4×400米接力打破山东省高校运动会纪录。

6月

2日　学校在逸夫馆多功能厅举行2002年博士、硕士学位授予仪式。有43人获博士学位证书。自国家恢复研究生教育后，学校授予博士学位总数已达201人。另有197人获得硕士学位证书。

6日　经国务院批准，学校水产学院战文斌、法学院徐祥民两位教授自2001年6月起享受政府特殊津贴。

7日　在北京召开的中国工程院第六次院士大会上，中国工程院院士、校长管华诗再次当选中国工程院主席团成员。主席团成员共32人，是由与会的500余位院士采用无记名投票的方式选举产生的。

同日　学校公布施行《关于研究生导师教书育人工作暂行规定》。

8日　2002年中国高校机器人竞赛在上海举行，学校代表队在MIROSOT机器人仿真组比赛中荣获亚军，这是山东省高校代表队在国内外此类比赛中取得的最好成绩。

19日　学校发文，成立基础实验教学中心，姬光荣任主任。

20日　学校发文，成立后勤集团总公司，撤销后勤服务总公司。

22日　青岛海洋大学雅思国际教育中心揭牌仪式在逸夫馆举行，标志着学校与英国北方大学联合会合作办学项目正式实施，从而使青岛成为全国5个留学硕士预科教学基地之一。英国驻中国大使馆一秘、中国教育地区推广总管安德鲁·狄士礼和中共青岛市委副书记张旭升为中心揭牌。学校党委书记冯瑞龙出席揭牌仪式。

青岛海洋大学雅思国际教育中心引入英国北方大学联合会硕士预科文凭课程，按照"1+1"的国际化培养模式，为国内大学生架起了一座赴英留学的桥梁。中心将采用与英国本土完全一致的全英式教学模式，并采用英国本土原版教材。学生通过硕士预科课程毕业考试后，将获得硕士预科文凭，并直接升入英国北方大学联合会成员大学攻读英国硕士学位课程。

24日　学校发文，任命李华军为工程学院院长，刘孔庆为国际联合教育学院常务副院长（兼），陈锐为国际合作与交流处副处长（主持工作）。

29日　青岛海洋大学、崂山区人民政府建设青岛海大新校协议签字仪式在崂山区行政大厦隆重举行。青岛市副市长刘建华，校党政领导冯瑞龙、管华诗、李耀臻、于宜法、于志刚、翟世奎及各部、处主要负责人出席签字仪式。校长管华诗、崂山区区长刘明君代表双方在协议书上签字。

根据协议，学校将在青岛市崂山区建设新校区。地址位于松岭路以东、李沙路以南、张村河以西，规划占地约2000亩。首期工程计划于2003年开工，争取2004年启用，届时该校区在校本科生6000名、研究生1500名，建筑面积228000平方米，首期计划总投资7.8亿元。整个工程建设计划在8年内完成，届时该校区在校本科生12000名、研究生2500名、各类建筑物建筑面积520000平方米，计划总投资12.6亿元。协议还规定，崂山区人民政府组织专门班子，为青岛海大新校区用地征迁、校舍建设、后勤社会化和科技成果转化等提供服务，并在新校统一规划下，参与后勤社会化服务设施的投资建设、经营与管理等。

7月

2日 2002届毕业生离校。今年共有毕业生1972人，其中本科生1410人、研究生257人（硕士研究生214人，博士研究生43人）、高职生305人。据统计，应届本科毕业生考研率为26.8%、初次就业率为91.2%，应届毕业研究生就业率为95.7%。

8日 党委书记冯瑞龙在数学系"加强师德建设，提高育人水平"交流会上发表讲话。他指出，新形势下的师德建设要把握三大原则：一是讲政治的原则，二是以学生为本的原则，三是维护教师利益的原则。要通过多种形式把当前学校以师德建设为重点的全员职业道德建设努力引向深入，真正在全校形成"学校以育人为本，教师以奉献为乐，学生以成才为志"的良好氛围。

同日 党委发文，任命张永良为水产学院党总支书记，陈兰花为海洋生命学院党总支书记，董淑慧为化学化工学院党总支书记，陈永兴为环境科学与工程学院党总支书记，赵新民为外国语学院党总支书记，苗深义为校办产业党总支书记。

10日 全国人大常委会副委员长吴阶平在八大关宾馆听取学校关于海水淡化科研工作情况的汇报。

11日 青岛市副市长刘建华带领市建委、规划局、国土局、城管局以及崂山区等单位的负责人来到学校，就青岛海大当前建设与发展过程中几个迫切需要解决的问题现场办公，提出明确解决意见。

15日 瑞士联邦技术研究院教授理查德·恩斯特等5位诺贝尔化学奖获得者和英国科技部长、剑桥大学教授大卫·金，应邀出席由青岛海大和山东省科协联合主办的分子科学前沿国际研讨会，并慨然受聘任学校名誉教授。他们是：1988年诺贝尔化学奖得主、瑞士苏黎世大学全职教授罗伯特·胡博博士，1991年诺贝尔化学奖得主、瑞士联邦技术研究院教授理查德·恩斯特博士，1992年诺贝尔化学奖得主、美国帕萨纳加州理工学院讲座教授鲁道夫·马库斯博士，1993年诺贝尔化学奖得主约翰·罗伯茨博士，1998年诺贝尔化学奖得主、美国加利福尼亚大学教授瓦尔特·科恩博士。受聘的5位国际化学大师先后发表演讲，共同表达关注海洋、参与青岛海大发展的心声。

同日　由青岛海大和山东省科协主办，瑞士国际分子多样性保护组织协办，教育部、国家自然科学基金委、青岛市人民政府赞助的2002年分子科学前沿国际研讨会在青岛市市级机关会议中心举行。全国人大常委会副委员长、中国科协主席周光召，国家海洋局副局长张宏声，山东省政协副主席、省科协主席、青岛海洋大学校长管华诗等出席开幕式。来自中国、德国、美国、英国、瑞士、加拿大、意大利、法国、瑞典、日本、俄罗斯、韩国等16个国家和地区，包括4位诺贝尔化学奖得主在内的近300名专家出席了会议。本次会议历时4天，议题是"21世纪分子科学的前沿问题"，共收到最新成果论文249篇、交流论文20多篇。周光召、4位诺贝尔化学奖得主和20名国内外著名专家作专题学术报告，内容涉及合成化学、物理化学、计算化学、药物化学、分子生物技术等多个学科领域。会议期间，还举办了一次主题为"科学与社会"的公众演讲。此次会议受到国内外分子科学领域和青岛市科教界的关注。

同日　中国工程院院长徐匡迪，国务院发展研究中心副主任鲁志强，诺贝尔化学奖得主理查德·恩斯特，中国工程院院士、校长管华诗，中国香港航运委员会主席曹文锦等国内外专家，应邀在青岛电视台演播大厅参加2002年海洋科技与经济发展国际论坛"海洋经济与城市发展"分论坛电视特别节目。专家们睿智、精辟的见解，博得现场观众阵阵掌声，在社会上产生了很大反响。

同日　全国人大常委会副委员长、中国科协主席周光召，山东省人大常委会副主任莫振奎等来校考察，并与部分中青年骨干教师座谈。

19日　教育部、国家计委发文，批准学校建立国家生命科学与技术人才培养基地。

同日　学校发文，任命冯启民为工程勘察设计开发院总工程师（兼）。

8月

16日　教育部党组副书记、副部长周济在山东省副省长邵桂芳等陪同下来校考察。校长管华诗汇报学校总体情况，周济副部长、邵桂芳副省长就学校今后的建设和发展发表讲话。周济副部长对学校的各项工作特别是建设高水平特色大学中所取得的成绩感到十分振奋。他说，青岛海大的干部、教师的精神状态非常好，学校的发展思路非常清晰，特色非常突出，特别对"强化发展特色，协调发展综合；以特色带动综合，以综合强化特色"的学科发展理念给予充分肯定和高度评价。汇报会后，周济副部长参观考察了教学实验大楼、海洋药物重点实验室、"东方红2"船和崂山新校区校址等；并表示，支持以青岛海大为主，把国家海洋科学与技术研究中心建在青岛，集中青岛的海洋科研力量，共同把中国的海洋科教、海洋产业搞上去。

21日 中国气象局局长秦大河一行八人在山东省气象局局长蒋伯仁等陪同下来校参观访问。在上午举行的合作座谈会上，管华诗校长和中国气象局科技发展司司长汤绪分别介绍了各自单位的总体情况。双方本着优势互补、共同发展的原则就15个领域的合作进行了座谈，在人才培养、科研开发和产业化等方面初步达成了合作意向，并对学校参与2008年奥运会青岛帆船比赛气象服务事宜交换了意见。会后，秦大河局长一行到八关山气象站参观了中、美、日合作沙尘暴观测点。

22日 学校再次呈文报教育部，申请更名为中国海洋大学。陈述的主要理由有：一是我国作为海洋大国，海洋的开发、利用和保护工作亟待加强，加速发展海洋高等教育，培育高层次海洋科技人才势所必然，而青岛海大在海洋高等教育方面基本代表了国家水平，同时是海洋科学研究、高技术开发的主力军，海洋、水产学科的人才梯队、学科设置、人才培养状况、教学科研支撑体系等优势在国内高校处于不可替代的地位，改为中国海洋大学名副其实。二是国内又新近成立了两所海洋大学，其教学、科研实力与青岛海大尚有一定差距，但名称上都叫"海洋大学"；同时，山东省内有些高校更改了校名，为其发展提供了更好的机遇，使其在人才引进、招生、毕业生就业、学术合作与交流等诸多方面受益；相比之下，"青岛海洋大学"难以显现一所国家重点综合性大学的内涵与优势，从而使学校发展受到一定的制约。三是青岛海洋大学在国内有较高的知名度，在国际上有一定的影响力，若能更名为中国海洋大学，一方面从名称上有利于扩大学校的影响，使学校得到更多的国际关注，得到更多参与国际交流和竞争的机会；另一方面，随着学校的进一步发展，将更加有利于汇聚山东，特别是青岛的海洋科教力量，加快发展海洋科教事业，在我国由海洋大国迈向海洋强国和山东由海洋大省迈向海洋经济强省的过程中发挥出更加积极的作用，同时为青岛市的建设和发展作出更大的贡献。

周济副部长18日自青岛返京后，于21日打电话给管华诗校长，说更名之事他已向陈至立部长汇报过，陈部长表示同意，并交代尽快行文呈报教育部。

26日 学校发文，成立新校建设指挥部。任命于宜法为新校建设指挥部总指挥（兼），王磊、李鲁明、曲志茂为副总指挥。任命吴成斌为基础教学中心主任。

28日　学校召开新学年全校教师干部大会。党委书记冯瑞龙首先传达教育部副部长周济暑假来校考察时的讲话精神。管华诗校长发表题为《确立新思路，拓展新局面，加快建设高水平特色大学》的讲话。他指出，当前，面对中国加入WTO、高等教育国际化、教育竞争日趋激烈的形势，我们要增强发展的紧迫感和危机意识，要看得准、抓得早、搞得好，抢占先机，赢得主动，在竞争中立于不败之地。

管华诗说，暑期学校召开了第六次"崂山会议"，主要就学校战略规划、学科建设规划和校园规划进行了认真的研究。围绕三个规划，对学院整合、专业设置、学校管理架构和运行机制、人才培养，以及当前应该重点做好的几项工作进行了深入的探讨。根据学校未来的发展目标，会议达成了共识：一是关于发展定位，学校的建设目标是有显著特色的高水平综合性研究型大学。二是关于规模，学校近期在校生规模为2万人，按照研究型大学的比例发展；其中本科生1.5万人（包括高职生）、研究生5000人、留学生500～1000人，同时留有发展空间。三是关于时段的界定，根据校龄计算，以建校85周年（2010年）作为近期，建校100周年作为中期（2025年），以2050年作为远期。管华诗指出，学校近期发展需要重点解决好人才、学科建设、学科整合、管理机构、运行机制以及发展环境问题。党委书记冯瑞龙结合周济副部长和扩大的党政联席会议的精神，对新学期工作提出了具体要求。他强调指出，当前，学校的各项事业在蓬勃发展，我们要进一步解放思想，认真贯彻"三个代表"重要思想，发挥只争朝夕的拼搏精神，深化改革，加快发展，全面推进高水平特色大学建设，以优异的成绩迎接党的十六大召开。全校副处级以上干部、教授、各民主党派基层组织负责人、教代会代表共300多人与会。

9月

2日　山东省委高校工委发文表彰山东省高校十大优秀教师，董双林教授榜上有名。

10日　学校举行研究生开学典礼及入学教育。党委副书记李耀臻、副校长吴德星先后讲话，希望研究生以江泽民在北京大学百年校庆时提出的"四个坚持"、在清华大学90周年校庆时提出的"五个成为"为准则，严格要求自己，勤奋学习，勇于实践，成为适合时代要求的、创新型的优秀人才。本年共录取研究生879人，其中博士生229名、硕士生650人。

12日　中国共产党党员、老红军、离休干部，原山东海洋学院副院长侯连三，因病医治无效逝世，享年88岁。

侯连三（1916—2002），山东寿光人，1932年加入中国共产党。1959年山东海洋学院成立后，任党委常委、副院长，并任青岛市政协五届常委、山东水产学会理事长、山东海洋湖沼学会理事长。1983年9月从学校领导岗位离职休养。

19日　学校发文，任命高艳为应用技术学院院长（试用期一年），初建松为团委书记（试用期一年）。

21日　2002—2003学年新生开学典礼暨军训阅兵式在麦岛校区操场隆重举行。管华诗校长与中国人民解放军71146部队副参谋长张维茂大校乘车检阅受训队伍。学校党委书记冯瑞龙代表校学校党政领导向新生表示热烈欢迎，并希望他们树立远大理想，刻苦学习，努力成为高素质创新型人才，为中华民族伟大复兴作贡献。副校长于志刚宣读2002级优秀新生奖学金获得者名单。本年度学校录取本科新生2104名，其中港澳台地区学生18名。

28日　经与中共青岛市委党校研究商定，学校发文，任命王振海兼任公共管理学院院长。

同日　经各单位专业技术聘任委员会分会评议，并经学校聘任委员会评定，共122人获得校聘关键岗位、院聘重点岗位和基础岗位资格。另有28人获得工程实验技术等其他系列上岗资格。其中获得第二批校聘关键岗位上岗资格的34人名单如下。

第一层次（A1）：曹洪军。第二层次（A2）：刘玉光、池振明、张全启、孟继武、胡仰栋。第三层次（A3）：万荣、马俊峰、王长云、王竹泉、王林山、王树文、王建国、王银邦、邓红风、朴大雄、朱茂旭、汝少国、孙立新（德国研究所）、杨宇峰、汪东风、张金亮、罗顺江、罗福凯、周继圣、赵文元、赵栋梁、徐建良、高强（管理）、高存臣、曹立新、常宗林、韩立民、傅刚。

10月

8日　学校发文，成立生命科学与技术学部并组成生命科学与技术学部管理委员会。学部下设生命科学与技术研究院、海洋生命学院、水产学院。任命董双林为生命科学与技术学部管理委员会主任兼生命科学与技术研究院院长。

9日　校党委发文，成立中国共产党青岛海洋大学生命科学与技术学部委员会，下设海洋生命学院党总支委员会、水产学院党总支委员会；任命陈兰花为生命科学与技术学部党委书记兼海洋生命学院党总支书记，张永良为生命科学与技术学部党委副书记兼水产学院党总支书记。

同日　学校发文，成立材料科学与工程研究院、材料科学与工程系。

10日　教育部发文，同意青岛海洋大学更名为中国海洋大学。由于教育部领导及各部门大力支持，文件会签十分顺利，冯瑞龙书记、管华诗校长于本日携文件返回青岛。

中国海洋大学揭牌

17日　学校在驻鲁高校中率先接受山东省委高校工委组织的德育工作检查评估。

上午，德育工作检查评估报告会在逸夫馆多功能厅举行。校党委副书记李耀臻向专家组作题为《突出时代性、增强针对性、坚持创新性、立足实效性》的专题汇报，从九个方面介绍学校在德育工作中取得的成绩。专家组通过观看大型德育工作展览、查阅资料、问卷调查、召开座谈会、观看广场音乐会、考察校外德育实践基地等多种方式，对学校德育工作进行了全面检查评估。

经过两天紧张工作，在19日上午召开的评估通报会上，专家组副组长、山东省委高校工委宣教处处长魏金陵宣读评估意见。专家组一致认为，中国海大的德育工作达到了山东省高等学校德育工作评估标准，成绩优秀，并为在全省高校顺利开展德育评估创造了经验、提供了范例。专家组组长刘珂在评估通报会上讲话说，中国海洋大学校园德育氛围浓厚，德育创新意识极强，德育工作经验丰富，师生精神面貌良好，学校发展变化显著。富有特色的德育工作表明，中国海大不愧为一所国字号大学。作为全省第一所接受德育评估的高校，中国海大在全省德育工作中带了好头、作出了榜样。

山东省委高校工委副书记田建国对中国海大德育评估获得优秀表示祝贺。他指出，中国海大德育工作最根本的经验是落实德育首位，坚持德育创新，形成了党委统一领导、行政为主实施、部门各司其职、上下齐抓共管、全员广泛参与的良好德育工作格局。管华诗校长在讲话中深入阐释了德育工作在高等教育中的重要性，并表示，中国海大一定要借这次德育评估的契机，持之以恒地把德育放在学校工作的首位，更好地担负起培养社会主义建设者和接班人的光荣使命。

19日　由中国药学会海洋药物专业委员会、中国药理学会海洋药物药理专业委员会、中国生物工程学会海洋生物技术专业委员会联合主办，中国海洋大学承办的第八届中国海洋药物学术研讨会（2002）在青岛举行。中国工程院院士、中国药学会海洋药物专业委员会主任委员、中国海洋大学校长管华诗以及来自国内外海洋药物研究领域及其相关研究领域的100余位专家、教授应邀到会，20余位专家作了大会特邀报告和专题报告。

23日　学校文学院院长、著名作家王蒙在逸夫馆举办题为《文学的方式》的报告会，从而揭开了中国海洋大学作家周活动的序幕。其间，尤凤伟、毕淑敏、余华、迟子健、张炜等知名作家先后发表演讲或作学术报告或举行文学朗诵会、座谈会。此举再次引起国内学界和社会的关注，受到广大师生的欢迎。

25日　中国共产党中国海洋大学委员会印章、中国海洋大学印章和钢印启用，原中国共产党青岛海洋大学委员会印章、青岛海洋大学印章和青岛海洋大学钢印同时废止。

同日　中国海洋大学"十五""211工程"建设项目可行性研究报告顺利通过教育部专家组进行的论证。专家组认为，研究报告总体建设项目明确，发展战略思路清晰，对学校定位准确，反映出学校关于"十五""211工程"建设的整体思考深入、长远。原则同意学校启动"211工程""十五"建设项目。中共青岛市委副书记张旭升和学校党政领导，两院院士文圣常、李庆忠，"长江学者奖励计划"特聘教授崔承彬等出席了论证会。

根据计划，学校"十五""211工程"建设的总投资约为2亿元，建设的总体目标是在搞好学科布局的前提下，确保特色优势学科达到国际同类学科的先进水平，某些方向接近国际领先水平，形成一批新的学科高峰，以此带动学校整体建设。经过一段时间的努力，把中国海洋大学办成学科结构合理、师资力量雄厚、办学效益显著，公共服务体系先进，整体水平居于国内高校前列，世界知名、特色显著的综合性研究型大学。

同日　学校发文，表彰在2001—2002学年表现突出的学生先进集体和先进个人。杜林（海洋化学专业1999级）、杜玉堂（生物科学专业2000级）、房立维（法语专业2000级）、吕颖慧（水产强化专业2000级）、王茵（法学专业2000级）、周玲玲（环境工程专业1999级）被评为校优秀学生标兵。海洋学科强化班2001级等27个班被评为校先进班集体。

29日　毕淑敏、尤凤伟、余华、迟子健、张炜5位国内知名作家接受聘任，成为中国海洋大学的首批驻校作家。驻校作家制度在国外高校常见，但在我国高校还是首例。管华诗校长认为一所综合性大学没有人文社会科学的参与，其自然学科和人才培养也会受到制约。管校长希望各位作家把身影留在校园，到这里来创作，为21世纪学校重振人文作出贡献。

11月

5日 应学校邀请，参加中国海洋大学揭牌仪式的教育部副部长张保庆来校考察，在听取管华诗校长关于学校总体情况汇报后讲话。他说，中国海大提出的"以特色带动综合，以综合强化特色"的思路很好，这个特色要保住。同时指出，部属高校不能盲目在数量上（主要指本科生）扩张，而是要在提高办学层次上下功夫，中国海大要抓住机遇，卧薪尝胆，敢为人先，在世界海洋科研和人才培养中争得一席之地。

会后，张保庆副部长一行参观基础试验教学中心、教育部物理海洋重点实验室和山东省海洋药物重点实验室，并实地察看崂山校区校址。

6日 中国海洋大学揭牌庆典在青岛市人民会堂隆重举行。教育部副部长张保庆、山东省人民政府副省长邵桂芳、国家海洋局副局长倪岳峰、中共青岛市委副书记张旭升等领导出席。出席庆典的还有韩国驻青总领事朴钟先博士，在青两院院士，国家有关部委，省市有关部门，驻青部队，省内高校的领导、代表和嘉宾以及来青参加山东省高级中学协会2002年年会的100余所重点中学的校长。

教育部发展规划司副司长季平宣读《教育部关于同意青岛海洋大学更名为中国海洋大学的通知》。张保庆、邵桂芳、倪岳峰和张旭升为中国海洋大学揭牌，并分别讲话，希望中国海大在新的发展阶段再创佳绩，为实现中华民族伟大复兴作出新的更大贡献。张保庆在讲话中代表教育部，向中国海洋大学全体师生员工表示最热烈的祝贺。他说，作为海洋大国，中国海洋大学正发挥着一种其他高等学校所无法替代的作用。他希望全体师生坚持解放思想、实事求是、与时俱进的思想路线，珍视已经形成的良好学风、校风和作风，不断提高教学、科研的质量和水平；要站在维护国家最高利益的高度，从应对世界范围内日益激烈的海洋竞争的局面出发，下决心在一些学科方面有所突破，承担起实现海洋强国理想的历史重任；发挥青岛海洋资源高度集中的优势，坚持和注重科研成果的转化，坚持走产、学、研相结合的道路，为国家经济发展和社会进步、为山东省和青岛市经济发展和社会进步作出更大的贡献。

中国海洋大学校长管华诗在致辞中回顾了学校的发展历史和所取得的辉煌成就，展望了学校的灿烂前景，表达不辜负党和人民厚望、再创辉煌的决心。他说，海洋强国、"海上山东"、海洋经济产业城的建设都对学校寄予厚望，我们将继续秉承和发扬学校多年来积淀形成的兼容并包、海纳百川的学术理念和博大胸襟，崇德守朴、求真务实的人文追求和科学态度、上下齐心、锲而不舍的团队精神和坚韧毅力、心系国运、探索不已的优良传统和进取精神，坚定不移地走"强化发展特色、协调发展综合，以特色带动综合、以综合强化特色"的道路，坚持教育创新，努力担当起中国海洋高等教育排头兵的重任。

中共中央政治局委员、山东省委书记吴官正，山东省委副书记、省长张高丽，山东省委副书记王修智，国家海洋局局长王曙光等发来贺信。5位诺贝尔奖获得者、中国海大名誉教授以及中国海大海外校友联谊会等近300个单位和个人来信来电表示祝贺。

13日　经教育部批准，中国海洋大学作为试点院校，面向国内外公开选聘一名副校长。本日学校在《人民日报（海外版）》《光明日报》《中国教育报》《大众日报》以及校园网上发布公告，明示报名日期、条件和工作程序等有关事项。

14日　学校在逸夫馆八角厅召开由党委中心组成员，各部处、各业务单位主要负责人和部分专家、学者出席的学习党的十六大精神座谈会。会上，社科部主任李元峰教授、中国科学院院士冯士筰教授、校长助理兼法学院院长徐祥民教授、政治与行政学系主任郑敬高教授等先后发言。党委书记冯瑞龙说，党的十六大是我们党在新世纪召开的第一次全国代表大会，也是我国在进入全面建设小康社会、加快推进社会主义现代化的新的发展阶段召开的一次十分重要的代表大会，是全党和全国各族人民政治生活中的一件大事，对于党和国家在新世纪的发展具有重大而深远的影响。他要求各部门、各院系通过学习党的十六大精神，站在赢得竞争的高度，谋划新的发展思路，开创新的工作局面。

15日　海军依托学校培养国防生工作有了新进展，首批55名国防生签约仪式在浮山校区举行。党委书记冯瑞龙代表学校出席签约仪式并向首批国防生表示热烈祝贺。他说，学校历来有为军队，特别是为海军输送优秀人才、积极承担国防科学技术研究的光荣传统，他希望国防生明确自己肩负的责任，严格要求自己，勤奋学习，磨炼意志，努力成为优秀的高素质军人，为国防现代化、为发展壮大人民军队作出贡献。

19日　校党委发文，撤销麦岛校区机关党总支；成立高等职业技术学院党总支委员会。原麦岛校区机关党总支、图书馆党支部划归直属业务单位党总支；原麦岛校区机关党总支公安科党支部与机关第一党总支保卫处党支部合并。

21日　学校召开本科实践教学工作研讨会。会议以"推进教育创新，注重培养学生的创新精神和实践能力，建设高水平特色大学的实践教学体系、实践教学模式和实践教学内容"为主题，各学院（系、中心）介绍和交流实践教学改革的一些好做法。管校长在讲话中强调指出，当前加强本科教育，要抓的第一件事就是本科专业调整，其中，专业布局的调整和课程体系的改革是关键，学科建设是基础。在改革过程中要分层次、有针对性地开展，同时要加大引进和培养一流人才的力度。于志刚副校长就下一阶段的本科专业调整和教学计划修订作部署，提出了具体要求。

22日　学校发文，任命杨桂朋为化学化工学院院长。

24日　学校发文，校办产业处更名为高新技术产业处。

12月

6日　山东省教育厅公布驻鲁高校省级重点学科、重点实验室建设项目名单，学校海洋地质学科、环境科学学科、气象学学科、海洋生物工程实验室、海洋生态系统动力学实验室、电子信息系统实验室被批准为省级重点学科和重点实验室。环境工程学科，企业管理学科，港口、海岸及近海工程学科，海底资源与探测技术实验室，水产遗传育种实验室，水产生物制品安全性实验室增补为省级重点学科和重点实验室。至此，学校省级重点学科（实验室）的总数达到18个。

9日　中国共产主义青年团中国海洋大学第十一次代表大会召开，团省委书记陈伟、团市委书记张惠等到会并先后讲话，向大会表示祝贺。校党委书记冯瑞龙在充分肯定团组织过去4年中所取得的成绩后，对全校团员青年提出希望和要求。大会通过初建松代表共青团中国海洋大学第十届委员会向大会所作的《全面推进共青团工作创新，为建设高水平特色大学建功立业》的工作报告，与会的149名代表选举产生共青团中国海洋大学第十一届委员会，共21名委员。下午举行的共青团中国海洋大学第十一届委员会第一次全委会，选举产生了委员会书记、副书记及常委，初建松当选为书记。

14日　中国海洋大学公开选聘副校长面试答辩会在逸夫馆举行。面试答辩会由党委书记冯瑞龙主持，由校党政领导、两院院士、"长江学者奖励计划"特聘教授组成的15人考评委员会负责考评工作，教授、干部、学生代表80多人旁听答辩并以投票方式表达意见。教育部人事司、山东省委组织部、山东省委高校工委、青岛市委组织部派员参加。

面试答辩会分陈述工作、演讲、答辩三部分。通过资格审查和笔试的6名应聘者先后登台，最大限度地展示个人优长和才华。考评委员会充分发扬民主，在吸收教授、干部和学生代表投票表决结果的基础上，经过认真、全面的分析，初步形成了向学校及教育部呈报的副校长建议人选方案。

受教育部委托，全程参加中国海大公开选聘副校长的教育部联络员张乐岭教授，对这次选聘工作给予充分肯定，他说："中国海大的做法，为全国高校公开选聘领导干部提供了成功经验。"

21日　由中国海大承办，青岛科技大学、青岛建工学院（现为青岛理工大学）参加的三校毕业生供需见面会在学校举行。8000余名毕业生和其他学校闻讯赶来的约1万名毕业生与会。来自全国各地的200多家单位前来选聘人才。现场和用人单位达成就业意向的毕业生有1000多人，提供的就业岗位信息有4000余个，另有部分毕业生与用人单位当场签订就业协议。三高校联合举办毕业生供需见面会，并邀请各校的重点用人单位参加，实现供需双方资源共享，这一合作方式在岛城高校历史上尚属首次。

23日　校长管华诗院士与青岛日报报业集团党委书记、社长谭泽分别代表两单位签署《合作创办中国海洋大学新闻与传播学院》的协议。协议规定：新闻与传播学院为中国海大的直属学院，双方将成立管理委员会，协调、监督学院工作；中国海大负责学院的教学管理等工作，保证教学质量，同时接受青岛日报报业集团委托开展教育培训工作；青岛日报报业集团将发挥报业集团的优势，对学院的专业设置、培养模式等提供咨询建议，并根据教学需要选派副高级职称以上优秀编采人员担任有关课程的教学辅导工作，并在教育基础设施等方面给予投入；报业集团作为新闻与传播学院的实习基地为师生实习提供方便和帮助，同时将图书资料室向学院的师生开放等。

同日　工程学院院长李华军教授获第四届教育部"高校青年教师奖"。

25日　学校发文，任命池振明为联合国教科文组织中国海洋生物工程中心主任。

30日　中国海洋大学、青岛大学、青岛科技大学、青岛建工学院（现为青岛理工大学）在青岛市人民政府签署协议，成立青岛国家大学科技园有限责任公司，中国海洋大学为公司董事长单位。中国海大副校长翟世奎代表学校在协议书上签字。大学科技园中心区位于青岛市高新区，规划占地约3000亩。由中国海大牵头、联合3所高校组建的大学科技园是经科技部、教育部批准成立的国家级大学科技园。科技园致力于海洋药物、生物技术、信息技术、新材料技术及环境工程技术的孵化及产业化。

31日　山东省教育厅发文，学校海洋化学、水产品加工与贮藏工程、海洋生物工程、环境科学、海洋地质学、海洋气象学、企业管理7个学科被列为第一批设置山东省高等学校学科带头人岗位的学科。

同日　第三届文苑奖学金颁奖，生物科学2000级杜玉堂、水产强化班2000级吕颖慧、环境工程1999级周玲玲3名同学获奖。中国科学院院士文圣常先生殷切勉励获奖同学，戒骄戒躁，勤奋学习，掌握本领，献身祖国的海洋事业。

本月　国家重点基础研究发展规划（"973计划"）项目"中国典型河口近海陆海相互作用及其环境效应"经科技部批准正式启动，项目总经费高达2800万元。这是学校作为主持单位首次承担国家"973计划"项目。该项目设置9个课题，由首席科学家主持，实行首席科学家与课题负责人两级责任管理。首席科学家由学校副校长翟世奎教授和华东师范大学丁平兴教授担任。

本年　学校全年实到科研经费8636万元，其中纵向经费为5719万元、横向经费为2917万元，经费额比2001年增长29%；首次作为主持单位承担"973计划"项目"中国典型河口近海陆海相互作用及其环境效应"，项目总经费为2800万元；二期"863计划"主持A类（重点）课题和B类（青年）课题共16项、作为副主持和参加单位的A类课题共12项；获国家自然科学基金资助项目和经费创学校历史新高：获资助项目35项、经费852万元；其他各类科技项目喜获丰收：新上国际合作、省部级各类项目44项，累计合同总金额700余万元；鉴定成果10项，达到国际先进水平的有8项；发表论文1510篇，其中SCI文章166篇，比2001年增加60%，ISTP文章27篇。

本年　经校专业技术职务任职资格评审委员会评审通过，赵栋梁、王国宇、魏志强、王金城、张德勇、曹立新、姬泓巍、林树坤、陈西广、张志峰、姜国良、董树刚、范德江、张维冈、任建国、谭北平、于广利、万荣、潘鲁青、宫庆礼、毛文君、赵昕、王元月、高强、陈峥、拾兵、董胜、王峻岩、杨红、李忠华、王庆云、刘润芳、秦延红、孙立新、谢树森、王莉萍、陈云霞、王萍、朱萍、王忠勇、胡远珍、李琳、鞠德峰、邹卫宁、王爱群、王静凤、单宝田、刘士才、于利、史泽美、姚云玲、潘克厚、李建平、林建华、吕铭、秦尚海、崔秀珍、关庆利、张彦臣、徐文武等60人获正高级专业技术职务任职资格。

本年　据10月上报教育部的《高等教育基层统计报表》统计，学校共有博士点16个、硕士点41个、本科专业48个、专科专业11个、博士后流动站5个。在校学生总数为15353人，其中博士生614人、硕士生1491人、普通本科生7992人、普通专科生572人、继续教育本科生3680人、继续教育专科生1004人。另有在职人员攻读博士、硕士总数为213人，在校留学生421人、研究生课程进修班1610人。在校教职工总数为1929人，专任教师789人，其中教授224人、副教授233人。

本年　学校科研成果获奖情况（省部级三等奖以上）见表17、表18。

表17　2002年学校科研成果获奖情况（省部级三等奖以上，自然科学类）

序号	项目名称	获奖情况	主要完成人		
1	对虾池封闭式综合养殖基础研究	山东省科技进步二等奖	李德尚		
2	现代黄河三角洲沉积机理	山东省科技进步三等奖	李广雪		
3	利用螺式酶生物反应器制备低分子甲壳胺	山东省科技进步三等奖	林　洪		
4	沿黄低洼盐碱地以渔改碱综合治理技术研究	山东省科技进步二等奖（合作）	李德尚		
5	注海水自动化监、检测系统	教育部提名国家科学技术一等奖	李华军	牛世龙	侯永海
6	卫星高度计海洋观测新方法研究及应用	教育部提名国家科学技术一等奖	陈　戈	方朝阳	韩　勇
7	海洋生物酶及其应用技术	教育部提名国家科学技术二等奖	刘万顺	戴继勋	韩宝芹
8	冲绳海槽的岩浆作用与海底热液活动的研究	教育部提名国家科学技术二等奖	翟世奎	陈丽蓉	张海启
9	海洋微生物几丁质酶研究及应用	国家海洋局海洋创新成果二等奖	韩宝芹	刘万顺	贺　君
10	海藻工具酶研究及其应用	国家海洋局海洋创新成果二等奖	戴继勋	刘万顺	韩宝芹

表18　2002年学校科研成果获奖情况（省部级三等奖以上，社会科学类）

序号	项目名称	获奖情况	主要完成人
1	山东省实施品牌战略提高主导产业竞争力问题研究	山东省社会科学优秀成果一等奖	曹洪军
2	转型经济中地下经济与收入不均的相关性分析	山东省社会科学优秀成果二等奖	孙　健
3	《论衔接》	山东省社会科学优秀成果二等奖	张德禄
4	《经济全球化时代资本主义的新变化》	山东省社会科学优秀成果二等奖	曹文振

序号	项目名称	获奖情况	主要完成人
5	在军队建立海洋观教育体系的研究报告	山东省社会科学优秀成果三等奖	干焱平
6	《规则在我国货币政策中的应用及启示》	山东省社会科学优秀成果三等奖	殷克东
7	WTO与山东省企业绿色国际竞争力提升对策研究	山东省社会科学优秀成果三等奖	赵领娣

2003年

1月

8日 崂山校区概念规划设计竞赛结果揭晓，中国建筑科学研究院建筑技术开发总公司获得一等奖，天津大学建筑设计研究院获得二等奖。清华大学博士生导师、教育部校园规划咨询委员会委员高冀生教授担任评审专家委员会主任委员。学校党委书记冯瑞龙向获奖单位颁奖。

14日 在山东省第九届人民代表大会第六次会议上，管华诗、麦康森、王宁、刘新国当选第十届全国人大代表。

15日 山东省委高校工委下文，授予中国海洋大学德育工作优秀高校称号。

20日 校第三届教职工代表大会第三次会议召开。管华诗校长向大会作《在改革与创新中前进》的工作报告，校党政领导冯瑞龙、李耀臻、王庆仁、于宜法、于志刚、翟世奎、刘贵聚首次进行工作述职并接受民主测评。会议审议通过《中国海洋大学关于实行校务公开制度的意见》。党委书记冯瑞龙在会议结束时讲话，对贯彻落实本次教代会精神和做好2003年学校工作提出要求。

同日 学校举行党员代表大会，选举党委书记冯瑞龙和水产学院教授张秀梅为青岛市第九次党代会代表。

21日 处级干部述职报告会在逸夫馆举行，根据《中共中国海洋大学委员会关于校、处级干部年度考核工作的意见》，校长助理、单位（部门）主要负责人共50人利用多媒体向考评委员会进行2002年工作情况述职。这是学校处级干部第一次集中进行年度工作述职，是学校党委对干部年度考核的一项重要举措。

23日 经中国人民政治协商会议第九届全国委员会常务委员会第二十次会议通过，冯士筰院士、王修林教授当选全国政协第十届委员。

2月

9日 中共青岛市委副书记、代市长夏耕来校调研。他表示，青岛市政府一定会一如既往地实施好四家共建协议，全力支持中国海大的建设与发展。冯瑞龙、管华诗、李耀臻、王庆仁、吴德星、于宜法、翟世奎、刘贵聚等出席座谈会。

10日 教育部下文，批准学校增设教育技术学、德语、新闻学、生物化学与分子生物学、地球信息科学与技术、工业设计、化学工程与工艺、船舶与海洋工程、生物工程、工程管理、电子商务和物流管理等12个本科专业，并从本年度开始招生。至此，学校已有本科专业61个，覆盖全部11大学科门类中的9个门类。

23日　在青岛市政协十届一次会议上，麦康森教授当选政协青岛市委员会副主席。

24日　在青岛市第十三届人民代表大会第一次会议第三次全体会议上，王修林教授当选青岛市人民政府副市长。

25日　教育部下发《关于同意部分高等学校2003年招收艺术特长生的通知》，同意包括北京大学、清华大学等在内的49所高校今年自主招收艺术特长生。中国海洋大学成为驻鲁高校中唯一按照新办法招收艺术特长生的高校。

26日　学校召开教授、副处级以上干部大会。党委书记冯瑞龙主持会议，并对2003年党政工作进行部署。管华诗校长从回顾过去、把握现在、夯实基础和开拓创新、实现跨越式发展等方面传达了第七次"崂山会议"精神。他说，本次"崂山会议"研究了学校战略发展规划、学科建设规划和校园建设规划，并按规划确定了学校两个阶段的建设任务和目标，即：第一阶段为2003—2010年，主要任务是按计划基本实现高水平特色大学建设目标，初步构建起研究型大学的框架；第二阶段为2010—2025年，重点是提高水平，增强学校综合实力，把中国海洋大学建设成为特色显著的综合性研究型高水平大学。我们首先要全面理解高水平特色大学的内涵，简单地说，特色就是学科和专业设置有特色，人无我有，人有我优；高水平是指办学层次和质量高，主要体现在学科和师资队伍建设等方面。要实现学校确定的建设目标，就必须与时俱进、开拓创新，努力实现学校的跨越式发展。跨越式发展是指打破旧框框束缚，用新思路、新方法、新机制实现超常规发展；跨越式发展是一种非均衡发展，是在不同的领域有先有后、有所侧重的发展；跨越式发展必须以可持续发展为基础，避免发展中的短期行为，坚持速度与效益并重、当前发展与长远发展兼顾。当前学校的发展态势很好，如何实现跨越式发展还是一个值得深入研究的问题，国外的卡内基梅隆大学是一个建设特色大学成功的范例，为我们提供了学习和追赶的目标。

3月

13日　管华诗校长在十届全国人大一次会议代表团会议上发言提出，应该整合我国现有的海洋科教资源，构建高水平海洋开发技术平台，建议在青岛建立大型的海洋科学国家级重点实验室，引起一些代表的共鸣。

同日　教育部发文，任命董双林、王琳为中国海洋大学副校长（试用期一年）。4月1日下午，两位副校长在校国际会议厅发表就职演说，正式上任。

17日　学校发文，任命王曙光为出版社社长（试用期一年）。

18日　法国布列斯特大区主席、布列斯特市市长弗朗西斯·卡兰德及法国西布列塔尼大学、法国海军学院和法国海洋开发研究院的专家、教授等一行17人来校参观访问，吴德星副校长会见客人。学校与法国西布列塔尼大学签订合作协议第二次补充协议，与法国海洋开发研究院签订联合申请两项欧盟项目的合作协议，与法国西布列塔尼大学签订将一项多糖研究的科研项目纳入中法科技合作研究的合作声明。

21日　学校召开大会，传达十届全国人大一次会议精神。会议由党委书记冯瑞龙主持。十届全国人大代表管华诗、麦康森、王宁和刘新国对会议精神进行全面传达，并畅谈参加此次人代会的体会和收获。

31日　学校发文，任命徐天真为海洋环境学院院长（兼）。

4月

2日　校党委发文，任命张永良为海洋环境学院党总支书记，吕铭为信息科学与工程学院党总支书记，于振江为工程学院党总支书记，刘孔庆为文学院党总支书记。

同日　学校发文，任命徐葆良为监察审计处处长，鲁中均为浮山校区工作委员会主任，杨自俭为新闻与传播学院院长（兼）。

12日　在中国共产党青岛市第九次代表大会上，党委书记冯瑞龙被选为中共青岛市第九届委员会委员。

16日　著名海洋化学家、国际海洋化学的奠基人、美国Woods Hole海洋研究所O.C. Zafiriou教授来校参观访问，并应邀在化学化工学院作学术报告。

同日　学校发文，任命徐祥民为海洋发展研究中心主任（兼）。

18日　历时两天的中国海洋大学2003年体育运动会闭幕，于光远打破男子1500米青岛市高校纪录、男子3000米校纪录，法学2001级张发臣打破男子3000米跑校纪录。

21日　自广东省发生非典型肺炎疫情并在部分地区流行以来，同"非典"作斗争成为全国的一项首要任务，学校也及时采取了一系列有力措施，以确保校园不发生"非典"疫情。本日下午，学校召开党委（扩大）会议，传达上级关于进一步做好非典型肺炎防治工作的要求，部署学校下一步的防控工作。党委书记冯瑞龙、校长管华诗强调，要充分认识防控"非典"的极端重要性，把它作为当前各项工作的重中之重，从维护广大师生生命安全和学校改革、发展与稳定的大局出发，周密部署，狠抓落实，坚决打好防控"非典"这场硬仗。

会议决定：按照教育部的要求和青岛市关于"防非"工作的"堵、防、教、治"四条措施，结合学校实际建立检查督导、责任追究制度和反应迅速、措施有力的应急处理机制，建立严格的疫情报告制度，同时要做好宣传，引导师生一方面要高度重视，做好自身防范，另一方面要消除不必要的紧张和恐惧心理，维护校园稳定。会上公布《中国海洋大学预防和控制非典型肺炎工作方案》和《关于加强领导，强化措施，预防和控制非典型肺炎的通知》。之后，学校防控"非典"的工作趋于严格、更加细致。

22日　由国家自然科学基金委员会主办，学校承办的中国物理海洋学科进展与发展战略学术研讨会在青岛黄海饭店闭幕。中国科学院院士文圣常、苏纪兰、冯士筰、胡敦欣，中国工程院院士袁业立等与来自国内外高校、研究机构的专家、学者90余人出席研讨会。本次学术研讨会是中国海洋科学界近10年来首次就某一领域的主要进展和未来发展趋势作战略学术研讨。大会包括三项主题：大尺度海洋环流与海气相互作用、浅海环流动力学、海洋观测与数值模拟。研讨会共收到论文摘要50余篇。

24日　校党委发文，任命徐葆良为纪律检查委员会副书记。

同日　校团委被共青团中央授予全国五四红旗团委称号，这是本年度山东省高校共青团组织中唯一获此殊荣的单位。

29日　校党委就"非典"防控工作向全校共产党员发出公开信，号召全校党员在"非典"防控工作中发挥先锋模范作用。各级党组织及时将此信传达至每一位共产党员，并以支部为单位认真学习讨论，制定贯彻落实措施，力争取得防控"非典"的全面胜利。

本月　海洋生命学院刘万顺教授荣获山东省劳动模范称号。

5月

1日　由校工会、妇委会、团委、研究生会和学生会共同发起的向"非典"患者和抗"非典"医务工作者献爱心活动上午启动。冯瑞龙、管华诗等校领导参加启动仪式并当场捐款。启动仪式上宣读《向"非典"患者献爱心活动倡议书》和《中国海洋大学师生致战斗在"抗非"第一线医务工作者的慰问信》。5月15日，以学校名义将全校教职员工110321.28元的捐款全部上交青岛市红十字会。

6日　著名国画大师、博士生导师、学校人文社会科学研究院院长范曾先生捐赠10万元用于学校防控"非典"工作。

12日　学校召开各单位党政主要负责人会议，在青岛市已经确认一例输入性非典型肺炎疑似病例的情况下，对"非典"防控工作进行再部署。党委书记冯瑞龙、校长管华诗在会上讲话。为进一步加强领导，学校将非典型肺炎防控工作领导小组更名为防治传染性非典型肺炎指挥部，并提出"保卫青岛，保卫海大"的口号，采取更加严厉的措施，坚决将"非典"拒于校园之外。

16日　党委书记冯瑞龙主持召开校防治传染性非典型肺炎指挥部（扩大）会议，通报胶州市发现一例"非典"高度怀疑病例事件，查找当前学校防控"非典"工作中存在的薄弱环节，并部署下一步防控"非典"工作。会议要求全校各单位充分吸收胶州事件的教训，进一步增强责任意识，切实做到"三个决不"（即决不能掉以轻心，决不能满足已有的成绩，决不能有任何麻痹思想）、"三个宁可"（即宁可把问题考虑得多一点，宁可把形势看得严峻一点，宁可把困难估计得严重一点）和"三个充分"（即充分认识到抗击"非典"斗争的长期性、复杂性、艰巨性，充分做好应对准备，充分做好防大疫、抗大战的思想准备）。

19日　学校发文，任命关庆利为图书馆常务副馆长。

29日　党委书记冯瑞龙主持召开校庆筹备工作委员会第一次全体会议，听取校庆工作办公室关于筹备工作总体进展、校庆活动方案和经费预算等方面的情况及题词组、文化活动组、宣传与教育组、文明校园建设组、庆典工作组、校友联络组、学术活动组各自的筹备工作进展情况汇报，对下一阶段的工作作出安排。冯瑞龙对做好校庆工作提出三点要求：一是通过校庆活动达到宣传学校的目的，弘扬办学传统，丰富办学理念，提高学校地位；二是以校庆为契机全面提高学校教学、科研和管理水平，加快学校发展；三是在筹备工作中要注重节俭，精打细算，避免铺张浪费。

同日　著名作家、文学院院长王蒙在逸夫馆八角厅主持召开人文教育问题调研会。他说："教育是立人的，近年来人文教育受到重视是大学教育向'以人为本'母题的回归。"副校长于志刚和有关部门、院系负责人参加调研会。杨自俭等与会专家、教授积极发言，回顾学校历史上的两次人文兴盛和近年来学校大力发展人文学科的情况，探讨了进一步实施人文素质教育的有效措施。

本月　中国科学院院士、西北大学造山带地质研究所所长张国伟教授受聘为双聘院士、海洋地球科学学院名誉院长。

张国伟（1939—　），河南省南阳人。1961年毕业于西北大学地质系并留校任教至今。现任西北大学造山带地质研究所所长、大陆动力学教育部重点实验室学术委员会主任。长期从事地质科学的教学和研究工作，先后主持国家自然科学基金等重大、重点、攻关项目8项，基金、地矿、石油、冶金等部门其他科学研究项目20余项，国际合作研究项目9项，多次应邀到美国、英国、德国、加拿大、瑞士、奥地利等国进行合作研究与学术交流，对世界主要造山带阿帕拉契亚、科迪勒拉、北美五大湖区前寒武纪地质、阿尔卑斯、中欧海西造山带、英国西海岸等地进行考察，并与秦岭造山带进行对比研究。在造山带与前寒武纪地质研究、国内外主要造山带对比与大陆动力学的研究中，取得了富有创造性的系统科学成就。先后在国内外期刊发表论文150余篇，出版著作5部和中、英文版秦岭造山带岩石圈三维结构图丛书各1套。研究成果曾获国家自然科学二等奖1项、全国科学大会奖1项。1986年以来先后被评为国家级有突出贡献的中青年专家、全国优秀教师、陕西省科技战线劳动模范和全国先进工作者。

6月

4日　校党委发文，任命高忠文为生命科学与技术学部党委副书记（正处级，试用期一年），陈锐为国际合作与交流处处长（试用期一年）。

6日　管华诗校长主持召开新校训专题座谈会。党委宣传部部长魏世江对校训的演变情况作介绍。现在的校训"团结、勤奋、求实、创新"是20世纪90年代初确定的。2000年10月，山东省高校校园文明检查评估结束后，学校领导和党委宣传部开始考虑重拟校训，并就"海纳百川"一句达成共识。2001年5月初步确定"海纳百川，至人至德"为新校训方案，并下发全校各单位进行讨论。至本日，大家对"海纳百川"高度认同，但对"至人至德"在给予较高评价的同时，意见分歧较大。

文学院院长、教授王蒙先生就清华大学、四川大学、厦门大学的校训谈了看法后认为，作为海洋大学应该保留"海纳百川"4个字；在此基础上提出了3个建议方案："海纳百川，与时俱进""海纳百川，取精行远"和"海纳百川，取则行远"，并对3个方案的出处和含义作了简略说明。北京大学教授、客座教授严家炎先生对王蒙先生的后两种方案表示赞同，同时认为先前的方案"海纳百川，至人至德"也比较好。他说，校训不能追求太强的实用性，而应充分反映崇高的理想性，因为它更多地体现着学校的精神召唤和鼓励作用。严先生还提出了自己的方案："海纳百川，至刚至柔。"与会者对几个方案进行讨论时认为，"海纳百川，取则行远"更能体现中国海大人的胸襟和魄力，更能体现中国海大立志高远、勇攀高峰的精神和追求。管华诗校长要求党委宣传部尽快把"海纳百川，取则行远"的方案诠释后下发全校各单位讨论。

17日　21名2003届毕业生从于志刚副校长手中接过聘书，受聘为学校首批教育教学信息员。学校将对信息员进行跟踪调查，及时获得教育教学信息，从而为教育教学工作的调整、改进和提高提供基础性资料。

18日　校庆筹委会讨论通过由党委宣传部负责的中国海洋大学形象识别系统（Identity System of Ocean University of China，海大UIS）设计方案。方案的主要内容包括校训、校风、教风、学风、海大精神、办学箴言、愿景等理念系统，各类人员行为规范；基础类（标志徽、吉祥物等）、应用类（文具与办公用品、校徽/证件、旗帜、环境标识、服饰、赠品、包装等）等。"海大UIS"方案采用纳入工作体系、课题立项研究和引入市场机制相结合的方式编制。进一步完善学校理念系统，如海大精神为"兼容并包、海纳百川的学术理念和博大胸襟，崇德守朴、求真务实的人文追求和科学态度，上下齐心、锲而不舍的团队精神和坚韧毅力，心系国运、探索不已的优良传统和进取精神"；教风为"治学严谨、执教严明、要求严格"；学风为"求是、求博、求精、求新"。

25日　学校发文，公布由水产学院和海洋生命学院组建而成的生命科学与技术学部行政领导班子：包振民为管委会常务副主任，林洪、张全启、战文斌、梁振林、唐学玺为副主任，张全启兼任海洋生命学院院长，战文斌兼任水产学院院长。

26日　中国海洋大学2003届学生毕业典礼暨学位授予仪式在青岛市人民会堂隆重举行，这是学校更名后举行的首次毕业典礼。党委书记冯瑞龙，中国工程院院士、校长管华诗，中国科学院院士文圣常、冯士筰，中国工程院院士李庆忠，学校其他党政领导出席毕业典礼。管华诗校长向即将踏上新征程的中国海大学子送上真切的希望和祝福：希望毕业生们终身学习，不断进取；修身立德，仁智双彰；报效祖国，实现自我；扬帆远航，毋忘母校。在欢快的乐曲声中，管华诗、冯瑞龙等为57名博士、549名硕士、1814名学士颁发证书。

本月　港口航道与海岸工程1999级荣获全国先进班集体称号。

7月

1日　党委书记冯瑞龙主持召开校防治传染性非典型肺炎指挥部全体成员会议。会议认为，在教育部和山东省政府的正确领导下，根据青岛市的统一部署，经过全校师生的共同努力，学校的"非典"防控工作取得了阶段性胜利。会议在总结前一阶段工作经验的基础上，结合实际情况，建立了校园安全管理、应对突发性公共卫生事件的长效机制。

2日　学校发文，任命韩立民为海洋经济与海洋法学研究院院长，高会旺为环境科学与工程研究院院长。

7日　党委书记冯瑞龙主持召开学部党委、各党总支（直属党支部）以及党委各部门负责人会议，传达《中共教育部党组关于在教育战线兴起学习贯彻"三个代表"重要思想新高潮的通知》和中共山东省委常委会扩大会议精神，要求全校党员干部和全体师生统一思想，提高认识，深刻领会胡锦涛总书记"七一"讲话的重大意义和深刻内涵，在全校兴起学习贯彻"三个代表"重要思想新高潮。

21日　吴德星副校长与贵州省铜仁地区行署副专员杨安民签署《中国海洋大学、贵州省铜仁地区长期合作协议》。按照协议，中国海大将在铜仁地区建立人才培训基地，鼓励优秀毕业生到该地区工作，双方还将在科技开发、成果转让和实习基地等方面进行合作。

8月

1日 在2003年度国家社科基金项目评审中，学校3个项目获准立项：管理学院王淼教授的"海洋生态资源价值理论及应用研究"、高强教授的"我国城镇化推进制度性的约束与创新研究"和文学院刘润芳教授的"德国浪漫派与中国原生浪漫主义"。

3日 崂山校区规划设计评议会在逸夫馆多功能厅举行。党委书记冯瑞龙、校长管华诗、中国科学院院士文圣常、中国工程院院士李庆忠及中共青岛市委常委、崂山区委书记李增勇等100余人参加评议会。6月，学校委托中国建筑科学院、天津大学及上海现代建筑设计院对新校区进行总体规划，并于8月底完成规划设计。与会者参观了新校区规划设计展，提出了许多宝贵的意见和建议，并以投票方式对3个方案进行评议。

5日 由校长管华诗院士领衔、数十名科技人员历经14年不懈攻关，我国第一个海洋糖库通过山东省科技厅组织的鉴定。技术鉴定委员会认为，该课题以海洋多糖为研究对象，通过研究方法和技术手段的集成与发展，解决了海洋多糖降解、寡糖分离等研究中的一些关键技术问题，首次建立了国内较完善的海洋寡糖及其衍生物制备技术体系。寡糖系列制品质量稳定、单体纯度高，其主要技术参数和质量标准达到国际同类制品的水平，其技术水平达到国际先进水平，部分制品填补国内外同类制品的空白，具有潜在的开发应用价值。

同日 全国"高等教育百门精品课程教材建设计划"评审结果揭晓，外国语学院李志清教授主持的《新大学法语系列教材》和冯士筰院士主持的《普通海洋学》入选该计划精品项目和立项研究项目。

25日 学校发文，任命朴大雄为数学系主任。

28日 学校召开教授、副处级以上干部大会。党委书记冯瑞龙主持并发表题为《兴起学习贯彻"三个代表"重要思想新高潮，扎实推进高水平特色大学建设》的讲话。他说，在全校再次兴起学习贯彻"三个代表"重要思想新高潮，就是要不断促使广大党员、干部和师生员工始终坚持以"三个代表"重要思想统揽全局，紧密联系学校实际，解放思想、实事求是、与时俱进、开拓创新，以优异成绩迎接校第八次党代会的胜利召开，开创学校各项事业发展的新局面。

管华诗校长结合第八次"崂山会议"精神，着眼于学校当前工作和未来发展讲话。

他说，此次"崂山会议"遵循以发展为主线的原则，在规划未来、制定措施时坚持了可持续发展的观点，在发展中解决困难，在发展中增强实力。当前要从横向拓展和纵向提升两个方面加速学校的发展步伐。横向拓展主要是指拓展服务领域和办学空间，加大专业和学科结构调整力度，加强学位点和各种资质建设，加强人才队伍和实践基地建设等；纵向提升主要是指全力争取国家海洋科学研究中心立项，做好现代教育运行体系建设，抓好"筑峰人才工程"和大学科技园建设等。

管华诗在谈到关于学校发展动力问题时说：第一，要按照"三个代表"重要思想的要求，不折不扣地坚持党在新时期的思想路线，即解放思想，实事求是，与时俱进，不断加大改革力度，探讨发展新途径。第二，要不断改进思想政治工作方法，大力倡导奉献精神。第三，要深入研究传统与创新、权利与责任、放权与越权、管理与服务、奖励与惩罚、分工与合作、树正与打邪的关系，营造良好的政策环境，建立起富有特色且更加有效的管理运行机制，激发全体中国海大人的积极性和创造性。

9月

2日 教育部决定将"211工程"序列高校的教学优秀评估和其他普通高校的教学水平评估合并进行，五年一轮。根据上述情况和学校现状，结合崂山校区的建设规划，校长办公会研究决定把申请教学评估的时间推迟到2007年，但仍需按照以评促建、评建结合、重在建设的原则，着力推进各项准备工作，努力实现创建教学国优品牌的目标。

同日 管华诗校长主持召开校长（扩大）办公会，研究实施新的教学运行体系工作。于志刚副校长以《实施"本科教学质量工程"，建立现代教学体系，创造本科教学国优品牌》为题，汇报本科教学改革的指导思想和目标。教务处处长李巍然就新教学运行体系做多媒体演示与说明。与会人员对新教学运行体系反响很大，在充分肯定基本原则和思路的同时，提出了许多建设性意见和建议。党委书记冯瑞龙指出，建立新的教学运行体系，是继人事分配制度改革后推出的又一重大改革举措，必将对进一步提高教学质量、加快学校发展步伐产生积极而深远的影响。管华诗校长要求全校把建立新的教学运行体系视为一项创新工程，全方位给予大力支持。

新的教学运行体系以先进、科学、独具特色的教学理念为基础，以专业群概念为先导，以建设高水平专业为目标，以课程体系和精品课程建设为重点，以考试方法的改革为推动力，通过设计课程体系，修订教学计划，改变选课和学籍管理方式，建设相应的支持平台，初步形成动态的、具有弹性和自适应性的、能充分发挥学生个性的教学运行体系，以此来实现学校教育教学的新变革，使"学在海大"提升为"学（习）在海大、创（新）在海大、成（才）在海大"，创造本科教学的国优品牌。新教学管理体系将在2003级新生中正式实施。

4日 教育部公布第一届全国高等学校教学名师奖获奖名单，共有100名高校教师获此殊荣，化学化工学院张正斌教授榜上有名。他是驻青高校中唯一的获奖者。张正斌教授于9月10日出席在北京举行的颁奖大会，受到党和国家领导人的接见。

张正斌（1935— ），1958年毕业于北京大学化学系，博士生导师，化学化工学院名誉院长，享受国务院政府特殊津贴。曾任国家自然科学基金委海洋科学第一、二届评委，国家教委教学指导委员会化学组成员、海洋学科组副组长；《海洋学报》副主编；第八届全国人大代表，民盟中央委员，民盟山东省委副主任；山东省人大常委会委员，青岛市人大常委会副主任。他

国家级教学名师张正斌

长期从事海洋化学方面的科研和教学工作。完成国家"七五""八五""九五"国家攻关、国家"863计划"、国家自然科学基金等项目若干项。发表学术论文250多篇，出版专著14部。获得过全国科学大会奖、国家自然科学奖、国家级有突出贡献的中青年专家、全国优秀教师等多项奖励和荣誉称号。

8日 学校下发通知，公布"海纳百川，取则行远"为新校训。新方案校训，由著名作家、文学院院长王蒙教授提出，在广泛征求师生员工意见的基础上，于6月20日经三届三次教代会代表团团长会议讨论通过。新校训自2003年6月28日起确立，之前的校训同时废止。

校训释义如下。

"海纳百川"出处有三：（1）《庄子·秋水篇》："天下之水莫大于海，万川纳之。"（2）东汉许慎之《说文解字》："海，天池也，以纳百川者。"（3）林则徐堂联：海纳百川有容乃大，壁立千仞无欲则刚（注：1839年3月，林则徐奉旨以钦差大臣身份到广州查禁鸦片，在其厅堂内挂此联，借以表明为人为官之肚量、为国为民之心迹）。

"海纳百川"意指：海之大，能容纳一切河流之水，形容肚量、气度、胸怀之宽

广，喻指海大培育之人应虚怀若谷，有大海般的胸襟；海大园应百花齐放、百家争鸣，能容纳各种学术思想；海大能容纳包括大师级人才在内的各路群英，能采纳来自各界的有益之言行、有益之成果。

"取则行远"中的"取则"出自晋陆机《文赋·序》："操斧伐柯，取则不远。"其字面意义是说，拿着斧头去砍斧柄，所要砍的斧柄的样子（如长短、粗细、木质等）已在心中有数，不会没有标准。朱熹之《中庸章句集注》注："柯，斧柄。则，法也。……言人执柯伐木以为柯者，彼柯长短之法，在此柯耳。"取，这里用其选择、探求之意；则，这里指法则、规则、规律。取则，是指干事情、做学问要有所分析、综合，探求科学规律，既要遵循法则、规则，又不因循守旧，拘泥于条规之中。"行远"典出《中庸》："君子之道，譬如行远必自迩，譬如登高必自卑。"说的是君子求学之道：欲达远大目标，必定从近处出发；要想攀登高峰，就得从低处起步。

"取则行远"意指：海大人既能够遵循科学精神，又能够眼界高远、目标远大，且脚踏实地、身体力行地朝着既定的目标奋进，体现了海大人志存高远、探索不已、勇攀高峰的精神和追求。

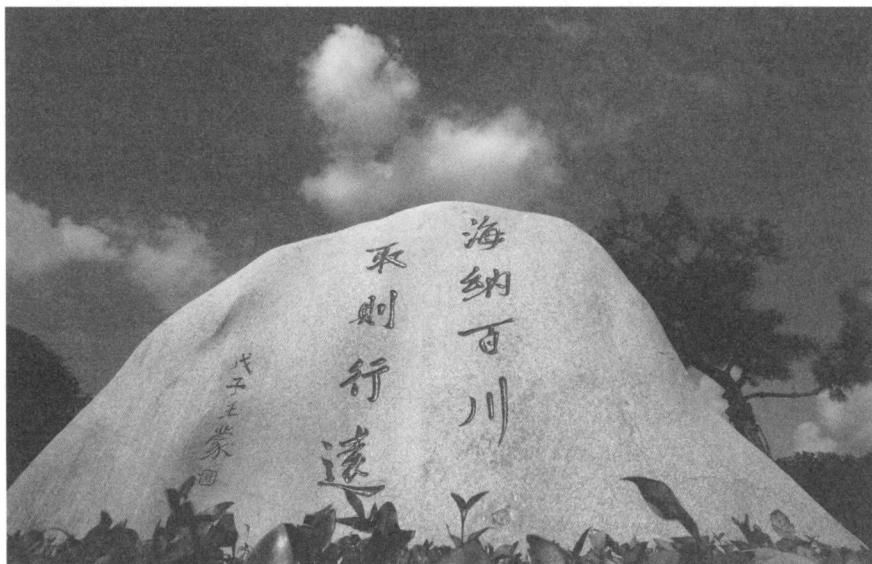

王蒙先生题写的校训

同日 国务院学位委员会下文，批准学校新增生物学、食品科学与工程、大气科学3个学科为博士学位授权一级学科，覆盖并新增动物学，植物学，生理学，微生物学，神经生物学，发育生物学，生物化学与分子生物学，生物物理学，农产品加工及贮藏工程，粮食、油脂及植物蛋白工程，大气物理与大气环境，遗传学，细胞生物学，食品科学，药物化学等15个专业为博士学位授权专业，从而使学校的博士学位授权一级学科达到6个、博士学位授权专业达到30个。另外，学校还覆盖并新增硕士学位授权专业34个，新增博士学位授权专业的前10个专业为硕、博同时增列，新增的其他24个硕士学位授权专业为区域经济学、劳动经济学、数量经济学、宪法学与行政法学、环境与资源保护法学、经济法学、中国古代文学、英语语言文学、历史地理学、运筹学与控制论、凝聚态物理、分析化学、矿物学、岩石学、矿床学、材料物理与化学、控制理论与控制工程、计算机软件与理论、水力学与河流动力学、摄影测量与遥感、化学工程、矿产普查与勘探、旅游管理、技术经济及管理、农业经济管理、行政管理等，使学校的硕士学位授权专业达到75个，研究生教育的学科门类增加到9个。

20日　2003级学生开学典礼暨军训阅兵式在鱼山校区操场隆重举行。校党政领导及中国人民解放军71146部队副参谋长张维茂大校、副部队长许胜廷大校等在主席台就座。张维茂大校在学校党委副书记李耀臻陪同下，乘阅兵车检阅了26个新生方队。校党委书记冯瑞龙对全体新生提出3点希望：一要认真学习"三个代表"重要思想，树立远大理想；二要加强思想修养，注意培养集体主义观念；三要注重优良学风的养成和科学精神的塑造。

本年度学校共录取本科生2500人（其中首次招收西藏班10人）、高职生463人、硕士研究生987人、博士研究生307人。

26日　由全国政协教科卫体委员会、教育部、文化部、青岛市人民政府指导，中国海洋大学主办的"王蒙文学创作国际学术研讨会"在青岛府新大厦圆满结束。本次会议是为了纪念王蒙从事文学创作50周年而举行的，为期三天。包括我国红学家冯其庸，现当代文学家严家炎，欧洲著名汉学家顾彬以及著名作家铁凝、王安忆、张贤亮等一批中外知名人士济济一堂，围绕关于王蒙的综合研究、小说研究、文学思想研究等专题进行深入的探讨，中国海大师生上千人聆听系列学术报告会。

29日　为期两天的中国海洋大学第八次党代会圆满结束。冯瑞龙代表上届党委作题为《与时俱进，开拓创新，全面建设高水平特色大学》的工作报告。报告共分3个部分：（1）过去4年的工作回顾。（2）适应国家需要，坚持教育创新，全面建设高水平特色大学。（3）贯彻"三个代表"重要思想，全面加强党的建设。

确定学校的发展目标是：第一步从2003年至2010年，主要任务是按计划基本实现高水平特色大学建设目标，初步构建起研究型大学的框架；第二步从2010年至2025年，重点是提高水平，增强学校综合实力，把中国海洋大学建设成为特色显著的综合性研究型高水平大学。

大会通过了《关于中国共产党中国海洋大学第七届委员会工作报告的决议》和《关于纪律检查委员会工作报告的决议》，选举由于利、于志刚、于宜法、冯瑞龙、刘贵聚、吕铭、朱胜凯、初建松、吴成斌、吴德星、宋志远、宋微波、张静、李华军、李巍然、李耀臻、赵庆礼、徐天真、徐国君、徐祥民、董双林、管华诗、魏世江等23人组成的中国共产党中国海洋大学第八届委员会和由王明泉、王筱利、包振民、刘贵聚、张庆德、李八方、李庆祥、杨桂朋、陈晓明、姚云玲、徐葆良、高会旺、管长龙等13人组成的纪律检查委员会。在随后召开的八届一次全会上，选举产生了中共中国海洋大学第八届委员会常务委员、书记、副书记。常务委员会由冯瑞龙、李耀臻、张静、管华诗、吴德星、于宜法、于志刚、董双林、刘贵聚组成，冯瑞龙为书记，李耀臻、张静为副书记。会议通过了纪律检查委员会第一次全会选举结果，刘贵聚为纪委书记，徐葆良为副书记。

中国共产党中国海洋大学第八次代表大会召开

10月

13日　由国际鲍鱼学会主办、中国海洋大学承办的"第五届国际鲍鱼学术研讨会"在青岛黄海饭店召开。来自中国、日本、澳大利亚、新西兰、美国、南非、墨西哥、智利、韩国、爱尔兰等20多个国家的专家、学者、企业名流以及政府管理人员共280多人参加会议，其中国外专家187人。学校副校长王琳、教育部"长江学者奖励计划"特聘教授麦康森出席开幕式。本次会议的主题是总结世界鲍鱼生物学、资源管理、养殖生产的研究进展，加强国际鲍鱼研究应用的交流与合作，提高鲍鱼研究及应用的整体水平。在鲍鱼的生物学、渔业、养殖和市场营销等方面的一些国际著名专家就研讨会各项议题作大会报告或专题报告。会议共交流学术论文170余篇，是历届交流论文最多的一次会议。国际鲍鱼学术研讨会是国际鲍鱼学会每三年举办一次的最高级别学术会议。

15日　上午9时，"神舟"五号载人飞船从酒泉卫星发射中心顺利升空，学校向酒泉卫星发射中心全体工作人员和40余位中国海大校友发去热情洋溢的贺信。从1983年为酒泉卫星发射中心输送第一位毕业生起，20年来中国海大共为该中心输送优秀毕业生近60人。他们在各自的岗位上，用辛勤劳动和聪明才智，为"神舟"五号的成功发射作出了重要贡献。

24日　中国人民解放军国防大学乔松楼教授应邀为学校党政管理干部作题为《高科技战争与现代国防建设》的报告，受到与会者的高度评价。

27日　校党委发文，任命董淑慧为党委、校长办公室主任。

31日　学校召开副处级以上党员干部大会，传达贯彻第十二次全国高校党建工作会议精神。党委书记冯瑞龙传达中共中央政治局委员、书记处书记、中组部部长贺国强的讲话。党委副书记李耀臻传达教育部党组书记、部长周济的《以"三个代表"重要思想为指导，加强和改进在高校学生中发展党员工作》的报告。冯瑞龙指出，要从高校在全面建设小康社会的地位和作用出发加强和改进党建工作，重点抓好基层党组织建设和党员教育工作；坚持用"三个代表"重要思想武装学生头脑，不断壮大青年党员队伍，发挥好党组织的战斗堡垒作用和党员的先锋模范作用，带领全校教职员工积极投身到高水平特色大学建设中。管华诗校长说，落实会议精神，要与增强党员的自豪感、使命感结合起来，基层党组织的工作要不断开拓创新，不创新就没有生命力。

同日　作为山东省科技攻关项目，由信息科学与工程学院孟庆春教授领衔研制的新型智能导游机器人——"海福利"通过专家鉴定，专家一致认为该产品达到国内同类产品的领先水平。

11月

3日　应美国得克萨斯农工大学邀请，党委书记冯瑞龙率代表团一行四人赴美国参加主题为"美中关系：过去、现在、将来"的国际会议，并与得克萨斯农工大学磋商两校进一步加强交流与合作事宜。

16日　党委副书记李耀臻受教育部思政司邀请，赴京为"学习贯彻党建会精神，加强和改进高校党建与思想政治工作高级讲习班"的学员作题为《支部建在班上，加快在大学生中发展党员》的报告。这一经验受到教育部社政司的肯定。

同日 学校自行研制的机载海洋激光荧光雷达系统在烟台机场进行飞行试验获得成功。这项成果打破我国海洋环境监测方面尚无机载海洋激光雷达系统的局面。

20日 管华诗校长与来访的韩国国立群山大学校长林海正在"胜利楼"会议厅续签合作协议。协议书规定，双方将定期组织教师和研究人员互访，在条件允许的范围内，为对方学校在己方国家开展的教育、语言、文化、经济等领域的课题研究提供方便；每年互派学生到对方学校学习，其所获学分双方给予认可。在研究领域，双方就海洋、水产、信息、汽车制造、环黄海圈、艺术及体育等领域共同关注的课题进行合作研究，合作举办学术会议，交换学术资料和其他信息等。林海正校长还为海洋环境学院学生邹涛、徐娜颁发韩国国立群山大学奖学金各400美元。

同日 第八届"挑战杯"全国大学生课外学术科技作品竞赛颁奖大会在华南理工大学举行，公维晓、于海洋同学的作品《山东省生物技术制药产业对策研究》在第八届"挑战杯"上夺得全国一等奖。

25日 学校收到国家发展和改革委员会《关于中国海洋大学"十五""211工程"建设项目可行性研究报告的批复》。"十五""211工程"的总体建设目标为：以发展为主题，以重点学科建设为核心，大力推进理论创新、制度创新、科技创新和教育创新，通过持续重点建设，进一步提高教育质量和学科建设、科学研究、师资队伍、学校管理的水平和办学效益，充分发挥培养高层次创新人才、发展文化与科学技术、解决国家和地方经济建设和社会发展重大问题的作用，保持和发展学校特色，为建设特色显著的综合性研究型高水平大学奠定坚实基础。

"十五"期间，学校"211工程"建设预期投资9600万元，其中6400万元用于重点学科项目建设，1200万元用于公共服务体系项目建设，1000万元用于师资队伍建设，1000万元用作不可预见费用。通过"十五""211工程"项目建设的带动，学校的整体教学质量、科学研究、管理水平和办学效益将得到明显提高，解决国家海洋和水产学科领域重大理论与技术问题的能力、为地方经济建设服务的能力也将有明显的增强。

27日 以学习"三个代表"重要思想为主要内容的科级干部培训班结束。为落实校第八次党代会精神，把学习贯彻"三个代表"重要思想引向深入，进一步提高干部队伍素质，按照校党委的布置和要求，10月26日以来，党委组织部、宣传部举办了两期科级干部理论与实践研讨班。研讨班采用"三个结合"的学习方式，取得良好的效果。一是辅导与自学相结合，党委书记冯瑞龙、党委副书记李耀臻、纪委书记刘贵聚分别作了题为《贯彻"三个代表"重要思想，建设高素质干部队伍》《中国高等教育的现状与发展态势》《加强纪律观念，努力做到"四自"》的辅导报告。二是"请进来"与"走出去"相结合，请来国防大学专家作关于国际形势的报告，参观海尔科技馆、青岛啤酒博物馆。三是集中学习与分组讨论相结合，在集中学习的基础上，学员们围绕"理论与实践的距离有多远""如何巩固中国共产党的执政地位"等主题进行分组讨论。参加培训的干部一致反映，这种培训方式灵活、内容充实、入脑入心。

12月

1日　第14届"山东十大杰出青年"评选揭晓，信息科学与工程学院副院长、教育部"长江学者奖励计划"特聘教授陈戈榜上有名，成为学校获此殊荣的第二人。

7日　学校以优异成绩通过由山东省人事厅、教育厅联合组织的毕业生就业工作检查评估。评估专家组认为，中国海洋大学高度重视毕业生就业工作，管理体系完善，思路清晰，措施有力，成效明显，为山东省乃至全国高校毕业生就业工作作出了表率。截至评估时，学校2003届本科生、研究生、高职毕业生的就业率分别为97.2%、98.2%和91.3%。

11日　教育部社政司司长靳诺来校考察，她对学校积极在大学生中发展党员和探索将"支部建在班上"等经验给予很高评价，并认为学校在党建与思想政治工作方面的许多做法具有前瞻性。

同日　国家自然科学基金重大项目"上层海洋低层大气生物地球化学与物理过程耦合研究"获准立项，经费为800万元。该项目是学校作为第一主持单位的第一个国家自然科学基金重大项目，首席科学家是中国科学院院士冯士筰教授。

12日　为期三天的山东省高校学生教育与管理研究会2003年年会在学校召开。教育部社政司司长靳诺、山东省委高校工委副书记田建国及上海教育科学研究院院长胡瑞文应邀作专题报告。学校党委书记冯瑞龙出席开幕式并致辞。副书记李耀臻介绍学校学生党建工作中将"支部建在班上"、加快大学生党员发展工作等经验做法，受到与会代表的一致好评。

16日　学校发文，任命吴成斌为基础教学中心主任（兼），李春荣为基础教学中心常务副主任兼计算机基础部主任，李元峰为基础教学中心副主任兼社科部主任，许冠中为基础教学中心副主任兼体育部主任。

19日　由海洋地球科学学院赵广涛教授担任负责人，与国家海洋局二所等共同完成的国家"863计划"课题"6000米海底有缆观测与采样系统——电视抓斗的研制"通过专家组验收。"电视抓斗"的成功研制打破了少数发达国家的技术垄断，为我国大洋资源调查提供了全新的手段。

20日 教育部哲学社会科学研究重大课题"中国海洋发展战略研究"落户中国海大。这是教育部哲学社会科学研究重大课题攻关项目中投资额度最大的一项，课题研究经费为80万元。校长助理、法学院院长徐祥民教授为该项目首席专家。

29日 中国海大新闻网——"观海听涛"正式开通。网站初步设置《焦点新闻》《校内要闻》《视频新闻》《图片新闻》《媒体海大》《记者观察》和《活动看板》7个栏目和《中国海洋大学报》网络版。党委书记冯瑞龙说，新一届党委非常重视新闻网的建设，在党委宣传部的积极努力下，新闻网在短短的2个月内便正式开通，值得祝贺。学校新闻网与学校高水平特色大学建设目标有着紧密的内在联系，新闻网正是用高水平的传媒手段展示学校的高水平建设。党委副书记李耀臻说，"观海听涛"要观四海进步之气象、观社会变革之浪潮，要听海大建设之涛声、听海大师生员工之心声。

30日 教育部公布创建世界一流大学和高水平大学（即"985工程"）名单，中国海洋大学名列其中。1998年5月4日，江泽民同志在庆祝北京大学建校100周年大会上说："为了实现现代化，我国要有若干所具有世界先进水平的一流大学。"之后，教育部决定在实施《面向21世纪教育振兴行动计划》过程中，重点支持部分高校创建世界一流大学和高水平大学，简称"985工程"。"985工程"重点建设的学校有：清华大学、北京大学、中国科技大学、南京大学、复旦大学、上海交通大学、西安交通大学、浙江大学、哈尔滨工业大学、南开大学、天津大学、东南大学、华中科技大学、武汉大学、厦门大学、山东大学、湖南大学、中国海洋大学、中南大学、吉林大学、北京理工大学、大连理工大学、北京航空航天大学、重庆大学、电子科技大学、四川大学、华南理工大学、中山大学、兰州大学、东北大学、西北工业大学、同济大学、北京师范大学、中国人民大学。

同日 团中央第一书记周强、书记处书记王晓在党委副书记李耀臻等陪同下，来到青岛音乐广场观看学校大学生志愿者使用"数字钢琴王"的弹奏表演。周强指出，中国海洋大学推出的"迎奥运钢琴之友周末音乐会"是一个独特的创意，已经成为大学生志愿者的活动基地、广场德育基地和群众精神文明建设基地，为美丽的青岛增添了一道亮丽的风景线。

同日 学校与青岛市教育局签署共建青岛第39中学的协议，青岛39中将加挂中国海洋大学附属中学校牌。加挂中国海大附中校牌后，青岛39中仍为青岛市教育局所属中学，由青岛市教育局继续提供师资、教学设备和教育经费。中国海大则向附中有计划地开放图书馆、实验室等教育资源，不定期地派出教师为附中学生上课，指导附中学生的课题研究，带领附中学生参加科技实践。附中的年轻教师，将有机会到中国海大接受培训或深造。附中招生时，对中国海大教工子女有一定的政策倾斜。

青岛第39中学创办于1952年，时为山东大学附中，1958年山东大学大部迁济南后，又成为中国海大前身——山东海洋学院附中，1963年改称青岛第39中学。

本年 经校专业技术职务任职资格评审委员会审议通过，2003年共有53人获正高级专业技术职务任职资格，他们是鲍献文、魏振钢、于新胜、王晶、冯秀丽、刘光兴、周丽、宋协法、曾名湧、刘晓东、李庆忠、杨永春、杨俊杰、刘贯群、单红仙、武冬、赵熙强、曹圣山、张广海、张勤生、苏慧文、邵桂兰、殷克东、修德健、李振秀、张德玉、郭婷、罗贻荣、胡家强、曹文振、荆友奎、彭垣、魏建功、于卫、王学昌、蒋六甲、任素梅、洪波、马琳、王明泉、陈寅华、徐葆良、庄岩、王正林、范洪涛、陈永兴、鲁守芳、马成海、李国璋、王筱利、闫菊、魏敏、亢正令。

本年 据学校上报教育部的《普通高校基层报表》统计，学校共有全日制普通本科专业65个。在校学生总数为18242人，其中博士生866人、硕士生2107人、普通本科生8821人、普通专科生729人、继续教育本专科生5719人。另有在职人员攻读博士、硕士总数为280人，在校留学生327人，研究生课程进修班1755人。在校教职工2045人，专任教师846人，其中教授351人、副教授427人；教师中具有博士学位的人数比例增长到38%，海洋、水产等重点学科达到60%以上，45岁以下的青年教师占教师总数的80%以上。

本年 全年实到科研经费1.2亿元；承担科研项目和课题数846项，其中国家级280项、省部级194项、市级372项；出版学术专著40部；发表论文1670篇，其中被SCI、EI、ISTP等收录论文327篇；国家级项目验收18项；鉴定成果7项；获准专利18项。

本年 学校科研成果获奖情况（省部级三等奖以上）见表19。

表19　2003年学校科研成果获奖情况（省部级三等奖以上）

序号	项目名称	获奖情况	主要完成人
1	鲍鱼营养学的研究	教育部提名国家科学技术一等奖	麦康森　谭北平　张文兵
2	虾类白斑症病毒病及其检测诊断技术研究	教育部提名国家科学技术二等奖	战文斌　黄　婕　石正丽
3	滨海电厂海水冷却系统腐蚀与污损技术研究	教育部提名国家科学技术二等奖	王庆璋　颜　民　韩　冰
4	文昌鱼进化发育生物学	国家海洋局海洋创新成果一等奖	张士璀　郭华荣　李红岩
5	鲍鱼营养学的研究	国家海洋局海洋创新成果二等奖	麦康森　谭北平　张文兵
6	海洋中固液界面三元络合物研究	国家海洋局海洋创新成果二等奖	张正斌　刘莲生　赵宏宾
7	大型海洋结构振动控制技术的研究及工程应用	山东省科技进步一等奖	李华军　周长江　杨永春
8	微生物驱油过程研究	山东省科技进步三等奖	牟伯仲　周嘉玺　王修林

2004年

1月

6日　经学校第一届本科教育教学研究专家委员会严格评审，首届本科教学优秀奖产生，数学系刘新国教授、生命学院樊廷俊教授获得一等奖。

同日　山东省教育厅公布高等学校省级基础课实验教学示范中心立项评审结果，学校化学实验教学示范中心、物理实验教学示范中心、生物实验教学示范中心获准立项。

11日　学校领导班子及成员年度考核述职汇报会在国际会议厅举行。校党委书记冯瑞龙、校长管华诗分别代表学校党政班子作工作汇报，11位班子成员分别就2003年度的工作情况进行述职。学校党委委员、纪委委员、教代会各代表团团长、教授代表、各部处负责人等听取汇报并给予测评。

12日　学校发文，成立战略发展研究中心（直属业务单位）；后勤工作办公室、网络中心设为正处级单位。

同日　学校发文，任命吴德星为战略发展研究中心主任（兼），陈兰花为战略发展研究中心常务副主任，王明泉为学生处处长，鲁中均为新校建设指挥部副总指挥，陈永兴为后勤工作办公室主任，苗深义为校办产业管理处总工程师，郭永安为浮山校区工作委员会主任。

13日　学校党委发文，任命王明泉为学生工作部部长，李国璋为离退休干部工作处处长，赵庆礼为生命科学与技术学部党委书记，高忠文为化学化工学院党总支书记（试用期至2004年6月4日），张庆德为海洋地球科学学院党总支书记，于利为管理学院党总支书记，于长江为校办产业党总支书记，王磊兼任机关第三党总支书记。

19日　学校党委发文，任命秦尚海为环境科学与工程学院党总支书记（试用期一年），刘永平为后勤集团党总支书记（试用期一年）。

同日　学校发文，任命陈国华为网络中心主任（试用期一年）。

2月

9日　学校党委发文，任命周旋为保卫部部长，陈晓明为法学院党总支书记。

11日　学校发文，任命周旋为保卫处处长。

24日　经校学位委员会审定通过，学校第七批自行审定增列博士生指导教师遴选结果公布。增列的博士生指导教师共49人：王启、傅刚、乔方利、魏皓、吕咸青、赵栋梁、朴大雄、许建平、魏志强、郭忠文、郑荣儿、王林山、彭临慧、蓝东兆、杜德文、高爱国、刘怀山、张金亮、王修田、于定勇、黄维平、范植松、王宗灵、张龙军、贾永刚、田建国、王江涛、李先国、刘素美、毕彩丰、胡仰栋、李阳、毛文君、于广利、李英霞、王长云、俞飚、苗志敏、肖湘、吴龙飞、樊廷俊、杨官品、陈西广、汪东风、谭北平、万荣、高天翔、王淼、高强；认定同意转入学校的博士生指导教师有11人：袁耀初、孟继武、元光、王小如、王佳、李春虎、赵法箴、王琳、李延团、王银邦、董毓利。

同日　学校发文，任命陈戈为信息科学与工程学院院长。

27日　学校和青岛德泰投资咨询有限公司签约，联合创办本科层次的独立学院——中国海洋大学青岛学院。

3月

12日　法国驻华大使蓝峰、法国驻华使馆参赞马捷利一行来校访问。在"胜利楼"会议厅，冯瑞龙书记会见了蓝峰、马捷利一行。蓝峰大使介绍了法国在中国开展的文化活动的情况，鼓励法语系学生学好法语。会谈结束后，蓝峰大使一行参观了海洋药物研究所。

24日　学校发文，成立文学院城市文化系、文学院城市文化研究所、人文社会科学研究院韩国研究中心。

30日　学校发文，公布《中国海洋大学"筑峰人才工程"实施办法（试行）》和《中国海洋大学"绿卡人才工程"实施办法（试行）》。"筑峰人才工程""绿卡人才工程"岗位首次在物理海洋、水产养殖、海洋生物、海洋药物、海洋化学、海洋地质和海洋遥感等特色优势学科设置。"筑峰人才工程"计划在每个学科分别设置第一层次和第二层次岗位各1个。"绿卡人才工程"每年分别设立5个领军教授和讲座教授岗位。

31日　学校发文，成立文学院儿童文学研究所、信息科学与工程学院电子信息技术研究所、信息科学与工程学院软件工程研究所；国际联合教育学院更名为国际教育学院。

4月

4日　应教育部和科技部的联合邀请，由德国石荷州国务秘书赫尔穆特·科尔纳博士率领的德国联邦教研部海洋专家代表团一行6人来校访问，落实教育部部长周济去年访德期间提出的成立"中德海洋高层次人才培养和科学研究中心"项目。当日，学校副校长吴德星、王琳在"胜利楼"就双方开展海洋教育和科研合作事宜进行第一轮会谈。

5日，《关于联合成立"中德海洋高层次人才培养和科学研究中心"的备忘录》签订。该备忘录约定，中国海洋大学、德国基尔大学和不来梅大学建立"中德海洋高层次人才培养和科学研究中心"，中国教育部、德国联邦教研部和德国石荷州给予支持。

7日　山东省人民政府发文，授予100名同志2003年度山东省有突出贡献的中青年专家称号。学校材料科学与工程研究院院长尹衍升、海水养殖实验室主任宋微波、信息科学与工程学院院长陈戈、工程学院院长李华军、管理学院院长曹洪军榜上有名。

9日 学校发文，调整学校专业技术岗位评聘领导小组成员，管华诗任组长，冯瑞龙任副组长，成员有于宜法、吴德星、于志刚、翟世奎、董双林、王琳、徐天真、徐祥民、徐国君、田纪伟、李八方、李建平、李巍然、潘克厚。

同日 按照校聘关键岗位的设岗情况和对各岗位的职责要求，经学校岗位聘任委员会审定，学校共有116人获得续聘关键岗位资格。其中第一层次（A1）17人，第二层次（A2）45人，第三层次（A3）54人。

同日 学校出台《中国海洋大学2004年教师岗位聘任意见》，教师岗位仍设校聘关键岗位、院聘重点岗位和基础岗位。根据学校现有专任教师队伍的规模，校聘关键岗位设岗比例为学校教师总数的20%，其岗位控制在200个左右，其中三个层次分别控制在校聘关键岗位总数的10%、30%、60%；院聘重点岗位和基础岗位的设岗比例分别为所在院系教师总数的35%、25%，其中院聘重点岗位三个层次分别控制在该岗位总数的40%、30%、30%，基础岗位两个层次分别控制在该岗位总数的60%、40%。

13日 聘请著名学者袁行霈先生为客座教授仪式在逸夫馆举行，管华诗校长颁发聘书，冯瑞龙书记主持仪式，王蒙先生参加仪式。仪式后，袁先生作题为《古典诗词与情趣的陶冶》的学术演讲。

14日 王蒙先生以《语言的功能与陷阱》为题在逸夫馆作学术报告，400多名师生聆听了报告。王蒙先生用他特有的睿智、幽默把语言的功能诠释得妙不可言。

15日 学校党委发文，任命高艳为高等职业技术学院党总支书记。

24日 以"回顾历史，追溯海大与山大的渊源"为主题的中国海洋大学校史座谈会在鱼山校区举行。山东大学原教务长、历史学家祝明教授，山东大学文史哲研究院院长、历史学家王学典教授，山东大学出版社社长孔令栋教授，山东大学档案馆馆长刘培平教授等应邀出席。副校长于志刚主持座谈会，宣传部部长魏世江在会上作重点发言，杨自俭、曲金良、孙立新、吴力群等有关专家和部门负责人参会。两校专家回顾了山大与中国海大的历史渊源和办学传统，再次确认两校1929年到1958年为校史共同期，其间的校史资源两校共享。

26日 全国海洋观教育基地主办"世界华人纪念郑和下西洋600周年活动"，国际著名海洋学家、美国工程院院士、中国台湾成功大学教授吴京先生应邀在逸夫科技馆作题为《省思郑和七航，振兴中华文化》的报告。山东省政协副主席、校长管华诗院士会见了吴京教授。

27日　国家自然科学基金委主任、中国科学院院士陈宜瑜来校，与部分科研骨干在"胜利楼"会议厅进行座谈。校党委书记冯瑞龙，中国工程院院士、校长管华诗等出席座谈会。会后，陈宜瑜一行参观物理海洋和海洋药物两个教育部重点实验室。

30日　人事部、科技部、教育部等联合发文，公布首批"新世纪百千万人才工程"国家级人选评选结果，李华军教授入选。

本月　北京师范大学教授、学校客座教授童庆炳应邀来校为文学院师生开设讲座"《文心雕龙》十讲"，受到欢迎。

5月

9日　学校发文，成立文科处。其主要职责：在校长和分管副校长的领导下，在学校文科工作委员会的指导下，全面负责学校的文科科研工作，并完成学校及文科工作委员会交办的其他工作。

同日　国家生命科学与技术人才培养基地建设指导委员会第二次工作会议在"胜利楼"会议厅召开。教育部高教司副司长田勇泉，中国科学院院士、建指委主任张启发，副主任李文鑫、李玉林、钟秉林，中国科学院院士、建指委委员施蕴渝，中国海洋大学副校长吴德星、于志刚、董双林，以及来自清华大学、北京大学等15所重点高校的专家出席会议。会上，建指委实地抽检小组北京组、上海组、云南组分别介绍各地的实地抽检情况。学校国家海洋生命科学与技术人才培养基地是教育部、国家发展计划委员会于2002年批准在全国36所高校首批建立的基地之一。

17日　学校发文，任命庞玉珍为文科处处长（试用期一年）。

同日　法国布雷斯特市市长、布雷斯特城市共同体主席弗朗索瓦·居扬德，菲尼斯太尔省议会第一副主席亚尼科·勒·劳诗，布雷斯特城市共同体发展局局长米歇尔·莫旺，西布列塔尼大学第一副校长迪迪埃·勒茂旺和教授多米尼克·玛伞等一行来校访问。吴德星副校长会见居扬德一行，高度评价学校与西布列塔尼大学在学生进修、科学研究等方面的合作。居扬德先生表示愿意为中国海大和西布列塔尼大学开展更深层次的合作与交流作出贡献。访问期间，法国客人还参观了海洋药物研究所，并与有关院系进行交流座谈。

19日　教育部学位与研究生教育发展中心公布2004年全国优秀博士学位论文入选及提名名单，学校气象学专业罗德海的博士学位论文《天气尺度波强迫包络Rossby孤立子理论与阻塞机理》被评为全国优秀博士学位论文，水生生物学专业胡晓钟的博士学位论文《腹毛目纤毛虫的细胞发生学及若干海洋危害种的基础生物学研究》获得全国优秀博士学位论文提名。

21日 中国航天科技集团"神舟五号"副总设计师郑松辉一行4人来校，对学校以及承担"神舟五号"飞船照明设备研制人员表示感谢，并向学校赠送"神舟五号"模型和致谢匾。余希湖教授等研制的飞船照明设备，无频闪、无辐射，发光效率高、使用寿命长，技术性能达到了宇航照明国际先进水平。

6月

7日 学校与山东省气象局、青岛市气象局签署局校合作协议，在学科共建、开放实验室建设、人才培养、毕业生实习基地建设、学术交流等方面开展合作。

14日 学校修订《中国海洋大学授予学士学位工作细则》并公布施行。

15日 第四届文苑奖学金颁奖仪式在逸夫馆八角厅举行，海洋科学2001级徐昭、海洋化学基地班2000级冯超、环境生态学2000级刘鞲获奖。中国科学院院士文圣常为获奖同学颁发奖金和荣誉证书。于志刚副校长出席仪式。

16日 英国南安普敦海洋中心主任Howard Roe教授一行来校访问。副校长吴德星在"胜利楼"会议厅会见客人，Howard Roe介绍了南安普敦海洋中心的建设和管理情况，双方就推动和加强海洋领域合作进行探讨。会后，客人参观了海洋药物与食品研究所。Howard Roe此行是当年5月温家宝总理访英期间中国科技部与英国贸工部签署的海洋领域合作协定的后续，目的是落实中国国家海洋科学研究中心和英国南安普敦海洋中心合作谅解备忘录的相关事宜。

同日 《中国海洋大学关于实施双语教学的有关规定》公布施行。

18日 韩国驻华大使金夏中来校访问。管华诗校长、吴德星副校长在"胜利楼"会议厅会见客人。之后，金夏中大使在国际会议厅作题为《共创韩中关系美好未来》的报告。

19—22日 由学校和海外中国地球科学促进会主办的国际海洋地球生命科学研究前沿——青岛夏季理论学术研讨会召开。大会组委会主席、中国工程院院士、校长管华诗致开幕词。秦蕴珊院士，李庆忠院士，美国伍兹霍尔海洋研究所研究员、海外中国地球科学促进会会长林间博士，副校长于志刚、翟世奎及来自海内外的专家学者、研究生共160多人参加研讨会。会上，海外中国地球科学促进会的7位专家、国内9位专家作主题报告，内容主要涉及海洋地球物理与地震学、大洋洋底岩石学和地球化学、极端环境下的生命和生物圈等，都属于该国际研究领域内的热点。

23日 韩国大真大学教授代表团一行130余人来校访问。吴德星副校长与大真大学校长洪基亨签署学术交流协议书。韩国驻青岛总领事辛亨根先生参加签字仪式。

25日 学校首届21名国防生顺利毕业。在校期间他们全部加入了党组织，有11人考取了研究生。按照协议，他们被分配到海军基层作战部队以及装备技术保障、院校、科研等岗位工作。

28日 2004届学生毕业典礼暨学位授予仪式在青岛市人民会堂举行。本届毕业生中有98人获得博士学位，599人获得硕士学位，1874人获得学士学位。

2004届毕业生中研究生就业率为95.3%，本科生就业率为97.6%，高职生就业率为92.7%。

本月 由党委宣传部主持设计并编制的《中国海洋大学形象识别系统手册》（简称"海大UIS"）公布施行。"海大UIS"包括理念系统、行为规范系统和视觉识别系统，旨在弘扬"海大精神"，承袭海大传统，强化海大形象。校党委书记冯瑞龙为该手册作序。

7月

4—6日 由中国海洋大学、全国海洋观教育基地主办的"世界华人纪念郑和下西洋600周年暨海洋观论坛"在逸夫馆多功能厅举办。全国纪念郑和下西洋600周年活动筹备工作领导小组办公室主任姚明德，青岛市副市长王修林，学校党委书记冯瑞龙、副校长吴德星等参加开幕式。中国太平洋协会理事长张序三、我国台湾著名郑和问题研究专家刘达材、联合国前东南亚海洋事务总代表黎凤慧教授、数十年如一日宣传郑和的郑明将军、《世界海洋第一人——郑和》作者王佩云、范长江新闻奖获奖者范春歌、中国科学院海洋所郑一钧研究员等作学术报告，他们宣传郑和下西洋不畏艰险、寻求友谊、团结统一的伟大民族精神。活动受到《人民日报》、新华社、《光明日报》等媒体的关注。

8—13日 学校召开人才工作会议，全面总结近年来师资队伍建设所取得的成绩和存在的问题，就当前和今后一个时期学校的人才工作，尤其是师资队伍建设进行全面部署。会议确定"以高层次人才队伍和创新团队建设为重点，全面提升人才队伍整体素质"的人才强校战略目标。通过实施"筑峰人才工程""绿卡人才工程"等，营造人才成长氛围，搭建人才成长平台，完善人才管理机制，加大教师培养力度，优化教师队伍结构。

15日 《中国海洋大学本科教学章程（草案）》公布并施行。章程确立了"通识为体，专业为用"的本科人才培养理念，倡导并施行通识教育与专业教育兼容、一般教育与特色教育结合的本科教育，培养学生一专多能，全面发展。

20日 教育部副部长吴启迪来校考察。冯瑞龙书记主持汇报会。在听取管华诗校长的汇报并观看"东方红2"船专题片之后，吴启迪对学校发展的思路给予肯定，并鼓励学校加快国家重点实验室和研究生院的建设。汇报会后，吴启迪参观海洋药物和海水养殖两个教育部重点实验室。

8月

5日　中国海洋大学和德国汉堡大学在海洋领域合作20周年庆祝活动在"胜利楼"会议厅举行。德国汉堡大学海洋研究所所长Suendermann教授及夫人，中国海大副校长吴德星、王琳，文圣常院士、冯士筰院士与会。自Suendermann教授与文圣常院士开创两校间合作以来，中方近30名师生赴德访问或攻读学位，双方共执行政府间合作项目10余项，其中由Suendermann教授和冯士筰院士领导的"渤海生态系统综合分析和模拟"研究项目成果颇丰，联合在国际SCI源期刊 *Journal of Marine System* 出版论文集。

9月

6日　中国海大2004年庆祝教师节大会在青岛市人民会堂举行。学校授予文圣常、管华诗、冯士筰、李庆忠四位院士中国海洋大学杰出贡献奖，授予田纪伟、刘秦玉、孙文心、罗德海、陈戈、王宁、贺明霞、丁香乾、张正斌、王修林、张经、陈国华、尹衍升、翟世奎、杨作升、王修田、宋微波、麦康森、董双林、戴继勋、张士璀、刘万顺、李华军、刘德辅、冯启民、王建国、李凤岐、刘新国、张德禄、李志清、赵德玉、杨自俭、朱自强、孙健、刘子玉、徐国君、曹洪军、徐祥民等38位教师中国海洋大学教育科研突出贡献奖。青岛市市长夏耕等到会祝贺，并为获奖教师颁奖。

8日　宋微波教授被教育部授予全国模范教师称号。

18日　2004级学生军训阅兵式暨开学典礼在鱼山校区大学路操场举行，管华诗校长与中国人民解放军某部队副参谋长张维茂大校乘车检阅新生队伍。冯瑞龙书记向全体新同学表示欢迎并提出希望。今年学校共招收本科生2689人、高职生339人，其中首次招收运动训练专业学生25人。

今年，学校招收硕士研究生1245人，其中专业学位硕士研究生35人；招收博士研究生317人。

20日　美国著名航空航天专家丹尼尔·高丁教授偕夫人来校访问，并作题为《在外太空探索人类的起源》的报告。山东大学、青岛大学、中国科学院海洋所、国家海洋局一所等单位代表和中国海大部分师生参加了报告会。

26日　中国海洋大学校友总会成立，党委书记冯瑞龙、原青岛海洋大学副校长秦启仁、中国科学院南海海洋研究所副所长袁恒涌、青岛市发展和改革委员会常务副主任王安民共同为校友总会揭牌。大会通过《中国海洋大学校友总会章程》和《中国海洋大学校友基金会章程》，通过第一届校友总会理事会机构及人员名单，国家海洋局局长王曙光任名誉会长，管华诗校长任会长。

27日　高等学校与科研院所学位与研究生教育评估所公布2002—2004年全国一级学科评估排名，学校海洋科学、水产居全国第一，食品科学与工程居第三位，大气科学居第四位，药学居第八位，环境科学与工程居第十位，整体水平居全国总排名第20位。

30日　山东省省长韩寓群在青岛市市长夏耕等陪同下来校考察。在听取管华诗校长关于国家海洋科学研究中心筹建情况的介绍后，韩寓群表示，省政府会一如既往地支持中心的建设。夏耕表示，支持中心的建设是今年青岛要办的大事之一。

10月

11—13日　首届"科学·人文·未来"论坛在逸夫馆举行。论坛邀请欧阳自远、刘光鼎、文圣常、管华诗、冯士筰、秦伯益、张国伟、马俊如、蒋民华、成中英、梁昌洪等11位自然科学领域的专家和王蒙、韩少功、陈祖芬、毕淑敏、张炜、张抗抗、张锲、赵长天、解思忠、熊召政、赵玫、查建英、唐浩明、南帆、陶东风、邱华栋等17位文学家出席。科学家与文学家围绕"科学·人文·未来"主题发表精彩演讲，展开热烈对话，碰撞出科学精神和人文精神相互交融的创新思想火花。自然和人文领域的学者同登一个讲坛面对面对话，这在国内尚属首次。论坛由中国工程院院士、校长管华诗与全国政协常委、中国作协副主席、中国海洋大学顾问、文学院院长王蒙先生共同商讨发起。管华诗校长在闭幕式上表示，论坛作为中国海大的一个品牌一定会越办越好。中央、省、市的各大媒体对此进行了深入报道，产生了广泛的社会影响。

首届"科学·人文·未来"论坛

20日　学校与韩国海洋大学学术交流协议书签字仪式在"胜利楼"会议厅举行，吴德星副校长代表学校与韩国海洋大学校长金顺甲在协议书上签字。随后，双方共同主办了中韩海洋科学与技术研讨会。

24日　中国海洋大学成立80周年庆典在鱼山校区大学路操场隆重举行。国务委员陈至立，全国政协副主席郝建秀和中共中央政治局原常委、国务院原副总理李岚清等发来贺信或题词。教育部副部长吴启迪、国家海洋局局长王曙光、海军副政委康成元中将、山东省副省长王军民、青岛市市长夏耕等领导，17位两院院士，国内近百所高校负责人，合作单位代表，国外友好学校代表，海内外校友以及学校党政领导，离退休老领导，师生代表万余人参加庆典。庆典展示出全校师生昂扬向上的精神风貌。

本着"热烈、隆重、务实、节俭"的方针，校庆期间还举办了庆祝新中国成立55周年暨建校80周年歌咏大会、《红楼梦》活动周、国际海洋药物研讨会、校庆展、范曾教授诗书画展、文艺晚会、海洋科学论坛国际研讨会、中法跨文化研讨会等一系列活动，受到了国内外新闻单位的广泛关注和深入报道，提高了学校的知名度和美誉度。

建校80周年庆典

同日　崂山校区奠基典礼举行，党委书记冯瑞龙主持。管华诗校长在致辞中说，崂山校区的建设将显著拓展学校办学空间，全面改善办学条件，为学校事业的可持续发展奠定基础，也对崂山区、青岛市乃至山东半岛地区的文化、教育和经济发展具有重要意义。

崂山校区位于崂山西畔，北倚北九水，南望石老人，西临滨海大道，规划占地面积约为1830亩，总建筑面积为58万平方米，全日制在校生规模为20000人。

崂山校区奠基

25日 生命科学与技术教学科研基地竣工典礼在即墨鳌山卫举行。基地总用地面积为3.11公顷，总建筑面积为21265平方米，总投资3000万元。基地是学校"985工程"二期建设的一个重要组成部分，是国家级重点实验室和国家级工程技术研究中心的配套项目。

同日 校长管华诗与韩国庆尚大学校长赵武济在逸夫馆签署学术交流协议书。下午，校长管华诗与日本同志社大学校长八田英二在"胜利楼"会议厅签署学术交流协议书。

27日 校长管华诗和法国西布列塔尼大学副校长勒·摩尔旺在"胜利楼"会议厅代表双方签署学术交流协议书。

30日 第三次中国海洋大学高知大学双边研讨会暨第九届中日韩海洋生物资源保护与利用国际研讨会、2004年中国水产学会水产加工与利用分会年会在青岛府新大厦举行。中国海洋大学校长管华诗、中国水产加工与流通协会会长张铭羽、山东省海洋与渔业厅副厅长王瑷及日本高知大学副校长尾崎登喜雄、京都大学教授平田孝等出席。与会专家就水产品保鲜与加工、水产品质量与安全、水产品流通与市场等议题进行了为期三天的交流。

11月

5日 第六届全国语言与符号学研讨会在学校召开。北京大学博士生导师、中国语言与符号学会会长胡壮麟及来自全国近30所院校的100多名专家学者、博士和硕士生参加了会议。围绕本次大会的主题"语言学和符号学的互动"，共有50多位专家学者在会上宣读论文，并进行深入的讨论交流。大会共收到学术论文64篇。

9日 第四届"挑战杯"中国大学生创业计划竞赛决赛结果揭晓，生物技术专业2002级王菲、会计硕士生2003级温琳、企业管理硕士生2003级焦蕾、国际贸易硕士生2004级周晓明等组成的"天露"创业小组获得金奖。

11日　山东省教育厅公布首届山东省高等学校教学名师奖名单，信息科学与工程学院副院长郑荣儿教授、材料科学与工程研究院王昕教授获奖。全省共有35人荣获此奖。

15日　德国基尔大学、不来梅大学代表团一行13人来校访问。管华诗校长在逸夫馆八角厅会见客人。他说，三校合作是中德两国政府达成的共识，中国教育部部长周济对此给予高度重视与关注，希望代表团此访能够增进三校的合作与交流。访问期间，代表团到海洋环境学院、生命科学与技术学部、环境科学与工程学院、化学化工学院进行参观和交流，讨论了物理海洋学硕士、海洋生物学硕士、环境海洋学硕士联合培养课程计划等，并与学校就建立"中德海洋高层次人才培养和科学研究中心"事宜进行具体商谈。18日，三方签署合作备忘录。

22日　教育部、财政部下发《关于同意中国海洋大学"985工程"二期建设项目可行性研究报告的通知》，标志着学校"985工程"二期获得国家批准立项建设。"985工程"二期将重点建设高水平、开放式、国际化的海洋科学创新平台和海洋发展研究创新基地，着力创新管理体制和运行机制，造就若干个由学术大师领衔的国际性科技创新团队，在海洋科学领域构筑起具有国际竞争力的人才高地和国际合作大平台。二期建设期限从2004年至2007年，主要目标是促使学校核心竞争力得到实质性、大幅度提升，整体实力处于国内高校前列，基本完成高水平特色大学建设任务。

26日　中国海洋大学海洋发展研究中心被批准为教育部人文社会科学重点研究基地，徐祥民任主任。

29日　中国海洋大学中国银行山东省分行国家助学贷款发放暨全面合作协议签字仪式在逸夫馆举行。管华诗校长与中国银行山东省分行领导代表双方在协议书上签字，副校长于志刚、中国银行山东省分行行长助理隋春玲代表双方在国家助学贷款协议书上签字。

30日　致公党中国海洋大学支部成立，水产学院教授马琳当选主委。

12月

4日　全国首届汉语"字本位"理论研讨会在学校举行。北京大学教授、博士生导师徐通锵，中国语言学会会员刘俊一，教育部语言文字研究所研究员鲁川，国家语言文字工作委员会委员吕必松等20余位专家学者出席研讨会，大家共同探讨了基于汉语自身特征的本土化语言学理论。

14日　根据《中国海洋大学"筑峰人才工程"实施办法（试行）》《中国海洋大学"绿卡人才工程"实施办法（试行）》等有关规定，经个人申请、同行专家评审，学校研究确定"筑峰人才工程""绿卡人才工程"共七位教授。其中海洋环境学院吴立新为

"筑峰人才工程"第一层次岗位教授，材料科学与工程研究院尹衍升为"筑峰人才工程"第二层次岗位教授；海洋环境学院黄瑞新为"绿卡人才工程"领军教授；海洋环境学院谢尚平，生命科学与技术学部吴龙飞、柴文刚、段存明为"绿卡人才工程"讲座教授。

22日　山东省教育厅发文公布省级优秀学生干部和先进班集体评选结果，学校学生蔺智泉等22人被评为省级优秀学生，楚日升等11人被评为省级优秀学生干部，海洋化学2002级基地班、海洋科学2002级基地班、地质学2002级、海洋技术2001级、港口航道与海岸工程2003级被评为省级优秀班集体。

同日　第五届文苑奖学金颁奖仪式在逸夫馆八角厅举行，生态学2001级高珊、法学2001级高沛沛和大气科学2001级张磊获奖。中国科学院院士文圣常为获奖学生颁奖。管华诗校长、于志刚副校长出席仪式。

本年　学校发文表彰2003—2004学年校优秀学生标兵，他们是高珊（生态学2001级）、高沛沛（法学2001级）、张磊（大气科学2001级）、刘蕾（公共事业管理2001级）、林杰（计算机科学与技术2001级）和庞学玉（土木工程2001级），同时受到表彰的还有校先进班集体、校优秀学生和校优秀学生干部。

本年　经校专业技术职务任职资格评审委员会评审通过，徐建良、王海增、汝少国、孟范平、娄安刚、孙建强、马君、顾永健、李洪平、胡晓钟、张晓华、高慧瑛、方奇志、倪均援、朱意秋、范琳、王文贤、傅根清、徐研、侯怀霞、刘莲、王克达、卢光志、毕芳芳、张静、陈国华、赵之奎、高艳、赵可胜、徐玮、宋文红、张英、吴东、胡应模、郭志刚、王昭萍、陆建辉、徐晓慧等38人获正高级专业技术职务任职资格。

本年　全年实到科研经费1.49亿元。新增"863计划"项目20项，省部级重大项目6项。文科项目争取到纵向课题23项、横向课题27项。全年被SCI、EI、ISTP收录论文483篇。

本年　据学校上报教育部的《普通高校基层报表》统计，共有博士点30个、硕士点76个、全日制本科专业69个、专科专业10个、博士后流动站7个、重点学科14个，其中国家重点学科5个。在校学生总数为17706人，其中博士生1082人、硕士生2825人、普通本科生9523人、普通专科生742人、继续教育本科生2253人、继续教育专科生1281人。另有在职人员攻读博士、硕士总数为390人，在校留学生534人。在校教职工总数为2140人，其中正高级391人、副高级451人。馆藏图书98.25万册。占地总面积1825300平方米，其中校舍占地456985平方米。固定资产67484.21万元。

本年　学校科研成果获奖情况（省部级三等奖以上）见表20、表21。

表20 2004年学校科研成果获奖情况（省部级三等奖以上，自然科学类）

序号	项目名称	获奖情况	主要完成人（前三位）
1	纤毛虫原生动物的分类学、发生与系统学以及生态学研究	国家自然科学二等奖	宋微波　胡晓钟　陈子桂
2	浅海导管架式海洋平台浪致过度振动控制技术的研究及工程应用	国家科技进步二等奖	李华军　周长江　杨永春
3	海水养殖中危害性真核及原核微生物的病原与病害学研究	教育部自然科学一等奖	宋微波　赵元君　胡晓钟
4	典型不稳定海底地质过程及关键探测技术	教育部科技进步一等奖	李广雪　吴建政　曹立华
5	螺旋藻/节旋藻基础研究、养殖和开发应用	教育部科技进步一等奖	张学成　茅云翔　信式祥
6	南海上层海洋环流、热结构的季节和季节内变化特征及形成机制	教育部自然科学二等奖	刘秦玉　杨海军　周发琇
7	海洋壳多糖生物材料研究与开发	教育部科技进步二等奖	陈西广　刘成圣　刘晨光
8	褐藻胶裂合酶工程化研究	山东省技术发明二等奖	江晓路　牟海津　管华诗
9	石鲽生殖调控和人工繁育技术研究及中试示范	山东省科技进步二等奖	张全启　张福玲　齐　洁
10	冲绳海槽的岩浆作用与海底热液活动研究	山东省自然科学三等奖	翟世奎　陈丽蓉　张海启
11	山东黄岛发电厂3#机组海水废灰乳脱硫技术中试	山东省科技进步三等奖	展学平　王庆璋　赵澄宇
12	新型智能导游机器人	山东省科技进步三等奖	孟庆春　高　云　殷　波
13	制造业电子商务与现代物流关键技术研究及应用	山东省科技进步三等奖	魏志强　丁香乾　宋长虹
14	近岸波整体数学模型及其洋山深水港波浪数值计算	国家海洋局海洋创新成果奖二等奖	蒋德才　郭伟其　刘百桥
15	海水微表层化学研究	国家海洋局海洋创新成果奖二等奖	张正斌　刘莲生　刘春颖
16	三倍体牡蛎快速生长机理研究	国家海洋局海洋创新成果奖二等奖	王昭萍　于瑞海　王　芳
17	褐藻低聚糖的酶解制备与应用	国家海洋局海洋创新成果奖二等奖	江晓路　牟海津　管华诗

表21　2004年学校科研成果获奖情况（省部级三等奖以上，社会科学类）

序号	项目名称	获奖情况	主要完成人
1	对中国古代法制研究中的几个思维定式的反思——兼论战国前法制研究的方法	山东省社会科学优秀成果一等奖	徐祥民
2	语类研究理论框架探索	山东省社会科学优秀成果二等奖	张德禄
3	Study on Concept of Centralization and Decentralization Group Decision Making	山东省社会科学优秀成果二等奖	张勤生　席酉民　汪应洛
4	坚持德育创新构建高校德育新体制——中国海洋大学德育工作创新与实践	山东省社会科学优秀成果二等奖	李耀臻　吕　铭
5	日本宪法第九条及其走向	山东省社会科学优秀成果二等奖	管　颖　李　龙
6	利益相关者会计监督体制的国际比较	山东省社会科学优秀成果三等奖	王竹泉
7	Das Chinabild der deutschen protestantischen Missionare des 19.Jahrhunderts	山东省社会科学优秀成果三等奖	孙立新
8	关于人力资源价值计量方法的探讨	山东省社会科学优秀成果三等奖	樊培银　徐凤霞
9	《海尔的管理模式》等四部系列专著	山东省社会科学优秀成果三等奖	孙　健
10	山东省风暴潮农业灾害损失补偿有效机制与农民增收关系研究	山东省社会科学优秀成果三等奖	赵领娣　刘子玉　胡燕京

海纳百川 取则行远

中国海洋大学纪事

1924 — 2023

（下）

主　　编　卢光志

副 主 编　孙厚娟　魏世江　陈　鹜

参编人员　（以姓氏笔画为序）

　　　　　王　旭　卢光志　孙厚娟　李　涛

　　　　　陈　鹜　赵瑞红　魏世江

中国海洋大学出版社

·青岛·

图书在版编目（CIP）数据

中国海洋大学纪事：1924—2023 / 卢光志主编. —
青岛：中国海洋大学出版社，2024.8

ISBN 978-7-5670-3854-7

Ⅰ．①中…　Ⅱ．①卢…　Ⅲ．①中国海洋大学—大
事记— 1924-2023　Ⅳ．① G649.285.23

中国国家版本馆 CIP 数据核字（2024）第 097157 号

ZHONGGUO HAIYANG DAXUE JISHI　1924—2023

中国海洋大学纪事　1924—2023

出版发行	中国海洋大学出版社
社　　址	青岛市香港东路 23 号　　　**邮政编码**　266071
网　　址	http://pub.ouc.edu.cn
出版人	刘文菁
责任编辑	滕俊平 董　超　　　　　**电　　话**　0532-85902342
电子信箱	116333903@qq.com
印　　制	青岛海蓝印刷有限责任公司
版　　次	2024 年 8 月第 1 版
印　　次	2024 年 8 月第 1 次印刷
成品尺寸	185 mm × 260 mm
印　　张	48.75
字　　数	894 千
印　　数	1 ~ 2300
定　　价	328.00 元（全两册）
订购电话	0532-82032573（传真）

发现印装质量问题，请致电 0532-88786655，由印刷厂负责调换。

目　录 | CONTENTS

2005年

1月

13日　由中国科技部、英国工贸部发起，英国驻华大使馆、中国海洋大学、青岛市科技局联合主办的中英海洋生物技术研讨会在国际会议厅举行。会前，副校长吴德星在学术交流中心会见英国海洋生物技术代表团成员。

19日　中国海洋大学、山东大学校际合作框架协议签字仪式在山东大学举行，中国海大校长管华诗与山大校长展涛代表两校在协议书上签字。中国海大党委书记冯瑞龙等20余人出席仪式。根据协议，两校将在师资共享、人才培养、科研合作、图书馆资源共享、学生培养和校园文化交流、学校改革发展重大举措等方面开展合作。双方将推动研究生导师和教授互聘，合作进行博士研究生论文"双盲评审"，互派研究生、本科生到对方优势学科进行访问学习；互相开放两校的国家重点实验室、教育部重点实验室或部属重点研究基地，以及就共同关注的领域联合申报和承担国家重点研究项目；互派专职学生工作干部到对方挂职锻炼等。

21日　校党委发文，任命曹志敏为党委研究生工作部部长。

24日　学校发文，成立海洋发展研究院，撤销海洋发展研究中心；成立人文社会科学研究院日本研究中心；高教研究室更名为高等教育研究与评估中心。

同日　学校发文，任命李耀臻为海洋发展研究院院长（兼），李八方为生命科学与技术学部主任，曹志敏为研究生教育中心常务副主任，毕芳芳为文科处处长（试用期一年）。任命于志刚为经济学院院长（兼），李广雪为海洋地球科学学院院长，张德禄为外国语学院院长，权锡鉴为管理学院常务副院长。

2月

1日　中国海洋大学校长管华诗与韩国朝鲜大学校长金州训在逸夫馆八角厅签署学术交流协议书。仪式后，金州训校长一行参观海洋药物与食品研究所和物理海洋教育部重点实验室。

4日　教育部发文公布2004年度国家精品课程评审结果，冯士筰教授负责的海洋学、张正斌教授负责的海洋化学和汪东风教授负责的食品化学入选。

21日　教育部公布新世纪优秀人才支持计划新一期入选人员名单，鲍献文、高会旺、李琪、魏皓、薛长湖、杨桂朋、于良民、张晓华、左军成入选。本年度入选者的资助期限为2005年1月至2007年12月，自然科学类资助金额为50万元，哲学社会科学类资助金额为20万元。

22日　山东省人民政府发文，公布2004年度山东省有突出贡献的中青年专家评选结果，麦康森教授入选。

23日　英国南安普敦大学校长William Wakeham教授和文学院院长Mike Kelly教授、化学院院长Jeremy Kilburn教授、海洋和地球科学院副院长Martin Palmer教授、物理学院院长Anne Tropper教授等一行7人来校访问，党委书记冯瑞龙与英国客人进行了友好会谈。会谈结束后举行了聘请William Wakeham教授为学校名誉教授的仪式，冯瑞龙代表管华诗校长向他颁发聘书。

同日　国务院学位办下发《关于批准新增专业学位研究生培养单位的通知》，批准学校为公共管理硕士（MPA）专业学位研究生培养单位。

3月

4日　教育部公布2004年度备案或批准设置的高等学校本专科专业名单，学校音乐表演和光信息科学与技术两个专业获批，自2005年开始招生。

9日　学校党委发文，成立新闻与传播学院党总支委员会，任命于波为书记（试用期1年）。

11日　省部共建青岛国家海洋科学研究中心（海洋科学与技术国家实验室）协调领导小组第一次会议在北京泰山饭店举行。山东省省长韩寓群出席会议并讲话。科技部副部长程津培、教育部副部长赵沁平、国土资源部副部长鹿心社、农业部副部长张宝文、中国科学院副院长李家洋、国家海洋局副局长陈连增、青岛市市长夏耕出席会议并先后发言。会议听取中国工程院院士、中国海洋大学校长管华诗关于中心筹建工作情况的汇报，并就省部共建协议书等内容进行讨论。与会领导在讨论中认为，共建国家海洋科学研究中心，对于促进海洋经济发展、保证国家资源安全、加强海洋生态环境保护、参与国际海洋科技竞争意义重大，将为国家海洋科技长远发展与重点突破提供强有力的知识基础和技术支撑。大家还就中心的建设方式、管理体制、运行机制、人才队伍建设以及资源整合、成果应用等方面提出了建议。根据建设方案，该中心设在即墨市鳌山卫镇。初步规划占地约2000亩，一期工程占地约200亩，建筑面积约5万平方米，计划投入约8亿元，主要包括国家实验室主体和3个新建公共科研平台——滨海实验平台、海洋生物基因组学研究平台和高性能科学计算与数据平台，每个平台都将建立一支由首席科学家领衔的优秀实验技术队伍。方案提出，争取用3年时间建成一批由世界知名科学家领衔的优秀科技创新团队，在5～6个研究方向达到国际先进水平，1～2个研究方向达到国际领先水平，争取在10年内建成世界一流海洋研究机构，跻身全球八大知名海洋研究中心之列。

28日　上午，2004年度国家科技奖励大会在北京举行。宋微波教授领衔完成的"纤毛虫原生动物的分类学、发生与系统学以及生态学研究"项目荣获国家自然科学奖二等奖，李华军教授领衔完成的"浅海导管架式海洋平台浪致过度振动控制技术的研究及工程应用"项目荣获国家科技进步奖二等奖。

29日　将2000年实行的"教学监察制"修改为"教学督导制"，实行《中国海洋大学教学督导实施细则》。

4月

5日　学校党委发文，成立国际教育学院党总支委员会，任命徐家海为书记；成立海洋发展研究院与人文社会科学研究院党支部委员会，任命于长江为书记。

6日　教育部公布国家理科基础科学研究和教学人才培养基地评估结果，学校的海洋学基地通过检查评估。

10日　国家海洋局与中国海洋大学项目合作签字仪式在鱼山校区举行。根据协议，学校受国家海洋局委托对《海洋倾废管理条例（修订）》《海洋检测区管理条例》《海洋特别保护发展管理》进行立法研究。学校党委副书记、海洋发展研究院院长李耀臻，副校长吴德星以及相关学科的专家、教授出席仪式。

18日　学校发文，成立医药学院、食品科学与工程学院、生命科学与技术研究中心，隶属生命科学与技术学部；撤销生命科学与技术学部生命科学与技术研究院，水产学院药学系、食品工程系。

25日　医药学院、食品科学与工程学院揭牌。医药学院是在水产学院、海洋生命学院、化学化工学院等有关学科基础上建立的，其前身是于1980年创建的我国最早进行海洋药学研究的机构——海洋药物研究室，经过25年的学科交叉培育，开始向医药学发展。食品科学与工程学院前身为1946年国立山东大学水产系水产加工组，1954年改为水产加工专业，1984年改为食品工程专业，1986年成立食品工程系。2002年，水产品加工与贮藏学科被批准为国家重点学科。2003年，食品科学与工程学科被批准为博士学位授予权一级学科。

30日　宋微波教授被授予全国劳动模范称号。

5月

7日　山东大学校长展涛一行来访，商洽两校进一步合作事宜。双方确立2005年校际合作工作重点。一是自9月开始，双方各派20名二年级优秀本科生访学；二是推动师资资源共享；三是互派教师和加强科研课题合作；四是筹备组建"山大海大文史哲研究院"，共建法语中心，搭建两校人文社会科学发展平台；五是加强学生工作交流，互派学生工作干部挂职锻炼，并定期举行"山大海大杯"学生体育竞赛，活跃校园文化氛围；六是10月两校将联合主办"山东高校服务山东高层论坛"，为构建"文化山东""和谐山东"出谋划策，更好地服务于山东经济建设和社会发展。

14日　由学校文学院和《文艺报》共同主办的"中国原创儿童文学现状及发展趋势研讨会"在青岛举办。中国作协儿童文学委员会副主任张之路致辞，全国政协常委、中国作协副主席、中国海洋大学顾问、文学院院长王蒙在会上作《我看儿童文学》的演讲。为期两天的研讨会，樊发稼、曹文轩、梅子涵、韦苇、秦文君等50余名儿童文学作家、理论家、编辑家和出版家围绕中国原创儿童文学的外部发展环境和内部发展规律进行深入探讨，成果丰硕。

18日　值法国不列塔尼大区与山东省建立友好合作关系20周年之际，不列塔尼大区主席让伊夫·勒德安率团来校访问，管华诗校长会见客人，吴德星副校长与法国西不列塔尼大学首席副校长迪迪埃·勒莫旺签署合作意向书。

26日　学校党委发文，"211工程"办公室、"985工程"办公室合署办公，为正处级单位。

27日　学校发文，成立中国海洋大学学术交流中心。

同日　学校发文，任命潘克厚为"211工程"办公室、"985工程"办公室主任，符瑞文为学术交流中心主任（兼），闫菊为科学技术处处长（试用期一年），鲍洪彤为学报编辑部主任（正处级，试用期一年）。

6月

1日　教育部批复山东省教育厅，同意学校试办青岛学院。青岛学院由山东省下达招生计划，学生学习期满且成绩合格，由学校和青岛学院颁发毕业证书。

2日　学校实施《中国海洋大学引进人才住房补贴实施办法》。办法规定，在学校实行住房货币化改革的基础上，采取发放住房补贴的办法，解决引进人才的住房问题。引进人才住房补贴包括住房货币化补贴和购房补贴两部分。

12日　中国海洋大学海洋发展研究院揭牌仪式在"胜利楼"会议厅举行。教育部社政司科研处处长张东刚和学校党委书记冯瑞龙共同为研究院揭牌。该院于2004年12月经教育部批准成立（原为中国海洋大学海洋发展研究中心，后教育部发文将其更名为海洋发展研究院），是教育部人文社会科学重点研究基地，也是"985工程"国家哲学社会科学创新基地。

15日　科技部正式发文批准筹建青岛国家海洋科学研究中心。该中心是以教育部中国海洋大学、中国科学院海洋研究所、国家海洋局第一海洋研究所、农业部水科院黄海水产研究所和国土资源部青岛海洋地质研究所等五家单位的优势科技资源为基础，由青岛市和山东省政府组织建设的国家海洋科技创新体系。它由国家海洋科学与技术国家实验室、产业化实验基地和国家级大型专用设备基地组成；其中国家实验室下设的八个功能实验室将被科技部纳入国家重点实验室管理系列，学校牵头建设其中的两个功能实验室，并参与建设其他所有的功能实验室。青岛国家海洋科学研究中心建设期三年，计划总投资8亿元人民币，将建成我国海洋基础与应用研究和高技术研发的主要基地、我国海洋科学与技术领域国际交流的中心。

同日　青岛市人大常委会与中国海洋大学合作建立的法学研究生实践点协议书签字及揭牌仪式在青岛市八大关小礼堂举行。根据协议，双方将定期交流各自所掌握的最新法学理论和法律法规信息、资料、案例等，并共同组织或者相互参与对方组织的学术活动。

17日　学校发文，任命高会旺为环境科学与工程学院院长。

21日　世界著名物理学家、诺贝尔奖获得者丁肇中教授受聘中国海大名誉教授，管华诗校长为他颁发聘书，并向他赠送了他的父亲——我国当代著名教育家丁观海先生在国立山东大学学习和工作的照片、资料和书法作品。聘任仪式后，丁肇中教授为师生作《我所经历的实验物理》的学术报告。

23日　学校党委发文，管华诗兼任生命科学与技术学部医药学院院长。

24日　2005届研究生毕业典礼暨学位授予仪式在青岛市市级机关会议中心举行。今年学校共有博士毕业生125人，硕士毕业生814人。另外，今年本科毕业生为2097人。

2005届毕业生中，研究生就业率为96.6%，本科生就业率为96.0%，高职生就业率为92.1%。

同日　学校发文，任命李八方为生命科学与技术学部主任兼生命科学与技术研究中心主任、国家生命科学与技术人才培养基地主任，包振民为生命科学与技术学部副主任兼生命科学与技术研究中心副主任，张全启为生命科学与技术学部副主任兼海洋生命学院院长，林洪为生命科学与技术学部副主任兼食品科学与工程学院院长，战文斌为生命科学与技术学部副主任兼水产学院院长。

28日　郑和下西洋600周年纪念邮票首发式在浮山校区举行。青岛市委副书记蔡伦斌、山东省邮政局副局长李文民共同为纪念邮票揭幕。校党委书记冯瑞龙出席仪式。纪念郑和下西洋600周年系列活动周、青岛市第六届集邮展（纪念郑和邮品展）、"海大开放日"等活动同期举行。

30日 科技部副部长马松德来校考察，在校党委书记冯瑞龙等陪同下参观物理海洋实验室和海洋药物与食品研究所。

7月

1日 以吴德星教授为首席科学家申报的"973计划"项目"中国东部陆架边缘海海洋物理环境演变及其环境效应"获科技部批准立项，项目经费为2900万元。

4日 在国际会议厅，中国工程院院士、香港大学讲座教授、非线性力学中心主任章梓雄从管华诗校长手中接过聘书，成为学校客座教授。随后，他作了题为《两个物体相互作用的水动力学》的学术报告。

5日 教育部党组副书记、副部长张保庆，山东省副省长王军民等在校党委书记冯瑞龙、副校长吴德星等陪同下到即墨鳌山卫考察学校生命科学与技术教学科研基地。

6日 学校召开教师干部大会，公布教育部关于中国海洋大学行政领导班子的任免决定和教育部党组的免职决定：吴德星担任中国海洋大学校长，于宜法、于志刚、翟世奎、董双林、王琳任副校长，管华诗同志不再担任中国海洋大学校长职务及党委常委、委员职务。教育部副部长、党组副书记张保庆代表教育部党组对上届行政领导班子的工作给予充分肯定。他说，目前是中国海洋大学办学历史上最好的时期，管华诗校长在学校发展大局的把握上，坚持了教育家和政治家的标准。他敏锐的洞察力和善抓机遇的能力，超前的办学思想，坚定的改革勇气，以及爱惜人才、平易近人、求真务实和崇高的学术风范，不仅在中国海洋大学，而且在中国高教界都有很高的声誉。他为中国海洋大学的改革发展作出了贡献，也为中国高等教育发展作出了贡献，为学校留下了宝贵的精神财富。

校长吴德星

吴德星（1952—　），山东无棣人，博士生导师，教授，中共党员。1971年进入山东海洋学院海洋水文气象系学习，1974年毕业留校担任海洋气象专业教师。1994年9月至1997年先后担任学校物理海洋国家教委开放实验室副主任、物理海洋研究所副所长、海洋环境学院常务副院长，1997年4月—1998年9月先后担任研究生教育中心副主任、科研处处长，1998年9月—2005年7月担任青岛海洋大学/中国海洋大学副校长、党委常委。

13日　按照中央关于开展共产党员先进性教育活动的部署，党委常委会研究决定：成立学校先进性教育活动领导小组，冯瑞龙任组长，吴德星、李耀臻任副组长，另有成员12人。

14日　由国务院发展研究中心、国土资源部、农业部、国家环保总局、国家海洋局、中国科学院、中国工程院、国家自然科学基金委员会等主办，中国海洋大学承办的第六届海洋科技与经济发展国际论坛在青岛召开。中国科协主席、中国科学院院士周光召到会并主持主题报告会。国务院发展研究中心副主任李剑阁、国土资源部副部长贠小苏、国家自然科学基金委副主任孙家广、青岛市市长夏耕等出席了开幕式。本届国际论坛以"海岸带开发与可持续发展"为主题，围绕海岸带开发、环境保护与食品安全、中韩海洋牧场和海洋产业经济与海岸带综合管理3个专题展开学术交流。中国10余位两院院士、专家和来自美国、荷兰、澳大利亚、韩国等国的专家共200余人出席论坛。

19日　党委书记冯瑞龙、校长吴德星等一行访问山东大学，同山东省人大常委会副主任、山东大学党委书记朱正昌，山东大学校长展涛等举行座谈会，双方就下半年联合召开服务山东高层论坛，加强研究生培养、导师互聘、科研课题的组织与凝练等进行商讨。

20日　山东省教育厅公布2005年高等教育省级教学成果获奖名单，学校共有16项成果获奖，其中于志刚等主持申报的《中国海洋大学本科教学运行新体系》、李志清等主持申报的《教育部大学法语系列教学文件及大学法语十五规划教材》、李华军等主持申报的《港口、海岸及近海工程专业教学改革的探索与实践》、樊廷俊等主持申报的《〈细胞生物学〉教学改革及教书育人的研究与实践》和张爱军等主持申报的《设计性、研究性物理实验课程体系和教学模式的创新与实践》获一等奖，另获二等奖4项、三等奖7项。

21日　学校发文，成立监察处、审计处，撤销监察审计处；"211工程"办公室、"985工程"办公室与战略发展研究中心合署办公。

同日　学校党委发文，任命徐天真为校长助理，徐国君为副总会计师；免去邹积明、徐祥民、徐国君、田纪伟担任的校长助理职务。

同日　《中共中国海洋大学委员会关于实施新一轮干部聘任的意见》公布施行。学校采取个人申报、公开竞争、择优聘任与组织调配任命相结合的方式，充分发扬民主，规范程序，对专职党政管理干部实施新一轮的岗位聘任，完善干部能上能下机制，保证干部队伍充满生机与活力。

22日 新修订的《中国海洋大学全日制本科生学籍管理规定》公布并实施。

8月

2日 学校发文，任命徐国君为财务处处长兼会计服务中心主任，徐葆良为监察处处长，朱胜凯为审计处处长，万荣为人事处处长（试用期一年），徐家海为国际合作与交流处处长，杨立敏为高新技术产业处处长（试用期一年），潘克厚为战略发展研究中心主任兼战略发展研究委员会办公室主任，宋志远为继续教育学院院长，庄岩为基础教学中心主任（试用期一年），于利为后勤集团总经理，王震为档案馆馆长（试用期一年）。

同日 学校党委发文，任命陈锐为党委、校长办公室主任，卢光志为党委组织部部长兼党校常务副校长（试用期一年），陈忠红为妇女工作委员会常务副主任（试用期一年），李建平为直属业务部门党总支书记，刘永平为离退休干部党总支书记，辛华龙为工程学院党总支书记（试用期一年），于振江为外国语学院党总支书记，吴成斌为管理学院党总支书记，吴力群为国际教育学院党总支书记，庄岩为基础教学中心党总支书记（试用期一年），马成海为校办产业党总支书记，王兴建为后勤集团党总支书记（试用期一年）。

3日 党委常委会研究决定：成立中国海洋大学财经工作委员会，吴德星为主任，徐国君、朱胜凯、符瑞文为副主任；财经工作委员会下设办公室，办公室设在财务处。

15日 学校被共青团中央、教育部、全国学联联合授予中国青年志愿者扶贫接力计划研究生支教团贡献奖，全国仅三所高校获此奖。

22日 教育部党组书记、部长周济来校考察，并于当晚在"胜利楼"会议厅举行的座谈会上对学校的发展提出殷切希望。冯瑞龙书记主持座谈会，吴德星校长作汇报。山东省科协主席管华诗院士和校领导李耀臻、于宜法、于

教育部党组书记、部长周济（前排左三）来校视察

志刚、翟世奎、王琳、张静、刘贵聚等出席会议。周济指出,中国海洋大学的发展要和我国今后几十年的海洋科学、海洋工程、海洋事业的发展紧密地结合起来,真正起到骨干的作用、脊梁骨的作用、中流砥柱的作用,要带头抓好海洋科学研究中心的建设。教育部发展规划司司长韩进、教育部直属高校工作办公室主任李志军、青岛市副市长王修林等陪同考察。周济部长23日还考察了崂山校区建设进展情况。

23日　学校公布《中国海洋大学新一轮副处级干部聘任实施办法》。在顺利完成新一轮正处级管理岗位干部聘任的基础上,公布副处级干部岗位和职数一览表,组织进行副处级管理岗位的干部聘任工作。

24日　国家海洋局局长王曙光一行来校考察。党委书记冯瑞龙、校长吴德星和山东省科协主席管华诗院士等出席在"胜利楼"会议厅举行的座谈会。会后,与会领导、专家就"滨海湿地新型产业链及其对海洋生态的保护"等问题进行研讨。

27日　在山东省科技自主创新大会上,管华诗院士获山东省科学技术最高奖。山东省委书记、省人大常委会主任张高丽为管华诗院士颁发奖状及50万元奖金。这是学校首次获得该奖项。管华诗院士是我国海洋药物研究与开发领域的开拓者和奠基人之一,研制出藻酸双酯钠(PSS)、甘糖脂等海洋药物、海洋生物工程制品,并成功实现了产业化。

9月

2日　《教育部关于批准第五届高等教育国家级教学成果奖获奖项目的决定》发布,冯士筰院士等主持申报的《海洋科学类专业人才培养模式的改革与实践》、于志刚教授等主持申报的《以"学业与毕业专业识别确认制"为核心的本科教学运行新体系的建立》和李志清教授等主持申报的《教育部大学法语系列教学文件及大学法语"十五"规划教材》,均获国家级教学成果二等奖。

同日　学校发文,任命鲁中均为浮山校区工作办公室主任。

7日　2005级研究生开学典礼在青岛市人民会堂举行。今年学校共招收硕士研究生1402人,其中专业学位研究生45人;招收博士研究生320人。

8日　学校在逸夫馆八角厅举行仪式,聘任加拿大皇家学会院士、中国古典诗词专家、学者叶嘉莹,中国现代文学馆原馆长舒乙,著名汉学家、翻译家、莫斯科大学亚非学院教授华克生为客座教授,校长吴德星为三位教授颁发聘书,副校长于志刚主持仪式。5日,叶嘉莹作题为《西方文论与传统词学》的学术报告。6日,王蒙与叶嘉莹举行主题为"中国传统诗词的感悟"的对谈。7日,舒乙作题为《老舍的山东时期》的报告。

14日　学校发文，成立实验室与设备管理处，撤销国有资产管理处；成立后勤工作办公室房产办公室，撤销后勤集团房产办公室；撤销环境科学与工程研究院，海洋环境科学研究所、海洋生态与环境实验室隶属环境科学与工程学院。

同日　学校发文，任命王正林为实验室与设备管理处处长、魏皓为海洋环境学院院长。

15日　青岛国家海洋科学研究中心工作座谈会在青岛八大关宾馆举行，科技部副部长程津培、中国海大校长吴德星和参与中心建设的各个单位负责人参加会议，山东省副省长王军民主持会议，主要议题是讨论中心建设内容，协调加快推进建设等。

18日　2005级学生军训阅兵式暨开学典礼在鱼山校区举行，海军北海舰队副政委傅渤海少将，青岛市委副书记蔡伦斌，中国海大党委书记冯瑞龙、校长吴德星等在主席台检阅学生军训团分列式，傅渤海少将与吴德星校长乘车检阅新生队伍。今年学校共招收本科生2759人、高职生281人。其中，首次招收音乐表演专业学生31人。

30日　根据《中国海洋大学与山东大学校际合作框架协议》的有关规定，经山东大学推荐，中国海大党委常委会研究决定：聘任山东大学经济学院教授姜旭朝为经济学院院长，聘期自2005年10月至2008年9月。经中国海大推荐，水产学院教授梁振林被聘任为山东大学（威海）海洋学院院长。

10月

10日　中国加州大学系统"10+10"合作科研联盟在北京成立。联盟各方分别签署《中华人民共和国教育部直属10所院校与美国加州大学系统交流合作备忘录》和《中国国家留学基金管理委员会与美国加州大学系统合作备忘录》。学校是中方10所教育部直属高校之一。

14日　在工程学院学术厅，中国地震局科技委副主任、中国工程院院士谢礼立受聘学校客座教授，并作题为《地震工程基本任务及其传统与非传统研究领域》的学术报告。

18日　学校发文，表彰2004—2005学年先进班集体和先进个人。生物科学2002级常丹、海洋技术2002级尚启春、旅游管理（本）2003级（高职）张念宾、海洋科学2002级翟萍、生物科学2002级王超、法学2002级宋江涛获得优秀学生标兵称号。

25日　山东省委、省政府举行"泰山学者"特聘教授暨岗位设置发布会，首批36位"泰山学者"特聘教授被正式授予证书。生命科学与技术学部食品科学与工程学院薛长湖，海洋生命学院张士璀，化学化工学院杨桂朋，海洋环境学院罗德海四位教授受聘上岗。"泰山学者"特聘教授聘期内享受岗位津贴每人每年10万元，每届聘期为5年，考核合格可以续聘。

同日　学校发文，公布实施《中国海洋大学本科通识限选课课程建设暂行办法》。

31日　学校发文，调整中国海洋大学专业技术职务评聘领导小组，吴德星任组长，冯瑞龙任副组长，成员有于宜法、于志刚、翟世奎、董双林、王琳、万荣、李巍然、曹志敏、潘克厚、闫菊、毕芳芳。

同日　学校发文，海洋发展研究院下设海洋法学研究所、海洋经济与管理研究所、海洋历史与社会研究所（海洋文化研究所）、海洋政治研究所；成立本科教学工作水平评估办公室。

11月

1日　学校印发《中国海洋大学关于引导和鼓励毕业生到西部到基层就业工作的意见》。

8日　国际涉海大学协会（IAMRI）第二次工作会议在学校学术交流中心召开。法国不列塔尼大学、德国不来梅大学和韩国釜庆大学的代表共6人参加会议。吴德星校长和与会代表签署《国际涉海大学协会第二次工作会议备忘录》。

同日　《中国海洋大学"筑峰/绿卡"人才工程科研启动基金管理办法（试行）》公布施行。

同日　学校研究决定成立第十四届校、学部、院（系）学位委员会，吴德星任校学位委员会主席，冯瑞龙、管华诗、冯士筰、李庆忠、于志刚、董双林任副主席，另有委员26人。

10日　中国海洋大学丽东化工奖学金协议签署暨颁奖仪式在学校国际会议厅举行，吴德星校长在仪式上致辞，于志刚副校长、青岛丽东化工有限公司总经理尹奉台代表双方在协议书上签字。化学工程与工艺专业2003级孟霞等15名学生各获得丽东化工奖学金5000元。

14日　山东省学位委员会发文，中国海大公共事业管理专业增列为学士学位授予专业。

15日　2005年度国家杰出青年科学基金资助名单公布，学校化学化工学院杨桂朋教授入选，获资助经费160万元。

21日　国家海洋局原局长王曙光受聘中国海洋大学顾问、教授及海洋发展研究院院长仪式在逸夫馆多功能厅举行。吴德星校长向他颁发聘书。原校长、中国工程院院士管

国家海洋局原局长王曙光（右）受聘中国海洋大学顾问、教授、海洋发展研究院院长

华诗，国家海洋局人事司司长王宏，青岛市副市长王修林先后讲话，对王曙光加盟海大表示衷心祝贺。仪式结束后，王曙光以《关于我国海洋事业发展的思考》为题作报告并回答师生的提问。

23日　学校发文，成立中国海洋大学招投标管理中心，任命徐葆良为招投标管理中心主任；任命宋文红为本科教学工作水平评估办公室主任。

30日　学校发文，聘任权锡鉴为管理学院院长，傅根清主持新闻与传播学院工作。杨自俭不再担任新闻与传播学院院长职务。

同日　山东省教育厅发文，公布省先进班集体、省优秀学生干部和省优秀学生评选结果，周静等20人被评为优秀学生，仝舟等11人被评为优秀学生干部，2002级生物科学班、2003级船舶与海洋工程班、2003级海洋化学班、2003级英语1班、2004级水产养殖研究生班被评为先进班集体。

12月

2日　第六届文苑奖学金颁奖仪式在逸夫馆八角厅举行，海洋科学2002级翟萍、生物科学2002级常丹、海洋技术2002级尚启春获奖。文圣常院士为获奖学生颁奖。校长吴德星、副校长于志刚出席仪式。

15日　教育部发文通知，海洋化学理论与工程技术教育部重点实验室获准立项建设。

同日　学校在逸夫馆多功能厅举行国家奖学金颁奖暨社会资助发放仪式。本年度获得国家奖学金的有130人；获宋庆龄基金会"中海油经济困难大学生助学基金"的有28人；获中国扶贫基金会"新长城助学金"的有50人；获山东省"朝阳助学"优秀特困生奖学金的有20人。副校长于志刚、党委副书记张静出席仪式。今年，全校获得各类奖学金的学生共有3619名。

17日　韩国语系主办的"环黄海圈中韩交流的历史、现状及未来"国际学术会议在青岛举行。校长吴德星、韩国驻青总领事辛亨根到会祝贺。延边大学校长金柄珉、国际韩国语教育学会会长赵项禄、中国韩国朝鲜语教育研究学会会长安炳浩等参加。

19日　教育部党组发文，经研究并与中共山东省委商得一致，任命刘贵聚同志为中共中国海洋大学委员会副书记。

22日 学校在逸夫馆多功能厅召开2005年本科教学工作会议暨第一届本科教育讨论会。会上，于志刚副校长作教学工作报告，吴德星校长要求全校树立本科教育是立校之本、人才培养质量是学校生命线的观念，进一步巩固教学工作的中心地位，不断充实和完善学校创新人才的培养体系。厦门大学潘世墨副校长应邀作关于教学评估的报告。

同日 学校发文，聘任尹衍升为材料科学与工程研究院院长兼材料科学与工程系主任。

同日 教育部高等教育司公布高等理工教育教学改革与实践项目，魏皓教授负责的"海洋科学类学生海上实践能力培养的研究与实践"、刘玉光教授负责的"卫星海洋学理工科基地双语教学课程建设"、管华诗院士负责的"轻工与食品学科专业发展战略研究"、吴德星教授负责的"海洋科学与工程类专业指导性专业规范研制"和"海洋科学与工程类专业评估研究与实践"获准立项。

26日 海洋科学与技术国家实验室"十一五"科技发展规划咨询会在青岛黄海饭店举行。中国科学院院士李崇银等13位院士、美国夏威夷大学海洋大气专家王斌等7位海外学者和青岛海洋科研单位的部分学者参加会议。山东省副省长、省部共建青岛国家海洋科学研究中心协调领导小组副组长王军民，青岛市副市长王修林以及中国海大校长吴德星等出席会议。

同日 在教育部高等教育司、信息产业部人事教育司、中国工业与应用数学学会组织的全国大学生数学建模竞赛和电子设计竞赛中，学校参赛学生侯西磊、任艳丽、陈淑芳获数学建模竞赛一等奖，指导教师为李美贞；学生王北镇、郭志强、纪风磊获电子设计竞赛一等奖。

30日 教育部发文，同意学校从2006年开始试点自主选拔录取改革。

同日 校务委员会在"胜利楼"会议厅召开会议，通过《中国海洋大学校务委员会章程》和由管华诗、文圣常任名誉主席，冯瑞龙任主席，吴德星、冯士筰、李庆忠、高从堦任副主席的新一届校务委员会成员。

本年 经校专业技术职务任职资格评审委员会评审通过，郑桂珍、胡瑞金、张春海、石晓勇、杜敏、陈吉祥、史宏达、刘滨、刘贵杰、刘红军、白洁、赵世麟、方百寿、高金田、赵群、左金梅、冷卫国、刘华义、徐平、盛立芳、李赟、刘曙光、崔迅、张亭禄、温海深、戴金辉、高忠文、徐金平、王键、鲁中均、付成秋、王芳、单俊伟、刘晓云、王雪凤、李夕聪等36人获正高级专业技术职务任职资格。

本年 学校新增科研项目343项，合同总经费12682万元，全年实到科技经费1.57亿元，合同总经费及实到科技经费分别比2004年增长31.4%和21.8%。横向项目实到经费4261万元，纵向项目实到经费11436万元。被三大索引收录论文725篇，比2004年增长62%。

本年　据上报教育部的《普通高校基层报表》统计，学校共有博士点39个、硕士点76个、全日制本科专业76个、专科专业10个、博士后流动站7个、重点学科14个，其中国家重点学科5个。在校学生总数为19180人，其中博士生1175人、硕士生3409人、普通本科生10404人、普通专科生588人、继续教育本科生2055人、继续教育专科生1549人。另有在职人员攻读博士、硕士总数为565人，在校留学生234人。在校教职工总数为2262人，其中正高级412人、副高级463人。馆藏书106.89万册。占地总面积1825300平方米，其中校舍占地488985平方米。固定资产76765万元。

本年　学校科研成果获奖情况（省部级三等奖以上）见表22、表23。

表22　2005年学校科研成果获奖情况（省部级三等奖以上，自然科学类）

序号	项目名称	获奖情况	主要完成人（前三位）		
1	深海电视抓斗技术研究	教育部科技进步一等奖	赵广涛	钱鑫炎	刘敬彪
2	龙须菜品系选育的生物学研究、大规模栽培和开发应用	教育部科技进步一等奖	张学成	王广策	费修绠
3	海水养殖鱼类营养研究和高效无公害饲料开发	教育部科技进步一等奖	麦康森	谭北平	艾庆辉
4	铁铝金属间化合物/氧化锆（ZrO_2（3Y））陶瓷复合材料设计与制备工艺	教育部技术发明一等奖	尹衍升	王昕	李嘉
5	海洋贝类性成熟、单性发育及微卫星的研究	教育部自然科学二等奖	李琪	潘英	于瑞海
6	配方产品智能评估、分析方法及工程化研究	山东省科技进步三等奖	丁香乾	杨宁	井润环
7	栉孔扇贝遗传改良技术	国家海洋局海洋创新成果奖一等奖	包振民	胡景杰	汪小龙
8	海洋中有机污染物的界面化学和光化学过程研究	国家海洋局海洋创新成果奖二等奖	杨桂朋	赵学坤	陆小兰
9	重要海水养殖贝类遗传与繁殖生理学研究	国家海洋局海洋创新成果奖二等奖	李琪	于瑞海	潘英

表23　2005年学校科研成果获奖情况（省部级三等奖以上，社会科学、教学类）

序号	项目名称	获奖情况	主要完成人（前三位）
1	教育部大学法语系列教学文件及大学法语十五规划教材	国家级教学成果二等奖	李志清　罗顺江　王昕彦
2	海洋科学类专业人才培养模式的改革与实践	国家级教学成果二等奖	冯士筰　王秀芹　郭佩芳
3	以"学业与毕业专业识别确认制"为核心的本科教学运行新体系的建立	国家级教学成果二等奖	于志刚　李巍然　曾名湧
4	萨达姆之后：美国中东霸权面临的挑战	山东省社会科学优秀成果二等奖	刘中民
5	一种连锁加权指标的生产力增长测算模型	山东省社会科学优秀成果三等奖	殷克东
6	语篇连贯与衔接理论的发展与应用	山东省社会科学优秀成果三等奖	张德禄
7	企业成长与矛盾管理	山东省社会科学优秀成果三等奖	王树文

2006年

1月

8日 学校发文，聘任杨桂朋为化学化工学院院长。

12日 吴德星校长与法国法语联盟驻华总代表贺阿兰在"胜利楼"会议厅共同签署山东法语联盟章程。山东法语联盟由巴黎法语联盟、中国海洋大学和山东大学三方合作创建，将同时在青岛和济南开办，分别为山东法语联盟中国海洋大学分部和山东法语联盟山东大学分部。

17日 保持共产党员先进性教育活动总结大会在逸夫馆多功能厅召开。校党委书记、党员先进性教育活动领导小组组长冯瑞龙作总结报告，大会由校长吴德星主持，青岛市委党员先进性教育活动第八督导组组长官明亮及督导组成员，校党政领导李耀臻、于志刚、张静、刘贵聚等出席。按照中央的部署，自2005年8月到2005年底，学校认真开展以全面实践"三个代表"重要思想为主要内容的保持党员先进性教育活动，顺利完成了学习动员、分析评议、整改提高三个阶段的各项任务，达到了提高党员素质、加强基层组织、服务师生员工、促进各项工作的预期目标。

25日 国务院学位委员会公布第十批博士和硕士学位授权学科、专业名单，学校新增列环境资源与保护法学、会计学、农业经济管理三个文科博士学位授权专业；增列了计算机应用技术和生药学两个博士学位授权专业；新增列16个硕士学位授权一级学科。

2月

21日 学校发文，聘任杨桂朋为海洋化学理论与工程技术教育部重点实验室主任（兼），任命王江涛为海洋化学理论与工程技术教育部重点实验室常务副主任。

22日 教育部公布"新世纪优秀人才支持计划"2005年度入选人员名单，王竹泉、黄菲、江文胜、刘素美、高强、胡晓钟、谭北平、唐学玺、方奇志、李辉、王长云入选，共获得资助520万元。

24日 学校顾问、教授、海洋发展研究院院长王曙光《论建设海洋强国》报告会在逸夫馆多功能厅举行。报告分为什么要建设海洋强国、海洋强国的内涵、怎样建设海洋强国三个部分。

26日 教育部副部长陈小娅在冯瑞龙书记等陪同下，到崂山校区建设工地考察。陈小娅听取崂山校区规划建设情况汇报，并到现场查看，肯定崂山校区的规划设计及建设工作。

27日 教育部公布2005年度"长江学者和创新团队发展计划"创新团队入选名单，

以麦康森教授为带头人的"可持续海水养殖中的重要生物学前沿问题研究"研究团队榜上有名。该计划资助期限为3年，资助经费为300万元。

3月

3日 山东大学校长展涛一行来校访问，就两校2006年合作的重点工作进行商讨。中国海大党委副书记李耀臻等在"胜利楼"会议厅会见展涛校长一行。展涛高度评价两校合作所取得的成果，并到生命科学与技术学部看望山东大学访学的学生。

6日 祖国南海形势暨守礁部队英雄事迹报告会在逸夫馆多功能厅举行。海军驻南沙守礁部队部队长、学校兼职教授、全国十大杰出青年龚允冲大校作题为《蓝色的国土，忠诚的卫士》的报告。

9日 由国家海洋局和中国海大联合主办的主题为"献身海洋、立志成才"的海洋论坛在学校举行。论坛邀请中国工程院院士金翔龙、中国极地研究中心主任张占海等嘉宾，与现场观众进行交流。国家海洋局党组成员、人事司司长王宏，副校长于志刚、党委副书记张静，部分涉海大学学生、国家海洋局下属单位代表共200余人参加论坛。

10日 国家海洋局和学校共同举办的2006年全国海洋类专业毕业生供需见面会在逸夫馆举行。前来应聘的应届毕业生约3000人，参会的用人单位来自全国各地，具有鲜明的海洋特色。见面会期间首次举办海洋人才论坛，由国家海洋局与学校联合开发的国家海洋人才网站正式开通。

同日 学校发文，任命李涛为国际教育学院副院长（正处级）。

27日 山东省人民政府发文，公布2005年度"山东省有突出贡献的中青年专家"评选结果，张士璀、徐祥民2位教授入选。

28日 教育部发文，因工作调动，免去王琳的中国海洋大学副校长职务。此前，王琳已调任山东省侨办主任。

29日 2005年度"长江学者奖励计划"特聘教授、讲座教授受聘仪式在北京举行，学校工程学院院长李华军受聘为"长江学者奖励计划"特聘教授。

本月 管理学院副院长兼会计学系主任、博士生导师工竹泉入选财政部首批学术类全国会计领军（后备）人才培养工程，全国高校入选者仅6人，驻鲁高校仅1人。

4月

11日 企业管理专业2004级硕士研究生赵媛媛被教育部、团中央授予全国优秀学生干部称号。

14日 经校学位委员会审定通过，学校第八批自行审定增列博士生指导教师和项目博士生指导教师遴选结果公布。增列的博士生指导教师有29人：孙即霖、江文胜、鲍献文、王国宇、李辉、徐建良、董顺乐、冯秀丽、蔡锋、郭志刚、姜效典、王震宇、刘光兴、董胜、拾兵、于良民、王海增、曹立新、汝少国、张晓华、王昭萍、胡晓钟、张志峰、朱伟明、刘惠荣、罗福凯、徐国君、王竹泉、权锡鉴。受聘学校博士生指导教师的有3人：张海生、刘明君、栾新。增列的项目博士生指导教师有11人：孔晓瑜、李国强、潘鲁青、侯纯扬、肖鹏、孙健、丁香乾、刘忠臣、吕文正、刘贯群、顾永健。

16日　第十届"外研社杯"全国英语辩论赛总决赛在北京落幕，学校生物科学专业2002级本科生丁玎和英语专业2003级硕士研究生于永萃组成的中国海洋大学代表队获得季军（外交学院代表队和清华大学代表队分获冠、亚军）。指导老师是外国语学院邓红风教授和外教Jonh Maycroft。

17日　学校出台《中国海洋大学专业技术职务评聘计算机水平考核规定》及《中国海洋大学专业技术职务评聘外语水平考核规定》。

20日　中国海洋大学第60届体育运动会在鱼山校区举办。党委副书记张静主持开幕式。副校长于志刚致开幕词时说，经校内外专家教授反复查证核实，自1936年举办首届校运会以来的整整70年里，学校共举办校级体育运动会59届，今年是第60届。

25日　以浙江大学原常务副校长胡建雄为组长的验收专家组，听取校长吴德星所作的学校"十五""211工程"建设项目总结汇报，实地考察海洋药物科学与工程、海水健康养殖理论与技术、海洋化学理论与工程技术等重点学科、重点实验室及教学与公共服务设施，分别召开"十五""211工程"建设项目负责人、学科带头人和中青年骨干教师座谈会，详细考察、认真听取各方发言，并就"211工程"对学科发展的促进、经费管理、学科创新、团队建设等问题进行了研讨。

专家组认为，中国海洋大学全面完成了"十五""211工程"各项建设任务，诸多指标超额完成，达到了预期目标，建设效益显著。在学科建设、人才培养、科学研究、队伍建设、公共服务体系、资金投放等各个方面都迈上了新台阶，为下一步发展打下了坚实的基础。

27日　教育部副部长章新胜来校，在冯瑞龙书记、吴德星校长等陪同下重点考察了物理海洋和海洋药物2个教育部重点实验室。

5月

7日　为落实全国科学技术大会、山东省科学技术大会精神和《山东省中长期科学和技术发展规划纲要（2006—2020年）》，进一步发挥学校特色优势，学校推出《中国海洋大学蓝色兴鲁行动计划》，并上报山东省人民政府。其要点有：（1）构筑国家级创新平台，积极承担国家重大科研项目，巩固山东省在国家海洋科教和海洋战略研究领域的优势地位；（2）完善科学技术体系，建设服务平台，促进山东省相关产业和经济发展；（3）发挥综合优势，加强战略研究，为各级政府和企业提供决策咨询服务；（4）确保规模质量，完善培养培训体系，加强高层次创新型人才的培养和培训，重点从海洋创新角度推进创新省份建设，实现"蓝色兴鲁"。

11日　国务委员陈至立到"东方红2"船考察，教育部部长周济、科技部副部长刘燕华等陪同。在听取吴德星校长关于学校建设发展情况和管华诗院士关于国家海洋科学研究中心筹建情况的汇报后，陈至立对学校近几年所取得的成绩给予肯定，与随行的省部有关领导重点研讨了国家海洋科学研究中心的建设事宜。陈至立指出，青岛集中了国家50%～60%的海洋科教资源，非常宝贵。她希望有关各方齐心协力，为把我国建设成为海洋强国，为国家的战略安全以及可持续发展，切实把国家海洋科学研究中心规划好、建设好，使国家的投入发挥最大效益，并决定：一是中心改为海洋科学与技术国家实验室（简称"国家海洋实验室"）；二是科技部牵头组织；三是具体筹建工作由中国海洋大学负责。

18日　学校在逸夫馆多功能厅举行第一届本科教育教学讨论会专家报告会。美国波士顿学院国际高等教育中心主任客座教授菲利普·G.阿特巴赫作《发展中国家研究型大学的功能》的报告。华中科技大学教育科学研究院高等教育评估研究专家别敦荣教授作《美国大学教学模式及其启示》的专题报告。于志刚副校长介绍"通识为体，专业为用"本科教育理念和本科教学运行新体系构建情况。

21日　全国人大常委会副委员长韩启德来校考察。他察看了物理海洋、海洋药物两个教育部重点实验室，观看了《蓝色华章》宣传片，听取冯瑞龙书记、管华诗院士关于学校发展情况和国家海洋科学研究中心筹建情况的汇报。他认为建设这样一个高标准的国家海洋科学研究中心极具战略意义，表示将密切关注和积极支持中心的建设。

23日　学校《关于提高研究生培养质量的若干意见》公布实施。

26日　学校与法国南特大学合作协议签字仪式在逸夫馆八角厅举行。副校长董双林与南特大学副校长耶维斯·勒昆特代表双方在协议书上签字。同时签署的还有中法工程教育中心合作协议。

30日　"名家讲坛"系列活动举行。下午，我国台湾著名诗人余光中在逸夫馆多功能厅为学子带来一场关于诗与音乐的演讲，还朗诵了11首中外诗词，包括脍炙人口的

《乡愁》等。学校顾问、文学院院长王蒙先生主持。晚上，王蒙、余光中诗歌朗诵会在逸夫馆多功能厅举行，300多位师生参加，20余位大学生朗诵王蒙、余光中先生的20首诗歌作品，朗诵会在王蒙先生《青春万岁》序诗的合诵声中落下帷幕。5月31日下午，香港中文大学翻译系讲座教授金圣华女士作题为《赞词的撰写与翻译——兼谈译文体对现代中文的影响》的报告。6月2日下午，王蒙先生在逸夫馆多功能厅作题为《政治家的文学与文学家的政治》的演讲。

6月

5日 山东省委高校工委发文，表彰2005年度高校先进基层党组织、高校优秀共产党员和优秀党务工作者。管理学院会计系教工党支部、党委宣传部、新闻中心党支部被评为山东省高校先进基层党组织，陈戈、张德禄、辛华龙、潘克厚、李元峰、于德华被评为山东省高校优秀共产党员，张永良、陈鷟被评为山东省优秀党务工作者。

6日 李华军教授赴京领取第六届"光华工程科技奖"青年奖。该奖于1996年设立，奖励在工程科学技术及管理领域作出重要贡献、取得杰出成就的中国籍工程师、科学家。

9日 德国石勒苏益格荷尔斯太因州州长皮特·哈瑞·卡斯坦森率团来校访问。吴德星校长在"胜利楼"会议厅会见卡斯坦森州长一行，并与德国基尔大学莱布尼兹海洋研究所签订合作协议。

12日 韩国海洋大学总长金顺甲率团一行40余人来校访问。吴德星校长在学术交流中心会见金顺甲总长一行，并共同出席中韩海洋科学与工程学术研讨会开幕式。两校专家教授就物理海洋学、海洋工程和化学工程等学科领域的研究成果进行了交流。

26日 2006届研究生毕业典礼暨学位授予仪式在青岛市人民会堂举行。今年博士毕业生为222人，硕士毕业生为857人，其中包括尼泊尔籍博士研究生和韩国籍硕士研究生。33名全日制MBA研究生顺利完成学业，取得学位，成为驻青高校培养的首届MBA毕业生。另外，今年本科毕业生为2006人，1928人取得学士学位。

2006届毕业生就业率为93.3%，其中，研究生就业率为96.5%，本科生就业率为91.0%，高职学生就业率为96.7%。

27日 学校申报的海水养殖教育部工程研究中心、海洋材料与防护技术教育部工程研究中心获教育部批复，予以立项建设。

29日 山东省学位委员会公布2006年新增学士学位授予专业，学校的通信工程、军事海洋学、材料化学、德语、编辑出版学、行政管理在列。

7月

7日 党委常委会研究决定：成立崂山校区管理委员会，李耀臻任主任，于宜法、张静、徐天真、徐国君为副主任。负责研究制定崂山校区的运行机制，协调部门间工作关系，监督工作任务的落实，推动崂山校区各项工作正常运行。

同日 东亚季风年代际变化（10～100年）研讨会在学校召开。中国科学院院士李崇银，中国工程院院士管华诗、丁一汇以及来自美国国家宇航局、哥伦比亚大学，国家海洋局、中国气象局国家气候中心、中国气象科学研究院、解放军理工大学空军气象学院、北京大学、南京大学等单位的50余位专家学者参加了研讨会。

11日 学校与韩国木浦大学签订合作交流协议书，两校据此开展科研合作、召开国际学术会议、进行教学与研究人员的交流以及学生交流等。校长吴德星与韩国木浦大学校长任炳善代表双方在协议书上签字。

19日 党委常委会研究决定：在法学院和公共管理学院的基础上组建法政学院，撤销法学院、公共管理学院建制。学院下设公共管理系、法律系、政治学与行政学系。MPA依托法政学院。

同日 学校发文，聘任徐祥民为法政学院院长。

同日 学校党委发文，撤销法学院党总支和公共管理学院党总支，成立法政学院党总支，任命陈晓明为法政学院党总支书记；撤销法学院团总支和公共管理学院团总支，成立法政学院团总支。

8月

23日 教育部思政司《关于公布全国高校校园文化建设优秀成果评选结果的通知》下发，学校报送的《飞翔的海鸥——海鸥剧社在校园文化建设中发挥独特作用》荣获一等奖。

26日 山东省教育厅发布《关于表彰"第二届山东省教学名师"的通报》，汪东风、郭佩芳、赵广涛三位教授荣获该荣誉称号。

27日 教育部副部长李卫红一行来校考察，在"胜利楼"会议厅与学校党政领导班子、部分党政管理干部进行座谈，党委书记冯瑞龙汇报学校思想政治和安全稳定方面的工作。李卫红强调，要坚持党委领导下的校长负责制，加强领导班子理论学习和思想政治建设，进一步做好大学生思想政治工作。教育部思想政治工作司司长杨振斌、山东省教育厅厅长齐涛等陪同考察。

29日 经王蒙先生提议、党委常委会研究决定：王蒙先生不再担任文学院院长职务，聘请他为文学院名誉院长、首席驻校作家。

9月

5日　《中国海洋大学学生奖励条例（试行）》《中国海洋大学国家资助贷款实施细则》公布施行。

第六届世界华人鱼虾营养学术研讨会

6日　第六届世界华人鱼虾营养学术研讨会在青岛举行。本届研讨会以"营养、饲料与水产品的质量与食品安全"为主题，来自中国、美国、法国、丹麦、泰国、缅甸等国家和地区的500余位学者和企业界代表围绕有关议题展开广泛而深入的研讨。中国科协副主席、中国水产学会理事长唐启升院士出席开幕式，吴德星校长致辞。研讨会由中国水产学会动物营养与饲料专业委员会主办，中国海大和广东恒兴集团联合承办，共收到论文195篇。

14日　中国海洋大学首次新闻发布会在学校国际会议厅召开。青岛市委宣传部副部长姜正轩、党委书记冯瑞龙出席，吴德星校长致辞，李耀臻副书记主持。学校首位新闻发言人、党委宣传部部长魏世江向参会媒体发布崂山校区启用以及近几年来在教学、科研等方面所取得的重要成果。根据中央关于建立新闻发言人制度的精神和山东省委《关于建立新闻发言人制度，进一步加强新闻发布工作的意见》的要求，学校党委研究决定：自2006年1月起设立中国海洋大学新闻发言人，由党委宣传部部长担任。中国海大是率先在驻鲁高校中建立新闻发言人制度的大学。

17日　崂山校区启用仪式隆重举行。教育部、山东省、北海舰队、青岛市有关负责人，党委书记冯瑞龙，校长吴德星，校务委员会名誉主席、中国工程院院士管华诗，中国科学院院士文圣常，党委副书记李耀臻，副校长于宜法、于志刚、翟世奎、董双林，党委副书记张静等出席仪式。吴德星校长作《让历史记住今天》的致辞。他说，崂山校区的启用使学校大跨度地拓展了办学空间，从而使学校可以更加从容地展开学科专业的布局、创新平台的构筑、文化建设的推进，让校园朝着现代化方向阔步前进；同时，这也为研究高深学术、修读科学人文知识、活跃文体生活创造了良好的基础条件，为学校事业的做强做大和百年建设目标的顺利实现，奠定了坚实的基础。

崂山校区总占地面积1642亩，启用的一期工程包括学生生活区、教学楼、理工科院系区、图书馆、露天塑胶体育场等，建筑面积34万平方米。首批搬入的学院有海洋环境学院、信息科学与工程学院、化学化工学院、海洋地球科学学院、工程学院、环境科学与工程学院、法政学院、材料科学与工程研究院。2004年10月崂山校

崂山校区启用仪式

区奠基，2006年7月22日，首批6000余名本科生入住；8月25日，1800余名研究生入住；9月2日、3日，2006级新生入住。

同日　2006级学生开学典礼暨军训阅兵式在崂山校区运动场举行，海军北海舰队副政委张德强少将、中国海大校长吴德星乘车检阅参训学生。今年学校招收本科生3264名、高职生265名；招收硕士研究生1595人、博士研究生325人。学校作为自主选拔录取改革试点高校，首次通过自主选拔录取方式招收学生79人。

20日　山东省学位委员会、山东省教育厅发文公布2005年山东省优秀博士、硕士学位论文评选结果，学校学生吴松华、赵学坤、商慧敏和于广利撰写的博士论文被评选为山东省优秀博士学位论文，丁黎黎等九人撰写的硕士论文被评为山东省优秀硕士学位论文。

23日　学校文学院和《当代作家评论》杂志社在逸夫馆多功能厅共同主办王蒙文艺思想学术研讨会。王蒙先生出席。党委书记冯瑞龙在开幕式上致辞。著名作家、北京大学中文系教授曹文轩，《当代作家评论》总编辑林建法出席开幕式。来自北京大学、中国社会科学院、南京大学、同济大学等国内高校和研究机构的50多位著名专家、学者及学界新锐，在为期两天的会议上，结合王蒙各个时期的代表作品，从不同侧面研讨王蒙文艺思想的丰富性。

28日　中国海洋发展研究中心成立暨揭牌仪式在青岛市黄海饭店举行。国家海洋局局长孙志辉宣布中心成立，并宣读聘任国家海洋局原局长王曙光为中国海洋发展研究中心主任的决定。教育部直属高校工作司司长高文兵宣读教育部与国家海洋局共建中国海洋发展研究中心协议。孙志辉局长与高文兵司长共同为中心揭牌。国务院发展研究中心副主任侯云春，国家海洋局原局长张登义，青岛市委副书记、常务副市长崔锡柱，中国海洋大学党委书记冯瑞龙、校长吴德星，中国工程院院士管华诗，中国海洋发展研究中心

主任王曙光等出席大会。该中心由国家海洋局和教育部共建，工作地点设在中国海大，国家海洋局海洋发展战略研究所和中国海洋大学海洋发展研究院是其基本支撑力量。

29日　国家海洋局局长孙志辉一行来校调研。在"胜利楼"会议厅听取学校情况汇报后，孙志辉表示，作为中国海大校友，多年来他一直非常关注母校的发展。长期以来国家海洋局与中国海大在海洋科研、海洋管理等方面建立了良好的合作关系，希望今后能进一步加强合作，共同为国家海洋事业的发展作出更大的贡献。孙志辉一行还在冯瑞龙、吴德星等陪同下考察了崂山校区，并为海洋地球科学学院新楼揭牌。

10月

11日　学校在"胜利楼"会议厅举行仪式，欢送20名首届中德海洋科学联合培养研究生赴德深造。党委书记冯瑞龙出席。首届联合培养的4名德国学生已于9月9日抵达学校。联合培养的时间为1年。

17日　山东省人民政府公布2006年设置的59个"泰山学者"岗位，学校海洋生物遗传与种质工程、海洋地质学、药物化学榜上有名。

20日　山东省教育厅公布2006年度山东省高等学校省级精品课程评选结果，王银邦的理论力学、傅刚的动力气象学、吴德星的物理海洋学、石晓勇的海水分析化学、温海深的动物生理学入选。至此，学校已有山东省级精品课程19门。

25日　上午，山东省魁北克海洋科技合作研讨会在学校召开，来自山东省和加拿大魁北克省的专家教授就海洋生物、极地海洋等领域的研究进展作了交流。下午，中国SOLAS（上层海洋低层大气生物地球化学与物理过程耦合研究）加拿大SOLAS合作协议签字仪式在"胜利楼"会议厅举行，吴德星校长、加拿大魁北克省国际关系部部长莫尼克·全布雷女士等出席。

26日　青岛高校思想政治教育研究会成立20周年座谈会在学校举行。校党委书记冯瑞龙、青岛市委宣传部副部长姜正轩、市社科联主席徐万珉和驻青高校专家、学者50余人出席座谈会。与会人员就政研会成立20年来所取得的成绩进行了总结，并就当前高校思想政治教育工作的新思路、新方法进行研讨。

同日　2006年"新世纪百千万人才工程"国家级人选名单公布，陈戈教授入选。

11月

8日　根据《教育部关于同意中国海洋大学组建中国海洋大学控股有限公司的批复》要求，学校党委常委会研究决定：成立青岛中国海洋大学控股有限公司及其董事会和监事会。任命翟世奎为青岛中国海洋大学控股有限公司董事会董事长，徐国君、马成海为副董事长；任命董双林为青岛中国海洋大学控股有限公司监事会监事长。

同日　学校党委发文，撤销校办产业党总支，成立控股有限公司党委。

同日　首届锦湖韩亚杯中国大学生韩国语演讲大赛全国总决赛在北京举行，学校外国语学院陈戍敏获得第二名。

11日　中国海洋大学第四届教职工代表大会第一次会议暨第十次工会会员代表大会在逸夫馆多功能厅召开。大会听取并审议吴德星校长所作《在新的历史起点上开拓进取，为实现学校"十一五"发展目标而努力奋斗》的工作报告和第三届教代会与第九届工会工作报告、第九届工会经费审查委员会工作报告，审议并通过了《中国海洋大学教职工代表大会暂行规定》《中国海洋大学二级单位教职工大会暂行规定》，选举产生第十届工会委员会，徐天真任主席。

14日　学校发文，表彰2005—2006学年先进班集体和先进个人，环境工程专业2003级张潇源、自动化专业2003级王学勇、海洋管理专业2003级张召儒、海洋科学专业2003级张锦婷、生物技术专业2003级刘泽健、工程管理专业2003级邵萌共6人被评为优秀学生标兵。

15日　第七届文苑奖学金在逸夫馆八角厅颁发，校长吴德星致辞，副校长于志刚主持仪式。文圣常先生向环境科学与工程学院环境工程专业2003级张潇源、工程学院自动化专业2003级王学勇、海洋环境学院海洋管理专业2003级张召儒颁发本年度文苑奖学金。颁奖后，文先生又交给学校10万元现金，补充到文苑奖学金中。

21日　学校党委发文，聘任杨立敏为青岛中国海洋大学控股有限公司总经理。

28日　由中国海洋大学、青岛日报报业集团、青岛国家大学科技园等共同出资组建的海大生物工程开发有限公司胶州生产基地正式投产。海大生物工程开发有限公司是一家主要从事海洋生物工程开发、生产、销售、成果转化的新兴高新技术企业，成立于2000年8月，经过6年发展，已拥有专利6项，陆续开发出六大系列100多个产品。

29日　教育部公布2006年度国家精品课程评选结果，吴德星讲授的物理海洋学入选。

12月

19日　中国海洋大学、日本香川大学学术交流协议签字仪式在"胜利楼"会议厅举行，中国海洋大学校长吴德星与香川大学校长一井真比古代表双方在协议书上签字。按照协议规定，双方开展师生交流，共同进行学术研究，举办讲学、演讲及论坛等活动，并签订了《中国海洋大学法政学院日本香川大学法学部学术交流协议实施细则》。

28日　教育部、山东省人民政府、国家海洋局、青岛市人民政府联合下发《关于继续重点共建中国海洋大学的决定》。其要点为：（1）在巩固以往重点共建成果的基础上，教育部、山东省、国家海洋局、青岛市继续重点共建中国海洋大学，旨在进一步深化中国海洋大学管理体制和运行机制的改革与创新，加快建设一支高水平的教师队伍、管理队伍和技术支撑队伍，并以学科建设规划为指导，紧密结合国家创新体系建设，通过科技创新平台和社科创新基地的建设，促进中国海洋大学若干学科达成或接近国际一流学科水平，使之成为攀登世界科技高峰、解决重大理论和实践问题、带动相应学科领域发展的重要基地，努力实现学校的建设目标。（2）山东省、青岛市继续将中国海洋大学的改革和发展纳入全省及全市的整体建设和社会发展的总体规划之中并给予相应的政策支持。国家海洋局支持并鼓励中国海洋大学积极参与国家海洋科教资源的优化配置，加强与相关海洋科研单位紧密合作，加大为国家海洋局培养人才的工作力度。教育部支持和鼓励中国海洋大学充分利用本校智力资源密集的优势，在人才培养、学术研究、科技创新及科技成果转化等方面发挥更大的作用，在面向全国服务的同时，为地方经济建设和社会发展提供更强有力的教育、知识和科技支撑。（3）除对学校的经常性事业经费安排以外，在2004年至2008年期间，教育部、山东省、国家海洋局、青岛市将分别投入经费1.05亿元、0.25亿元、1.03亿元、1亿元。（4）教育部、山东省、国家海洋局、青岛市将继续贯彻执行2001年签订的《教育部、山东省人民政府、国家海洋局、青岛市人民政府关于重点共建（原）青岛海洋大学的协议》的有关条款规定。

30日 《中国海洋大学关于辅导员队伍建设的有关规定》公布施行。

本月 海鸥剧社获全国高校优秀学生社团标兵称号。

本月 山东省学位委员会、山东省教育厅、山东省财政厅联合发文，公布山东省首届优秀研究生指导教师名单，刘秦玉、张士璀、李华军、赵昕4位教授入选。

本年 经校专业技术职务任职资格评审委员会评审通过，兰健、王秀芹、秦勃、朱茂旭、张前前、刘东生、隋正红、曾晓起、梁英、任素莲、李筠、常宗瑜、蒋济同、佘宗莲、姚增善、刘英才、李雪、袁洁秋、黄瑞芬、徐敏慧、张国、修斌、薛海燕、崔凤、薛桂芳、高芳莉、刘福芳、王兴玲、李京梅、曹立华、陈锐、李萍、崔晓雁、王玉江、许志昂、杨立敏、张杰、祝陈坚、王远红、李璐、姜明、王宣民等42人获正高级专业技术职务任职资格。

本年 全年实到科技经费1.67亿元，其中纵、横向科技经费分别为1.26亿元、0.41亿元；今年启动的"十一五""863计划"中，学校主持重大、重点项目课题9项，专题课题

32项，合同总经费1亿元。共获国家自然科学基金资助54项（其中重点项目2项），经费1806万元，面上项目资助率达21%。被SCI收录的文章690余篇，被EI收录的文章140余篇，获授权专利123项。

本年　据上报教育部的《普通高校基层报表》统计，学校共有博士点44个、硕士点131个、全日制本科专业71个、博士后流动站7个、重点学科14个，其中国家重点学科5个。在校学生总数为23189人，其中博士生1234人、硕士生3881人、普通本科生11710人、普通专科生463人、继续教育本科生3449人、继续教育专科生2452人。另有在职人员攻读博士、硕士总数为1144人，在校留学生251人。在校教职工总数为2412人，其中正高级428人、副高级481人。馆藏书135.69万册。占地总面积1675963平方米，其中校舍占地面积799994平方米。固定资产89251万元。

本年　学校科研成果获奖情况（省部级三等奖以上）见表24、表25。

表24　2006年学校科研成果获奖情况（省部级三等奖以上，自然科学类）

序号	项目名称	获奖情况	主要完成人（前三位）
1	主要海水养殖动物的营养学研究及饲料开发	国家科技进步二等奖	麦康森　李爱杰　谭北平
2	低洼盐碱地池塘规模化养殖技术研究与示范	国家科技进步二等奖	董双林　段登选　谷孝鸿
3	副热带北太平洋和南海海洋大气相互作用及其与热带太平洋的关系	教育部自然科学一等奖	刘秦玉　王　启　黄　菲
4	新型海洋防污涂料关键技术研究及其应用	教育部技术发明一等奖	于良民　徐焕志　李昌诚
5	海带配子体克隆杂种优势苗种繁育技术	教育部专利奖一等奖	刘　涛　车　轼　李志凌
6	文昌鱼发育、免疫和进化生物学	教育部自然科学二等奖	张士璀　刘振辉　李国荣
7	动态系统的时滞相关分析与控制理论及其应用	教育部自然科学二等奖	唐功友　岳　东　马　慧
8	羧基化氨基多糖应用技术研究及产品开发	山东省技术发明二等奖	刘万顺　韩宝芹　陈双厚

序号	项目名称	获奖情况	主要完成人（前三位）
9	盐碱地对虾养殖环境生理学研究与开发应用	山东省科技进步三等奖	潘鲁青　王恒台　苗晶晶
10	黄河水下三角洲海底不稳定性与工程环境研究	国家海洋局海洋创新成果奖二等奖	李广雪　曹立华　杨荣民
11	一氧化氮对海洋浮游植物生长影响的规律研究	国家海洋局海洋创新成果奖二等奖	张正斌　刘春颖　刘莲生
12	渤海海上溢油输移、扩展数值预报软件	环境保护部环境保护科学技术奖三等奖	娄安刚　吴德星　俞光耀

表25　2006年学校科研成果获奖情况（省部级三等奖以上，社会科学类）

序号	项目名称	获奖情况	主要完成人
1	环境权论——人权发展历史分期的视角	山东省社会科学优秀成果一等奖	徐祥民
2	民间金融理论分析：范畴与制度变迁	山东省社会科学优秀成果二等奖	姜旭朝
3	经济全球化环境中的高校德育创新研究	山东省社会科学优秀成果二等奖	李耀臻
4	基于业务流程管理的价值增值报告模式研究	山东省社会科学优秀成果三等奖	王竹泉
5	西方国际关系理论视野中的非传统安全研究	山东省社会科学优秀成果三等奖	刘中民
6	英汉语言文化学	山东省社会科学优秀成果三等奖	常宗林
7	伊格尔顿文艺思想研究	山东省社会科学优秀成果三等奖	柴　焰
8	资本流动与民间投资发展	山东省社会科学优秀成果三等奖	于谨凯

2007年

1月

5日　学校发文，聘任吴强明为生命科学与技术学部医药学院常务副院长。

16日　党委常委会研究决定：成立中共中国海洋大学青岛学院委员会，刘孔庆任书记（正处级）。推荐山广恕为青岛学院董事、院长。

17日　党委常委会研究决定：文学院和新闻与传播学院合并，成立文学与新闻传播学院，下设中文系、新闻与传播学系、文化产业系、汉学系。成立中国海洋大学文学与新闻传播学院党总支，撤销中国海洋大学文学院党总支和中国海洋大学新闻与传播学院党总支。

同日　学校发文，聘请王蒙先生担任文学与新闻传播学院名誉院长，聘任朱自强为文学与新闻传播学院院长，聘任权锡鉴为海洋发展研究院常务副院长（兼）。

同日　校党委发文，徐国君任校长助理兼副总会计师，不再担任财务处处长兼会计服务中心主任职务。

同日　学校发文，任命魏世江为监察处处长，武心尧为高等职业技术学院院长，于长江为校友总会副秘书长兼办公室主任，崔越峰主持财务处工作兼会计服务中心主任，宋文红为高等教育研究与评估中心主任。

同日　校党委发文，魏世江任纪委副书记，高艳任海洋发展研究院与人文社会科学研究院党支部书记，丁林任党委宣传部副部长（主持工作）兼新闻中心主任，董效臣主持高等职业技术学院党总支工作。

18日　校党委发文，任命于波为文学与新闻传播学院党总支书记。

29日　山东省教育厅公布2006年度高等学校品牌专业特色专业建设点名单，学校会计学、水产养殖学、生物科学、港口航道与海岸工程、化学（海洋化学）专业上榜。

2月

7日　教育部下文公布2006年度新世纪优秀人才支持计划评选结果，胡景杰、李三忠、茅云翔、潘鲁青、王厚杰、王震宇、魏志强、张志明、周辉、刘中民入选。截至目前，学校共有30位教师入选该计划。

15日　我国著名的海洋工程专家侯国本教授逝世，享年89岁。

侯国本（1919—2007），山东即墨人。1947年毕业于西北工学院水利工程系。新中国成立后，历任山东大学、青岛工学院、西安交通大学讲师，山东海洋学院副教授、教授，河口及海岸带研究所副所长，中国海洋工程学会海岸工程专业委员会第一、二届副主任委员，太平洋海洋技术学会夏威夷分会第一、二届理事，山东海岸工程学会第一、二届副理事长，专于海岸工程和水利工程研究，为国内外水利、海岸工程和港口选址进行过多项实验和研究。译有《海洋结构物动力学》。第五届山东省人大代表，第七届全国人大代表，山东省劳动模范，享受国务院政府特殊津贴。

25—27日 学校召开寒假党政联席（扩大）会议暨第十四次"崂山会议"，校党政领导冯瑞龙、吴德星、李耀臻、于宜法、于志刚、刘贵聚、翟世奎、董双林、张静等出席。会议传达学习科技部部长徐冠华在全国科技工作会议上的讲话精神和教育部部长周济在第十七次直属高校咨询工作会议上的讲话精神。围绕"管理·质量·特色"的主题，就"海洋文化与海大文化的内涵与表述""做好本科教学评估工作的有效途径""正确认识和充分利用好海大事业发展的战略机遇""实现管理重心下移可能出现的问题与应对措施"四个专题，进行分组讨论、大会交流、专题报告、总结讲评等，起到了启迪智慧、谋划发展的作用。

27日 2006年度国家科学技术奖励大会在北京举行。麦康森教授领衔的"主要海水养殖动物的营养学研究及饲料开发"和董双林教授领衔的"低洼盐碱地池塘规模化养殖技术研究与示范"两项成果获国家科技进步二等奖。

28日 山东省委常委、青岛市委书记阎启俊来校，就继续四方共建中国海洋大学事宜进行调研。

3月

13日 学校召开教师干部大会，传达第十四次"崂山会议"精神，部署2007年党政工作要点及学校十项重点工作，重点就迎接教育部本科教学工作水平评估进行再动员。冯瑞龙书记、于志刚副校长分别作题为《本科教学评估：学校管理质量特色的一次集中展示》《点面融汇、长短结合、统筹安排、突出重点，创造性地做好本科教学评估迎评工作》的讲话。吴德星校长要求把当前的迎评与学校长远的发展结合起来，绝不搞应试评估。

16日 学校发文，成立工程硕士专业学位教育指导委员会，李华军为主任，王国宇为常务副主任。

同日　校党委发文，任命陈忠红为化学化工学院党总支书记。

同日　《中国海洋大学全日制本科生学生证管理办法》《中国海洋大学高水平运动员学生学籍管理办法》《中国海洋大学全日制本科学生学习经历证明办理规定》《中国海洋大学对外交流学生学分和成绩认定办法》公布施行。

29日　2006年度教育部"长江学者奖励计划"特聘教授、讲座教授评审结果揭晓，学校申报的两位讲座教授——美国麻省大学邢宝山博士、美国北卡罗来纳州立大学谢立安博士入选。

4月

5日　山东省人民政府发文，授予100名同志山东省有突出贡献的中青年专家荣誉称号，于志刚教授和董双林教授榜上有名。

6日　学校发文，成立MPA专业学位教育指导委员会，朱立言为主任，徐祥民、王树文、崔凤为副主任。

10日　首届国家级教学名师、博士生导师张正斌教授因病医治无效逝世，享年72岁。

11日　校党委发文，公布青岛中国海洋大学控股有限公司总经理、副总经理人选，杨立敏任公司总经理（兼），马成海任公司副总经理（兼），单俊伟任公司副总经理。

13日　驻校作家迟子健以《〈额尔古纳河右岸〉的创作》为题进行演讲，拉开2007年"名家讲座"系列的序幕。16日，中国艺术研究院戏曲研究所研究员胡芝风女士在鱼山校区为师生上了一堂精彩的戏曲表演赏析课；17日，王蒙先生与著名作家白先勇先生以"关于小说创作经验"为题进行对谈，他们极富文学个性的语言感染了现场师生；18日，白先勇先生和香港中文大学翻译系讲座教授金圣华女士分别以《姹紫嫣红，青春再现——〈牡丹亭〉美国之行》和《难为筑桥人——翻译甘苦谈》为主题进行演讲，受到师生赞扬。

17日　学校发文，根据《中国海洋大学本科教育教学研究专家委员会工作章程》，成立第二届本科教育教学专家委员会，于志刚任主任，李巍然、宋文红任副主任，另有委员32人。

18日　学校发文成立数字课程资源中心，为业务单位，隶属教务处；撤销电教中心；成立研究生教育中心考试办公室；教务处增设实验实践教学科。

19日　党委书记冯瑞龙、校长吴德星、校务委员会名誉主席管华诗院士、学校老领导马秉伦共同为奥运历史文化标志揭幕。经过考订，1936年，国立山东大学体育部主任宋君复教授作为第11届奥运会中国体育代表团田径组主要负责人，率部分运动员在现鱼山校区大学路操场进行赛前集训，鱼山校区大学路操场是1936年第11届奥运会中国体育代表团运动员训练场地旧址。为弘扬奥运精神，记录学校对国家体育事业所作的历史性贡献，激励广大师生员工树立和弘扬奋力拼搏、团结进取、健康向上、自强不息的体育精神，学校决定在大学路操场旁设置奥运历史文化标志。

23日　丹麦罗斯基尔德大学校长保罗·霍姆、董事长多特·欧来森一行来校访问。吴德星校长与保罗·霍姆校长在"胜利楼"会议厅签署合作补充协议，并向保罗·霍姆校长和多特·欧来森董事长颁发中国海大客座教授聘书。2004年1月，两校曾经签署友好合作协议。

26日　党委常委会研究决定，对生命科学与技术学部管理体制进行调整：（1）由以学部为实体调整为以学院为实体。学部是学校的一级学术组织，不再具有行政管理职能；对所属学院在学科建设、资源整合、民主管理等方面的重大事项、重要决策发挥咨询、参谋、协调作用。管华诗任名誉主任，宋微波任主任，麦康森、张士璀、包振民任副主任。（2）平台的归属、建设与管理。撤销生命科学与技术研究中心；生命科学与技术教学科研基地原职能不变，依托水产学院，学部的其他学院协助、配合；撤销生命科学与技术学部分党委、分团委、办公室。

同日　学校发文，聘任樊廷俊为国家生命科学与技术人才培养基地主任（兼），聘任王竹泉为文科处处长。

同日　党委常委会研究决定：成立水产学院党总支、海洋生命学院党总支，在食品科学与工程学院和医药学院成立食品与医药学院党总支。任命赵庆礼为水产学院党总支书记，王筱利为海洋生命学院党总支书记，李八方为食品与医药学院党总支书记。

同日　校党委发文，任命毕芳芳为党委统战部部长。

28日　学校发文，任命戴华为国际合作与交流处处长，徐家海为国际教育学院院长。

5月

8日　校党委发文，成立中国海洋大学机关党委；撤销机关工委，机关第一、第二、第三党总支；魏世江任机关党委书记（兼）。

9日　学校发文，公布第三届本科教学优秀奖评选结果，马君、孙建强、左金梅、李美贞获得二等奖。

10日　《中国海洋大学颁发双专业本科毕业证书和双学士学位证书管理办法》公布施行。

14日　学校与美国马萨诸塞州立大学合作补充协议签字仪式在"胜利楼"会议厅举行。校长吴德星与马萨诸塞州立大学校长Michael F.Collins共同在协议上签字。学校与马萨诸塞州立大学已于2004年1月签订合作框架协议，此次补充协议就两校联合培养研究生、在海洋和环境等科研领域开展合作研究以及两校学生在语言与文化方面开展交流合作等内容做了进一步明确。

17日　第八届全国机器人足球锦标赛结束，中国海大获得类人型2人组冠军、类人型4人组亚军、类人型3对3季军；在FIRA竞赛最为精彩的经典项目半自主比赛中，获得11对11亚军、3对3亚军，学校跻身国内半自主和类人型机器人比赛强队行列。

23日　山东省教育厅发文，公布山东省高等学校省级优秀学生、优秀学生干部和先进班集体评选结果：毕乃双等31人获省级优秀学生称号；陈小斌等16人被评为省级优秀学生干部；2003级生物工程班、自动化班、会计学班、地球信息科学与技术班、海洋科学班，2004级法学班、材料化学班、海洋生物学硕士研究生班被评为省级先进班集体。

24日　山东法语联盟（青岛）在中国海大成立，法国驻华大使苏和与中国海大校长吴德星共同为山东法语联盟（青岛）揭牌。法国卢瓦尔大区主席雅克·奥克塞特、法语联盟驻华总代表安德烈·德彪西、青岛市副市长王书坚等出席揭牌仪式。

26日　崂山校区图书馆开馆典礼举行。新馆总体建筑面积达45000平方米，设有自然科学、社会科学书库，中外文期刊、报纸阅览室，电子阅览室，外文书库，古籍书库，密集书库，海大文库和海洋文库。

27日　教育部、山东省人民政府、国家海洋局、青岛市人民政府继续重点共建中国海洋大学协议签字仪式在青岛市级机关会议中心隆重举行。教育部部长周济，山东省委常委、青岛市委书记阎启俊，国家海洋局副局长王宏，山东省分管副省长共同签署共建协议。根据协议，共建方将在2001年至2003年共建基础上，继

教育部、山东省人民政府、国家海洋局、青岛市人民政府重点共建
中国海洋大学协议签字仪式

续为中国海大提供3.78亿元资金，支持学校"985工程"二期建设。

周济在讲话中指出，建设世界一流大学和高水平大学，是党中央、国务院从我国现代化建设全局出发作出的一项重大决策，体现了党和国家实施科教兴国战略和人才强

国战略的坚强意志。近几年来，中国海洋大学紧紧抓住国家实施高水平大学建设的大好机遇，积极深化各项改革，办学水平和综合实力得到了显著增强。教育部、山东省人民政府、国家海洋局、青岛市人民政府继续重点共建中国海洋大学，旨在巩固以往共建成果，进一步推动和促进中国海大各项事业的改革和发展。希望中国海大紧紧围绕自主创新能力建设这个核心，凝练学科方向、汇聚创新人才队伍、构建科技创新基地，牢固树立"以服务为宗旨，在贡献中发展"的意识，积极融入区域创新体系建设，为我国海洋事业的发展，为山东省、青岛市的经济社会发展不断提供科技和人才支撑，在办学理念、人才培养、科学研究、学科建设和学校管理上，走出一条中国特色的高等教育现代化之路。

吴德星校长以《蓄势期远　谋海济国》为题发言。他表示，中国海大将以四方继续重点共建为契机，不断增强人才培养、自主创新和服务社会的能力，提升国际化办学水平，全面实现高水平特色大学的办学目标，为促进学校事业健康持续快速发展，进一步建成世界知名、特色显著的综合性研究型高水平大学奠定坚实的基础。学校党政领导和各部门负责人参加会议。

同日　教育部部长周济，科技部副部长程津培，山东省委常委、青岛市委书记阎启俊等在崂山校区听取青岛海洋科学与技术国家实验室筹建情况汇报。青岛市常务副市长王书坚，校党委书记冯瑞龙、校长吴德星等出席。在听取理事会理事长管华诗院士关于国家实验室建设工作进展和今后发展规划的汇报后，与会领导表示，青岛海洋科学与技术国家实验室的筹建始终围绕《国家中长期科学和技术发展规划纲要（2006—2020年）》的战略目标，把握了资源整合这个核心，努力整合青岛海洋科技力量优势，在国家有关部门、山东省政府、青岛市政府和驻青海洋单位的通力合作下，形成了共赢局面。实验室建设思路清晰，目标明确，突出了青岛地区的海洋特色与优势。各部门将全力支持国家实验室建设，争取在10～15年将其建成国际一流，在近海环境、海洋生物、深海研究等方面特色鲜明，具有显著原创能力的海洋科学研究中心。

29日　学校修订《中国海洋大学"绿卡人才工程"实施办法》并公布实施。"绿卡人才工程"教授岗位分为客座教授、讲座教授、项目客座教授和项目讲座教授。

6月

7日　山东省学位委员会公布新增161个学士学位授予专业，学校的教育技术学、新闻学、生物化学与分子生物学、地球信息科学与技术、海洋生物资源与环境、工业设计、化学工程与工艺、船舶与海洋工程、生物工程、工程管理、电子商务、物流管理名列其中。

8日　为落实本科生培养计划，稳定本科教学秩序，规范本科教学管理，《中国海洋大学关于实施本科专业建设工作的意见》《中国海洋大学本科生选课管理办法》《中国海洋大学本科课程排课及调、停课管理办法》公布施行。

20日　中国海洋大学国家文化产业研究中心成立，山东省委宣传部副部长徐向红，青岛市委常委、宣传部部长王伟，学校党委书记冯瑞龙、校长吴德星共同为中心揭牌。该中心是2006年12月7日由文化部批准命名的全国首批五个国家文化产业研究中心之一。

同日　2007年"国家大学生创新性实验计划"启动会在北京召开，中国海大成为首批入围的60所高校之一。该计划是教育部高等学校本科教学质量和教学改革工程首个启动项目。

24日　2007届研究生毕业典礼暨学位授予仪式在青岛市人民会堂举行。本届毕业生中有1200人获得学术硕士学位，144人获得专业硕士学位，181人获得博士学位。本届毕业研究生约占青岛高校毕业研究生总数的70%。另外，今年有2325名本科生获得学士学位。

2007届毕业生一次性就业率为90.1%，其中研究生就业率为87.9%，本科生就业率为90.6%、高职生就业率为97.4%。

29日　第二届全国高校百佳网站网络评选活动结束，学校承办的教育部中国大学生在线网站"海洋之窗"荣获十佳共建网站称号；海鸥剧社网站获十佳校园社团网站称号。

7月

9日　学校主持申报的"973计划"项目"北太平洋副热带环流变异及其对我国近海动力环境的影响"获科技部批准立项，首席科学家为物理海洋教育部重点实验室吴立新教授，项目总经费为3200余万元。

15日　山东省学位委员会、山东省教育厅公布2006—2007年度省优秀博士、硕士学位论文的评选结果。气象学专业钟霖浩，物理海洋学专业庄晓东，水生生物学专业龚骏，港口、海岸及近海工程专业梁丙臣，水产品加工及贮藏工程专业李桂村，水产养殖专业朱长波，物理海洋学专业李丙瑞，海洋地质学专业褚忠信，海洋信息探测与处理专业赵艳东，水产品加工及贮藏工程专业凌沛学，药物化学专业刘为忠等11人撰写的博士论文获得山东省优秀博士论文奖。另有九篇硕士论文获得山东省优秀硕士论文奖。

16日　学校实践教学体系改革的重要举措——为期三周的首个实践教学周今日开始。

20日　学校发文，成立文史哲中心，挂靠文学与新闻传播学院。

同日　学校发文，成立教学支持中心，宋文红为主任。

27日　学校与国家海洋局共建极地海洋过程与全球海洋变化重点实验室签字仪式在海洋环境学院学术厅举行，校长吴德星与极地办主任曲探宙代表双方在协议书上签字，并共同为实验室揭牌。

28日　教育部副部长袁贵仁来校考察。在校党委书记冯瑞龙主持的座谈会上，袁贵仁听取校长吴德星的工作汇报和管华诗院士关于海洋科学与技术国家实验室建设进展情况介绍。袁贵仁认为学校以"强化发展特色、协调发展综合，以特色带动综合、以综合强化特色"的学科发展理念，很好地解决了综合与特色的关系，为学校事业的发展指明了方向。希望学校紧紧围绕国家海洋事业发展的需要，深入了解学科发展前沿，超前规划和设计，着力加强在海洋科学领域的研究，并力争达到世界先进水平。袁贵仁一行还考察了学校鳌山卫海洋生命科学与技术基地，海洋环境学院，崂山校区图书馆，物理海洋、海洋药物和海水养殖三个教育部重点实验室。

8月

5日　由国务院学位办、教育部学位管理与研究生教育司主办，中国海大承办的2007年全国博士生学术论坛（海洋、水产领域）举行，来自全国13个省市、22家博士生培养单位的近50位知名专家和200余名博士研究生与会。论坛邀请从事海水淡化研究的高从堦院士和我国第一位登上南北两极的科学家赵进平教授作大会特邀报告。

同日　校党委发文，撤销海洋发展研究院与人文社会科学研究院党支部委员会；成立海洋发展研究院与人文社会科学研究院党总支委员会，任命高艳为党总支书记。

6日　民盟中国海洋大学基层委员会换届大会在"胜利楼"会议厅举行，选举李春虎为主委。

10日　由学校海洋发展研究院主办的东北亚海上交流历史文化遗产学术研讨会在鱼山校区举办。来自国内外20所高校和科研单位的40余名专家学者参加会议。大会围绕东北亚地区，主要是中日韩之间的经济、文化、历史等问题进行了研讨，并赴蓬莱对登州古港和古船进行实地考察。

13日　校长吴德星在"胜利楼"会议厅会见来访的塞舌尔共和国驻华大使菲利浦·勒加尔，双方就在海洋渔业、旅游等领域开展合作等事宜进行了亲切友好的会谈。

15日　应英国伦敦南岸大学、剑桥大学及丹麦罗斯基尔德大学的邀请，冯瑞龙书记率团出访。16日，冯瑞龙会见英国伦敦南岸大学Deian Hopkin校长，双方签署《中国海洋大学与英国伦敦南岸大学合作协议》。18日，冯瑞龙前往剑桥大学，会见剑桥大学丘吉尔学院院士、东方研究院袁博平博士，双方签署《中国海洋大学与英国剑桥大学合作项目管理备忘录》。在袁博平博士的陪同下，冯瑞龙考察了剑桥大学图书馆，并与剑桥大学图书馆商定收藏《中国海洋大学学报》。23日，冯瑞龙书记在丹麦罗斯基尔德大学会见该校校长Paul Holm教授，双方签署《中国海洋大学与罗斯基尔德大学合作备忘录》。

20日　教育部发文公布国家重点学科名单，海洋科学（涵盖物理海洋学、海洋化学、海洋生物学、海洋地质四个二级学科）、水产（涵盖水产养殖、渔业资源、捕捞学三个二级学科）被确定为一级学科国家重点学科；环境科学、水产品加工及贮藏工程被确定为二级学科国家重点学科。

同日　民建中国海洋大学支部委员会换届大会在"胜利楼"会议厅举行，选举汪岷为主委。

21日　学校承办的第三届国际智能计算学术会议举行。中国科学院院士郝柏林教授，IEEE院士、美国印第安纳大学Russell C. Eberhart教授，IEEE院士、IEEE进化计算会刊主编、英国伯明翰大学姚新教授作大会报告。这是一次面向人工智能、模式识别、神经信息学与生物信息学等领域的学术研讨会议。与会者400余人，其中海外学者100余人。

23日　台湾青年学生大陆交流团一行34人来校参访，成员来自台湾地区的20多所大学。

31日　宋微波教授应邀参加在中南海怀仁堂举行的全国优秀教师代表座谈会。

9月

4日　校长吴德星率团对韩国国立国语院进行访问，代表学校与韩国国立国语院院长李相揆共同签署关于在中国海大开展世宗学堂项目的协议。

7日　九三学社中国海洋大学委员会换届大会在逸夫馆举行，选举朱萍为主委。

同日　学校发文，表彰山东省高等学校教学名师奖和中国海洋大学本科教学优秀奖获奖教师。郑荣儿、王昕、汪东风、郭佩芳、赵广涛、樊廷俊、李志清获得山东省高等学校教学名师奖；刘新国和樊廷俊获得中国海洋大学本科教学优秀奖一等奖，张龙军、栾光忠、杨新华、朱意秋、张世兴、孙即霖、张前前、史宏达、曹圣山、黄晓圣、马君、孙建强、左金梅、李美贞获得二等奖。

9日　庆祝教师节暨全国教育系统先进集体和先进个人表彰大会在人民大会堂举行，学校社科部主任李元峰获全国模范教师和全国高校优秀思想政治理论课教师荣誉称号。

10日　中国海洋大学牵头筹建的青岛海洋科学与技术国家实验室建设方案正式通过由国务院委托科技部、财政部组织的国家论证。在为期两天的论证会上，与会专家听取并审阅了筹建组关于实验室建设方案的总报告、8个功能实验室的分报告、公共实验平台和技术支持体系的综合报告。经过讨论，专家组形成"同意国家实验室的建设方案，建议尽快批准实施"的意见。

11日　学校发文，成立岗位设置管理领导小组，冯瑞龙、吴德星为组长，刘贵聚为副组长，成员有于志刚、李耀臻、于宜法、翟世奎、董双林、张静、徐天真、徐国君、卢光志、陈锐、魏世江、万荣、李巍然、闫菊、曹志敏、王正林、崔越峰。

同日　学校发文，成立岗位设置管理工作小组，刘贵聚为组长，成员有卢光志、陈锐、魏世江、万荣、李巍然、闫菊、曹志敏、王正林、崔越峰、石晓勇，办公室设在人事处。

12日　学校2007级研究生开学典礼举行，今年招收硕士研究生1698人，其中专业学位硕士研究生80人；招收博士研究生331人。

16日　2007级学生开学典礼暨军训阅兵式在崂山校区操场举行，海军北海舰队政治部副主任张振华少将、校党委书记冯瑞龙乘车检阅参训学生。校长吴德星在致辞中说，今年学校首次全部选用国防生作为军训教官，这在全国高校中是首创。今年学校取消高职招生，共招收本科生3758人。

18日　2007年度国家杰出青年科学基金资助名单公布，海洋环境学院王伟教授、吴立新教授，医药学院耿美玉教授入选，他们各获资助经费200万元，期限4年。

24—27日　由文学与新闻传播学院组织，王蒙、冯骥才、秦伯益、叶辛、张炜、黄济人等人文大家和科学大师参与的"王蒙一行在海大"系列活动举行。著名作家叶辛讲"从《蹉跎岁月》到《孽债》"，著名作家王蒙、冯骥才、叶辛、张炜、黄济人等与中国工程院院士秦伯益的名家对谈，王蒙与秦伯益对谈"学问、事业与人生"，张炜讲"阅读：忍耐和陶醉"，黄济人讲演"从《将军决战岂只在战场》说起"等，受到广大学生的欢迎与热评。

25日　中国高校第一座"作家楼"揭牌仪式在浮山校区举行。中国作协名誉主席王蒙、中国军事医学科学院原院长秦伯益院士、中国文联副主席冯骥才、上海市作协副主席叶辛、山东省作协主席张炜、重庆市作协主席黄济人、青岛市文联主席纪宇、《文艺报》主编王山，学校党委书记冯瑞龙、校长吴德星、校务委员会名誉主席管华诗院士等为"作家楼"揭牌。2002年学校聘请王蒙先生担任学校顾问、教授、文学院院长。5年来，学校创立驻校作家制度、建立名家课程体系，吸引了上百位著名作家、诗人来校授课讲座创作。学校特意将作家居住过的浮山校区54号教工楼命名为"作家楼"以彰馨德。王蒙为"作家楼"题写牌匾。管华诗院士撰写的《作家楼记》镌刻于石碑上。

同日 《中国海洋大学大学生心理危机干预实施办法》公布施行。

26日 《中国海洋大学国家奖学金管理暂行办法》《中国海洋大学学生勤工助学管理办法》《中国海洋大学国家助学金管理暂行办法》《中国海洋大学国家励志奖学金管理暂行办法》《中国海洋大学优秀体育特长生学费减免实施办法（修订）》公布施行。

同日 由国家海洋局科学技术司、中国海洋大学和德国汉堡大学联合举办的中德海水自动分析技术交流会在学校学术交流中心举行。国家海洋局科学技术司副司长邱志高、中国海大副校长于志刚、德国SEAL公司Stephen Coverly、汉堡大学海洋研究所Thomas Raabe、荷兰皇家海水研究所Jan van Oijen等出席会议。在为期两天的交流活动中，来自德国、荷兰以及国家海洋局一所、国家海洋环境监测中心、厦门大学、中国海大的专家就海水自动分析领域的有关研究课题进行了深入交流。

27日 学校发文，成立会计硕士专业学位教育指导委员会，孙铮为主任；成立法律硕士专业学位教育指导委员会，曾宪义为主任；成立农业推广硕士专业学位教育指导委员会，何秀荣为主任；成立MBA专业学位教育指导委员会，李维安为主任；成立会计硕士教育中心，王竹泉为主任；成立法律硕士教育中心，徐祥民为主任；成立工程硕士教育中心，王国宇为主任；成立中职教师硕士教育中心，武心尧为主任；成立农业推广硕士教育中心，高强为主任。

本月 教育部公布2007年"新世纪优秀人才支持计划"入选者名单，学校艾庆辉、戴桂林、董胜、高昕、高孟春、林霄沛、刘涛、夏树伟、徐建良、张文兵10位教师入选。

本月 学校发文，公布《中国海洋大学优秀新生奖学金实施办法》。

10月

3日 《中国海洋大学研究生支教工作实施办法》公布施行。

6日 中国海洋大学校史馆正式开馆。青岛市副市长王修林，学校党委书记冯瑞龙、校长吴德星等为校史馆剪彩。校史馆位于崂山校区图书馆B区一楼，面积为1000平方米。校史馆分为序（综述）、潮起浪腾·足音铿锵（历史沿革）、海纳百川·大音浑响（现代成就）、俊彦云集·海阔星朗（学校名人）和大道向前·蓝色畅想（未来展望）五大部分，展出不同历史时期的照片近2000幅及部分珍贵的历史档案。

8—13日 以上海交通大学原校长谢绳武教授为组长、哈尔滨工程大学校长刘志刚教授为副组长的教育部本科教学工作水平评估专家组一行13人，对学校的本科教学工作进行了实地考察。

考察期间，专家组听取了吴德星校长关于学校本科教学工作情况的报告；审阅《中国海洋大学本科教学工作水平评估自评报告》，查阅相关支撑材料和原始档案；实地考察海洋遥感、海水养殖、物理海洋和海洋药物4个教育部重点实验室，考察海洋学国家理科人才培养基地、山东省物理实验教学示范中心、"东方红2"船等实验室与公共教学设施；走访教务处、本科教学工作水平评估办公室等19个部门，信息科学与工程学院等20个院、系、部、室和国家海洋局北海分局等多个用人单位；调阅学生试卷1825份，毕业论文（设计）403份，听课36门次，进行英语和计算机技能测试，召开共计137名师生参加的8个座谈会；考察学生食堂和学生宿舍，对学校本科教学工作水平进行了全面、认真、深入的考察评估。专家组高度评价学校本科教学工作取得的成绩：一是办学思想和发展目标明确，本科教学的中心地位突出；二是构建了结构合理、优势突出、特色鲜明的学科专业体系；三是实施人才强校战略，多渠道、大力度加强人才引进和培养；四是不断深化教育教学改革，人才培养质量稳步提高；五是教学管理规范严格，教学质量监控运行有效；六是统筹安排，加大投入，教学基础设施和条件得到了显著改善；七是积极开发和整合校内外优质文化资源，建设了体现中国海大精神的校园文化。

专家组认为，中国海洋大学在长期的办学过程中，践行"海纳百川，取则行远"的校训，励精图治、负重奋进、强化特色、勇于创新，逐渐形成了富有特色的办学风格，培养了大量国家急需的高素质人才，取得了一大批具有重大影响的科技成果，成为我国海洋科技杰出人才培养的重要基地，为我国的经济建设，特别是海洋和水产事业的发展作出了重要贡献。近年来，学校以科学发展观为指导，制订了中长期发展规划，明确了学校的发展目标和办学定位。通过狠抓学科专业建设、师资队伍建设、重大科技项目攻关、教育教学改革和办学条件改善等多项重大举措，学校的核心竞争力与综合办学实力得到了快速提升，显现了强劲的发展势头。学校党政领导班子高度重视本科教学工作，坚持以师为根，以生为本，教学理念和教学改革思路清晰。通过不断深化教学改革，学校本科教学工作在理念、模式、制度、内容、方法和技术上不断更新和提升，人才培养质量稳步提高。

关于办学特色，专家组认为学校紧紧围绕国家海洋事业的战略发展和行业需求，谋海济国，顺应变革，坚持为建设海洋强国培养高级人才的方针；围绕海洋、水产等传统优势学科，突出学科交叉与融合，着力建设海洋相关学科群和专业群，促进学科专业协调发展，使学校的综合办学实力和人才培养质量得到显著提升；在探知海洋的过程中，形成了包容、博大、深厚、行远的气质和顽强、执着、严谨、求实的精神品格，以及团结、协作、互助、奉献的团队精神，培养了大批优秀人才，走出了一条探知海洋、开发海洋、保护海洋，为建设海洋强国培养高素质创新型人才的特色发展之路，形成了鲜明的办学特色。学校的本科教学工作水平评估成绩为优秀。

本科教学工作水平评估汇报会

12日　教育部批复海洋油气开发与安全保障教育部工程研究中心立项建设。

16日　《中国海洋大学"国家建设高水平大学公派研究生项目"实施细则》公布实施。

19日　为贯彻"高等学校学科创新引智计划"（简称"111计划"），推进高水平特色大学建设，《中国海洋大学学科创新引智基地管理办法（试行）》实施。

21日　校长吴德星率团出席在美国华盛顿举行的2007年中美关系大会。会议期间，吴德星参加了中美高等教育论坛，并参与签署《中国教育交流协会与美国公立大学协会谅解备忘录》。吴德星还与得克萨斯农工大学相关负责人就两校开展博士生联合培养和科研合作等事宜交换了意见。

同日　山东省教育厅发文公布2007年山东省高等学校省级教学团队名单，以冯士笮院士为带头人的海洋学课程教学团队和以李志清教授为带头人的法语教学团队入选。

25日　国家自然科学基金委员会副主任朱作言院士来校，在国际会议厅为师生作题为《关于我国基础研究的一些思考》的报告。

11月

2日　教育部、国务院学位委员会公布全国优秀博士学位论文评选结果，海水养殖教育部重点实验室2005届博士毕业生龚骏撰写的《青岛沿海管口目纤毛虫的分类学研究及科属级阶元的系统修订》入选2007年全国百篇优秀博士论文，指导教师为"长江学者奖励计划"特聘教授宋微波。

11日　教育部公布国家重点（培育）学科名单，学校港口海岸及近海工程入选。

13日　学校发文，数学系更名为数学科学学院。下设数学系、信息与计算科学系、大学数学教研中心、数学研究所、应用数学研究中心。聘任朴大雄为数学科学学院院长。

同日　校党委发文，撤销数学系党总支，成立数学科学学院党总支；任命姚云玲为党总支书记。

同日　学校发文表彰2006—2007学年先进班集体和先进个人，海洋科学2004级张爽、生物科学2004级张莹、海洋经济学2004级任大川、计算机科学与技术2004级袁晓萍、法学2004级张海弟、会计学2005级梁爽被评为优秀学生标兵。

14日　科技部下发《关于批准筹建青岛海洋科学与技术等九个国家实验室的通知》，正式批准筹建青岛海洋科学与技术国家实验室。

15日　学校发文，成立青岛海洋科学与技术国家实验室中国海洋大学筹建办公室（简称"国家实验室海大筹建办"），任命潘克厚为主任。

同日　学校发文，任命李鲁明为审计处处长，王磊为规划建设处处长（兼）。

同日　校党委发文，成立中国海洋大学青岛海洋科学与技术国家实验室党总支，朱胜凯任党总支书记。

26日　学校发文，成立中国海洋大学韩国研究中心，挂靠国际合作与交流处，下设韩国研究部、世宗学堂项目部、韩语教师进修部。聘任戴华为韩国研究中心主任（兼），黄大华为韩国研究中心常务副主任兼韩语教师进修部主任。

27日　教育部、财政部下文，批准学校海洋生命科学实验教学中心为2007年国家级实验教学示范中心建设单位。

29日　第三届中国发明创业奖在北京人民大会堂颁奖，"长江学者奖励计划"特聘教授、材料科学与工程研究院院长尹衍升成为50名获奖者中的一员。

12月

2日　第四届教职工代表大会第二次会议表决通过《中国海洋大学关于实施全员聘用合同制的暂行规定》《中国海洋大学岗位设置管理暂行办法》等五个文件。大会号召全校教职工以岗位设置管理和聘任为契机，充分发挥主人翁的积极性和创造性，支持改革，勇于创新，团结奋进，为把学校建设成为特色显著的综合性研究型高水平大学而努力奋斗。会后，人事处等相关部门制定全员聘用和岗位设置管理工作的有关细则，全员聘用和岗位设置管理工作启动。

4日　第八届文苑奖学金颁奖，海洋科学2004级张爽、生物科学2004级张莹、海洋经济学2004级任大川获奖。中国科学院院士文圣常为优秀学生颁奖，党委书记冯瑞龙、副校长于志刚出席仪式。

10日　朝鲜教育省高等教育局局长许光日率朝鲜（高等）教育干部代表团来访并参

观水产养殖教育部重点实验室。

13日　教育部、财政部下发通知，公布2007年国家精品课程建设项目，学校食品科学与工程学院曾名湧教授的食品保藏原理与技术、海洋环境学院刘玉光教授的卫星海洋学、水产学院王昭萍教授的贝类增养殖学、外国语学院李志清教授的大学法语课入选。

17日　中国海洋大学国家大学生创新性实验计划启动仪式举行，于志刚副校长致辞。学校作为首批入选国家大学生创新性实验计划的60所高校之一，"实验探寻海冰破碎度与融冰速度的关系"等40个项目获得批准列入计划，共获得教育部资助经费40万元，学校配套支持40万元。

2005年11月，中国海洋大学本科生研究训练计划（SRTP）正式启动，至今已连续实施3届，学校共投入专项支持经费80余万元，支持项目共452个。参与学生共1973人，指导教师共450余人。

同日　教育部、财政部发文公布2007年度全国第一批高等学校特色专业建设点名单，水产养殖学专业入选。

同日　教育部、财政部发文公布2007年度立项建设的国家级教学团队的评选结果，冯士筰院士的海洋学教学团队名列其中。

18日　学校上报教育部《关于青岛海洋科学与技术国家实验室建设工作进程的报告》，青岛市政府已将青岛海洋科学与技术国家实验室列为2008年重点建设项目，单列下达用地计划，确定即墨市鳌山卫镇滨海大道以东滨海区域为国家实验室所在地，建设用地500亩。

同日　学校出台《关于成人高等教育招生工作的有关规定》《关于成人高等教育课程免修、免试、先修、重修实施细则》，旨在规范高等成人教育管理工作。

20日　党委常委会研究决定：推荐刘孔庆为青岛学院董事、院长。

27日　《中国海洋大学待岗人员管理办法（试行）》《中国海洋大学教职工离岗退养管理办法（试行）》《中国海洋大学人事争议处理办法（试行）》公布施行。

29日　《中国海洋大学教职工编制管理办法（试行）》《中国海洋大学教师岗位设置管理与聘任实施细则》公布施行。

同日　教育部、财政部发文公布第二批高等学校特色专业建设点名单，学校生物科学和海洋技术专业名列其中。

同日　为进一步加强学校党政领导班子的民主集中制建设，促进班子决策的民主化、科学化和规范化，提高决策水平和决策能力，根据中央纪委关于"重大事项决策、重要干部任免、重要项目安排、大额度资金的使用，必须经集体讨论作出决定"的制度，《中国海洋大学关于党政领导班子落实"三重一大"制度的规定》公布施行。

同日　海水养殖教育部重点实验室宋微波教授指导的博士毕业生林晓凤，荣获国际原生动物学会颁发的国际纤毛虫学Corliss奖。该奖以国际著名原生动物学家、美国的John O. Corliss教授名义建立，授予在纤毛虫学的系统学、分类学领域作出突出贡献的青年科学家。该奖项每2年颁发1次，每届仅1人获奖。

本年　国家人事部批准学校设置药学博士后流动站。

本年　全年实到科技经费首次突破2亿元，新增主持"973计划"——"北太平洋副热带环流变异及其对我国近海动力环境的影响"项目，资助经费2900万元。本年度获国家自然科学基金资助项目达71项，资助金额约3000万元。在海洋学科领域获资助项目29项，经费1342万元。"863计划"新增立项18项，拓展到4个学科领域。人文社会科学承担国家社科基金项目3项、省部级项目46项。授权国家发明专利62项，发表SCI、EI、ISTP三大检索系统收录论文共计900余篇。

本年　据上报教育部的《普通高校基层报表》统计，学校共有博士点44个、硕士点131个、全日制本科专业67个、专科专业5个、博士后流动站8个、重点学科26个，其中国家重点学科9个。在校学生总数为26172人，其中博士生1319人、硕士生4254人、普通本科生13048人、普通专科生232人、继续教育本科生4267人、继续教育专科生3052人。另有在职人员攻读博士、硕士总数为2151人，在校留学生1118人。在校教职工总数为2906人，其中正高级475人、副高级503人。馆藏书172.96万册。占地总面积1686913平方米，校舍占地面积683463平方米。固定资产99745.22万元。

本年　学校科研成果获奖情况（省部级三等奖以上）见表26、表27。

表26　2007年学校科研成果获奖情况（省部级三等奖以上，自然科学类）

序号	项目名称	获奖情况	主要完成人（前三位）
1	环境友好型海洋防污涂料关键技术研究及其应用	国家技术发明二等奖	于良民　徐焕志　李昌诚
2	海洋结构动力检测与振动控制理论研究	教育部自然科学一等奖	李华军　王树青　杨和振
3	海洋生物糖库的构建及其开发	教育部技术发明一等奖	管华诗　李英霞　于广利

序号	项目名称	获奖情况	主要完成人（前三位）
4	"蓬莱红"栉孔扇贝新品种培育	教育部科技进步一等奖	包振民　胡景杰　胡晓丽
5	海水鱼类淋巴囊肿病毒病的研究	教育部自然科学二等奖	战文斌　绳秀珍　邢　婧
6	模式动物文昌鱼个体发育和系统发育	山东省自然科学一等奖	张士璀　刘振辉　李国荣
7	非线性时滞系统的分析与综合方法及其应用研究	山东省自然科学二等奖	唐功友　岳　东　马　慧
8	对虾白斑症病毒（WSSV）病的单克隆抗体检测诊断技术及其应用	山东省技术发明二等奖	战文斌　邢　婧　绳秀珍
9	基于智能仪表的家电产品测试软件开发平台	山东省科技进步二等奖	郭忠文　冯　源　蒋永国
10	虚拟原型技术研究及其在轻工机械动态设计中的应用	山东省科技进步三等奖	常宗瑜　单继光　杨咸启
11	区域环境价值核算方法与指标体系研究	山东省科技进步三等奖	王　艳　孙英兰　丁言强
12	螺旋藻基础研究、养殖和开发应用	山东省科技进步三等奖	张学成　茅云翔　杨金岭
13	系列海藻寡糖单体的制备及其结构序列研究	国家海洋局海洋创新成果奖二等奖	于广利　管华诗　赵　峡
14	鱼类淋巴囊肿病毒中和单克隆抗体研制及其流行病学研究	国家海洋局海洋创新成果奖二等奖	战文斌　绳秀珍　邢　婧
15	牡蛎四倍体培育技术及其应用	国家海洋局海洋创新成果奖二等奖	王昭萍　于瑞海　王如才
16	重要海水养殖无脊椎动物非特异性免疫关键因子的研究	国家海洋局海洋创新成果奖二等奖	樊廷俊　姜国建　丛日山

表27 2007年学校科研成果获奖情况（省部级三等奖以上，社会科学类）

序号	项目名称	获奖情况	主要完成人
1	功能语言学与外语教学	山东省社会科学优秀成果二等奖	张德禄
2	挑战与回应——中东民族主义与伊斯兰教关系评析	山东省社会科学优秀成果二等奖	刘中民
3	加快推进中国烟草行业改革研究	山东省社会科学优秀成果二等奖	王树文
4	我国城镇化推进的制度性约束与创新研究	山东省社会科学优秀成果三等奖	高 强
5	先进制造模式下的企业战略改革	山东省社会科学优秀成果三等奖	戴桂林
6	海外科技人才回流的规律研究	山东省社会科学优秀成果三等奖	孙 健
7	资源、环境与经济共生的制度约束与制度创新研究	山东省社会科学优秀成果三等奖	杨 林
8	日本海洋战略研究的动向	山东省社会科学优秀成果三等奖	修 斌
9	现代性视野中的张恨水小说	山东省社会科学优秀成果三等奖	温奉桥

2008年

1月

7日　我国第一台可移式多普勒激光雷达通过验收。专家认为，该激光雷达在海面风场测量方面具有显著优势，对2008年奥运会帆船比赛气象保障能力的提高有重要意义。该项目由学校海洋遥感教育部重点实验室负责，联合中国电子科技集团第十四研究所研制，刘智深教授为项目总设计师。

8日　学校主持的"环境友好型海洋防污涂料关键技术研究及其应用"荣获国家技术发明奖二等奖。项目首位完成人、化学化工学院于良民教授赴京参加在人民大会堂举行的全国科技奖励大会。

21日　山东法语联盟轮值主席、校长吴德星率团出席在巴黎召开的法语联盟全球年会，并应邀访问南特大学、法国海洋开发研究院和法国南特中央理工学院，与南特大学校长耶维斯·勒昆特签署校际合作协议，还与法国海洋开发研究院和法国南特中央理工学院就人才培养和科学研究等开展合作进行了探讨。

同日　2007年"新世纪百千万人才工程"国家级人选名单公布，化学化工学院院长杨桂朋教授入选。

29日　由山东省政府组织的青岛海洋科学与技术国家实验室基建方案论证会在黄海饭店举行。校长吴德星、实验室理事会理事长管华诗院士出席论证会并致辞。

2月

28日　《中国海洋大学非教师专业技术岗位设置管理与聘任实施细则》施行。细则规定，学校非教师专业技术系列包括工程技术等7个系列、13个等级，岗位总量控制在学校岗位总量的20%以下。工程技术系列最高岗位等级设置为三级；图书档案、出版编辑、卫生技术系列最高岗位等级设置为四级；实验技术、会计（审计）系列最高岗位等级设置为五级；幼儿教育系列最高岗位等级设置为八级。以上系列专业技术岗位均不设置13级（员级专业技术职务）。高级岗位占学校非教师专业技术岗位总量的27%左右（其中正高级岗位占7%左右，副高级岗位占20%左右），中级岗位占60%左右，初级岗位占13%左右。

同日　《中国海洋大学工勤技能岗位设置管理与聘任实施细则》公布，工勤技能岗位总量设置不超过学校岗位总量的8%。

3月

3日　山东省人民政府公布2007年度设置的50个"泰山学者"岗位，学校海洋生物学名列其中。此前学校已经有水产品加工及贮藏工程、水生生物学、气象学、海洋化学、地图学与地理信息系统、海洋生物遗传与种质工程、海洋地质学、药物化学八个学科设置了"泰山学者"岗位。

25日 《中国海洋大学管理岗位设置管理与聘任实施细则》公布实施。职员职级分为三个职等和八个职级。岗位总数设置不超过学校岗位总数的18%。高级职员岗位数不超过职员岗位总数的35%，担任校级领导职务的四级以上职员的职数，按照核定的校级领导职数确定。不担任校级领导的四级以上的职员职数，按照干部人事管理权限，由教育部批准确定。五级、六级职员岗位按1：2设置；中级职员岗位数原则上不超过职员岗位总数的60%。次日，党委书记冯瑞龙、校长吴德星召开会议，具体部署管理岗位评聘工作。

31日 崂山校区行远楼启用仪式举行，学校党政领导冯瑞龙、吴德星、李耀臻、于宜法、于志刚、刘贵聚、董双林、张静出席仪式。校部机关自17日起开始从鱼山校区"胜利楼"整体搬往该楼，今日全部到位。

4月

8日 教育部公布198所普通高等学校本科教学工作水平评估结论，中国海大本科教学工作水平评估为优秀级。

11日 校党委发文，任命丁林为党委宣传部部长，董效臣为高等职业技术学院党总支书记。

14日 学校发文，任命崔越峰为财务处处长。

18日 山东省人民政府发文，授予100名同志为2007年山东省有突出贡献的中青年专家荣誉称号，海洋地球科学学院副院长赵广涛、信息科学与工程学院唐功友入选。

24日 学校发文，成立海水综合利用技术工程中心，聘任高从堦院士为主任，袁俊生为常务副主任；成立学校法律顾问室，属业务部门，挂靠党委、校长办公室，聘任于有龙为主任。

同日 学校发文，聘任李广雪为海洋油气开发环境保障教育部工程研究中心主任，张庆德为常务副主任。

25日 刘秦玉教授被山东省人民政府授予山东省先进工作者称号。

28日 中国海洋大学孔子学院成立仪式在美国得克萨斯农工大学会议中心举行。

5月

9日 学校发文，表彰本科教学工作水平评估工作先进单位、先进个人。丁林等184

人获本科教学工作水平评估先进个人荣誉称号，海洋环境学院等50个单位获本科教学工作水平评估先进集体荣誉称号。

16日　中共中央政治局委员、国务委员、北京奥组委副主席刘延东在山东省委书记姜异康，省长姜大明，科技部党组书记、副部长李学勇，教育部副部长李卫红，山东省委常委、青岛市委书记阎启俊等陪同下来校视察。刘延东一行实地考察了物理海洋、水产养殖两个教育部重点实验室。在听取吴德星校长关于学校事业发展情况和青岛海洋科学与技术国家实验室理事长管华诗院士关于该国家实验室筹建情况的汇报后，刘延东对学校在人才培养、科学研究与实验室建设等方面取得的成绩给予充分肯定，对青岛海洋科学与技术国家实验室管理体制机制创新，特别是加强资源整合与共享、着力提高创新能力、实现效益最大化的目标表示赞赏，希望学校全面贯彻落实党的十七大精神，加大自主创新力度，推动国家海洋事业发展。

21日　汶川大地震发生后，学校全体教职员工心系灾区，纷纷伸出援手。当日，在崂山校区第五会议室举行党员交纳抗震救灾"特殊党费"仪式。学校党政领导班子全体成员带头，340余名党员干部交纳了抗震救灾"特殊党费"201420元。截至27日，全校师生共为灾区捐款1805876元。

27日　山东省学位委员会发文，批准学校新增高分子材料与工程、财务管理、文化产业管理、海洋经济学、应用气象学、运动训练专业为学士学位授予权专业。

6月

6日　日本工业大学校长柳泽章一行来校访问，吴德星校长在行远楼第一会议室会见客人。下午，董双林副校长和柳泽章校长签署交换学生备忘录。

12日　山东省委高校工委发文，表彰2007年度高校先进基层党组织和高校优秀共产党员、优秀党务工作者。学校海洋环境学院海洋学系教工党支部、海洋生命学院2004级生物科学本科生党支部获高校先进基层党组织称号，干焱平、王明泉、宋文红、魏皓获高校优秀共产党员称号，陈锐、张庆德获高校优秀党务工作者称号。

17日　学校发文，聘任陈戈为信息科学与工程学院院长，吕铭为信息科学与工程学院常务副院长（兼）。

19日　青岛市市长夏耕来校考察，与学校党政领导班子和相关职能部处负责人进行座谈。夏耕就青岛海洋科学与技术国家实验室建设、崂山校区后勤社会化、学校可持续发展等问题，促成青岛市有关部门和崂山区政府落实约定，确保中国海大教学科研工作顺利进行。

24日　2008届研究生毕业典礼暨学位授予仪式在青岛市人民会堂举行。今年学校共有博士毕业生209人，其中获得博士学位188人。应届硕士毕业生1185人；获学术硕士学位1257人，其中同等学力获得学位者124人、中职教师6人；获专业硕士学位319人，其中工程硕士208人、MBA50人、MPA56人、农业推广硕士5人。首届中德联合培养硕士生中，赴不来梅大学的11名学生完成硕士课程学习并通过硕士论文答辩，本次申请授予硕士学位。另外，今年共有2529名本科毕业生获得学士学位。

2008届毕业生就业率为91.3%。其中研究生就业率为88.7%，本科生就业率为93.6%，高职生就业率为81.0%。

7月

6日　中国台湾高雄海洋科技大学海事学院院长詹益政教授率师生代表团一行8人来访，参加两校共同组织的第四届海峡两岸大学生海洋文化夏令营。

12日　学校发文，成立信息科学与工程学院海洋技术系，信息科学与工程学院计算机科学系更名为计算机科学与技术系。

14日　国际深海地球及生命科学研究前沿"暑期学校"在逸夫馆多功能厅开班。"暑期学校"是在教育部、科技部等支持下，由青岛海洋科学与技术国家实验室、国际中国地球科学促进会和中国海大合作举办。来自深海地学和生命科学研究领域的12位海外学者和30余位国内专家应邀参加，共有约350名学员参加了为期七天的系统培训。

21日　"长江学者奖励计划"特聘教授、工程学院院长李华军和海洋资源与权益综合管理专业2005级硕士研究生谭骏，被选为北京2008奥运火炬手。今天两位火炬手和5000多名师生参加了祥云火炬在青岛的传递活动。

22日　学校发文，聘任张全启为海洋生命学院院长，林洪为食品科学与工程学院院长，管长龙为海洋环境学院院长，高会旺为环境科学与工程学院院长。

31日　学校发文，聘任李广雪为海洋地球科学学院院长，张德禄为外国语学院院长，李华军为工程学院院长，梅宁为工程学院常务副院长，管华诗为医药学院院长，麦康森为水产学院院长，李琪为水产学院常务副院长。聘任战文斌为生命科学与技术学部副主任。

本月　山东省首家海水综合利用技术工程中心成立。中心由中国工程院院士高从堦担任主任，以学校海水资源综合利用实验室为依托平台，主要从事海水淡化及水处理、海水化学资源利用和海洋精细化学品等领域的开发及产业化研究。

8月

7日　学校与德国不来梅大学联合培养硕士研究生学位授予仪式在鱼山校区举行。吴德星校长与不来梅大学校长代表Wolfgang Balzer教授，为参加第一届中德海洋科学高水平联合培养项目的6名海大硕士毕业生颁发毕业证书。董双林副校长、德国联邦教育研究部官员Christian Stienen博士、莱布尼兹海洋科学研究所所长Peter Herzig出席。中德海洋科学高水平联合培养项目是由中国教育部和德国联邦教育研究部在海洋科学领域开展的高层次人才联合培养和科研合作的政府项目，由中国的中国海洋大学与德国的不来梅大学、基尔大学、莱布尼兹热带海洋生态中心及莱布尼兹海洋科学研究所联合承办，始于2005年。费用由双方政府通过提供奖学金方式解决，中德学生课程设置由双方共同制定，学生毕业后可获得两校共同颁发的毕业证书和学位证书。

14日　2004级运动训练专业学生张娟娟在北京奥运会女子个人射箭比赛中获得金牌，这是我国选手在这一项目上获得的首枚金牌，也是青岛市在奥运会上金牌零的突破。学校共有9名在校学生入选国家奥运代表团，分别参加射箭、49人级帆船队、芬兰人级帆船赛、鹰铃级帆船赛、三级跳远、排球等项目的角逐，获得金、银、铜奖牌各1枚。

22日　学校发文，在工程学院设立海洋工程系、土木工程系、机电工程系、自动化及测控系。

23日　华实海洋药物奖励基金设立仪式在"胜利楼"会议厅举行。该基金由中国工程院院士、校务委员会名誉主任管华诗倡议并出资30万元，学校匹配20万元，山东省药学科学院院长、山东博士伦福瑞达制药有限公司总裁凌沛学教授和山东好当家集团有限公司、山东龙力生物科技有限公司各出资10万元，内蒙古兰太实业股份有限公司出资5万元共同创设。华实海洋药物奖励基金分设青年科技奖和学生奖学金。

本月　奥运会举办期间，学校师生积极发挥知识和技能优势宣传奥运、支持奥运、服务奥运，共有包括本科生、硕士研究生、博士研究生、留学生和教师在内的821人入选青岛赛区奥帆赛志愿者。学校被评为山东省和青岛市志愿服务先进集体。

9月

2日　山东省人民政府下文，表彰在第29届奥运会取得优异成绩的奥运健儿和作出突出贡献的单位与人员。作为金牌运动员所在学校且因在服务北京奥运会及青岛奥帆赛中有突出表现，学校被省政府授予振兴山东体育突出贡献奖荣誉称号；张娟娟被授予山东省先进工作者荣誉称号，2004级运动训练专业学生姜林被记一等功。

4日　学校召开表彰大会，授予张娟娟中国海洋大学大学生参与奥林匹克运动杰出贡献奖，授予姜林中国海洋大学大学生参与奥林匹克运动突出贡献奖，授予李非、胡贤强、张鹏、宋夏群、于艳丽、于大伟、仲敏维中国海洋大学大学生参与奥林匹克运动贡献奖，山东省青岛体育训练基地教练员、学校49人级帆船队主教练韦兴学被授予中国海洋大学参与奥林匹克运动贡献奖。

7日　2008级学生开学典礼暨军训阅兵式在崂山校区举行。海军北海舰队政治部副主任张振华少将和吴德星校长乘车检阅参训学生方队。冯瑞龙书记发表讲话。今年共招收本科生3815人。其中，首次通过小语种选拔方式招收学生58人。另外，招收新疆协作计划12人，四川地震灾区单独计划15人。

今年，招收硕士研究生1811人，其中专业学位硕士研究生97人；招收博士研究生333人。

10日　山东省委常委、青岛市委书记阎启俊，青岛市委常委、副市长张惠到崂山校区，与教师代表亲切座谈，共度教师节。阎启俊表示，青岛市委、市政府将一如既往地全力支持中国海洋大学的发展。

17日　学校在崂山校区举行仪式，聘任国际著名高等教育专家、中国香港教育学院名誉院长、加拿大多伦多大学安大略教育学院教授许美德为客座教授。仪式结束后，许美德教授为师生作题为《中国大学、跨国教育及文明间的对话》的学术报告。

26日　中国海洋大学主持承担的国家重点基础研究发展计划（"973计划"）项目"中国典型河口近海陆海相互作用及其环境效应"验收会在青岛召开。该项目于2002年获科技部立项，由中国海洋大学、华东师范大学等七家科教单位合作完成，中国海洋大学翟世奎教授、华东师范大学丁平兴教授担任首席科学家。

27日　教育部根据国务院批准的《高等教育"211工程"三期建设总体方案》，结合专家评审意见，研究并商国家发展改革委后确定，原则同意中国海洋大学"211工程"三期建设可行性研究报告。建设总投资为4200万元，其中国家发展改革委安排3500万元，学校自筹资金700万元。建设时间为2008—2011年。重点建设项目是海洋动力过程及其在全球变化中的作用、海洋渔业可持续发展基础理论与应用技术、海洋化学理论与应用技术、海洋生物学与生物技术、海洋食品资源高值化利用的理论与技术、海洋环境变化与生态系统响应、海岸与海洋工程关键技术。

同日　2008年度中国政府友谊奖在人民大会堂颁奖，海洋遥感教育部重点实验室的德国籍专家沃纳·鲁道夫·阿尔帕斯教授获此荣誉。沃纳·鲁道夫·阿尔帕斯教授从1998年起，在提高该实验室乃至我国的卫星海洋遥感学术水平，促进该实验室与德国乃至欧洲的科学合作与交流等方面作出了重要贡献。

28日　教育部、财政部公布2008年立项建设的300个国家级教学团队的评审结果，学校生命科学与技术学院细胞生物学教学团队入选国家级教学团队。至此，学校已有两个国家级教学团队。

同日　教育部、财政部发文，学校港口航道与海岸工程专业和会计学专业被批准为国家第三批高等学校特色专业建设点。

同日　神舟七号载人航天飞船返回舱安全"回家"。在神舟七号返航过程中，刘智深教授带领的激光遥感研究团队自主研发的多普勒测风激光雷达在着陆场圆满完成草原风场测量服务。另外，50多位中国海大毕业生在酒泉卫星发射中心承担多项重要任务。

29日　教育部、财政部联合发文，批准2008年度国家精品课程建设项目，学校海洋环境学院鲍献文教授负责的海洋调查方法课、环境科学与工程学院高会旺教授负责的环境海洋学课入选。至此，学校已有国家级精品课程10门。

10月

6日　学校制定《中国海洋大学博士后管理工作实施细则（试行）》，加强博士后科研流动站的建设，进一步促进和规范学校博士后的管理。

9日　韩国国务总理韩胜洙授予吴德星校长"褒冠文化勋章"。韩国"褒冠文化勋章"旨在奖励对韩语普及和发展作出特殊贡献的海内外人士，这一奖项创始于20世纪90年代，今年是第18届。

10日　山东省教育厅发文公布51个山东省高等学校省级教学团队，曾名湧教授为带头人的食品保藏原理与技术系列课程教学团队和樊廷俊教授为带头人的细胞生物学教学团队入选。

16日　学校修订《中国海洋大学大型精密贵重仪器设备有偿使用管理办法》并公布施行。

28日　赫崇本教授百年诞辰纪念大会隆重举行。国家海洋局原局长、中国海洋发展研究中心主任王曙光，国家海洋局副局长王宏，青岛市副市长王修林，中国海洋大学党委书记冯瑞龙、校长吴德星，中国科学院院士冯士筰、刘瑞玉，中国工程院院士方国洪等出席纪念大会。王宏、王修林、吴德星以及赫崇本教授的学生代表苏育嵩教授、赫崇本教授之女赫羽在会上讲话。会上，与会嘉宾向第七届赫崇本优秀学生奖学金获得者颁奖。当天还举行了崂山校区赫崇本教授塑像落成仪式。塑像由1987届物理海洋专业和海洋气象专业全体学生捐款建造。

同日 首届"中国十佳大学生村官""中国优秀大学生村官"评选结果揭晓，学校2007届公共事业管理专业毕业生李伟荣获中国优秀大学生村官称号。

11月

2日 第七届茅盾文学奖颁奖，驻校作家迟子建写于"作家楼"的小说《额尔古纳河右岸》获奖。这是自创建驻校作家制度以来，继王蒙先生的长篇小说《青狐》之后，第二部诞生在海大园里的有影响力的作品。

4日 以"携手并肩，共创未来"为主题的山东大学、中国海洋大学合作日活动在鱼山校区学术交流中心举行，山东大学校长展涛，中国海洋大学党委书记冯瑞龙、校长吴德星出席开幕式并致辞。山东大学的中国科学院院士蒋民华、王克明与中国工程院院士王文兴，中国海洋大学的中国工程院院士管华诗、中国科学院院士冯士筰、中国工程院院士李庆忠等出席开幕式，蒋民华院士作题为《我的晶体人生》的学术报告。在随后举行的校际合作发展论坛上，双方确定在人才培养、师资共享、人文教育、科研合作、干部挂职锻炼、文体活动交流等六大方面进行深度合作，实现互利双赢。合作日期间还举行了人文社会科学、科学与自然、新药创制与平台建设三个专场报告会。山东大学访问团成员还与中国海洋大学相关学院进行了对口交流。

同日 参加青岛市与英国南安普敦市结为友好城市10周年活动的英国南安普敦大学校长William Wakeham教授一行来校访问，党委书记冯瑞龙会见客人。双方就两校之间学生互访、科研合作、涉海大学协会成员间学分互认、研究生联合培养等进行了探讨。学校与南安普敦大学于2004年签订校际合作协议，已有多名学者在南普敦大学开展合作研究、攻读学位等。南安普敦大学是国际涉海大学协会成员之一。

7日 国家海洋局、教育部、团中央联合举办的首届全国大中学生海洋知识竞赛大学生组电视总决赛在厦门举行，学校海洋科学专业2006级本科生刘富彬、朱玉玺分别获得南极特别奖和北极特别奖两个最高奖项。

8日 作家莫言、王海受聘驻校作家，吴德星校长为他们颁发聘书。

10日 山东省科技厅发布通知，学校糖科学与糖工程、海洋工程两个实验室被批准为山东省重点实验室。

12日 中国海洋大学2008年教学工作会议暨第二届本科教育教学讨论会召开。吴德星校长在会上发表题为《树人立新，质量为本》的讲话，提出要通过高质量的培养，使学生具有创新意识、创新精神和创新能力，奠定未来成为学术精英、管理精英和科技精英的潜质和基础。教务处处长李巍然作《解放思想，立足实际，全面建设研究型大学创新人才培养体系》的主题报告。

同日　学校与国家教育行政学院中国教育干部培训网合作建立"中国海洋大学干部在线学习中心"，旨在推动学校干部教育培训工作的信息化、现代化，推进干部在职自学，提高综合素质和能力。

18日　在共青团中央、中国科协、教育部和全国学联共同主办的第六届"挑战杯"瓮福中国大学生创业计划竞赛决赛中，中国海大由谭振、陈乐、张金玲、马蕾等组建的"海通创业团队"获得金奖。

20日　法国海洋开发研究院主席让·伊夫·贝洛率代表团来访，校长吴德星在行远楼会见客人，双方签署合作协议书。

第六届"挑战杯"瓮福中国大学生创业计划竞赛闭幕式暨颁奖典礼

21日　山东省教育厅下文公布，学校的环境科学、汉语言文学、信息与计算科学、物理学专业为2008年度品牌专业建设点。

25日　山东省人民政府办公厅公布2008年度"泰山学者"特聘专家教授名单，中国科学院张涛博士受聘学校地图学与地理信息系统岗位"泰山学者"特聘教授，美国马里兰大学谢迎秋博士受聘学校药物化学岗位"泰山学者"特聘教授。

27日　第九届文苑奖学金颁奖仪式在逸夫馆举行，文圣常院士向2005级电子信息科学与技术专业学生赵宇倩、行政管理专业学生矫馥蔚、海洋科学专业学生王炜荔颁发文苑奖学金。

12月

2日　山东省副省长李兆前在青岛市委常委、副市长张惠等陪同下来校考察。在听取吴德星校长关于科研情况的汇报后，李兆前说，中国海大在山东省经济发展中的作用是其他学校所不具备的、不可替代的，山东要实现由经济大省到经济强省的转变必须开发海洋、利用海洋，这些工作的开展都离不开中国海大的参与和支持。

6日　学校与韩国国立国语院联合主办的"对外语言教育——政策、实践及发展方向"学术研讨会在"胜利楼"会议厅召开。开幕式上，韩国国立国语院院长李相揆受聘为中国海洋大学首位顾问教授，校长吴德星颁发聘书。李相揆说，中国海洋大学的世宗学堂是韩国政府在中国设立的所有世宗学堂中办得最成功的1个。

23日 日本早稻田大学留学中心教务主任水户孝道师生一行105人在团中央、全国青联等有关人员陪同下来校参观访问，党委副书记李耀臻在图书馆会见客人。代表团成员参观了图书馆和校史馆，并与学生代表进行了座谈交流。

31日 海洋生物遗传学与育种教育部重点实验室由教育部批复予以立项建设，实验室负责人为包振民教授。

本月 新一轮的本科学生转换院、系班级学习审核工作结束。共有213名学生提出申请，经过院系推荐、教务处审查，共有183名学生符合条件，被批准转换院、系班级学习，涉及18个院（系）、55个专业。自2003级本科学生开始，学校建立并实施了以选课制和专业识别确认制为核心的本科教学运行新体系。在有限条件下，学生可以在教师指导下自主制订学习计划，可以跨专业、跨年级选修所有本科课程。这种制度打破了专业壁垒，淡化了学生的专业身份，使学生能重新选择和调整专业，体现了以学生为本、因材施教的教育理念。新体系施行以来，已有4届7批共611名本科生实现了转换院系、专业学习。

本年 学校连续第20次被中共中央宣传部、教育部、共青团中央、全国学联评为全国大学生文化科技卫生"三下乡"实践活动先进单位。

本年 全年实到科技经费2.6亿元。获批国家"863计划"重大专项课题1项，项目经费6000万元；"863计划"获准立项13项，新增经费7500万元。获国家自然科学基金资助项目达67项，国家自然科学基金重点项目、国际科技合作重点项目6项。获授权国内专利64项，其中发明专利51项。全年共发表SCI、EI、ISTP三大检索系统收录论文1187篇。

本年 据上报教育部的《普通高校基层报表》统计，学校共有博士点44个、硕士点131个、全日制本科专业67个、专科专业2个、博士后流动站8个、国家一级重点学科2个、国家二级重点学科2个、国家重点（培育）学科1个。在校学生总数为28772人，其中博士生1398人、硕士生4602人、普通本科生13859人、普通专科生36人、继续教育本科生5231人、继续教育专科生3646人。另有在职人员攻读博士、硕士总数为2937人，在校留学生1241人。在校教职工总数为2912人，其中正高级490人、副高级608人。馆藏书181.98万册。占地总面积1686913平方米，其中校舍占地面积711007平方米。固定资产109111.02万元。

本年 学校科研成果获奖情况（省部级三等奖以上）见表28、表29。

表28　2008年学校科研成果获奖情况（省部级三等奖以上，自然科学类）

序号	项目名称	获奖情况	主要完成人（前三位）
1	栉孔扇贝健康苗种体系建设及应用	国家科技进步二等奖	包振民　王如才　于瑞海
2	多传感器海气界面卫星遥感的理论与方法	教育部自然科学一等奖	陈　戈　韩　勇　张彩云
3	海洋纤毛虫重要类群的分类学研究	教育部自然科学一等奖	宋微波　林晓凤　龚　骏
4	"荣福"海带新品种的培育及应用	教育部科技进步一等奖	刘　涛　宫庆礼　崔竞进
5	铜质薄壁制冷管路的铝替代技术研究与应用	教育部技术发明二等奖	王　昕　尹衍升　赵　越
6	新型铜铝制冷管路结构设计及其制备工艺	山东省技术发明二等奖	赵　越　左铁军　王　昕
7	太平洋牡蛎四倍体及全三倍体培育技术	山东省科技进步三等奖	王昭萍　于瑞海　王如才
8	山东沿海汛期灾害性天气预警技术研究	山东省科技进步三等奖	张苏平　王建国　左克进
9	海洋工程结构安全设计与防灾技术研究	国家海洋局海洋创新成果奖二等奖	李华军　王树青　梁丙臣
10	海水鱼类主要致病弧菌的病原学及发生机制	国家海洋局海洋创新成果奖二等奖	陈吉祥　李　筠　王印庚
11	耐高温高产海带新品种的培育及养殖应用	国家海洋局海洋创新成果奖二等奖	刘　涛　宋洪泽　陈丹敏
12	人工鱼礁及相关技术在增养殖水域生态修复中的应用研究	国家海洋局海洋创新成果奖二等奖	张秀梅　张沛东　黄国强

表29　2008年学校科研成果获奖情况（省部级三等奖以上，社会科学类）

序号	项目名称	获奖情况	主要完成人
1	精神生态视野中的20世纪中国文学	山东省社会科学优秀成果二等奖	温奉桥
2	环境制约下厂商生产行为改变路径设计——兼论对消费者环境偏好的揭示	山东省社会科学优秀成果三等奖	戴桂林
3	利益相关者财务披露监管的分析框架与体制构造	山东省社会科学优秀成果三等奖	王竹泉
4	从行政环境的变化看小城镇政府职能的完善	山东省社会科学优秀成果三等奖	陈书全

2009年

1月

9日 2008年度国家科学技术奖励大会在人民大会堂召开，包振民教授等完成的"栉孔扇贝健康苗种培育技术体系建立与应用"获国家科学技术进步二等奖。扇贝养殖业已成为我国海水养殖主导产业之一，栉孔扇贝健康苗种培育技术是扇贝养殖业健康发展的基础。

16日 根据《中国海洋大学岗位设置管理暂行办法》《中国海洋大学关于首次岗位聘任的实施意见》的规定，学校制订了各个系列人员岗位设置与聘任的具体方案，本着精心准备、稳妥推进的原则，经过规定的程序，1512名教师和其他系列专业技术人员、438名管理干部、327名工勤人员的岗位正式确定，首次全员岗位聘任工作基本完成。其中宋微波等27人被聘为二级教授，王启等83人被聘为三级教授，于磊等259人被聘为四级教授或专业技术四级岗位。

本月 教育部学位与研究生教育发展中心公布全国一级学科整体水平评估结果，学校共有8个一级学科参评，其中6个学科（海洋科学、水产、食品科学与工程、大气科学、药学、环境科学与工程）进入前10名，海洋科学、水产学科继续位居第一。

2月

16日 由冯士筰院士和中国科学院大气物理研究所石广玉研究员共同主持的国家自然科学重大基金项目"上层海洋低层大气生物地球化学与物理过程耦合研究"以优秀成绩通过专家组验收。项目自2004年实施以来已发表论文100余篇，其中SCI刊物收录论文40余篇。项目培养博士、硕士研究生80余名；有效地促进了海洋科学与大气科学的交叉与融合，使上层海洋与低层大气研究成为海气相互作用研究新的增长点。

25日 学校在崂山校区图书馆第二会议室召开教师干部大会，中共教育部党组成员、副部长李卫红代表中共教育部党组在会上宣布：于志刚同志任中国海洋大学党委书记，不再担任副校长职务；冯瑞龙同志因年龄原因不再担任中国海洋大学党委书记职务。李卫红指出，冯瑞龙同志在学校领导班子中工作了近20年，自1999年开始担任党委书记，他忠诚于党的教育事业，兢兢业业、勤奋努力地工作，为学校的建设和发展呕心沥血，公道正派，廉洁自律，在历次校级领导班子考核和民主测评中都获得很高的评价，在师生员工中享有很高的威信。学校党政领导，两院院士，校党委委员、纪委委员，中层副职以上干部，二、三级教授，各级人大代表、政协委员，各民主党派基层组织负责人，离退休同志代表及学生代表参加大会。

党委书记于志刚

于志刚（1962—　），山东莱阳人，1986年4月入党，1988年6月参加工作，博士学位，教授。

1980年9月—1985年7月，在清华大学学习。1985年7月—1988年6月，在南京化工学院攻读硕士研究生。1988年6月—2000年7月，青岛海洋大学化学系助教、讲师、副教授、系副主任、常务副院长、教授（1993年9月—1999年9月，在青岛海洋大学攻读博士；1997年—1998年，德国汉堡大学海洋化学与生物地球化学研究所高级访问学者）。2000年7月—2001年7月，青岛海洋大学校长助理、博导（2000年12月）。2001年7月—2003年9月，青岛海洋大学副校长。2003年9月—2009年2月，中国海洋大学党委常委、副校长。2009年1月，中国海洋大学党委书记。

主要从事海洋化学和海洋环境科学的研究与教学工作，专注于海洋生物地球化学、海洋生态化学、海洋赤潮藻分子生态学等领域的研究。近年来先后主持完成了国家自然科学基金重大国际合作研究项目、"863计划"和"973计划"等课题20余项；培养研究生20多名、博士后2名，毕业博士生7名、硕士生19名；在国内外发表论文110余篇（SCI收录31篇），获国家发明专利10项、受理21项。2004年享受国务院政府特殊津贴。2006年获山东省有突出贡献的中青年专家称号。

提出"通识为体、专业为用"的本科教育理念，领导和组织学校开展以"学业与毕业专业识别确认制"为核心的本科教学运行体系的改革。2005年获第五届高等教育国家级教学成果二等奖。兼任中国海洋环境学会副理事长，中国环境科学学会海洋环境保护专业委员会主任，中国海洋湖沼学会水环境分会副理事长，《海洋环境科学》副主编，《海洋学报》《中国海洋大学学报》等学术期刊的编委，中国科学院海洋生态与环境科学开放研究实验室学术委员会委员，国家海洋局海洋生态系统与生物地球化学重点实验室学术委员会委员。

本月　国务院学位委员会公布第六届学科评议组成员名单，于志刚、陈戈被聘为海洋科学学科评议组成员，宋微波被聘为生物学学科评议组成员，林洪被聘为食品科学与工程学科评议组成员，麦康森、李琪被聘为水产学科评议组成员。

3月

18日　深入学习实践科学发展观活动动员大会在崂山校区召开。校党委书记、深入学习实践科学发展观活动领导小组组长于志刚作动员报告。教育部深入学习实践科学发展观活动指导检查第六工作组组长、兰州大学原校长李发伸出席大会并对学校的学习实践活动提出了要求。按照部属高校深入学习实践科学发展观活动领导小组的部署和安排，学校制订《中国海洋大学深入学习实践科学发展观活动实施方案》。确定3月中旬至8月底，学校以"科学发展蓄势期远、谋海济国

深入学习实践科学发展观活动动员大会

建设名校"为主题，在全校党员，重点是学校和中层领导班子及党员领导干部中开展深入学习实践科学发展观活动。活动分学习调研、分析检查和整改落实三个阶段。

22日　校长吴德星率团访问塞舌尔共和国，受到总统James A. Michel的亲切接见。代表团与塞舌尔教育部，渔业局，外交部，环境、自然资源与运输部，大学基金会就人才培养、海洋研究、教师培训与交流、航海培训等方面开展合作进行了深入交流。吴德星代表学校签署中国海洋大学与塞舌尔大学基金会合作备忘录，并接受了塞舌尔国家电视台、广播电台等媒体的专访。

31日　校党委发文，任命李巍然为校长助理。

4月

8日　亚洲沙滩排球巡回赛在泰国帕塔亚举行。学校运动训练专业2005级学生岳园、张丹组成的代表队获女子冠军。

15日　山东省人民政府发文，授予于良民等10名专利发明者中国专利山东优秀发明家称号，并给予记一等功奖励。

17日　教育部公布2008年度新世纪优秀人才支持计划入选人员名单，曹立新、张浩、张桂玲、彭昌盛、文凡、兰健、董军宇、刘振辉、刘晨光、田相利、郭晓霞、解则晓、李春霞、杨连瑞等14位教师榜上有名。截至目前，学校已有54位教师入选该计划。

27日　山东省教育厅公布首批山东省双语教学示范课程建设项目名单，宫相忠的植物生物学课、张晓华的微生物学课入围。

28日　为弘扬爱国、进步、民主、科学的五四精神，学校在崂山校区召开纪念五四运动90周年暨2008年度共青团工作先进集体、先进个人表彰大会，党委书记于志刚、副书记张静出席并向受表彰的集体和个人颁奖。

5月

7日 山东省教育厅发文公布山东省高等学校省级优秀学生、优秀学生干部和先进班集体评选结果，贾凡等19人被评为省级优秀学生，李家亮等9人被评为省级优秀学生干部，2006级化学1班、2005级海洋科学、2005级药学、2007级渔业资源硕士班被评为省级先进班集体。

8日 在山东省第一届大学生物理科技创新大赛中，由信息科学与工程学院教师杨国仁指导的本科生王宪贤（2005级电子信息工程）、杜文峰（2005级电子信息工程）、刘凡超（2006级电子信息科学与技术）制作的"用Tektronix示波器量化研究法拉第电磁感应定律"获得特等奖。

12日 山东省教育厅发文，公布第六届山东省高等教育教学成果奖评选结果，学校18项教学成果获奖，其中一等奖3项、二等奖4项、三等奖11项。获得一等奖的是：于志刚、宋文红、马勇等人申报的《创建具有共轭效应的教学质量保障新模式的探索》；杨桂朋、李铁、石晓勇等人申报的《海洋化学理科基地人才培养模式改革与实践》；管华诗、李延团、吴强明等人申报的《教学科研互动发展，培养药学创新人才》。

25日 山东省人民政府学位委员会发文，学校光信息科学与技术专业、音乐表演专业增列为学士学位授予专业。

27日 青岛市科学技术奖励大会召开，文圣常院士荣获首次评出的青岛市科学技术最高奖。文院士把获得的50万元奖金全部无偿捐给学校，其中20万元捐给了文苑奖学金，30万元供本科生研究发展使用。

本月 山东省人民政府发文，公布获得2008年度山东省有突出贡献的中青年专家荣誉称号人员名单，海洋生命学院包振民教授、水产学院战文斌教授入选。

6月

12日 韩国安养科学大学校长吴锦熙一行3人来校访问，吴德星校长在"胜利楼"会见了客人。安养科学大学自2003年开始，已连续7年派遣40名学生来中国海大学习1个学期汉语。

16日 中国海洋大学、中国石油大学（华东）、青岛大学、山东科技大学、青岛科技大学、青岛理工大学、青岛农业大学与青岛高新区签署全面战略合作协议。根据协议，青岛高新区与驻青高校将在产学研互动平台建设、技术孵化、成果转化、高新技术产业化、资源共享、大学生创业、人才培养、合作交流等方面进行深度合作。山东省委常委、青岛市委书记阎启俊，青岛市委常委、副市长、高新区工委书记、市委高校工委书记张惠，中国海大党委书记于志刚、校长吴德星及其他高校领导等出席签字仪式。

23日　《中国海洋大学博士生指导教师评聘与管理实施细则》公布施行。

25日　2009届学生毕业典礼在崂山校区体育馆举行。本届毕业生共有5269人，其中博士生283名、硕士生2053名、本科生2933名。毕业生中有中共党员1689名，250人荣获山东省优秀毕业生称号。2009届毕业生就业率为90.01%。

26日　山东省人民政府学位委员会、山东省教育厅公布优秀博士论文评选结果，陈军辉的《不同模式"液质"联用技术用于陆源及海洋天然药物分析》、张继才的《三位正压潮汐潮流随同化模型数值建模及应用研究》榜上有名，指导教师分别是王小如、吕咸青。

28日　中国海洋大学第四届本科教学优秀奖评选结果公布，刘玉光、顾永健、汪东风、刘秦玉、王萍、罗顺江获得本科教学优秀奖二等奖。

本月　2009年教育部"长江学者奖励计划"特聘教授和讲座教授评审结果揭晓，化学化工学院于良民教授入选特聘教授。

7月

1日　山东省人民政府学位委员会、山东省教育厅、山东省财政厅公布2009年山东省研究生优秀科技创新成果奖评选结果，伊珍珍申报的成果《旋唇纲纤毛虫原生动物的分子系统发育研究》入选，指导教师为宋微波、陈子桂。

同日　教育部公布2009年度教育部英特尔精品课程评审结果，信息科学与工程学院魏振钢教授主持的数据结构课获得立项。

10日　校党委发文，任命吴力群为直属业务部门党总支书记，徐家海为国际教育学院党总支书记。

11日　青岛市第二届田径运动会落幕，中国海大学生代表团获得金牌78枚、总分1066的优异成绩，蝉联高校组金牌总数和团体总分双桂冠，同时还获得赛会精神文明代表团称号。

14日　学校发文，聘任杨连瑞为外国语学院常务副院长。

18日　全国海洋宣传日开幕，新中国成立60周年"十大海洋人物"评选结果揭晓，已故我国著名物理海洋学家、海洋科学教育家、中国物理海洋科学的奠基人赫崇本入选。

20日　山东省人力资源和社会保障厅、山东省教育厅通报表彰599名山东省优秀教师，学校海洋生命学院包振民教授上榜。

22日　为进一步建立和完善研究生教育质量的长效保障机制和内在激励机制，学校制订《中国海洋大学研究生培养机制改革实施方案（试行）》，决定从2009年起实施研究生培养机制改革。主要对研究生招生计划统筹费实施办法、研究生助研助学金实施办法、研究生招生扶持基金实施办法、学业奖学金实施办法予以修订，以适应新形势、新情况。

30日　学校举办的海洋夏令营在鱼山校区开营。其间，来自全国各地的78名高中学生参加了海洋科普知识专家讲座；到海边采集潮间带海洋生物样品，并进行标本的显微镜观察和生态球的制作；参观了校史馆、海洋生命科学国家级实验教学示范中心标本馆、物理海洋教育部重点实验室；游览了海底世界、海军博物馆、奥帆中心等青岛知名景点。

8月

3日　学校发文，成立中国企业营运资金管理研究中心，王竹泉为主任。

18日　在韩国举办的第十四届FIRA世界杯机器人大赛（FIRA RoboWorld Cup 2009）上，由工程学院、信息科学与工程学院组成的中国海大代表队获得AMiRESot第三名。

20日　山东省教育厅发文，以杨桂朋教授为带头人的海洋化学课程教学团队、以王昭萍教授为带头人的海洋无脊椎动物养殖学课程教学团队被评选为山东省高等学校省级教学团队。

21日　学校主持申报的"973计划"项目"我国陆架海生态环境演变过程、机制及未来变化趋势预测"获得批准立项，首席科学家为化学化工学院赵美训教授，项目总经费为3265万元。

24日　山东省教育厅、省教育工会发文表彰先进，刘秦玉教授获得山东省师德标兵称号。

27日　山东省教育厅公布第五届山东省教学名师名单，李华军教授、曾名湧教授获此荣誉称号。

同日　山东省人民政府学位委员会、山东省教育厅、山东省财政厅联合发文，刘玉光教授、宋微波教授、董双林教授、杨桂朋教授、唐功友教授获得第二届山东省优秀研究生指导教师荣誉称号。

31日　山东省人民政府办公厅公布2009年度"泰山学者"特聘专家教授名单，海洋生命学院包振民受聘海洋生物遗传与种质工程"泰山学者"特聘教授，留学日本博士林舟受聘学校海洋地质学"泰山学者"特聘教授。

9月

1日　《教育部关于批准第六届高等教育国家级教学成果奖获奖项目的决定》发

布，于志刚、宋文红、李巍然等完成的《创建"评估—督导—支持"三位一体的教学质量保障新模式的探索》荣获国家级教学成果二等奖。

10日　党委常委会研究决定：聘任方奇志为数学科学学院常务副院长（主持工作）。

13日　中共中央政治局原常委、国务院原副总理李岚清来校在崂山校区体育馆作《音乐·艺术·人生》专场讲座。教育部副部长郝平，山东省委常委、宣传部部长李群，青岛市市长夏耕，学校党委书记于志刚、校长吴德星、中国工程院院士管华诗、原党委书记冯瑞龙等领导、专家，以及青岛市直机关干部、驻青部队官兵代表、市文化单位代表和学校师生代表4000余人聆听讲座。2个多小时的讲座中，李岚清结合自身的工作生活经历和音乐艺术体验，通过深入浅出的理论阐述和古今中外的鲜活事例，展示了音乐艺术的独特魅力及其与人生的特殊关系。讲座结束后，李岚清向中国海洋大学、中国石油大学（华东）等高校赠送自己的著作《李岚清音乐笔谈》《突围——国门初开的岁月》。讲座现场，他还向学校赠送题字：海洋是生命之本，亦为艺术之源。

17日　教育部公布2009年全国优秀博士学位论文评选结果，学校2008届物理海洋专业博士生殷晓斌的《海面风矢量、温度和盐度的被动微波遥感及风对温盐遥感的影响研究》榜上有名，指导教师是刘玉光教授。

18日　国家自然科学基金委创新研究群体2009年度资助名单公布，"海洋动力过程的演变机理及其在气候变化中的作用"入选，项目负责人为物理海洋教育部重点实验室吴立新教授，经费为600万元，期限3年，这是学校首次获得该项基金资助。

22日　2009年度国家杰出青年科学基金资助名单公布，化学化工学院刘素美教授入选，获资助经费200万元，期限4年。

23日　教育部、财政部联合印发《关于批准第四批高等学校特色专业建设点的通知》，海洋科学和药学两个专业在列。

26日　2009级研究生开学典礼在崂山校区体育馆举行，今年录取攻读博士学位研究生352人，录取攻读硕士学位研究生1826人。

27日　2009级本科生开学典礼暨军训阅兵式在崂山校区举行，海军北海舰队政治部副主任夏克伟少将与校党委副书记李耀臻一同检阅参训学生。校长吴德星致辞。今年学校共招收本科生3854人。

同日　由中国工程院院士管华诗、国家海洋局原局长王曙光担任主编，汇集全国百余位专家历时5年编纂完成的我国海洋药物领域首部大型志书《中华海洋本草》首发仪式在北京举行。全国人大常委会原副委员长、中国科学院院士周光召为图书揭幕。国家海洋局局长孙志辉、教育部副部长陈希、卫生部副部长王国强等出席并讲话。该书由《中华海洋本草》主篇与《海洋药源微生物》《海洋天然产物》两个副篇构成，共9卷，引用历代典籍500余部、现代期刊文献5万余条，合计约1400万字。宋健担任该书总顾问并题写书名，周光召为该书作序。

29日 2009年度中国政府友谊奖在北京颁奖，由学校推荐的德国籍专家Jürgen Sündermann先生荣获该项奖励。Jürgen Sündermann是世界著名海洋学家，从1983年开始，他领导汉堡大学的海洋研究力量与文圣常院士、冯士筰院士等进行了深入广泛的合作，在提供科研资源、传播学术思想和进行人才培养等方面作出了突出贡献。

本月 在喜迎新中国成立60周年之际，人力资源和社会保障部、教育部授予500个单位全国教育系统先进集体称号，授予720名个人全国模范教师称号。学校海洋环境学院获全国教育系统先进集体称号，该院教授刘秦玉获全国模范教师称号。

10月

9日 美国基础科学指标（ESI）数据库最新数据显示，学校继以水产和海洋生物研究为特色的植物学与动物学学科基础科学指标进入世界前1%行列之后，以海洋科学研究为特色的地球科学学科基础科学指标也进入世界前1%行列。

10日 学校党委理论学习中心组（扩大）专题学习举行，邀请中央党校党建部教授张荣臣作《总结党建经验，破解党建难题——党的十七届四中全会精神学习辅导》的报告。这是学校深入开展学习实践科学发展观活动、建立健全党委中心组专题学习制度后的第一讲。

16日 第十一届全运会女子篮球八强赛在崂山校区体育馆拉开战幕。青岛市市长夏耕来校慰问工作人员及大学生志愿者，并观看了比赛。他对场馆建设和赛事运行组织给予好评。

中国海洋大学综合体育馆总建筑面积为37779.6平方米，占地面积为31000平方米，包括体育馆、游泳馆和大学生活动中心等。体育馆建筑面积为24051.6平方米，座席4000个；训练馆及游泳馆建筑面积为5000平方米，游泳馆观众席200座；大学生活动中心面积为8000平方米。

19日 山东省教育厅公布2009年度山东高等学校品牌专业与特色专业评选结果，罗顺江负责的法语专业、王林山负责的数学与应用数学专业、傅刚负责的大气科学专业获批入选。至此，学校有9个省级品牌专业建设点、8个省级特色专业建设点。

22日 学校成人高等教育创办50周年庆祝大会在逸夫馆举行。50年来，学校成人教育为社会培养了近3万名应用型人才，获得全国成人高等教育评估优秀学校等荣誉称号。

23日　由学校主办的2009海峡两岸大学校长论坛暨科学技术研讨会在学校学术交流中心召开，共有来自海峡两岸20所院校的70余名代表参会，其中包括8所台湾地区院校的17名代表。论坛上，与会者就大学的特色与竞争力、学校发展战略、管理实务等议题作报告，就海峡两岸教育交流与合作事宜进行了交流研讨。

24日　值中国海洋大学建校85周年、崂山校区奠基5周年之际，《崂山校区记》石刻揭幕仪式在崂山校区图书馆前举行，党委书记于志刚、校长吴德星共同为石刻揭幕。于志刚在讲话中说，呈现在我们眼前的这篇《崂山校区记》，是崂山校区文化建设的厚重一笔，它记述了崂山校区诞生的历史，展示了中国海大厚重独特的文化理念，它是由我们海大人自己撰稿、自己书写的一篇记景言志的碑记，它的字里行间都昭示着海大人谋海济国的鸿鹄之志，抒发了海大人跨越发展的自豪之情。《崂山校区记》由陈鹫执笔完成文稿，著名书法家启笛先生写成书法作品。

同日　化学化工学院建置50周年庆典在崂山校区举行。青岛市原副市长周迪颐，党委书记于志刚、校长吴德星和化学化工学院院长杨桂朋共同为学院门前的"实学源泉"纪念石刻揭幕。50年来，学院已为国家培养了4100多名本科生、800多名研究生和30余名博士后。国内70%的海洋化学专业学士、硕士和博士出自该院，其中包括以中国工程院院士高从堦等为代表的一批海洋化学学科带头人。

25日　学校与美国得克萨斯农工大学科学研究合作研讨会在学术交流中心举行，于志刚、吴德星出席研讨会。此次研讨会是2008年双方在青岛召开的关于气候变化及其对区域海洋环境影响学术研讨会议的延续。双方的合作已经取得显著成绩，由中方于志刚教授和美方Tom Bianchi教授领导的团队获2009年国家自然科学基金重大国际合作项目资助，由中方吴德星教授和美方张平教授领导的团队获2009年海洋科学领域自然科学基金重点项目资助。

同日　第十一届全运会帆船帆板比赛全部结束，山东队获得四枚金牌，其中两枚金牌分别由中国海大帆船队队员、芬兰人级的张鹏和470级的王晓丽、黄旭峰获得。

30日　学校出台《中国海洋大学教师学术道德规范及管理办法（试行）》，包括基本学术道德规范、学术不端行为和处理与申诉等内容，旨在弘扬学校文化，规范学术行为。

同日　学校党委中心组（扩大）第二次专题学习举行，中国科学院院士、著名机械工程专家、教育家杨叔子教授应邀作《民族精神：中华文化哲理的凝现》的报告。在两个半小时的报告中，杨叔子院士结合国内外著名学者的名言和生动的事例，系统阐述了对中华民族精神和中华文化哲理的认识与感悟。

11月

2日 由共青团中央、中国科协、教育部、工业和信息化部、全国学联共同主办的第十一届"挑战杯"全国大学生课外学术科技作品竞赛决赛在北京落幕。学校大气科学专业2006级本科生焦艳等的《我国南方冬、春季节异常低温与海洋热力异常的关系》获得二等奖；海洋技术专业2007级本科生王云涛等的《鸟类鸣叫研究的声环境系统设计在世博会中的应用》获世博专项一等奖，计算机应用技术专业2008级研究生吕志涵等的《3G Webmapper与WebVR技术在上海世博会中的应用》获世博专项三等奖。

3日 山东半岛蓝色经济区咨询委员会在济南召开第一次全体会议，省委书记姜异康出席，省长姜大明向咨询委员会各位专家颁发聘书。中国工程院院士、医药学院院长管华诗，中国工程院院士、化学化工学院教授高从堦，海洋发展研究院副院长韩立民，环境科学与工程学院院长高会旺，经济学院教授朱意秋，法政学院院长徐祥民和经济学院院长姜旭朝获聘。其中，管华诗担任主任委员。

同日 学校发文，高等职业技术学院更名为职业技术师范学院，武心尧为院长。高等职业技术学院党总支更名为职业技术师范学院党总支，董效臣为党总支书记。

5日 学校发文表彰2008—2009学年学生先进班集体和先进个人，其中大气科学2006级王磊、生物技术2006级孙冠妮、新闻学2006级董倩倩、药学2006级王璐、海洋科学2006级张舒文、水产养殖学2006级姜龙、地球信息科学与技术2006级陈江欣、环境科学2006级李蒙蒙、法语2007级尹逸真获得优秀学生标兵称号。

11日 《中国海洋大学实施"人才派遣"用工方式暂行办法》公布实施。

14日 王蒙先生与当代著名诗人郑愁予、严力，北京大学博士生导师谢冕一同来校，在崂山校区为海大学子带来一场诗歌盛宴。上午，郑愁予、严力受聘为学校驻校作家，谢冕受聘为兼职教授。聘任仪式后，四位作家分别作专题讲座，王蒙的《门外诗话》、郑愁予的《诗人从游世到济世、从艺术回仁术》、谢冕的《我与诗歌的记忆》与严力的《中文诗歌在海外的创作与传播》，让莘莘学子领略了诗歌的独特魅力。当晚，王蒙一行参加了"国风·海韵·韶华"诗歌朗诵晚会并为诗歌创作大赛颁奖。

15日 在中央电视台举行的2009年度"CCTV杯"全国英语演讲大赛决赛中，学校法语专业2008级本科生王沫涵荣获最佳即兴演讲奖。学校成为山东省唯一一所三次进入决赛的高校。生物科学专业2004级本科生王蓉、公共管理专业2004级本科生屠雪霏分别进入了2006年度和2007年度"CCTV杯"全国英语演讲大赛决赛，均获优胜奖。指导老师均为外国语学院邓红风教授。

"CCTV杯"全国英语演讲大赛是由中央电视台、外语教学与研究出版社联合主办的全国性大型赛事，首届大赛始于2002年。每年大赛要经过学校预赛、省市复赛、全国半决赛、决赛等几个赛程。决赛设一、二、三等奖，单项奖和优胜奖。

16日　由澳门理工学院"一国两制"研究中心主任杨允中担任领队的澳门学者同盟山东访问团一行17人来校访问，副校长董双林在崂山校区会见客人。

18日　第十届文苑奖学金颁奖仪式在鱼山校区逸夫馆举行，中国科学院院士文圣常为2006级大气科学专业王磊、生物技术专业孙冠妮、新闻学专业董倩倩三名同学颁奖。校长吴德星出席颁奖仪式并讲话。

29日　由科技部国家制造业信息化培训中心主办、全国3D-CAD-VR技术推广服务和教育培训联盟承办的全国三维数字化创新设计大赛总决赛落下帷幕，由学校工程学院张庆力老师指导、机械设计制造及自动化专业2007级戴源等同学的参赛作品《爬壁吸尘车》和谭俊哲老师指导、机械设计制造及自动化专业2006级孔祥彪等同学的作品《儿童娱乐小跑车后桥减速差速装置设计》双双获得工业工程组一等奖。另外，机械设计制造及自动化专业2006级李迎龙等同学的《踏板式发电跑步机》获得工业工程组二等奖；工业设计专业2007级吴阳等同学的《蓝色幻影》获得数字表现组二等奖。

12月

2日　中国工程院公布2009年新增选院士名单，麦康森教授当选。

麦康森（1958—　　），广东化州人。1982年本科毕业于山东海洋学院，获学士学位；1985在山东海洋学院研究生毕业，获硕士学位。1991年赴爱尔兰国家大学学习，1995年获博士学位后回国。先后担任学校讲师、教授、博士生导师，水产学院院长（1998—2002曾任副校长）。教育部"长江学者奖励计划"特聘教授，教育部"长江学者奖励计划"创新团队学术带头人。长期从事水生生物营养与饲料学的教学、研究与开发工作，先后主持了"973计划""863计划"以及国家科技支撑计划、国家杰出青年科学基金、国家自然科学基金等一系列科研项目，多项成果实现了产业化，取得显著的经济效益和社会效益。

中国工程院院士麦康森

9日　学校在崂山校区图书馆第二会议室召开教师干部大会，党委书记于志刚宣布教育部关于学校新一届行政领导班子的任免决定以及教育部党组任职通知：吴德星连任校长，于宜法、董双林连任副校长，李巍然、闫菊、李华军任副校长；李巍然、李华军任中共中国海洋大学委员会常委，闫菊任中共中国海洋大学委员会委员、常委。

21日　海洋信息技术教育部工程研究中心获教育部批复立项建设。

22日　学校出台《中国海洋大学教职工年度考核工作实施办法》。

30日　新修订的《中国海洋大学"筑峰人才工程"实施办法》和《中国海洋大学繁荣哲学社会科学人才工程实施办法》公布施行。

同日　学校党委中心组（扩大）第四次专题学习举行，邀请清华大学历史学教授王晓毅作《中华文化的识人用人智慧》的讲座。

本年　全年实到科研经费2.97亿元。除新增主持"973计划"项目1项外，另获其他"973计划"课题2项；"863计划"获准立项8项，新增经费近4000万元；获国家自然科学基金项目88项。获批国家社科基金项目7项；获批省部级项目39项。青岛市"十二五"规划课题中标5项。获授权国内专利76项，其中发明专利57项，获授权国际发明专利4项；共发表SCI、EI、ISTP三大检索系统收录论文1091篇。

本年　据上报教育部的《普通高校基层报表》统计，学校共有博士点44个、硕士点131个、全日制本科专业67个、博士后流动站8个、国家一级重点学科2个、国家二级重点学科2个、国家重点（培育）学科1个。在校学生总数为29991人，其中博士生1451人、硕士生5312人、普通本科生14724人、继续教育本科生5709人、继续教育专科生2795人。另有在职人员攻读博士、硕士总数为2963人，在校留学生1113人。在校教职工总数为3015人，其中正高级474人、副高级517人。馆藏书186.62万册。占地总面积1679592平方米，其中校舍占地769165平方米。固定资产155724.11万元。

本年　学校科研成果获奖情况（省部级三等奖以上）见表30、表31。

表30　2009年学校科研成果获奖情况（省部级三等奖以上，自然科学类）

序号	项目名称	获奖情况	主要完成人（前三位）
1	海洋特征寡糖制备技术（糖库构建）与应用开发	国家技术发明一等奖	管华诗　于广利　于文功
2	肝脏特异性蛋白Vg的免疫功能以及肝脏系统发生	教育部自然科学一等奖	张士璀　梁宇君　范纯新
3	海洋有机物的生物地球化学	教育部自然科学一等奖	杨桂朋　陆小兰　赵学坤
4	海洋仪器研制海上综合试验支撑平台研发及应用	教育部科技进步一等奖	吴德星　陈学恩　范洪涛
5	低值海洋水产品高效利用技术研究与开发	教育部科技进步一等奖	薛长湖　李兆杰　李八方
6	海洋工程设施安全与防灾关键技术研究及工程应用	山东省科技进步一等奖	李华军　刘德辅　史宏达
7	华北克拉通形成与破坏及周边造山带的构造演化过程	山东省自然科学二等奖	李三忠　赵国春　周立宏
8	帆板摇帆模拟训练测试设备研制与应用	山东省技术发明二等奖	王树杰　张树青　王建国
9	胜利埕岛油田海底管线安全保障技术研究	国家海洋局海洋创新成果奖二等奖	贾永刚　刘小丽　张衍涛
10	滨海咸淡水过渡带水敏感性机制与应用研究	国家海洋局海洋创新成果奖二等奖	郑西来　程善福　韩志勇
11	鱼类淋巴囊肿病毒单克隆抗体研制及检测诊断技术与流行病学研究	农业部中华农业科技奖三等奖	战文斌　绳秀珍　邢婧

表31　2009年学校科研成果获奖情况（省部级三等奖以上，社会科学、教学类）

序号	项目名称	获奖情况	主要完成人（前三位）
1	创建"评估—督导—支持"三位一体的教学质量保障新模式的探索	国家级教学成果二等奖	于志刚　宋文红　李巍然
2	中国上市公司营运资金管理调查：1997—2006	山东省社会科学优秀成果二等奖	王竹泉
3	论我国环境污染损害公共补偿的理论基础与制度构建	山东省社会科学优秀成果二等奖	阳露昭
4	海洋渔业可持续发展的财政投入机制与相应研究	山东省社会科学优秀成果三等奖	杨　林
5	中国学生英语叙事性语篇即时主题推理时间进程研究	山东省社会科学优秀成果三等奖	范　琳

2010年

1月

7日　教育部党组副书记、副部长陈希来校考察。听取学校领导班子的工作汇报后，陈希对学校取得的成绩给予充分肯定，强调中国海洋大学要站在国家层面，紧紧围绕国家海洋事业发展的需要，为推动海洋事业的发展和海洋学科的建设多作贡献。

11日　国家科学技术奖励大会在北京举行，管华诗院士领衔的"海洋特征寡糖的制备技术（糖库构建）与应用开发"项目获得国家技术发明一等奖，实现学校、山东省和我国海洋水产领域国家技术发明一等奖零的突破。管华诗院士作为获奖代表赴京领奖，中共中央总书记、国家主席、中央军委主席胡锦涛为管华诗院士颁发奖状。

管华诗院士在国家科学技术奖励大会现场

15日　经党委常委会研究决定：撤销中国共产党中国海洋大学控股有限公司委员会，成立中国共产党中国海洋大学产业委员会；撤销食品与医药学院党总支，成立食品科学与工程学院党总支，成立医药学院党总支；成立材料科学与工程系党总支；撤销青岛海洋科学与技术国家实验室党总支；撤销职业技术师范学院党总支；海洋发展研究院与人文社会科学研究院党总支更名为海洋发展研究院党总支。

21日　学校第四届教代会三次会议召开，听取并审议校长吴德星作的《深入学习实践科学发展观，全面推进高水平特色大学建设》的工作报告，表决通过《中国海洋大学第四届教职工代表大会第三次会议决议》，审议并原则通过《中国海洋大学关于进一步完善校内岗位津贴分配制度的实施意见》。

同日　校党委发文，成立图书馆党总支。

同日　根据《中国海洋大学新一轮正处级管理岗位干部调整办法》，经党委常委会研究，任命：毕芳芳为机关党委书记，王震为工会主席，初建松为党委学生工作部部长，庄肃敬为党委保卫部部长，王正林为海洋环境学院党总支书记，秦尚海为信息科学与工程学院党总支书记，王卫栋为化学化工学院党总支书记（试用期一年），王昕为材料科学与工程系党总支书记，范洪涛为海洋地球科学学院党总支书记，陈国华为海洋生命学院党总支书记，王曙光为水产学院党总支书记，林洪为食品科学与工程学院党总支书记，吴强明为医药学院党总支书记（试用期一年），吕铭为工程学院党总支书记，张庆德为环境科学与工程学院党总支书记，王继贵为管理学院党总支书记（试用期一年），崔晓雁为经济学院党总支书记（试用期一年），于波为外国语学院党总支书记，陈鸶为文学与新闻传播学院党总支书记（试用期一年），庄岩为法政学院党总支书记，武心尧为数学科学学院党总支书记，王筱利为基础教学中心党总支书记，张彦臣为图书馆党总支书记，陈永兴为船舶中心党总支书记，杨立敏为出版社直属党支部书记，高艳为海洋发展研究院党总支书记，马成海为产业党委书记，于长江为青岛学院党委书记，朱建相兼任产业党委副书记，林旭升为团委书记（试用期一年）。

同日　学校发文，任命毕芳芳为监察处处长，曲志茂为离退休干部工作处处长，曾名湧为教务处处长、本科教学工作水平评估办公室主任（试用期一年），许志昂为助理总会计师（试用期一年），初建松为学生工作处处长，王玉江为毕业生就业指导中心主任（试用期一年），傅刚为研究生教育中心常务副主任（试用期一年），曹志敏为校学位评定委员会办公室主任（兼），庄肃敬为保卫处处长，王明泉为国有资产与实验室管理处处长，王磊为规划建设与后勤管理处处长，魏世江为图书馆馆长，关庆利为档案馆馆长，陈永兴为船舶中心主任，辛华龙为网络与信息中心主任，鲍洪彤为期刊社社长，杨立敏为出版社社长，宁爱花为留学生中心主任（试用期一年），王筱利为基础教学中心主任，董效臣为职业技术师范学院院长，陈忠红为教育基金会、校友总会副秘书长兼校友工作办公室主任，朱建相为青岛中国海洋大学控股有限公司总经理（试用期一年），鲁中均为党委办公室、校长办公室鱼山校区办公室主任。

同日　学校发文，聘任刘光兴为"211工程"办公室、"985工程"办公室主任，薛长湖为食品科学与工程学院院长。

26日　经学校学位委员会审定通过，第九批博士生指导教师资格和招收博士生资格教师遴选结果公布，71人获博士生指导教师资格，20人获招收博士生资格。

获博士生指导教师资格者：黄菲、林霄沛、史久新、关道明、张桂玲、张志明、常亚青、孔杰、李家彪、杨胜雄、张训华、范德江、韩喜球、王厚杰、吴克俭、薛桂芳、殷克东、张惠荣、蒋兴伟、唐军武、顾永健、张亭禄、姚德、李予国、孙波、包木太、范玉华、夏树伟、孔晓瑜、陈吉祥、邵宗泽、胡景杰、茅云翔、刘晨光、钱冱涛、孙民贵、董军宇、张浩、解则晓、史宏达、王树杰、马德毅、孟伟、姚小红、高孟春、彭昌盛、杨俊杰、李来好、王静风、曾名湧、吴灶和、艾庆辉、宫庆礼、潘克厚、潘鲁青、王芳、温海深、赵文、庄志猛、慕永通、李国强、吕志华、谭兰、宣世英、崔凤、曲金良、田其云、王琪、于阜民、张世兴、张广海。

获招收博士生资格者：胡瑞金、张苏平、兰健、石晓勇、王昕、隋正红、何广顺、管磊、王晶、侯纯扬、阮国岭、赵熙强、李洪平、常宗瑜、李庆忠、孟范平、刘红军、余兴光、任一平、王元月。

本月 教育部2009年度"新世纪优秀人才支持计划"名单公布，学校丁海兵、管磊、胡晓丽、李文利、梁兴国、牟海津、史久新、温奉桥、姚小红、周建峰入选。

2月

1日 学校发文，设立海洋生物多样性与进化研究所，聘任宋微波为所长、张士璀为副所长。

10日 山东省人民政府办公厅公布2010年度"泰山学者"特聘教授名单，海洋生命学院张全启、海洋环境学院吴立新入选。

3月

4日 国务院学位委员会下发《关于批准2010年工程硕士培养单位新增工程领域的通知》，学校获批新增控制工程、测绘工程两个工程领域。至此，学校工程硕士招生领域已达18个。

同日 学校发文，任命曹志敏为研究生教育中心学科建设与学位管理办公室主任（兼），傅刚为研究生教育中心培养部主任（兼），秦尚海为信息科学与工程学院常务副院长，辛华龙为信息化工作办公室主任（兼），董效臣为职业教育师资培训中心主任。

9日 山东省教育厅下发《关于公布2009—2010年山东省大学英语教学改革立项项目的通知》，学校的"大学英语教学改革创新团队建设"项目获批。

16日 教育部、财政部在北京联合召开"985工程"验收工作会议，对"985工程"二期建设进行整体验收，校长吴德星代表学校向验收专家组汇报并进行答辩。验收专家组一致认为，中国海洋大学"全面完成任务，特别是在平台建设和科研成果方面成绩较为突出"，"实现了学校整体实力的跨越发展，强化了特色立校的办学理念，海洋学科优势得到进一步巩固和大幅度攀升,学校整体实力大幅度提升"。

29日　学校党委中心组（扩大）第五次专题学习举行,南京大学哲学系、宗教学系教授徐小跃作《中华传统文化与人生智慧》的报告。

本月　美国ESI数据库截至本月的国际论文统计数据显示,学校工程技术学科（领域）进入了ESI全球科研机构前1%,这是继植物与动物学、地球科学两大学科进入全球前1%之后,第三个学科进入前1%。

4月

1日　2009年度山东省有突出贡献的中青年专家名单公布,于良民、杨桂朋入选。

6日　校党委发文,任命陈锐为中国海洋大学校长助理。

10日　教育部下发通知,公布2009年度"长江学者"特聘教授、讲座教授和"长江学者"成就奖获奖者名单,化学化工学院杨桂朋教授入选"长江学者"特聘教授。至此,学校"长江学者"特聘教授已有8人。

16日　经教育部同意,学校发文:聘任赵美训为海洋化学理论与工程技术教育部重点实验室主任,翟世奎为海底科学与探测技术教育部重点实验室主任,吴立新为物理海洋教育部重点实验室主任,高会旺为海洋环境与生态教育部重点实验室主任。

5月

5日　今天是中国海洋大学地质学科创始人何作霖先生诞辰110周年纪念日,学校与中国科学院地质与地球物理研究所联合举办纪念活动。上午,何作霖先生雕像落成,校长吴德星、中国科学院地质与地球物理研究所所长朱日祥、何作霖先生的学生叶大年和女儿何稚洁共同为雕像揭幕。下午,在鱼山校区举行纪念何作霖先生诞辰110周年座谈会。

7日　山东省教育厅发文公布山东省高等学校省级优秀学生、优秀学生干部和先进班集体评选结果,王磊等20人被评为省级优秀学生,顾肇瑞等10人被评为省级优秀学生干部;2006级金融学、2006级海洋科学、2007级化学1班、2006级生物科学、2008级物理海洋硕士班被评为省级先进班集体。

8日　中国共产党中国海洋大学第九次代表大会在崂山校区隆重召开,党委书记于志刚代表第八届委员会作题为《凝心聚力,改革创新,科学发展,谋海济国,为建设国际知名特色显著的高水平研究型大学而努力奋斗》的工作报告。中共中国海洋大学纪律检查委员会工作报告以书面形式提请大会审议。211名代表肩负着全校党员的重托和师生的期望,认真审议并表决通过中国共产党中国海洋大学第八届委员会工作报告和纪律检查委员会工作报告。选举产生由丁林、于利、于志刚、于宜法、万荣、王震、王明泉、卢光志、权锡鉴、毕芳芳、吕铭、刘贵聚、闫菊、李华军、李耀臻、李巍然、吴德星、宋微波、初建松、张静、陈戈、陈锐、林旭升、董双林、管长龙等25人组成的中国共产党中国海洋大学第九届委员会,选举由于波、王竹泉、毕芳芳、刘贵聚、李鲁明、杨桂朋、吴强明、辛华龙、张庆德、张全启、范洪涛、林洪、傅刚等13人组成的中国共产党中国海洋大学新一届纪律检查委员会。

中国共产党中国海洋大学第九次代表大会提出,学校必须紧扣全面建设小康社会、创新型国家和海洋强国建设的战略需求,坚持特色立校、科学发展、树人立新、谋海济国的发展道路不动摇;必须突出强调以人为本的理念,着力实施人才强校战略、国际化战略和文化引领战略。本次大会确定了到2025年将学校建设成为国际知名、特色显著的高水平研究型大学,到21世纪中叶力争使学校跻身特色显著的世界一流大学行列的发展目标。

9日　中国共产党中国海洋大学第九届委员会第一次全体会议举行,会议选举产生中共中国海洋大学第九届委员会常务委员会、书记、副书记。常务委员会由于志刚、吴德星、李耀臻、于宜法、刘贵聚、董双林、张静、李巍然、闫菊、李华军、卢光志组成;于志刚

中国共产党中国海洋大学第九次代表大会召开

为书记,李耀臻、刘贵聚、张静为副书记。会议通过中共中国海洋大学纪律检查委员会第一次全体会议的选举结果,刘贵聚为纪委书记,毕芳芳为纪委副书记。

12日　学校发文,任命董双林为研究生教育中心主任。

15日　中国海洋大学日本研究中心揭牌仪式在崂山校区举行,党委书记于志刚,青岛市委常委、常务副市长王书坚,日本驻青岛总领事馆总领事斋藤法雄,中华日本学会常务副会长蒋立峰为中心揭牌。

17日　党委中心组(扩大)举行第六次专题学习,邀请浙江工商大学校长、法学教授胡建淼作《继续推进依法治校,进一步提高大学的管理水平》的报告。

24日　学校召开深入开展创先争优活动动员大会,对在全校基层党组织和党员中开展创先争优活动作出部署。之后,各分党委、党总支(直属党支部)也迅速跟进,自上而下进行了层层动员、全面部署。

31日 由学校主办的第十四届国际鱼类营养与饲料学术研讨会在青岛召开，这是该系列研讨会第一次在中国召开。本次大会历时5天，以"质量·安全·可持续发展"为主题，麦康森院士担任大会组委会主席。来自中国、挪威、美国、澳大利亚和菲律宾等30多个国家的600余名代表，围绕营养需求与生物利用、营养与健康、分子营养和营养与环境等12个专题进行了深入讨论。本次大会共收到学术论文464篇。

6月

3日 学校党委中心组（扩大）第七次专题学习举行，邀请香港城市大学程星教授作《大学的国际化与多元文化》的报告。

同日 纪念教学督导制度10周年报告会在崂山校区召开，副校长李巍然主持会议。2000年学校开始实施教学督察制度，2005年发展为教学督导制度。会上，教育部评估专家赵炬明教授从国际高等教育发展的视角，介绍了美国UNC商学院内部质量保障体系建设的经验。

12日 山东省教育厅下文，以刘秦玉教授为带头人的海洋气象学教学团队、以李华军教授为带头人的港口及海岸工程专业教学团队荣获2010年度山东省高等学校省级教学团队称号。

16日 由学校和澳大利亚新南威尔士大学联合成立的国际联合研究机构——中澳海岸带管理研究中心成立。校长吴德星与新南威尔士大学校长John Baird为中澳海岸带管理研究中心中方主任徐祥民、澳方主任王晓华颁发聘书。成立仪式结束后，中、澳学者就两国海岸带管理的相关学术问题进行研讨。

18日 学校发文，聘任薛永武为文学与新闻传播学院院长。

21日 "三星杯"首届国际仿人机器人奥林匹克竞赛在哈尔滨工业大学开赛，比赛设有田径类、球类、体操类、舞蹈类、娱乐类等7类24种比赛项目，由工程学院自动化专业孙婧婧、尹英杰、商大伟组成的"海洋队"参加了体操类单杠组和舞蹈类8人舞比赛，分获亚军和季军。

25日 著名作家贾平凹从党委书记于志刚手中接过聘书，成为学校第10位"驻校作家"。聘任仪式后，王蒙、贾平凹、王海和谢有顺在图书馆第二会议室围绕"关于小说"的话题展开对谈。

26日 王蒙与中国古典文学暨《庄子的享受》学术研讨会在逸夫馆多功能厅举行。王蒙先生、陕西省作家协会主席贾平凹、中国社会科学院文学研究所副所长刘跃进等出席，副校长李华军致辞。《庄子的享受》是王蒙先生继《老子的帮助》之后，又一部研究中国传统文化的力作。在1天的研讨会中，与会专家学者围绕王蒙与中国古典文学的当代意义等展开热烈讨论。

29日 上午，2010届研究生毕业典礼暨学位授予仪式举行。本届毕业研究生中获得博士学位238人、全日制硕士学位1301人、同等学力申请硕士学位61人、中等职业学校在职攻读硕士学位18人、高校教师在职攻读硕士学位36人、专业学位517人。其中，来自韩国、日本和加拿大等国的6名留学生分别获得了MBA、国际法学、国际贸易学、旅游管理等专业的硕士学位。

下午，2010届本科生毕业典礼暨学位授予仪式举行，2010届本科毕业生共有3177名，其中67名为外国留学生。2010届毕业生就业率为91.02%。

7月

2日 山东省教育厅举办山东高校外国文教专家"教学奖"授奖仪式，外国语学院法国籍教师Troulay Anne和美国籍教师Stephen Cotner获得2010年度外国文教专家"教学奖"。

7日 学校发文，聘任史宏达为工程学院院长。

同日 教育部、财政部发文，麦康森院士主持的水产动物营养与饲料学课入选2010年度国家精品课程建设项目。杨桂朋教授为带头人的海洋化学课程教学团队入选2010年度立项建设的国家教学团队。杨桂朋教授为负责人的化学（海洋化学）专业、汪东风教授为负责人的食品科学与工程专业、徐祥民教授为负责人的法学专业入选第六批国家级特色专业。至此，学校已有10个专业成为国家级特色专业建设点。

12日 《中国海洋大学研究生学业奖学金评定实施办法》出台，于2010年秋季学期施行。

同日 教育部公布高等学校战略性新兴产业相关本科新专业名单，海洋资源开发技术专业榜上有名。该专业从2011年开始招生，修业年限4年，学位授予门类为工学。

14日 国家知识产权局发文，公布146家单位为第二批全国企事业知识产权示范创建单位，示范创建期为两年，中国海洋大学入围。

同日 学校发文，聘任杨桂朋为化学化工学院院长，权锡鉴为管理学院院长，杨连瑞为外国语学院院长。

21日 《中国海洋大学本科生研究发展计划实施办法（修订）》公布施行。该办法对资助项目类别及资助对象、申报与评审、经费、项目管理等作了规定，为本科生开展科学研究和技术开发活动提供指导和支持。

8月

9日 第一届海峡两岸海洋及海事大学"蓝海策略"校长论坛在台湾海洋大学举行，吴德星校长作为大陆参会大学的代表在论坛上作主旨发言。吴校长在台湾期间还考察了台湾东华大学，参观了深海水资源开发及利用项目。

23日 受全国科学技术名词审定委员会委托，由学校承担的"2010海峡两岸海洋科技名词"研讨会在学术交流中心召开。经过两天的努力，海峡两岸专家对1万余条海洋科学名词逐条进行了研讨并达成共识。

9月

2日 国务院学位委员会下发《关于下达2010年新增硕士专业学位授权点的通知》，学校新增金融、国际商务、保险、资产评估和旅游管理五个硕士专业学位授权点，列入2011年全国研究生统一招生专业目录。

6日 2010级研究生开学典礼在崂山校区综合体育馆举行。今年，招收硕士研究生2886人，其中专业学位硕士研究生591人；招收博士研究生347人。

7日 根据《中国海洋大学关于校内岗位津贴的实施意见》的规定，为在本年度教学、科研等方面作出突出贡献、争得荣誉的集体和个人颁发校长特殊奖励。获校长特殊奖励集体有管华诗教授团队（获得2009年国家科学技术发明一等奖）、于志刚教授团队（获得第六届高等教育国家级教学成果二等奖）。获校长特殊奖励的个人有文圣常教授（获得青岛市科学技术最高奖）、刘玉光教授（2009年度全国百篇优秀博士论文指导教师）。

16日 国务院学位办下发《关于下达2010年新增工程硕士领域的通知》，材料工程、建筑与土木工程获新增工程硕士领域，列入2011年全国研究生统一招生专业目录。

19日 2010级本科生开学典礼在崂山校区综合体育馆举行，党委书记于志刚出席。吴德星校长在致辞中说，中国海大定位为国家战略性大学，在人才培养上的定位是高等教育大众化背景下的精英教育，着力构建创新人才培养文化，汇聚最优质的教育资源，遵从教育规律，努力培养海大学子具备成为未来社会精英的潜质和能力。今年学校共招收本科生3858人。

20日 山东省人民政府学位委员会、山东省教育厅、山东省财政厅公布2010年山东省优秀学位论文和研究生优秀科技创新成果奖，原野、李兆杰、张洪海、刘志宇、苗苗、杜林、孙伟撰写的论文被评为山东省优秀博士学位论文。

10月

14日　学校出台《中国海洋大学关于新一轮本科专业结构调整和人才培养方案修订工作的原则意见》和《中国海洋大学关于新一轮本科人才培养方案修订工作实施细则》。新的人才培养方案体现了高等教育大众化背景下精英教育的总体要求，包括专业培养目标、课程体系构架、教学模式、创新能力培养等诸多要素，自2011级新生开始实施。

18日　青岛国家大学科技园主园区奠基仪式在青岛高新技术产业开发区胶州湾北部园区举行。青岛市委常委、副市长、高新区工委书记、市高校工委书记张惠，校长吴德星等出席。青岛国家大学科技园以中国海洋大学和青岛高新技术产业开发区为依托，联合青岛大学、青岛科技大学、青岛理工大学、青岛农业大学共建。主园区一期工程主要建设国际学术交流中心和办公、孵化、中试基地，规划用地123余亩。

同日　教育部、国务院学位委员会公布2010年全国优秀博士学位论文评选结果，2008届海洋化学专业陈军辉、海洋生物学专业王志平、水产养殖专业邵晨三位博士生的学位论文获得全国优秀博士学位论文提名。指导教师分别是王小如、张士璀、宋微波。

20日　2010年度何梁何利基金在北京颁奖，管华诗院士获得何梁何利基金科学与技术进步奖。

21日　"八关山讲堂"第一讲在崂山校区图书馆第二会议室开讲，中国登上过南北两极的第一人赵进平教授讲述了他不平凡的极地科考经历。"八关山讲堂"由学生工作处主办，因鱼山校区人文标志八关山而得名，宗旨为"崇尚学术、树人立新"，坚持名师专家主讲、科技人文互补、道德学术并举，以开阔学生知识视野，激发学术热情，启迪人生智慧。

30日　由中国高等科学技术中心、中国海洋大学、北京师范大学和科学时报社共同主办，主题为"求答钱学森之问：中国如何培养创新人才"的首届"创新中国论坛"在北京师范大学举行。美籍华裔物理学家、诺贝尔物理学奖获得者李政道先生担任论坛主席，并为论坛题词："科学教育天下事，创新见解谈笑间。"科学时报社社长、总编辑刘洪海主持开幕式。全国政协副主席、中国科学院院士王志珍，北京师范大学常务副校长董奇出席开幕式并分别致辞。中国海洋大学校长吴德星作题为《构筑创新人才培养文化的思考》的特邀报告，并与党委副书记李耀臻主持了论坛"圆桌会议"。本次论坛围绕创新人才的基本特征与品格、创新人才对成长环境的需求、创新型大学的社会环境分析、中国大学的制度与创新能力、中国大学创新人才培养体系构建、中国传统文化与民族创新性等议题展开研讨。

11月

1日　学校发文，成立海洋有机地球化学研究所。

6日　海洋生命学院举行建置80周年庆典。海洋生命学院毕业生、青岛市委常委、副市长张惠，管华诗院士、冯士筰院士、李庆忠院士、雷霁霖院士，党委书记于志刚，校长吴德星，原党委书记冯瑞龙，副校长董双林、李巍然等出席庆典仪式。院庆活动中举办"肝起源及其免疫功能""'十二五'我国海洋发展态势"等系列学术报告。

9日　山东省委常委、青岛市委书记李群在青岛市委常委、副市长张惠等陪同下来校调研，听取学校工作汇报，并与20余所驻青高校领导进行座谈。李群表示：中国海大要朝着建设国际一流高校目标迈进，为青岛发展提供智力支持和人才保障；市委、市政府将一如既往地关心、支持海大及驻青高校的发展，努力为高校发展创造良好的环境。

10日　第三次全国大学科技园工作会议在上海召开。以中国海洋大学和青岛高新区为依托的青岛国家大学科技园正式通过国家级大学科技园认定，这是青岛国家大学科技园自2002年6月被科技部、教育部批准建设以来取得的实质性突破。

16日　学校发文，表彰2009—2010学年先进班集体和先进个人，2007级数学与应用数学2班秦莉、水产养殖2班殷效申、计算机科学与技术2班刘超、化学1班陈程鹏、海洋科学专业于小芹、食品科学与工程专业徐洁、大气科学专业王帅、港口航道与海岸工程专业曲娜获得优秀学生标兵称号。

同日　吴德星校长一行抵达澳大利亚新南威尔士大学堪培拉校区，参加中澳海岸带管理（联合）研究中心澳方中心成立仪式和学术交流活动。吴德星会见了新南威尔士大学副校长莱斯·费尔德教授等，并看望学校在澳留学生。

27日　代表国家拳击队参加第16届广州亚运会女子拳击比赛的运动训练专业2009级学生董程，在女子拳击60公斤级比赛中勇夺金牌。

同日　中国海洋大学第一届大学生创新论坛开幕，校长吴德星在开幕式上作题为《构筑创新人才培养文化的思考》的报告。论坛为期六天，通过举办名家讲坛、展示创新成果、评选"十佳科技创新奖"等活动，促进大学生之间创新实践的交流与协助，提高大学生的实践创新能力。

12月

1日　学校发文，调整岗位设置管理与聘任工作领导小组，吴德星、于志刚为主任，成员有李耀臻、于宜法、刘贵聚、董双林、张静、李巍然、闫菊、李华军、陈锐、卢光志。

6日 第十一届文苑奖学金颁奖仪式在逸夫馆举行。文圣常院士为数学与应用数学专业2007级秦莉、水产养殖专业2007级殷效申、海洋科学专业2007级于小芹3名同学颁奖。校长吴德星、副校长李巍然出席颁奖仪式。

22日 中国共产党中国海洋大学第九届委员会第二次全体（扩大）会议审议通过《中国海洋大学关于深化实施人才强校战略的意见》，确立了深化实施人才强校战略的指导思想、总体目标和重要举措。

23日 学校发文，聘任薛永武为国家文化产业研究中心主任。

本年 经校专业技术职务任职资格评审委员会评审通过，于联志、于谨凯、王永红、王玉明、王树青、牛月明、尹鹰、田相利、任东升、包木太、刘振辉、刘霞、许国辉、牟海津、纪建悦、阳露昭、李光在、吴松华、何兵寿、汪岷、张文兵、张志明、张桂玲、陈守刚、茅云翔、孟祥红、赵亮、赵峡、宫相忠、唐瑞春、柴寿升、高山红、高孟春、郭晓霞、郭培清、桑松、温奉桥、慕永通、刘成圣、李昌诚、李金山、孙厚娟、纪丽真、方胜民、张庆德等获正高级专业技术职务任职资格，其中30人获聘校四级岗位。

本年 本年度科技经费共3.8亿元。基金项目超过百项，资助金额达5355万元，其中在海洋学科获资助项目39项，经费3021万元。人文社会科学研究获批国家社科基金资助1项，省部级项目14项。横向合作项目达917项，总额1.5亿元。获授权国内专利80项，其中发明专利55项。发表论文被SCI收录735篇，ISTP收录193篇，EI收录669篇。

本年 据上报教育部的《普通高校基层报表》统计，学校共有博士点44个、硕士点131个、全日制本科专业72个、博士后流动站8个、国家一级重点学科2个、国家二级重点学科2个、国家重点（培育）学科1个。在校学生总数为32192人，其中博士生1511人、硕士生6028人、普通本科生15362人、继续教育本科生6421人、继续教育专科生2870人。另有在职人员攻读博士、硕士总数为3647人，在校留学生985人。在校教职工总数为3053人，其中正高级481人、副高级522人；馆藏书196.47万册；占地总面积1691237平方米，其中校舍占地面积762145平方米；固定资产166207万元。

本年 学校科研成果获奖情况（省部级三等奖以上）见表32、表33。

表32　2010年学校科研成果获奖情况（省部级三等奖以上，自然科学类）

序号	项目名称	获奖情况	主要完成人（前三位）
1	对虾白斑症病毒（WSSV）单克隆抗体库的构建及应用	国家技术发明奖二等奖	战文斌　姜有声　王小洁
2	海洋工程安全与防灾若干关键技术及应用	国家科技进步奖二等奖	李华军　刘德辅　张　建
3	海洋水产蛋白、糖类及脂质资源高效利用关键技术研究与应用	国家科技进步奖二等奖	薛长湖　李兆杰　汪东风
4	壳聚糖自主装纳米载体构建及生物功能研究	教育部自然科学二等奖	陈西广　程晓杰　刘成圣
5	新型海洋防污涂料的开发与应用	山东省科技进步一等奖	于良民　李昌诚　闫　菊
6	海洋中二甲基硫（DMS）的生物地球化学	国家海洋局海洋创新成果一等奖	杨桂朋　张洪海　厉丞烜
7	哈维氏弧菌溶血素的发现与致病机理	国家海洋局海洋创新成果二等奖	张晓华　陈吉祥　孙铂光
8	海洋生物材料壳聚糖纳米技术研究	国家海洋局海洋创新成果二等奖	陈西广　程晓杰　刘成圣

表33　2010年学校科研成果获奖情况（省部级三等奖以上，社会科学类）

序号	项目名称	获奖情况	主要完成人
1	虚拟财产法律保护体系的构建	山东省社会科学优秀成果二等奖	刘惠荣
2	中华人民共和国海洋经济史	山东省社会科学优秀成果二等奖	姜旭朝
3	完善我国大型国有企业政府董事制度建设的途径	山东省社会科学优秀成果三等奖	王树文
4	"乐由中出"：《乐记》对乐的生命本体论阐释	山东省社会科学优秀成果三等奖	薛永武
5	龙心岛——有感青岛的古老传说	第三届山东省"泰山文艺奖"二等奖	康建东

2011年

1月

9日 教育部、财政部联合下发《关于批准第七批高等学校特色专业建设点的通知》，环境工程、海洋资源开发技术2个专业获批。至此，学校已有12个专业成为国家级特色专业建设点。

14日 国家科学技术奖励大会在北京举行，战文斌教授领衔完成的"对虾白斑症病毒（WSSV）单克隆抗体库的构建及应用"获得国家技术发明奖二等奖，李华军教授领衔完成的"海洋工程安全与防灾若干关键技术及应用"、薛长湖教授领衔完成的"海洋水产蛋白、糖类及脂质资源高效利用关键技术研究与应用"获得国家科技进步奖二等奖。

本月 2010年度山东省有突出贡献的中青年专家名单公布，薛永武入选。

2月

24日 中德海洋科学中心揭牌仪式在崂山校区举行。校长吴德星与德国不来梅大学校长Mueller、基尔大学校长Fouquet、莱布尼兹海洋科学研究所所长Herzig、莱布尼兹热带海洋生态中心主任Ittekkot共同签署合作协议并为中心揭牌。

设在中国海洋大学的中德海洋科学中心是由中国教育部和德国联邦教育与研究部共同支持的海洋科学领域高层次科教合作平台，其宗旨是协调并促进中德海洋科学领域相关科研学术机构与企业组织间的合作，尤其是促进中德双方在海洋科学高等教育与研究领域的合作。中国海洋大学依托相关重点实验室为中德海洋科学中心提供人力、教学、科研及基础设施支撑。

3月

1日 党委常委会研究决定：社会科学部为学校二级教学单位，独立建制。

3日 国务院学位委员会发布《关于下达2010年审核增列的博士和硕士学位授权一级学科名单的通知》，学校获准增列应用经济学、计算机科学与技术、药学、工商管理4个博士学位授权一级学科，增列法学、政治学、中国语言文学、历史学、数学、化学、地理学、机械工程、材料科学与工程、控制科学与工程、土木工程、化学工程与技术、地质资源与地质工程、公共管理14个硕士学位授权一级学科。

4日 中纪委驻教育部纪检组组长、教育部党组成员王立英一行来校调研，就党的建设和反腐倡廉建设听取学校领导及相关单位的汇报，她强调学校要始终把党的建设和党风廉政建设放在重要位置，为推动教育事业改革发展提供有力保障。

11日　副校长李巍然一行赴厦门大学访问，与厦门大学签署《中国海洋大学厦门大学关于本科生合作培养的协议书》。根据协议，从2011年9月至2015年7月，两校每年互派二年级或三年级本科生到对方相应专业学习1年，每个专业派出人数不超过3人，总人数不超过10人；双方互派的本科生按照各自学校的培养计划到对方相应专业选修课程、享受对方学校学生相同的待遇等。

14日　学校与美国麻省州立大学波士顿分校在行远楼签署"环境科学硕士研究生联合培养项目"合作协议，副校长李华军和波士顿分校副校长兼教务长Winston Langley代表两校在协议书上签字。该项目以学校环境科学与工程学院和UMB的数学与科学学院为依托，主要招生对象为学校相关专业的在校硕士研究生。

23日　学校发文，成立中德海洋科学中心，吴立新为中方主任，陈学恩为常务副主任。

24日　学校发文，聘任方奇志为数学科学学院院长。

26日　教育部、山东省人民政府、国家海洋局、青岛市人民政府共建中国海洋大学协议签字仪式在济南南郊宾馆举行。教育部党组书记、部长袁贵仁，山东省委书记、省人大常委会主任姜异康，省委副书记、省长姜大明，国家海洋局党组书记、局长刘赐贵，省委常委、青岛市委书记李群，中国海洋大学党委书记于志刚、校长吴德星出席签字仪式。袁贵仁、姜大明、刘赐贵和青岛市副市长王广正共同签署共建协议。

根据协议，在前两次共建的基础上，在2010年至2013年，教育部、山东省、青岛市继续为中国海洋大学提供4.5亿元资金支持，国家海洋局鼓励和支持中国海洋大学申请和承担各类海洋项目，项目数量和规模不低于前期。此次重点共建，旨在进一步加快海大创建国际知名高水平大学和世界一流大学的步伐，使学校人才培养质量、科学研究水平、自主创新能力、社会服务能力以及国际竞争能力显著提高，在造就学术领军人物和集聚创新团队、培养拔尖创新人才、产生国际领先的原创性成果、创新管理体制机制等方面取得新的突破，为建设创新型国家和人力资源强国作出更大贡献。

袁贵仁在讲话中说，长期以来，中国海洋大学立足山东，面向全国，为行业和区域经济建设及社会发展作出了重要贡献。此次共建协议的签署为海大的改革发展注入了新的活力，必将加快海大建设国际知名高水平大学和世界一流高校的步伐，进一步提升服务国家、服务行业、服务区域的能力。希望海大牢牢把握大好时机，坚持以提高质量为核心，以改革创新为动力，以服务社会为职责，积极适应国家实施海洋战略和山东建设经济文化强省的需要，实现办学质量和整体水平的历史新跨越。

教育部、山东省人民政府、国家海洋局、青岛市人民政府继续重点共建中国海洋大学签字仪式

4月

1日 山东省委常委、常务副省长王仁元，省委常委、青岛市委书记李群就实施《山东半岛蓝色经济区发展规划》和《蓝色经济区改革发展试点方案》事宜来校调研，在校长吴德星等陪同下考察医药学院。王仁元、李群详细询问了海洋药物开发情况，表示要以国际眼光支持学校加快科研成果产业化，推进蓝色经济发展。

8日 校长吴德星在崂山校区会见来校访问的韩国仁荷大学校长李本守一行，双方签署学术交流、交换学生协议书。

13日 王彬华教授因病去世，享年97岁。

15日 学校发文，聘任姜旭朝为经济学院院长。

同日 学校发文，聘任朴大雄为数学科学学院应用数学研究中心主任，方奇志为数学科学学院数学研究所副所长（兼）。

校友会成立

23日 中国海洋大学校友会成立暨第一次校友代表大会在鱼山校区召开，来自海内外的200余名校友代表出席大会。大会审议通过《中国海洋大学校友会章程》，选举产生中国海洋大学校友会第一届理事会理事193人、常务理事64人。中国海洋大学原党委书记冯瑞龙当选会长，党委副书记张静当选常务副会

长，国家海洋局副局长王宏等13人当选副会长。校长吴德星发表讲话。国家民间组织管理局副局长刘忠祥宣读《民政部关于中国海洋大学校友会筹备成立的批复》。

29日　中国民主促进会中国海洋大学支部成立。党委书记于志刚，青岛市政协副主席、民进青岛市委会主委方漪出席会议。会议选举产生民进海大支部第一届领导班子，水产学院教授宫庆礼当选主委。

本月　2010年教育部"新世纪优秀人才支持计划"名单公布，曹立民、何艮、郎印海、刘曙光、孟祥红、王师、王树青、邢婧、赵玮入选。

5月

4日　中国海洋大学第二届本科教育教学讨论会的专家报告会在崂山校区举行。日本中央教育审议委员会委员金子元久和华东师范大学副校长陆靖分别作《大学教育范式的转换》和《建设具有研究型大学特征的本科教育》的报告。报告会后，针对本届讨论会的主题"研究型大学创新人才培养模式的改革与探索"，参会人员进行分组研讨。

同日　值《中国海洋大学报》创刊80周年纪念日，党委书记于志刚题词"师生益友，读者良伴"；校长吴德星题词"海洋海量海魂，权威理性深度"；学校教授、顾问、文学与新闻传播学院名誉院长王蒙题词"校报与我们一起前进"；"驻校作家"毕淑敏题词"新起点，新征程，新贡献"。

1931年5月4日，《中国海洋大学报》的前身《国立青岛大学周刊》创刊。80年来，校报先后易名《国立山东大学周刊》《山大生活》《新山大》《山东大学》《山东海洋学院》《山东海洋学院报》《青岛海洋大学》《青岛海洋大学报》，2002年易名《中国海洋大学报》。

6日　学校党委中心组（扩大）第14次专题学习举行，英国利物浦大学副校长、西交利物浦大学执行校长、西安交通大学教授、《管理学家》杂志主编席酉民作《高教改革的系统思考与西交利物浦大学的探索》的报告。三个小时的报告，席酉民教授以国际视野和独到的见解阐释了他对高教改革的系统思考。

9日　加拿大魁北克大学里穆斯基校区校长Michel Ringuet、海洋科学研究所所长Serge Demers等一行来访，校长吴德星、副校长董双林在行远楼会见客人。双方签署了海洋学双硕士学位联合培养协议和博士生联合培养协议。

20日　学校第五届教职工代表大会第一次会议暨第十一次工会会员代表大会在崂山校区召开，大会听取校长工作报告，听取并审议教代会、工会工作报告，审议通过工会经费审查报告，大会选举王震等21人组成新一届工会委员会。经青岛市总工会批准，王震为工会主席。

同日 "畅游海洋科普丛书"在青岛书城首发。这是中国海洋大学出版社推出的面向全国青少年进行海洋科普教育的精品图书。丛书由时任校长吴德星担任总主编，包括《初识海洋》《海洋生物》《壮美极地》《探秘海底》《魅力港城》《奇异海岛》《海战风云》《航海探险》《船舶胜览》《海洋科教》10个分册。中国科学院院士文圣常为丛书题词："普及海洋知识，迎接蓝色世纪。"

22日 学校"筑峰工程"教授吴立新在国际著名杂志 *Nature Geoscience* 以第一作者身份发表其团队在南大洋深层能量传递及混合方面的最新研究成果。该研究在国际上首次较为完整地揭示了南大洋上层混合的空间分布和季节变化，将大洋混合研究从之前的间歇性局部调查研究推向了持续性全球观测研究的新阶段。

24日 青岛市财政局、科技局组织召开青岛市共建中国海洋大学二期建设项目验收会议，验收专家组组长、中国科学院海洋所侯保荣院士主持会议。验收专家组听取学校"985工程"办公室主任刘光兴的情况汇报，审核相关材料，经过讨论和评议，认为青岛市共建中国海洋大学二期在海洋科学研究创新能力、海洋资源开发利用及环境保护技术研发能力、服务青岛海洋产业发展等三方面全面实现了建设目标，一致同意通过验收。2004年，国家"985工程"二期建设启动。2006年12月，青岛市政府决定二期共建中国海洋大学，并制订了《青岛市人民政府共建中国海洋大学二期建设方案》和建设资金管理办法。青岛市政府投入建设资金1亿元人民币，重点进行海洋科学研究创新能力、海洋资源开发利用及环境保护技术研发能力、服务青岛海洋产业发展能力三个层面的重点建设。

27日 中国海洋大学国家保密学院暨国家保密教育培训基地青岛分基地成立仪式在崂山校区举行。中央保密办副主任、国家保密局副局长戴应军与校党委书记于志刚共同为海大国家保密学院揭牌。戴应军副局长、山东省保密局局长张文杰、青岛市保密局局长吴同斌、校长吴德星共同签署共建海大国家保密学院协议。海大国家保密学院依托信息科学与工程学院设置信息保密专业方向，突出涉海领域保密教学。今年本科生生源从大学二年级相关专业的学生中选拔，2012年列入全国普通高考招生计划。

6月

3日 校党委发文，根据新修订的《中国共产党普通高等学校基层组织工作条例》规定，经党委常委会研究决定：有全日制学生的教学单位（包括海洋环境学院、信息科学与工程学院、化学化工学院等）党组织由中国共产党中国海洋大学×××（单位名称，下同）总支委员会更名为中国共产党中国海洋大学×××委员会，团组织由中国共产主义青年团中国海洋大学×××总支委员会更名为中国共产主义青年团中国海洋大学×××委员会;以上各单位党总支书记、副书记、委员的党内职务名称和团总支书记、副书记、委员的团内职务名称自然变更。

8日　值第三个全国海洋宣传日之际,由国家海洋局资助、学校承建的中国海权教育馆在崂山校区开馆。中国海权教育馆以"知我海权,建我海洋强国"为主题,主要包括中国海洋权益沙盘展示、海洋资源实物展示、海权教育电影院以及海洋海权教育展览四个部分。海权教育馆面向社会尤其是中小学生免费开放。馆名由人民日报社原社长邵华泽题写。

9日　上午,国家海洋局党组书记、局长刘赐贵在山东省委常委、青岛市委书记李群等陪同下来校调研。在座谈会上,刘赐贵听取党委书记于志刚关于学校历史、发展现状、10年共建成绩及发展目标等方面的情况介绍。刘赐贵对学校长期以来对我国海洋工作的大力支持表示感谢。他介绍了国家海洋局近期着力推进的重点工作,就如何促进海大发展提出建议:一是希望进一步细化四家共建海大协议的相关内容,使之更有操作性;二是希望进一步加强同国家海洋局有关部门和单位的沟通,将毕业生就业需求与海洋事业的需要有机结合起来;三是希望学校在学科建设、项目投入等方面紧密联系国家海洋事业发展的需求,在海洋领域基础性、前瞻性、关键性的技术研发方面继续发挥表率作用,争取获得新的突破;四是希望进一步加强海洋信息数据的资源共享,打造资源共享平台。

同日　下午,中国海洋大学、青岛大学、青岛科技大学、青岛理工大学与临沂大学战略合作签约仪式在临沂大学举行。山东省委常委、青岛市委书记李群等出席签约仪式。于志刚代表青岛四所高校致辞。于志刚与临沂大学校长韩延明签署两校战略合作协议。根据协议,双方将在专业课程建设与人才培养、科研合作与资源共享等方面进行合作。

14日　山东省教育厅表彰山东省高等学校省级优秀学生、优秀学生干部和先进班集体,杜晓蕾等23人被评为省级优秀学生,崔璐等11人被评为省级优秀学生干部,2009级会计学硕士班、2007级水产养殖2班、2007级财务管理班、2007级食品科学与工程班、2007级金融学班、2007级海洋科学班被评为省级先进班集体。

17日　学校党委中心组(扩大)第15次专题学习举行,我国著名的马克思主义理论研究专家、教育部高等学校社会科学发展研究中心原主任田心铭研究员应邀作《谈谈什么是马克思主义,怎样对待马克思主义》的报告。

23日　2011届学生毕业典礼暨学位授予仪式举行,共有282名博士生、2555名硕士生、3579名本科生分别取得了博士、硕士和学士学位。在本届毕业研究生中,来自新西兰的1名留学生获得了海洋生物学理学硕士学位；来自韩国的4名留学生分别获得了国际法学、经济法学、国际政治等专业的法学硕士学位；来自俄罗斯、哥伦比亚、哈萨克斯坦、加纳、柬埔寨、美国、纳米比亚等国的9名留学生获得了全日制国际工商管理硕士专业学位。2011届毕业生就业率为90.14%。

25日　由中国海洋大学、全国二语习得研究专业委员会和中国教育语言学研究会共同主办的"2011首届中国二语习得研究高层论坛"在崂山校区举行。校长吴德星出席论坛开幕式并致辞，中国教育语言学研究会副会长、中国海洋大学外国语学院院长杨连瑞教授主持开幕式。来自美国哥伦比亚大学的Han Zhao Hong教授，国务院学位委员会外语学科组成员、全国二语习得研究会会长、广东外语外贸大学王初明教授，中国教育语言学研究会会长、上海交通大学俞理明教授，全国外语教师教育与发展专业委员会会长、北京外国语大学吴一安教授等参加论坛。

7月

1日　学校发文，聘任包振民为海洋生命学院院长，李广雪为海洋地球科学学院院长。

8日　由学校申报的农业部水产动物营养与饲料重点实验室经农业部批复立项建设，成为学校首个农业部重点实验室，也是全国唯一专业性（区域性）农业部水产动物营养与饲料学重点实验室。

7名师生乘坐"和平号"邮轮完成中国大学的首次环球航行学习

11日　值第七个中国航海日之际，学校启动"Global University专项学习计划"。7月19日，参与这项计划的文学与新闻传播学院副教授欧阳霞和从全校二、三年级本科生中选拔的6名学生乘坐日本"和平号"邮轮，开始穿越亚、非、欧、美四大洲，历时106天，途经22个沿海国家，完成了环绕地球5.3万千米的航行学习。这是中国高校师生的首次环球航行学习，也是学校探索培养国际化高层次海洋人才的新途径。"Global University专项学习计划"由国家一级作家、"驻校作家"毕淑敏女士倡导，并得到大连獐子岛渔业集团的资助。

18日　山东省人民政府学位委员会、山东省教育厅下文，于红（导师李琪）、胡利民（导师郭志刚）、伊珍珍（导师宋微波）、李春（导师吴立新）撰写的论文被评为山东省优秀博士学位论文。

22日　由中国水利教育协会、教育部高等学校水利学科教学指导委员会主办，由45

所高校参加的第二届全国大学生水利创新设计大赛在武汉大学落下帷幕。由工程学院刘臻老师指导,李鑫磊、李彦平、吕小龙、徐立鹤等4名同学设计的作品"基于冲击式透平的振荡水柱波能发电装置",荣获特等奖。

本月 美国ESI数据库7月发布的国际论文统计数据显示,学校化学学科(领域)进入全球科研机构前1%行列,这是继植物与动物学、地球科学和工程技术学科(领域)之后,学校第四个学科(领域)进入全球科研机构前1%。

8月

5日 国务院学位委员会学位授予和人才培养学科目录调整,学校增列生态学、软件工程2个博士学位授权一级学科,增列生态学、统计学、软件工程3个硕士学位授权一级学科。原历史学硕士一级学科对应调整为中国史硕士一级学科。

19日 国务院学位委员会下文,批准学校新增审计硕士专业学位授权点。

22日 全国政协副主席、科技部部长万钢率领科技部相关部门负责人来青,就青岛海洋科学与技术国家实验室建设工作进行调研,科技部副部长陈小娅参加。万钢一行听取海洋科学与技术国家实验室理事长管华诗院士关于实验室筹建历程、建设方案和面临的关键问题与建议等情况的汇报,并到实验室建设工地进行实地考察。万钢指出,青岛汇聚了国内一批具有较强优势的海洋科技力量,承担了大量的国家海洋科技重大任务,为我国海洋科技事业发展作出了重要贡献。他强调,鉴于国家海洋事业发展和科技体制机制创新的紧迫需求,海洋国家实验室的建设推进工作迫在眉睫,要以改革、发展、创新的精神加快项目推进,以增强我国海洋科技自主创新能力。他表示,科技部将全力支持和推进海洋科学与技术国家实验室建设进程。山东省委常委、省政府副省长孙伟,省委常委、青岛市委书记李群,校长吴德星等陪同调研。

同日 山东省人民政府办公厅公布"泰山学者攀登计划"人选名单,于良民教授榜上有名。

23日 2011级新生开学典礼在体育馆举行,吴德星校长致辞,董双林副校长、李巍然副校长分别主持了研究生开学典礼和本科生开学典礼。今年学校共招收硕士生3157人(其中专业学位硕士生769人)、博士生355人、本科生3852人。在开学典礼上播放了纪录片《海洋》片段;音乐表演专业师生奉上了一场精彩的迎新音乐会。

9月

1日 《中国海洋大学博士研究生创新研究基金暂行管理办法(试行)》公布施行。

6日 学校发文,对本年度在教学、科研等方面作出突出贡献、争得荣誉的集体和个人颁发校长特殊奖励。获得校长特殊奖励的集体是战文斌教授团队（2010年国家技术发明二等奖）、李华军教授团队、薛长湖教授团队（2010年国家科学技术进步二等奖）；获得校长特殊奖励的个人是管华诗院士（2010年度何梁何利基金科学与技术进步奖）。

同日　学校发文，表彰优秀教师：徐祥民、王昭萍、高会旺获第六届山东省教学名师称号；王竹泉、王萍获中国海洋大学第二届教学名师称号；王竹泉等获中国海洋大学第五届本科教学优秀奖。

7日　首届中德海洋科学研讨会在鱼山校区文苑楼召开。中德海洋科学中心中方主任、中国海洋大学物理海洋教育部重点实验室主任吴立新，中德海洋科学中心德方主任、不来梅大学环境物理研究所研究生项目主任Justus Notholt教授代表先后致辞。本届中德海洋科学研讨会以"海洋预测、预报和开发利用"为主题，来自中德两国海洋科学领域的28位专家学者带来20余场精彩的报告，并就未来10年全球海洋观测、环境预报及海洋资源的开发利用等问题进行探讨。

同日　学校发文，聘任李广雪为河口海岸带研究所所长（兼）。

同日　学校发文，任命于长江为离退休干部工作处党总支书记，刘永平为离退休干部工作处处长。

9日　2011高教社杯全国大学生数学建模竞赛结束，有来自31个省、自治区、直辖市以及海外的19490支代表队参加竞赛。数学科学学院的王道胜、杨攀、杨颖怡组成的代表队获得一等奖。

19日　学校党委九届四次全会在崂山校区召开，会议审议并通过《中国海洋大学"十二五"事业发展规划》。《规划》全面总结学校"十一五"时期事业发展的主要成绩和基本经验，科学分析学校面临的机遇和挑战，提出"十二五"期间学校发展的指导思想、目标任务和重要举措，描绘了未来五年的发展蓝图。为实现发展目标，学校从总体上确定了强化内涵发展、做强优势领域、创新体制机制、突出工作重点、着力文化引领等若干举措。

同日　中国海洋大学中澳海岸带管理研究中心顾问委员会第一次会议暨学术研讨会召开，澳大利亚新南威尔士大学堪培拉分校校长Michael Frater教授，校长吴德星等出席会议并致辞。中心是中国海洋大学文科领域的第一个国际联合研究机构，定位为以海洋人文科学为主开展文理交叉研究、国际比较研究，兼顾基础研究和应用研究的机构，下设四个研究室：海岸带管理的政策、法律研究室，海岸带管理体制研究室，人类活动影响与海岸带管理研究室，全球气候变化与海岸带环境、生态保护研究室。

21日　中国海洋大学校长吴德星、上海海洋大学校长潘迎捷、广东海洋大学校长何真、浙江海洋学院院长苗振清、大连海洋大学主要领导在中国海大共同签署《海洋大学联盟章程》，宣告海洋大学联盟创立。海洋大学联盟是由我国各海洋大学自愿成立的学术活动联盟。联盟积极促进成员之间的教育教学合作，师生互访交流，建立海洋教育资源共享机制，建立校际协同创新机制，并举办海峡两岸涉海大学校长论坛、海洋科学与技术、海洋人文科学研讨会或专题研讨会。

22日　第二届海峡两岸海洋海事大学"蓝海策略"校长论坛暨"海洋科学与人文"研讨会在学校举行，来自15所涉海院校的领导出席论坛，论坛主题为海峡两岸海洋海事教育面临的挑战和战略选择。

同日　中国人民解放军总政治部、教育部国防生工作组来校调研。党委书记于志刚出席调研会，党委副书记李耀臻汇报学校国防生教育和管理工作情况。自2002年学校与海军签署培养国防生协议至今，累计招收选拔国防生946名，已有583名顺利完成学业，在部队海洋水文气象、航海保障、装备维修、科研试验、作战训练等领域发挥着重要作用。

同日　谢尚平教授为首席科学家主持申报的国家重大科学研究计划项目"太平洋印度洋对全球变暖的响应及其对气候变化的调控作用"获科技部立项，资助经费2694万元。

29日　校学位委员会审定通过2011年新增一级学科增列博士生指导教师资格名单，他们是赵峡、李文利、薛永武、王元月、刘曙光、杨林、邵桂兰、赵领娣、赵昕。

同日　教育部公布第二批"卓越工程师教育培养计划"高校名单，中国海洋大学名列其中。

10月

11日　中国海洋大学国家保密学院首批本科生在崂山校区开班。青岛市委保密办主任、市保密局局长吴同斌，校党委书记、国家保密学院院长于志刚等出席仪式并讲话。学校国家保密学院从全校三个年级中选拔的83名学生成为首批学员。

17日　《中共中国海洋大学委员会关于推进党务公开工作的意见（试行）》出台，旨在进一步推进党内民主，加强党内监督。

18日　国务院学位委员会发布《关于下达工程博士专业学位授予单位名单的通知》，首次批准中国海洋大学等25个单位开展工程博士专业学位授予工作。学校能源与环保领域工程博士专业学位授权点获批。

22日　为期两天的中国海洋大学第二届"科学·人文·未来"论坛举办。本届论坛以"关注海洋，面向世界"为主题。学校顾问、教授、文学与新闻传播学院名誉院长王蒙和著名海洋药物学家、中国工程院院士管华诗担任论坛主席。来自科学界的秦伯益、张国伟、王琦、麦康森、吴德星、刘守全和来自文艺界的朱向前、毕淑敏、蒋子龙、张炜、纪宇、周永家、赵长天等，从科学和人文的视角深入探讨海洋、国家和人类的未来。论坛包括四个单元，分别是生命之本、艺术之源、强国之路、和平之舟。论坛高潮迭起，精彩纷呈。青岛市副市长王广正、校党委书记于志刚、管华诗院士在开幕式上致辞。王蒙先生在闭幕式上作总结发言时说，本次论坛是一次海洋知识的教育，更是一次海洋意识的觉醒。

28日　学校党委中心组（扩大）第16次专题学习举行，邀请中国人事科学研究院院长吴江研究员作《人才优先发展的国家战略》的报告。

11月

2日　山东省副省长孙伟在青岛市副市长张惠的陪同下来校考察。在听取吴德星校长的汇报后，孙伟指出，目前国家正在强力推进海洋战略，山东省"黄河三角洲高效生态经济区"与"半岛蓝色经济区"战略已全面展开，希望中国海洋大学抓住机遇，加快发展，为地方及国家经济发展作出新的贡献。孙伟副省长等还参观了海洋工程山东省重点实验室。

3日　《教育部国务院学位委员会关于批准2011年度博士研究生学术新人奖的通知》发布，海洋地质专业2010级博士生刘鑫、物理海洋学专业2010级博士生张丽萍、水生生物学专业2009级博士生陈军、遗传学专业2009级博士生侯睿、海洋化学工程与技术专业2009级博士生董博华榜上有名。

9日　值中国科学院资深院士文圣常先生90寿辰暨从事海洋科教60周年之际，第十二届文苑奖学金颁奖仪式在逸夫馆举行。文先生为生物科学2008级孙积、海洋生物资源与环境2008级张斌、自动化2008级刘宇三名获奖学生颁奖并发表语重心长的讲话。吴德星校长向获奖学生表示祝贺，并向亲临颁奖仪式的文圣常院士表示衷心的感谢。颁奖仪式上还播放了视频《文苑英才录》，介绍了历届文苑奖学金获得者的近况。

10日　2011年全国重点中学校长研讨会在崂山校区举行。来自11个省份的19所重点中学校长齐聚中国海洋大学，共同研讨自主选拔录取等特殊类招生政策及其对中学教育的影响。中国海洋大学副校长李巍然出席会议并致辞。与会的河北衡水中学、华南师大附中、福州一中、青岛二中、山东省实验中学、沈阳二中、中国海洋大学附属中学等校长先后发言，就如何完善自主选拔录取政策、如何开展招生宣传、如何加强与中学的合作等进行深入的探讨。

11日　学校党委中心组（扩大）第17次专题学习举行，邀请清华大学邹广文教授作《文化繁荣发展与大学文化建设》的报告。

24日　学校第三次妇女代表大会在崂山校区召开。山东省高校妇工委常务副主席张洪英、青岛市妇联副主席李婉玲、校党政领导出席开幕式。大会审议通过了刘秦玉代表第二届妇女委员会作的工作报告和14项妇女委员会有关工作制度的决议，选举产生了21人组成的第三届妇女委员会，刘惠荣任主任。

28日　《教育部思想政治工作司关于公布2011年高校校园文化建设优秀成果评选结果的通知》下发，学校报送的《十年支教路，千里山海情——中国海洋大学充分发挥研究生支教团实践育人作用》荣获一等奖。

本月　教育部2011年度"新世纪优秀人才支持计划"名单公布，包木太、高勤峰、胡国斌、李锋民、李红岩、李培良、梁丙臣、邵长伦、孙明亮、赵亮、薛桂芳、崔凤入选。

12月

3日　校长吴德星在"胜利楼"会议厅会见来访的英国利物浦大学校长Howard Newby一行，就两校双学位博士合作培养项目举行签字仪式。

9日　山东省第二届泰山文艺奖颁奖大会举行，文学与新闻传播学院教授、知名儿童文学专家朱自强创作的儿童系列故事《属鼠蓝和属鼠灰》（三册，与左伟合著），在儿童文学组以排序第一名获得泰山文艺奖（文学创作奖）。泰山文艺奖是山东省委、省政府于2007年批准设立的全省文艺界的综合性文艺奖。

12日　山东省教育厅下发《关于公布2011年高等学校省级教学团队名单的通知》，由高会旺教授为带头人的环境海洋学教学团队入选。至此，学校共有省级教学团队九个。

同日　山东省教育厅发文，《环境与资源保护法学》（徐祥民著）、《食品保藏原理与技术》（曾名湧著）、《海水贝类养殖学》（王如才著）被评选为第二届山东省高等学校优秀教材。

14日　2011年度教育部"长江学者和创新团队发展计划"创新团队入选名单公布，由薛长湖教授担任学术带头人的海洋生物资源高效利用研究与开发团队榜上有名。期限为2012—2014年，资助金额为300万元。

15日　第12届中国青年科技奖在北京颁奖，化学化工学院刘素美教授获奖。

16日　学校申报的山东省海洋食品工程技术研究中心获得山东省科技厅批复，予以立项建设。

22日　全国大学生数学建模竞赛20周年庆典暨"2011高教社杯"颁奖仪式在北京举行，数学科学学院曹圣山教授和数学科学学院信息与计算科学专业2009级王道胜同学作为代表受邀参加了庆典仪式，曹圣山教授荣获每10年评选一次的"全国优秀指导教师"荣誉称号。

29日　"观海听涛"网站在成立8周年之际改版。新"观海听涛"站群集合图片、文字、视频、声音和专题，浏览更加便捷，功能更为全面。

本年　经校专业技术职务评聘专家委员会评议、校岗位设置管理与聘任工作领导组审议，王悠、任景玲、刘静、何波、宋大雷、陈学恩、苗洪利、赵玮、胡国斌、高昕、盖尧、游桂云、李静、牛月明、田相利、任东升、阳露昭、张志明、高孟春、王永红、邓拥军、宋波、郭心顺、韩力挥、崔越峰等人获聘校专业技术四级岗位。

本年　自2002年开始，学校先后向贵州省德江县民族中学、煎茶中学，遵义县乌江中学和西藏拉萨职业技术学院等学校派出94名研究生支教团志愿者参加扶贫接力计划。在学校的大力支持下，10届研究生支教团薪火相传、爱心接力，实现了对受教地持续、稳定的帮扶资助，在完成教书育人任务的同时，筹集奖助学金61万余元，资助1800余名学生完成学业；为当地募捐办学物品价值约59万元；募集资金修建了"海大路""海洋桥"，援建了望海小学、百川小学、行远小学、山海小学和海情小学5所小学。10年来，支教团通过各种渠道给当地筹集的资助金额累计194万余元。支教团出色的工作受到受教地政府、师生和社会的高度评价，得到团中央和教育部的充分肯定，支教团事迹经团中央推荐，被新华社、中央电视台、《中国教育报》等多家媒体多次报道。

本年　随着高等教育事业的快速发展，为缓解办学空间不足，学校贷款建成了崂山校区。按照财政部、教育部化解高校债务的要求，学校决定在保留浮山校区基本办学条件的前提下，置换107.31亩土地。2008年6月、9月青岛市政府、教育部分别下文，同意学校置换土地，给予变更用地性质、提高容积率等优惠政策。2011年9月28日，青岛市拨付土地收购补偿款11亿元。学校还获得财政部、教育部配套30%计3.3亿元的奖励。学校通过土地置换获得了14.3亿元资金，彻底化解了财务风险。

本年　实到科技经费4亿元，其中文科科研项目经费总量比上年增长48%。国家自然科学基金项目121项，获批国家社科基金项目9项，其中重点项目2项；被国际三大收录系统收录论文超过1400篇，其中SCI收录论文近700篇。

本年　据上报教育部的《普通高校基层报表》统计，学校共有博士一级学科点12个、二级学科点4个、硕士一级学科点34个、二级学科点9个、全日制本科专业72个、博士后流动站8个、国家一级重点学科2个、国家二级重点学科2个、国家重点（培育）学科1个。在校学生总数为34019人，其中博士生1558人、硕士生6484人、普通本科生15439人、继续教育本科生7121人、继续教育专科生3417人；在职人员攻读硕士总数为3807人；在校留学生901人。在校教职工总数为3168人，其中正高级495人、副高级551人；馆藏书203.46万册；占地总面积1691237平方米，校舍占地面积791074平方米；固定资产190546.97万元。

本年　学校科研成果获奖情况（省部级三等奖以上）见表34、表35。

表34　2011年学校科研成果获奖情况（省部级三等奖以上，自然科学类）

序号	项目名称	获奖情况	主要完成人（前三位）
1	海洋仪器海上试验与作业基础平台若干关键技术及应用	国家科技进步奖二等奖	吴德星　陈学恩　郭心顺
2	海水重要养殖动物池塘养殖结构优化	山东省科技进步一等奖	董双林　田相利　王　芳
3	河豚安全食用和河豚毒素检测、提取、制备技术体系构建	山东省技术发明二等奖	宫庆礼　刘　岩　邓志科
4	海洋腐蚀防护功能涂层的设计及应用基础研究	国家海洋局海洋创新成果奖一等奖	陈守刚　尹衍升　刘　涛

表35　2011年学校科研成果获奖情况（省部级三等奖以上，社会科学类）

序号	项目名称	获奖情况	主要完成人
1	国外语言损耗研究的现状调查	山东省社会科学优秀成果二等奖	杨连瑞　潘克菊　刘宏刚
2	泛黄海地区海洋产业布局研究	山东省社会科学优秀成果二等奖	韩立民
3	利益相关者满足与企业价值的相关性研究——基于我国酒店餐饮上市公司面板数据的实证分析	山东省社会科学优秀成果三等奖	纪建悦

续表

序号	项目名称	获奖情况	主要完成人
4	中国上市公司营运资金管理调查：2007—2008	山东省社会科学优秀成果三等奖	王竹泉
5	农村教育促进学生社会流动限度研究	山东省社会科学优秀成果三等奖	孙艳霞　袁桂林
6	多维视野中的沈从文和福克纳小说	山东省社会科学优秀成果三等奖	李萌羽

2012年

1月

11日 学校党委九届五次全会在崂山校区举行,会议审议并通过《中国海洋大学国际化战略实施意见》。该意见确立了国际化战略的指导思想和基本目标,着力在学科提升、智力引进、国际合作平台、国际课程及留学生教育方面部署若干重点项目并大力推进。

20日 《教育部关于批准实施"十二五"期间"高等学校本科教学质量与教学改革工程"2012年建设项目的通知》发布,学校获批三个种类本科教学工程建设项目,支持经费共计1050万元。其中,食品科学与工程、港口航道与海岸工程、电子信息工程三个专业获批专业综合改革试点项目;中国海洋大学青岛海信电器股份有限公司工程实践教育中心、中国海洋大学泰祥集团工程实践教育中心获批校外实践教育基地项目;还获批大学生创新创业计划200项。

2月

3日 根据《山东省科学技术奖励办法》规定,省政府对获得2010年度国家科学技术奖励的首位人员和省科学技术最高奖的人员给予表彰,战文斌、薛长湖被授予山东省先进工作者称号。

8日 第二届"山东省十大优秀中青年法学家"颁发证书仪式在济南举行,法政学院常务副院长、教授、博士生导师刘惠荣入选。该项活动是中共山东省委政法委员会、山东省法学会在全省有关高校、科研单位和政法实务部门组织开展的。

14日 依《教育部办公厅关于公布第二批卓越工程师教育培养计划高校学科专业名单的通知》,机械设计制造及其自动化、电子信息工程、计算机科学与技术、港口航道与海岸工程和食品科学与工程五个专业入选"卓越工程师教育培养计划";机械工程专业、电子与通信工程专业、软件工程专业、水利工程专业、食品工程专业等研究生层次专业被批准为第二批卓越工程师教育培养计划高校学科专业。

同日 2011年度国家科学技术奖励大会在人民大会堂召开,吴德星教授主持完成的"海洋仪器海上试验与作业平台若干关键技术及应用"获得国家科技进步奖二等奖。该成果解决了制约我国海洋科学发展的海洋仪器研发"瓶颈",创建了海洋仪器海上试验与作业基础平台技术及规范体系,发展了海洋环境变化仿真数值模式及网格构建方法。

28日 经国务院学位委员会第29次会议审议,批准增列学校法学博士学位授权一级学科,学校成为山东省第二个获得法学博士学位授权一级学科的单位。

3月

7日 学校发文,中国海洋大学教育发展基金会更名为山东省中国海洋大学教育基金会。

17日 教育部副部长鲁昕来校调研。在听取吴德星校长的汇报后,鲁昕表示,教育部将积极考虑中国海大提出的建设新型深远海科学综合考察实习船的建议,将其纳入学校基础设施建设的范畴。

22日 《中国海洋大学学报》英文版（*Journal of Ocean University of China*,简称JOUC）成功通过美国Thomson Reuters评审,入选SCI-E数据库（Science Citation Index Expanded）。

同日 韩国驻华大使李揆亨来访,校长吴德星在崂山校区图书馆会客室与客人会谈,副校长李华军参加。会谈结束后,李揆亨大使在图书馆第二会议室作题为《中韩两国关系发展中新一代的作用》的演讲,并回答同学们关心的问题。

30日 校长吴德星在崂山校区会见来校访问的韩国海洋水产开发院院长金学韶一行。双方就共同设立中韩海洋发展研究中心等事宜进行交流,并签署学术交流协议书。

4月

10日 教育部发文:经研究决定,任命王剑敏为中国海洋大学总会计师（副厅级,试用期一年）。教育部党组发文:经研究并与中共山东省委商得一致,决定任命王剑敏同志为中共中国海洋大学委员会委员、常委。

13日 中国海洋大学与韩国高丽大学学生交换协议签署仪式在崂山校区行远楼举行,副校长李华军与韩国高丽大学副校长尹荣燮分别代表各自学校签字。

17日 《中国海洋大学学风建设实施细则（试行）》公布实施。

21日 中国海洋大学人文讲坛名家系列活动——"读万卷书,行万里路"在崂山校区举行。王蒙先生、中国工程院院士秦伯益、现代诗人郑愁予分别以"读万卷书,行万里路""从逛书店说开去""诗歌创作谈"为主题作讲座。

25日 中央军委委员、海军司令员吴胜利上将在北海舰队政委王登平中将,山东省委常委、青岛市委书记李群等部队、省、市领导的陪同下来校考察。吴胜利一行实地考察了图书馆、食堂、综合体育馆等学校硬件建设情况,并与学校党政领导和国防生学员代表分别进行座谈。他对学校的国防生和国防生培养工作给予高度评价,并希望海军有关单位加强与学校的合作。

同日 国内首部《中国海洋经济蓝皮书》发布会在青岛举行。2012年《中国海洋经济蓝皮书》由中国海洋大学中国海洋经济形势分析与预测研究课题组编写,定性分析和实证分析相结合,对2012年我国海洋经济主要指标和发展趋势进行了分析预测,并为加快实现海洋经济的战略转型提供相关政策建议。

27日 青岛市人民政府发文表彰2009—2011年度青岛市劳动模范,副校长李华军、水产学院战文斌、食品科学与工程学院院长薛长湖、环境科学与工程学院院长高会旺、后勤集团总经理于利上榜。

本月 《中国海洋大学2011年度本科教学工作》白皮书发布。该书全面记录和反映了2011年度中国海洋大学本科教学工作的状况、亮点及存在的问题。这是学校历史上第一次以白皮书的形式向社会公开本科教学工作的总体情况。

5月

4日 山东省人民政府办公厅公布"泰山学者"特聘教授名单,李广雪受聘海洋地质学岗位"泰山学者"特聘教授,徐祥民受聘环境法学理论岗位"泰山学者"特聘教授。

同日 学校发文,聘任管华诗院士为医药学院院长,于广利为医药学院常务副院长。

10日 学校与国家海洋环境预报中心在北京签署战略合作协议,吴德星校长和国家海洋环境预报中心主任王辉代表双方在协议书上签字。双方将通过搭建协同创新平台,共同促进海洋科技创新和转化,促进海洋环境灾害预警预报业务水平提高。

同日 副校长李巍然和大连理工大学副校长李志义在"胜利楼"会议厅共同签署《中国海洋大学大连理工大学关于本科生交换培养的协议书》。根据协议,从2012年9月开始,两校每年选派30人左右的二年级本科生到对方的优势专业学习一学年。双方交换生编入对方相关专业全日制班级,插班上课;考核内容、考核方式、教育管理等与同班学生同等对待。截至目前,学校已与山东大学、厦门大学、北京科技大学等国内高校签署本科生交流培养协议。据统计,从2005年9月开始,学校派往国内高校交流的学生共有180人,其他国内高校派来中国海大交流的学生共有154人。

12日 我国著名生物学家和遗传学家方宗熙先生诞辰100周年纪念大会在逸夫馆举行。中国科学院院士刘瑞玉、郑守仪、冯士筰及中国工程院院士唐启升、管华诗、赵法箴、雷霁霖,校长吴德星与山东省、科研机构、高校代表一起追忆先生生平事迹,缅怀他为发展我国海洋生物遗传学与育种学研究作出的突出贡献。为纪念方宗熙先生而编写的《方宗熙文集》同日首发。11日,方宗熙先生的雕像在鱼山校区揭幕。副校长李巍然,方宗熙先生家属代表方菁,海洋生命学院院长包振民,方宗熙先生学生代表、黄海水产研究所所长王清印共同为雕像揭幕。

20日 海洋生物遗传学与育种教育部重点实验室教授王师在 *Nature Methods* 上以第一作者兼通讯作者身份，发表关于开发高通量低成本的全基因组SNP筛查与分型新技术论文。这是学校首次在该学术期刊上发表论文，标志着中国海大在基因组研究的方法学领域获得重要突破。

21日 第二届全国大学生职业生涯规划大赛全国总决赛在中国农业大学闭幕。文学与新闻传播学院2010级中国现当代文学专业硕士研究生张晶晶荣获山东省一等奖，全国总决赛三等奖，这是中国海大学生首次参加该项赛事。

25日 中国海洋大学与青岛市气象局就合作共建八关山气象观测站签署协议书。根据协议，八关山观测站将纳入青岛市气象局气象观测系统，开展非常规观测领域业务合作，进一步推进双方数据资料共享。校长吴德星、山东省气象局局长史玉光、青岛市气象局局长顾润源出席签约仪式。

同日 致公党中国海洋大学支部换届选举大会举行，选举柴寿升为主委。

30日 山东省学位委员会、山东省教育厅、山东省财政厅公布2012年度山东省优秀博士、硕士、学士论文的评选结果。学校气象学专业马浩、食品科学专业侯虎撰写的博士论文入选。

6月

1日 1985届物理海洋专业毕业生李文波扎根南沙奉献青春的感人事迹经新华社、中央电视台、中央人民广播电台、《人民日报》《解放军报》等媒体的集中报道，在海大师生中引起强烈反响。学校党委作出决定：在全校学生中开展向李文波校友学习的活动。

1—3日 由中国海洋大学和美国得克萨斯A&M大学联合主办的首届"中美儿童文学高端论坛"在学校举行。与会专家以及现场听众，就中美乃至东西方儿童观交流现状以及"蹲下来写作"等创作思想，进行了研讨。论坛开启了中美儿童文学界高层次学术交流先河。首届论坛由我国著名儿童文学专家、学校文学与新闻传播学院朱自强教授和美国儿童文学学会会长、美国得克萨斯A&M大学克劳狄娅·纳尔逊教授发起。

6日 2011年度山东省有突出贡献的中青年专家名单公布，于广利、张志明入选。

7日 校党委发文，任命吴力群为党委办公室、校长办公室鱼山校区办公室主任，李萍为党委统战部部长（试用期一年），李春雷为武装部部长、党委保卫部部长（试用期一年），傅刚为党委研究生工作部部长，王磊为海洋地球科学学院党委书记，范其伟为工程学院党委书记（试用期一年），崔凤为法政学院党委书记，庄岩为数学科学学院党委书记，刘召芳为材料科学与工程系党委书记（试用期一年），马成海为国际教育学院党总支书记,曹志敏为图书馆党总支书记,刘永平为直属业务部门党总支书记,范洪涛为产业党委书记。

同日 学校发文,任命李鲁明为离退休干部工作处处长,罗轶为科学技术处处长（试用期一年）,周珊珊为"211工程"办公室、"985工程"办公室主任（试用期一年）,范洪涛为服务蓝色经济发展工作办公室主任,傅刚为研究生教育中心学科建设与学位管理办公室主任、校学位评定委员会办公室主任,徐葆良为审计处处长,李春雷为保卫处处长（试用期一年）,于利为规划建设与后勤管理处处长,董效臣为继续教育学院院长,曹志敏为图书馆馆长,荆莹为招投标管理中心主任（试用期一年）,刘永平为档案馆馆长,王哲强为后勤集团总经理（试用期一年）。

8日 学校发文,成立外国语学院德语系,聘任德国著名汉学家、翻译家沃尔夫冈·顾彬为系主任、教授。

26日 上午,2012届研究生毕业典礼暨学位授予仪式在崂山校区体育馆举行。本届共有298位博士研究生和2771位硕士研究生分别取得博士、硕士学位,其中有20名留学生获得了博士或硕士学位。今年首次授予翻译硕士专业学位。下午,2012届全日制本科生毕业典礼暨学位授予仪式在体育馆举行,共有4066名学生获得学士学位,10名学生获得双学士学位,78名留学生获得学士学位。2012届毕业生就业率为90.67%。

28日 《香港与内地高等学校关于进一步深化交流与合作的意向书》在香港特别行政区政府大楼签署。教育部副部长郝平、中央驻港联络办副主任殷晓静、香港特别行政区政府教育局局长孙明扬及两地高等教育界代表出席签署仪式。中国海洋大学校长吴德星应邀出席并代表学校签署意向书。中国海洋大学、北京大学、清华大学、中国人民大学、中国科技大学、复旦大学、上海交通大学、哈尔滨工业大学、南开大学等17所内地重点高校,香港中文大学、香港科技大学等12所香港高校共同签署意向书。意向书约定,内地与香港两地院校将以校际合作、双向交流为原则,进一步扩展和深化合作。国家从2013年开始给予专项资助,在现有基础上每年再邀请2000名香港高校师生到内地学习或科研,并资助香港7000名高校师生暑期到内地交流。

7月

2日 中国海洋大学泰祥集团国家级工程实践教育中心揭牌仪式在泰祥集团举行,副校长李巍然、威海市科技局局长高同璞揭牌。该国家级工程实践教育中心由教育部设立,是由高校和企业联合开展工程人才培养的综合性教育平台。这是学校首个国家级工程实践教育中心。

3日　中韩海洋发展研究中心揭牌仪式在"胜利楼"举行。韩国驻青岛总领事馆总领事黄胜炫、韩国海洋水产开发院院长金学韶，校长吴德星、副校长李华军共同为中心揭牌。当日学校发文，任命刘曙光为中心中方主任。

4日　全国政协原副主席宋健院士在中国工程院院长周济院士陪同下，到青岛海洋科学与技术国家实验室建设现场调研，并与山东省政协副主席王新陆，省科技厅厅长翟鲁宁，青岛市政府主要负责人，海洋国家实验室理事会理事长管华诗院士，副理事长袁业立院士、唐启升院士，中国海洋大学、中国科学院海洋所、国家海洋局一所、农业部水科院黄海所、中国地质调查局青岛海洋地质研究所的主要负责人进行座谈，旨在推动实验室建设。

9日　全国海洋大学联盟第一次理事会在学校召开。会议讨论通过联盟主席、轮值主席、理事会、秘书处名单及工作职责，提出海洋大学联盟徽标方案。中国海洋大学、上海海洋大学、大连海洋大学、广东海洋大学、浙江海洋学院的有关部门负责人参加会议。

11日　学校发文，聘任陈戈为信息科学与工程学院院长，秦尚海为信息科学与工程学院常务副院长（兼）。

20日　山东省人民政府办公厅公布引进海外高层次人才名单，学校何若莹、王玮入选，同时被授予"泰山学者"海外特聘专家称号。

29日　"远东理工杯"第十四届全国机器人锦标赛暨"上海太敬杯"第三届国际仿人机器人奥林匹克大赛在黑龙江省哈尔滨市落幕，工程学院自动化专业本科生黄桂军、荆金磊、牟楠、朱瑞新、缪军、王晓东等代表学校参加了大赛，获得冠军1项、亚军1项、季军1项。

本月　根据美国ESI数据库发布的统计数据显示，学校农学、材料科学2个学科（领域）进入ESI全球科研机构前1%行列。至此，学校共有6个学科（领域）进入了ESI前1%，并列"985工程"高校第20位。

8月

15日　山东省人民政府发文，麦康森领衔的水产动物营养代谢机理及饲料安全研究创新团队被评为山东省优秀创新团队，并记集体一等功。

17日　教育部颁发《关于批准北京大学环境与生态实验教学中心等100个"十二五"国家级实验教学示范中心的通知》，学校环境科学与工程实验教学中心入选。至此，学校已拥有海洋生命科学、海洋学、水产科学、环境科学与工程四个国家级实验教学示范中心。

同日　国家自然科学基金委创新研究群体2012年度资助名单公布，"海洋有机生物地球化学"项目获得资助，项目负责人为海洋化学理论与工程技术教育部重点实验室赵美训教授，经费600万元，期限3年。

19日　中国文学艺术界联合会党组书记、副主席赵实在山东省委常委、青岛市委书记李群陪同下来校考察。校长吴德星、党委副书记李耀臻会见赵实一行。吴德星向赵实赠送赵太侔校长在校工作期间的珍贵照片、手稿及有关历史资料。

20日　为进一步落实全国科技创新大会会议精神，扎实推进教育部、财政部《高等学校创新能力提升计划》（"2011计划"）实施进程，学校在青岛召开了第一次海洋科学与技术协同创新中心建设研讨会。吴德星校长出席会议，上海交通大学、北京大学、中国科学院海洋所等相关单位的专家受邀出席。此次会议是在已有的四次校内研讨会基础上组织召开的，按照"国家急需、世界一流"的总体要求，聚焦科学前沿问题，与会专家共同研讨海洋科学与技术协同创新中心的建设方案。

25日　2012年"中国石化三井化学杯"第六届全国大学生化工设计竞赛全国总决赛在中国石油大学（华东）举行。海大C4空间、观海听涛两支参赛队，分别获全国一等奖和二等奖，其中C4空间代表队还获得"最佳工艺奖"。

27日　2012级研究生和本科生开学典礼先后在崂山校区综合体育馆举行。今年共招收硕士生3349名（其中专业学位硕士生900名）、博士生369名，本科生3869名。

29日　为期一天半的暑假党政联席（扩大）会议暨第27次"崂山会议"在崂山校区召开，校党政联席会议成员、中国科学院院士冯士筰、中国工程院院士李庆忠等出席会议。会议传达学习教育部直属高校工作咨询委员会第22次全体会议精神，就学校积极推动实施"国家协同创新计划"（"2011计划"），解决学校发展中的重大问题进行深入讨论。

9月

5日　学校发文，调整控股有限公司董事会组成人员，李华军为董事长，范洪涛为副董事长，毕芳芳为监事会主席。

同日　修订后的《中国海洋大学关于校内岗位津贴的实施意见》公布施行，再次调整提高各类岗位等级的津贴指导性标准。

6日　中国海洋大学与河南省气象局共建中国海洋大学大气科学实习实训基地签约仪式在郑州举行。河南省气象局副局长陈怀亮与副校长李巍然代表双方签字。河南省气象局局长王建国与李巍然共同为实习实训基地揭牌。

20日　校长吴德星、副校长李巍然在行远楼会见来访的澳大利亚斯威本科技大学校长Linda Kristjanson一行。双方就加强校际合作及研究生联合培养等事宜进行深入会谈，并签署合作备忘录。

21日　中国海洋大学海信集团国家级工程实践教育中心共建协议签字暨揭牌仪式在海信集团研发中心举行。副校长李巍然与海信集团副总裁王志浩代表双方签署共建协议，并为工程实践教育中心揭牌。

24日　由中国环境科学研究院和法国科研中心燃烧与大气反应环境研究所等联合主办，中国海洋大学和山东大学共同承办的第三届中法大气环境国际研讨会举行，大会主题为"大气细粒子的物理化学特征、形成机制、转换过程与控制对策"。

本月　根据美国ESI数据库发布的统计数据显示，学校生物学与生物化学学科（领域）进入ESI全球科研机构前1%行列。至此，学校共有7个学科（领域）进入了ESI前1%，并列"985工程"高校第16位。

本月　第七届山东省教学名师评审结果公布，管理学院王竹泉教授、水产学院温海深教授入选。

10月

6日　2012海峡两岸大学会计专业辩论邀请赛在台湾彰化举行。由会计学专业本科生曲冠青、林杨柳、张晋萱、刘佳组成的海大代表队获得亚军。

11日　国际基因工程机器大赛（iGEM）亚洲区比赛在中国香港科技大学举行。学校5个学院14名本科生组成的代表队，在张晓华教授指导下夺得亚洲区金奖，并获得9个单项奖中最佳模型和最佳实验检测方法两项单项奖，同时取得世界组决赛资格。iGEM由美国麻省理工学院于2003年创办，已成为该领域的国际顶级大学生科技赛事。

16日　2012年度国家社科基金重大项目（第三批）立项名单公布，曲金良教授申报的"中国海洋文化理论体系研究"获批，项目经费80万元，这是海大首次获得国家社科基金重大项目。

17日　教育部和国家外国专家局联合下发通知，公布"高等学校学科创新引智计划"（简称"111计划"）2013年度建设项目立项名单。赵美训教授作为负责人申报的"海洋化学创新引智基地"获准立项建设，这是学校获准立项建设的第三个创新引智基地。此前两个分别是2006年立项的"海气作用动力学创新引智基地"和2007年立项的"水产健康养殖理论与技术（学科）创新引智基地"，经过第一个五年期建设，这两个基地均顺利通过验收评估，并被纳入新一轮创新引智计划。

19日　校长吴德星在崂山校区会见韩国外国语大学校长朴哲一行,两校签署交流协议书。

22日　山东省第五届高校音乐舞蹈专业师生基本功比赛举行。艺术系青年教师王云飞在民乐教师组比赛中获得一等奖;2009级学生张弛获得学生(本科)钢琴组一等奖;2010级学生李传正获得学生(本科)声乐组一等奖。

25日　由国家海洋局、中国海洋大学、全国涉海高校联盟共同举办的全国大学生首届海洋文化创意设计大赛获奖作品颁奖典礼在崂山校区举行。本次大赛共收到

首届全国大学生海洋文化创意设计大赛

来自全国123所高校的参赛作品2380余件,作品涵盖平面设计、景观设计、包装设计、造型设计、动漫视频、形象策划等类别。经过专家评审,北京工业大学的景观规划作品《海南石梅湾景观设计》等13件作品荣获金奖,30件作品荣获银奖,42件作品荣获铜奖,280件作品获得优秀奖。大赛还评选出优秀组织单位35个,优秀指导教师32位。海大共有21件作品获奖,其中金奖2件、银奖4件、铜奖4件,并获得优秀组织单位奖。

26日　海大主持申报的国家重大科学研究计划项目"西北太平洋海洋多尺度变化过程、机理及可预测性"获得批准立项,首席科学家是物理海洋教育部重点实验室吴立新教授,项目总经费2600万元。

11月

8日　经党委常委会研究决定:研究生教育中心更名为研究生院。董双林为研究生院院长,傅刚为研究生院常务副院长。

9日　校党委发文,离退休干部党总支委员会更名为离退休干部党委;后勤集团党总支委员会更名为后勤集团党委;以上单位党总支书记、副书记、委员的党内职务名称自然变更。

19日　学校发布《中国海洋大学2011年度本科教学质量报告》。报告内容涵盖本科教育基本情况、师资与教学条件、教学建设与改革、质量保障体系、学生学习效果、特色发展、需要解决的问题七部分,全面总结了2011年度本科教育教学情况。实施个性充分发展基础上的完整和均衡的本科教育、检查—评估—督导—支持四位一体的教学质量监控保障体系等内容成为亮点。

21日　教育部印发第一批"十二五"普通高等教育本科国家级规划教材书目的通知，学校共有三部教材入选，分别是《功能高分子材料》（赵文元著）、《食品保藏原理与技术》（曾名湧著）和《食品化学》（汪东风著）。

23日　学校发文，表彰2011—2012学年先进班集体和先进个人，高分子材料与工程2009级侯杰、英语2009级唐豆、海洋科学2009级陈卓民、大气科学2009级傅聃、财务管理2009级董健、化学2009级翟星、水产养殖学2009级张珊珊、药学2009级陈慧获得优秀学生标兵称号。

27日　学校党委中心组（扩大）第21次专题学习在崂山校区图书馆第二会议室举行，邀请中央党校党建部教授张荣臣作《党的十八大精神学习辅导——办好中国事情，关键在党》的报告。

28日　由共青团中央、中国科协、教育部等联合主办的第八届"挑战杯"——复兴中国大学生创业计划竞赛决赛在上海举行。2009级药学专业本科生卢捷敏为首的"蓝韵"创业团队获得银奖，2010级国际商务专业硕士研究生姚丽佳为首的"汇德"创业团队获得铜奖，学校同时获得高校优秀组织奖。本届决赛共有223件作品入围，分别来自全国162所高校。

29日　2014青岛世园会执委会与中国海洋大学全面合作签约仪式在崂山校区举行。青岛市副市长、世园会执委会执行主任王建祥，校长吴德星等出席签约仪式。青岛世园会执委会副秘书长杜本好与副校长李巍然共同签署合作协议。根据协议，学校负责世园会植物馆海洋植物展区的科技支撑与建设工作等。

12月

2日　第五届全国三维数字化创新设计大赛总决赛在江苏常州落下帷幕，由机械设计制造及其自动化专业2010级本科生王良、黄嘉俊、杜光超和刘华秋组成的"海大机械一队"在工业与工程方向中获一等奖。

4日　第十三届文苑奖学金颁奖仪式在鱼山校区举行。文圣常院士为高分子材料与工程2009级侯杰、英语2009级唐豆、海洋科学2009级陈卓民三名学生颁奖。校长吴德星出席。

8日　第九届"华为杯"全国研究生数学建模竞赛在上海颁奖。海洋环境学院靳光震、高艳秋和曹安州组成的参赛队获得全国一等奖，工程学院宋会、陈玉娇和化学化工学院杨微微组成的参赛队获全国三等奖。2012年29个省、自治区、直辖市的246家研究生培养单位的2507支队伍参赛。

13日　驻校作家制度暨名家课程体系创建10周年总结会在崂山校区举行。文学与新闻传播学院名誉院长王蒙,文艺理论家、北京大学教授严家炎,著名学者、武汉大学教授於可训,著名诗人、驻校作家严力,四川音乐学院王蒙文学艺术馆馆长王安,中国工程院院士管华诗,党委书记于志刚、副校长李巍然等出席会议。王蒙先生表示,目前急需的是巩固10年来取得的学术成果和人文记忆,只有真正留住这种记忆,才能演化为海大的校园文化,并一代代地传递下去。管华诗院士作为驻校作家制度和名家课程体系的倡导者和推动者,回顾总结了10年来这一制度和体系发展完善的过程以及对海大人文学科和人才培养的推动作用。于志刚在讲话中说,10年来驻校作家制度和名家课程体系推动了海大的人才培养工作,使得"通识为体,专业为用"的育人理念得以完善,带动了海大人文社会学科的发展,促进了大学文化建设和大学精神弘扬。

15日　校长吴德星、副校长李华军在"胜利楼"会议厅会见美国罗德岛大学常务校长David M Dooley一行。李华军与De Hayes签署《工程学院双博士学位联合培养协议》及《经济学院环境与自然资源经济3+X本科生联合培养协议》。

17日　教育部公布2012年度"创新团队发展计划"名单,以于良民教授为学术带头人的环境友好型海洋功能材料与防护技术科研团队入选。截至目前,学校已有4个团队入选该计划。

26日　学校召开研究生国家奖学金评审委员会第一次会议,首届研究生国家奖学金评审工作结束。经研究生个人申请、学院内答辩、学院研究生国家奖学金评审分委员会推荐等程序后,232名研究生获得2012年度研究生国家奖学金,其中博士研究生63人、硕士研究生169人。2012年,国家首次面向研究生设立国家奖学金,每年评定一次,该奖项奖励额度大,博士研究生3万元/(人·年),硕士研究生2万元/(人·年)。

同日　2012教育部"新世纪优秀人才支持计划"名单公布,李德海、常宗瑜、赵阳国、万修全、吴松华、陈守刚、郭培清入选。

27日　中国海洋大学九届六次党委全体会议审议通过《中国海洋大学关于实施文化引领战略的意见》。

本月　山东省公安厅作出决定:给学校保卫处记集体二等功一次。

本年　经个人申报、单位推荐、学科组评议、同行专家评审、学校评审、网上公示、学校岗位设置与聘任工作领导小组审议等程序,于文功、王竹泉、刘玉光、李琪、李广雪、张全启、林洪等7人获聘教授二级岗位;于广利、王长云、王江涛、王树杰、王静凤、王震宇、方进明、艾庆辉、史宏达、兰健、朱伟明、杨连瑞、张志峰、张苏平、张晓华、陈西广、范德江、罗福凯、孟华、修斌、殷克东、黄菲、曹立新、彭临慧、曾名湧、魏志强等26人获聘教授三级岗位；石金辉、邢婧、许冠忠、苏保卫、李培良、张韶岩、陈书全、郑小东、胡晓丽、柳伟、姜宏青、徐胜、郭秀军、曹立民、曹晓燕、梁丙臣、绳秀珍、彭善友、童思友、黎明、刘哲、刘振辉、李光在、宫相忠、郭晓霞、李兆杰、杨荣民、赵忠生、吴迪、纪丽真、初建松、陈忠红等32人获聘校专业技术四级岗位。

本年　教育部发布《普通高等学校本科专业目录（2012年）》和《普通高等学校本科专业设置管理规定》。根据新的专业目录和学校的办学实际，学校对所设71个本科专业进行了整理。新增1个本科专业，撤销1个本科专业，2个专业合并为其他专业，7个专业变更授予学位，3个专业变更专业名称。整理后，专业总数由71个变为69个（含新增"保密管理"专业），涉及理学、工学、农（水产）学、经济学、管理学、文学、法学、教育学、艺术学等9个学科门类，其中工学类专业23个，占专业总数的33.3%；理学类专业17个，占24.6%；经管类专业14个，占20.3%；文学类专业8个，占11.6%；法学、教育学、艺术学类专业5个，占7.2%；农学类专业2个，占2.9%。

本年　学校实到科技经费超过5亿元。获得国家自然科学基金资助项目119项；国家社科基金年度项目中涉海项目共20项，学校占7项；本年度学校发表论文被SCI、EI、ISTP收录1500余篇，其中SCI收录论文775篇，在*Nature*及其子刊上发表论文5篇。

本年　据学校上报教育部的《普通高校基层报表》统计，学校共有博士一级学科点13个、二级学科点5个、硕士一级学科点34个、二级学科点13个、全日制本科专业69个、博士后流动站12个、国家一级重点学科2个、国家二级重点学科9个、国家重点（培育）学科1个。在校学生总数为34828人，其中博士生1562人、硕士生6776人、普通本科生15533人、继续教育本科生6572人、继续教育专科生4385人；在职人员攻读硕士总数为3756人；在校留学生932人。在校教职工总数为3218人，其中正高级520人、副高级579人；馆藏书212.92万册；占地总面积1619697平方米，校舍占地面积773151平方米；固定资产202906.41万元。

本年　学校科研成果获奖情况（省部级三等奖以上）见表36、表37。

表36 2012年学校科研成果获奖情况（省部级三等奖以上，自然科学类）

序号	项目名称	获奖情况	主要完成人（前三位）
1	海水池塘高效清洁养殖技术研究与应用	国家科技进步奖二等奖	董双林　田相利　王　芳
2	我国东部陆架海区海洋动力环境变化及其机制	教育部自然科学一等奖	吴德星　林霄沛　万修全
3	基于超宽带无线电的短距离精确定位系统的研究与应用	山东省科技进步奖三等奖	张　浩　崔学荣　王景景
4	"爱伦湾"海带培育及其全产业链区域示范应用	国家海洋局海洋科学技术奖一等奖	刘　涛　李晓波　刘　翠
5	重要海水养殖动物组织细胞系的建立及其应用	国家海洋局海洋科学技术奖二等奖	樊廷俊　姜国建　杨秀霞

表37 2012年学校科研成果获奖情况（省部级三等奖以上，社会科学类）

序号	项目名称	获奖情况	主要完成人
1	中国海洋产业发展战略研究	教育部第六届高等学校科学研究优秀成果三等奖	韩立民
2	中华人民共和国海洋经济史	教育部第六届高等学校科学研究优秀成果三等奖	姜旭朝
3	后代人权利理论批判	山东省社会科学优秀成果二等奖	刘卫先
4	刘向、刘歆赋学批评发微	山东省社会科学优秀成果二等奖	冷卫国
5	项目干系人影响项目型企业经营绩效的研究——基于中国房地产上市公司的经验数据	山东省社会科学优秀成果三等奖	纪建悦
6	中国农户借贷行为研究	山东省社会科学优秀成果三等奖	李延敏
7	礼记乐记研究	山东省社会科学优秀成果三等奖	薛永武
8	贾至中书制诰与唐代古文运动	山东省社会科学优秀成果三等奖	鞠　岩
9	Exploring the Learning Mechanism of Web-based Question-Answering Systems and Their Design	山东省社会科学优秀成果三等奖	张　银

2013年

1月

8日 第九届赫崇本优秀学生奖学金在海洋环境学院颁发。海洋科学2009级陈卓民、物理海洋2010级博士研究生许丽晓、物理海洋2011级硕士研究生杨海源、大气科学2009级本科生傅聃、物理海洋2011级博士研究生贾凡、气象学2011级硕士研究生王帅、大气科学2009级阮晓舟、物理海洋2010级博士研究生丁扬、物理海洋2011级硕士研究生张志伟、海洋科学2009级邹斯嘉获奖。

10日 《中国海洋大学自然科学类科技经费管理实施细则》实施。

14日 吴立新教授领衔的"海洋动力过程演变及其在气候变化中的作用"创新研究群体以优异的成绩通过国家自然科学基金委地球科学部专家咨询委员会的考核，获得滚动支持，新一期资助期限为2013—2015年，资助经费600万元。该创新研究群体于2009年获得资助，是学校第一个国家自然科学基金委创新研究群体，也是国家自然科学基金委在物理海洋学科的唯一创新群体。

15日 中国科学院院士、北京大学城市与环境学院院长陶澍教授在行知楼报告厅为师生作题为《中国的多环芳烃污染与危害》的学术讲座。

17日 中国国民党革命委员会中国海洋大学支部成立大会在鱼山校区举行。党委书记于志刚到会祝贺，青岛市政协副主席、民革青岛市委主委麦康森等出席会议。会议选举薛长湖教授为民革海大支部主委。

18日 2012年度国家科学技术奖励大会在北京人民大会堂举行。由董双林教授牵头完成的"海水池塘高效清洁养殖技术研究与应用"获得国家科技进步奖二等奖。该项目系统优化了海水池塘对虾、刺参、牙鲆和梭子蟹的综合养殖结构，创建了无公害的水质调控技术和生态防病技术，实现了经济效益和环境效益双赢。

21日 2012年学校领导年度考核及干部选任"一报告两评议"大会在崂山校区图书馆第二会议室举行，党委书记于志刚主持会议。校长吴德星代表党政领导班子作工作报告。于志刚、吴德星、李耀臻、于宜法、刘贵聚、董双林、张静、李巍然、闫菊、李华军、王剑敏分别作个人述职述廉报告。校党委常委、组织部部长卢光志受党委委托作《中国海洋大学2011年、2012年干部选拔任用工作报告》。与会代表以无记名投票的方式对校领导班子和领导干部进行了民主测评，对干部选拔任用工作进行了民主评议。

2月

19日 "感动中国"2012年度人物颁奖典礼在中央电视台举办。物理海洋专业1985

届毕业生、南海守礁20余年的海军南沙守备部队气象工程师李文波大校入选。"感动中国"组委会给予李文波的颁奖词是:"二十年坚守,你站成了一块礁石,任凭风吹浪打。你也有爱,却只能愧对青丝白发。你也有梦,可更知肩上的责任比天大。你的心中自有一片海,在那里,祖国的风帆从不曾落下。"

"感动中国" 2012 年度
人物李文波

3月

20日　教育部发文,学校"大学生创新创业训练计划""环境科学与工程实验教学中心""中国海洋大学长江口及其邻近海域海洋科学野外综合实践教育基地"三个项目获批2013年"高等学校本科教学质量与教学改革工程"建设项目,项目经费415万元。

21日　由中德科学中心立项资助,中国海洋大学与德国康斯坦茨大学共同主办的中德藻类双边研讨会在鱼山校区举行。中国海洋大学副校长李华军、中德科学中心德方主任Heike Strelen博士、德国康斯坦茨大学Peter Kroth教授出席,共有来自中国、德国、英国、法国和比利时的45位藻类学家参会。

22日　学校发文,经党委常委会研究决定:继续教育学院和职业技术师范学院按照两块牌子、一套班子开展工作,其内设机构为办公室、招生部、教学管理部、职业教育部、学生工作部、培训部。

25日　根据党中央的八项规定和上级有关要求,党委印发《中国海洋大学关于改进工作作风、密切联系师生的规定》,结合学校实际,从"改进调查研究,密切联系师生;精简会议活动,提高会议实效;改进新闻报道,精简文件、简报;加强出国(境)管理;压缩办公经费;降低接待成本;狠抓监督检查和责任追究"等七个方面,明确了具体规定。

4月

1日　2013年美国大学生数学建模竞赛结果公布,中国海大学生获得一等奖两项、二等奖五项。美国大学生数学建模竞赛是数学建模领域内的国际性权威赛事,来自美国、加拿大、中国、芬兰、德国、墨西哥、瑞典、英国、法国等15个国家和地区的6593支队伍参加本次竞赛,中国海大是首次参加。

15日　农业部公布经全国水产原种和良种审定委员会审定通过的七个水产新品种。学校与福建省霞浦三沙鑫晟海带良种有限公司、福建省三沙渔业有限公司、荣成海兴水产有限公司联合培育的"三海"海带获得国家水产新品种证书。"三海"海带由刘涛、刘翠、池姗等共同培育完成,是学校海带遗传育种研究史上继"海青一号""海青二号""海青三号"\"单海一号"\"单杂十号"\"荣海一号"\"远杂10号"\"荣福"\"爱伦湾"之后的第10个海带新品种。该品种已在我国渤海、黄海、东海和南海沿海进行了大规模养殖，主产区平均每亩增产30%以上。

16日　南沙守礁卫士、2012年度"感动中国"十大人物、校友李文波做客"八关山讲堂"，以《扎根南沙二十二载，献身使命光荣》为题与母校师生分享他22年如一日坚守南沙永暑礁的经历。其精神感动了中国，更感动了海大学子。

17日　山东省人民政府发文，授予薛长湖教授山东省有突出贡献的中青年专家称号。

5月

3日　"赫崇本海洋高端论坛"第二讲在崂山校区图书馆第二会议室开讲。中国工程院院士、我国海洋遥感专家潘德炉院士作题为《我国海洋遥感技术新进展》的学术报告。

4日　全国大学生第二届海洋文化创意设计大赛评审工作在中国海大举行。本届参赛作品超过6000份，比首届多了1倍，参赛学校200多所，且将中学生的作品纳入评选范围，大赛的规模及影响力有很大的提升。最终在大学组评出金奖15件、银奖21件、铜奖27件；中学组评出金奖1件、银奖2件、铜奖9件。

9日　王蒙先生偕青年作家文珍、甫跃辉做客"人文讲坛"，就"时代变局与'80一代'作家的文学选择"展开对谈。文珍、甫跃辉以青年作家的视角，分别对"中短篇小说对于写作的意味"和"小说中如何处理历史意识"与大家进行探讨。下午，北京大学中文系副教授邵燕君在崂山校区为师生作题为《网络文学的发展与主流文学的重建》的讲座，和大家一起探讨网络文学的发展。

20日　"赫崇本海洋高端论坛"第三讲开讲，著名海洋地质学家、中国科学院院士、同济大学海洋与地球科学学院教授汪品先，应邀在崂山校区图书馆第二会议室为师生作题为《深海研究与地球系统》的讲座。

23日　经校长办公会研究决定：外国语学院英语二系更名为外国语学院大学外语教学部，外国语学院西语系更名为外国语学院法语系。

30日　副校长、研究生院院长董双林与山东省煤田地质局局长刘焕立签署《中国海洋大学山东省煤田地质局产学研基地共建战略合作框架协议》，并为实习基地揭牌。

31日　为贯彻落实教育部、财政部关于科研项目和科研经费管理的文件精神，学校出台《中国海洋大学科技项目协作（合作）单位审查办法》。

6月

5日　在美国阿拉斯加召开的第16届北极大学理事会上，中国海洋大学通过答辩全票当选为北极大学的准成员,成为我国首个加盟北极大学的教育机构。北极大学成立于2001年6月,是一个主要由北极国家大学和研究组织共同组建的大学联盟。

7日　学校党委中心组(扩大)举行第24次专题学习,山东大学哲学与社会发展学院何中华教授应邀作《中国传统文化与大学文化建构》的报告。

13日　学校发文,聘任包振民为国家生命科学与技术人才培养基地主任(兼)。

17日　山东省学位委员会、省教育厅、省财政厅公布2013年度山东省优秀博士论文评选结果。药物化学专业李晓雯,物理海洋学专业张丽萍、宋翔洲,水生生物学专业张倩倩,水产养殖专业聂洪涛,计算机应用技术专业陈立波撰写的博士论文入选。

18—25日　受友好学校不来梅大学邀请,中国海大民族管弦乐团一行50人赴德国访问演出取得圆满成功。这是两校间第一次举行音乐交流活动。9月19日至24日,不来梅大学合唱团一行65人来青岛举行了交流演出活动。

18日　聘任中国作协名誉委员邓刚为驻校作家仪式在崂山校区图书馆第一会议室举行,副校长李巍然为其颁发聘书。仪式结束后,邓刚作《我与大海》的报告。

同日　学校发文,聘任李琪为水产学院院长,聘请麦康森教授为水产学院名誉院长。

同日　《中国海洋大学合同管理办法(试行)》公布施行。

21日　学校发文,聘任江文胜为环境科学与工程学院院长,聘请高会旺为环境科学与工程学院名誉院长。

27日　2013届学生毕业典礼暨学位授予仪式在崂山校区体育馆举行,共有268名博士研究生、3074名硕士研究生、3588名本科生分别获得博士、硕士、学士学位。2013届毕业生就业率为90.31%。

同日　教育部发布《关于2013年精品视频公开课专业导论类课程建设工作的通知》,"海洋科学专业导论"和"水产学专业导论"两门课程入选试点建设名单。

7月

3日　根据中央统一部署和教育部党组的要求,党委常委会研究决定:成立党的群众路线教育实践活动领导小组。于志刚、吴德星任组长。领导小组下设办公室,李耀臻为主任,办公室下设组织、秘书、宣传、督导、学生工作五个工作组。

同日　经党委常委会研究决定:聘任管长龙为海洋环境学院院长。

同日　根据国家人力资源和社会保障部、监察部《事业单位工作人员处分暂行规定》及国家有关的法律、法规和政策,《中国海洋大学教职工行政纪律处分规定(试行)》施行。

5日　山东省委常委、青岛市委书记李群到中国海洋大学生物工程开发有限公司调研。他考察了公司位于八大峡的浒苔脱水压榨现场和海大生物技术中心实验室，对公司自2009年以来一直承担青岛市浒苔的无害化处理取得的成绩给予肯定，并希望公司加大对浒苔资源化利用的研究。

党的群众路线教育实践活动动员大会

12日　中国海洋大学党的群众路线教育实践活动动员大会举行。学校教育实践活动领导小组组长于志刚、吴德星强调，我们要深入学习贯彻中央和习近平总书记重要讲话精神，找准学校在"四风"方面的突出问题，始终把解决问题作为出发点和落脚点，贯穿活动的全过程。教育部第四督导组组长朱正昌在讲话中提出，要准确把握开展教育实践活动的基本要求。

15日　经校长办公会研究决定：聘任管长龙为海洋学实验教学中心主任，温海深为水产科学实验教学中心主任，江文胜为环境科学与工程实验教学中心主任。

25日　暑假党政联席（扩大）会议暨第29次"崂山会议"在崂山校区图书馆第一会议室召开。会议安排党的群众路线教育实践活动集中学习，邀请中央党校教授张希贤作《传承延安整风精神，创新群众路线教育》专题辅导，观看中央党校教授高新民《坚持群众路线，为民务实清廉》的视频讲座。

26日　青岛海洋生物医药研究院股份有限公司注册成立，管华诗担任董事长和总经理。

31日　中国水利教育协会、教育部高等学校水利类专业教学指导委员会联合主办的第三届全国大学生水利创新设计大赛落下帷幕。由工程学院尹则高老师指导，学生高成岩、李晓楠、陈玉洁、邹威完成的"自动掺气水流的开孔渐缩渐扩管设计"和由工程学院刘臻老师指导，学生韩治、郭云霞、徐照妍、王安忆完成的"基于自启闭蓄能机构的越浪型波能发电装置"获得一等奖。

本月　美国ESI（基本科学指标）数据库发布最新国际论文统计数据显示，学校的环境学与生态学学科已经进入全球科研机构前1%行列。至此，学校已在植物与动物学、地球科学、工程技术、化学、材料科学、农学、生物学与生物化学、环境学与生态学等八个学科进入ESI全球科研机构前1%行列，并列"985工程"重点建设高校第16位。

8月

7日　由王树杰教授领衔研制的我国首台100千瓦坐海底式水平轴潮流能发电装置在青岛斋堂岛成功下水发电。该发电装置利用两台10.5米的水轮机，将水下的海流转化为绿色、环保的电能，单台装置可满足300多户居民日常用电。这标志着我国海洋能海岛独立供电工程取得突破，已经具备百千瓦级水平轴潮流能发电机组的自主研发能力。

15日　"蓝湾科技杯"第一届全国大学生物联网软件应用创新大赛在青岛市国际会展中心闭幕，信息科学与工程学院陈绍钦、陈文利、方丽华、陈飞四名同学的作品塔式太阳能热发电系统定日镜反馈调节器荣获一等奖。

19日　第七届全国大学生化工设计竞赛总决赛结束。中国海洋大学"行远队"（袁国峰、赵菲菲、陈侠、向波、袁琳皓）和"海之子"队（韩桂月、欧阳康鸿、胡建清、陈志香、李凯强）分别荣获一等奖和二等奖。全国共有170多所高校、700余支队伍参赛。

24日　第六届"汉语桥"在华留学生汉语大赛总决赛在中央电视台举行，学校英国留学生马佳睦以出色的表现获亚军。

26日　2013级研究生和本科生开学典礼先后在崂山校区综合体育馆举行。今年共招收研究生2800名、本科生3844名。今年首次面向贫困地区定向招收学生28名。

30日　《中国海洋大学西南财经大学关于本科生交换培养的协议书》签署。根据协议，从2013年9月至2015年7月，双方学校各提供3～5个优质本科专业作为交换培养专业，每年互派二年级或三年级本科生到对方相应专业学习一个学年或者一个学期，总人数不超过20人；双方互派的本科生按照各自学校的人才培养方案到对方相应专业选修课程，享受对方学校学生相同的待遇。

9月

1日　第六届山东省"泰山文艺奖"颁奖，艺术系主任康建东教授创作的二重协奏曲《胶东韵》荣获一等奖。这是此次评奖音乐类作品中唯一的一等奖，也是青岛市迄今所获此奖项山东省音乐类唯一的一等奖。

2日　第九届中德海洋科学暑期研讨班在鱼山校区开班。本届研讨班主题为"海气耦合动力学"，由中德海洋科学中心组织。来自中国海大、浙江大学、国家海洋局二所、同济大学、上海海洋大学、基尔大学、不来梅大学、莱布尼兹波罗的海研究所（瓦尔诺明德）、汉堡大学、亥姆霍兹基尔海洋研究所、莱布尼兹热带海洋生态中心、马克斯·普朗克气象研究所等中、德主要涉海单位以及法国佩皮尼昂大学共20位教师、35名学生代表参加了本届暑期研讨班。

9日 学校发文表彰第六届本科教学优秀奖获奖教师，其中张德玉、石金辉、洪涛获二等奖。

同日 学校发文表彰第十五届"天泰优秀人才奖"获奖教师，其中王悠、柴焰、曹立新获一等奖，于谨凯、房巧玲、徐佳、高勤峰、董士远获二等奖，王义、王建、王运华、卢昆、白佳玉、乔璐璐、刘彬、唐庆娟、贾英来、郭亮获三等奖。

同日 学校研究决定：对在2012年度教学、科研等方面作出突出贡献，并为学校争得荣誉的集体和个人颁发校长特殊奖励，董双林教授带领的团队因获得2012年度国家科技进步奖二等奖获得校长特殊奖励。

11日 山东省省长郭树清来校调研并主持召开高等教育改革发展座谈会，听取青岛片区高等教育发展情况汇报，并与各高校负责人研讨山东省高等教育改革发展之路。座谈会前，郭树清省长考察了物理海洋与海洋学实验室和海洋工程山东省重点实验室，听取了海大生物公司董事长单俊伟关于浒苔无害化处理和资源化利用工作的汇报。

24日 科技部对2013年度示范型国际科技合作基地进行认定，学校申报的"海洋多学科过程相互作用及其气候环境效应国际科技合作基地"获批立项。这是学校首个获批建设的国家级国际科技合作基地。

26日 2013年度教育部哲学社会科学研究重大课题攻关项目评审结果公布，徐祥民教授申报的"新时期中国海洋战略研究"获批立项，资助总经费80万元。

27日 《教育部关于中国海洋大学新建新型深远海综合科学考察实习船（"东方红3"船）项目可行性研究报告的批复》下发，支持新建一艘5000吨级新型深远海综合科学考察实习船，总投资为68980万元。

同日 2013年全国大学生电子设计竞赛在南京落下帷幕。由信息科学与工程学院程凯老师指导的曹刚、张瑞的参赛作品《红外光通信装置》获得全国一等奖。

30日 第三届中国海洋大学本科教育教学研究专家委员会成立，李巍然任主任。该委员会成立于2003年，旨在充分发挥专家学者对本科教育教学改革的研究、咨询、指导作用，着力提升本科人才培养质量。

本月 2013年度教育部"新世纪优秀人才支持计划"名单公布，冷卫国、刘勇、刘哲、柳伟、祁建华、桑本谦、苏志伟、王玉明、邢磊、张钰、赵呈天入选。

10月

6日 国际遗传工程机器大赛（iGEM）亚洲赛区比赛在中国香港中文大学落幕。由海洋生命学院钟晓东、孙梦琪、孙雪、王瑜、王秋、陆倩云，基础教学中心王文君，水产学院秦凯丽,食品科学与工程学院林旭,数学科学学院钟蕾,信息科学与工程学院郑煜辰等11名本科生组成的海大代表队夺得亚洲区金奖,并获得9个单项奖之一的最佳模型奖。今年亚洲赛区的iGEM比赛,共有68支队伍参与,包括北京大学、清华大学、台湾大学、香港科技大学以及日本东京大学、韩国高丽大学等知名高校。

14日 教育部和国家外国专家局联合下发通知,公布高等学校学科创新引智计划2014年度建设项目立项名单,李华军教授作为负责人申报的"海洋工程与海洋再生能源创新引智基地"获准立项建设。

16日 丹麦罗斯基尔德大学校长Ib Poulsen一行3人来访,副校长李华军在崂山校区行远楼会见客人,双方续签合作协议。2004年1月,两校签署友好合作协议以来,在学术交流、科学研究、博士生联合培养等方面取得成绩。

17日 教育部办公厅发布通知,公布卓越工程师教育培养计划第三批学科专业名单,勘查技术与工程、高分子材料与工程2个本科专业入围。至此,学校已有7个教育部"卓越计划"本科专业。

同日 根据《教育部直属高校三级、四级职员岗位聘任暂行办法》的规定,《中国海洋大学三级、四级职员岗位聘任暂行办法》施行。

18日 学校教育实践活动专题报告暨党委中心组(扩大)第28次专题学习在崂山校区举行。邀请国家海洋局海洋发展战略研究所所长、联合国国际海洋法法庭法官高之国教授作《关于发展海洋经济和建设海洋强国的若干思考》的报告。

同日 校长吴德星一行6人参加中国台湾海洋大学60年校庆活动,及第四届海峡两岸海洋海事大学"蓝海策略"校长论坛暨海洋教育、科技与文化研讨会。其间还看望了正在台湾海洋大学和台湾中山大学交流学习的学生。

21日 全国大学生海洋文化创意设计大赛优秀作品巡回展在中国台湾中山大学举行。正在参加第四届海峡两岸海洋海事大学"蓝海策略"校长论坛的吴德星校长等嘉宾受邀为展览揭幕。

25日 《中国海洋大学全日制本科学生境内交流培养管理办法》《中国海洋大学全日制本科学生境内交流培养学业与学籍管理办法》《中国海洋大学大学生科技竞赛项目管理办法》公布施行。

26日 工程学院建置30周年庆典在崂山校区举行。党委书记于志刚出席大会并致辞,工程学院原院长、副校长李华军在庆典上讲话。工程学院的前身是始建于1980年的海洋工程系,从1983年开始招收第一届学生,1993年发展成为工程学院,目前已发展成为以海洋为特色的工科学院。院庆当天，还举行了"昊阳恩师奖"捐赠仪式和"海大监理"土木工程实践奖学金签约仪式。

28日　由海洋科学与技术青岛协同创新中心主办的深海油气开发溢油问题国际研讨会在青岛举行。中国海洋石油集团公司副总经理武广齐、国家海洋环境预报中心主任王辉、国家海洋局减灾中心党委书记吴强、美国得克萨斯A&M大学海洋系主任Piers Chapman教授及副校长李华军、海洋科学与技术青岛协同创新中心主任吴立新教授等中外专家与会。此次研讨会旨在为海洋学家与企业搭建国际合作平台，为我国深海油气开发提供科技支撑。

29日　学校发文，表彰2012—2013学年先进班集体和先进个人，海洋生物资源与环境2010级常蕾、英语2010级秦瑾晖、生物技术2010级康力、大气科学2010级邹添、药学2010级宋天佳、环境科学2010级申恒青、食品科学与工程2010级苏世伟、信息与计算科学2010级高雅、港口航道与海岸工程2010级曹倩影、化学工程与工艺2010级杨超获得"优秀学生标兵"称号。

31日　由中国海大主办、以"变革中的高校教师发展"为主题的高校教师发展国际研讨会在青岛召开。来自中国和美国、日本等国家和地区的100余所高校近300位专家学者参会，提交会议论文近百篇。校长吴德星致辞，副校长李华军、李巍然先后主持开幕式和主题报告会。美国约翰·霍普金斯大学教授钱致榕作《返璞归真重返教育初衷》的报告，华中科技大学教授赵炬明作《以学生为中心的大学教学改革和教学研究》的报告，北京大学教授汪琼作《教师发展新机遇：MOOCs改变传统教学》的报告，日本熊本大学教授铃木克明作《日本高校的教师发展》的报告，香港理工大学教学发展中心总监何淑冰博士作《帮助学生成为具有目标意识的学习者》的报告，美国杨百翰大学教师中心顾问Lynn Sorenson作《组织发展与制度的有效性》的报告。

11月

1日　学校召开2013年本科教学工作会议暨第三届本科教育教学讨论会。会议以"深化教育教学改革、全面提高本科人才培养质量"为主题，吴德星校长在开幕式上发表题为《坚持精英教育，实现科教融合，培养科学精神与人文精神相统一的创新型人才》的讲话。本次会议由开幕式、专题研讨会、教学讨论周、教学成果展示等环节构成，会议征集教学论文65篇。

8日　第六届全国大学生海洋知识竞赛电视总决赛在厦门举办。来自东北、西北、华北、华中、华东、华南、海军七大复赛分区的冠军队，及1支网络个人赛前三名组成的个人代表队共8支队伍参加决赛。经过答题、演讲和辩论3个竞赛板块的激烈角逐,水产学院海洋生物资源与环境专业2010级学生常蕾获得最高荣誉——南极特别奖,她将随科考队赴南极进行科考。此项赛事由国家海洋局、教育部、共青团中央、海军政治部于2008年共同发起。

15日　2013年度国家杰出青年科学基金资助名单公布,环境科学与工程学院王震宇教授、海洋地球科学学院李三忠教授入选,各获资助经费200万元,期限4年。至此,学校共有15名教师获得国家杰出青年科学基金资助。

17日　第二届全国模拟环境法庭大赛在武汉结束,由法政学院5名研究生组成的海大代表队获得亚军,指导教师为孙明烈。

21日　科技部发布通知,公布2013年全国优秀科普作品名单,中国海洋大学出版社出版的"畅游海洋科普丛书"入选。

27日　《中国海洋大学仪器设备资产入账管理实施细则》公布施行。

28日　今日出版的国际著名期刊*Nature Geoscience*发表题为《印度洋偶极子对全球变暖的响应》的综述性文章,并将其作为封面对文章进行了重点推介。此成果由海洋科学与技术青岛协同创新中心特聘教授及物理海洋教育部重点实验室"绿卡工程"教授蔡文炬博士为第一作者、郑小童博士为第二作者的团队完成。

同日　第十四届文苑奖学金颁奖仪式在鱼山校区"胜利楼"会议厅举行。文圣常院士为海洋生物资源与环境2010级常蕾、英语2010级秦瑾晖、生物技术2010级康力3名获奖同学颁奖。党委书记于志刚出席颁奖仪式并讲话。

29日　青岛海大生物集团有限公司揭牌仪式在黄海饭店国际会议中心举行。党委书记于志刚、青岛日报社党委书记蔡晓滨、中国海洋大学副校长李华军、青岛报业集团副总经理刘明辉等出席仪式。青岛海大生物集团有限公司前身为中国海洋大学生物工程开发有限公司。

本月　2013年"新世纪百千万人才工程"国家级人选名单公布,于良民教授入选。

12月

4日　由团中央、全国科协、教育部等联合主办的第十三届"挑战杯"全国大学生课外学术科技作品竞赛结果公布。2010级金融学专业关静文等的《青岛蓝色硅谷院园集群创新研究》作品荣获二等奖,3件作品荣获三等奖。本届竞赛共有包括港澳高校在内531所高校的1464件作品进入复赛,最终有454所高校的1195件作品进入决赛。

10日　"大块文章——王蒙文学创作60年展"在图书馆举办。学校顾问、教授、文学与新闻传播学院名誉院长王蒙，外交部原部长、著名"诗人外交家"李肇星，校党委书记于志刚，校长吴德星，中国工程院院士、原校长管华诗，中国海洋大学校友会会长、原党委书记冯瑞龙共同启动展览。

同日　著名"诗人外交家"李肇星从吴德星校长手中接过聘书，成为学校顾问教授。随后，他作为"海大人文讲坛"第61位主讲人，为师生作题为《中国梦·海洋梦》的演讲。这位我国著名外交官的到来，吸引了近千人挤进图书馆第二会议室。他风趣幽默的口才、文采飞扬的报告引起听众阵阵欢呼。

海大人文讲坛已成功举办60期。北京大学中文系教授孔庆东、CCTV著名主持人白岩松、美国著名北极问题专家奥兰·扬、中南大学文学院教授杨雨等先后应邀演讲。

同日　中国农工民主党中国海洋大学支部成立大会在行远楼举行。党委书记于志刚，青岛市政协副主席、农工党青岛市委主委宋修岐出席会议。经济学系主任、博士生导师王元月教授当选主委。

16日　校长办公会研究决定：在海洋科学与技术青岛协同创新中心海洋观测与技术平台下设立海洋观测技术研发室，聘任田纪伟教授为主任。

同日　《中国海洋大学教职工出国（境）管理办法（暂行）》公布施行。

18日　中国国际海运集装箱（集团）股份有限公司与中国海洋大学战略合作协议签订仪式在烟台中集海洋工程研究院举行，双方就科研攻关、人才培养、资源共享等方面达成共识。副校长李华军和中集集团党委副书记李锐庭、副总裁于亚出席签字仪式。

19日　中国科学院公布2013年院士增选结果，吴立新教授当选中国科学院院士。

中国科学院院士吴立新

吴立新（1966—　　），从事深海大洋与气候研究。1988年本科毕业于清华大学工程力学系，1991年和1994年在北京大学力学系获得硕士和博士学位；1994—1995年在美国Rutgers大学作博士后研究，1995—2005在美国威斯康星大学麦迪逊分校从事海洋与气候研究，2005年至今任中国海洋大学"筑峰工程"第一层次教授。国家杰出青年基金获得者，山东省"泰山学者"特聘教授，教育部"长江学者"特聘教授，国家自然科学基金委创新群体学术带头人，科技部重点领域创新团队学术带头人。任国际CLIVAR等多个国际计划科学指导委员会委员。在Nature Geoscience、Nature Climate Change等海洋与气候研究的国际权威杂志上发表论文70余篇。作为首席科学家主持承担了国家深海大洋"973计划"项目、科技部全球变化重大研究计划等项目。

20日　教育部高等教育司发布通知,公布第三批国家级精品资源共享课立项项目名单,李铁的海洋化学、周良明的海洋调查方法、高会旺的环境海洋学、曾名湧的食品保藏原理与技术、汪东风的食品化学、刘玉光的卫星海洋学、兰健的物理海洋学7门课程,获批国家级精品资源共享课建设项目。

精品资源共享课是教育部"国家精品开放课程"建设项目的重要内容。它由原国家精品课程转型升级而来,以基本覆盖各专业的核心课程为目标,以课程资源系统、完整和适合网络传播为基本要求,为高校师生和社会学习者提供优质课程教学资源。截至目前,学校共有9门原国家精品课程成功转型升级为国家精品资源共享课程,其中海洋学和贝类增养殖学2门课程已经在官方网站"爱课程"网上线,正式向社会大众开放。

24日　教育部、财政部"985工程"办公室组织开展的对各校"985工程"建设情况评审结果揭晓。在分组互评中,学校学科建设、建设绩效和总体评价均获得6个A和1个B的成绩,超预期完成建设任务。评审工作结束后,学校获批绩效奖励经费6100万元,占本阶段经费总额(2.5亿元)的24.4%,该比例居全国"985工程"高校首位。

25日　党委常委会研究决定:将国际教育学院和留学生中心进行整合,成立新的国际教育学院,任命宁爱花为国际教育学院院长。

27日　学校召开会议宣布教育部党组、教育部决定:卢光志同志任中共中国海洋大学委员会副书记、纪律检查委员会书记;陈锐同志任中共中国海洋大学委员会常委、副书记、副校长。因年龄原因,李耀臻同志不再担任中共中国海洋大学委员会副书记、常委职务;刘贵聚同志不再担任中共中国海洋大学委员会副书记、常委、纪律检查委员会书记职务。

31日　科技部发布国家重大基础研究发展2014年项目立项通知,以田纪伟教授为首席科学家的"973计划"项目"南海关键岛屿周边多尺度海洋动力过程研究"、以麦康森院士为首席科学家的"973计划"项目"养殖鱼类蛋白质高效利用的调控机制"、以高会旺教授为首席科学家的全球变化研究国家重大科学研究计划项目"大气物质沉降对海洋氮循环与初级生产过程的影响及其气候效应"等3项国家重大基础研究规划项目获资助,资助经费约6500万元,立项项目数和经费总数均创学校历史最好水平,并首次在农业领域和综合交叉领域取得突破。

本年　经个人申报、单位推荐、学科组评议、同行专家评审、学校评审、网上公示、学校岗位设置与聘任工作领导小组审议等程序,方钟波、付玉彬、祁建华、李萌羽、李福柱、李德海、杨爱玲、周红（海洋生命学院）、郎印海、房巧玲、郭华荣、唐衍力、黄健、臧晓南、高山红、桑松、于瑞海、侯瑞春、王曙光、赵军等20人获聘校专业技术四级岗位。

本年　学校实到科技经费超过6亿元。获3项国家重大基础研究规划项目；"863计划"优势继续凸显，新立项课题经费近亿元。获国家自然科学基金资助项目130项，经费突破1亿元。文科各类项目实到经费1200万元，获批教育部哲学社会科学研究重大攻关项目1项，国家社科基金项目17项，教育部哲学社会科学发展报告培育项目2项。被国际三大收录系统（SCI、EI、ISTP）收录论文超过1700篇，实现转让经费超千万元。

本年　据上报教育部的《普通高校基层报表》统计，学校共有博士一级学科点13个、二级学科点5个、硕士一级学科点34个、二级学科点13个、全日制本科专业68个、博士后流动站12个、国家一级重点学科2个、国家二级重点学科9个、国家重点（培育）学科1个。在校学生总数为37013人，其中博士生1660人、硕士生6852人、普通本科生15515人、继续教育本科生7574人、继续教育专科生5412人；在职人员攻读硕士总数为4232人；在校留学生932人。在校教职工总数为3326人，其中正高级522人、副高级581人；馆藏书212.9万册；占地总面积1619697平方米，校舍占地面积779248平方米；固定资产243523.71万元。

本年　学校科研成果获奖情况（省部级三等奖以上）见表38、表39。

表38　2013年学校科研成果获奖情况（省部级三等奖以上，自然科学类）

序号	项目名称	获奖情况	主要完成人（前三位）
1	中国北方海域末次盛冰期以来沉积物"源汇"效应与环境演变	教育部自然科学二等奖	李广雪　刘　健　郭志刚
2	新型消能式海上建筑物水动力分析方法与设计理论研究	教育部自然科学二等奖	刘　勇　李玉成　李华军
3	海洋食品加工过程中质量安全控制关键技术及示范	教育部自然科学二等奖	林　洪　曹立民　李振兴
4	海参功效成分研究及精深加工关键技术开发	山东省科技进步一等奖	薛长湖　王静凤　沈　建
5	新资源虫草栽培技术、产品研发及产业化	山东省科技进步三等奖	江晓路　高岩绪　王　鹏
6	长蛸全生活史养殖与增殖放流关键技术	国家海洋局海洋科学技术二等奖	郑小东　王培亮　李　琪

序号	项目名称	获奖情况	主要完成人（前三位）
7	海洋微生物培养新技术的建立及菌种库建设	国家海洋局海洋科学技术二等奖	张晓华　肖　天　刘晨光
8	深海立管涡激振动疲劳预测方法及抑振技术	国家海洋局海洋科学技术二等奖	郭海燕　李效民　孟凡顺

表39　2013年学校科研成果获奖情况（省部级三等奖以上，社会科学类）

序号	项目名称	获奖情况	主要完成人
1	当代英美马克思主义文论研究	山东省社科优秀成果二等奖	柴　焰
2	"钓鱼执法"与"后钓鱼时代"的执法困境：网络群体性事件的个案研究	山东省社科优秀成果二等奖	桑本谦
3	营运资金管理发展报告：2011	山东省社科优秀成果二等奖	王竹泉
4	环境犯罪论	山东省社科优秀成果二等奖	赵　星
5	海洋文化小百科	山东省社科优秀成果三等奖	曲金良
6	环境责任保险模式选择与定价研究	山东省社科优秀成果三等奖	游桂云
7	我国海洋生态恢复法律制度研究	山东省社科优秀成果三等奖	田其云

2014年

1月

2日 新修订的《中国海洋大学自然科学类科技经费管理实施细则》公布施行。

13日 学校MOOCs课程建设研讨会召开，80余名教师参加，就MOOCs课程建设的问题和经验进行交流学习。北京大学校长助理李晓明作《慕课与我们——一个实践者的认识与体会》专题报告。副校长李巍然在讲话中说，高校课程是学生未来职业选择的重要凭借，是老师职业发展的重要平台，也是学校发展的重要品牌。学校鼓励学生利用技术手段学习各种优质课程资源，全力支持教师开展慕课课程探索和开设。

24日 山东省教育厅发文，公布第八届山东省高等学校教学名师评选结果，学校社科部王萍教授入选。

27日 山东省委发文，公布泰山学者优势特色学科人才团队支持计划入选学科名单，水产学科入选。

本月 由史宏达研究团队主持研制的"10 kW级组合型振荡浮子波能发电装置"在青岛市黄岛区斋堂岛海域成功投放。该装置（工程样机）的试运行，标志着在国内波浪能阵列化开发与工程应用领域率先取得实质性突破。

3月

6日 学校党的群众路线教育实践活动总结大会在崂山校区召开。教育部第四督导组组长朱正昌出席会议并讲话。教育实践活动领导小组组长、党委书记于志刚作《深入践行党的群众路线，以优良作风推动高水平研究型大学建设》的总结报告。要点有：一是科学谋划、精心组织、确保教育实践活动扎实深入开展；二是坚持"六个贯穿始终"，推动教育实践活动取得切实成效；三是深入推进整改落实和建章立制工作，着力形成践行群众路线长效机制。会上，教育部第四督导组对学校领导班子及班子成员开展教育实践活动情况进行民主评议。

同日 学校召开2013年度干部选拔任用"一报告两评议"及新任校级领导民主评议大会。党委书记于志刚主持大会，并代表学校党委报告2013年度干部选拔任用工作的情况。会议对学校选人用人工作、2013年度新选拔任用干部以及新任校级领导进行民主评议。

11日 首届中国海洋大学–澳大利亚科廷大学海洋、深海与海洋工程和技术联合研讨会举办，两校一致同意并探讨建立中澳海洋、深海与海洋工程和技术联合研究中心相关规划。科廷大学副校长Brett Kirk教授一行与中国海洋大学、青岛高新区探讨三方共建青岛海洋工程与技术联合研究（孵化）中心相关事宜，拟在国际合作层面促进科研成果产业化。副校长陈锐与Brett Kirk教授签署合作框架协议，内容包括人员交流、学生联合培养、科研项目合作、联合举办研讨会等。

14日　教育部、国务院学位委员会公布2013年全国优秀博士学位论文评选结果，博士生马浩的《南大洋风应力和淡水通量在全球海-气耦合系统中的作用》获提名，指导教师是吴立新。

18日　学校第五届教职工代表大会第三次会议暨新学期全校教师干部大会召开。校长吴德星在部署2014年工作时强调：一是科学谋划，统筹布局，协调推进各项重点工作；二是深化实施人才强校战略，着力构建高水平人才队伍；三是深化改革，创新机制，切实提高人才培养质量；四是深化落实科技体制改革，全面提升科技自主创新能力；五是围绕国家战略和社会需求，大力提升学校服务经济社会发展能力；六是扎实推进国际化战略，不断拓展与国际著名大学和科研机构的合作领域，加强与我国台湾、香港和澳门地区高校的交流与合作；七是加大开源节流力度，优化资源配置，努力提高资金使用效益；八是加强支撑保障体系建设，构建和谐校园。

20日　科技部公布2013年人才推进计划重点领域创新团队名单，以于良民教授为学术带头人的"环境友好型海洋功能材料与防护技术"科研团队获批入选。至此，学校国家级创新团队数量增加至四个。

22日　我国当代著名剧作家、杂文家、辞赋家魏明伦和著名花腔女高音歌唱家迪里拜尔·尤努斯应学校顾问、教授、文学与新闻传播学院名誉院长王蒙之邀来校，与师生面对面进行交流。魏明伦作题为《自学成才与独立思考》的讲座，迪里拜尔采取一对一的教学模式为艺术系同学的演唱作讲学指导。

24日　农业部公布第五届全国水产原种和良种审定委员会审定通过的15个水产新品种，学校有三个新品种获得水产新品种证书。其中，水产学院李琪科研团队的长牡蛎"海大1号"是我国培育的第一个牡蛎新品种；海洋生命学院及海洋生物遗传学与育种教育部重点实验室包振民科研团队培育的栉孔扇贝"蓬莱红2号"是国内外第一个采用全基因组选择育种技术育成的良种；藻类遗传育种研究团队育成的龙须菜"2007"显示出明显的产量、质量和抗逆优势。

4月

2日　21世纪教育研究院发布《高校就业质量年度报告》的评价排名报告，对75所教育部直属高校就业质量年度报告作出评价。中国海洋大学的就业质量报告综合排名并列第四，内容完备性与公信力评价排名第九，基本信息公开评价排名并列第一。

11日　学校发文,任命崔晓雁为离退休干部工作处处长,金天宇为文科处处长（试用期一年）,宋文红为国际合作与交流处处长、港澳事务办公室主任、台湾事务办公室主任,董士军为基础教学中心主任（试用期一年）,鞠红梅为图书馆常务副馆长（兼,试用期一年）,李岩为船舶中心主任（试用期一年）,赵广涛为期刊社社长（试用期一年）。

同日　根据《中国海洋大学新一轮正处级管理岗位干部调整办法》,经党委常委会研究,任命:吴强明为党委办公室、校长办公室主任,李鲁明为党委办公室、校长办公室鱼山校区办公室主任,丁林为党委组织部部长兼党校常务副校长,陈鹭为党委宣传部部长兼新闻中心主任,崔晓雁为离退休干部党委书记,吴军为海洋地球科学学院党委书记（试用期一年）,魏军为医药学院党委书记（试用期一年）,于淑华为经济学院党委书记（试用期一年）,蒋秋飚为文学与新闻传播学院党委书记（试用期一年）,董士军为基础教学中心党委书记（试用期一年）,鞠红梅为图书馆党总支书记（试用期一年）,李岩为船舶中心党总支书记（试用期一年）,马成海为后勤集团党委书记。

17日　由中国海洋大学、中国地质学会构造地质与地球动力学专业委员会、国家自然科学基金委员会主办的第七届全国构造地质与地球动力学学术研讨会在青岛黄海饭店召开。会议组委会主席、副校长李巍然主持开幕式,副校长闫菊,中国地质学会构造地质与地球动力学专业委员会主任、中国地震局地质研究所张培震院士,国家自然科学基金委员会地球科学部领导代表王勇生博士出席开幕式并致辞。来自中国及加拿大的近800位专家参加会议。会议收到论文摘要460篇,五位专家作大会报告,68位专家作主题报告。

21日　国家自然科学基金委员会与山东省人民政府海洋科学研究中心联合资助项目评审结果公布,吴立新牵头申报的"物理海洋与气候"和管华诗牵头申报的"海洋药物与生物制品"两个项目获资助。项目研究期限为2014年6月至2016年12月,资助经费为2000万元/项。

23日　共青团山东省委公布第18届山东青年五四奖章获得者,水产学院何艮入选。

25日　党委中心组（扩大）举行第29次专题学习,中共中央党校教授、博士生导师、中央党校马克思主义理论教研部思想政治教育教研室主任宋福范应邀作《习近平总书记系列重要讲话精神解读》专题报告。

29日　《新型深远海综合科学考察实习船（"东方红3"船）建设方案（设计任务书）》（以下简称"建设方案"）专家论证会在青岛举行。专家组由来自上海交通大学、上海船舶研究设计院、中国科学院海洋所、厦门大学、广州海洋地质调查局、中国科学院声学研究所、国家海洋局第一海洋研究所、国家海洋局北海海洋工程勘察研究院、国家海洋局北海分局、中国船级社、广州广船国际股份有限公司、中国海洋大学等单位的专家组成。校党委书记于志刚参加论证会。专家组审阅了"建设方案",经讨论,一致认为:该船建设目标清晰明确,指导思想科学合理;建设方案围绕科技创新与人才培养特色建设、探测与实验数据质量控制、科考作业以人为本、船舶运行与科考成本经济适用要求,以及船舶绿色节能等方面,在船舶设计中得到体现,有望实现船舶的先进性;船舶总体设计符合国家海洋战略、人才培养和国际科技前沿需求;船载探测与实验系统拟配置的主要装备,能够满足科考与实习功能的实现;甲板作业空间和实验室布局合理,具有通用性和可扩展性;探测、实验数据处理与网络系统、船载实习实训系统、船岸一体化网络系统建设互为支撑,特色显著;该"建设方案"科学可行,按此进行船舶设计和建造能够实现最终建设目标。

30日　青岛市召开庆祝五一国际劳动节暨表彰大会。吴立新院士荣获全国五一劳动奖章称号。这是继文圣常院士、管华诗院士之后,学校第三位获此殊荣者。管理学院王竹泉教授获山东省富民兴鲁劳动奖章称号。

5月

5日　学校发文,成立教职工行政纪律处分工作领导小组和教职工行政纪律处分申诉委员会,党委副书记、副校长陈锐任领导小组组长,党委副书记、纪委书记卢光志任申诉委员会主任。

同日　全国大中学生第三届海洋文化创意设计大赛作品评审会在学校举行。此次大赛由国家海洋局宣传教育中心、中国海洋大学共同主办,主题是"海洋强国梦"。共收到作品8315件,303所高校、43所中学参赛。作品类别涵盖海报、书装、环境景观、产品造型、媒体动漫等。经过评审,共评选出大学组获奖作品255件,其中金奖10件;中学组获奖作品52件,其中金奖3件。

7日　崂山校区东学生生活区(简称"东区")启用。东区是学校与南龙口社区合作的后勤社会化项目,建筑面积81300余平方米、占地面积75亩,包括宿舍、食堂、浴室、开水房等生活辅助设施,宿舍楼共有12栋。东区的启用使得崂山校区的学生住宿基本上达到教育部规定的本科生4人一间、硕士生2人一间、博士生1人一间的"421"标准,学生住宿条件大为改善。

9日　青岛市科学技术奖励大会在中国海洋大学召开。麦康森院士因在水产动物营养学与饲料学研究方面的杰出贡献,被授予2013年度青岛市科学技术最高奖。这是继文圣常院士之后,学校教师第二次获得青岛市科学技术最高奖。山东省委常委、市委书记李群为最高奖获得者颁奖。

14日　首期全国会计领军人才培养工程特殊支持计划启动会在财政部召开,管理学院副院长兼会计学系主任、中国企业营运资金管理研究中心主任王竹泉成为全国高校首批4位入选者之一。

21日　由海洋科学与技术青岛协同创新中心、未来海洋学院等单位共同主办的"未来海洋讲坛"首场讲座,在鱼山校区逸夫馆多功能厅开讲,中国科学院院士吴立新为师生作《大海·海大　挑战·责任》的学术讲座。

吴立新从我国当前的海洋强国战略出发,阐述中国海洋大学及海大人在国家战略发展中的地位和作用,深刻剖析全球变化下的海洋承受的压力,分析21世纪海洋科学研究面临的挑战与机遇以及未来海洋人才的使命与责任,并对海大学子提出希望。副校长李巍然在主持讲座时说,"未来海洋讲坛"旨在帮助同学们及时了解海洋研究领域前沿,深化对海洋科学问题的认识,指导帮助同学们研究海洋,献身海洋事业,为海洋战略发展作出贡献。

22日　山东省教育厅发文,表彰2013年度高等学校省级优秀学生、优秀学生干部和先进班集体。王少可等25人被评为省级优秀学生,张林强等12人被评为省级优秀学生干部,2010级英语专业英语2班、2010级生物技术专业班、2010级环境科学专业班、2010级船舶与海洋工程专业班、2012级会计学硕士班、2012级材料物理与化学硕士班被评为省级先进班集体。

24日　法国驻华大使白林为李志清教授颁发法国文化教育领域最高级别的荣誉——金棕榈统帅勋章。

29日　国务院学位委员会下达2014年审核增列的硕士专业学位授权点及撤销的硕士学位授权点名单,学校增列工程硕士（船舶与海洋工程）、应用统计、教育、汉语国际教育4个硕士专业学位授权点;撤销审计、资产评估4个硕士学位授权点。

30日　以中国海洋大学校名命名的"海大号"科学考察船首航,从青岛起航赴东海,执行为期60天的科学考察任务。

"海大号"为地质地球物理调查船,于2013年10月19日在青岛即墨女岛交付青岛海大海洋能源工程技术股份有限公司,委托中国海洋大学管理,以保障船舶运行安全和发挥好船舶的功能。调查船总长68米,型宽15.6米,排水量2650吨,续航力5000海里,自持力30天,最大航速13节,定员49人。该船的投入使用有效加强了我国近海海洋地质调查、海岸带研究、海洋油气勘查等多方面的调查与勘测能力。

同日　党委中心组（扩大）举行第30次专题学习，海军指挥学院教授、中国南海研究协同创新中心副主任、中国海洋大学海洋发展研究院学术委员会委员冯梁，应邀作《海洋强国背景下加强我国海洋安全筹划的战略思考》的报告。

6月

5日　学校第五届教职工代表大会第四次全体会议在崂山校区召开，李巍然副校长作关于《中国海洋大学章程（草案）》制定情况的说明。会议审议《中国海洋大学章程（草案）》，通过中国海洋大学第五届教职工代表大会第四次会议大会决议。大会认为，《中国海洋大学章程（草案）》指导思想正确、基本原则明确，原则通过。《中国海洋大学章程》经校长办公会讨论通过、党委全委会讨论审定后上报教育部核准。

6日　山东省人民政府发文，公布获得2014年度山东省有突出贡献的中青年专家荣誉称号人员名单，陈学恩教授、桑本谦教授入选。

7日　北京大学副校长、研究生院院长、海洋研究院院长陈十一院士一行来校考察，学校党委书记于志刚、中国科学院院士吴立新会见客人。双方就促进两校在海洋科学研究等多领域开展更为紧密的合作进行深入交流。

12日　国际著名期刊*Nature*在线发表题为《全球变暖导致极端印度洋偶极子事件发生频率增加》的最新研究成果，并将其作为亮点文章予以重点推介。此项成果由蔡文炬教授为第一作者、吴立新院士为合著者的科研团队共同完成。

13日　经学校岗位设置与聘任工作领导小组研究，聘任李三忠、王震宇为专业技术岗位教授二级；经中期考核、学校岗位设置与聘任工作领导小组研究，聘任邵长伦（医药学院）、刘勇（工程学院）为"青年英才工程"第一层次人才。

同日　山东省人民政府学位委员会、山东省教育厅公布2014年优秀学位论文和研究生优秀科技创新成果奖，刘雅、范磊、陈旭森、徐后国、远洋、付鹏撰写的论文获评山东省优秀博士学位论文。

15日　学校第十四次学生代表大会、第七次研究生代表大会召开。18个院系的175名本科生代表、81名研究生代表与会。党委副书记张静出席会议并讲话。大会分别审议通过上届学生会、研究生会工作报告及章程修改案，选举产生第十四届学生代表大会常任代表和第七届研究生代表大会常任代表。

23日　由中国海洋大学与美国南卡罗来纳大学共同主办的第二届中美儿童文学高端论坛在美国哥伦比亚市召开。美方论坛主席、国际儿童文学学会会长、南卡罗来纳大学米歇尔·马丁和中方主席朱自强教授分别发表讲话。论坛的主题是"全球化视野下的儿童"。有15位学者针对议题宣读论文，中国海大儿童文学研究所所长朱自强、文学与新闻传播学院副院长罗贻荣分别宣读论文。

26日 2014届研究生和本科生毕业典礼暨学位授予仪式先后在崂山校区综合体育馆举行，共有308名博士生、2189名硕士生、3552名本科生分别获得博士、硕士、学士学位，24名留学生获得博士或硕士学位。校长吴德星寄语本科毕业生：有所担当，勇往直前。对毕业研究生提出希望：能始终怀有人类幸福这个崇高追求，把求真务实的科学精神与求善求美的人文精神结合起来，保持从事学术研究的严谨和执着，保持热爱学习的精神和坚定不移的信心。毕业生总体就业率达92.4%。

27日 学校举行2014届国防生毕业典礼，毕业的48名国防生中，39人加入中国共产党，89人次获省级校级荣誉。校长吴德星向毕业国防生提出三点希望：一要坚定信念，志存高远；二要脚踏实地，扎根基层；三要勤于学习，敢于创新。

同日 学校与烟台市政府签署战略合作框架协议，副校长李华军和烟台市市长孟凡利代表双方在协议书上签字。双方就在海洋工程、海水养殖、海洋食品、生物医药、海洋新材料等领域开展紧密科技合作达成共识。

同日 学校党委发文，撤销国际教育学院党总支委员会，成立直属业务部门第二党总支，国际教育学院、继续教育学院、职业技术师范学院党组织关系划归直属业务部门第二党总支。任命董效臣为直属业务部门第二党总支书记（兼）。

28日 教育部高等学校食品科学与工程类专业教学指导委员会2014年第一次全体会议暨教学研讨会在学校举行。会议就食品科学与工程类专业本科教学质量的五个国家标准进行研讨并基本形成定稿。来自全国食品类高校的14名代表分别作报告。中国工程院院士管华诗、孙宝国、朱蓓薇，教育部高等学校食品科学与工程类专业教学指导委员会的37位委员出席会议。

30日 教育部人事司发文，同意学校聘任方胜民、宋志远、赵庆礼、魏世江为四级职员。

同日 《中国海洋大学国内公务接待管理办法》公布施行。

7月

4日 全校教师干部大会在崂山校区召开，教育部党组成员、副部长杜占元宣布《教育部关于于志刚、吴德星职务任免的通知》和《中共教育部党组关于孙也刚等同志职务任免的通知》。孙也刚担任中国海洋大学党委委员、常委、书记，于志刚担任中国海洋大学校长，张静担任中国海洋大学党委常务副书记（正厅级）。吴德星因年龄原因不再担任中国海洋大学校长。

孙也刚（1963— ），江西上饶人。1985年5月入党，1982年7月参加工作，研究生学历，博士学位。2014年7月起，任中国海洋大学党委书记。

党委书记孙也刚

1986年9月至1988年8月，孙也刚为北京师范大学教育系高等教育管理专业研究生；1988年8月至1993年3月，国务院学位委员会办公室、教育部研究生司综合处副主任科员、主任科员；1993年3月至1998年9月，国务院学位委员会办公室业务五处副处长；1998年9月至2000年5月，国务院学位委员会办公室、教育部研究生司综合处处长；2000年5月至2004年5月，国务院学位委员会办公室、教育部研究生司文理医学科处处长（1997年9月至2002年7月，北京大学高等教育管理专业博士研究生，并于1999年9月至2000年1月在美国纽约州立大学布法罗分校学习）；2004年5月至2007年7月，新疆维吾尔自治区教育厅副厅长；2007年7月至2010年9月，新疆维吾尔自治区教育厅副厅长（厅长级）；2010年9月至2010年11月，中央党校学习；2010年11月至2011年11月，国务院学位委员会办公室、教育部研究生司巡视员；2011年11月至2014年7月，国务院学位委员会办公室副主任兼教育部研究生司副司长（正司级）。

于志刚（1962— ），山东莱阳人。1986年4月入党，1988年6月参加工作，研究生学历，博士学位，教授。2014年7月起，任中国海洋大学校长。

校长于志刚

于志刚长期从事海洋化学和海洋环境科学的研究与教学工作，主要研究方向为海洋生物地球化学，先后主持完成国家自然科学基金重大国际合作研究项目、"863计划"和"973计划"等课题20余项，发表学术论文200余篇（SCI收录70余篇），获国家发明专利22项。享受2004年度国务院政府特殊津贴，2006年获得山东省有突出贡献的中青年专家称号。获得国家级教学成果二等奖2项。

于志刚主要学术兼职：任国务院学位委员会第六届海洋科学学科评议组成员、召集人，第六届教育部科学技术委员会委员、地学与资源环境学部学部委员，中国环境科学学会海洋环境保护专业委员会主任委员，中国海洋学会环境科学分会副理事长、中国海洋湖沼学会水环境分会副理事长，《海洋环境科学》副主编、《海洋学报》等学术期刊的编委，中国科学院海洋生态与环境科学开放研究实验室、国家海洋局海洋生态系统与生物地球化学重点实验室、教育部海洋生态环境重点实验室等学术委员会委员。

张静（1965— ），河北乐亭人。1985年7月入党，1988年7月参加工作，大学学历，学士学位，研究员。任中国海洋大学党委常务副书记。

党委常务副书记张静

1984年9月至1988年7月，张静在山东海洋学院水产养殖系学习；1988年7月至1993年6月，青岛海洋大学水产学院团总支书记；1993年6月至1995年1月，青岛海洋大学应用数学系团总支书记；1995年1月至1995年12月，青岛海洋大学经贸学院团总支书记；1995年12月至1997年7月，青岛海洋大学团委副书记；1997年7月至1999年5月，青岛海洋大学海尔经贸学院党总支副书记兼副院长；1999年5月至2001年9月，青岛海洋大学党委校长办公室副主任；2001年9月至2003年9月，中国海洋大学党委校长办公室主任；2003年9月至2014年7月，中国海洋大学党委副书记。

张静主要兼职：青岛市政协委员，青岛市妇联常委，青岛高校心理健康教育研究会副会长，青岛高校思想政治教育研究会副理事长；山东省高校学生教育与管理研究会副会长，山东省高等学校思想政治教育研究会副会长；教育部高校毕业生就业总结宣传工作专家。

同日　2014年国家社会科学基金重大项目（第一批）公布，韩立民教授申报的"我国海洋事业发展中的'蓝色粮仓'战略研究"获批2014年国家社科基金重大项目，项目经费80万元。这是学校连续第三年获批国家社科重大项目。

同日　人力资源社会保障部办公厅公布第四批国家级专业技术人员继续教育基地，学校是第四批20个国家级专业技术人员继续教育基地之一。

5日　地下储层和流体的地球物理成像国际研讨会在鱼山校区召开。研讨会主题是"主动及被动源地球物理数据采集与处理方法""非常规油气藏物性与关键勘探技术"及"多尺度地球物理成像方法与地质建模"。主题内容为中国海大主持的国家自然科学基金重点项目"海底顶层电火花源立体探测系统及其成像基础研究"的研究内容。来自加拿大多伦多大学、美国休斯敦大学、澳大利亚昆士兰大学、中国海洋大学、同济大学、武汉大学等近20所国内外高校、科研单位以及10余所国内外公司的70余位代表出席研讨会。

9日　学校专业导论类国家精品视频公开课——海洋科学导论、水产学导论在教育部"爱课程网"正式上线,面向全国高校实现精品课程资源共享。

18日　国际学术期刊*Science*发表题为《海洋中尺度涡的水体输运》的最新研究成果,并在6月26日的*Science Express*上向全球科学家及媒体予以重点推介。此项成果由物理海洋教育部重点实验室张正光博士为第一作者、王伟教授和学校"绿卡人才工程"客座教授裴波共同完成。

26日　青岛海洋生物医药研究院揭牌仪式举行。管华诗在讲话中指出,青岛海洋生物医药研究院旨在架起青岛海洋学与技术国家实验室等上游科研机构和本领域高新技术企业的桥梁,疏通"发现-技术-工程-产业"科技链条,助推海洋生物医药产业的发展。研究院秉承"正德惟和,海济苍生"的核心理念,定位于成为海洋生物医药产业的新技术、新产品的孵化器,并要作为行业发展的技术引擎,加速行业的产品产出,引领行业的快速发展。研究院力争在5年内成为国内海洋生物医药新技术、新产品的原创地与孵化器,海洋药物领域军民融合中心;争取在10年内,成为国际知名的海洋药物研发基地、人才高地和海洋生物医药领域的开发技术交流中心。

28日　山东省委常委、青岛市委书记李群及市有关领导到校调研。校长于志刚作近期情况汇报,双方就学校提出的下一步发展设想,更好地共同服务于国家发展战略、推进校地双方全面务实合作、共促蓝色经济发展等方面进行座谈,就有关方面内容形成共识。李群书记特别针对海洋发展智库建设、海岛利用开发、历史文化保护、海洋科普宣传教育等方面内容作重要讲话。他指出,大学是培养人才的摇篮和实施创新的基地,是一个城市最不可缺的资源和要素。服务好国家战略和经济社会发展,是青岛市和学校共同的责任和使命。双方应当在实施国家海洋强国战略、高等教育改革发展、助推蓝色经济发展、培育城市文明、提升城市文化素质等方面通力合作,相互支持,互促互进;青岛市要全力支持好学校的发展,特别是从空间布局上要加大支持力度;应依托学校的学科、科技、人才、文化等方面的优势,主动在提高基础研究水平、促进成果转化和技术转移、推动青岛十大产业链发展、加强文化建设、中外合作办学、基础教育改革、蓝色海洋教育、海洋科普和意识教育、职业教育、大学生创业教育、高端人才引进等方面实现有效对接,务实合作。他强调,建设世界一流大学不仅是学校的责任,也是城市的责任,各级领导干部要坚持世界眼光,树立国际标准,发挥本土优势,积极探索、改革创新,支持好、服务好中国海洋大学的建设和发展。

8月

20日 第九届中国青少年科技创新奖颁奖大会在北京人民大会堂举行，中共中央政治局委员、国务院副总理刘延东出席颁奖大会并讲话。中国海洋大学"OUC-ChinaiGEM团队"获大学生"小平科技创新团队"称号，这是国内青少年科技奖项的最高荣誉。

22日 党委书记孙也刚、校长于志刚一行访问国家海洋局，会见国家海洋局党组书记、局长刘赐贵，双方就深化全方位合作、服务好国家海洋事业进行座谈。于志刚结合正在重点推进的一流大学建设规划、"东方红3"船建造、协同创新中心建设、共建体制机制创新等工作，介绍了学校与国家海洋局深化共建合作的设想。刘赐贵表示，国家海洋局与中国海洋大学的共建要进一步拓宽领域，深化全方位合作。双方可以采取不同形式创新机制、加强沟通、形成合力、实现共赢。

同日 国际学术期刊 *Science* 发表题为《行星中的热量分配导致全球变暖的减缓与加速》的最新研究成果，文章的第一作者为物理海洋教育部重点实验室教授陈显尧。文章指出盐度上升导致表层暖水下沉是热量向深层海洋输送的核心机制。文章认为，如果深层海洋通过全球热盐环流过程吸收大气中的热量，则意味着全球变暖减缓还将持续 $10 \sim 15$ 年。

24日 北京大学党委书记朱善璐一行来校调研，学校党委书记孙也刚、校长于志刚等在鱼山校区会见客人并就两校在涉海及其他领域深化合作进行商谈。

25日 按照ESI的2014年8月最新全球地球科学领域科学家引用排名，李三忠教授在全球2975名前1%地球科学家行列中排名第190位，是18位进入前200名的中国地球科学家之一。

同日 教育部公示2014年度全国模范教师表彰名单，张士璀教授荣获该荣誉称号。

9月

1日 2014级研究生和本科生开学典礼先后在崂山校区综合体育馆举行。校长于志刚寄语：分享光荣，共担责任，同创未来，做有德性、守契约的中国海大人。并向2014级学生提出：希望本科生学会做人和做事的方法，养成读书和运动的习惯；希望研究生提高研究创新的能力，提升为人为学的境界。今年共招收研究生2883人、本科生3804人。留学生中招收研究生48人、本科生70人。

5日 《中国海洋大学研究生奖助体系改革实施方案（试行）》实施，旨在进一步提高研究生的培养质量。改革后的研究生奖学金体系包含国家奖学金、学业奖学金、专项奖学金三部分；改革后的研究生资助体系包含国家助学金、"三助"岗位津贴、经济困难研究生补助、国家助学贷款四部分。

9日 学校发文，对2014年度在教学、科研等方面作出突出贡献并为学校争得荣誉的集体和个人颁发奖励。王伟、陈显尧获校长特殊奖励；马君、王秀芹获第二届青岛高校教学名师；王竹泉获青岛市优秀教师；18项教学成果获第七届山东省高等教育教学成果奖，其中一等奖3项，二等奖10项，三等奖5项。

同日 学校发文，表彰第十六届天泰优秀人才奖获奖教师，其中，王师、苏志伟、陈学恩获一等奖，刘佳（管理学院）、刘卫先、何波、李雁宾、薛勇获二等奖，王贞洁、孙艳霞、祁建华、何兵寿、张咏春、李春（海洋环境学院）、杨树桐、徐杰、郭华荣、高翔（数学科学学院）获三等奖。

10日 学校在崂山校区召开庆祝第30个教师节大会，对在教学与科研工作中作出突出贡献的优秀教师和从事教育工作满30年的同志进行表彰。校党政领导出席会议，并为受表彰教师颁奖。党委书记孙也刚希望党政管理干部认真领会习近平总书记在北京师范大学考察时强调的"百年大计、教育为本，教育大计、教师为本"的讲话精神，增强服务意识，把尊师重教落实到管理服务的每一项工作和每一个环节。希望广大教师增强立德树人、传道授业的荣誉感和责任感，将"学为人师，行为世范"落实在教学科研和日常生活中。以文圣常院士等老一代科学家、教育家为楷模，学习他们忠于职守的高尚情操、严谨自觉的敬业精神和甘为人梯的优秀品质，做有理想信念、有道德情操、有扎实学识、有仁爱之心的好老师，切实担负起培养社会主义事业建设者和接班人的神圣使命。

同日 新学期全校教师干部大会在崂山校区召开。校长于志刚代表领导班子回顾总结上半年主要工作，分析学校发展所面临的形势，并对下半年重点工作进行部署。主要有8个方面：一是深入研究，积极推进制订一流大学建设规划；二是调整姿态、积极作为，推进国家实验室和"蓝色智库"建设；三是加快推进2011协同创新中心建设；四是进一步加强人才队伍建设；五是积极作为，增强汇聚资源能力和学校保障能力；六是深化教育综合改革；七是进一步加强党风廉政建设，完善惩治和预防腐败体系。党委书记孙也刚对全校做好新学期以及今后一段时期的工作提出要求：一是抢抓机遇，乘势而上，积极服务国家重大战略需求；二是提早谋划，以改革创新的精神力争取得突破性新发展。认真部署，制订教育综合改革方案，推动现代大学制度的建立；三是持之以恒，着眼长效，继续推进教育实践活动整改落实工作，各职能部门要继续按照学校整改落实任务分工和工作要求，抓好整改落实、专项整治和建章立制工作；四是落实责任，常抓不懈，深入推进学校党风廉政建设和反腐败工作，各级党组织和党政负责人要按照承诺，坚守责任担当，在全校上下形成浓郁的廉政氛围，为学校事业科学发展保驾护航；五是凝心聚力，同心同德，高标准高质量做好90周年校庆工作。

19日 由学校主办的第五届海峡两岸海洋海事大学"蓝海策略校长论坛"在青岛召开，来自海峡两岸14所院校的70余名代表参会。中国海洋大学校长于志刚出席开幕式并致辞，台湾海洋大学校长张清风致辞，中国海洋大学副校长李华军主持论坛开幕式。论坛分为"高等教育全球化背景下两岸高校海洋科教协作、创新与发展"主旨报告和综合讨论两部分。报告会上，台湾海洋大学校长张清风、台湾中山大学副校长卢展南、广东海洋大学校长叶春海、大连海洋大学校长姚杰、中国海洋大学副校长李华军、上海海洋大学副校长吴建农、大连海事大学副校长孙培延、浙江海洋学院副校长徐士元分别作报告。于志刚与张清风共同主持综合讨论，协商成立海峡两岸海洋海事大学校长联谊会，以进一步密切联系，推动海峡两岸海洋海事教育领域交流与合作取得新进展。该论坛是中国海洋大学90周年校庆系列学术活动之一。

同日 海洋科学与人文研讨会在崂山校区举行。来自海峡两岸高校的30余名专家学者结合自己的研究领域作专题发言。研讨会分为海洋科学专场和海洋人文专场，分别围绕"海洋环境与气候、海洋生态与海洋生物、海事科学与工程创新"和"海洋事务管理、海洋人文社会科学、海洋教育与人才培养"展开研讨交流。两岸学者会场发表专题报告29个，收录论文34篇，基本涵盖海洋海事各学科领域。与会代表普遍认为，研讨会展现了海峡两岸涉海院校在学术研究取得的最新成果，很多涉及国际学术前沿领域和最新研究动态，呈现出较高的学术水平。

29日 2014年度中国政府友谊奖颁奖典礼在北京人民大会堂隆重举行，学校聘请的比利时根特大学Patrick Sorgeloos教授荣获中国政府友谊奖。本年度共有来自25个国家的100名外国专家获得此奖。

30日 山东省公布2014年新设博士后科研流动站名单，学校应用经济学名列其中。

10月

10日 赵美训教授主持承担的"973计划"项目"我国陆架海生态环境演变过程、机制及未来变化趋势预测"结题验收会在青岛召开。专家组一致认为，四项课题完成或超额完成了既定的任务指标，均以优秀成绩通过验收。

11日 教育部颁发《中华人民共和国教育部高等学校章程核准书》第33号，核准《中国海洋大学章程》，即日生效。《章程》分序言和正文两大部分，正文由总则、学校与举办者、管理体制与组织机构、教职员工、学生、学院、财务资产后勤、学校与社会、学校标识、附则10个部分构成,总计95条、全文8400余字。

13日 校长于志刚与澳大利亚科廷大学校长Deborah Terry签署中澳海洋工程联合研究中心合作协议,与青岛市高新区主要负责人签署青岛海洋工程与技术联合研究(孵化)中心合作框架协议。三方共同为中澳海洋工程联合研究中心揭牌。于志刚在讲话中说,中国海洋大学将把中澳海洋工程联合研究中心和青岛海洋工程与技术联合研究(孵化)中心的建设作为深化实施国际化战略和增强学校服务地方经济社会发展的重要平台,给予大力的支持,并将以此为契机,以海洋工程学科为核心,汇聚全校海洋学科的优势资源,特别是物理海洋、海洋地质工程、信息技术等方面的优势资源,通过汇聚一流人才、建设协同创新平台、加强国际合作以及密切和产业界合作,提升自身学术水平、技术研发能力和服务社会的成效。

同日 国际SCOR海洋微表层工作组会议在青岛召开。副校长李华军出席研讨会开幕式并致辞。会议主题是特殊界面层中独有的物理、化学及生物特性及在全球变化中的关键作用,来自不同领域的专家学者围绕这一主题作学术报告,展示研究成果。会议期间,杨桂朋教授邀请国际著名海洋化学家、美国佛罗里达州立大学William Landing教授,德国基尔GEOMAR亥姆霍兹海洋研究中心Anja Engel教授给师生作《海外名师讲堂》报告。来自英国、美国、德国、法国、马来西亚、中国等的80余位国内外专家学者和研究生参加研讨会。

15日 学校发文,表彰2013—2014学年先进班集体和先进个人,勘查技术与工程2011级康佳语、药学2011级刘烨、物流管理2011级秦芙蓉、工商管理2011级吴佳妮、行政管理2012级甘甜、英语2011级于诗雯、大气科学2011级陈晓丹、环境工程2011级吴疆、光信息科学与技术2011级李瑞显、生物科学2011级杨俊生获得优秀学生标兵称号。

18日 在中国海洋大学建校90周年之际,第三届"科学·人文·未来"论坛在崂山校区体育馆举行,论坛主题为"教育实现梦想",来自不同领域的21位文史哲专家以及科教、企业界专家齐聚海大。论坛由当代著名作家王蒙和中国工程院院士管华诗担任主席,党委书记孙也刚和管华诗院士分别致辞。论坛共分四个单元,举行19场报告,每一个单元都设置交流互动环节。文史哲专家童庆炳、周国平、赵一凡、朱自强、朱永新、鲍鹏山、姑丽娜尔·吾甫力、钱文忠、李少君和科教、企业界专家秦伯益、沈国舫、欧阳自远、盖钧镒、张国伟、钱致榕、麦康森、吕松涛、吴立新等诸多名家畅所欲言,与现场3000多名师生互动,共话"教育实现梦想"。论坛闭幕式上,王蒙说,围绕"教育实现梦想"这一主题,科学与人文再次进行对话,大家就共同关心的文化、教育、科技问题进行探讨,并对它们未来的发展提出了许多好的建议。王蒙寄语中国海洋大学学子，既要学好自己专业的知识，也要多参加此类论坛活动，开阔视野、开放头脑、开启智慧，做有境界的人、做有行动的人、做有想象力和勇气的人。管华诗指出，自2004年"科学·人文·未来"论坛开创以来，累计已有60多位专家学者到访中国海洋大学，与海大结下了深厚的友谊。论坛的成功举办让科学与人文更加紧密地融合在一起，为学校人才培养、学科建设、科学研究等工作的开展提供帮助。

22日　《中共中国海洋大学委员会发展党员工作实施细则》公布施行。

同日　由学校主办的王蒙最新双长篇小说学术研讨会在鱼山校区举行。著名作家、文新学院名誉院长王蒙与会，来自全国的30余位文艺评论家、作家、学者、编辑就王蒙最新出版的两部长篇小说《这边风景》和《闷与狂》进行全方面解读与研讨。校党委书记孙也刚在开幕式上致辞说，王蒙学术研讨会作为海大标志性的学术例会已成功举办六次。

同日　由法政学院主持召开的第三届中俄北极论坛在青岛举行。来自俄罗斯圣彼得堡大学、俄罗斯科学院、俄罗斯大使馆以及国家海洋局极地考察办公室、中国极地研究中心、上海交通大学、同济大学等中俄高校和科研机构的20多位专家学者参加会议。会议就中俄两国在北极问题上所共同关心的诸多问题进行深入探讨。会后论坛成员单位圣彼得堡国立大学、俄罗斯远东国立大学、上海交通大学与中国海洋大学讨论了联合创办 *Polar Affairs*（半年刊），以巩固和丰富两国北极学术研究合作。

23日　教育部领导到学校调研，充分肯定了中国海大90年的办学成就，对学校未来的改革发展提出三点意见和希望：一是要抓住机遇；二是要内涵发展；三是要加强班子建设。并表示教育部将一如既往地支持中国海洋大学的改革与发展，支持海大早日建成国际知名、特色显著的高水平研究型大学。希望中国海洋大学乘势而上、提高质量，在抓住机遇、内涵发展、深化改革上做好文章，为中国高等教育事业和区域经济社会发展、建设创新型国家，作出新的更大的贡献。

24日　海洋科学与技术国际学术研讨会之校长论坛在中国海洋大学召开，教育部高等教育司司长张大良、国家海洋局国际合作司副司长陈越，中国海洋大学原校长吴德星分别在开幕式上致辞。来自美国、英国、法国、德国、中国等14个国家和地区的40余所涉海大学、研究机构以及国际海洋科学学术组织的专家学者围绕"面向海洋可持续发展的高等教育—国际合作与联盟"主题进行研讨。李华军代表中国海洋大学以《因海而生，因海而兴——中国海洋大学海洋人才培养90年探索》为题作主旨报告。论坛期间，国际涉海大学协会召开工作会议，决定将国际涉海大学协会更名为国际涉海大学联盟，并向全球各涉海机构开放。联盟指导委员会成员单位代表一致通过，联盟秘书处常设中国海洋大学，校长为联盟主席，分管副校长为秘书长。联盟成员单位代表一致同意，通过并签署新的《国际涉海大学联盟章程》，新参会机构表达了加入联盟、发展协作平台的愿望。

同日　水产学院举办的渔业可持续发展学术研讨会在鱼山校区召开。中国科学院院士焦念志、中国工程院院士麦康森、美国密歇根大学教授段存明、美国格罗斯大学教授郭希明、獐子岛集团股份有限公司首席战略官冯玉明、日本水产综合研究中心日本海区水产研究所教授田永军等出席研讨会，并就所从事行业从不同方面、多角度阐述对于海洋渔业可持续发展的见解。参加研讨会的还有水产学院党政领导、水产学院校友及师生共计100余人。

25日　校长于志刚在黄海饭店会见英国东英吉利大学校长David Richardson，双方就两校海洋战略联盟的发展及合作交流情况进行探讨，并签署合作协议。于志刚表示，希望双方进一步扩大南北极研究、跨学科交流、人文社会科学及海洋经济等方面的合作交流。他希望通过双方的务实合作，将两校的海洋战略联盟打造成为中英涉海大学之间合作的一个典范。

同日　中国海洋大学建校90周年庆祝大会在崂山校区隆重举行。中共中央政治局原常委、国务院原副总理李岚清，全国人大常委会原副委员长陈至立，全国政协原副主席宋健等分别为学校题词。陈至立出席庆祝大会，并为学校5000吨级新型深远海综合科考船——"东方红3"船启动建造揭幕。校长于志刚作题为《为和谐海洋，育天下英才》的讲话，回顾学校90年来在不同历史发展时期所形成的办学特色和取得的办学成就。于志刚指出，中国海洋大学凭海而立，因海而兴。建校90年来、特别是山东海洋学院成立以来，始终以全方位服务国家海洋事业发展为己任，在国家海洋事业发展的史册上体现了中国海大人的特殊贡献。90年来，中国海洋大学形成了独具特色的优良传统，积淀了弥足珍贵的精神财富。"海纳百川，取则行远"的校训，"崇尚学术、谋海济国"的价值取向，

中国海洋大学 90 周年校庆庆典

这是中国海大精神的高度凝练。正是这种独具特色的大学精神，激励着一代又一代中国海大人矢志不渝地耕耘海洋，服务国家。纵观中国历史，国家从来没有像今天这样重视海洋，海洋强国之梦也从来没有像今天这么临近和真切。作为国家"985工程"重点建设的唯一的海洋大学，我们唯有自强不息，勇于担当，才能不辱使命，再创辉煌。要推动学校持续科学发展，必须进一步弘扬大学精神，践行大学之道。要营造更加优良的校风学风，培育古今贯通、中西融会的科学精神和人文气象。要着力建设一所有德性、守契约的大学，一所自由开放、和谐向上的大学，以此推动教授治学、民主管理，以此激发创新创造的活力，凝聚改革发展的动力，推动学校向着国际知名、特色显著的高水平研究型大学建设目标阔步前进。

吴立新院士、国家海洋局副局长王宏、山东大学校长张荣、英国东英吉利大学校长理查德森、青岛市委市政府代表、校友代表及师生代表分别致辞。

同日　校长于志刚在黄海饭店会见纳米比亚大学校长Lazarus Hangula一行，双方就两校合作的相关事宜进行交流并签署合作协议。于志刚表示，纳米比亚大学是第三个与学校建立合作关系的非洲大学，希望双方能够在海洋科学、水产养殖和渔业资源、海洋工程等学科基础上寻找合作切入点，鼓励并支持双方教师共同开展科学研究，推动务实合作。德国莱布尼茨热带海洋生态中心原主任Venue Lttekot作为两校合作的联系人参加会议。

同日　学校主办的海洋科学与技术国际研讨会"全球海洋峰会"在黄海饭店举行，来自14个国家和地区的百余位专家学者围绕"海洋科学、技术与可持续发展"两大主题展开研讨。会议由中国科学院院士吴立新主持。原校长吴德星、国家海洋局副局长王宏、教育部高教司副司长石鹏建、国家自然科学基金委地学部常务副主任柴育成、青岛市副市长王晓方分别致辞。

在中国海洋大学倡议下，全球52家主要涉海科教机构和国际学术组织的代表共同签署并发布《未来海洋青岛共识》，旨在共建"和平之海、合作之海、和谐之海"。《未来海洋青岛共识》主要包含三个方面：一是各方愿共同致力于发展海洋科学技术以促进海洋研究更快地取得实用性成果，打造一个全球性的、开放的创新及共享网络，在全球海洋观测、预测、开发、利用、保护与管理等领域加强协作，共同应对挑战，充分认识海洋，造福全人类；二是基于海洋知识的传播与海洋人才的培养是一项重要的基础性工作和紧迫任务，各方愿共同拓展教育资源，实现海洋国家和地区间的信息共享；海洋发达国家和地区愿为海洋发展中国家和地区未来海洋领域专业人才的培养提供支持；三是各方愿充分发挥各自在海洋领域的知识、专业及能力优势，推动全球"蓝色智库"建设，并通过海洋科技成果的转化推动全球海洋的可持续发展。由吴立新院士主持，美国伍兹霍尔海洋研究所（WHOI）所长Susan Avery作题为"Many Countries, One Ocean"的大会主题报告。讨论环节由Susan Avery等主持，与会专家学者围绕海洋科学与技术的可持续发展进行广泛而深入的探讨。

《未来海洋青岛共识》发布仪式

海洋峰会闭幕式上，于志刚校长作总结发言，指出会议取得四个方面成果：一是促进了全球海洋高等教育的合作；二是深入交流和研究了海洋科学发展的战略和问题，分享了科学经验；三是达成了《未来海洋青岛共识》；四是增进了全球海洋学者大家庭的友谊。

25日　庆祝中国海洋大学建校90周年文艺晚会在崂山校区体育馆隆重举行。晚会由近600名师生和校友共同演绎，回顾海大90年风雨历程，宣示海大精神，凝聚振奋人心，传递谋海济国正能量。

27日　美国罗克韦尔自动化公司捐赠1000万元设备和软件、中国海洋大学配套180万元共同建设的罗克韦尔自动化实验室在崂山校区建成并揭牌。校长于志刚、罗克韦尔自动化政府关系总监Patrick Powers等出席捐赠仪式并共同为实验室揭牌。

28日　学校与美国伍兹霍尔海洋研究所在崂山校区签署共建国际合作联合实验室（以下简称"联合实验室"）协议。于志刚说：这是中国海洋大学第一个国际合作联合实验室协议，学校将把联合实验室建设作为国际科技合作方面最重要的事情之一给予全力支持。希望双方的合作从物理海洋学科始，逐步拓展到海洋学科的全面合作，这对于中国海洋大学的意义更加重大。在双方建立的良好友谊基础上，不仅要推动联合实验室的建设，更要为中美两国之间的科技、教育和文化交流作出贡献。美国伍兹霍尔海洋研究所所长Susan Avery也表示希望双方在已有合作基础上进一步拓展交流合作领域并开展深入合作，期待未来海洋自动化观测领域能成为双方的一个重要合作方向。

11月

1日　第二届海洋工程地质发展战略研讨会暨国家重大科研仪器研制项目"复杂深海工程地质原位长期观测设备研制"启动会在青岛召开。中国工程院院士龚晓南、中国科学院院士何满潮等50余位海洋工程地质领域专家，为海洋工程地质领域首个国家重大科研仪器研制项目（自由申报）的实施及海洋工程地质学科的发展建言献策。该项目由环境科学与工程学院贾永刚教授主持，项目经费920万元，研究期限5年。

2日　第四届国际生物分子设计大赛在美国哈佛大学举行。梁兴国教授指导的中国海洋大学代表队夺得金奖。

3日　2014年国际遗传工程机器设计竞赛（iGEM）世界总决赛在美国波士顿落下帷幕。由15名本科生组成的代表队OUC-China夺得世界区铜奖。

同日　学校本科教学综合改革专题研讨会在崂山校区召开。会议主题为突出问题导向，聚焦人才培养质量，给出解决问题的意见或建议。副校长李巍然希望各院（系）进一步总结提炼教学综合改革的主要问题或关键环节，结合2015级本科人才培养方案修订进行系统的设计，提高本科教学水平和人才培养质量。

5日　国家自然科学基金委员会"十二五"第四批重大项目评审结果公布，吴立新院士牵头申报的"黑潮及延伸体海域海气相互作用机制及其气候效应"和李华军教授牵头申报的"大型深海结构水动力学理论与流固耦合分析方法"获批立项，分获支持经费2000万元和1500万元，是学校在国家自然科学基金重大项目立项上的突破。

7日　学校发文，调整中国海洋大学师德建设领导小组，于志刚为组长，张静为副组长。

10日　加拿大达尔豪斯大学校长Richard Florizone一行到访，校长于志刚在崂山校区会见客人，双方签署两校合作协议书和学生联合培养协议书。

11日　学校发文，调整中国海洋大学学风建设工作领导小组，于志刚为组长，董双林、闫菊为副组长。

12日　第十五届文苑奖学金颁奖仪式在鱼山校区举行。中国科学院院士文圣常为勘查技术与工程2011级康佳语、药学2011级刘烨、物流管理2011级秦芙蓉3名获奖学生颁奖。他勉励同学们说："3位获奖同学表现都很优秀，以你们为代表的海大学子如同鱼山校区从地质馆到水产馆路上的梧桐树一样根深叶茂，将来你们在各自的学习工作领域要开花、结果，我更希望你们开奇花、结异果，为我们国家的科技创新作出贡献。"党委书记孙也刚向广大学生提出两点希望：一是希望同学们发奋学习、立志成才，牢记文圣常院士的嘱托、学校的期望，不断增强责任感和使命感，树立远大志向，掌握扎实知识、锤炼过硬本领，为实现"海洋强国梦"勇挑重担；二是希望同学们胸怀祖国、德才兼修，以文圣常院士为榜样，坚定实现中华民族伟大复兴的理想信念，心系国家发展、心系人类福祉，把个人命运与祖国命运紧密结合起来，勤学修德、明辨笃实，早日成长为德才兼备、可堪大用的栋梁之材。

14日　2014年国家社会科学基金重大项目（第二批）公布，殷克东申报的"中国沿海典型区域风暴潮灾害损失监测预警研究"获批立项，批准经费80万元。这是学校2014年获批的第二项国家社科重大项目。

20日　学校党政领导班子成员、有关部门负责人同赴西海岸新区，在听取区政府负责人的情况介绍后，实地考察灵山卫和古镇口两地。在下午召开的常委会上，着眼于学校发展愿景，从必要性和可能性两个维度，围绕项目功能、选地何处、用地规模、获取政策支持等诸方面，大家各抒己见，最终决定：因应现实需求与长远发展，在古镇口高峪村一带建设新校区，计划占地4000亩，并建设科考船用码头和海上试验场。

20日　《中国海洋大学聘任制干部聘任管理规定（试行）》公布施行。

22日　由学校主办的首届海洋公共管理论坛在鱼山校区举行。论坛主题为"海洋强国建设与海洋公共管理创新"，来自大连海事大学、上海海洋大学、广东海洋大学、复旦大学、厦门大学等国内高校、科研院所的70余位专家学者参会。学校法政学院王琪作题为《海洋公共管理：定位与使命》的主题报告。复旦大学朱春奎、浙江海洋学院崔旺来、国家海洋局北海分局陈力群分别作报告。论坛设立"海洋权益与海洋公共管理创新"和"海洋资源与环境管理"两个分论坛，学者们围绕海洋公共管理中的政府职能定位、他国海洋公共管理的经验模式、海洋渔业保护与资源有效开发、沿海主体功能区的划分等诸多学术热点问题展开交流。

27日　学校发文，成立环境法与生态文明研究所，依托法政学院。聘任徐祥民为环境法与生态文明研究所所长；与中国企业财务管理学会联合成立中国混合所有制与资本管理研究院，依托管理学院。聘任刘玉廷为研究院首席专家，王竹泉为院长。

同日　青岛海洋生物医药研究院、崂山区、青岛银行战略合作签约仪式在浮山校区举行。党委书记孙也刚、中国工程院院士管华诗、崂山区委书记齐家滨、青岛银行副行长王瑜以及青岛市科技局，崂山区科技局、财政局、人社局等部门主要负责人出席签约仪式。管华诗代表研究院分别与崂山区、青岛银行签署战略合作协议。

28日　学校与乌克兰马卡洛夫国立造船大学合作备忘录签字仪式在行远楼会议室举行。校长于志刚与谢尔盖·雷日科夫校长代表双方在合作备忘录上签字。双方本着互惠互利、共同发展的原则，在开展学生、教师及科研人员的交流，组织双边或多边学术会议、研讨会、联合研究和共同发行出版物，学术资料交流等科学、教育领域开展合作。

29日　由中国企业营运资金管理研究中心主办的2014营运资金管理高峰论坛暨混合

所有制与资本管理高峰论坛在青岛举行，论坛的主题为"混合所有制与资本管理"。来自知名企业、高校、科研院所、金融机构、中介机构的专家学者300余人参加研讨。校长于志刚与中国企业财务管理协会秘书长李永延共同签署合作设立中国混合所有制与资本管理研究院的协议，并共同为中国混合所有制与资本管理研究院揭牌。财政部企业司原司长、博士生导师刘玉廷任首席专家，中国会计学会教育分会会长、中国企业营运资金管理研究中心主任王竹泉兼任研究院院长，并组建了由48位政、产、学、研各界专家组成的专家委员会。

12月

1日　泰国外交部副部长敦·帕马威奈一行11人到校访问，党委书记孙也刚在崂山校区会见客人。双方就共同关心的海洋科研、蓝色经济和人才培养等话题进行交流。

8日　学校申报的关于承办"中国—东盟海洋教育培训中心"项目获外交部、教育部批准，中国海洋大学与吉林大学、厦门大学等19所院校增设为第二批"中国—东盟教育培训中心"。

10日　著名地理学家、中国科学院院士、中国气象局原局长秦大河做客赫崇本海洋高端论坛，为师生讲述"全球变化科学与可持续发展"，中国科学院院士吴立新主持讲座。

12日　由中国互联网新闻中心主办的2014年中国教育家年会暨"中国好教育"盛典在北京钓鱼台国宾馆举行。文圣常院士获2014年中国好教育"烛光奖"。"中国好教育烛光奖"于2012年首设，是"中国好教育"盛典活动最重要的奖项。本年全国仅有两位教育家获此殊荣。

13日　第三届A-B杯全国大学生自动化系统应用大赛决赛在上海交通大学举行。迟书凯、周琳率领的代表队赢得决赛一等奖。这是学校首次获得国家级自动化系统竞赛的奖项。本次大赛共有332所高校参赛，50支高校参赛队进入决赛。决赛共评选出特等奖1队，一等奖7队，二等奖24队。A-B杯全国大学生自动化系统应用大赛是中国自动化行业最高级别的高校赛事之一。

17日　学校与威海市政府签署深化校市战略合作框架协议。校长于志刚和威海市委副书记、市长张惠代表双方在协议书上签字。双方将在海洋生物、海洋食品、海水养殖、海洋医药、海洋新材料、海洋工程等领域开展更为紧密的合作。

18日　国际学术期刊*Nature*首次向全球正式发布2014 *Nature Index-China*，分别按照化学、物理学、生命科学、地球与环境科学四大学科领域对研究机构进行排名。学校在地球与环境科学学科的自然指数为9.35，位居中国研究机构第四位。

同日　学校发文，任命薛长湖为食品科学与工程学院院长。

23日　教育部公布2014年度"中国高等学校十大科技进展"，陈显尧教授主持完成的研究成果"全球变暖减缓的特征与机制"上榜，这是学校主持完成的研究成果首次入选中国高校年度十大科技进展，是近十年山东高校科技成果首次入选。

25日　《中国大百科全书》（第三版）海洋卷编委会会议在学校召开。会议分为编撰工作启动仪式和学科讨论两个阶段，分别由校长于志刚和管华诗院士主持。海洋卷设置海洋综论、物理海洋学、海洋气象、海洋化学、海洋生物学、海洋地质学、区域海洋学、海洋环境科学、海洋技术、海洋工程、海洋人文社会科学（暂定名）11个分支，条目数预计为2600条，总字数约为260万字，网络版预计于2016年上线。中国科学院海洋研究所秦蕴珊院士、胡敦欣院士，中国水产科学研究院黄海水产研究所唐启升院士，冯士筰院士及副校长李巍然、李华军等来自全国涉海科研院所和高校的30余名专家学者参加会议。

31日　《中国海洋大学学术委员会章程》（修订版）公布施行。

本年　经学校第十次校外博士研究生合作指导教师评聘程序，聘任于卫东、石晓勇、刘健、吴自银、何广顺、叶思源、栾锡武、阮国岭、张雨山、侯纯扬、余兴光、李健等12人为中国海洋大学校外博士研究生合作指导教师。

本年　经学校职称评审委员会、岗位设置与聘任工作领导小组审议，李三忠、王震宇获聘教授二级岗位；万升标、王运华、王冶英、王静雪、吕建华、伍联营、齐洁、刘春颖、李春（海洋环境学院）、李正炎、李效敏、柴焰、黄六一、滕梅、毛相朝、刘强、李明、欧阳霞、车兆东、吴春晖、韩玉堂、丁林、孙也刚、陈鹭、张效东、李春霞等26人获得教授四级或专业技术岗位四级岗位评聘资格。

本年　据学校上报教育部的《高等教育基层报表》统计，学校共有学院19个，全日制本科专业69个。博士学位授权一级学科点13个、二级学科点7个、硕士学位授权一级学科点34个、二级学科点15个、博士后流动站13个、国家一级重点学科2个、国家二级重点学科9个、国家重点（培育）学科1个。国家工程技术研究中心1个，省部级设置的研究实验室16个。

在校教职工总数为3365人，其中正高级510人、副高级566人，专任教师1604人，其中博士学历1034人、硕士学历459人。聘请校外教师286人，其中博士学历171人、硕士学历72人。其他高校教师27人。中国科学院院士（人事关系在本校）4人，中国工程院院士（人事关系在本校）5人，国家级人才计划入选者7人，"长江学者奖励计划"特聘教授1人，"国家杰出青年科学基金"获得者15人。

本科招生数3774人，毕业生数3552人，授予学位数3552人。硕士研究生招生数2504人，毕业生数2189人，授予学位数2206人。博士研究生招生数368人，毕业生数308人，授予学位数301人。外国留学生招生数577人，毕业生数524人，授予学位数70人。在校学生总数为39357人，其中博士生1714人、硕士生6975人、本科生15502人；成人教育在校学生15166人（本科生8747人、专科生6419人）。在职人员攻读硕士总数为4988人。在校留学生915人。

实到科研经费5.8亿元，其中人文社科科研项目实到经费1435万元。在 Science、Nature 和 Nature 子刊、PNAS（美国科学院院刊）等国际学术期刊发表论文16篇，学校为第一署名单位、教师为第一作者或通讯作者在 Science 上发表两篇论文。

馆藏书231.87万册；占地总面积1619697平方米，校舍占地面积804563平方米；固定资产275314.29万元；网络信息点数39500个。

本年　学校科研成果获奖情况（省部级三等奖以上）见表40、表41。

表40　2014年学校科研成果获奖情况（省部级三等奖以上，自然科学类）

序号	获奖名称	获奖情况	主要完成人
1	近浅海边际油田海洋工程关键技术及其应用	教育部高等学校科学研究优秀成果奖科技进步二等奖	王树青　张士华　李华军
2	中国海洋药用生物资源调查、挖掘与开发应用	山东省科学技术进步二等奖	王长云　管华诗　钱树本
3	甲壳素高附加值制品的技术创新与开发应用	国家海洋局海洋科学技术科技进步一等奖	韩宝芹　刘万顺　彭燕飞
4	典型气候因子变化对海洋藻类影响机理研究	国家海洋局海洋科学技术自然科学二等奖	唐学玺　周　斌　肖　慧

表41　2014年学校科研成果获奖情况（省部级三等奖以上，社会科学、教学类）

序号	获奖名称	获奖情况	主要完成人
1	具有水产品特色的食品科学与工程专业创新人才培养模式的构建与实践	国家级教学成果奖二等奖	汪东风　曾名湧　林　洪
2	利他主义救助的法律干预	山东省二十八次社科优秀成果奖一等奖	桑本谦
3	中国海洋经济演化研究（1949—2009）	山东省二十八次社科优秀成果奖二等奖	姜旭朝　张继华
4	国际气候谈判研究	山东省二十八次社科优秀成果奖三等奖	何一鸣
5	我国非营利组织绩效会计相关问题研究	山东省二十八次社科优秀成果奖三等奖	姜宏青
6	海洋法视角下的北极法律问题研究	山东省二十八次社科优秀成果奖三等奖	刘惠荣　董　跃
7	唐代制诰文改革与古文运动之关系	山东省二十八次社科优秀成果奖三等奖	鞠　岩
8	汉魏六朝赋学批评研究	山东省二十八次社科优秀成果奖三等奖	冷卫国

2015年

1月

5日 山东省教育厅公布2014年度全国大学生数学建模竞赛山东赛区和山东省大学生TI杯电子设计竞赛获奖名单。学校获数学建模竞赛全国一等奖2项、二等奖7项，山东省一等奖10项；获山东省大学生TI电子设计竞赛一等奖5项。

同日 《中国海洋大学校园智能卡财务管理办法》《中国海洋大学校园卡系统商户结算管理办法》公布施行。

同日 李予国团队研制的3台海底电磁采集站在我国南部海域成功完成深水海试，标志着学校海洋可控源电磁探测系统装备研制取得阶段性成果。

8日 海洋地球科学虚拟仿真实验教学中心获教育部批准建设，是继海洋学、海洋生命科学、水产科学、环境科学与工程实验教学中心后第五个实验教学中心。

9日 学校与巴哈马国代表团在北京钓鱼台国宾馆举行会谈，洽谈教育、科研合作。校长于志刚与巴哈马外交和移民部长米切尔分别代表中国海洋大学和巴哈马农业与海洋学院签署合作备忘录。巴哈马总理克里斯蒂、中国驻巴哈马大使苑桂森出席会谈和签字仪式。

同日 2014年度国家科学技术奖励大会在北京举行。李三忠教授作为第三获奖人获国家自然科学奖二等奖，是海洋地球科学学院有史以来的最高国家奖。获奖项目为"华北克拉通早元古代拼合与Columbia超大陆形成"。

14日 《中国海洋大学"名师工程"实施办法》颁布施行。《办法》共8章25条。"名师工程"讲席教授岗位按两个层次设置。坚持按需设岗、公开招聘、专家评审、择优聘任、合同管理的原则，实行岗位聘任制，全职在岗工作，聘期4年，期满可续聘。《办法》对岗位设置及岗位职责、招聘条件、聘任程序、支持方式、考核管理等方面作详细规定。

16日 经校长办公会研究，同意青岛海大建设工程检测鉴定中心改制，在股本结构设计上，学校保持第一大股东地位。

19日 经党委常委会研究决定：聘任于广利为医药学院院长，聘请管华诗院士为医药学院名誉院长。

20日 中国海洋大学与美国亚利桑那大学合作举办法学专业本科教育项目获教育部批准。这是学校继与澳大利亚塔斯马尼亚大学合作举办海洋科学专业本科教育项目之后的第二个中外合作办学项目。

21日　我国著名戏剧家、教育家、国立山东大学（中国海洋大学前身）校长赵太侔塑像揭幕仪式在鱼山校区举行。青岛市委常委、宣传部部长胡绍军，校长于志刚为塑像揭幕。青岛市文广新局党委书记、局长李明，赵太侔先生的孙女赵红女士，老同事代表杜曾荫、张春寿、夏宗伦，青岛历史文化研究专家代表田广渠等参加。赵太侔塑像由中国雕塑院院长吴为山教授设计、制作。

2月

4日　学校召开领导班子和领导干部2014年度考核及干部选拔任用"一报告两评议"暨行政副职换届考察大会。党委书记孙也刚主持大会，并代表学校党委通报领导班子2014年度民主生活会和学校2014年度干部选拔任用工作情况。于志刚校长代表学校领导班子作述职报告。他全面总结学校教育实践活动整改落实及学校事业发展情况，就学校体制机制创新、人才培养模式优化、服务海洋强国战略等工作中存在的问题及不足作了说明。领导班子成员依次作个人述职报告。与会人员分别就学校领导班子和领导干部2014年的履职情况进行民主测评和民主评议。会议对现任行政班子副职进行任期民主测评，民主推荐下一届行政班子副职人选，教育部人事司副巡视员彭实公布行政副职推荐职位、任职条件和推荐范围等。

6日　经党委常委会研究决定：聘任修斌为文学与新闻传播学院院长，王旭晨为化学化工学院院长，杨桂朋为化学化工学院名誉院长、海洋化学研究所所长。

16日　2014年"感动青岛十佳人物"颁奖典礼举行，文圣常院士获"感动青岛十佳道德模范"荣誉称号。

26日　科技部公布2014年创新人才推进计划入选名单，海洋生命学院教授王师和水产学院教授何艮入选该计划中青年科技创新领军人才。截至目前，学校共有2个团队入选重点领域创新团队，3人入选中青年科技创新领军人才，1人入选创新创业人才。

3月

7日　第36届世界头脑奥林匹克中国区决赛在上海举行，"海之子"代表队首次参赛并获一等奖。

11日　中国社会科学院法学研究所发布《中国高等教育透明度指数报告（2014）》，中国海大获88.87分（满分100分），位居第一位。此为首次对国内著名高校的信息公开情况进行评估，评估对象包括教育部直属、"211工程"和"985工程"共115所高校。

12日　中国海洋大学出版社承担的国家"十二五"规划重点图书——《中国海洋鱼

类》入选2015年度国家出版基金资助项目，获90万元资助。该图书由水产学院教授陈大刚和张美昭老师共同编撰。

19日　学校第五届教职工代表大会第五次会议暨新学期全校教师干部大会在崂山校区召开。校长于志刚作2014年度工作报告，并提出要重视两个问题：一是对当前形势的认识。我国社会和高等教育都处于转型发展期，如何继续推进"985工程""211工程"建设，如何应对国内一些知名高校纷纷"下海"的新竞争和挑战局面，要运筹帷幄，化挑战为机遇，努力有所作为。二是用辩证的思维分析问题、把握发展。要平衡好定力与敏锐性，善于捕捉机遇；要多做"应急之为"，少做"应景之事"；要把握好重点和多样性的关系，摒弃非此即彼式思维；要把握好内涵发展与外延拓展的关系。党委书记孙也刚对贯彻落实2015年工作提出三点要求：一是要切实加强干部队伍建设，努力建设一支积极有为、充满活力的高素质干部队伍；二是要加强宣传思想工作，积极开展中国特色社会主义理论、社会主义核心价值观宣传教育；三是要切实加强党风廉政建设，要紧紧抓住全面从严治党主体责任这个"牛鼻子"，落实好"一岗双责"，持之以恒纠正"四风"，深入推进惩防体系建设，为学校事业科学发展提供坚强保证。

21日　西太平洋洋陆过渡带壳幔–海洋系统、过程与动力学论坛在青岛召开。论坛由中国海洋大学、西北大学、中国科学院地质与地球物理研究所、国家自然科学基金委员会、中国地质调查局、青岛海洋科学与技术国家实验室、中国地质学会构造地质与地球动力学专业委员会和青岛海洋科学与技术协同创新中心共同倡导主办。论坛科学家就中、新生代西太平洋"洋–陆过渡带"的关键科学问题进行研讨，并达成共同推动"透明西太"成为国家科技大计划的共识。学校吴立新院士、中国科学院地质与地球物理研究所朱日祥院士担任会议联合主席，西北大学、中国海洋大学张国伟院士为学术委员会主席，校长于志刚为组委会主席。来自美国、英国、澳大利亚、俄罗斯、中国的著名学者专家150人参会。

30日　农业部公布第五届全国水产原种和良种审定委员会第二次会议审定通过的25个水产新品种，海洋生物遗传学与育种教育部重点实验室隋正红教授团队与福建省莆田市水产推广站合作培育的龙须菜"鲁龙1号"荣获国家"水产新品种"证书。

31日　北京军区原司令员李来柱上将到校考察，校长于志刚陪同参观中国海权教育馆。

4月

3日　学校主办的纳米颗粒的环境行为及生物响应机制国际研讨会在青岛召开。主题为"展开跨领域学术交流、加强国际合作研究",纳米颗粒环境效应研究领域的9位国内外知名专家作专题报告,重点展示纳米颗粒环境效应方面的最新研究成果。国内30余所其他高校和科研院所的50余位学者参会。

同日 学校与世界著名海洋工程咨询公司Wood Group Kenny签署战略合作协议。该公司向工程学院捐赠一套市场价值约80万元的Flexcom软件,双方将在海洋工程领域科学研究、人才培养等方面开展全方位、多层次的交流与合作。副校长李华军和Wood Group Kenny MCS Kenny全球总裁 Paul Jukes代表双方在协议书上签字。

8日 由学校研制的轻型高分子复合材料深海耐压舱"海大一号"与"海大二号",按照国标规范的打压、保压测试均突破2000米大关,创造我国在该领域内的新纪录,达到国外同类耐压舱水平。

10日 教育部党组成员、副部长杜占元到校调研,考察海洋科学与技术青岛协同创新中心建设情况,与学校党政领导及有关专家教授座谈。杜占元对学校近期事业发展所取得的成果以及为国家海洋事业所作出的贡献给予高度评价,强调青岛海洋科学与技术国家实验室和"东方红3"船的建设,对于海大事业的发展具有重要的作用。学校要主动出击,扎实推进有关工作,努力建设高水准的科学研究和人才培养平台,为学校事业的发展提供新的助力。

同日 学校党委中心组(扩大)举行第36次专题学习,教育部党组成员、副部长杜占元受邀作题为《科教融合、改革创新,推动高校科技工作上新水平》的报告。

14日 经党委常委会研究决定:聘任权锡鉴为管理学院院长,方奇志为数学科学学院院长。

16日 科技部党组书记、副部长王志刚到青岛海大生物集团有限公司调研。山东省委常委、青岛市委书记李群,校长于志刚陪同。

23日 学校第69届体育运动会首次在崂山校区新体育场举行。

同日 学校与潍坊市人民政府战略合作协议签署仪式在崂山校区举行,学校党委书记孙也刚、潍坊市委书记杜昌文出席签字仪式并致辞。副校长李巍然与潍坊市副市长王桂英代表双方签字。根据协议,双方在创新人才培养体制机制、潍坊有关院校海洋经济类专业设置规划及建设研究、共建中国海洋大学潍坊研究院、培养高职院校技术技能型人才等方面开展合作。

24日 学校发文,调整国家文化产业研究中心领导班子,聘任修斌为主任。

27日 近海物质输运与环境综合管理院士工作站揭牌仪式暨学术研讨会举行。近海物质输运与环境综合管理院士工作站依托海洋环境学院建设。

同日　国务院学位委员会公布第七届学科评议组成员名单，于志刚、吴立新被聘为海洋科学学科评议组成员，董双林被聘为水产学科评议组成员，于广利被聘为药学学科评议组成员，包振民被聘为生物学学科评议组成员，徐祥民被聘为法学学科评议组成员，高会旺被聘为环境科学与工程学科评议组成员，薛长湖被聘为食品科学与工程学科评议组成员。

同日　学校"金花奖学金"捐赠签约仪式在崂山校区举行。党委常委、总会计师王剑敏与青岛宇泰金商贸有限公司总经理张文泉签订捐赠协议。

"金花奖学金"由青岛宇泰金商贸有限公司总经理张文泉和省广先锋（青岛）广告股份有限公司总经理张文龙共同出资设立。自2015年起，每年捐资10万元人民币，连续10年，共计100万元人民币，用于奖励品学兼优的中国海洋大学本科学生。

28日　学校与海南省人民政府在海口签署战略合作框架协议。双方本着突出特色、优势互补、互惠互利、共谋发展的原则，在人才培养、人员交流、联合研究、技术转移、科技咨询等方面建立战略合作伙伴关系。海南省副省长王路和校长于志刚在协议书上签字。

同日　学校与烟台中集来福士海洋工程有限公司在中集海洋工程研究院举行"泰山学者"蓝色产业领军人才项目签约仪式暨中国海洋大学科技创新实践实训基地揭牌仪式。副校长李华军与烟台中集来福士海洋工程有限公司总裁于亚代表双方签约，并为中国海洋大学科技创新实践实训基地揭牌。

同日　教育部专项检查组一行10人到校检查基本建设规范化管理和办公用房整改工作。检查组认为检查结果与之前学校自查自纠的结果基本吻合，综合得分98分。

29日　学校公布施行《中共中国海洋大学委员会关于落实党风廉政建设党委主体责任和纪委监督责任的实施办法》，并成立中国海洋大学党风廉政建设和反腐败工作领导小组。组长为孙也刚、于志刚，副组长为张静、卢光志。

同日　《中共中国海洋大学委员会关于深入推进惩治和预防腐败体系建设的实施办法》公布施行。

5月

4日　新西兰奥塔哥大学副校长海伦·尼科尔森代表团一行来校访问。中国海洋大学副校长李华军在崂山校区会见客人，双方就交换生项目等有关事宜进行交流，并签署合作备忘录与学生交换协议书。

5日　校长于志刚与美国伍兹霍尔海洋研究所所长Susan Avery签署《中国海洋大学–

伍兹霍尔海洋研究所国际联合实验室管理办法》。次日,国际联合实验室启动仪式在崂山校区举行。党委书记孙也刚、国际联合实验室主任吴立新与Susan Avery所长共同为国际联合实验室揭牌。联合实验室面向双方科学家征集联合科研项目,进一步拓展和深化双方合作。这标志着学校与全球顶尖涉海研究所——美国伍兹霍尔海洋研究所的合作进入实质性建设与运行阶段。

11日　山东省海洋与渔业厅主办的黄海冷水团海水鱼类养殖技术研讨会在学校召开。中国工程院院士雷霁霖、山东省海洋与渔业厅相关领导出席。副校长董双林致辞并以《黄海冷水团海水鱼类绿色养殖工程》为题作报告。雷霁霖对中国海大在黄海冷水团开展离岸冷水鱼绿色养殖的项目表示支持,尤其是对打造大型养殖工船方案给予肯定。

12日　法国布雷斯特市市长弗朗索瓦·居扬德率代表团来校访问。校长于志刚在崂山校区会见代表团一行,并就增进双方合作关系、进一步拓展合作领域等内容进行交流。

13日　经校长办公会研究决定:聘任张晓华为联合国教科文组织中国海洋生物工程中心主任;聘请钱致榕为中国海洋大学顾问、特聘讲席教授;学校成立行远书院,依托文学与新闻传播学院建设,聘任钱致榕为行远书院院长,修斌为行远书院执行院长。

同日　山东省教育厅发文表彰2014年度高等学校省级优秀学生、优秀学生干部和先进班集体,陈晓丹等24人被评为省级优秀学生,李赫等12人被评为省级优秀学生干部,2011级化学工程与工艺专业,2012级港口航道与海岸工程专业,2012级财务管理专业,2011级大气科学专业,2012级食品科学、农产品加工及贮藏工程、水产品加工及贮藏工程专业硕士1班,2013级物流工程硕士班被评为省级先进班集体。

14日　经党委常委会研究决定,聘任刘惠荣为法政学院院长,徐祥民为法政学院名誉院长。

同日　中国海洋大学行远书院举行揭牌仪式,校长于志刚与行远书院首任院长、著名物理学家钱致榕教授共同为书院揭牌。这是学校发展历史上建立的第一个书院。

22日　经校长办公会研究决定:聘任吴立新为中国海洋大学-伍兹霍尔海洋研究所国际联合实验室主任,林霄沛为中方执行主任。

同日　中国台湾元智大学校长张进福一行来校访问,中国海洋大学校长于志刚、副校长李巍然会见客人,双方就进一步开展教学、科研、学术方面的合作进行交流。学校文学与新闻传播学院院长修斌与台湾元智大学人文社会学院院长洪泉湖代表双方签署院级合作协议书。根据协议,双方将互派教师到对方考察访问、学术演讲、合作研究、短期讲学等;选派学生互访、交流、短期研修;就人文、艺术、科技、管理、教育及其他课题共同举办学术研讨会；针对相关领域项目，积极开展合作研究。

6月

1日　经研究，教育部人事司同意学校聘任于宜法、刘贵聚、李耀臻同志为三级职员。

3日　学校发文，成立中国海洋大学工程训练中心，挂靠工程学院；成立工程训练中心工作小组，史宏达任组长。

4日　《中国海洋大学人文社会科学青年教师科研专项实施细则（试行）》《中国海洋大学"世纪先风"学术会议资助专项实施办法（试行）》《中国海洋大学"海大人文讲坛"资助专项实施办法（试行）》公布施行。

5日　《中国海洋大学出国研究生学籍与学业管理办法（暂行）》公布施行。

"三严三实"专题教育动员部署会召开

同日　学校在崂山校区召开"三严三实"专题教育动员部署会。党委常务副书记张静强调开展"三严三实"专题教育的重要性和必要性，解读"三严三实"的丰富内涵和实践要求，结合学校工作和干部队伍的思想作风实际，对中层以上领导干部如何践行"三严三实"及学校如何开展"三严三实"专题教育提出明确要求。学校党政领导、党委委员、纪委委员，全校中层干部，离退休干部代表参加会议。

7日　学校举办的海权知识进学校、进课堂、进教材专家研讨会举行。全国新闻工作者协会名誉主席、全国政协原常委、人民日报社原社长邵华泽，校长于志刚出席研讨会并讲话。

同日　海洋地球科学学院李予国团队自主研发的海底电磁采集站（OBEM）在我国南部海域成功完成4000米级海底大地电磁数据采集试验。海洋电磁探测技术与装备研制取得重大突破性进展，使我国成为继美国、德国和日本之后，第四个有能力在水深超过3000米海域进行海洋电磁场测量和研究的国家。

15日　山东省人民政府学位委员会审核公布2015年新增学士学位授予专业名单，学校海洋资源开发技术专业在列，属工学门类。

同日　由海洋科学与技术青岛协同创新中心、物理海洋教育部重点实验室及青岛海洋科学与技术国家实验室联合主办的"热带海洋与气候国际研讨会"在青岛召开。热带海洋-大气研究领域的国际顶尖学者围绕气候变暖环境下厄尔尼诺的变化机制及其预测、热带海洋对季风、台风变化机制及预测、热带海洋对全球增暖速率的调制作用等重大前沿科学问题开展研讨。美国科学院院士、厄尔尼诺研究之父、普林斯顿大学教授George Philander，美国科学院院士、哥伦比亚大学教授Mark Cane，日本海洋地球科学和技术局知名科学家、美国气象学会Sverdrup奖获得者、东京大学教授Toshio Yamagata，美国国家海洋大气管理局气候变化与预测研究负责人Gabriel Vecchi等专家学者参加。

18日　在国际学术期刊*Nature*发表的综述性文章《太平洋西边界流及其气候效应》是由物理海洋教育部重点实验室主任吴立新院士和蔡文炬教授为共同通讯作者，实验室副主任林霄沛教授、青年学者陈朝晖博士为合著者的科研团队共同完成。此成果显示出我国科学家在太平洋西边界流研究领域中的引领作用。

23日　青岛市政协主席张少军一行40余人到青岛海洋生物医药研究院调研。中国工程院院士、青岛海洋生物医药研究院院长管华诗，校党委副书记、纪委书记卢光志，崂山区委书记齐家滨等陪同考察。

24日　科技部批准青岛海洋科学与技术国家实验室为试点国家实验室。该实验室由中国海洋大学牵头筹建、中国科学院海洋研究所、国家海洋局第一海洋研究所、中国水产科学研究院黄海水产研究所、青岛海洋地质研究所等单位参与建设。学校主持海洋动力过程与气候及海洋药物与生物制品两个功能实验室的试点建设。这是全国首个获批启动试点建设的海洋领域唯一的国家实验室。

25日　2015届学生毕业典礼暨学位授予仪式在崂山校区体育馆举行。学位评定委员会主席、校长于志刚以《记得》为题，嘱咐即将毕业的同学们，不断发现自我，修身立德，行稳致远，希望他们走出校门能够更加健康幸福地生活，为社会发展、国家富强和人类进步贡献力量，实现自我价值和奉献社会的和谐统一。共有303名博士生、2868名硕士生、4000余名本科生分别获得博士、硕士、学士学位。

7月

8日　经党委常委会研究决定：离退休干部工作处更名为离退休工作处。

9日　美国ESI（基本科学指标）数据库发布最新国际论文统计数据，学校的药理学与毒理学学科（领域）进入全球科研机构前1%行列。至此，学校已有九个学科（领域）进入ESI全球科研机构前1%行列。

11日　党委中心组（扩大）举行第38次专题学习，集体学习习近平总书记在中央统战工作会议上的重要讲话精神。

12日　经党委常委会研究决定：聘任赵昕为经济学院院长、姜旭朝为经济学院名誉院长。

13日　经校长办公会研究，同意与青岛市人大常委会合作建立青岛市地方立法研究中心，依托法政学院建设。

16日　山东省科技厅下发通知，学校山东省海洋环境地质工程重点实验室获批建设。

23日　校长于志刚应德国不来梅大学、英国东安格利亚大学和西班牙维戈大学邀请，率团进行为期10天的访问。校长于志刚与不来梅大学校长Bernd Scholz-Reiter教授签署两校战略合作伙伴关系协议；代表团与英国东安格利亚大学就科研及人才培养合作、孔子学院建设等进行深入交流，双方决定继续推进中英海洋环境科学联合研究中心建设，采取必要措施推动和支持双方学者进行多种形式务实合作。双方探讨以本科2+2项目为基础，开展OUC-UEA环境科学等专业中外合作办学项目的可行性和后续操作办法，并就共同申请建设诺维奇孔子学院等问题交换意见；于志刚校长和维戈大学Mato校长签署校际合作框架协议。

访问期间，于志刚校长以国际涉海大学联盟主席身份，出席国际涉海大学联盟2015年年会暨指导委员会会议，会议讨论并通过2016年工作计划、年会举办时间和承办单位等重要议题。

27日　经专家评审委员会评审并报财政部批准，2015年"会计名家培养工程"评选结果揭晓，王竹泉教授入选。

28日　国务院学位委员会办公室公布教育硕士（职业技术教育）专业学位研究生教育试点单位，中国海洋大学名列其中。

30日　经科学技术部研究决定：批准青岛海洋科学与技术试点国家实验室第一届学术委员会和第一届主任委员会名单，任期3年。学术委员会主任为管华诗院士，副主任为唐启升、袁业立、胡敦欣院士；主任委员会主任为吴立新院士、常务副主任为王栽毅。

8月

4日　经校长办公会研究，决定成立管理创新与环境战略研究中心，依托管理学院建设。

同日　国家自然科学基金委员会公布2015年国家杰出青年科学基金评审结果。学校水产学院艾庆辉教授和海洋地球科学学院王厚杰教授分别在生命科学部和地球科学部获资助。项目资助经费为每人400万元，资助期限为5年。

8日　由中国海洋大学承办的第四届全国海洋航行器设计与制作大赛在崂山校区举

行。来自全国29所高校339支队伍的584位参赛选手和84位指导教师参赛。学校获得特等奖1项、一等奖4项、二等奖4项。

16日　第九届茅盾文学奖评选结果揭晓，当代著名作家、学校顾问、教授、文学与新闻传播学院名誉院长王蒙的著作《这边风景》获奖。

19日　全国哲学社会科学规划办公室公布2015年度《国家哲学社会科学成果文库》名单，经济学院教授殷克东主持完成的国家社科基金重点项目研究成果——《中国海洋经济周期波动监测预警研究》入选。

26日　《中国海洋大学干部公派出国研修选派办法（试行）》《中国海洋大学国家科技计划（专项、基金）经费预算调整实施细则》公布施行。

31日　中国海洋大学2015级研究生和本科生开学典礼先后在崂山校区综合体育馆举行。校长于志刚对2015级研究生提出殷切期望：聚焦提高研究创新的能力，着力提升为人为学的境界。既要登高望远，也要探幽入微，学会享受创新创造的过程。对本科生则提出三点：一是刻苦努力、潜心求学是大学四年的基本要求；二是培养理性思维和创新精神是大学四年的核心任务；三是塑造高尚的道德情操、养成社会的优秀公民是大学教育的根本目的。副校长、研究生院院长董双林教授以《诚信和责任心——研究生必修第一课》为题，为研究生新生作入学教育专题报告。今年共招收本科生3802名、硕士生2590名、博士生388名。

9月

7日　由学校极地法律与政治研究所作为主要承担单位，国家海洋局极地考察办公室、中国极地研究中心、上海交通大学、上海国际问题研究院等共同编写的《北极地区发展报告（2014）》发布会举行。该报告是我国第一部主要由高校智库承担完成的对北极事务发展动态进行年度跟踪研究的学术成果，每年一卷，连续出版。

同日　青岛海洋生物医药研究院院士专家工作站暨研究院科协揭牌仪式举行。中国工程院院士、江苏省科协主席、江苏省产业技术研究院院长欧阳平凯及其专家团队入驻研究院院士专家工作站。管华诗院士与欧阳平凯院士签署聘任协议并颁发聘书。

8日　学校召开全校教师干部大会，宣布中共教育部党组决定：鞠传进同志任中共中国海洋大学委员会委员、常委、书记。

鞠传进（1963—　），山东荣成人。1985年6月入党，1980年6月参加工作，研究生学历，硕士学位，研究员。2015年9月起，任中国海洋大学党委书记。

1981年8月至1985年7月，北京体育学院运动系运动学专业本科学习；1985年7月

党委书记鞠传进

至1993年6月，北京大学体育教研部教师；1993年6月至1997年4月，北京大学体育教研部副主任、主任；1997年4月至1998年7月，北京大学校长助理；1997年9月至2001年5月，北京大学心理学系普通心理学专业硕士研究生；1998年7月至1999年6月，北京大学校长助理兼总务长；1999年6月至2001年2月，北京大学校长助理兼基建工程部部长、总务部部长；2001年2月至2003年4月，北京大学校长助理；2003年4月至2013年3月，北京大学党委常委、副校长；2013年3月至2015年9月，教育部办公厅巡视员。

主要学术兼职：中国学校规划与建设协会副理事长。

同日　国家海洋局授予李德海、郑小童"2015年度海洋领域优秀科技青年"荣誉称号。

9日　学校发文对2015年度在教学、科研等方面作出突出贡献，并为学校争得荣誉的集体和个人颁发校长特殊奖励。获得校长特殊奖励的集体是汪东风团队（2014年国家级教学成果奖二等奖）；获得校长特殊奖励的个人是吴立新（作为共同通讯作者、中国海洋大学作为通讯作者第一署名单位在Nature发表重要论文成果）、桑本谦（荣获山东省第二十八次社会科学优秀成果奖一等奖）。

同日　学校发文对全国先进工作者吴立新、全国边海防工作先进个人田纪伟、全国优秀工会工作者王震、青岛市劳动模范方奇志、陈显尧、刘玉霞予以表彰。

10日　经校长办公会研究决定：聘任贾永刚为山东省海洋环境地质工程重点实验室（筹）主任，何满潮院士为学术委员会主任。

同日　汤森路透公布2015年全球高被引科学家名单，我国共148名科学家入选，学校海洋地球科学学院教授李三忠入选地球科学领域全球高被引用科学家名单。

11日　教育部发文，任命李巍然、闫菊、李华军、陈锐、吴立新为中国海洋大学副校长。

14日　对外经济贸易大学党委书记王玲一行到校调研，学校党委书记鞠传进、常务副书记张静会见客人。双方就深入推进学校教育综合改革、科学编制"十三五"规划、全面提升创新能力等事宜进行深入交流。

16日　全国第十七次社会科学普及工作经验交流会在济南召开。学校社会科学部王付欣获评全国优秀社会科学普及专家。

18日　经院（系）推荐、学生工作处初审、公开答辩并公示，化学2012级杨宗霖、药学2012级王云霞、英语2012级杨硕、海洋经济学2012级葛佳敏、海洋生物资源与环境2012级庞雨萌、工商管理2012级陈子昇、生物科学2012级严文雨、环境工程2012级李佳琦等8名同学获评学校2014—2015学年优秀学生标兵。

22日 经校长办公会研究决定，毕业生就业指导中心更名为学生就业创业指导与服务中心，海洋环境学院更名为海洋与大气学院。

25日 《中国海洋大学信访工作暂行规定》《中国海洋大学审计工作规程》公布施行。

10月

9日 学校聘任中国科学院院士张国伟为特聘教授、洋底动力学研究所所长，校长于志刚为张国伟院士颁发聘书。

14日 山东省第五届全省道德模范表彰会举行，文圣常院士荣获全省道德模范称号。

19日 第四届中英年度能源对话会在英国召开，学校工程学院院长史宏达与欧洲海洋能中心代表奥利弗·雷格共同签署《关于中国海洋大学与英国欧洲海洋能中心的合作谅解备忘录》。双方将在海洋能学术交流、装置研发与测试、人才培养等方面开展合作。中国国家能源局局长努尔·白克力、英国能源与气候变化大臣安布尔·拉德女士出席签约仪式。

同日 日本驻青岛总领事馆总领事远山茂来校拜访校长于志刚。双方就进一步推动在文化、人员等方面的合作进行会谈。

同日 美国得克萨斯A&M大学代表团一行到校访问，校长于志刚、副校长吴立新会见客人。双方就进一步拓宽两校在油井勘探、海洋观测、海洋地质、海洋工程以及建立联合研究中心等方面作深入交流。

同日 香港城市大学代表团到校访问，副校长李华军在行远楼会见客人，并与香港城市大学秘书长（副校长）林群声签署《两校关于"水下科学、技术与教育"合作协议》。山东省海洋环境地质工程重点实验室主任贾永刚与香港城市大学海洋污染国家重点实验室常务副主任陈荔签署关于《海底环境观测与调控研究》合作协议。

20日 经校长办公会研究决定：聘任薛永武为山东省高校干部与人才研究基地主任、曹洪军为管理创新与环境战略研究中心主任。

同日 山东省人民政府学位委员会、山东省教育厅公布2015年山东省优秀学位论文、研究生优秀科技创新成果奖和专业学位研究生优秀实践成果奖。张正光、甘波澜、焦文倩、贾凡、段晓勇、高凤、冯超、吴广畏撰写的8篇论文被评为山东省优秀博士学位论文，8篇硕士论文被评为山东省优秀硕士学位论文，13项成果获得山东省研究生优秀科技创新成果奖，获奖总数在驻鲁高校中位居前列。

同日　经校长办公会研究决定：成立中国海洋大学海洋学科和生命学科咨询专家委员会，海洋学科咨询委员会主任为吴立新，生命学科咨询委员会主任为管华诗；成立中国海洋大学人文社会学科咨询专家委员会，主任为徐祥民。

21日　青岛海洋科学与技术国家实验室第一届学术委员会成立大会暨第一次全体会议在国家实验室学术交流中心召开。委员会由28位国内外著名专家组成，管华诗院士担任学术委员会主任，吴立新院士任常务委员，麦康森院士任委员，潘克厚教授任学术委员会秘书长。海洋国家实验室理事长、国家自然科学基金委员会原主任、中国科学院院士陈宜瑜为第一届学术委员会成员颁发聘书。当日，还举办"鳌山论坛——国际海洋科技前沿及发展研讨"，普林斯顿大学教授、美国国家海洋大气管理局地球物理流体力学实验室主任V. Ramaswamy等6位知名专家作专题报告。

23日　学校与国家海洋局海洋咨询中心战略合作协议签署仪式在崂山校区举行。校长于志刚和咨询中心主任屈强代表双方在协议书上签字。根据协议，双方本着优势互补、资源共享的原则，在科学研究、项目申报、人才培养和共建联合研究基地等方面建立长期的战略合作伙伴关系。

26日　全国哲学社会科学规划办公室公布2015年国家社科基金重大项目（第二批），于宜法申报的"海平面上升对我国重点沿海区域发展影响研究"、赵昕申报的"突发性海洋灾害恢复力评估及市场化提升路径研究"获批立项，批准经费均为80万元。这是学校连续第四年获批国家社科重大项目。

同日　金砖国家全球大学峰会在莫斯科举办，学校党委副书记、副校长陈锐出席会议，并在金砖国家高等教育质量与评估分论坛上作题为《21世纪的海洋教育：挑战与中国海洋大学探索实践》的报告。近400名来自金砖国家知名大学的校长、学者及国际组织代表参会，来自中国海洋大学和清华大学、南京大学、南开大学、大连理工大学等中国大学的20多名代表参会。

11月

2日　第十六届文苑奖学金颁发仪式在鱼山校区举行。党委书记鞠传进为2012级化学专业杨宗霖、2012级药学专业王云霞、2012级英语专业杨硕3名获奖同学颁奖，中国科学院院士文圣常勉励获奖学生再接再厉，不断取得新的进步。

3日　《中国海洋大学干部监督工作联席会议制度》公布施行。

同日　农业部人事劳动司公布第二批农业科研杰出人才及其创新团队名单，学校生命学院教授茅云翔带领的"经济海藻遗传学与育种团队"获得农业部创新团队称号,茅云翔被评为全国农业科研杰出人才。

5日 学校发文,成立中国海洋大学重点实验室建设和运行管理委员会,于志刚任主任,吴立新、王剑敏任副主任。

同日 学校发文,成立中国海洋大学—美国亚利桑那大学法学本科(中外合作办学)项目联合管理委员会,刘惠荣任主任。

10日 中国海洋大学新型深远海综合科学考察实习船船舶建造合同签约及开工仪式在江南造船(集团)有限公司举行。副校长闫菊与江南造船董事长、总经理林鸥代表双方签署船舶建造合同。党委书记鞠传进与林鸥在江南造船厂共同为开工"点火",标志着新型深远海综合科学考察实习船正式进入船舶建造阶段。

12日 2015年度国家自然科学基金委员会国家重大科研仪器研制项目(部门推荐项目)评审结果公布,吴立新院士牵头申报的"面向全球深海大洋的智能浮标"获得立项资助,项目经费8200余万元,研究期限5年。此类项目是学校首次获得,也是我国海洋科学领域获批的第一个国家重大科研仪器研制项目(部门推荐项目)。

18日 最高人民法院正式批准在学校法政学院设立海洋司法保护理论研究基地,研究基地负责人为法政学院院长刘惠荣。

20日 由广东海洋大学承办的第六届海峡两岸海洋海事大学"蓝海策略"校长论坛暨海洋科学与人文研讨会,在广东海洋大学建校80周年校庆之际举行。中国海洋大学校长于志刚主持校长论坛开幕式并作题为《深化两岸涉海高校合作,协同培养多样化未来海洋人才》主旨报告。论坛期间,召开蓝海策略校长论坛圆桌会议暨海峡两岸海洋海事大学校长联谊会第一次会议,与会的19位校长或校长代表一致通过《海峡两岸海洋海事大学校长联谊会章程》,正式成立海峡两岸海洋海事大学校长联谊会。会议同意淮海工学院作为2016年海峡两岸海洋海事大学校长联谊会活动承办学校。来自台湾海洋大学、台湾中山大学、高雄海洋科技大学、澎湖科技大学、台北海洋技术学院、中国海洋大学、大连海事大学、大连海洋大学、广东海洋大学等的60多名校长、校长代表和专家出席。

26日 经校长办公会研究决定:聘任李华军为山东省海洋工程重点实验室主任,副主任为史宏达(常务)、赵鸿鸣。

同日 山东省人民政府学位委员会、山东省教育厅联合发文公布第四届山东省优秀研究生指导教师名单,陈西广、李延团、艾庆辉、李先国、顾永建入选。

27日 由李培良团队研发的"海洋环境海底有缆观测系统"入选山东省海洋与渔业

厅2015年海洋牧场观测网建设方案，在全省海洋牧场建设中获推荐使用。中共中央政治局委员、国务院副总理汪洋，山东省省长郭树清在视察山东省海洋牧场建设时给予充分肯定。

同日　海南大学校长李建保一行5人到校考察，校长于志刚、副校长吴立新会见客人，双方就实验室建设、海洋生物资源开发、海洋药物研究、海水养殖等方面加强合作进行交流。

同日　全国哲学社会科学规划办公室公布2015年第三批国家社科基金后期资助项目立项名单，学校文学与新闻传播学院俞凡申报的"近代日本报人对华情报活动初探"、法政学院王宇环申报的"政治正当性的来源及其发展研究"、管理学院孙莹申报的"营运资金概念重构与管理创新"3个项目获批立项，立项数居全国第15位。

12月

3日　山东省教育厅发文公布首届山东省"互联网+"大学生创新创业大赛获奖结果，"海大百科新媒体服务"获创意组山东省金奖。

同日　中国海洋大学首届东升研究生奖学金颁奖仪式在崂山校区举行。党委常务副书记张静，中国海洋大学校友、环境工程专业博士王东升为王安琪等40位研究生颁发奖学金。

7日　中国科学院公布2015年院士增选当选院士名单，著名原生动物学家、水产学院教授宋微波当选生命科学和医学学部院士，是2015年山东省唯一新晋中国科学院院士。至此，学校两院院士增至10人。

中国科学院院士宋微波

宋微波（1958—　），主要从事纤毛虫原生动物生物学研究，先后涉及海洋纤毛虫的分类学、细胞学、系统学等分支领域。现任中国海洋大学海洋生物多样性与进化研究所所长。1978年9月至1985年7月在山东海洋学院水产系就读，先后获学士、硕士学位；1985年7月留校任教至今；1986年9月至1989年1月于联邦德国波恩大学攻读并获博士学位。宋微波是国家首届杰出青年科学基金获得者、教育部"长江学者奖励计划"特聘教授。任国际原生生物学家学会常务执委、亚洲原生动物学会主席、中国动物学会副理事长、中国动物学会原生动物学分会理事长，国际主流刊物《真核微生物学报》《欧洲原生生物学报》《系统学与生物多样性》等杂志编委。在国际主流刊物发表论文290余篇，出版专著、专集5部。所主持完成的成果先后获一项国家自然科学成果二等奖、四项教育部自然科学/科技进步成果一等奖以及一项国家海洋局科技进步成果一等奖。曾获国际原生生物学家学会Foissner基金奖和纤毛虫学Cravat奖。2002年以来先后获中国青年科学家奖、全国劳模、全国模范教师等荣誉称号。

14日　学校与国际南极学院签署合作备忘录，加盟国际南极学院，双方围绕南极研究建立合作伙伴关系，开展师生交流互访、教学和科研合作。

国际南极学院是由南极教育研究相关大学与机构共同组建的国际教育联盟，发起于2004年，旨在促进南极教育与科学研究。

16日　中国海洋权益司法保护理论研讨会在学校召开。最高人民法院民四庭审判员王淑梅、青岛海事法院副院长李伟、法政学院法律系副主任董跃、大连海事大学法学院院长初北平、法政学院教师赵星和海洋与大气学院教授鲍献文分别作题为《中国海事司法的现状及发展》《山东海事审判》《新形势下我国海洋权益司法保护面临的挑战及对策》《中菲南海仲裁的程序理念辨析》《海上犯罪刑事管辖权问题》《我国海洋资源损害评估技术及评估的问题》等主题演讲。来自最高人民法院、青岛海事法院、中国海洋大学、大连海事大学、北京中伦（青岛）律师事务所等的80余名专家学者和师生代表与会。

17日　学校发文，授予信息科学与工程学院魏振钢和文学与新闻传播学院李扬第四届中国海洋大学教学名师称号。

同日　2015ATMEL大学校园设计大赛总决赛在天津落下帷幕。由学校信息科学与工程学院程凯带队指导，邱双庆、王小鲁、徐力组成的参赛队，凭借作品《恒温库立体环境参数监控系统》获得本次大赛唯一特等奖。

同日　中国海洋大学第七届本科教学优秀奖公布。刘怀山获本科教学优秀奖一等奖，兰健、于瑞海、戴桂林、方钟波、高翔、滕梅、王付欣获二等奖。

22日　《中国海洋大学中层及以上干部因私出国（境）管理暂行办法》公布施行。

24日　2015年度国家自然科学基金创新研究群体项目延续资助评审结果公布，吴立新院士领衔的"海洋动力过程的演变机理及其在气候变化中的作用"创新研究群体成功获得第二次延续资助，赵美训教授领衔的"海洋有机生物地球化学"创新研究群体第一次获批延续资助，立项经费共计1200万元。

30日　《中国海洋大学自然科学类纵向科技项目（课题）结余经费管理细则（暂行）》公布施行。

31日 《中国海洋大学2015年度毕业生就业质量报告》向社会公布。截至2015年12月6日，6221名毕业生总体就业率为95.08%。

本年 经学校岗位设置管理与聘任工作领导小组审议，于广利、王厚杰、艾庆辉、刘惠荣、李八方、杨连瑞、姜效典、殷克东、韩立民、鲍献文等获得教授二级专业技术岗位评聘资格；王师、王琪、白洁、包木太、毕彩丰、吕志华、刘贵杰、江涛、李国强、李京梅、张文兵、陈守刚、茅云翔、林霄沛、孟凡顺、孟祥红、赵玮、赵领娣、顾永建、高存臣、郭培清、曹洪军、董军宇、温奉桥、温海深、解则晓等获得教授三级专业技术岗位评聘资格；王玮、王高歌、刘红兵、刘福顺、刘臻、安维中、孙明亮、苏荣国、苏洁、李平林、李艳霞、李爱峰、李海英、李锋民、洪锋、姚庆祯、姚鹏、高勤峰、唐庆娟、梁生康、褚忠信、潘进芬、魏常果、于有龙、张爱滨、高学理、庞旻、于波、王震、董效臣、矫燕等获得教授四级专业技术岗位评聘资格。

本年 据上报教育部的《高等教育基层报表》统计，学校共有学院19个，全日制本科专业69个。共有博士学位授权一级学科点13个、二级学科点7个、硕士学位授权一级学科点34个、二级学科点15个、全日制本科专业69个、博士后流动站13个、国家一级重点学科2个、国家二级重点学科9个、国家重点（培育）学科1个。国家工程技术研究中心1个，省部级设置的研究实验室17个。

在校教职工总数为3462人，其中正高级597人、副高级679人，专任教师1656人，其中博士学历1109人、硕士学历437人。聘请校外教师288人，其中博士学历179人、硕士学历32人。其他高校教师61人。中国科学院院士（人事关系在本校）3人，中国工程院院士（人事关系在本校）4人，国家级人才计划入选者8人，"长江学者奖励计划"特聘教授7人，"国家杰出青年科学基金"获得者15人。

本科招生数3772人，毕业生数3580人，授予学位数3580人。硕士研究生招生数2524人，毕业生数2229人，授予学位数2241人。博士研究生招生数385人，毕业生数294人，授予学位数303人。外国留学生招生数636人，毕（结）业生数623人，授予学位数83人。在校学生总数为43127人。其中，博士生1797人、硕士生7130人、本科生15424人；成人教育本科招生数4518人，毕业生数2462人，授予学位数717人；成人高等教育专科招生数3331人，毕业生数1705人。在职人员攻读硕士招生数为994人，授予学位数为608人。

本年 实际到校科研经费7.7亿元，其中人文社科科研项目实到经费2251万元，横向项目实到经费1.11亿元，获批145项国家自然科学基金项目，获批国家社科基金项目18

项。发表SCI收录论文1246篇、EI收录论文771篇、CPCI-S（原ISTP国际会议收录）收录论文30篇。

馆藏图书240.9万册。占地总面积1619696.8平方米，校舍占地面积812789.0平方米。固定资产305841.4万元。网络信息点数39650个。

本年　学校科研成果获奖情况（省部级三等奖以上）见表42、表43。

表42　2015年学校科研成果获奖情况（省部级三等奖以上，自然科学类）

序号	项目名称	获奖情况	主要完成人
1	深海大洋能量传递的过程与机制及其对大气动力过程影响研究	教育部高等学校科学研究优秀成果科学技术一等奖	吴立新　王　伟　林霄沛
2	海带良种种质创制及其养殖应用	教育部高等学校科学研究优秀成果科学技术二等奖	刘　涛　金振辉　宋洪泽
3	黄河水下三角洲地质灾害成生机制及防治关键技术	教育部高等学校科学研究优秀成果科学技术二等奖	贾永刚　刘红军　刘　涛

表43　2015年学校科研成果获奖情况（省部级三等奖以上，社会科学类）

序号	项目名称	获奖情况	主要完成人
1	《中国海洋文化史长编》（五卷本）	第七届高等学校科学研究优秀成果奖二等奖	曲金良　朱建君
2	海洋法视角下的北极法律问题研究	第七届高等学校科学研究优秀成果奖三等奖	刘惠荣　董　跃
3	威慑补充与赔偿减刑	山东省第二十九次社会科学优秀成果奖一等奖	戴　昕
4	汉字与圣书字表词方式比较研究	山东省第二十九次社会科学优秀成果奖二等奖	陈永生
5	中国北极权益及其实现的合作机制研究	山东省第二十九次社会科学优秀成果奖三等奖	白佳玉
6	经济危机、信用风险传染与营运资金融资结构——基于外向型电子信息产业上市公司的实证研究	山东省第二十九次社会科学优秀成果奖三等奖	王贞洁　王竹泉

序号	项目名称	获奖情况	主要完成人
7	行为逻辑、分化结果与发展前景——对1978年以来我国农户分化行为的考察	山东省第二十九次社会科学优秀成果奖三等奖	李宪宝　高　强
8	非营利组织绩效会计研究	山东省第二十九次社会科学优秀成果奖三等奖	姜宏青
9	中国沿海地区海洋强省（市）综合实力评估	山东省第二十九次社会科学优秀成果奖三等奖	殷克东

2016年

1月

11日 首届歌尔声学奖学金颁奖仪式举行。总会计师王剑敏、歌尔声学股份有限公司副总裁于大超为获奖学生颁奖。歌尔声学奖学金是由歌尔声学股份有限公司出资设立的专项奖学金,用于激励学生提高社会实践和创新创业能力。

12日 党委召开领导班子2015年"三严三实"专题民主生活会。教育部教育督导团办公室副主任林仕梁、评估监测处处长马杰出席会议并给予指导。学校认真查摆领导班子及成员在践行"三严三实",遵守党的政治纪律、政治规矩和组织纪律,落实党风廉政建设主体责任和监督责任,持续抓好党的群众路线教育实践活动整改落实、积极推动学校事业发展等方面存在的主要问题,深入剖析问题根源,提出整改措施和努力方向。林仕梁认为,学校专题民主生活会认真贯彻落实中央和教育部党组有关要求,紧扣"三严三实"主题,坚持问题导向,坚持从严从实,严肃认真,对于班子进一步转变思想作风和工作作风、增强凝聚力和战斗力,起到了积极推动作用,是一次高质量的专题民主生活会。

13日 2015年度中国海洋与湖沼十大科技进展评选结果公布,林霄沛的"西太平洋至东印度洋海域大规模深海潜标观测阵列成功建成""全球变暖导致极端拉尼娜事件发生频率增加"和李予国的"深海可控源电磁探测技术与装备研制取得重大突破"3项成果荣登榜单。

20日 学校召开领导班子和领导干部2015年度考核及干部选拔任用"一报告两评议"大会。党委书记鞠传进主持大会并报告2015年度领导班子民主生活会和干部选拔任用工作的情况。校长于志刚代表学校领导班子作述职报告。从13个方面总结学校深化改革、全面完成"十二五"事业发展规划目标情况。班子成员依次作个人述职报告。与会人员对学校领导班子和领导干部2015年度的履职情况进行民主测评和民主评议。

同日 学校申报的深海海洋科学国际领先人才合作培养项目首获2016年国家留学基金"创新型人才国际合作培养项目"资助。该项目于2016年开始实施,执行期为3年,主要在联合培养博士研究生、攻读博士学位研究生和博士后3个层面进行人才选拔和培养。

22日 学校与唐山市人民政府签署本科人才培养及专业建设合作框架协议。副校长李巍然与唐山市副市长高瑞华在协议书上签字。双方就人才培养及专业建设、海洋牧场建设、休闲渔业发展、水产品精深加工等方面达成合作共识。

26日 韩国驻青岛总领事李寿尊一行3人来校访问,校长于志刚会见客人。双方就进一步密切韩国各界与学校的文化交流、加强人才联合培养等进行座谈。李寿尊一行考察了中国海洋大学韩国研究中心。

同日　教育部发文批准海洋学虚拟仿真实验教学中心建设。海洋学虚拟仿真实验教学中心依托海洋学实验教学示范中心建设，立足专业教学、注重学科交叉、突出海洋特色，利用虚拟现实、多媒体交互、3D可视化等信息化技术，建设海洋调查虚拟仿真教学系统、三维海洋信息虚拟仿真系统、海洋学虚拟仿真实验系统、海洋动力虚拟实验系统等4套虚拟仿真教学系统、近40个虚拟仿真实验教学实验项目。

2月

2日　美国数学及其应用联合会公布2016年度美国大学生数学建模竞赛和交叉学科建模竞赛结果。学校35支参赛队伍共获得国际一等奖4项、二等奖14项，创学校参加美国大学生数学建模竞赛以来历史最好成绩。

3日　山东省委常委、青岛市委书记李群，青岛市委常委、青岛市委秘书长王鲁明来校走访并慰问院士吴立新、宋微波。李群说，实施创新驱动发展战略，人才是关键。希望各位院士继续发挥好骨干和引领作用，做各自领域科技创新的领路人，为实施好创新驱动发展战略、打造青岛经济"新强态"再立新功。

18日　副校长吴立新院士与物理海洋教育部重点实验室教授林霄沛访问美国伍兹霍尔海洋研究所。所长Mark R. Abbott会见吴立新一行。双方对共建的联合实验室未来的合作研究项目共同提供经费支持，首批联合研究项目的种子基金项目经费由伍兹霍尔海洋研究所承担；双方寻求有合作发展前景的前沿学科，探索和创新合作方式，加强对年轻学者的科研支持，大力推动人员交流互访；双方将启动研究生教育合作，学校聘请研究所的科学家授课教学。

24日　校长于志刚率团赴澳门、香港地区进行为期五天的访问。其间，与中央人民政府驻澳门特别行政区联络办公室有关领导及澳门地区部分知名人士会面，就推动澳门海洋经济发展、促进高等教育交流合作进行深入交流；访问澳门大学，就物联网和有关合作事宜进行交流；考察澳门大学中华医药研究院（中药质量研究国家重点实验室）、社会科学学院和科技学院，并签署合作交流协议；访问香港城市大学，双方签署合作备忘录，探讨在人才培养、学术研究等方面深化合作的方式。

同日　海南省教育厅、海南热带海洋学院代表团来校访问，副校长闫菊在崂山校区会见代表团一行。双方围绕如何落实2015年4月签署的海南省政府与中国海大战略合作框架协议，加快推进对口援建、研究生联合培养等工作进行深入交流。主要商讨内容为：一是积极争取教育部支持，推进中国海洋大学对口支援海南热带海洋学院；二是尽快启动中国海洋大学三亚研究生院的研究生招生及培养工作；三是中国海洋大学推荐博士毕业生、在研博士后到海南热带海洋学院工作事宜；四是双方互派教务、研究生、学科专业以及人事等方面的管理骨干到对方学校挂职；五是中国海洋大学出版社在海南热带海洋学院设立分社，服务于应用型海洋高校的建设目标，促进教材体系的建设。

3月

2日　教育部人事司批复，同意学校聘任于利、王明泉为四级职员。

4日　山东省委常委、省纪委书记李法泉到青岛海洋生物医药研究院调研并看望管华诗院士。李法泉说，中国海洋大学作为国家海洋领域的领军高校，为国家培养了大批优秀人才，产出了一系列重大科研成果，为山东经济社会发展作出了突出贡献。生物医药领域是全球热点，未来发展前景广阔，希望管华诗院士作为海洋生物医药领域的领军人物，继续发挥引领作用，利用青岛海洋生物医药研究院这一平台聚集人才、培养人才、用好人才。

14日　《中国海洋大学中层领导干部选拔任用工作纪实办法（试行）》公布施行。

17日　新学期全校教师干部大会召开。副校长李巍然代表学校部署2016年行政工作：第一，着眼未来发展，编制"十三五"规划；第二，瞄准世界一流，加快学校优势特色学科的建设步伐，扩大学校一流学科建设领域；第三，引育并举，强化人才队伍建设；第四，坚持立德树人，提高人才培养质量；第五，有效整合资源，推进协同创新；第六，健全和完善实施国际化战略的长效工作机制，推进全球海洋科教平台与网络建设；第七，以合作促发展，提升服务社会能力；第八，完善治理体系，加快治理能力现代化进程；第九，加快基础设施和支撑服务体系建设；第十，落实廉政责任，推进惩治和预防腐败体系建设。

党委书记鞠传进在讲话中强调，要加强队伍建设，为学校事业发展提供动力源泉和强大支撑。要通过干部选拔与调整，配齐配强干部；要加大培养力度，打造高素质专业化的干部队伍；要加强管理和监督，保证干部忠诚、干净干事；加强制度机制建设，构建顺畅、高效的内部治理体系。学校需要着实加强制度体系建设、加强联动机制建设和加强信息沟通；发扬钉钉子精神狠抓落实，确保年度工作任务顺利完成。抓落实要从细节入手，要有韧劲，要建立督办和问责机制。学校党政领导、党委委员、纪委委员，副处级以上干部，各院（系）、教育部重点实验室正副院长（主任）、各系主任，三级以上教授，"筑峰工程""繁荣工程"教授，各级人大代表、政协委员，各民主党派基层组织负责人，机关各部门科级干部参加大会。

24日　学校发文，成立中国海洋大学西班牙语言文化交流中心，依托外国语学院。

同日　法政学院硕士研究生吴金鑫等组成的海大政务公开行远团队提交的《关于尽快制定政务公开法的E提案》，荣获共青团中央学校部、人民网、中青网等主办的"参政议政我先行"2016全国大学生模拟E提案征集活动唯一一等奖。

25日　为期两天的2016届毕业生春季大型供需见面洽谈会在崂山校区举行。海信、青岛啤酒、中国水产科学研究院黄海水产研究所、上海海洋大学、大连海洋大学、大连海事大学等来自全国的740家重点用人单位参会。招聘专业涉及海洋、水产、机械、经管、电子、文学等，提供需求岗位近2万个。

同日　教育部下发《国务院学位委员会关于下达2014年学位授权点专项评估结果及处理意见的通知》，应用经济学博士授权一级学科以及工程博士（领域：能源与环保）、金融硕士、国际商务硕士、保险硕士、旅游管理硕士、翻译硕士等七个专业学位授权点，顺利通过本次学位授权点专项评估，结果均为合格。

31日　由中国海洋大学主办、超星集团协办的涉海高校海洋课程联盟成立大会在青岛召开。会议审议通过《涉海高校海洋课程联盟章程》，推举中国海洋大学为第一届联盟主席单位，共有21所涉海高校成为联盟成员，秘书处设在超星集团。副校长李巍然在致辞中说，涉海高校海洋课程联盟将通过联盟机制，汇聚联盟成员高校资源，推动课程教学改革，共建共享优质海洋教育课程，完善海洋教育课程体系，为全国涉海高校学生提供更多的课程学习选择机会，提供更好的海洋课程服务。

4月

8日　德国奥尔登堡市市长约根·克罗格曼、奥尔登堡大学校长米夏尔·皮珀一行九人来校访问。副校长李华军在崂山校区会见来宾，双方就中德海洋科学研究生院等海洋领域的合作事宜进行会谈。在奥尔登堡市和青岛市领导的见证下，李华军和皮珀分别代表双方签署合作备忘录。

11日　中国海洋大学来华留学质量认证自评委员会成立。主任为于志刚，副主任有李华军、闫菊、李巍然。

同日　学校成立近海环境污染控制研究所，聘任邢宝山为所长。

同日　学校与日照市人民政府签署战略合作框架协议。副校长闫菊、日照市副市长马先侠代表校地双方签约。根据协议，未来五年，双方将共建产学研合作基地、人才培养基地、科技转化平台和学生实训基地，合作开展黄海冷水团优质鱼类绿色养殖示范区、日照港湾研究院，以及海洋生物、帆船、游艇等产业园区建设。

14日　校长于志刚在北京会见英国东英吉利大学校长大卫·理查德森。双方就进一步深化和拓展合作签署备忘录,决定建立两校战略合作伙伴关系。于志刚说,与国际一流大学建立战略伙伴关系是中国海大实施国际化战略的一项重要举措,东英吉利大学是中国海大第二个战略合作伙伴,此项合作将成为两校友好合作史上的里程碑。理查德森校长表示,东英吉利大学把中国海大视其在中国最重要、最紧密的合作伙伴,希望拓展在更多领域的战略合作,与中国海大探讨共同申请中英联合科学创新基金(牛顿基金)项目资助。双方就环境科学本科中外合作办学项目、第四届环境与海洋科学学术研讨会等项目的建议方案和有关情况进行详细协商并达成多方面共识;还就拓展人文社会科学领域合作、博士生联合培养等进行讨论。

同日 《中共中国海洋大学委员会关于在全体党员中开展"学党章党规、学系列讲话,做合格党员"学习教育的实施方案》公布,"两学一做"活动正式开始。

20日 教育部公布2015年度国家级人才计划入选名单,工程学院刘勇、海洋生命学院王师名列其中。

同日 学校与国家开发银行股份有限公司青岛市分行签署全面合作协议,并联合召开服务一带一路、支持海洋经济发展研讨会。副校长李巍然与国开行青岛分行副行长唐力代表双方签订《国家开发银行股份有限公司青岛市分行与中国海洋大学全面合作协议》。根据协议,双方重点围绕智库建设、人才培养、学科建设、海洋科技产业化等领域,开展全方位深度合作;双方建立战略伙伴关系,推动"政产学研金用"协同创新体系建设,支持中国海洋大学早日建成国际知名、特色显著高水平研究型大学。

同日 学校召开"两学一做"学习教育工作座谈会。学校党委常委、副处级以上党员干部、教职工党支部书记、离退休教职工党支部书记参加会议。党委书记鞠传进作题为《扎实开展"两学一做"学习教育,加快推进高水平研究型大学建设》的动员部署。鞠传进阐述了开展"两学一做"学习教育的重要意义。提出开展"两学一做"学习教育,基础在学,关键在做。要求全校各级党组织和全体党员准确把握"两学一做"学习教育的总体要求,在学习教育中坚持正面教育为主,用科学理论武装头脑,把学党章党规、学系列讲话作为理论武装的重中之重,牢记党规党纪、党的优良传统和作风,守住为人做事的底线;坚持聚焦问题、学做结合,强化问题导向,把解决问题、推动工作贯穿学习教育全过程;坚持领导带头、以上率下,党员领导干部要紧密联系工作实际,在学习教育中深学一层,作出表率;坚持从实际出发、分类指导。党委常务副书记张静要求各分党委、党总支(直属党支部)认真按照学校党委的部署,履行主体责任,精心组织、认真落实;各级党组织书记承担起第一责任人的责任,管好党员、带好队伍,从严从实抓好学习教育;把开展学习教育与做好学校当前改革发展稳定各项工作结合起来，以知促行，知行合一，确保学习教育取得实际成效。

21日　学校发文，公布《中国海洋大学领导班子2015年度"三严三实"专题民主生活会整改落实方案》。

22日　共青团山东省委、山东省青年联合会发文公布第20届山东青年五四奖章获得者，海洋生命学院王师获此殊荣。

25日　学校代表团应邀访问印度尼西亚，与苏迪曼将军大学签署合作备忘录。双方就增进相互了解和开展多方面合作达成意向。

26日　2015年秋季学期课程教学评估总结表彰会在崂山校区举行。董文、孙瑜、曾雪迎、于铭、陈颖、吕太锋六位教师被评为优秀等级。评估专家代表、医药学院李筠作题为《课程评价与评估——以学生为中心的教学实践》的发言。六位评估优秀的教师分享教学经验。副校长李巍然为获评优秀等级的教师颁发荣誉证书，提出三点期望：一是希望更多的青年教师通过接受课程评估，逐渐成长为教学能手和专家，尤其要做好传帮带，做好代际传承；二是希望在课程教学中，实现真与美的统一；三是希望青年教师始终做到关注学生、关爱学生、关心学生，真正做到以学生的成长为先，以学生的学习成效为本，切实提高课堂教学效果。

同日　《中国海洋大学"天泰优秀人才奖"实施办法（试行）》《中国海洋大学"东升课程教学卓越奖"实施办法（试行）》公布施行。

27日　党委常务副书记张静代表学校分别与云南大理州委书记杨宁、州长杨健，巍山县委书记常于忠、县长王伟利等州县领导，就对口支援帮扶、校地合作进行深入交流，签署《中国海洋大学–巍山彝族回族自治县人民政府对口帮扶合作协议》《大理白族自治州人民政府 中国海洋大学战略合作框架协议》。协议双方就下一步密切联系、加强合作、积极推进协议落实等达成一致。

同日　第五届教职工代表大会第六次会议召开。副校长李巍然作《深化改革谋发展，凝心聚力创佳绩》工作报告，全面总结2015年各项工作及所取得的突出成绩，并结合深化综合改革及"十三五"事业规划，明确了2016年的重点工作。校总会计师王剑敏作学校《2015年度预算执行及2016年度预算安排的报告》，校工会主席王震作《中国海洋大学教职工代表大会实施办法》修订说明。

会议听取并审议校长工作报告、学校财务工作报告，审议通过《中国海洋大学教职工代表大会实施办法（修订草案）》。校党委书记鞠传进就进一步加强教代会建设、更好地发挥教代会作用提出要求：一是提高认识，深刻理解教代会的重要作用；二是加强建设，充分发挥教代会的重要职能。

同日　《中国海洋大学教职工代表大会实施办法》公布施行。

30日　为期两天的纳米颗粒的环境效应国际研讨会在青岛召开。会议由中国海大近海环境污染控制研究所、海洋环境与生态教育部重点实验室、青岛海洋科学与技术国家实验室和国家自然科学基金委员会共同主办，环境科学与工程学院教授王震宇和美国麻省大学教授邢宝山共同召集。会议主题是"纳米颗粒在环境中的毒性、检测和应用"。中国科学院院士、中国科学院生态环境研究中心的江桂斌，*ES & T*（《环境科学与技术》期刊）副主编、美国Texas大学教授Jorge Gardea-Torresdey，Connecticut农业试验站教授Jason White，Kentucky大学教授Jason Unrine，国家杰出青年基金获得者、国家纳米科学中心研究员陈春英，长江学者特聘教授、山东大学教授闫兵，国家杰出青年基金获得者、浙江大学教授林道辉，国家杰出青年基金获得者、南开大学教授陈威等九位在该研究领域作出突出成就的国内外知名专家作专题报告，旨在总结和交流国内外在纳米颗粒环境效应方面的最新科研成果，共同讨论该研究方向的理论、方法和技术，并通过深入交流产生新的研究热点。国内40余所高校和科研院所的100余位学者参会。

5月

3日　山东省委常委、青岛市委书记李群到学校作题为《中国梦和海洋强国》的形势政策报告。李群对学校坚持特色兴校，科学发展，树人立新，谋海济国的发展道路和所取得的建设成效给予高度评价。他说，中国海洋大学是我国以海洋为特色的著名高等学府，中国海大学子理应投身中国梦的伟大实践，为海洋强国建设作出更大的贡献。对海大和大学生提出殷切希望：立于志，勤于学，勇于创，修于德。

同日　学校召开党政领导座谈会，副校长吴立新院士介绍受邀参加全国知识分子、劳动模范、青年代表座谈会的情况，传达习近平总书记重要讲话精神。

9日　学校召开海洋生命科学与技术学科一流学科建设调研会。海洋生命学院、水产学院、食品科学与工程学院、医药学院、海洋生物多样性与进化研究所负责人分别结合各自的学科基础和特点，对如何建设世界一流学科提出意见和建议。管华诗院士指出，海洋生命科学与技术学科涉及理、工、农、医四大领域，为学校事业发展作出了重要贡献，立足当前发展新常态下的新形势、新任务和新要求，要主动融入青岛海洋科学与技术国家实验室的建设发展，深入推进协同创新，及时调整发展布局和策略，在确保现有优势学科地位的基础上，发挥综合优势，促进学科交叉，衍生新的学科增长点，为学校事业发展再立新功。副校长吴立新院士提出，学科发展要以国家重大战略任务为切入点，学校的优势学科应充分把握重大发展机遇，设定更高的定位和目标，并建议海洋生命科学与技术学科进一步加强与青岛海洋科学与技术国家实验室的耦合互动发展，积极借力于青岛市蓝色硅谷，加快推动鳌山卫生命科学与技术教学科研基地建设，将其打造成具有国际先进水平的、开放型的教学科研中心。党委书记鞠传进说，海洋生命科学与技术学科是学校的命脉所在，在国家统筹推进一流大学和一流学科建设的大背景下，各单位要以更加开放的思想、更为宽广的胸怀，以扎实有为的作风，突破学院、学科的界限，进一步优化学科布局、统筹资源调配、实现精准支持，把海洋生命科学与技术学科建成世界一流学科；加快推进海洋生命科技大楼立项建设，为海洋生命科学与技术学科争创世界一流学科提供坚实的支撑保障。

同日　学校发文，聘任宋微波为海洋生物多样性与进化研究所所长。

同日　学校发文，设立"东升本科生发展基金"，《中国海洋大学"东升本科生发展基金"管理办法》公布施行。

同日　中共中央政治局委员、国务院副总理马凯一行到青岛视察"双创"工作。信息科学与工程学院教授吴松华向马凯副总理汇报激光雷达在航空气象领域的科研成果和应用情况，并现场展示飞机下滑道扫描低空风切变和飞机尾涡的观测成果。马凯副总理充分肯定学校取得的科研成果，鼓励科研人员深入研究，早日推向业务化应用。

12日　山东省委书记、省人大常委会主任姜异康到日照调研，董双林教授汇报黄海冷水团绿色养殖科技创新项目，姜异康对创新项目给予肯定，提出用新发展理念引领发展实践，善于创新体制机制，发挥人才优势，加快推进海洋科研单位、高校与地方、企业的合作，让人才、科研成果尽快转化为现实生产力。

23日　党委常委会研究决定：任命林旭升为学生工作处处长、学生资助工作办公室主任（兼），于淑华为学生就业创业指导与服务中心主任，范其伟为人事处处长，方奇志为教务处处长，董士军为本科教学工作水平评估办公室主任，范占伟为服务蓝色经济发展工作办公室主任（试用期一年），曾名湧为三亚研究生院院长，史宏达为研究生院常务副院长、校学位评定委员会办公室主任，张猛为研究生院副院长（正处级，试用期一年），许志昂为财务处处长、会计服务中心主任（兼），王卫栋为国有资产与实验室管理处处长，秦尚海为国际教育学院常务副院长，王明泉为图书馆馆长，张永胜为网络与信息中心主任（试用期一年）。

同日　党委常委会研究决定：任命林旭升为党委学生工作部部长、武装部部长，王雪鹏为团委书记（试用期一年），史宏达为党委研究生工作部部长，傅刚为海洋与大气学院党委书记，于波为信息科学与工程学院党委书记，王玉江为化学化工学院党委书记，初建松为海洋生命学院党委书记，辛华龙为食品科学与工程学院党委书记，范洪涛为工程学院党委书记，王正林为管理学院党委书记，王继贵为经济学院党委书记，刘健为外国语学院党委书记（试用期一年），陈国华为基础教学中心党委书记，秦尚海为直属业务部门第二党总支书记，崔越峰为后勤集团党委书记，朱建相为产业党委书记。

24日　山东省委常委、组织部部长杨东奇，山东省委常委、青岛市委书记李群到校调研，参观海底科学与探测技术教育部重点实验室，对实验室在海底资源勘探开发、海洋地质科学考察等方面取得的成就给予肯定，并就海洋地球科学学科的发展现况以及未来的发展方向等与现场科研人员交流探讨。

31日　《中国海洋大学重点实验室开放运行专项经费管理办法》公布施行。

6月

4日　由学校主办的首届国际儿童文学论坛暨第三届中美儿童文学论坛在青岛召开，60余位国内外知名学者、作家出席论坛。副校长李华军、国际安徒生奖获得者曹文轩出席论坛开幕式并致辞。论坛主题为"儿童文学：理论方法及其实践"。研讨分为五个单元，19位学者宣读大会论文。

7日　青岛市科学技术奖励大会隆重召开。会议表彰为青岛市科技事业发展作出突出贡献的科技工作者，吴立新院士被授予2015年度青岛市科学技术最高奖。这是继2009年文圣常院士、2013年麦康森院士之后，学校老师第三次获得青岛市科学技术最高奖。山东省委常委、青岛市委书记李群为最高奖获得者颁奖。

9日　海洋地球科学学院李予国教授团队自主研发的海洋可控源电磁探测系统，在我国南黄海成功进行为期一周的海洋可控源电磁探测试验，首次采用拖曳式可控源电磁发射系统、海底固定电磁采集站和拖曳式电场接收系统协同作业的立体探测方式，达到设计指标，实现了立体式海洋可控源电磁探测，全部可控源电磁勘探系统及辅助设备工作正常、性能稳定，标志着学校已具备整套海洋可控源电磁探测系统的研发、集成及海上作业技术。

10日　学校首届"李小勇奖学（教）金"颁奖仪式在崂山校区举行。校长于志刚和1982级校友、深圳华成峰集团董事长李小勇以及相关单位负责人出席。获奖教师代表朴大雄和学生代表徐豪杰分别发言。学校应用数学专业1982级校友李小勇于2014年6月以个人名义向母校90华诞捐赠100万元。学校于2016年5月设立由数学科学学院校友李小勇出资的李小勇奖学（教）金，奖励品学兼优、全面发展的学生和优秀教师。奖学金分为三等，特等奖10000元，一等奖3000元，二等奖1500元；奖教金每项5000元。

12日　学校行远讲座第五讲在崂山校区开讲。美国工程院院士、美国太空总署（NASA）前首席科学家、中国工程院外籍院士黄锷作题为《地球气象史》的演讲，与师生一同剖析全球变暖议题。

17日　2016年国家社科基金年度项目、青年项目和教育部人文社科一般项目评审结果公布，学校获批年度项目9项（其中重点项目1项）、青年项目3项、教育部人文社科一般项目11项，资助总经费343万元。获批项目主要分布在法学、管理学、国际问题研究、理论经济、应用经济、马列·科社、中国文学、外国文学、政治学、教育学、新闻学与传播学、交叉学科/综合研究等学科领域。

27日　修订后的《中国海洋大学"三重一大"决策制度实施办法》公布施行。

30日　2016届研究生和本科生毕业典礼暨学位授予仪式先后在崂山校区体育馆举行。校学位评定委员会主席、校长于志刚以《以平凡的姿态追求卓越》及《行远》为题分别寄语即将毕业的研究生及本科生。副校长李华军、李巍然分别主持研究生和本科生毕业典礼暨学位授予仪式。本届共有327人获得博士学位，2712人获得硕士学位，2904人获得学士学位。毕业生总体就业率为94.56%。

7月

1日　中共青岛市委高等学校工作委员会、青岛市教育局发文公布第三届青岛高校教学名师，魏振钢、李扬获此称号。

3日　学校主办的第二届地下储层和流体的地球物理成像国际研讨会在青岛闭幕。会议围绕"主动及被动源地球物理数据采集与处理方法""非常规油气藏勘探与物性分析关键技术"和"多尺度地球物理成像与俯冲带结构研究"3个主题，针对当前地球物理和地质学的前沿问题开展讨论。中国工程院院士李庆忠、美国科学院院士John Suppe、中国海大副校长李华军，来自美国康涅狄格大学、休斯敦大学、密苏里科技大学，中国科学院测量与地球物理研究所、台湾大学等近20所国内外高校、科研单位以及10余所国内外公司的代表出席会议。

5日　学校发文，表彰第一届东升课程教学卓越奖获奖教师，许罕多、张静（化学化工学院）荣获一等奖，王建、邢婧、杜德润、柏杰、郭新昌、梅宏荣获二等奖。

同日　学校发文，表彰第十七届天泰优秀人才奖获奖教师，王厚杰获一等奖，毛相朝、刘勇（工程学院）、徐博超、李平林、李锋民、陈慕雁获二等奖。

6日　2016届国防生毕业典礼举行。党委书记鞠传进、北部战区海军后勤部原部长濮瑞南、北部战区海军参谋部训练处业务长张军、中国人民解放军驻中国海洋大学选培办主任曲凤桐出席。张军宣布学校2016届111名国防生毕业分配通知。鞠传进对毕业国防生提出三点希望：一要胸怀理想，志存高远；二要谦虚谨慎，勤于学习；三要坚忍不拔，百折不挠。

13日　经党委常委会研究决定："985工程"办公室、"211工程"办公室更名为发展规划处；规划建设与后勤管理处更名为后勤管理处；招投标管理中心更名为采购与招标管理中心，由直属业务单位转为职能部门。

同日　学校承办的第二届环印联盟蓝色经济核心小组研讨会在青岛开幕。国家海洋局发展战略研究所、国际问题研究院，上海对外经贸大学南亚印度洋研究中心及海大的专家学者作为中方代表，与环印度洋联盟14个成员国代表、埃及代表展开对话，围绕"海洋经济基础设施与发展计划——港口和船运""经济发展模式比较——经济开发区对于国外投资和国际贸易的驱动""能力建设合作—海洋经济领域教育和技能培训"" '一带一路'倡议背景下中国和环印度洋联盟的合作"等议题进行交流和研讨，就海洋经济可持续发展以及促进中国和环印联盟务实合作提出倡议。外交部部长助理钱洪山、南非外交部副总司长苏克拉尔、环印联盟秘书处处长费尔道斯·达赫兰、青岛市副市长孙立杰出席会议开幕式并致辞。

15日　《中国海洋大学"十三五"事业发展规划（备案稿）》报送教育部备案。

《规划》共6章26节，回顾了"十二五"主要建设成效、基本经验和发展环境。确定学校发展目标：海洋科学和水产等特色优势学科跻身世界前列，建立起特色鲜明、优势突出、交叉协同、相互支撑的涉海学科体系；构建有利于汇聚国内外优势智力资源、激发教师创新创造活力的制度环境；构建和完善以促进学生全面发展为根本目的、以科教融合协同育人为重要途径的创新人才培养模式；取得一批具有重要原创性、重大影响力、重大贡献度的科技成果，解决海洋、水产等领域重大科学问题和关键技术问题的自主创新能力显著提升。到"十三五"末，学校要发展成为汇聚全球海洋科教智力资源的人才高地、海洋强国建设各类急需人才的培养基地、推动国家海洋科技创新发展的重要源头和服务国家海洋经济社会发展及海洋文化传承创新的重要力量，学校综合实力和国际影响力再上新台阶，建设特色显著的世界一流大学的基础更加厚实。

《规划》提出七项主要任务：以学科群、学院、科研基地和创新团队等平台为载体，探索与青岛海洋科学与技术国家实验室资源共享、科教融合、协同发展，通过一流学科建设带动整体学科水平提升；强化学院和学术带头人在人才引进中的主体地位，拓宽人才引进渠道，施行分类评价，深化考核和聘用，建立混合式薪酬体系，加强师资队伍建设；坚持立德树人，推进"三全育人"，聚焦提高教育教学质量，深化通识教育改革，创新人才培养模式，促进学生德智体美全面发展；以科研基地为平台和载体，以重大项目为重要纽带，以国际科技合作为重要途径，充分发挥学科特色鲜明、相关学科齐全的综合优势，提升原始创新能力和学术影响力；以国家海洋事业发展和区域经济社会发展需求为导向，形成全方位服务社会的格局；汇聚国际优质教育资源，深化协同创新，成为全球海洋科教合作交流的重要引领者和推动者；拓展完善校区功能布局，提升支撑服务能力。

28日　国际学术期刊*Nature*发表题为《海洋涡旋与大气的相互作用对西边界流的影响》的最新研究成果。该成果由物理海洋教育部重点实验室与美国得克萨斯农工大学联合培养项目的博士后马晓慧（第一作者）、荆钊（第二作者），以及青岛海洋科学与技术国家实验室海洋动力过程与气候功能实验室、物理海洋教育部重点实验室博士研究生刘雪、林霄沛教授、吴德星教授、中国科学院院士吴立新等组成的研究团队共同完成。文章首次指出海洋中尺度涡和大气的相互作用对维持西边界流有重要作用，阐述中尺度涡影响西边界流的动力机制。

8月

15日　学校召开"双一流"建设系列研讨会，对"十三五"期间学校"双一流"建设的思路、框架及亟待突破的重大问题进行深入讨论。研讨会为期四天，分为两个阶段。

第一阶段：学校党政领导、学科带头人代表、相关职能部门和各学院（重点实验室）负责人共同对学校"十三五"事业发展的主要思想再凝练、再深化。站在国家、学校和学科群整体发展的角度，对事关学校发展的关键问题进行深入细致的研讨。校长于志刚对学校发展的愿景与方略，以及"十三五"期间的重点和难点问题谈了思考和意见。会议在建设思路、队伍建设、人才培养、社会服务、提升国内和国际影响力、治理体系和治理能力建设、支撑条件建设、发展空间拓展等方面达成共识。进一步明确学科建设要面向国际学术前沿、国家重大战略需求和国家经济社会发展，坚持海洋特色，创新体制机制，打破院系和学科壁垒，推进学科交叉和协同创新，进一步深化同青岛海洋科学与技术国家实验室的科教融合、耦合发展，充分释放广大教师干部的创新创造活力，推动学校朝着特色显著的世界一流大学的建设目标不断前进。

第二阶段：研讨会按照地球科学（海洋科学与技术）、生命科学与技术、工程技术、人文社会科学四个学科群，分别由吴立新院士、管华诗院士、李华军教授和徐祥民教授主持。各学科群建设委员会专家和教师代表共同研讨学科规划，基本确定了各学科群未来五年的主要建设方向和建设方式，为进一步推进"双一流"建设奠定了坚实基础。

21日　为期两天的第五届全国海洋航行器设计与制作大赛在江苏科技大学闭幕，大赛主题为"绿色创新，走向深蓝"。来自全国36所涉海院校的800余名学生、425件作品参加比赛。海大在全部6大类比赛中共获得特等奖1项，一等奖5项，二等奖8项。该项赛事是我国教育界和船舶及海洋工程领域最高层次、最大规模的竞赛。

28日　第四届"东方杯"全国大学生勘探地球物理大赛在中国石油大学（北京）闭幕。地球探测与信息技术专业2015级硕士研究生王忠成、葛林苡组成的瀚海求索团队获得一等奖；地球探测与信息技术专业2014级硕士研究生许达贞和地质工程专业2014级硕士研究生付萌组成的海大C602团队获得二等奖；指导教师童思友获优秀指导教师奖；学校获优秀组织单位奖。来自北京大学、同济大学、中国科学技术大学、中国海洋大学、中国石油大学（北京）、中国科学院地质地球物理研究所等17所高校及科研院所的325支团队参赛，其中30支队伍入围决赛。

8月23—25日和9月13—15日，信息科学与工程学院教授何波团队自主研发的小型自主式水下航行器在黄海中部海域成功完成海上测试，各项技术性能达到或超过预定指标，性能测试结果达到国际主流AUV的性能水平。

29日　2016级研究生和本科生开学典礼先后在崂山校区综合体育馆举行。本年共招收研究生3008人、本科生3853人，非全日制研究生946人。校长于志刚以《养成硕学宏才，服务民族复兴》及《把握继续前进的方向、动力和智慧》为题，分别对2016级研究生及本科生提出建议和希望。副校长闫菊、李华军分别主持研究生开学典礼和本科生开学典礼。校党政领导、校友代表、各职能部门、各院（系）有关负责人、导师、班主任、教师代表、2016级全体研究生及本科生参加开学典礼。

30日　山东省委宣传部发文，学校海洋发展研究院入选山东省重点新型智库建设试点单位。

31日　海洋科学一级学科研究生课程建设情况调研工作会议召开。校长于志刚，海洋与大气学院、信息科学与工程学院、化学化工学院、海洋地球科学学院、海洋生命学院、研究生院有关负责人和学科专家出席。会议介绍《教育部关于改进和加强研究生课程建设的意见》精神和要求，对调研工作进行布置，与会人员对研究生课程建设提出意见和建议。

同日　学校聘任徐祥民为海洋环境资源法研究中心主任。

9月

1日 党委常委会研究决定：聘任王昕为材料科学与工程系主任、材料科学与工程研究院院长，聘任谢树森为数学科学学院院长。

2日 三沙航迹珊瑚礁保护研究所所长傅亮一行来校访问，校长于志刚会见客人。双方就三沙市珊瑚礁的保护以及海洋蓝洞探查等领域开展更为紧密的合作进行深入交流。"三沙永乐龙洞"勘察的主要参加人之一、海洋地球科学学院河口海岸带研究所名誉所长杨作升参加会见。

7日 学校发文，对2016年度在教学、科研等方面作出突出贡献，并为学校争得荣誉的集体和个人颁发校长特殊奖励。获得校长特殊奖励的有张平（作为通讯作者，物理海洋教育部重点实验室作为通讯作者第一单位在*Nature*发表论文《海洋涡旋与大气的相互作用对西边界流的影响》）、戴昕（发表于《中国社会科学》的论文《威慑补充与赔偿减刑》获得山东省第二十九次社会科学优秀成果奖一等奖）。

同日 中国海洋大学教授代表会议及新一届中国海洋大学学术委员会第一次全体会议召开，于广利教授等39人当选新一届学术委员会教授席位委员，中国工程院院士管华诗当选新一届学术委员会主任委员，中国科学院院士、副校长吴立新当选常务副主任委员，中国工程院院士麦康森、中国科学院院士宋微波当选副主任委员，还有15位教授当选常务委员。校长于志刚在讲话中提出：希望各位委员按照学风端正，治学严谨，公道正派的要求，遵守学术规范、恪守学术道德，坚持公正独立的学术判断；希望各位委员关心学校建设和发展，熟知学校发展愿景、重大战略；希望各位委员积极承担校学术委员会分配的工作，尽一份应尽的义务；希望各位委员一定要站在全校发展的角度，一切围绕着学校学术发展的大局思考和判断；要和校长及其行政团队保持良好沟通，一切围绕着学校事业发展来思考。全校教授代表161人参加选举大会。

9日 学校召开会议布置新学期重点工作。校长于志刚从八个方面回顾上半年学校事业发展情况，重点讲解学校新学期关键重点工作：一是一流大学、一流学科建设方案的制订；二是落实西海岸科教创新园区土地；三是建立海洋高等研究院；四是建立海上丝路研究院；五是完善人才队伍建设机制。这五项工作是新学期的关键重点，事关当前和长远，是推动学校持续科学发展、实现新跨越的发动机。党委书记鞠传进主持会议，并就全校各单位扎实做好新学期重点工作提出四点要求：一要提升思想理念；二要讲究方式方法；三要增强责任意识；四要加强党风廉政建设。学校党政领导、各单位党政主要负责人和副处级以上干部参加会议。

同日　校长办公会研究决定：聘任吴立新为物理海洋教育部重点实验室主任，苏纪兰为物理海洋教育部重点实验室学术委员会主任；赵美训为海洋化学理论与工程技术教育部重点实验室主任，彭平安为海洋化学理论与工程技术教育部重点实验室学术委员会主任；李三忠为海底科学与探测技术教育部重点实验室主任，张国伟为海底科学与探测技术教育部重点实验室学术委员会主任；顾永建为青岛市光学光电子重点实验室主任，郭光灿为青岛市光学光电子重点实验室学术委员会主任。

13日　《中国海洋大学研究生培养方案汇编》正式编纂发布。《汇编》共三册，含199个全日制学术型研究生培养方案和46个全日制专业学位研究生培养方案，共计118万字。

同日　党委常委会研究决定：聘任范占伟为青岛中国海洋大学控股有限公司董事、董事长。

22日　学校发文，聘任史宏达为工程学院院长，范洪涛为工程学院常务副院长。

23日　德才集团德才奖学基金捐赠签约仪式在崂山校区举行。总会计师王剑敏与德才集团财务总监王文静代表双方签署捐赠协议。德才集团捐资100万元人民币作为本金，理财收益用于奖励优秀本科生和研究生。

24日　中国海洋大学与银海教育集团在青岛银海学校签署教育合作协议。根据协议，学校与银海教育集团将共建共享双方优质教育资源，合作开设游艇驾驶和帆船运动相关专业，共同推动产学研一体化发展。中国工程院院士、山东省科协主席唐启升，青岛市委常委、副市长王广正，校长于志刚、副校长李巍然，青岛市关工委、教育局、银海集团等有关领导出席签约仪式。

同日　由中国海洋大学、山东省海洋工程重点实验室、海洋灾害及防护教育部重点实验室联合主办的第八届中德水利及海洋工程研讨会（8th CGJIONT）在学校召开，为期一周。会议围绕海岸工程与灾害防治、海洋工程、海洋可再生能源三个议题进行深入交流，会议收到特邀专家报告三篇，组织学术报告78篇，评选出优秀青年论文六篇。来自德国、中国的27所高校、研究院所、出版机构的130余名专家教授及青年学者参加会议。

29日　中国友谊奖颁奖仪式在中南海举办，学校外国语学院德语系主任、北京外国语大学特聘教授顾彬荣获2016年度中国政府友谊奖。国务院副总理马凯向来自18个国家的50名获奖者颁奖。9月30日，国务院总理李克强接见获奖者，获奖者受邀参加庆祝中华人民共和国成立67周年招待会。

同日　学校发文，表彰2015—2016学年先进班集体和先进个人，通信工程2013级王浩然、国际经济与贸易2013级何泽邦、信息与计算科学2013级赵钰、工商管理2013级管吉鹏、水产养殖学2013级周璐、生物科学2013级王正茂、材料化学2013级张弛、政治学与行政学2014级赵丹阳、英语2013级段嘉懿九人获优秀学生标兵称号。

本月 科技部公布国家重点研发计划立项名单，学校共有七个项目获得立项资助（表44），获得中央财政经费1.73亿元，获批项目数在全省所有申报单位中列首位，在全国所有申报单位中并列第18位。

表44　获资助项目主要信息

所属专项	项目名称	负责人	总经费/万元
全球变化及应对	大型水库对河流-河口系统生物地球化学过程和物质输运的影响机制	王厚杰	2800
全球变化及应对	中国东部陆架海域生源活性气体的生物地球化学过程及气候效应	杨桂朋	2586
全球变化及应对	全球变暖"停滞"现象辨识与机理研究	林霄沛	2510
深海关键技术与装备	基于数据驱动技术和智慧型复合材料的自主式水下航行器研发	何　波	1000
深海关键技术与装备	深海热液化学场多光谱联合原位综合探测系统	郑荣儿	1000
海洋环境安全保障	两洋一海重要海域海洋动力环境立体观测示范系统研发与试运行	赵　玮	3900
海洋环境安全保障	海洋仪器设备规范化海上试验	陈学恩	3500

10月

9日　学校聘任美国科学院、英国皇家科学院、美国医学科学院院士George R. Stark博士为学校名誉教授。副校长李巍然为George R. Stark院士颁发聘书，管华诗院士出席聘任仪式。George R. Stark院士作为分子生物学、生物化学领域的高水平科学家，为参会师生作题为"Modulation of STAT3-dependent signaling by EGFR, U-STAT3 and lysine methyletion"的学术报告。

同日　全国第一个中小学生海权教育基地——青岛市中小学生海权教育基地揭牌仪式在学校中国海权教育馆举行，青岛市教育局副局长姜元韶与校党委常务副书记张静为基地揭牌。青岛市委宣传部、教育局、中国海洋大学及青岛市中小学生代表共计600余人参加。

15日　为期两天的全球经济与管理会议在崂山校区闭幕，会议由经济学院主办。主要议题包括环境、社会责任与治理、经济金融大数据、国际金融、资产定价、行为金融学、企业财务学、金融投资、信息科技与电子治理、市场管理、公共治理与法律等。罗马尼亚经济预测研究院主任、社会科学院院士Liviu-Lucian Albu、荷兰央行研究所所长、荷兰格罗宁根大学经管学院教授Jakobde Haan、美国得克萨斯大学圣安东尼奥分校金融系教授Don Lien、中国人民大学货币金融系主任张成思、中国台湾经济研究院院长林建甫作主题演讲，会议另设24个分会场就不同专题进行研讨与交流。来自罗马尼亚、美国、荷兰、英国、西班牙、土耳其和中国等35所高校和研究院所的300余名专家教授及青年学者参与。

17日　德国亥姆霍兹联合会主席Otmar Wiestler、亥姆霍兹基尔海洋研究所物理海洋研究团队负责人Martin Visbeck、亥姆霍兹吉斯达赫特材料与海岸带中心海岸带研究所所长Corinna Schrum等一行16人来校访问。校长于志刚、副校长李华军在崂山校区会见客人。双方探讨在深海、海岸带以及海洋观测等领域进行合作的可能性，探讨共同建立联合研究生院的初步设想及学生管理模式，不断开拓海洋药物、海洋能源、材料科学等新的合作领域，共同推动学术研究和人才培养。

20日　教育部党组第三巡视组巡视工作动员会召开。巡视组组长祝家麟和教育部巡视办负责同志就巡视工作讲话，并就配合做好巡视工作提出要求。校党委书记鞠传进作表态发言：一是要高度重视，深刻领会巡视工作的重大意义；二是要严守纪律，全力配合巡视组做好各项工作；三是要抓好整改，推动学校事业再上新台阶。巡视组全体成员、中国海洋大学领导班子成员、近期退出领导岗位的校级领导干部出席会议。校党委委员、纪委委员、学科带头人、人大代表、政协委员、民主党派负责人、中层干部、学术委员会委员、党代会代表、工会委员和教代会代表、教授代表、中青年教师代表、离退休人员代表、学生代表列席会议。会后，教育部巡视组入驻学校，分别设立专门接访电话，开展五周左右的巡视工作。

同日　为期四天的第一届国际海洋工程地质学术研讨会在青岛召开。会议围绕"海洋工程地质与地质灾害防护"主题，就海洋沉积物工程特性、海洋地质灾害、海岸带工程地质等六个专题展开深入交流。会议特邀报告13个、组织专题口头报告57个、优秀展板报告15个。工程地质界国际权威期刊*Engineering Geology*主编 Charng Hsein Juang受邀作报告，就如何在SCI期刊发表论文分享自己的经验。

21日　何梁何利基金2016年度颁奖大会在北京钓鱼台国宾馆举行。李华军教授荣获何梁何利基金科学与技术创新奖，成为继文圣常院士、管华诗院士、高从堦院士之后，学校第四位获此奖的科学家。

同日　2016年度国家杰出青年科学基金项目评审结果公布，工程学院教授王树青获得资助。截至目前，学校已有18名教师获此资助。

同日　2016世界机器人大会在北京亦创国际会展中心举行。信息科学与工程学院2015级海洋技术专业刘启宸带队、宋大雷老师指导的项目"基于自适应悬架的搜救机器人"荣获国际水中机器人大赛创新创意组冠军。

同日　首批来华留学质量认证结果发布会暨第十七届中国国际教育年会举行，中国海大通过首批来华留学质量认证。

22日　水产学科建制70周年庆祝大会在鱼山校区逸夫科技馆举行。校党委书记鞠传进、水产学院院长李琪出席大会并致辞。水产学院老教师代表王克行、高清廉、教师代表、中国工程院院士麦康森分别致辞表示祝贺、提出期望。我国水产动物营养与饲料学奠基人李爱杰，中国工程院院士赵法箴、管华诗出席大会，与会嘉宾观看水产学科建制70周年宣传片《海洋牧歌》。庆祝活动期间，学院举行一系列学术研讨活动。

28日　为期三天的第三届海底观测科学大会在青岛召开。副校长、青岛海洋科学与技术国家实验室主任吴立新院士，国家自然科学基金委员会地球科学部任建国分别致辞。会议围绕中国边缘海海底长期观测、海洋动力过程与观测、近海海底过程与观测、海底观测技术、海底冷泉/热液观测、海洋天然气水合物勘查与试采、中国近海沉积盆地与油气、海底动态变化观测及其地质灾害和工程环境响应、新型海洋传感器及集成观测分析系统等前沿问题进行深入探讨，并结合深海生态和生物地球科学等议题开展跨学科交流。同济大学汪品先院士、国家海洋局第二海洋研究所苏纪兰院士和中国科学院海洋研究所胡敦欣院士担任大会主席。来自国内数十家涉海单位及科研院所的近350位科学家和工程技术人员参加。

29日　王蒙《组织部来了个年轻人》发表60周年座谈会在学校举行。王蒙先生及来自文化部、北京大学、复旦大学、中国海洋大学的近30名专家学者出席座谈会。

30日　学校与荣成市人民政府共建海洋生物产业技术协同创新中心合作协议签字仪式在荣成市举行。副校长闫菊、荣成市市长刘昌松出席签字仪式并致辞。海洋生物产业技术协同创新中心是由荣成市人民政府和中国海洋大学牵头，整合相关高校、院所和企业的创新资源，共同建设的新型联合创新平台。中心依托威海（荣成）海洋高新技术产业园中试基地进行建设，荣成市政府投资2800万元购置仪器设备并提供启动运行经费和科研经费。中心重在打造海洋生物科技成果中试和转化服务功能，重点开展海洋生物资源精深加工和高值化利用技术应用研究。

由双方联合主办的2016中国·荣成海洋科技创新发展研讨会暨海洋科技成果展同时举行，海大遴选20项优秀海洋科技成果参加海洋科技成果展，史宏达、韩立民、牟海津和刘涛等受聘荣成市首批科技智库专家。来自中国海洋大学、厦门大学、中国科学院南海所、中国科学院青岛能源所等科教单位的30多名专家学者参加学术研讨。

31日　由学校主办的第五届中俄北极论坛在青岛举行。论坛议题是"中俄北极合作：障碍与前景"。中俄北极论坛中方召集人郭培清作题为《鄂毕河—额尔齐斯河水路倡议与中俄北极合作》的报告。国家海洋局极地考察办公室、中国极地研究中心、上海国际问题研究院、北京大学、厦门大学、山东大学、武汉大学等机构和高等院校的专家学者与来自俄罗斯国际事务理事会、圣彼得堡国立大学、俄罗斯北极联邦大学和新加坡南洋理工大学的专家学者共40余人，就中俄两国在北极的合作等问题作主题演讲。中国海大党委副书记、副校长陈锐，俄罗斯驻华大使馆外交官代表、北极联邦大学副校长Marina Kalinina等出席论坛。

同日　学校代表团应邀参加在越南富国岛举办为期三天的2016年度国际水产会议，与东盟水产教育网络签署合作备忘录，成为东盟水产教育网络+（ASEAN-FEN+）成员。

11月

1日　青岛市人民政府与学校在青岛西海岸新区共建中国海洋大学海洋科教创新园区（黄岛校区）框架协议签署仪式在府新大厦举行。山东省委常委、青岛市委书记李群等青岛市相关领导，中国海大党委书记鞠传进、校长于志刚出席签约仪式。李群对学校确定在青岛西海岸新区建设中国海洋大学海洋科教创新园区表示祝贺。他指出，高等教育对增强城市发展后劲，提升城市发展活力具有重要作用，青岛要加快建设宜居幸福现代化国际城市，必须要有一流的大学作为有力支撑。中国海洋大学既是教育部直属高校，也是青岛的高校，希望学校立足打造百年名校的历史定位，创新体制机制，整合资源，精益求精地推进项目建设，为服务国家战略、推动地方经济社会发展贡献力量。青岛市委、市政府将全力服务保障好双方合作项目。协议主要内容如下。

1. 合作内容。建设滨海实验基地和海上试验场、工程技术学科群和研发基地、海洋发展战略研究领域的协同创新中心、军民融合发展创新示范区和体制机制创新试验区。

2. 甲方青岛市人民政府依法依规拟在青岛西海岸新区古镇口高峪村周边无偿划拨约3000亩净地、安排海上试验场教学科研用海。

3. 按照古镇口大学城建设规划，甲方建设图书馆、体育馆、学术交流活动中心、会议中心等公共服务设施。

4. 为乙方中国海洋大学提供与国内同类高校青岛校区同等的优惠政策，支持乙方建设黄岛校区、引进人才、科技成果转化和新校区教职工子女入学、家属就业等，并在建设初期连续5年向乙方提供补助资金。

5. 乙方按照百年校园、总体规划、分步推进、注重实施的原则，有序扎实推进黄岛校区的规划建设和事业发展，一期工程启用5年内，在校生规模达20000人。

同日 《北极地区发展报告（2015）》在中国海大发布。主编、法政学院院长刘惠荣在发布会上介绍报告的主要内容。主题有3个：其一，各国北极战略与政策的动态研究；其二，北极航道法律政策的发展及其对中国的意义；其三，北极治理中的新议题。该发展报告是我国第一部主要由高校智库完成的对于北极事务发展动态进行年度跟踪研究的学术成果，是教育部哲学社会科学发展报告培育项目《北极地区发展报告》系列的阶段性成果，每年一卷，连续出版。

同日 第17届文苑奖学金颁奖仪式在鱼山校区举行。信息科学与工程学院王浩然、经济学院何泽邦和数学科学学院赵钰同学获奖。文圣常院士出席仪式并向3位获奖学生表示祝贺、提出希望。校党委书记鞠传进为获奖学生颁奖并讲话，希望同学们坚定信念，心系国家；志存高远，脚踏实地。党委常务副书记张静主持颁奖仪式。

同日 山东省人民政府学位委员会、山东省教育厅联合发文，公布2016年山东省优秀学位论文、研究生优秀科技创新成果奖和专业学位研究生优秀实践成果奖获奖名单。侯华明、樊阳波、丁扬、王娟、刘铁鹰等5位同学的博士论文被评为2016年山东省优秀博士学位论文，另有6篇论文获优秀硕士学位论文，10篇获优秀学士学位论文；张志伟、王彦超获省研究生优秀科技创新成果二等奖，徐凌伟等6位同学获三等奖；李萌获省研究生优秀实践成果一等奖，陈鹏飞、刘春昊获二等奖，巩加龙等2位同学获三等奖。

同日 国际遗传工程机器大赛（iGEM）在美国波士顿落下帷幕，中国海大12名本科生组成OUC-China代表队首次夺得全球金奖。

同日 副校长李华军应邀访问泰国农业大学。双方就推进建立中泰海洋和水产科教发展中心事宜进行交流，并签署两校合作备忘录。中国海大海洋与大气学院院长管长龙、水产学院院长李琪、食品科学与工程学院院长薛长湖就中泰海洋和水产科教发展中心建设的具体问题与泰国农业大学达成一致并确定两校师生互访、学生交流以及联合科研的具体举措。

3日 中国海洋大学海洋经济发展研究中心成立，赵昕任主任。

7日 2016年国家社科基金重大项目立项名单公布，学校经济学院教授李京梅申报的

"海洋生态损害补偿标准与制度设计"获批立项,项目经费80万元。

10日　经党委常委会研究,任命崔凤为法政学院党委书记,刘召芳为材料科学与工程系党委书记,鞠红梅为图书馆党总支书记。

16日　海洋地球科学学院教授、海底科学与探测技术教育部重点实验室主任李三忠入选2016年度全球高被引科学家。

20日　为期两天的第七届海峡两岸海洋海事大学"蓝海策略"校长论坛在江苏连云港闭幕。论坛主题为"海洋学科发展展望",来自海峡两岸的13所涉海高校校长、专家学者30余人参加会议。校长于志刚主持校长论坛开幕式,并作题为《推动海洋学科创新发展》的主旨报告。

24日　"校长下午茶"第一期在大学生活动中心创新创业实验室举行,校长于志刚与来自10个学院的15名青年学生以约喝"下午茶"形式,围绕"个人发展规划"和"研究生学术态度与综合素质培养"两个主题进行三个小时的交流。

25日　马来西亚登嘉楼大学校长Nor Aieni Hj.Mokhtar率团来校访问,双方进行合作洽谈并签署合作备忘录。双方初步商定于2017年3月在青岛举办中国–东盟水产教育合作磋商会,搭建学校与东盟院校合作的新平台。

28日　于志刚校长应美国得克萨斯农工大学Michael Young校长和奥本大学Jay Gogue校长邀请,率代表团对这两所长期合作伙伴院校进行为期三天的访问。代表团与美国得克萨斯农工大学确定成立工作组来推进合作的系统开展,探讨建立以"泛海洋和环境"为主题的联合研究中心,开展本科和研究生层次的合作办学,双方一致同意续签下一个五年合作协议。于志刚校长与奥本大学教务长举行工作会谈,一致认为应以水产养殖和环境科学为核心,将两校合作拓展至生命科学、工程技术等领域。并举行中国海洋大学–奥本大学水产养殖与环境科学联合研究中心揭牌仪式。

29日　经党委常委会研究,任命王曙光为水产学院党委书记,张庆德为环境科学与工程学院党委书记,刘永平为直属业务部门党总支书记,崔晓雁为离退休党委书记,高艳为海洋发展研究院党总支书记,杨立敏为出版社党支部书记。

本月　由美国哈佛大学主办的第六届国际生物分子设计大赛于加州大学旧金山分校举行。学校九名本科生组成的代表队（SeaSon）荣获银奖,指导教师为食品科学与工程学院梁兴国。

12月

1日　校长于志刚率代表团访问亚利桑那大学,与校长Ann Weaver Hart女士及分管学术、学生、研究事务的副校长，管理学院、法学院、人文社会科学和自然科学与工程技术学科的有关院系等进行会谈。双方就拓展在人文社会科学、自然科学、工程技术领域的教师交流和研究合作、成立中外合作办学机构达成共识。

3日　2016年全国大学生数学建模竞赛颁奖典礼在东南大学举行。学校110多支参赛队获得国家一等奖3项、二等奖4项，山东省赛区一等奖12项、二等奖20项、三等奖15项的优异成绩。

5日　学校聘任杨文英为山东法语联盟（青岛）中方校长，聘期3年。

同日　学校中国海权教育馆获批山东省青少年优秀传统文化重点教育研究基地。

8日　驻青高校新建校区建设工作联席会议暨签约仪式在市级机关会议中心举行，青岛市政府主要负责人和校长于志刚签署《关于共建中国海洋大学海洋科教创新园区（黄岛校区）的协议》。协议约定如下重要事项。

（1）黄岛校区选址青岛市西海岸新区古镇口大学园区内，规划占地约3000亩。主要功能为开展本科生及以上层次全日制学位教育、中外合作办学、科研平台建设、科技成果转化等。（2）青岛市人民政府为黄岛校区一期建设提供总额25亿元的教育发展基金支持，其中基本建设资金15亿元，综合运行经费10亿元。（3）黄岛校区一期建设规模不低于30万平方米，在校生5500人，其中研究生2000人；校区整体建成后，全日制在校生规模为20000人左右，其中研究生规模达到7000人。（4）科研平台建设。重点建设海洋仪器装备研发中心、海底资源勘探技术中心、海洋可再生能源中心、海洋生态环境中心等。建设科考船码头和海上试验场。（5）人才队伍建设。引进培养包括院士、国家级人才计划、国家杰出青年基金获得者等在内的高层次人才100名以上。（6）项目建成后，中国海洋大学以10年内在青岛市通过技术研发及成果转化形成的地方税收等适当方式，作为政府共建黄岛校区的回报，贡献度应与教育基金支持额度大抵相当。（7）关于合作机制。设立由双方人员组成的黄岛校区建设联席会议，全面协调推进校区建设；建立黄岛校区建设理事会，作为决策机构确定重大事项。

10日　第二届"创新杯"全国大学生地球物理知识竞赛在济南闭幕。学校海洋地球科学学院勘查技术与工程专业2013级本科生魏华敬、黄可京，地球探测与信息技术专业2015级硕士研究生吴云具、张茗组成的代表队获得大赛一等奖。

11日　学校第十五次学生代表大会、第八次研究生代表大会召开。来自18个院系的155名本科生代表、114名研究生代表参加大会。党委常务副书记张静充分肯定了学生会、研究生会的作用和贡献，并提出希望和要求。大会审议《中国海洋大学第十四届学生会工作报告》《中国海洋大学第七届研究生会工作报告》和《中国海洋大学学生会章程》《中国海洋大学研究生会章程》修改案，选举产生第十五届学生代表大会和第八届研究生代表大会常任代表。新一届学生会、研究生会召开常任代表会议第一次全体会，分别选举产生新一届学生会和研究生会的主席团成员。

13日　全国海洋科技创新大会在北京召开，国家海洋局授予29位资深院士"终身奉献海洋"纪念奖章，文圣常院士在列。

16日　科技部发布2016年度国家国际科技合作基地认定名单，学校海洋生命学院刘涛作为基地负责人申报的海洋藻类国际科技合作基地获得认定，是学校第二个获得认定的示范型国际科技合作基地。

17日　由南京大学、光明日报社主办的2016中国智库治理论坛在南京大学举办。中国海大海洋发展研究院、日本研究中心和中国企业营运资金管理研究中心三家智库入选中国智库索引（CTTI）首批来源智库。

19日　经党委常委会研究，任命毕芳芳为机关党委书记，李岩为船舶中心党总支书记。

21日　"全球变化与海气相互作用"专项2017年第三批任务招投标会议召开，学校主持申报的西太平洋海域秋季航次项目中标，中标经费2008万元，并首次获得海底底质与底栖生物调查、海洋遥感调查项目支持。

30日　《中国海洋大学中央财政科研项目劳务费管理办法》《中国海洋大学纵向科研项目间接费用管理办法》《中央高校基本科研业务费专项资金中国海洋大学项目及资金管理办法（修订）》《中国海洋大学横向项目经费管理办法》《中国海洋大学纵向科研项目（课题）结余经费管理办法》及《中国海洋大学国家科技计划（专项、基金）经费预算调整实施办法》公布施行。

同日　"青春之歌2017"——中国教育电视台首届最美校园歌曲音乐电视颁奖晚会在北京举行，由学校党委宣传部部长陈鷟作词、基础教学中心艺术系原主任康建东教授谱曲、海大学子演唱的《海大颂》荣获最佳制作奖。

本月　国家自然科学基金委员会——山东省人民政府海洋科学研究中心联合资助项目评估结果公布，吴立新院士领衔的物理海洋与气候研究中心和管华诗院士领衔的海洋药物与生物制品研究中心均获延续资助，分别获2000万元经费支持，资助期为2017年1月至2019年12月。

本年　海洋科技中心大楼启用。该楼是"十二五"基本建设规划重点建设项目，位于崂山校区西门南侧，建筑面积约36000平方米，建筑高度76.50米，地上14层，地下2层。该楼主要包含实验室、教研室、科研办公室、会议中心，是一栋集科研、教学、办公、会议等为一体的综合性建筑。该楼的投入使用，使学校拥有集海洋环境、海洋化学、海洋地球和海洋工程为一体的，特色显著、多元化的海洋科技研发试验平台。

本年　经学校岗位设置与聘任工作领导小组审议，王义、王舰、王兆明、王焕磊、王慧敏、尹则高、孔令锋、田伟君、邢磊（海洋化学理论与工程技术教育部重点实验室）、朱桂茹、乔璐璐、李颖（信息科学与工程学院）、李一鸣、李长军、李红岩、李志刚、李振兴、杨庆轩、汪锰、张沛东、陈朝晖、罗先香、赵星、赵树然、薛勇、刘涛（海洋生命学院）、陈慕雁、徐海波、矫玉田、李振玲、王卫栋、宁爱花、吴强明等33人获得教授四级或专业技术岗位四级岗位评聘资格。

本年　据上报教育部的《高等教育基层报表》统计，学校共有学院19个，全日制本科专业71个。博士学位授权一级学科点13个、二级学科点8个、硕士学位授权一级学科点34个、二级学科点16个、博士后流动站13个、国家一级重点学科2个、国家二级重点学科9个、国家重点（培育）学科1个。国家工程技术研究中心1个，省部级设置的研究实验室17个。

在校教职工总数为3334人，其中正高级573人、副高级653人，专任教师1706人，其中博士学历1170人、硕士学历436人。聘请校外教师261人，其中博士学历152人、硕士学历47人；其他高校教师92人。

中国科学院院士（人事关系在本校）3人，中国工程院院士（人事关系在本校）4人，国家级人才计划入选者10人，"长江学者奖励计划"特聘教授7人，"国家杰出青年科学基金"获得者18人。

本科招生数3806人，毕业生数3526人，授予学位数3526人。硕士研究生招生数2555人，毕业生数2015人，授予学位数2038人。博士研究生招生数384人，毕业生数321人，授予学位数327人。外国留学生招生数624人，毕（结）业生数532人，授予学位数59人。在校学生总数为39357人，其中博士生1714人、硕士生6975人、本科生15502人；成人教育本科招生数4624人，毕业生数2728人，授予学位数283人；成人高等教育专科招生数2995人，毕业生数2148人。在职人员攻读硕士招生数为987人，授予学位数为674人。

学校实到科研经费7.3亿元，其中人文社科科研项目实到经费492万元。获批7项国家重点研发计划项目，123项国家自然科学基金项目，38项部委专项新增项目。获批国家社科基金项目15项，教育部人文社科一般项目12项。

馆藏图书237.9万册。占地总面积1619696.8平方米，校舍占地面积907387.17平方米。固定资产368622.16万元。网络信息点数42450个。

本年　学校科研成果获奖情况（省部级三等奖以上）见表45、表46。

表45　2016年学校科研成果获奖情况（省部级三等奖以上，自然科学类）

序号	项目名称	获奖情况	主要完成人
1	扇贝分子育种技术创建与新品种培育	山东省科学技术发明一等奖	包振民　王　师 胡晓丽
2	水产胶原蛋白与胶原肽研究、技术开发及产业化	山东省科学技术进步二等奖	李八方　侯　虎 赵　雪
3	扇贝分子育种技术体系的建立与应用	教育部高等学校科学研究优秀成果奖技术发明一等奖	包振民　王　师 胡晓丽
4	滩浅海新型构筑物及安全环保关键技术	教育部高等学校科学研究优秀成果奖技术发明一等奖	李华军　梁丙臣 刘　勇
5	基于海洋生物资源高效综合利用的生物发酵与催化转化关键技术	教育部高等学校科学研究优秀成果奖技术发明二等奖	毛相朝　林　洪 薛长湖
6	海洋工程材料表面功能调控及防护研究	教育部高等学校科学研究优秀成果奖自然科学二等奖	陈守刚　尹衍升 刘　涛

表46　2016年学校科研成果获奖情况（省部级三等奖以上，社会科学类）

序号	项目名称	获奖情况	主要完成人
1	《中国海洋经济周期波动监测预警研究》	山东省第三十次社会科学优秀成果奖特等奖	殷克东
2	海洋灾害基金设计及运行机制研究	山东省第三十次社会科学优秀成果奖一等奖	赵　昕
3	参与实践、话语互动与身份承认——理解中国参与北极事务的进程	山东省第三十次社会科学优秀成果奖二等奖	孙　凯
4	最忠诚的反叛者：弗兰克法律现实主义思想研究	山东省第三十次社会科学优秀成果奖二等奖	于晓艺
5	指类句的指类功能实现机制探讨	山东省第三十次社会科学优秀成果奖二等奖	吴炳章

序号	项目名称	获奖情况	主要完成人
6	环境利益的本质特征	山东省第三十次社会科学优秀成果奖三等奖	徐祥民　朱　雯
7	城市边缘区空间生产与土地利用冲突研究	山东省第三十次社会科学优秀成果奖三等奖	马学广
8	《营运资金管理发展报告.2014》	山东省第三十次社会科学优秀成果奖三等奖	王竹泉　孙　莹　孙建强
9	法律经济学视野中的赠与承诺 ——重解《合同法》第186条	山东省第三十次社会科学优秀成果奖三等奖	桑本谦
10	北极理事会的"努克标准"和中国的北极参与之路	山东省第三十次社会科学优秀成果奖三等奖	郭培清　孙　凯
11	Review of Hidden Carbon Emissions, trade, and Labor Income Share in China, 2001—2011	山东省第三十次社会科学优秀成果奖三等奖	王舒鸿　宋马林
12	我国自主创新品牌发展路径研究	山东省第三十次社会科学优秀成果奖三等奖	曹洪军

2017年

1月

4日 教育部办公厅批复,同意中国海洋大学海洋发展研究院与澳门科技大学社会和文化研究所建立伙伴关系,共建中国海洋大学海洋发展研究院伙伴基地——澳门海洋发展研究中心。

5日 行远书院系列讲座之博雅讲坛第一讲在文学与新闻传播学院报告厅开讲。中国人民大学农业与农村发展学院博士生导师周立教授作题为《城乡一体化与新型城镇化》的报告。

6日 学校与大连海洋大学联合人才培养协议签约仪式在鱼山校区学术交流中心举行。中国海大副校长李巍然、大连海洋大学副校长张国琛代表两校签署联合人才培养协议。根据协议,大连海洋大学每学年继续选派10名优秀本科生到海大进行为期一学年的交流学习。

同日 党委常务副书记张静主持召开全校统战工作会议。党委副书记、纪委书记卢光志以《多措并举,务实创新,扎实推进学校统战工作有序开展》为题作报告。青岛市委统战部副部长宋立春在讲话中对学校统战工作给予高度评价,并提出建议。党委书记鞠传进就进一步做好学校统战工作提出要求。

7日 教育部党组第三巡视组巡视情况反馈大会召开。巡视组组长祝家麟代表巡视组反馈巡视中发现的主要问题,并提出意见建议。教育部巡视工作办公室主任贾德永受教育部党组委托对整改工作提出具体要求。党委书记鞠传进作表态发言,学校党委完全赞同并诚恳接受巡视组的反馈意见,将从三个方面做好整改落实工作:一是切实提高政治站位,高度重视整改落实;二是认真制订整改方案,全面深入抓好整改;三是立足长远建立长效机制,促进学校事业持续健康创新发展。

9日 中国共产党中国海洋大学第十次代表大会在崂山校区召开。正式代表217人中有210人出席。教育部办公厅副主任邓传淮,中共山东省委高校工委副书记黄琦,中共青岛市委常委、副市长王广正等出席大会。学校党委书记鞠传进代表学校第九届委员会向大会作题为《开拓创新 继往开来 为建成国际知名、特色显著的高水平研究型大学而努力奋斗》的工作报告。纪委书记卢光志代表上一届纪律检查委员会向大会作题为《忠诚履职 强化监督执纪问责 努力营造风清气正的发展环境》的报告。大会审议通过上述两个报告,选举丁林、于利、于志刚、王震、王明泉、王剑敏、王曙光、卢光志、史宏达、包振民、权锡鉴、毕芳芳、闫菊、李华军、李巍然、吴强明、宋微波、张静、张庆德、陈戈、陈

中国共产党中国海洋大学第十次代表大会召开

锐、陈鹫、范其伟、管长龙、鞠传进25人为第十届党委委员，选举于波、于广利、王卫栋、王玉江、王继贵、卢光志、毕芳芳、许志昂、杨连瑞、辛华龙、秦尚海、徐葆良、蒋秋飚13人为新一届纪委委员。

在第十届党委第一次全体会议上，选举产生第十届党委常委和党委书记、常务副书记、副书记。常务委员会由鞠传进、于志刚、张静、李巍然、闫菊、李华军、王剑敏、卢光志、陈锐、丁林、吴强明11人组成；鞠传进为书记，张静为常务副书记，卢光志、陈锐为副书记。会议通过新一届纪委第一次全体会议选举结果的报告，卢光志为纪委书记，毕芳芳为纪委副书记。

学校第十次党代会对今后的发展提出明确的目标和任务：今后五年乃至更长一段时间，学校要全力实施开放协同、凝智聚力、深化改革三大举措，进一步推进落实人才强校、国际化和文化引领三大战略，立足青岛、面向世界、深耕海洋、"强""大"并举、纵向提升、横向拓展，不断增强在全球海洋科教领域的竞争力、影响力和话语权，全面提高教育质量和办学水平，建成国际知名、特色显著的高水平研究型大学，为跻身特色显著的世界一流大学行列奠定坚实的基础。

同日　学校发文，成立海洋环境科学研究中心。

12日　校长于志刚在崂山校区会见韩国国立釜庆大学校长金雍燮一行。双方就推动和深化两校合作以及国际涉海大学联盟轮值交接等事宜进行会谈，并签署两校战略合作伙伴备忘录。

13日　学校与西北大学在崂山校区签署战略合作协议。校长于志刚，副校长李巍然、闫菊，中国科学院院士张国伟，西北大学党委副书记、副校长贾明德及副校长王正斌等出席仪式。李巍然、贾明德分别代表两校签署协议。

19日　《中国海洋大学因公短期出国（境）管理办法》公布施行。

同日　学校发文，表彰第十八届天泰优秀人才奖获奖教师，其中高学理、唐群委获一等奖，刘臻、孙凯、牟海津、李爱峰、邵长伦、郑慧获二等奖。

25日　山东省公布2016年度省级（示范）工程技术研究中心立项名单，依托海大建设的山东省海洋食品示范工程技术研究中心入选。

2月

23日　学校发文，聘任史久新为极地海洋过程与全球海洋变化重点实验室主任。

本月　2016年度中国十大海洋科技进展评选结果揭晓，由学校主持完成的两项成果荣登榜单，分别是物理海洋教育部重点实验室马晓慧（第一作者）等合作发表在*Nature*上的成果《我国科学家首次提出海洋中尺度涡与大气的耦合对维持西边界流具有重要作用》和田纪伟教授等完成的"我国组织开展马里亚纳海沟多学科万米综合试验并取得一系列原创性成果"。

3月

3日　2016年度世界前沿基础交叉科学研究进展揭晓，由材料科学与工程研究院唐群委教授团队发表在德国《应用化学》杂志上的《可在雨天发电的太阳能电池技术》荣登榜单。这是学校研究成果首次入选世界前沿基础交叉科学研究进展。

5日　学校发文，成立黄岛校区建设指挥部，任命于利为黄岛校区建设指挥部总指挥；社会科学部更名为马克思主义学院。

8日　《中国海洋大学专业学位研究生教学案例库建设项目管理办法（试行）》《中国海洋大学学科国际评估工作方案》公布施行。

9日　学校召开领导班子和领导干部2016年度考核及干部选拔任用"一报告两评议"大会。党委书记鞠传进代表学校党委通报领导班子2016年度民主生活会和干部选拔任用工作情况。校长于志刚代表学校党政领导班子作述职报告。学校党政领导报告个人履职情况。与会人员对学校领导班子和领导干部的履职情况进行民主测评和民主评议。

13日　教育部思想政治工作司公布全国高校"两学一做"支部风采展示活动的获奖作品，学校有三项作品荣登榜单。化学化工学院的"纪念长征胜利80周年主题党课"荣获微党课特色作品，医药学院的"把握教工党员特点，联系学院工作实际，扎实开展'两学一做'学习教育"，工程学院的"烈士精神永留存，争做优秀好党员"荣获推荐展示特色作品。

14日　学校党委发文，任命丁林为机关党委书记（兼）。

16日　学校党委发文，任命王萍为马克思主义学院党委书记，荆友奎为马克思主义学院院长。

同日　学校马克思主义学院成立暨揭牌仪式在崂山校区举行。党委常务副书记张静、马克思主义学院院长荆友奎共同为学院揭牌。张静在讲话中提出，希望马克思主义学院以队伍建设为根本，以人才培养为核心，做好三方面的工作：一是注重建设高质量的思想政治理论课程；二是深化马克思主义特别是当代中国马克思主义教育教学和研究宣传；三是注重加强教师队伍建设。

同日　副校长李巍然主持召开本科教学工作审核评估评建工作会议。7个项目组组长汇报本组评估评建工作自查和进展情况、当前问题及工作计划。校内咨询专家结合各自参与审核评估工作的经验，提出改进建议。经会议研讨，各项目组进一步明确职责分工，理清工作整体脉络，确立下一步工作重点，并在关键问题的把握上形成共识。

20日　农业部科技教育司公布现代农业产业技术体系"十三五"新增岗位科学家候选人名单。毛相朝、张文兵、薛长湖、温海深、艾庆辉、刘涛、隋正红7位专家入选，岗位涉及虾蟹、贝类、海水鱼、藻类4个体系。此次新入选的岗位科学家可为学校新增科研经费2450万元。

21日　2017年春季学期全校教师干部大会在海洋科技中心国际报告厅召开。校长于志刚作题为《找准历史方位 把握发展机遇 推动学校事业发展进入新阶段》的报告。他指出，在相当长的时期内，要坚定不移地遵循经过实践检验推动学校科学发展的"真理"，坚定不移地走质量提升、内涵发展之路。当前的创新驱动发展战略、海洋强国战略、中国制造2025等国家战略，为学校发展提供了难得的外部机遇。学校的发展战略清晰、稳定；对增强服务社会能力的紧迫性达成共识；黄岛校区建设为学校发展提供了强大的物质支撑；与海洋国家实验室耦合互动发展持续深入等，则是推动学校事业发展的内部优势。他说，一是要紧紧围绕国家对高等教育的部署和要求，尊重教育发展规律和学校实际。特别是要不断学习、深刻领会、认真落实习近平总书记关于高等教育的重要讲话精神。二是要准确把握学校发展的历史方位。要坚持总体发展策略和学科发展思路不动摇，要坚持内涵发展，适度拓展；要把握好学校的发展节奏，保持有重点、有特色、高质量、可持续的协调快速发展。三是要用好"双一流"建设和黄岛校区建设这两大新时期发展的驱动力，开创学校事业持续健康发展的新局面。

同日　校长于志刚主持召开传达学习全国两会精神大会。全国人大代表麦康森、刘新国对会议精神进行全面传达，并畅谈体会和收获。于志刚指出，希望各单位认真做好两会精神的传达、学习和贯彻工作，并与学校改革与发展的各项事业结合起来，保持奋发有为的精神和干事创业的精神，推动学校各项事业取得新成绩。

同日　以学校海洋地球科学学院李予国教授团队为主研发的大功率深海海洋电磁勘探系统于中国南海北部海域成功完成我国首条深海可控源电磁探测剖面。该试验的成功填补了国内深海可控源探测的空白，使我国跃居国际海洋电磁探测技术与装备研制先进水平行列。

23日　校长于志刚在崂山校区会见来校访问的以色列海法大学校长Gustavo Mesch一行，双方就两校合作事宜进行会谈，并签署合作备忘录。

31日　教育部公布2016年度"长江学者奖励计划"入选名单，水产学院艾庆辉入选"长江学者奖励计划"特聘教授，工程学院刘福顺入选"长江学者奖励计划"青年学者。至此，学校"长江学者奖励计划"入选者已有20人。

4月

6日　山东省教育厅公布2016年度高等学校优秀学生、优秀学生干部和先进班集体评选结果，包铭等25人被评为优秀学生，赵婉宇等12人被评为优秀学生干部，船舶与海洋工程专业2013级等6个班级被评为先进班集体。

7日　党委中心组（扩大）第44次专题学习举行，教育部学校规划建设发展中心主任陈锋来校调研并作《建设绿色、智慧和面向未来的新校区》的报告。

8日　2016年度海洋工程科学技术奖颁奖大会在北京召开。李华军教授主持完成的成果"海洋结构物浪致失稳破坏机理及安全防护研究"，获得基础研究类一等奖；毛相朝教授主持完成的成果"海洋食品的生物制造关键技术与应用"，获得技术发明类二等奖。

11日　党委常务副书记张静主持召开党风廉政建设工作会。党委副书记、纪委书记卢光志结合2017年党风廉政建设工作要点，作出工作部署：一是深入学习贯彻上级会议精神，深化党风廉政宣传教育，严明政治纪律和规矩；二是严肃党内政治生活，强化党内监督；三是持之以恒落实中央八项规定精神，坚持打好作风建设持久战；四是加强监督检查，落实全面从严治党责任；五是深入推进惩防体系建设，抓好重点问题治理；六是实践"四种形态"，强化责任追究；七是以问题为导向，从严从实做好巡视整改工作；八是聚焦主责主业，加强纪检监察干部队伍建设。校长于志刚在讲话中提出要求：一要保持战略定力，推动全面从严治党向纵深发展；二要强化责任担当，推动《准则》《条例》落地生根；三要坚持问题导向，切实解决突出问题；四要深化标本兼治，坚定不移营造风清气正的政治生态。

12日　中国海大主办的中国-东盟水产教育网络校长论坛暨海洋与水产科技研讨会在青岛召开。来自8个东盟国家的21所科教机构、4个国际组织和6个中国教育科研机构的120余位专家学者参加会议。青岛市副市长张德平、东盟水产教育网络主席Sukree Hajisamae、中国-东盟中心秘书处代表周武先生、校长于志刚出席开幕式。

会议以"共商、共建、共享，推动中国-东盟水产科教协同创新"为主题，聚焦"海上丝绸之路"水产科教合作和推进"一带一路"教育行动计划，围绕"海洋和水产学科教育、科研和产业发展""欧盟面向中国与东盟的水产科技合作机制与建议"等议题展开广泛交流和深入研讨。会议期间达成多项成果：21个东盟高校和国内6个教育科研机构共同启动"中国–东盟海水养殖技术协作网"；中国海大与印度尼西亚迪波内戈罗大学、茂物农业大学和菲律宾米沙鄢大学等多所东盟高校签署合作协议；启动东盟杰出青年科学家来华研修及可持续海水养殖技术国际培训班等。

同日　中国海大校长于志刚、海军潜艇学院院长王宇在崂山校区签署两校战略合作协议。根据协议，双方将在师资队伍、人才培养、重点专业、资源共享、科学研究等领域开展合作。

13日　校长于志刚在鱼山校区会见泰国农业大学Chongrak Wachrinrat校长一行。双方就两校全面开展合作，特别是在泰国建立海洋和水产科教中心事宜进行会谈，并签署合作协议。

同日　农业部公布14个水产新品种。海洋生物遗传学与育种教育部重点实验室包振民教授团队培育的海湾扇贝"海益丰12"、水产学院李琪教授团队培育的长牡蛎"海大2号"，双获水产新品种证书。至此，学校已经培育水产养殖新品种累计达13个。

14日　《校领导出席校内公务活动的暂行规定》《校领导工作补位实施办法》《中国海洋大学督查督办工作暂行规定》《中国海洋大学规章制度制定程序规定（试行）》公布施行。

17日　学校与恒顺众昇集团股份有限公司津巴布韦来华留学生委托培养协议暨捐赠签约仪式在崂山校区举行。副校长李巍然、总会计师王剑敏代表学校分别与恒顺众昇集团股份有限公司签订委托培养协议、捐赠协议。

19日　在青岛市政协十三届一次会议上，副校长吴立新当选为青岛市政协副主席。

24日　人力资源和社会保障部、国家海洋局在北京举行中国极地考察表彰大会，表彰为中国极地考察作出贡献的60个先进集体和59个先进个人。其中，10位先进个人享受省部级先进工作者和劳动模范待遇，赵近平教授名列其中。

同日　学校发文，成立中国海洋大学人才工作领导小组，鞠传进、于志刚任组长；成立中国海洋大学人才引进工作小组，李巍然任组长。

同日　海洋生命学院高珊教授荣获第21届山东省青年五四奖章。

27日　学校发文，撤销中国海洋大学文史哲中心；成立中国海洋大学通识教育中心，办公室设在教务处，聘任方奇志为通识教育中心主任；成立中国海洋大学通识教育专家委员会,聘任钱致榕、李巍然为通识教育专家委员会顾问,朱自强为通识教育专家委员会主任委员,管长龙、刘新国、史宏达、陈鹭、傅根清为通识教育专家委员会委员;成立中国海洋大学创新教育实践中心,聘任宋大雷为创新教育实践中心主任;聘任高会旺为海洋环境与生态教育部重点实验室主任,丁香乾为青岛市混合现实与虚拟海洋重点实验室主任,龚健雅为青岛市混合现实与虚拟海洋重点实验室学术委员会主任。

28日 2017 ASC世界大学生超级计算机竞赛总决赛在国家超级计算无锡中心落下帷幕。由海洋与大气学院的廖嘉文、白宗宝、孙小山、张金佩、袁满组成的学校代表队荣获一等奖。

5月

3日 中国海大校长于志刚与哈尔滨工程大学校长姚郁在崂山校区签署战略合作框架协议。根据协议,双方在人才培养、科学研究、新校区规划与建设等领域开展合作。

4日 中国海洋大学通识教育中心揭牌仪式暨通识教育研讨会在崂山校区举行。校长于志刚和行远书院院长钱致榕共同为中心揭牌,并为通识教育专家委员会委员和第一批通识教育核心课程任课教师颁发聘书。清华大学新雅书院副院长曹莉,复旦大学通识教育核心课程委员会副主任李宏图出席会议。于志刚在致辞中希望,通过转变管理机制、改革教学模式、提升校园生活的影响力等多种途径,将通识教育贯穿到人才培养的全过程,实践好"通识教育为体,专业教育为用"的本科教育理念。

同日 教育部社科司司长刘贵芹来校,就贯彻落实全国高校思想政治工作会议精神,筹备实施思想政治理论课教学质量年工作情况进行专题调研。

5日 学校"十三五"人文社科重点研究团队建设及发展情况交流会在崂山校区召开。学校9个人文社科重点研究团队的学科带头人汇报2015年和2016年的建设情况以及未来建设规划,校领导及特邀专家进行质询并提出建议。校长于志刚提出,"十三五"期间,学校人文社科要借助"双一流"建设的有利条件实现跨越。要注重研究方向的凝练,聚焦重大问题,重点突破;要把握好基础研究和应用研究的关系;学校将进一步加大对人文社科的经费投入。副校长吴立新指出,文科重点研究团队要把握特色和体系的关系,要用有限的精力和资源打造独具特色的学术品牌,争取能使本领域的研究达到国内一流水平,发挥引领作用;要主动对接国家战略和地方需求,并为走向世界提供理论支撑;要注重文理交叉,重点团队要主动寻求与海洋科学、生命科学以及信息科学等学校优势学科的结合,目前在建的大数据库不仅用来支撑海洋科学,也用来支撑人文社会学科的发展;人文社会学科要立志做大事,要以创新驱动发展的理念,明确目标、清晰路径、抓铁有痕、追求卓越。

10日　在民革山东省第十三次代表大会上，食品科学与工程学院院长薛长湖当选为副主委。

同日　《中共中国海洋大学委员会二级党组织理论学习中心组学习管理办法》《中国海洋大学党委理论学习中心组学习制度实施细则》公布施行。

12日　学校发文，聘任王厚杰为海洋地球科学学院院长，李广雪为海洋地球科学学院名誉院长。

15日　学校发文，聘任庞中英为海洋发展研究院院长，王曙光为海洋发展研究院名誉院长。

16日　全国博士后管理委员会办公室、中国博士后科学基金会公布2017年度"博士后创新人才支持计划"入选人员名单，海洋科学博士后流动站在站科研博士后刘一鸣入选并获得60万元资助。

17日　《中国海洋大学"十三五"师资队伍建设规划》《中国海洋大学"筑峰人才工程"实施办法（修订）》《中国海洋大学"繁荣人才工程"实施办法（修订）》《中国海洋大学"青年英才工程"实施办法（修订）》《中国海洋大学"绿卡人才工程"实施办法（修订）》公布施行。

22日　山东省科学技术奖励大会在济南召开。由中国海大作为第一完成单位、海洋生命学院包振民教授牵头取得的成果"扇贝分子育种技术创建与新品种培育"，获得山东省技术发明奖一等奖。食品科学与工程学院李八方教授等主持完成的成果"水产胶原蛋白与胶原肽研究、技术开发及产业化"获得山东省科技进步奖二等奖。

23日　学校党委发文，任命张永胜为直属业务部门党总支书记。

25日　为期五天的中国中外关系史学会第九届会员代表大会暨学术研讨会在鱼山校区举行。此次研讨会由学校和中国中外关系史学会共同主办，来自全国各地的近百位专家学者与会，围绕海陆"丝绸之路"的历史变迁、古代海陆"丝绸之路"历史遗产的当代价值等相关议题进行深入研讨。校长于志刚、中外关系史学会会长丘进出席开幕式。研讨会共计安排三个大会主题报告、15个学术专场、近100个专题报告。

同日　《中国海洋大学党风廉政建设工作检查办法》《中国海洋大学纪检监察信访工作办法》公布施行。

26日　《中国海洋大学建设工程管理审计规定》公布施行。

27日　学校校友会第二届会员代表大会在崂山校区召开，选举吴德星为会长，陈锐为常务副会长。

同日　首届全国创新争先奖表彰大会在北京举行，吴立新院士获此殊荣。

31日　山东省委常委、青岛市委书记、省委政法委书记张江汀来校调研并考察海洋学实验教学中心和山东省海洋工程重点实验室。在听取校长于志刚工作汇报后，张江汀对海大在人才培养、科学研究、社会服务等方面所取得的发展成就给予充分肯定，还就海洋科教创新园区（黄岛校区）的建设提出意见和建议。

本月　学校收到中共中央政治局原常委、国务院原副总理李岚清刻制的校训印章和所著《中国部分高校校训篆刻作品选》一书。该印章长4.3厘米、宽2.2厘米、高9.0厘米，印材为昌化石，边款为"海纳百川，取则行远"。

本月　民进中国海洋大学支部换届大会举行，选举邢婧为主委。

6月

2日　学校发文，表彰第二届东升课程教学卓越奖获奖教师，周丽芹、孟祥红获一等奖，马丽珍、刘尊英、孙燕、逄咏梅、姜永玲、柴焰获二等奖。

同日　学校党委发文，同意文学与新闻传播学院党委选举结果，蒋秋飚为党委书记。

5日　中共中央政治局委员、国务院副总理刘延东来校调研。科技部党组书记、副部长王志刚，山东省委书记刘家义，国务院副秘书长江小涓，教育部副部长杜占元，山东省委常委、青岛市委书记张江汀，青岛市市长孟凡利等参加调研。

刘延东实地考察山东省海洋工程重点实验室，听取校长于志刚、实验室常务副主任史宏达的工作汇报。她对学校的办学成果、实验室建设水平给予充分肯定。随后刘延东一行参加中国海大第八届大学生创新创业论坛，并参观学生创新创业成果展以及全国大中学生海洋文化创意设计大赛历届优秀作品展。刘延东说，"在办学过程中，学校既保持了鲜明的特色，又能够和地方经济社会发展紧密结合，在人才培养、科学研究、社会服务等方面都取得了很好的成绩"，"希望在中国海洋大学百年校庆的时候，中国海大人能够向党和人民交出一份辉煌的答卷"。

同日　由学校主办、国家卫星海洋应用中心协办的第十八届高分辨率海表温度国际学术研讨会在青岛召开。学校信息科学与工程学院院长陈戈出席开幕式并作特邀报告。来自中国海大、国家卫星气象中心、国家卫星海洋应用中心、国家海洋环境预报中心、美国国家航空航天局、美国国家海洋和大气管理局、欧洲空间局等国内外相关单位和科研机构的近80位科学家与会。

8日　由国家海洋局和江苏省人民政府主办的2016年度海洋人物颁奖仪式在南京

举行。学校信息科学与工程学院指导的"东乡行"西部志愿者协会当选全国2016年度海洋人物。

同日 《中国海洋大学保密工作管理暂行规定》《中国海洋大学兼职监察员工作办法（试行）》公布施行。

12日 由学校与云南省人民政府、国家海洋局共同主办的海洋生物资源保护与利用高峰论坛在昆明举行。本次论坛是2017南亚东南亚国家商品展暨投资贸易洽谈会的重要活动之一。云南省委常委、省政府副省长刘慧晏，国家海洋局副局长房建孟，学校党委书记鞠传进出席论坛开幕式并致辞。论坛邀请6位海洋领域的中国工程院院士和来自国内外知名高校、科研机构的28位专家与300余名国内外来宾共话"海洋经济·丝路合作"。

13日 教育部下发《关于公布2017年度国别和区域研究中心备案名单的通知》，学校申报的极地研究中心、韩国研究中心成功获批备案，备案有效期为3年，标志着学校在区域国别研究领域高端平台建设方面取得新突破。

同日 学校发文，任命徐葆良为黄岛校区监察审计部部长。

同日 学校发文，撤销材料科学与工程研究院，材料科学与工程系更名为材料科学与工程学院，材料科学与工程学院下设无机材料系、高分子材料系。

15日 学校发文，任命吴强明、于利为校长助理。

19日 《中国海洋大学院级行政领导班子换届调整实施办法（试行）》《中国海洋大学系级行政领导班子换届调整实施办法（试行）》《中国海洋大学研究生学费管理暂行办法》公布施行。

20日 青岛高新区与学校就深化合作举行座谈，双方签署《青岛高新区 中国海洋大学战略合作协议》。青岛高新区相关领导、校长于志刚出席签约仪式。青岛高新区科技创新总监、科技创新局局长肖焰恒与副校长闫菊代表双方签订协议。双方就科技成果转移转化、海洋生物产品研发、创新人才引进培养、共建中国海洋大学生物创新园等多方面达成共识。

同日 学校与青岛华高墨烯科技股份有限公司共建的新型碳材料联合实验室揭牌暨捐赠仪式在崂山校区举行。学校总会计师王剑敏与青岛国家高新技术产业开发区招商引资总监薛润波共同为联合实验室揭牌。材料科学与工程学院院长王昕、教育基金会秘书长陈忠红分别代表学校与华高墨烯公司签署共建协议、捐赠协议。根据协议，华高墨烯向海大教育基金会捐资100万元，用于支持学校材料学科发展。

21日 党委书记鞠传进、校长于志刚一行访问国家海洋局。国家海洋局党组书记、局长王宏听取学校事业发展情况和正在重点推进的工作介绍，双方就深化共建合作进行交流。王宏对海大发展取得的显著成绩以及始终聚焦和服务国家海洋事业发展的责任担当给予肯定。他表示，国家海洋局将大力支持学校建设特色显著的世界一流大学，支持推进新一轮"四家共建"，不断完善合作机制，在海洋科技创新、海洋学科建设、海洋人才培养等方面继续给予支持和帮助，在服务国家战略需求中形成合力。

同日　在中国民主同盟山东省第十次代表大会上，副校长吴立新院士当选为副主委。

27日　学校发文，撤销中国共产党中国海洋大学海洋发展研究院总支委员会，海洋发展研究院党组织关系划归直属业务部门党总支；成立中国海洋发展研究中心秘书处，任命高艳为中国海洋发展研究中心秘书处秘书长。

同日　学校出台《中共中国海洋大学委员会关于进一步加强和改进干部队伍建设的若干意见》，自2017年9月1日起施行。

28日　学校行远书院第零期、一期学生结业典礼在文学与新闻传播学院乐海堂举行。校长于志刚、副校长李巍然、行远书院院长钱致榕为学生颁发证书、佩戴徽章。钱致榕寄语结业生：愿君敢为天下先。

29日　2017届研究生和本科生毕业典礼暨学位授予仪式先后在崂山校区体育馆举行。学位评定委员会主席、校长于志刚以《勇者乐海》和《做一个胸怀远大志向的平凡的人》为题，分别在研究生和本科毕业生典礼上讲话。本届毕业生共有6694人，其中博士研究生308名、硕士研究生2834名、本科生3552名。毕业生总体就业率达94.5%。

7月

5日　学校党委发文，同意基础教学中心党委选举结果，陈国华为书记。

6日　农工党中国海洋大学支部换届大会在崂山校区举行，选举张玥任主委。

7日　《中国海洋大学学位研究生教学案例库建设项目管理办法（试行）》《中国海洋大学研究生教育联合培养基地建设项目管理办法（试行）》《中国海洋大学研究生教育优质课程建设项目管理办法（试行）》《中国海洋大学专业学位研究生优秀实践成果奖评选办法（试行）》《中国海洋大学研究生优秀科技创新成果奖评选办法（试行）》《中国海洋大学研究生教育改革与研究项目管理办法（试行）》公布施行。

14日　由学校韩国研究中心与韩国高丽大学民族文化研究院共同主办的"海洋文明与东亚发展"国际学术研讨会在崂山校区举行。中国海大副校长李巍然、高丽大学民族文化研究院院长李亨大、韩国高等教育财团事务总长朴仁国出席会议开幕式并致辞。来自中、日、韩3国高校的近20位专家学者出席会议。与会专家学者围绕海洋文明进行广泛探讨并取得共识。

同日　《中国海洋大学关于加强科技成果转移转化工作的办法（试行）》公布施行。

20日　学校发文，数字课程资源中心更名为信息化教学中心，办公室设在教务处，聘任魏振钢为信息化教学中心主任（兼）；聘任包振民为海洋生物遗传学与育种教育部重点实验室主任，桂建芳为海洋生物遗传学与育种教育部重点实验室学术委员会主任。

21日　学校发文，任命周珊珊为党委办公室、校长办公室主任，李岩为科学技术处处长，罗轶为发展规划处处长，秦尚海为国际教育学院院长，宁爱花为教育部出国留学培训与研究中心主任。

同日　《中国海洋大学学位授权点动态调整办法（试行）》《中国海洋大学专业学位研究生实习实践管理办法（试行）》公布施行。

8月

1日　由中国海大与中国海洋学会共同主办的新旧动能转换与海洋经济发展学术论坛在青岛召开。国家海洋局党组成员、副局长孙书贤，中国海洋学会理事长陈连增，中国海大校长于志刚，山东省社科院党委副书记王兴国等出席开幕式。来自国家和沿海省市海洋部门的负责人、科研院校专家学者、涉海企业负责人共200余人参加论坛。论坛上，中国海洋学会、中国海洋大学和宁波大学三方签署联合举办中国海洋经济论坛的协议。

4日　2017年度国家杰出青年科学基金评审结果公布，工程学院刘勇教授获得资助，学校首次实现连续3年获国家"杰青"资助。

11日　第六届海洋航行器设计与制作大赛在西北工业大学举行，来自全国40所涉海院校千余名选手的431件作品参赛。中国海大学子共获得特等奖1项、一等奖5项。

17日　2017年度国家自然科学基金优秀青年科学基金评审结果公布，物理海洋教育部重点实验室张钰教授获得资助。自2012年国家优青项目设立以来，学校连续6年、11位教师获得该类项目资助。

28日　2017级学生开学典礼在崂山校区举行。副校长李巍然和研究生院常务副院长史宏达分别主持本科生和研究生开学典礼。校长于志刚对研究生提出三点希望：一是取得学术真知之则，二是取得精神品质之则，三是行人生事业之远。寄语本科生：不做"千手观音"，要做有智慧的人。今年学校共招收学生7700人，其中博士研究生421名、硕士研究生3430名和本科生3849名。

同日　《中国海洋大学二级党组织工作细则》《中国海洋大学二级单位党政联席会议议事规则（试行）》公布施行。

30日　《中国海洋大学校长特殊奖励实施办法》《中国海洋大学特殊津贴实施办法》公布施行。

9月

1日　为深入贯彻落实全国高校思想政治工作会议精神，学校思想政治工作会议在海洋科技中心国际报告厅召开。党委常务副书记张静以《坚持以立德树人为根本，扎实做好思想政治工作》为题，就学习贯彻全国高校思想政治工作会议精神以及学校思想政治工作的情况作报告。会上，8位师生代表作典型发言，从不同层面谈了对高校思想政治工作的认识和体会。党委书记鞠传进以《立德树人 全程育人 全面推进学校思想政治工作再上新水平》为题，就全面落实中央文件精神，不断加强和改进学校思想政治工作作出部署。校长于志刚希望全校师生围绕会议精神，结合学校的《关于加强和改进新形势下思想政治工作的实施方案》，在各项具体工作中把全国高校思想政治工作会议精神贯彻好、落到实处。

5日　《中国海洋大学学生申诉处理办法》公布施行。

6日　由美国科学院院士Joe Pedlosky主讲的学校首门研究生国际网络在线课程——地球流体力学，在崂山校区图书馆第一会议室开课。

同日　学校发文，成立中国海洋大学党委教师工作部，与人事处合署办公，任命范其伟为党委教师工作部部长。

8日　全校人事工作会议暨2017年教师节表彰大会在崂山校区召开。党委教师工作部部长、人事处处长范其伟作学校人事人才工作主题报告。物理海洋教育部重点实验室副主任林霄沛、工程学院院长史宏达、文学与新闻传播学院院长修斌、法政学院"繁荣人才工程"特聘教授桑本谦先后发言，从不同角度交流对人才工作的思考和体会。会议分组对工作主题报告和教师代表发言进行讨论和交流，对加强学校人事人才工作提出建设性意见建议。

党委常务副书记张静宣读表彰决定：麦康森、吴立新、李华军、殷克东、赵昕荣获2017年度校长特殊奖励；中国极地考察先进个人赵进平，2016年山东省优秀博士学位论文指导教师郑荣儿、宋微波、鲍献文、张广海、姜旭朝，2016年山东省优秀硕士学位论文指导教师唐群委、张晓华、艾庆辉、邵长伦、刘佳（管理学院）受到表彰。党委书记鞠传进作总结讲话，对学校人事人才工作提出意见：一是要深化对人事人才工作重要性的认识；二是要坚定不移地推进人事制度改革；三是要下大力气吸引和汇聚人才；四是要注重调动每一位人才的积极性；五是要统筹做好人才管理和服务工作。

同日　学校发文，军事教学部由基础教学中心调整到马克思主义学院。

12日　学校与海南热带海洋学院研究生联合培养启动仪式在海南热带海洋学院三亚校区举行。研究生院常务副院长史宏达、三亚研究生院院长曾名湧，海南热带海洋学院主要领导等出席。两校在渔业工程、食品工程、环境工程3个专业每年招收30名专业学位硕士研究生，明确中国海大导师为第一导师、海南热带海洋学院导师为合作指导教师，初期采取"1+1+1"的联合培养模式：第一年在中国海大学习课程，确定研究方向；第二年在海南热带海洋学院进行实习实践；第三年在中国海大完成学位论文。

同日　《中国海洋大学学术委员会议事规则》《中国海洋大学学术委员会学科建设与学术评价专门委员会规程》《中国海洋大学学术委员会学风与学术道德专门委员会规程》《中国海洋大学学术委员会教学委员会规程》公布施行。

同日　我国首次大叶藻规模化增殖在荣成天鹅湖海域进行。本次增殖由海洋资源增殖与保护生态学实验室张沛东教授团队与山东荣成马山集团有限公司联合开展，共移植株高20厘米以上的大叶藻5.1万株，底播大叶藻种子13万粒。

同日　学校通识教育专题研讨会在崂山校区举行。副校长李巍然出席会议，行远书院院长钱致榕教授、复旦大学通识教育核心课程委员会研究专员陆一副教授以及学校各学院分管教学副院长、系主任，部分通识教育课程任课教师和学生代表共130余人参加会议。

15日　学校第六届教职工代表大会第一次会议暨第十二次工会会员代表大会在崂山校区召开。大会讨论学校行政工作报告、财务工作报告，审议学校第五届教代会、第十一届工会委员会和第十一届工会经费审查委员会工作报告，审议通过《中国海洋大学二级教职工代表大会实施办法（修订）》，选举产生第六届教代会执委会和第十二届工会委员会、经费审查委员会，并通过大会决议。党委书记鞠传进在大会闭幕式上讲话，就进一步做好教代会、工会工作提出意见：一是要找准定位，切实发挥教代会工会的作用，团结动员广大教职工积极投身到学校改革发展中来；二是要勇于担当，切实增强新一届教代会和工会班子的责任感、使命感，成为广大教职工信得过、靠得住、离不开的知心人、贴心人；三是要提高认识，切实加强对教代会工会工作的领导和支持，使之成为推进学校治理体系和治理能力现代化的重要力量。

17日　于志刚校长在崂山校区会见津巴布韦信息广电部部长、总统奖学金执行董事克里斯托弗·池度缇·穆绍威和夫人以及恒顺众昇集团股份有限公司董事长卢民一行，并就津巴布韦来华留学生委托培养项目开展情况进行交流。穆绍威对海大为该项目的辛勤付出表示感谢。随后,穆绍威一行参加2016级津巴布韦留学生座谈会。穆绍威勉励同学们一定学好中文,以最好的成绩毕业。

18日　经科技部批准,由学校与中国–东盟海水养殖技术联合研究与推广中心、东盟水产教育网络、欧洲水产创新平台联合主办的发展中国家可持续海水养殖技术培训班在青岛开班。培训班从与海大建立合作伙伴的国际组织和高校中,遴选了来自马来西亚、印度尼西亚、泰国、菲律宾、越南、柬埔寨6个国家12个高校的16名学员。

同日　学校发文,聘任陈宜瑜为海水养殖教育部重点实验室学术委员会主任,麦康森为海水养殖教育部重点实验室主任。

19日　学校发文,聘任魏志强为信息科学与工程学院院长,陈戈为信息科学与工程学院名誉院长,刘勇为工程学院院长。

21日　教育部、财政部、国家发展改革委印发《关于公布世界一流大学和一流学科建设高校及建设学科名单的通知》,公布世界一流大学和一流学科建设高校及建设学科名单。中国海洋大学上榜42所一流大学建设高校并进入36所A类建设序列,海洋科学与水产学科入选137个"双一流"建设学科。

23日　由学校主持承担的全球变化研究国家重大科学研究计划项目"西北太平洋海洋多尺度变化过程、机理及可预测性"课题验收会议在青岛召开,各课题均顺利通过验收。项目执行5年来,先后在Nature、Science、JPO等国际期刊上发表论文近100篇,成功实现我国在台湾以东及黑潮延伸体海区潜标的布放与回收,完善中尺度海洋混合的参数化方案,发展全球高分辨率海洋模式、西北太平洋高分辨率海气耦合模式。

26日　《中国海洋大学干部队伍建设规划(2017—2022年)》《关于领导干部讲党课和思想政治理论课(形势与政策课)的实施方案》公布施行。

28日　党委书记鞠传进在海洋科技中心国际报告厅给新生党员上党课,题目为《从中国海大校训说起——谈谈社会主义核心价值观》。

同日　于志刚校长在行远楼会见来访的美国工程院院士、美国西北太平洋国家实验室研究员L. Ruby Leung教授。双方围绕海洋科学、大气科学学科建设进行深入交流。

29日　山东省教育厅发文,公布省研究生教育优质课程、专业学位研究生教学案例库、研究生导师指导能力提升项目和联合培养基地立项建设名单,学校获批11项优质课程、12项案例库建设项目、11项研究生导师指导能力提升项目,另有12个实践基地入选省联合培养基地,获批项目数位居驻鲁高校首位。

30日　中国海大材料学科建置15周年庆祝大会暨材料科学与工程学院揭牌仪式在崂

山校区举行。党委书记鞠传进，原校长管华诗院士为材料科学与工程学院揭牌并致辞。管华诗在致辞中回顾了材料学科15年来不平凡的发展历程，肯定了海大材料人创业的艰辛及取得的丰硕成果。他希望材料科学与工程学院紧紧围绕国家、行业以及学校发展的战略需求，抓住难得的发展机遇，稳步前进。鞠传进代表学校表示祝贺，并充分肯定材料科学与工程学院15年来取得的成就，希望材料科学与工程学院为学校进入世界一流大学作出应有的贡献和担当。

本月　国家海洋局下发通知，物理海洋教育部重点实验室陈朝晖教授、海洋化学理论与工程技术教育部重点实验室李雁宾副教授荣获2017年度海洋领域优秀科技青年称号。

10月

9日　《中共中国海洋大学委员会关于进一步加强和改进学校共青团工作的实施意见》《中国海洋大学博士研究生"申请–考核"制招生工作实施办法（试行）》《中国海洋大学硕博连读研究生选拔工作实施办法》公布施行。

同日　山东省科技厅公布第一批品牌国际科技合作基地入选单位，海洋生命学院祁自忠副教授、刘涛教授联合申报的海水养殖与水产科技国际科技合作示范基地入选。

11日　校长于志刚与台湾政治大学校长周行一在台北市签署《学术交流与合作协议》和《交换学生协议》。根据协议，两校鼓励学者、管理人员和学生相互交流，并提供便利条件。优选考虑协议所涉及的进修或访问安排。两校每年互派学生到对方进行为期一学期的学习，在校本科生和研究生均可申请，交换生学费互免、学分互认。

12日　第八届海峡两岸海洋海事大学"蓝海策略"校长论坛暨海洋科学与人文研讨会在台湾海洋大学举行。本届论坛以"大学创新发展与合作"为主题，来自海峡两岸17所涉海高校的校长、校长代表和专家学者参加会议。校长于志刚率团参加会议并作题为《建设有活力的合作平台，推动大学创新发展》的主旨报告。

同日　山东省教育厅、山东省财政厅公布第二批山东省高等学校协同创新中心名单，中国海大牵头申报的中国资金管理智库协同创新中心获批立项建设。

16日　海洋动力与环境过程、机制和预测暨冯士筰院士从教55周年学术研讨会在青岛八大关宾馆举行。冯院士作为我国著名的物理海洋学和环境海洋学家，是中国风暴潮研究的开拓者之一，中国环境海洋学学位点的主要创建人、第一个博士生导师和学术带头人。在55年海洋科学执教生涯中，冯院士培养了众多高水平人才。党委书记鞠传进、校长于志刚等到会祝贺。70多位来自国内外、各行业领域的冯士筰先生的学生出席庆祝活动。冯士筰院士作题为《什么是风暴潮和浅海环流——方程美学之魅力》的学术报告。吴德星教授、陈戈教授、加拿大Bedford海洋研究所鹿有余研究员等也分别作报告。校长于志刚在会上致辞说,冯士筰院士55年的教学研究活动,集中体现海大90余年厚重历史文化的精髓,体现"海纳百川,取则行远"的校训精神和"崇尚学术,谋海济国"的价值追求。

18日 中国共产党第十九次全国代表大会在北京人民大会堂开幕。学校师生通过电视、网络、广播等传播媒介认真收听收看党的十九大开幕会盛况。学校党政领导及党委理论学习中心组成员,机关党员干部和师生员工在崂山校区、鱼山校区多个场地集中收听收看开幕会盛况和习近平总书记代表第十八届中央委员会所作的报告。

19日 学校发文,表彰2016—2017学年先进班集体和先进个人,会计学ACCA方向班2014级魏先昌、英语2014级宋晓涵、海洋科学2014级陈文青、法学2014级孟超、物流管理2014级杨依佳、光电信息科学与工程2014级崔晓宇、化学2014级朱禹澄、生物技术2015级杨琦、文化产业管理2014级冯一鸣,获得优秀学生标兵称号。

25日 学校党委发文,同意海洋地球科学学院党委选举结果,吴军为党委书记。

31日 学校发文,任命段善利为高等教育研究与评估中心主任、教学支持中心主任(试用期1年),王毅为船舶中心党总支书记、船舶中心主任(试用期1年)。

本月 山东省教育厅公布2017年山东省优秀学位论文、研究生优秀科技创新成果奖和实践成果奖获奖名单,学校入选山东省优秀博士学位论文6篇、优秀硕士学位论文9篇,研究生优秀科技创新成果奖14项、专业学位研究生优秀实践成果奖7项。

11月

1日 由中国海大和泰国农业大学共同建立的中泰海洋和水产中心揭牌仪式在泰国曼谷举行。中国海大校长于志刚、泰国农业大学校长Chongrak Wachrinrat、中国驻泰国大使馆曹周华领事出席揭牌仪式并讲话。中泰海洋和水产中心将从2018年开始全面向全球招收硕士研究生,研究生在中国海洋大学和泰国农业大学共同注册学籍、共同制订培养方案、双方导师共同指导、共同组成答辩委员会,符合各自授位条件后由两校分别授予学位。

3日 校长于志刚应邀率团访问新加坡南洋理工大学。其间,双方就进一步加强交流与合作举行会谈;学校代表团成员参加由RSIS组织的主题为"全球海洋治理前沿问题与国际合作对策"的圆桌会议,双方学者建议进一步深化在大洋及极地治理等领域的专业合作与学术交流;于志刚会见海大校友,希望校友们常回母校看看,并讨论如何开展联合研究等事宜。

4日 中国绕月探测工程首席科学家欧阳自远院士在海洋科技中心国际报告厅，为全校师生作题为《中国的探月梦》的报告。

5日 中国药学会举办成立110周年系列活动，并颁发中国药学会终身成就奖和中国药学会突出贡献奖。管华诗院士等10位专家被授予中国药学会突出贡献奖。

同日 第十三届海洋药物学术年会暨2017国际海洋药物研讨会在青岛召开。大会主席管华诗院士、中国药学会副理事长王晓良、中国21世纪议程管理中心信息处处长张书军、国家自然科学基金委员会医学科学部九处处长吴镭、青岛海洋科学与技术国家实验室常务副主任王栽毅、中国海大副校长李华军、北京大学教授林文翰出席会议并致辞。大会以"开拓深蓝生物资源，驱动海药源头创新"为主题，就海洋药物先导化合物发现、活性功能分子的大规模制备技术、候选药物及新药研究、海洋生物功能制品等相关学科领域的新进展新成果进行广泛深入的交流和探讨。来自国内外的40多位知名学者作学术报告，大会同时设立海洋药物青年论坛和博士论坛，36名学者作邀请报告。

7日 于志刚校长会见西澳大利亚大学海洋基础系统中心前主任Mark Randolph院士与现任主任Mark Cassidy院士，双方就山东省海洋环境工程地质重点实验室与西澳大学海洋基础系统中心的交流与合作举行会谈。

10日 第十八届文苑奖学金颁奖仪式在崂山校区举行，党委书记鞠传进为会计学2014级魏先昌、英语2014级宋晓涵和海洋科学2014级陈文青颁奖。文圣常院士因年事已高，未能出席本届奖学金颁奖仪式。海洋与大气学院院长管长龙宣读文圣常院士写给获奖同学的信，并代文圣常院士向获奖同学赠送校长于志刚推荐的图书《南渡北归》。

13—21日 党委书记鞠传进率团分别访问德国不来梅大学、英国东英吉利大学、利物浦大学、英国国家海洋中心利物浦分中心、法国海洋开发研究院、西布列塔尼大学、布列塔尼科技学院及南特大学等欧洲高校和海洋研究机构，深化与相关学校的全面战略合作伙伴关系，推动中外合作办学机构建设与学生联合培养等。

14日 在美国波士顿举办的国际基因工程机器大赛中，由学校海洋生命学院陈宇卿、曲佳乐、陈颖、王中石、朱磊、张千夏、胡舒楠、范雲昊，水产学院穆榕、闫舒恒，医药学院丁喜仲，环境科学与工程学院田硕组成的海大代表队OUC-China斩获金奖。

15日 《中国海洋大学国内合作协议管理细则（试行）》《中国海洋大学博士研究生指导教师资格评（认）定与招生管理办法（试行）》公布施行。

16日 学校发文，聘任杨连瑞为外国语学院院长。

同日　中国海洋大学大学生习近平新时代中国特色社会主义思想学习研究会成立，该学习研究会系驻青高校首家大学生学习习近平新时代中国特色社会主义思想理论社团。

17日　中国科学院数学与系统科学研究院、国家数学与交叉科学中心与中国海洋大学共建海洋数学技术联合实验室签约仪式在崂山校区举行。国家数学与交叉科学中心主任、中国科学院院士郭雷，中国海大副校长、中国科学院院士吴立新代表双方签署合作协议书。根据协议，国家数学与科学交叉中心和中国海大以共赢机制创建海洋数学技术联合实验室，促进双方在数学与海洋科技交叉领域的前沿理论与应用研究以及人才培养；通过联合研究和合作项目进行共同创新，使数学科学与技术更好地应用于海洋科学与工程，同时实现其在海洋需求推动下的创新发展；联合实验室在相关研究领域开展人才培养工作，包括为本科生开设前沿讲座及进行科研指导、研究生的联合培养、博士后和青年学者互访等。

25日　学校编制的《中国海洋大学一流大学建设方案》上报教育部。方案确立了学校近、中、远期建设目标：到2020年，基本建成国际知名、特色显著的高水平研究型大学；到2030年，建成世界一流的综合性海洋大学；到21世纪中叶，建成特色显著的世界一流大学。

同日　2017年全国金融专业学位研究生教育工作会议在北京召开，由学校经济学院赵昕教授指导的2014级金融专业硕士尹笑雨的毕业论文《丹东市城镇居民金融认知、风险偏好对家庭金融资产选择影响研究》，获评第三届全国优秀金融硕士学位论文。

27日　中国工程院公布2017年院士增选结果，李华军教授当选土木、水利与建筑工程学部院士，包振民教授当选农业学部院士。至此，中国海大两院院士增至12人。

李华军（1962—　），山东广饶人。1982年本科毕业于山东工学院，1986年硕士毕业于大连工学院，2001年在日本京都大学获得博士学位。1992年8月至今在中国海洋大学任教。2009年12月起任中国海洋大学党委常委、副校长。教育部"长江学者奖励计划"特聘教授，国家杰出青年科学基金获得者。长期致力于波浪与结构耦合作用、海岸与海洋工程安全与防灾研究。带领研究团队，发展了透空海岸结构

中国工程院院士李华军

的分析设计理论与技术，推动近浅海资源开发实现了安全、环保、经济新模式，引领了海岸结构的发展；攻克了海洋平台设计与安装关键技术，为深海工程技术的发展作出了贡献；创新了海洋平台检测与减振及修复加固技术，保障了海洋平台安全经

济运行，取得了显著的社会和经济效益。发表学术论文200余篇，授权国家发明专利16项，出版专著4部。获国家科技进步奖二等奖2项、省部级科技奖励一等奖7项以及何梁何利创新奖、光华工程科技奖等。

包振民（1961—　　），山东烟台人。1982年本科毕业于山东海洋学院，1997年在青岛海洋大学获得博士学位。1982年8月留校任教。2007年起任中国海洋大学海洋生物遗传学与育种教育部重点实验室主任，2011年起任中国海洋大学海洋生命学院院长。潜心扇贝遗传育种理论研究和技术创新。带领研究团队，建立了贝类育种数量性状评估育种技术、分子标记育种技术、全基因组选择育种技术3大核心技术体系，育成国家审定扇贝新品种5个，产业推广效益显著。获得国家科技进步奖二等奖3项，省部级技术发明一等奖2项、科技进步一等奖2项。发表SCI收录论文160余篇，CSCD收录论文120余篇，主编和参编专著9部。获授权发明专利30件，国际发明专利2件，育种软件著作权8件。获山东省先进工作者称号，两次获得全国优秀科技工作者称号，享受国务院政府特殊津贴。

中国工程院院士包振民

同日　1978级校友、国家卫星海洋应用中心主任蒋兴伟当选为环境与轻纺工程学部院士。

蒋兴伟，1978—1982年就读于山东海洋学院海洋水文专业，获学士学位。1997年在青岛海洋大学获物理海洋硕士学位。2008年在中国海洋大学获物理海洋博士学位。

30日　由教育部学校规划建设发展中心组织的海洋科教创新园区总体规划及一期建筑概念性设计方案评审会在崂山校区召开。党委副书记、副校长陈锐主持会议。教育部学校规划建设发展中心副主任邬国强出席会议并致辞。中国电子工程设计院顾问总建筑师、全国工程勘察设计大师黄星元，中国科学院建筑设计研究院有限公司副院长、总建筑师、全国工程勘察设计大师崔彤等7位国内著名专家组成的评审委员会，对9家国内外顶尖的联合体（17家设计单位）的设计方案进行评审，最终评出5个优秀方案并排出名次。为广泛征求广大师生意见、保证信息公开和科学民主，学校还组织各方面师生代表400余人，在崂山校区海洋科技中心国际报告厅、鱼山校区"胜利楼"会议厅同步视频观看设计单位的汇报并进行网络投票。

学校海洋科教创新园区（西海岸校区）总体规划图

本月　管华诗院士作为我国教育领域的杰出代表被中国高等教育学会评为"共和国老一辈教育家"，他在教育战线的先进事迹，对党和国家教育事业的重要贡献被载入由中国高等教育学会组编的传记体教育史著《共和国老一辈教育家传略》（第三辑）。

本月　水产学院邢婧、环境科学与工程学院李爱峰、海洋生命学院王师和高珊荣获第十一届山东省青年科技奖。

本月　第七届国际生物分子设计大赛在美国加州大学旧金山分校举行，食品科学与工程学院本科代表队SeaSon获得银奖。

本月　国家人力资源和社会保障部发文，李三忠教授入选2017年国家"百千万人才工程"，并被授予有突出贡献中青年专家称号。

12月

1日　党委书记鞠传进在中层领导干部学习贯彻党的十九大精神培训班上作题为《学习贯彻十九大精神，全面加强学校党的建设》的专题报告。

2日　中国共产主义青年团中国海洋大学第十三次代表大会在崂山校区召开。党委书记鞠传进，共青团山东省委学校部副部长陈玉娟，共青团青岛市委书记王永健到会祝贺并讲话。团委书记王雪鹏作题为《高举旗帜跟党走，蓝梦潮头勇担当，为特色显著的世界一流大学建设贡献青春力量》的工作报告。大会选举产生由27名委员组成的共青团中国海洋大学第十三届委员会。共青团中国海洋大学第十三届委员会第一次全体会议选举产生新一届常务委员和书记、副书记。

4日　山东省委常委、常务副省长李群在崂山校区宣讲党的十九大精神，与师生交流学习体会。鱼山校区"胜利楼"会议厅和崂山校区海洋科技中心国际报告厅设立视频分会场。学校党政领导，各学院、教育部重点实验室、直属业务单位负责人，各级人大代表、政协委员，各民主党派基层组织和统战团体负责人，机关科级以上干部以及学生代表近500人聆听报告。

5日　山东省委书记刘家义在学校主持召开专题座谈会。会议围绕深入学习贯彻党的十九大精神，贯彻落实习近平总书记视察山东重要讲话、重要指示批示精神特别是发展海洋经济重要讲话精神，加快推进海洋强省建设进行深入座谈交流。会上，中国科学院海洋研究所胡敦欣院士、中国海洋大学吴立新院士、黄海水产研究所唐启升院士、中国海洋大学校长于志刚、中国石油大学（华东）校长郝芳院士、国家海洋局第一研究所所长李铁刚、中国科学院海洋研究所所长王凡、山东省海洋生物研究院院长郭文、青岛明月海藻集团有限公司董事长张国防先后发言。围绕海洋科技创新、成果转化、重大战略咨询研究、高等教育与人才培养、资源开发与基础设施建设、管理体制机制创新、研究平台建设、生态保护与海岸线打造、生物产品研发等海洋发展问题，与会人员提出意见建议。山东省委常委、青岛市委书记张江汀，青岛市市长孟凡利出席座谈会。

9日　2017"高教社杯"全国大学生数学建模竞赛颁奖典礼在华中科技大学举行。中国海大119支参赛队在曹圣山、陈丕炜、吕可波、高翔、曹永昌等老师培训和指导下，获得一等奖1项、二等奖6项，山东省赛区一等奖23项、二等奖17项。颁奖大会表彰自2012年至2016年在该项赛事中取得优异成绩，并作出较大贡献的全国优秀指导教师和优秀组织工作者。学校数学科学学院曹圣山教授被评为全国优秀指导教师。

10日　王蒙系列文化新著出版暨王蒙文化思想学术研讨会在崂山校区举行。党委常务副书记张静出席会议并致辞。王蒙先生以及来自文化部、中国社会科学院、国内高校的30多名专家学者出席会议。与会专家从不同的视角和层面，围绕王蒙先生的系列文化著作进行深入研讨，拓展、深化对王蒙文化思想和中国传统文化的认识。

11日　学校与中国银行青岛分行、中国建设银行青岛分行、青岛银行合作协议签约仪式在崂山校区举行，开启银校合作、共谋发展的新阶段。学校未来5年将获得2.3亿元资金支持，为信息化建设等提供有力支撑。根据协议，3家银行将依据各自的特色和优势为海大在日常结算、存贷款、国家助学贷款、奖学金发放、校园"一卡通"建设、代收费、代发薪和智慧校园建设等方面提供优质的金融服务和强大的资金、技术支持。

12日　学校党委理论学习中心组第49次专题学习暨中层领导干部学习贯彻党的十九大精神培训班专题报告会在崂山校区举行。中山大学原校长黄达人教授作题为《关于大学文化建设的一些思考》的主旨报告。

同日　山东省委、省政府公布2017年泰山学者特聘专家和青年专家名单。中国海大7

位教师入选,物理海洋教育部重点实验室张绍晴、陈显尧,水产学院田永军,医药学院杨金波,经济学院赵昕入选泰山学者特聘专家;管理学院杜元伟、法政学院孙凯入选泰山学者青年专家。泰山学者特聘专家、海洋地球科学学院李广雪,经省委组织部聘期考核优秀获得续聘。

14日　于志刚校长在崂山校区会见美国亚利桑那大学教务长Andrew Comrie教授、全球事务副校长Suzanne Panferov教授、法学院院长Marc Miller教授等一行,就两校法学(中外合作办学)项目以及拓展合作领域进行会谈。

15日　西海岸校区工科及应用学科建设校内研讨会在崂山校区举行。西海岸校区事业规划工程技术学科指导组组长吴立新院士、副组长李华军院士及有关专家,在充分考虑国内国际发展现状和趋势、国家重大战略需求和山东省、青岛市发展需求的基础上进行深入研讨,对各学科单元的建设方案提出了一系列重要意见和建议。

18日　学校发文,聘任郝吉明院士为海洋环境与生态教育部重点实验室学术委员会主任,龚健雅院士为青岛市海洋大数据工程实验室学术委员会主任,陈戈教授为青岛市海洋大数据工程实验室主任。

同日　2017年国家社科基金中华学术外译项目立项名单公布,外国语学院孙立新副教授申报的"中国文化通论"和姜春洁副教授申报的"历史的惯性:未来十年的中国与世界"获批立项。至此,学校实现国家社科基金项目类别全覆盖。

20日　学校上报山东省教育厅《中国海洋大学一流大学建设背景下服务山东方案》,倡议成立山东半岛蓝色经济区产业联盟总部,增强服务海洋强省建设能力。

21日　学校党委发文,同意经济学院党委选举结果,王继贵为党委书记。

23日　第九届山东省优秀科技工作者评选结果公布,李三忠获评并给予记二等功奖励,这是学校连续5届有科技工作者获此殊荣。

28日　教育部学位与研究生教育发展中心公布全国第四轮学科评估结果。评估结果按照"精准计算、分档呈现"的原则,根据"学科整体水平得分"的位次百分比,将前70%的学科分为9档(A+,A,A-,B+,B,B-,C+,C,C-)公布。学校共有33个学科参加第四轮学科评估,其中博士学位授权一级学科13个、博士学位授权二级学科3个、硕士学位授权一级学科17个,参评率达84.6%。从评估结果看,有14个学科进入前30%,其中A+学科为海洋科学和水产;B+学科为生物学、环境科学与工程、食品科学与工程、药学;B学科为应用经济学、法学、外国语言文学、生态学、计算机科学与技术、水利工程、软件工程、工商管理。

29日　《中国海洋大学保密奖惩办法》《中国海洋大学保密要害部门、部位管理办法》《中国海洋大学保密检查工作实施办法》《中国海洋大学自然科学类科技项目管理办法》《中国海洋大学自然科学类纵向科研经费管理办法》《中国海洋大学科技成果转让、许可管理细则（试行）》公布施行。

31日　在中国教育电视台举办的"青春之歌2018"全国校园跨年晚会上，学校推送的《海大颂》荣获"十佳校歌奖""网络最具人气奖"和"现场最具表现力奖"，《爱如海大》荣获"十优毕业歌奖"。节目《海大颂》《子曰》受邀登上晚会舞台进行现场表演。

本年　经学校岗位设置与聘任工作领导小组审议，王树青获聘教授二级岗位，于红（水产学院）、王卫国、王彩霞、白佳玉、刘晓收、刘尊英、杨世迎、杨树桐、李克强、李剑、李雁宾、沈金生、张玥、张小玲、赵成国、秦宏、顾玉超、徐杰、黄晓婷、董志文、韩树宗、董振娟、易华西、黄明华、孙凯、于胜、王祥红、郭金家、范其伟、罗轶30人获聘校专业技术四级岗位。

本年　据上报教育部的《高等教育基层统计报表》统计，学校共有学院19个，全日制本科专业73个。博士学位授权一级学科点13个，博士学位授权二级学科点8个，硕士学位授权一级学科点33个，硕士学位授权二级学科点13个，博士后科研流动站13个，国家一级重点学科2个，国家二级重点学科9个，国家重点（培育）学科1个。国家工程技术研究中心1个，省部级设置的研究（院、所、中心）、实验室22个。

在校教职工总数为3388人，其中正高级589人、副高级705人。专任教师1754人，其中博士学历1195人、硕士学历398人。聘请校外教师306人，其中博士学历200人、硕士学历38人。其他高校教师73人。中国科学院院士（人事关系在本校）4人，中国工程院院士（人事关系在本校）2人，国家级人才计划17人，"长江学者奖励计划"特聘教授10人，"国家杰出青年科学基金"获得者19人。

本科招生数3811人，毕业生数3602人，授予学位数3602人。硕士研究生招生数3339人，毕业生数2213人，授予学位数2207人。博士研究生招生数417人，毕业生数308人，授予学位数300人。外国留学生招生数594人，毕（结）业生数578人，授予学位数100人。成人本科招生数4754人，毕业生数7402人，授予学位数506人。成人专科招生数2833人，毕业生数5503人。在校学生总数为41403人，其中博士生1964人、硕士生8535人、普通本科生15428人、继续教育本科生9648人、继续教育专科生5828人；在职人员攻读硕士总数为4845人；在校留学生986人。

学校实到科研经费6.7亿元。获批国家重点研发计划项目一项，课题15项，经费总额5785.5万元；国家自然科学基金项目139项，立项经费约1.28亿元。本年度获批单项经费200万以上的研究类项目17项。在本年度首次启动的面向全国受理的NSFC-山东联合基金（二期）立项中，获批10项；部委专项新立项30余项，合同额1.08亿元。省市项目合同经费超6100万元。人文社会科学各类项目实到经费2580万元。获批国家社科基金项目19项，首次获批国家社科基金学术外译项目；教育部人文社科一般项目10项。学校教师作为第一作者或通讯作者在*Nature*子刊等国际学术期刊发表高水平论文7篇。

馆藏图书246.99万册。占地总面积1619696.8平方米，校舍建筑面积943479.03平方米。固定资产383128.03万元。网络信息点数43770个。

本年　学校科研成果获奖情况（省部级三等奖以上）见表47、表48。

表47　2017年学校科研成果获奖情况（省部级三等奖以上，自然科学类）

序号	项目名称	获奖情况	主要完成人
1	基于精准快选的龙须菜良种培育与产业化推广	教育部高等学校科学研究优秀成果奖科技进步二等奖	隋正红　张学成　周　伟
2	介观太阳能电池关键材料的制备与性能研究	教育部高等学校科学研究优秀成果奖自然科学二等奖	唐群委　贺本林　李清华
3	面向领域的智能计算理论方法与产业技术应用	山东省科技进步一等奖	魏志强　王　袭　黄　磊
4	亚洲沙尘和人为排放影响的海岸与海洋大气化学过程及环境意义	山东省自然科学二等奖	高会旺　姚小红　石金辉
5	矩阵方程的数值解法及相关理论	山东省自然科学二等奖	郭晓霞　王卫国　刘新国

表48 2017年学校科研成果获奖情况（省部级三等奖以上，社会科学类）

序号	项目名称	获奖情况	主要完成人
1	我国侦查权的程序性控制	山东省社会科学优秀成果二等奖	詹建红 张 威
2	国内外营运资金管理研究的回顾与展望	山东省社会科学优秀成果二等奖	王竹泉 逄咏梅 孙建强
3	An Improved Grey Relational Analysis Approach for Panel Data Clustering	山东省社会科学优秀成果三等奖	李雪梅 Keith W. Hipel 党耀国
4	北极航道沿岸国航道管理法律规制变迁研究——从北极航道及所在水域法律地位之争谈起	山东省社会科学优秀成果三等奖	白佳玉
5	中介语语言学的多维研究与学科构建	山东省社会科学优秀成果三等奖	杨连瑞
6	北极地区发展报告（2014）	山东省社会科学优秀成果三等奖	刘惠荣

2018年

1月

1日 国家卫生计生委医药卫生科技发展研究中心公布"重大新药创制"重大专项2018年度实施计划第一批立项课题，于广利教授牵头承担的课题"海洋生物来源化合物库建设"获批立项，总经费4752余万元，其中中央财政经费1752余万元。该课题是学校自"十二五"以来获批的首个"重大新药创制"科技重大专项主持课题。

2日 《中国海洋大学定密管理办法》公布施行。

同日 学校发文，成立海洋高等研究院。

3日 教育部公布首批全国高校"黄大年式"教师团队，学校食品科学与工程汪东风教师团队入选。

同日 鱼山校区生命科技中心大楼建筑方案评审会在"胜利楼"会议厅举行。评审会由教育部学校规划建设发展中心组织，评审专家委员会由清华大学建筑设计研究院副院长刘玉龙和天津大学建筑设计规划研究总院总工程师于敬海等5位业内专家组成。最终专家评审出3家优秀方案。

5日 学校发文，任命张静为马克思主义学院院长（兼）。

8日 国家食品药品监督管理总局副局长、中国药学会理事长孙咸泽等一行4人来到海大，代表中国药学会为管华诗院士颁发中国药学会突出贡献奖。山东省食品药品监管局局长马越男、青岛市副市长朱培吉、校党委书记鞠传进等出席颁奖仪式。会上，孙咸泽宣读中国药学会关于授予管华诗院士突出贡献奖的表彰决定。他说，管华诗院士是中国药学会第22届、23届常务理事、海洋药物专业委员会荣誉主任委员，为学会的发展及海洋药物事业的发展作出了突出贡献。中国海洋大学在海洋药物方面的研究已经取得丰硕成果，希望能够继续攻坚克难，带领我国的海洋药物走向世界，创造佳绩。

11日 学校发文，表彰第三届东升课程教学卓越奖获奖教师，尹玮、张开升获一等奖，王付欣、邓晓辉、曲晓英、齐祥明、张玥、陈凯泉获二等奖。

同日 学校发文，表彰第十九届天泰优秀人才奖获奖教师，丁黎黎、刘福顺获一等奖，邢婧、杜元伟、李克强、陈守刚、顾玉超、高振获二等奖。

12日 教育部和国家外国专家局联合公布2018年新建高等学校学科创新引智基地立项名单，包振民院士作为负责人申报的"海洋生物基因组学与分子遗传育种创新引智基地"获准立项建设。这是学校获准建设的第五个创新引智基地。

15日 教育部召开新闻发布会，公布首批国家精品在线开放课程认定结果，全国高校468门本科教育课程入选。学校文学与新闻传播学院丁玉柱的《道德经》的智慧启示、柴焰的世界优秀影片赏析和乔宝刚的创践——大学生创新创业实务课程入选。

16日　中国海洋大学新型深远海综合科学考察实习船下水暨命名仪式在上海江南造船（集团）有限责任公司举行。教育部发展规划司司长刘昌亚，江南造船董事长、总经理林鸥，中国海洋大学党委书记鞠传进等出席。林鸥、鞠传进分别代表船厂和船东致辞，副校长闫菊代表学校宣

新型深远海综合科学考察实习船"东方红3"下水

布该船命名为"东方红3"。随后，鞠传进、林鸥等为"东方红3"船下水启动"掷瓶礼"，该船正式下水。

17日　山东省教育厅发文，公布山东省第八届高等教育教学成果奖评选结果，学校17项教学成果获奖。其中特等奖1项、一等奖7项、二等奖9项。刘贵杰、谢迎春、张庆力等申报的《基于"三螺旋"理论和多元协同的机械专业卓越工程师人才培养的实践教学模式构建与实践》获得特等奖。

18日　《中国海洋大学辅导员队伍建设实施细则》公布施行。

19日　《中国海洋大学专职党政管理干部转岗实施办法》公布施行。

21日　学校党委发文，任命范占伟为产业党委书记。

25日　校长于志刚在行远楼会见来校调研的海南省教育厅副厅长孔令德一行，双方就进一步落实2015年签署的省校合作协议，推动中国海洋大学三亚研究生院建设交换意见。经过讨论，双方在三个方面取得共识：一是结合海南省发展规划的调整，学校将进一步细化工作方案，促进三亚研究生院与研究院的耦合发展；二是努力建设一支植根在海南、成长在海南、服务海南的人才队伍；三是将管理运行机制细化，为一系列工作的深入开展提供保障。

30日　为期两天的一流大学学科建设专题研讨会结束。会议围绕一流大学建设，秉承"启迪智慧，谋划未来"的宗旨，深入研讨学科建设规划、实施方案和路径。在坚持内涵发展、特色发展不动摇，进一步加强师资队伍建设，以改革促发展、向改革要质量等方面形成系列共识，提出学科群和一级学科学位点建设、师资队伍建设、关键改革平台建

设、重大任务推进等方面的基本举措和初步方案，明确了建设、改革任务的责任主体。会议强调，学校领导班子、各职能部门、学院（重点实验室）都要结合自身职能，围绕一流大学建设目标，认真思考、超前布局、抓好落实，为学校一流大学和一流学科建设凝聚智慧、贡献力量。

2月

2日　经校学位评定委员会审定通过，博士研究生指导教师资格遴选结果公布，86人获博士研究生指导教师资格。他们是李春、郑小童、杨庆轩、余静、张绍晴、陈朝晖、张钰、荆钊、李洪平、王运华、王兆明、郑冰、刘春颖、任景玲、姚鹏、李雁宾、邢磊、梁生康、李一鸣、乔璐璐、于胜尧、何兵寿、施威扬、韩宝芹、李红岩、张玉忠、张玲玲、齐洁、苏颖、郭华荣、王悠、汪岷、龙红岸、陶亚雄、高勤峰、郑小东、绳秀珍、刘士凯、宋协法、黄六一、刘阳、万敏、王国庆、常耀光、徐杰、易华西、毛相朝、李振兴、薛勇、李德海、李明、付鹏、Blaine Pfeifer、杨金波、王鑫、顾玉超、刘福顺、刘臻、尹则高、宋大雷、李爱峰、李锋民、高阳、赵建、祁建华、吴世亮、吴能友、房巧玲、杜元伟、张樨樨、王贞洁、陈雨生、王舒鸿、丁黎黎、任东升、刘怀荣、戴昕、李晟、赵星、董学立、庞中英、梁栋、堵丁柱、王焕磊、孙明亮、黄明华。

3日　由学校和青岛海洋科学与技术国家实验室联合承办的"西太平洋动力过程"研讨会在青岛召开。来自国家自然科学基金委员会地球科学部，中国科学院地质与地球物理研究所、海洋研究所、南海海洋研究所、广州地球化学研究所，国家海洋局第一海洋研究所、第二海洋研究所、中国海洋大学等19家单位的14位院士、50多名专家学者参加了研讨会。吴立新院士作题为《西太平洋动力过程》的报告。广州地球化学研究所徐义刚院士作题为《从小地幔到大地幔：西太平洋域海洋地质研究新机遇》的报告。复旦大学张人禾院士作题为《西太平洋暖池的变异及其影响》的报告。专家们一致认为，西太平洋是地球系统最典型的多圈层、多尺度能量与物质交换的海区，对西太平洋动力过程的研究将融合我国海洋科学与固体地球科学的研究力量，实现相关学科跨越式发展。

同日　经中共海南省委和教育部党组等协商，并经干部选拔任用程序，陈锐任海南热带海洋学院院长、党委副书记。

本月　2017年"中国十大海洋科技进展"评选结果揭晓，物理海洋教育部重点实验室的"从海气系统角度揭示海洋在全球变暖背景下的响应特征"和海洋生物遗传学与育种教育部重点实验室的"扇贝'化石'基因组发现及重要发育进化机制解析"两项成果入选。

3月

14日 中国海大学生工作委员会成立暨2018年度工作会在崂山校区召开。党委书记鞠传进在讲话中强调，在全面学习贯彻党的十九大精神，贯彻落实全国高校思想政治工作会议精神，服务"双一流"建设的形势下，学生工作委员会要发挥好作用：一要协同联动凝聚合力，提升学生思想政治工作水平；二要协同联动提升能力，服务一流人才培养；三要协同联动增强活力，提升学生教育管理服务水平。

22日 春季学期全校教师干部大会在崂山校区召开。校长于志刚作题为《以新的作为，努力开辟一流大学建设的新境界》的报告，就落实2018年学校党委和行政工作要点、推进重点工作作出部署。他指出，从学校事业发展的视角看，到2020年，国家要全面建成小康社会、实现第一个百年奋斗目标，中国海洋大学要基本建成国际知名、特色显著的高水平研究型大学，并开启迈向特色显著的世界一流大学的新征程。这其中有两个标志性的节点：一是到2020年，学校要接受世界一流大学建设评估和准备迎接第五轮学科评估；二是黄岛校区一期工程要基本完成、初步具备入住条件。今后三年的关键词是"世界一流大学建设"和"黄岛校区建设"。2018年学校事业发展的重点是以世界一流大学建设和黄岛校区建设为两大抓手，突出深化综合改革和加强队伍建设这两个重点，聚焦提高人才培养质量、提升学科建设水平、增强服务国家战略和经济社会发展能力这三个方面，力争实现突破。党委书记鞠传进指出，2018年是改革开放40周年，也是世界一流大学建设实施的开局之年，是学校事业发展的关键一年。为统一思想、凝聚共识，更好开展新学年工作，他提出三点要求：一是要进一步加强党的全面领导，充分发挥党委的核心领导作用；二是要坚持改革创新，深入推进党的建设；三是要坚持从严治党，加强监管考核，确保学校党政工作部署有效落地执行。

同日 国务院学位委员会公布2017年审核增列的博士、硕士学位授权点名单，学校新增水利工程、外国语言文学、地质学3个博士学位授权一级学科，新增马克思主义理论、船舶与海洋工程2个硕士学位授权一级学科和体育硕士、新闻与传播硕士、药学硕士3个专业学位类别。

23日 学校党委理论学习中心组（扩大）举行第50次专题学习，沈阳化工大学校长李志义应邀作题为《本科教学工作审核评估范围释义》的专题报告。

27日 副校长李华军院士在崂山校区会见泰国曼松德昭帕亚皇家大学校长Linda Gainma一行，双方就合作事宜进行会谈并签署合作备忘录。

29日 学校召开领导班子和领导干部2017年度考核及干部选拔任用"一报告两评

议"大会。党委书记鞠传进代表学校党委通报领导班子民主生活会情况,报告干部选拔任用工作。校长于志刚代表学校党政领导班子作述职报告。会上,班子成员依次作个人述职述廉。与会人员对学校领导班子和领导干部进行民主测评和民主评议。

同日 山东省教育厅公布2017年度高等学校优秀学生、优秀学生干部和先进班集体评选结果,黄霖等26名学生获评山东省优秀学生称号,李科辰等13名学生获评山东省优秀学生干部称号,2016级物理海洋学1班等6个班集体获评山东省先进班集体称号。

30日 外交部"外交外事知识进高校"活动走进中国海大。外交部外事管理司司长廖力强、边界与海洋事务司司长易先良、政策规划司副司长周剑与中国海大师生面对面交流,分别作题为《外交外事服务国内开放发展》《我国边界与海洋形势》《走进新时代的中国特色大国外交》的报告。学校党政领导鞠传进、张静、李巍然、闫菊、李华军、王剑敏,党委常委、组织部部长丁林,党委常委、校长助理吴强明出席活动。

同日 学校发文,表彰第八届本科教学优秀奖获奖教师,任新敏、刘涛、张若军获二等奖。

同日 学校发文,史宏达和孟祥红获评第五届中国海洋大学教学名师。

本月 中组部公布第三批国家"万人计划"入选人员名单,学校5位教授入选。其中,物理海洋教育部重点实验室陈显尧、海洋生命学院刘涛、水产学院艾庆辉入选"万人计划"科技创新领军人才,经济学院殷克东入选"万人计划"哲学社会科学领军人才,海洋生命学院高珊入选"万人计划"青年拔尖人才。至此,学校入选国家"万人计划"人数增至12人。

4月

2日 学校召开高校教育质量保障体系建设研讨会,邀请毕博信息技术有限公司CEO陈永红先生,国际知名教育专家Daniel Moore教授和Ruth Newberry博士到校举办主题讲座。

3日 教育部督查组在教育部基础二司原巡视员(国家督学)李天顺的带领下来校,督导检查2018年春季开学暨学校安全风险防控工作。党委常务副书记张静等陪同检查。督查组对学校的教育教学、安全风险防控、后勤保障等方面的工作成效给予充分肯定。

8日 学校发文,任命秦尚海为教育部出国留学培训与研究中心主任(兼)、廖民生为校长助理(挂职1年)。

10日 学校党委发文,同意信息科学与工程学院党委的选举结果,于波为院党委书记。

同日 国际学术期刊*PNAS*发表题为"IRF9 and unphosphorylated STAT2 cooperate with

NF-kappa B to drive IL6 expression" 的研究成果，医药学院杨金波为通讯作者。

13日　工程学院"院士论坛"系列报告第一场在行知楼报告厅举办。中国工程院院士、英国皇家工程院院士张建云结合其研究领域，以《气候变化对我国水安全影响与应对》为题作报告。

16日　教育部人文社科重点研究伙伴基地及联合实验室揭牌仪式在澳门科技大学举行，中国海大校长于志刚率团参加。教育部部长陈宝生、澳门特别行政区政府社会文化司司长谭俊荣、中央人民政府驻澳门特别行政区联络办公室副主任孙达、澳门科技大学校监廖泽云及校长刘良等出席仪式。

19日　校长于志刚会见来校访问的挪威卑尔根大学校长Dag Rune Olsen博士一行。双方就依托中国海洋大学海洋生物遗传学与育种教育部重点实验室和卑尔根大学萨斯国际海洋分子生物中心，在中国海大共同建设国际海洋分子生物联合研究中心事宜深入交换意见，签署合作建立国际海洋分子生物联合研究中心备忘录。

20日　副校长李巍然会见来校访问的英国赫瑞-瓦特大学校长助理Ruth Moir一行。双方签署关于本科生"3+1"、硕士研究生"1+2"联合培养项目校际合作协议以及申请教育部合作办学项目的谅解备忘录。

同日　学校西洋交响乐团在教育部和上海市政府主办的全国第五届大学生艺术展演中荣获二等奖和优秀组织奖。

23日　武汉大学校长窦贤康任组长的教育部本科教学工作审核评估专家组进驻学校，对学校的本科教学工作进行为期四天的审核评估。专家组充分肯定学校本科教学工作取得的成绩，一致认为：中国海洋大学形成了领导重视教学、经费保障教学、各方面支持和服务教学的良好局面，在人才培养方面取得较为显著成绩。具体表现为：第一，学校坚持党的领导和社会主义办学方向，全面贯彻党的教育方针，办学理念先进，办学定位清晰，办学特色显著，扎根中国，面向世界，深耕海洋，人才培养目标能够适应社会经济与行业发展需要，学生专业思想稳定，责任感强。第二，校领导班子有战略定力，一切为了海洋。第三，开展以学生为中心的本科教学改革。第四，学校围绕以学生为中心，以"让数据多跑路，师生少跑腿"为核心理念，打造泛在、开放、友好的网络与信息化支撑服务平台和生态。第五，科学研究和教学活动紧密结合。第六，学校坚持立德树人为根本，以学生为中心，确立了突出学生发展需求的"通识为体，专业为用"的本科教育理念，构建了以"有限条件的自主选课制"和"学业与毕业专业识别确认制"为核心的教学运行体系，通识教育与专业教育相渗透，分类培养与系统教学相统一，促进了专业建设改革,形成多样化人才培养模式,强化了学科交叉融合培养创新人才,推进了优质课程资源共享以提高教学质量,人才培养质量不断提高,取得了效果。同时提出存在的不足和建议:人才队伍与教学方面要加大年轻人才的引进力度,加强本科生的基础课教学;要让更多的知名教授承担本科生基础课的教学任务;教学和质量保障体系有待加强;要着力解决学科发展不平衡问题。

24日　食品科学与工程学院毛相朝获第22届山东青年五四奖章。

27日　《世界知识》杂志社与中国海洋大学在青岛联合主办"上海合作组织青岛峰会前瞻"研讨会。中国海大校长于志刚、《世界知识》杂志社社长罗洁、海洋发展研究院院长庞中英出席会议并致辞。围绕"新时代下的上合组织"和"上合框架下的各国关系"两大议题,来自北京、上海、青岛等地的10位专家分别作报告,对上海合作组织在政治、经济、安全、人文、对外交往、机制建设等领域取得的成就、面临的挑战、应对策略、未来走向等进行深入细致的分析探讨。

同日　山东省委教育工委公布2018年山东高校十大优秀学生名单,学校工程学院工业设计专业2014级本科生柴箐入选。

同日　山东省、青岛市先后召开庆祝"五一"国际劳动节暨劳动模范表彰大会,学校海洋地球科学学院李三忠获山东省先进工作者称号,工程学院刘勇、物理海洋教育部重点实验室林霄沛获青岛市劳动模范称号。

30日　山东省委书记刘家义到青岛海洋生物医药研究院调研。山东省委常委、青岛市委书记张江汀,山东省委常委、省委秘书长王清宪,党委书记鞠传进,校长于志刚等陪同。中国工程院院士、青岛海洋生物研究院院长管华诗介绍总体建设及运行情况以及青岛海洋生物医药聚集(310)开发计划部署实施情况。刘家义一行认真听取汇报并先后参观海洋糖工程药物研发室、海洋中药研发室、制剂研发中心、海洋现代药物研发室、海洋创新药物筛选与评价平台和国家海洋药物工程技术研究中心。刘家义对研究院的发展和取得的成绩给予肯定。他表示,在全省新旧动能转换的大形势下,希望中国海洋大学和研究院全体职工积极作为,为服务海洋强国建设、海洋强省建设和促进医药健康产业发展作出更大贡献。

5月

2日　校长于志刚在崂山校区会见韩国驻青新任总领事朴镇雄一行。会谈后,朴镇雄为韩语系师生作了讲座。

4日　黄海冷水团现代海洋牧场建设暨"深蓝1号"下水现场会在日照召开。受日照市万泽丰渔业有限公司委托，由中国海大与湖北海洋工程装备研究院联合设计，青岛武船重工有限公司建造的世界最大的全潜式网箱"深蓝1号"在青岛建成下水。农业农村部副部长于康震，中国船舶重工集团有限公司副总经理何纪武，中国海洋大学校长于志刚，黄海冷水团绿色养殖科技创新项目首席科学家、中国海洋大学教授董双林参加了下水起航仪式。

"深蓝1号"网箱周长180米、高34米、重约1400吨，养殖水体5万多立方米，设计年养鱼产量1500吨。该网箱可在高温的夏季沉到黄海冷水团中进行养鱼生产，是我国基于绿色理念研创的深远海养殖重器，具有完全独立的知识产权。

5日　中国工程院院士、北京大学数字视频编解码技术国家工程实验室主任、北京大学信息科学技术学院教授高文在崂山校区作题为《人工智能的发展与挑战》的报告。

7日　《中国海洋大学涉密国防科研项目保密管理办法》《中国海洋大学涉密国防科研项目协作配套保密管理办法》《中国海洋大学涉密国防科研项目外场试验保密管理办法》公布施行。

9日　校长于志刚会见来校访问的澳大利亚詹姆斯·库克大学校长Sandra Harding一行，双方就深化两校间合作及国际涉海大学联盟（IAMRI）的共同建设进行会谈。

10日　第六届教职工代表大会第二次会议在崂山校区召开。受校长于志刚委托，副校长李巍然向大会作工作报告，报告从九个方面回顾2017年以来学校事业发展取得的成就：一是一流大学建设取得重大进展；二是人才培养能力显著提升；三是人才队伍建设取得重大突破；四是科学研究水平不断提升；五是社会服务能力进一步增强；六是全球影响力持续提升；七是治理体系和能力现代化建设加快推进；八是支撑保障水平稳步提升；九是全面从严治党深入推进。报告提出学校2018年的工作思路和重点：一是坚定社会主义办学方向，不断加强党的全面领导；二是重特色求质量，扎实推进一流大学建设；三是坚持立德树人，着力提高人才培养质量；四是深化人事制度改革，深入实施人才强校战略；五是坚持创新驱动，不断提升科技创新与服务社会能力；六是坚持开放办学，深化国际化战略实施和港澳台交流；七是坚持深化改革，推进治理体系和能力建设；八是提升支撑保障能力，确保和谐稳定发展。

党委书记鞠传进代表学校党委就做好当前工作提出两点意见：一是坚定方向，扎根中国大地办特色显著的一流大学；二是坚持人民立场和人民民主，加强民主管理，激发一线首创精神，推进学校事业取得新突破。会议表决通过《中国海洋大学第六届教职工代表大会第二次会议决议》和关于《中国海洋大学第六届教职工代表大会第一次会议提案工作报告》的决议。

11日　山东省委副书记、省长龚正到校调研,学校党委书记鞠传进、校长于志刚等陪同。龚正一行首先考察青岛海洋生物医药研究院,听取中国工程院院士、青岛海洋生物医药研究院院长管华诗关于研究院总体建设及运行情况和创新成果的介绍,并参观相关实验室;随后考察海洋生物多样性与进化研究所和物理海洋教育部重点实验室,听取中国科学院院士、进化所所长宋微波和中国科学院院士、副校长、物理海洋教育部重点实验室主任吴立新等人关于科技创新、成果转化和发展方向等情况的介绍。龚正对中国海大在海洋科教领域取得的成就给予肯定,并希望学校进一步发挥自身的学科特色和优势,为山东海洋强省建设和深入实施新旧动能转换重大工程作出新的贡献,助力国家早日实现海洋强国的目标。

15日　应海南省政府邀请,学校党委书记鞠传进、校长于志刚等赴海口,拜会海南省省长沈晓明,就学校在三亚西部崖城深海科技产业园区建设海大深海科教园进行磋商,并达成共识。

15日—22日　副校长李华军率代表团访问挪威科技大学、捷克帕拉茨基大学和挪威海洋科技研究中心,代表学校与挪威科技大学签署合作谅解备忘录并同捷克帕拉茨基大学签署合作框架协议。

17日　2017年度山东省科学技术奖励大会在济南举行。学校信息科学与工程学院魏志强牵头完成的"面向领域的智能计算理论方法与产业技术应用"获山东省科学技术进步奖一等奖。环境科学与工程学院高会旺牵头完成的"亚洲沙尘和人为排放影响的海岸与海洋大气化学过程及环境意义"、数学科学学院郭晓霞牵头完成的"矩阵方程的数值解法及相关理论"获山东省自然科学奖二等奖。

18日　学校党委发文,任命刘惠荣为法政学院党委书记。

21日—23日　校长于志刚应邀率代表团访问两所澳大利亚高校。与新伙伴院校阿德莱德大学就两校战略合作进行深入会谈,双方一致同意开展联合学术和教学活动、教师交换、学生交换等合作,共同签署校际合作备忘录并决定筹建合作办学机构。与合作办学伙伴院校塔斯马尼亚大学商定持续做好海洋科学合作办学项目;并就加强科研合作和博士生联合培养,建立联合研究中心续签合作协议。

25—26日　校长于志刚应邀率团访问韩国釜庆国立大学,双方在科研合作和学生交流等方面进行深入会谈,一致同意建立两校合作发展中心,形成持续合作的工作机制,进一步推动教师和学生交流,在海洋科技、世界水产大学建设、海洋历史与文化等领域开展更加广泛和深入的合作。

28日　中共青岛市委教育工作委员会、青岛市教育局发文，公布第四届青岛高校教学名师评选结果，史宏达、孟祥红、杨连瑞上榜。

同日　学校发文，黄岛校区建设指挥部更名为西海岸校区建设指挥部。

6月

1日　由教育部、商务部和无锡市人民政府联合主办，为期两天的第九届中国大学生服务外包创新创业大赛决赛在江南大学结束。学校信息科学与工程学院赵凤娇和栾杰老师指导、2016级信号与信息处理硕士研究生江克洲领衔的"火蓝科技有限公司"（自主型和遥控型水下机器人）获得创业实践类全国二等奖。

12日　中共中央总书记、国家主席、中央军委主席习近平在出席上海合作组织青岛峰会后，开始在山东考察。上午，习近平来到青岛海洋科学与技术试点国家实验室，了解实验室研究重大前沿科学问题、系统布局和自主研发海洋高端装备、推进海洋军民融合等情况。习近平指出，海洋经济、海洋科技将来是一个重要主攻方向，从陆域到海域都有我们未知的领域，有很大的潜力。中国工程院院士管华诗介绍了海洋药物的研发情况。管华诗说，自己的梦想就是打造中国的"蓝色药库"。习近平表示："这是我们共同的梦想！"离开实验室时，科研人员纷纷围聚过来，向总书记问好。习近平说："建设海洋强国，我一直有这样一个信念。发展海洋经济、海洋科研是推动我们强国战略很重要的一个方面，一定要抓好。关键的技术要靠我们自主来研发，海洋经济的发展前途无量。"他勉励大家，再接再厉，创造辉煌，为祖国为民族立新功。

13日　学校党委召开常委会，传达学习习近平总书记重要指示精神。校长于志刚介绍习近平总书记考察海洋试点国家实验室的有关情况，并传达习近平总书记关于建设海洋强国的重要指示精神。于志刚说，作为中国海洋高等教育的引领者、海洋试点国家实验室的常务理事单位，中国海洋大学始终以服务国家海洋事业发展为己任，以培养和造就海洋事业的领军人才和骨干力量为特殊使命，不忘建设海洋强国的初心和梦想，坚持凝聚全国特别是青岛海洋科教力量，勇挑重担、矢志不渝地推进海洋试点国家实验室建设。习近平总书记的讲话为实验室的建设进一步指明了方向，提出了期望，鼓舞了干劲。

于志刚介绍国家海洋药物工程技术研究中心主任、中国海洋大学原校长管华诗院士向习近平总书记汇报海洋药物研发工作的有关情况。管华诗院士表示，总书记对海洋有着深厚情怀和深度认知，对海洋药物，特别是海洋中药表达了强烈而浓厚的兴趣。总书记多次提及"关心海洋、认识海洋、经略海洋"，这对海洋人是莫大的激励与鼓舞。总书记在做指示时强调，要聚焦、发力来攻克关键技术，这为海洋试点国家实验室未来的发展指明了方向。海洋人必将竭尽所能，为国家海洋科技事业的发展，继续努力拼搏、奋进。

于志刚介绍青岛海洋科学与技术试点国家实验室主任、副校长吴立新院士向习近平总书记介绍海洋试点国家实验室发展成效的有关情况。吴立新院士表示，总书记在视察过程中对实验室的人才引进等资源汇聚能力、大洋钻探船等大科学装置建设、天然气水合物探采技术等海洋科技创新成果、全球海洋院所领导人会议等国际化举措、水下波浪能滑翔机等海洋装备研发非常感兴趣，多次提问。未来，海洋试点国家实验室将坚定不移地贯彻总书记的重要指示，坚持科技创新和体制机制创新"双轮驱动"，投身海洋事业，为把我国建成海洋科技强国作出应有的贡献。

党委书记鞠传进在党委常委会上做总结讲话。他指出，习近平总书记考察海洋试点国家实验室，充分体现了总书记对海洋的信念和情怀，也为学校今后的工作指明了方向，提出了要求，意义深远。18年来，学校与实验室长期耦合发展，这体现在人才培养、科学研究等诸多方面。我们要深刻领会习近平总书记视察讲话精神，聚焦学科发展、人才培养、成果转化、服务社会等关键问题。我们要以一流大学建设为契机，按照学校一流大学建设方案谋划的蓝图，提早进行部署和落实。与此同时，我们要全方位对接服务山东海洋强省建设和新旧动能转换重大工程，通过海洋人才汇聚和培养、科技成果转移转化、海洋蓝色智库建设等具体措施，努力作出中国海大的贡献，更好地服务海洋强国建设。

同日　巴基斯坦驻华大使马苏德·哈立德和二秘穆罕默德一行来校参观访问。校长于志刚等在鱼山校区会见哈立德大使一行，双方就留学生培养、科研合作交流等事宜进行深入洽谈。于志刚表示，目前在中国海洋大学就读的外国留学生当中，巴基斯坦是第三大生源国。巴基斯坦和中国是全天候的战略合作伙伴，希望进一步扩大学校和巴基斯坦有关科教机构和产业组织在教学、科学研究领域的合作，联合培养人才，为中巴两国之间的经济文化贸易往来作出更大的贡献。哈立德大使在讲话中对中国海大的办学水平给予高度评价，希望与学校在海洋方面开展更为广泛深入的合作。

15日　学校发文，任命刘永江为海底科学与探测技术教育部重点实验室常务副主任。

同日　《中国海洋大学"青年英才海外培育计划"实施办法》公布施行。

同日　中国教育后勤协会会长程天权带领的教育部及中国教育后勤协会代表团来校调研。党委书记鞠传进、党委常务副书记张静与代表团成员围绕如何进一步做好高校后勤服务保障工作进行座谈。程天权指出，近年来，中国海洋大学在后勤信息化、社会化改革等方面进行了诸多有益的探索，为其他学校后勤工作的开展提供了借鉴。

19日　学校党委理论学习中心组（扩大）举行第51次专题学习。教育部党的十九大精神"百人宣讲团"成员、北京大学马克思主义学院执行院长孙熙国教授，应邀作题为《习近平新时代中国特色社会主义思想的精神实质与历史贡献》的报告。

同日　中国海洋大学与国家海洋局第三海洋研究所合作框架协议在青岛签署。校长于志刚、国家海洋局第三海洋研究所所长蔡锋分别代表校所两方签署合作框架协议。双方将在科学研究、人才培养等方面进一步拓展和深化合作。

21日　由中国海大与复旦大学联合主办、为期四天的第11届糖基转移酶国际研讨会在青岛结束。来自中国、美国、英国、加拿大、葡萄牙、韩国、日本等12个国家和地区的350余名糖科学研究领域的专家学者参加。本次会议共设置九个主题，涵盖糖基转移酶的结构与功能、糖链与疾病、系统糖生物学、糖工程与糖组学研究新技术、化学糖生物学、糖生物信息学、糖药物开发等热点研究领域。来自美国约翰霍普金斯大学、斯克里普斯研究所、加利福尼亚大学，日本理化学研究所、产业技术综合研究所，英国帝国理工学院，葡萄牙波尔图大学，韩国延世大学及中国北京大学、复旦大学等高校或科研院所的65位国际知名学者先后作大会报告，展示国际前沿最新研究成果。其中，中国海大医药学院于广利、江涛和顾玉超分别受邀作学术报告，展示在海洋糖药物研发、糖生物学基础研究方面的成果。

同日　经校学位评定委员会审定，六人获博士研究生指导教师资格，分别为刘永江、刘占江、杜少军、张建国、Brent Wolter、张文忠。

28日　中国海洋大学2018届研究生和本科生毕业典礼暨学位授予仪式先后在崂山校区体育馆举行。校长于志刚以《信任》和《持之以恒》为题分别在研究生和本科生毕业典礼上发表讲话。本届毕业生共有308名博士生、2275名硕士生、3545名本科生分别取得博士、硕士和学士学位。2008届毕业生总体就业率为94.63%。

29日　学校第四届本科教育教学讨论会启动会在崂山校区举行，鱼山校区设分会场。校长于志刚发表题为《深化以学生发展为中心的教育教学改革，推进一流大学建设健康持续发展》的讲话。于志刚指出，要从统筹一流学科建设和一流人才培养，重点加强教学队伍建设，坚持以学生发展为中心的方向、在教和学两个方面协同发力，进一步加大对本科教学工作的投入力度，进一步完善和提升教学质量保障体系，进一步完善各项工作举措落地的制度体系和工作机制等六个方面着眼着力。要始终坚持实事求是，以辩证的方法分析和处理问题；要重视制度、规矩、物质等"硬"的方面的基础性作用、激励作用，也要重视文化、情怀、精神等"软"的方面的根本性作用、长效作用。副校长李巍然作题为《重构本科知识，培养未来人才》的主题报告。他指出，召开本科教育教学讨论会，就是要开启全校规模的、议题广泛的、有关本科教育教学讨论的序幕，制订和实施"中国海洋大学新时代本科知识重构计划"，并以这项计划来统合学校各项本科教学改革工作。他强调，要做好本科知识重构，应做到：第一，以"五位一体"的有关知识作为重构本科知识的底色；第二，还原经典的本色，在完整的、专门的知识体系中体现其经典性；第三，将知识的融入和融合作为重构后的本科知识的亮色，这也是最具价值意义的部分；第四，注意转换教育功能，让老知识发挥新作用，成为本科知识重构后的俏色。教务处处长方奇志对《中国海洋大学第四届本科教育教学讨论会工作方案》进行解读。党委书记鞠传进在总结讲话中强调，落实本科教育教学的中心地位，需要全校上下以本科教育教学为中心，形成工作的闭环，汇聚工作的合力。要以此次会议为契机，认真组织本科教育教学讨论，成为进一步提高认识、凝聚共识、汇聚智慧的平台，成为推进务实举措出台、推进责任落实的源头和动力。

7月

3日　校长于志刚在崂山校区会见挪威卑尔根大学校长Dag Rune Olsen一行。双方就加快推动成立"方宗熙-萨斯海洋分子生物学中心"进行深入交流，并签署合作协议。

5日　学校发文，撤销网络与信息安全工作领导小组和信息化建设领导小组。成立网络安全和信息化委员会，主任为鞠传进、于志刚，副主任为张静、李巍然。

6日　教育部批复同意建设中国海洋大学海洋科教创新园区（西海岸校区）。西海岸校区位于古镇口军民融合创新示范区大学城内，占地2800余亩，规划总建筑面积约180万平方米，建筑容积率约为0.8，在校生总体规模20000人，教职工2000人，定位于支撑学校海洋科技创新转化的滨海实验基地和海上试验场、服务产业发展的工程技术学科集成释放区、服务于海洋战略对策研究的人文社会学科协同创新基地、多方共建共管共享的海洋科教体制机制创新示范基地等。

12日　《中国海洋大学博士研究生指导教师资格评（认）定与招生管理办法》公布施行。

13日　学校发文，聘任吴立新为海洋高等研究院院长。

同日　《中国海洋大学引导专项资金管理办法》公布施行。

17日　治疗阿尔茨海默病新药（GV-971）三期临床揭盲信息发布会在上海举行。校长于志刚，中国工程院院士管华诗出席会议。于志刚代表学校在大会致辞，他指出，在1997年那样的实验和认知条件下，管华诗院士团队原创性地提出、发现并随后证实了这一类海洋寡糖类物质在治疗阿尔茨海默病中的价值，为这一新药的后续研制开发奠定了坚实的科学基础。耿美玉教授把海大和药物所紧密地联系起来，充分发挥了自身的优势和药物所新药临床研发的独特优势，把这个药物的研发推向一个新阶段。绿谷制药的巨大投入，使得中国人的自主研发成果一步步迈向造福社会的实际。971海洋药物的问世是一个传奇，这个传奇给了我们信心，那就是海洋药物是一个巨大的宝库，这扇大门还刚刚打开，我们有理由给予更多的期待，相信管华诗院士提出的蓝色药库的梦想一定会成真！会议宣布，由中国海洋大学、中国科学院上海药物研究所和上海绿谷制药联合研发的治疗阿尔茨海默病新药"甘露寡糖二酸（GV-971）"顺利完成临床三期试验。

18日　国际学术期刊*Nature*在线发表题为《北大西洋经向翻转环流减弱导致全球表面增暖加强》的研究成果。此项成果由物理海洋教育部重点实验室"筑峰人才工程"教授陈显尧与美国华盛顿大学K. K. Tung教授合作完成，陈显尧为文章第一作者。

8月

2日　由吴立新院士担任指导专家组长的国家自然科学基金重大研究计划"西太平洋地球系统多圈层相互作用"获批实施，直接经费2亿元。该计划本年度全国仅获批5项。

同日　山东省委教育工委公布全省高校思想政治工作十大建设计划创新重点项目，海大"飞翔的海鸥"话剧周入选校园文化品牌项目，马克思主义学院入选示范思想政治理论课教学部项目，"海阔天空"网络文化工作室入选网络文化工作室项目。此外，水产学院党建项目"五个注重推进'两学一做'，加强基层党组织思政工作实效性"入选基层党建突破项目。

同日　山东省委、省政府公布2018年泰山学者入选名单。中国海大有7位教师入选泰山学者青年专家，分别是物理海洋教育部重点实验室陈朝晖，水产学院龙红岸、万敏，食品科学与工程学院毛相朝，医药学院李德海，工程学院李志雄，材料科学与工程学院徐晓峰。

8日　学校发文，聘任吴立新为海洋高等研究院海洋动力过程与气候研究部主任，赵美训为海洋高等研究院海洋生态系统与环境研究部主任，李三忠为海洋高等研究院海底过程与资源研究部主任，田纪伟为海洋高等研究院海洋观测技术与装备研发中心主任，魏志强为海洋高等研究院海洋大数据中心主任，包木太为海洋高等研究院分析测试中心主任。

12日　为期两天的第七届全国海洋航行器设计与制作大赛在海军工程大学结束，该项赛事是我国船舶与海洋装备领域最高层次、规模与覆盖面最大的竞赛。来自全国56所涉海院校的千余名选手参赛，共有630件作品，中国海大在比赛中荣获特等奖3项，一等奖10项，二等奖11项。

13日 《中国海洋大学处级领导干部按岗招聘实施办法（试行）》公布施行。

同日 学校发文，聘任宫庆礼为海水养殖教育部工程研究中心主任，赵法箴院士为海水养殖教育部工程研究中心技术委员会主任，陈戈为海洋信息技术教育部工程研究中心主任，潘德炉院士为海洋信息技术教育部工程研究中心技术委员会主任，童思友为海洋油气开发与安全保障教育部工程研究中心主任，李阳院士为海洋油气开发与安全保障教育部工程研究中心技术委员会主任，于良民为海洋材料与防护技术教育部工程研究中心主任，侯保荣院士为海洋材料与防护技术教育部工程研究中心技术委员会主任。

同日 科技部公布国家重点基础研究发展计划（即"973计划"，含重大科学研究计划）2017年结题项目验收结果，吴立新院士为首席科学家主持承担的"西北太平洋海洋多尺度变化过程、机理及可预测性"获评优秀。

14日 学校在信息科学与工程学院举行仪式，聘任中国工程院院士、军事科学院系统工程研究院研究员于全为兼职教授。校长于志刚为于全院士颁发聘书。

15日 海洋科学第七届国务院学位委员会学科评议组工作会议在中国海大召开。管长龙教授介绍海洋科学《一级学科发展报告》及《研究生核心课程指南》的编写进度及相关要求。于志刚校长在总结讲话中指出，编写一级学科发展报告和研究生核心课程指南，是落实党的十九大精神，加快"双一流"建设，促进实现研究生教育内涵式发展，推动学术学位和专业学位高质量发展的重要举措。希望大家保质保量完成工作，让更多的人了解海洋科学、投身海洋科学，为全面提升海洋科学的发展水平贡献力量。

19日 "蓝色药库开发"高峰论坛暨管华诗院士从教55周年学术研讨会在青岛举行。与会专家学者围绕我国海洋生物医药领域热点问题交流研讨。副校长李华军院士代表学校向管华诗院士表示慰问和祝贺。管华诗院士回顾了55年的从教历程，畅谈感想和体悟。

20日 中国海洋大学2018级研究生开学典礼暨入学教育在崂山校区举行。校长于志刚以《做新时代的创新者》为题发表讲话，勉励2018级研究生。本年共招收硕士研究生3452人，博士研究生463人；留学硕士研究生35人，留学博士研究生31人。

22日 教育部科学技术司副巡视员高润生、基础研究处调研员邹晖一行到校调研，校长于志刚、青岛海洋生物医药研究院院长管华诗院士在鱼山校区会见高润生一行。管华诗院士介绍海洋创新药物研发工作，特别是治疗阿尔茨海默病新药（GV-971）三期临床试验成功的相关情况。高润生对海大海洋药物研究工作取得的成果表示祝贺，希望集成各方资源力量，共同支持"GV-971"研制尽快投入使用，造福人民。

25日 由教育部高等学校自动化类专业教学指导委员会主办，恩智浦（中国）管理有限公司协办的第十三届全国大学生"恩智浦"杯智能汽车竞赛全国总决赛在厦门大学举行。来自全国近200所高校的300多支队伍、1600余名师生参加总决赛。学校获一等奖1项，二等奖2项。

27日 中国海大2018级本科生开学典礼在崂山校区综合体育馆举行。校长于志刚以《形成主动学习与合作学习的能力》为题发表讲话。本年学校共招收本科生3832人，本科留学生74人。

9月

2日 全国政协副主席李斌带领全国政协调研组来校调研。校长于志刚、党委常务副书记张静等陪同调研。李斌对学校在海洋工程技术创新和海洋基础研究领域取得的成绩给予充分肯定，并希望学校认真学习贯彻习近平总书记关于海洋工作的指示精神，深刻认识和把握建设海洋强国的重要意义，在海洋资源保护开发方面作出新的贡献。

5日 学校发文，成立知识产权信息服务中心，设在图书馆，主任为王明泉。

6日 经党委常委会研究决定：撤销中国共产党中国海洋大学法政学院委员会，成立中国共产党中国海洋大学法学院委员会，成立中国共产党中国海洋大学国际事务与公共管理学院委员会；中国共产党中国海洋大学后勤集团委员会更名为中国共产党中国海洋大学后勤委员会。

同日 学校党委发文，任命李萍为机关党委书记，陈忠红为党委统战部部长，王震为医药学院党委书记，鞠红梅为外国语学院党委书记，刘健为文学与新闻传播学院党委书记，刘惠荣为法学院党委书记，庄岩为国际事务与公共管理学院党委书记，张庆德为材料科学与工程学院党委书记，董士军为基础教学中心党委书记，范占伟为直属业务部门第二党总支书记，陈国华为图书馆党总支书记。

同日 学校发文，成立后勤保障处，内设综合办公室（含信息中心）、人力资源办公室、运行监管科（含采购供应中心）、能源与修缮管理科、计划财务科，下设饮食服务中心、学生社区服务中心、校园服务中心、留学生公寓服务中心四个实体和校医院、幼儿园两个二级单位。基建与后勤管理处更名为基本建设处，后勤管理职能划归后勤保障处。

同日 学校发文，任命王卫栋为基本建设处处长，荆莹为国有资产与实验室管理处处长，魏军为采购与招标管理中心主任，杨立敏为期刊社社长，刘召芳为校友工作办公室主任，王哲强为后勤保障处处长。

同日　学校发文，成立法学院、国际事务与公共管理学院，撤销法政学院。25日，法学院、国际事务与公共管理学院揭牌仪式在崂山校区举行。校长于志刚为国际事务与公共管理学院名誉院长、全国著名公共管理学家娄成武教授颁发聘书。

7日　海南省三亚市市长阿东一行到校商洽合作事宜。校长于志刚会见阿东一行。

同日　学校发文，对取得重要学术成果、为学校事业发展作出重大贡献的教职工给予校长特殊奖励：授予李华军、包振民杰出成就奖，授予陈显尧突出贡献奖，授予王剑敏、许志昂特别贡献奖。

同日　《中国海洋大学内部控制评价与监督实施办法（试行）》公布施行。

10日　青岛市委副书记、市长孟凡利到校调研和慰问教师，校长于志刚、中国工程院院士管华诗等陪同调研。管华诗向孟凡利一行介绍海洋医药学科的发展建设情况以及重点在研项目进展情况和今后创新突破的着力点等。孟凡利说，希望中国海洋大学能够继续加大研发投入，加快专业人才培养，充分发挥青岛市在海洋经济发展方面的优势，推动青岛蓝色生物医药产业发展壮大，更好地服务地方经济社会发展。于志刚表示，学校将一如既往发挥科技和人才优势，为青岛经济社会发展作出贡献。

13日　中华全国总工会发文，表彰全国先进集体、先进个人，学校工会委员会获全国模范职工之家称号。

同日　学校发文，成立中国海洋大学——塔斯马尼亚大学联合研究中心，依托海洋与大气学院建设运行，聘任管长龙为主任。

同日　物理海洋教育部重点实验室田纪伟为首席科学家主持承担的"973计划"项目"南海关键岛屿周边多尺度海洋动力过程研究"顺利通过结题验收。

13—18日　应越南社科人文大学、马来西亚登嘉楼大学、厦门大学马来西亚分校等机构邀请，副校长李华军院士率团访问越南和马来西亚，开拓"一带一路"国家科教合作伙伴、密切学术合作关系。

14日　教育部公布首批全国高校"双带头人"教师党支部书记工作室建设名单，工程学院自动化及测控系教工党支部书记工作室入选。

17日　学校研究生院与相关学院组织为期三天的海洋科学和水产学科国际专家现场评估工作。海洋科学专家组分别来自英国牛津大学、美国伍兹霍尔海洋研究所、华盛顿大学、哥伦比亚大学、马萨诸塞大学、澳大利亚墨尔本大学和华东师范大学；水产专家组分别来自比利时根特大学、日本东北大学、东京海洋大学、法国农业科学研究院、美国罗格斯大学、新加坡国立大学、联合国粮农组织、香港科技大学和华中农业大学。中国科学院院士、副校长吴立新，中国工程院院士麦康森，副校长闫菊，校长助理廖民生等出席评估会议。本次评估是学校首次开展学科国际评估工作，是为实现"双一流"建设目标、实施国际化战略而采取的重要举措。

21日　学校党委发文，任命蒋秋飚为纪委副书记、监察处处长，毕芳芳为工会主席。

25日　学校发文，聘任桑本谦为法学院院长，聘任王琪为国际事务与公共管理学院院长。

27—28日　校长于志刚率团访问乌克兰基辅国立大学、乌克兰基辅理工学院，开拓"一带一路"国家高校的交流合作，探索共建、共享优质高等教育资源的路径。访问期间，学校信息科学与工程学院魏志强院长受邀为中国驻乌克兰大使馆全体人员作题为《构建深蓝大脑，服务海洋强国战略》的专题报告，中国驻乌克兰大使杜伟会见代表团成员并主持专题报告会。

30日至10月2日　校长于志刚率团访问波兰格但斯克大学和格但斯克理工大学并签署合作协议。此行是学校代表团首次访问波兰高校，新增了丝绸之路经济带沿线高校合作伙伴。

10月

9日　学校积极开展"慕课西行"活动。林洪教授就食品科学与工程导论课，以同步课堂形式，向新疆喀什大学和中国海大学生授课，并与两校学生开展课上互动，受到好评。中国海大是全国第一批慕课援疆重点高校之一。

12日　校长于志刚、副校长闫菊会见来访的美国地球物理联合会（American Geophysical Union， AGU）执行主任Chris McEntee一行。双方就合作事宜进行会谈。会谈结束后，AGU《地球物理研究期刊》主编Zhang Minghua教授为学校师生作学术讲座。

13日　由水产学院麦康森院士为首席科学家主持的"973计划"项目"养殖鱼类蛋白质高效利用的调控机制"结题验收。

16日　由山东省海洋工程重点实验室主办，国家外专局、国家自然科学基金委和王宽诚教育基金资助、为期三天的海洋工程环境、安全与防灾国际学术论坛在青岛结束。副校长李华军担任本次论坛主席。来自挪威、日本、澳大利亚、意大利、葡萄牙、英国、美国以及国内高校、科研机构和高新技术企业的60余位专家学者参加论坛。挪威科学院院士、英国皇家工程院院士Torgeir Moan教授，中国工程院院士李华军教授，日本京都大学

Hajime Mase教授，美国得克萨斯A&M大学Chang Kuang-An教授，韩国著名海岸工程学者、中国海大特聘教授Dongyoung Lee作论坛特邀报告。论坛还组织了海岸工程、海洋工程、海洋可再生能源三个主题分会场报告并举办中国海洋大学－挪威科技大学科研合作与人才培养研讨会，就双方未来在科研和教育方面深度合作进行探讨。

17日　教育部公布首批"三全育人"综合改革试点单位名单，管理学院入选试点院（系）。

18日　中国海洋大学与浪潮集团有限公司战略合作协议签约仪式举行。浪潮集团执行总裁、中国工程院院士王恩东，浪潮集团副总裁张革，副校长、中国科学院院士吴立新，信息科学与工程学院院长魏志强等出席仪式，并为智慧计算联合实验室揭牌。根据协议，双方将充分发挥各自优势，本着"产学结合、校企合作、以应用为导向、可持续发展"的方针，共同建设智慧计算联合实验室，在学科建设、人才培养、科学研究、科技成果转化等方面开展全方位合作，涉及"透明海洋"、E级超算、海洋大数据、海洋模拟仿真、量子计算、人工智能等多个方向。五年期间，浪潮集团将向学校捐助人民币200万元，其中100万元用以设立"浪潮奖学金"、支持科研开发，100万元提供最新商业版软件及多种讲座和培训课程，旨在推进学校新工科建设发展，共同培养拔尖创新人才。

同日　《中国海洋大学专业技术职务评聘工作实施办法》及教师、工程技术、实验技术、图书档案、出版编辑系列专业技术职务评聘实施细则公布实施。

19日　由学校主办、为期五天的海洋生物遗传发育进化国际学术研讨会在青岛结束。学校副校长李华军院士出席会议开幕式并致辞。重点实验室主任包振民院士和卑尔根大学萨斯海洋分子生物学研究中心主任DanielChourrout博士分别作主题发言。本次会议包括分子和基因组进化、器官演化与生物学功能、神经系统演化、发育与体轴发生等四个议题。来自挪威卑尔根大学、德国维尔茨堡大学、中国科学院海洋研究所、中国水产科学研究院黄海水产研究所和中国海洋大学等单位的36位专家学者在会上作报告，120余名师生参加会议并同与会专家交流。

20日　由中国计算机学会主办，青岛海洋科学与技术试点国家实验室、中国海洋大学、国家超级计算济南中心共同承办，为期三天的第十四届全国高性能计算学术年会在青岛结束。本届年会秉承超算驱动、协同创新、合作共赢、引领未来的宗旨，以"HPC+一切皆可计算"为主题。吴立新院士作题为《从智慧海洋走向智慧未来》的特邀报告。陈左宁院士、联想数据中心业务集团全球高性能与人工智能技术高级总监ScottTease、英特尔院士HPC战略总监MarkSeager、中国科学院自动化研究所研究员田捷、NVIDIA公司高性能与新兴业务中国区总经理刘通等专家作学术报告。来自国内外专家和科研人员2000余人参加大会。

同日 海洋量子传感、量子计算和量子智能论坛在崂山校区举行。信息科学与工程学院聘任郭光灿院士为中心专家委员会主任，聘任中国科学技术大学、华中科技大学、国防科技大学、山东大学、北京计算科学研究中心等单位的李传锋、郭国平、全殿民等12位专家为委员，其中包括长江学者、国家杰青、优青、泰山学者等九名。合肥本源量子计算科技有限责任公司首席科学家郭国平与信息科学与工程学院院长魏志强代表双方签订合作框架协议。

21日 为期两天的第九届海峡两岸海洋海事大学"蓝海策略"校长论坛暨海洋科学与人文研讨会在集美大学结束。本届论坛以海洋人才培养与文化传承为主题，来自海峡两岸37所涉海高校的校长、校长代表和专家学者，海峡两岸关系协会、国际航标协会等组织负责人以及部分相关企事业单位代表参加会议。中国海大校长于志刚和台湾海洋大学校长张清风共同主持校长论坛。于志刚作题为《构建以学生发展为中心的本科教学体系》的主旨报告。

22日 韩国海事海洋大学校长朴汉一一行来校访问。校长于志刚会见来访客人。于志刚指出，两校同为涉海院校，学科布局相近，地理位置相邻，希望在已有的良好合作基础上，进一步更新合作协议，丰富合作内容，扩大两校师生交流，推动科研合作更上新台阶。朴汉一表示，同意两校更新合作协议，希望以师生交流为基础，不断推动两校合作长远发展。

24日 由中国海洋发展研究中心和学校共同主办的"海洋法前沿问题"学术研讨会在崂山校区举行。国家海洋局原局长、中国海洋大学顾问、中心主任王曙光，校党委常务副书记张静出席会议并致辞。会上，浙江大学光华法学院教授、中心学术委员会副主任邹克渊，上海社科院中国海洋战略研究中心主任、中心海洋战略研究室主任金永明分别作题为《人类命运共同体与海洋法体系》《现代海洋法体系与中国的实践》的主旨报告。

25日 《中国海洋大学党组织"对标争先"建设计划和教师党支部书记"双带头人"培育工程实施方案》《中国海洋大学基层党建工作经费使用和管理办法（试行）》《中国海洋大学基层党建创新项目管理办法》《中国海洋大学党政管理干部攻读博士学位研究生管理规定（试行）》公布施行。

26日 经校学位评定委员会审定通过，学校博士研究生指导教师资格遴选结果公布，47人获博士研究生指导教师资格，分别为马晓慧、王彩霞、盛立芳、王育航、马君、郭金家、薛庆生、杨华、王昱、李克强、高学理、赵彦彦、李振洪、杜志俊、王高歌、刘晓收、Andrew McMinn、王岩、刘涛、高凤、陈慕雁、康斌、孔令锋、唐衍力、侯虎、唐庆娟、小宫山真、李春霞、Peng Wu、魏文毅、杨树桐、李志熊、陈旭光、许国辉、田伟君、李正炎、刘佳、李志刚、赵树然、陈士法、徐德荣、修斌、温奉桥、白佳玉、高振、徐晓峰、郭培清。

同日　学校发文，表彰2017—2018学年先进班集体和先进个人，生物科学2015级管见、海洋技术2015级牛小宇、金融学2015级丛菡、海洋科学2015级杨琛、数学与应用数学班2015级孙晓萌、英语2015级马盛楠、文化产业管理2015级岳晶钰、化学2015级刘敏、药学2015级彭一、水产养殖学2015级徐杨冰获优秀学生标兵称号。

29日　国际遗传工程机器大赛在美国波士顿落下帷幕，由10名本科生组成的中国海大代表队 OUC-China参赛并获国际金奖。这是学校代表队第三次获此殊荣，并首次获得 Best Foundational Advance Project单项大奖。

同日　第八届国际生物分子设计大赛在加州大学旧金山分校举行。学校由八名本科生组成的代表队（Sea Son）荣获银奖。

11月

1日　2018—2022年教育部高等学校教学指导委员会成立会议在北京举行，学校18位教授入选，其中李巍然教授当选海洋科学类专业教学指导委员会主任委员，管长龙教授当选秘书长；李华军院士当选海洋工程类专业教学指导委员会主任委员，王树青教授当选秘书长；麦康森院士、李琪教授当选水产类专业教学指导委员会副主任委员。

同日　"中国海洋大学师生同上一堂党课"教育活动在海洋科技楼国际报告厅举行，由党委组织部、党委宣传部、基础教学中心联合主办的电影《李保国》放映暨主创见面会，吸引全校500余名师生参加。观影结束后，主创团队与现场师生进行互动交流并分享影片的创作历程和感受。

2日　为期四天的2018年海洋药物药理学术大会在青岛结束。会议由中国药理学会海洋药物药理专业委员会主办，医药学院承办，来自MD Anderson Cancer Center、National Cancer Institute、澳门科技大学、清华大学、厦门大学、复旦大学、军事医学研究院、中国医学科学院、中国科学院海洋所等46个高校或科研院所的150名药理学及相关领域的专家和青年学者参加。

同日　学校发文，成立人本价值管理研究所，依托管理学院建设运行，聘任徐国君为所长；成立中国海洋大学中国传统文化研究中心，依托文学与新闻学院建设运行，聘任刘怀荣为主任。

4日　由中国二语习得研究会主办、中国海大承办、为期三天的第八届中国第二语言习得研究国际学术研讨会在青岛结束，研讨会主题为"新时代中国二语习得研究趋势——跨学科与多语种"。党委常务副书记张静，中国二语习得研究会会长、北京外国语大学金利民教授出席并致辞。芬兰赫尔辛基大学Anna Mauranen教授、北京外国语大学文秋芳教授、英国剑桥大学袁博平教授、美国夏威夷大学郑东萍博士、加拿大麦吉尔大学Roy Lyster教授、华中科技大学徐锦芬教授和美国爱达荷州立大学 Brent Wolter教授作主旨发言。外国语学院院长杨连瑞教授当选为中国二语习得研究会会长。

5日　由中国农业科学院油料作物研究所和中国海洋大学联合主办、为期三天的第三届国际脂质科学与健康研讨会在青岛结束。来自中国、美国、澳大利亚、德国、芬兰、日本、以色列七个国家的38位脂质科学研究领域专家学者，围绕脂质分析与表征、脂质制备与修饰、脂质改良与调控和脂质代谢与健康四个主题作学术报告，食品科学与工程学院院长薛长湖及徐杰、毛相朝介绍海洋脂质方面的最新研究成果。会议期间，国家健康油脂产业科技创新联盟在青岛成立，薛长湖当选为联盟副理事长。

8日　第十九届文苑奖学金颁奖仪式在崂山校区举行。校长于志刚为海洋生命学院生物科学专业2015级管见、信息科学与工程学院海洋技术专业2015级牛小宇、经济学院金融学专业2015级丛菡三名优秀学生标兵颁发奖学金。

10日　全国工程专业学位研究生教育指导委员会公布第五届工程硕士实习实践优秀成果获得者名单，医药学院2017届全日制工程硕士蒲江华名列其中。

11日　运动训练专业2018级本科生李璇在2018—2019赛季国际滑联短道速滑世界杯美国盐湖城站比赛中夺得女子1500米铜牌。

同日　王蒙《中国人的思路》座谈会在崂山校区举行。著名作家、文学与新闻传播学院名誉院长王蒙，党委常务副书记张静，以及来自北京大学、复旦大学、上海交通大学等高校的近30名专家学者参加座谈。

13日　学校与天津市气象局合作协议签约仪式在崂山校区举行。党委常务副书记张静，天津市气象局党组副书记、副局长关福来代表双方签署合作协议。根据合作协议，双方将在科学研究、人才培养、资源共享、毕业生就业等方面开展合作。

14日　学校发文，聘任吕志华为医药学院院长。

18日　山东省教育厅公布2018年山东省优秀学位论文、研究生优秀科技创新成果奖和专业学位研究生实践成果奖评选结果，田野、蒋浩宇、邹仲水、荀小罡、赵晓璐、孙邵娥、李银平、于桂洪撰写的博士论文获评山东省优秀博士学位论文，马羚未等9人撰写的硕士论文被评为山东省优秀硕士学位论文，13项成果获评山东省研究生优秀科技创新成果奖，11项成果获评山东省专业学位研究生优秀实践成果奖。

24日　2018级博士生思想政治理论课——"中国马克思主义与当代实践"教学活动分两批在荣成综合实践教学基地顺利开展，450余名博士研究生参加实践教学。本次博士生思政课实践教学，是落实《中国海洋大学博士研究生思想政治理论课教学改革方案》的重要举措，是思政课教学改革的一部分。

同日　《中国海洋大学学院学生思想政治工作考核评估办法（试行）》公布施行。

27日　全国会计专业学位研究生教育指导委员会考察组对学校会计硕士专业学位教育工作的考察结束。专家组认为中国海洋大学会计硕士人才培养总体质量较高，课程开发和建设卓有成效；案例开发势头良好，案例大赛多次获奖；学生就业竞争力明显提高，优秀毕业生不断涌现；特色教育资源不断丰富。同时，专家组也提出要进一步加强双导师合作、提高办学国际化水平等建议。

同日　学校召开校长办公会专题研究本科教育教学工作。教务处处长方奇志基于《中国海洋大学一流大学建设方案》，以《如何处理学科与专业关系、如何发挥院系主体地位、如何做好部门协同实现三全育人》为题作汇报。与会人员围绕"一流本科"内涵及一流专业建设路径，以深化教育教学改革来促进教育部"新时代高教40条"，教授为本科生上课制度及教学激励机制，拔尖人才培养、信息化教学环境建设和教学管理队伍建设等进行研究讨论。校长于志刚强调，为扎实做好本科教学工作审核评估的整改，学校进行了为期一年的教育教学大讨论。一流的人才培养能力和一流的学科建设水平是一流大学建设最核心的落脚点。要进一步完善顶层设计，凝聚力量，切实推进学校本科教育教学工作。

28日　学校党委发文，任命陈文收为环境科学与工程学院党委书记（试用期一年），张丽为数学科学学院党委书记（试用期一年），任玮娜为马克思主义学院党总支书记（试用期一年），侯海军为产业党委书记（试用期一年）。

同日　学校发文，聘任侯海军为青岛中国海洋大学控股有限公司董事、董事长，张栋华为青岛海洋生物医药研究院执行院长（试用期一年），胡保革为离退休工作处处长（试用期一年）。

本月　中国海洋大学与中国台湾"清华大学"合作协议正式签署。合作协议包括学术交流合作、学生交换计划、自费研修生交流计划三个部分。根据协议，两校鼓励教师、学生间的学术交流，并为此提供便利条件。每年互派交换生和自费研修生到对方学校进行为期一学期的学习，在校本科生和研究生均可申请，双方对交换生学费互免、学分互认。

本月　轮机工程本科专业与动力工程硕士专业通过英国轮机工程及海事科技学会认证，是学校首个完成IMarEST工程教育认证的本科和硕士专业。

12月

1日　学校发文，聘任俞飚为山东省糖科学与糖工程重点实验室学术委员会主任，于广利为山东省糖科学与糖工程重点实验室主任、青岛市海洋药物重点实验室主任。

5日　学校发文，聘任董双林为中国海洋大学–奥本大学水产养殖与环境科学联合研究中心主任。

同日　学校发文，成立海洋通信研究所，依托信息科学与工程学院建设运行，聘任张浩为所长、于全院士为学术委员会主任。

7日　校长于志刚在崂山校区会见来校调研的广东海洋大学党委书记曹俊明一行，双方围绕人才培养、学科建设、科研管理等工作进行广泛深入的交流。

9日　学校第十六次学生代表大会、第九次研究生代表大会在崂山校区召开，来自20个学院（中心）的160名本科生代表、116名研究生代表参加大会。校党委常委、校长助理吴强明出席开幕式并讲话。共青团青岛市委副书记张宇、山东省学生联合会主席杨阳分别代表青岛团市委、市学联和山东省学联向大会致辞。大会审议《中国海洋大学第十五届学生会工作报告》《中国海洋大学第八届研究生会工作报告》和《中国海洋大学学生会章程（修订案）》《中国海洋大学研究生会章程（修订案）》，选举产生新一届学生会和研究生会主席。

10日　教育部公布首批全国党建工作示范高校、标杆院系、样板支部培育创建单位名单，工程学院自动化及测控系教工党支部、信息科学与工程学院物理专业与海洋技术专业本科生党支部入选首批"全国党建工作样板支部"培育创建单位。

11日　中国海洋大学与莒南县人民政府共建鲁南技术转移中心协议签约仪式在崂山校区举行。副校长李巍然，莒南县委副书记、县长郇恒赛代表双方签署协议。

13日　国际学术期刊Nature以Article形式在线发表题为《全球变暖背景下东太平洋厄尔尼诺变率增强》的最新研究成果，物理海洋教育部重点实验室蔡文炬教授和实验室主任吴立新院士为联合通讯作者。

14日　山东省人民政府发文，授予119人山东省有突出贡献的中青年专家荣誉称号，赵玮、董波入选。

15日　塔里木大学党委书记赵光辉，党委常委、副校长卢光志（挂职）一行来校，就教育教学改革和教育技术现代化等方面进行调研，校长于志刚会见赵光辉一行。

同日　由教育部高教司和中国工业与应用数学学会主办的2018年"高教社杯"全国大学生数学建模竞赛颁奖典礼在上海交通大学举行。学校荣获一等奖3项、二等奖6项，山东省一等奖15项、二等奖30项，是历年来最好成绩。

16日　山东省庆祝改革开放40周年"感动山东人物"和"最具影响力的事件"颁奖典礼在济南举行，管华诗院士入选庆祝改革开放40周年感动山东人物并参加颁奖典礼。

19日　由山东省人民政府新闻办公室、山东省教育厅发起主办，山东教育电视台承办的"讲故事 识山东"电视大赛总决赛举行。学校3名国际学生和1名中国学生组成的"海纳百川队"荣获一等奖。

21日　教育部公布2018年国家级教学成果奖评选结果，王竹泉领衔申报的"科教融合，产学协同，理实一体，构筑财会专业研究生教育特色资源共享平台"荣获二等奖，这是学校首个研究生教学成果国家奖，也是山东省在本届国家奖评选中唯一获奖的成果。

26日　山东省委宣传部、山东省文明办、共青团山东省委、山东省教育厅、山东省学生联合会联合发文表彰山东省大中专学生志愿者、暑期文化科技卫生"三下乡"社会实践活动先进集体和先进个人，中国海大获评优秀组织单位，42名教师被评为优秀指导教师，100名学生被评为优秀学生，31支服务队被评为优秀服务队。

同日　教育部、自然资源部、山东省人民政府、青岛市人民政府联合下发《关于重点共建中国海洋大学的意见》。第四期"四方共建"旨在支持学校加快特色显著的世界一流大学建设步伐，全面提升学校在人才培养、科学研究、社会服务、文化传承创新和国际交流合作中的综合实力，引领带动国家海洋科教创新发展，为实现"两个一百年"奋斗目标和中华民族伟大复兴的中国梦提供有力支撑。其中，教育部将根据《中央高校建立世界一流大学（学科）和特色发展引导专项资金管理办法》有关规定，对学校给予专项资金支持。自然资源部把学校纳入事业发展规划，重点支持并鼓励学校建设重大海洋研究平台和设施，加强与部属单位、沿海省市政府机构的实质性合作，通过制定支持政策、共建平台基地、支持承担重大项目等方式推动共建落实。山东省、青岛市继续将学校的改革发展纳入省市经济社会发展总体规划和战略布局，给予经费和政策支持。

27日　学校发文，表彰第二十届天泰优秀人才奖获奖教师，王舒鸿、李文利获一等奖，于胜尧、马学广、王师、李一鸣、李振兴、高孟春获二等奖。

同日　学校发文，表彰第四届东升课程教学卓越奖获奖教师，师玉荣、刘涛（环境科学与工程学院）获一等奖，于文兵、毛相朝、乔宝刚、张京良（数学科学学院）、郑海永、董振娟获二等奖。

28日　学校与海南省人民政府、三亚市人民政府签订《共建中国海洋大学三亚海洋科教创新园区战略合作协议》。根据协议，按照政产学研用共建、共享、共赢的新模式，创新海洋科教体制机制，打造世界一流的海洋创新创业人才培养基地、海洋科学研究与技术开发转化基地、海洋文化教育传播基地和高端海洋智库，同时带动海南热带海洋学院等海南省属高校海洋学科快速发展，更好服务国家海洋强国战略和“一带一路”倡议，为建设中国（海南）自由贸易区、探索建设中国特色自由贸易港作出重要贡献。中国海洋大学三亚海洋科教创新园区建设内容包括但不限于三亚研究生院、筹建国家重点实验室、三亚海洋技术与产业研究院、滨海公共实验平台等。园区主要功能为硕士、博士层次海洋人才培养，海洋领域科学研究、科研成果转化及产业化，为相关企业、高校和研究机构提供开放的海洋公共实验平台，军民融合发展等。

同日　《中国海洋大学党政领导干部经济责任审计工作规定》《中国海洋大学党政领导干部经济责任审计整改工作办法》公布施行。

本月　山东省人民政府下发《关于青岛市黄岛区2018年第四批次建设用地的批复》。根据批复意见，同意将西海岸校区31.7283公顷（约476亩）农用地转为建设用地并征收。该部分建设用地是西海岸校区第一块获得政府批复的建设用地，位于三沙路以东，按照西海岸校区校园总体规划，建设内容主要包括学习综合体、计算机楼、电子信息楼等。

本年　经学校岗位设置管理与聘任工作领导小组审议，王长云、史宏达、曲金良、汪东风、张晓华、郑西来、赵玮、赵昕、郭忠文获聘教授二级岗位；王悠、毛相朝、田相利、邢婧、任一平、刘红军、孙建强、牟海津、纪建悦、李文利、李世明、何兵寿、张广海、张桂玲、陈士法、常宗瑜、梁丙臣、隋正红、谢树森、管磊、潘克厚获聘教授三级岗位；马学广、马树华、王印红、王旭波、叶振江、毕乃双、刘涛（环境科学与工程学院）、李艳、杨华、杨振姣、何一鸣、张立波、张朝辉、张樨樨、林巨、郑小童、徐德荣、高振、董士远、綦声波、薛莹、卞俊杰、刘明（医药学院）、刘卫先、刘佳、王静芬、朱龙海、赵越（材料科学与工程学院）、季德春、王哲强、李春雷、周珊珊获聘校专业技术四级岗位。

本年　据上报教育部的《高等教育基层统计报表》统计，学校共有学院20个，全日制本科专业73个。博士学位授权一级学科点16个、博士学位授权二级学科点6个、硕士学位授权一级学科点35个、硕士学位授权二级学科点9个、博士后流动站13个、国家一级重点学科2个、国家二级重点学科9个、国家重点（培育）学科1个。国家工程技术研究中心1个，省部级设置的研究（院、所、中心）、实验室23个。

在校教职工总数为3486人，其中正高级616人、副高级810人，专任教师1789人，其中博士学历1293人、硕士学历372人。聘请校外教师319人，其中博士学历206人、硕士学历36人。其他高校教师153人。中国科学院院士（人事关系在本校）4人，中国工程院院士（人事关系在本校）4人，国家级人才计划15人，"长江学者奖励计划"特聘教授8人，"国家杰出青年科学基金"获得者16人。

本科招生数3832人，毕业生数3545人，授予学位数3545人。硕士研究生招生数3452人，毕业生数2287人，授予学位数2275人。博士研究生招生数463人，毕业生数304人，授予学位数308人。外国留学生招生数494人，毕业生数475人，授予学位数79人。在校学生总数为43969人，其中博士生1951人、硕士生9420人、本科生15547人、成人高等教育本科生12764人、成人高等教育专科生4287人。在职人员攻读硕士总数为4315人。在校留学生847人。

学校实到科技经费6.4亿元，海洋试点国家实验室项目经费5000万元，基本科研业务费4023万元。国家重点研发计划项目新立项8项，总经费达2.12亿元。国家自然科学基金重大研究计划获批1项，经费2亿元。国家自然科学基金项目立项161项，总经费1.57亿元。国家社科基金项目立项18项，总经费达520万元。国家社科基金重大项目立项1项。学校教师作为第一作者或通讯作者在*Nature*及其子刊、*Genome Research*等国际学术期刊发表论文8篇。

固定资产396415.67万元，其中教学、科研（仪器设备资产）161650.83万元；占地面积1619696.8平方米；校舍建筑面积943479.03平方米；馆藏图书255.04万册；网络信息点数44561个。

本年 学校科研成果获奖情况（省部级三等奖以上）见表49、表50。

表49　2018年学校科研成果获奖情况（省部级三等奖以上，自然科学类）

序号	获奖名称	获奖情况	主要完成人
1	扇贝分子育种技术创建与新品种培育	国家技术发明奖二等奖	包振民　王　师　胡晓丽
2	大洋能量传递过程、机制及其气候效应	国家自然科学奖二等奖	吴立新　林霄沛　陈朝晖
3	胶辽吉带古元古代构造-热演化与早前寒武纪构造体制巨变	教育部高等学校科学研究优秀成果奖自然科学一等奖	李三忠　赵国春　孙　敏
4	海上风电结构设计运维关键技术研究及应用	教育部高等学校科学研究优秀成果奖科技进步二等奖	刘福顺　王　滨　张建华
5	海洋典型POPs对双壳贝类危害途径与机制研究	教育部高等学校科学研究优秀成果奖自然科学二等奖	潘鲁青　苗晶晶　刘　栋
6	黄河入海沉积物的"源—汇"过程及其沉积效应	教育部高等学校科学研究优秀成果奖自然科学二等奖	王厚杰　毕乃双　胡利民
7	柴达木盆地与周缘地质构造演化重大进展与油气勘查应用	国土资源部科学技术二等奖	刘永江　任收麦　葛肖红
8	风暴期间海床蚀积过程关键控制要素监测装置及灾害预警方法	山东省技术发明二等奖	贾永刚　刘晓磊　张少同
9	南极磷虾高值化加工关键技术及应用	山东省技术发明二等奖	薛长湖　薛　勇　冷凯良

表50　2018年学校科研成果获奖情况（省部级三等奖以上，社会科学、教学类）

序号	获奖名称	获奖情况	主要完成人
1	科教融合，产学协同，理实一体，构筑财会专业研究生教育特色资源共享平台	国家级教学成果二等奖	王竹泉　綦好东　孙建强
2	我国意定动产担保物权的一元化	山东省社会科学优秀成果二等奖	董学立
3	异域与新学：晚清海外旅行写作研究	山东省社会科学优秀成果二等奖	张　治
4	中国海洋战略性新兴产业发展问题研究	山东省社会科学优秀成果二等奖	韩立民

序号	获奖名称	获奖情况	主要完成人
5	程序性救济的制度模式及改造	山东省社会科学优秀成果三等奖	詹建红
6	人民币汇率变动对就业和工资的影响——基于中国制造业细分行业的实证研究	山东省社会科学优秀成果三等奖	徐伟呈　范爱军
7	黄侃文学研究	山东省社会科学优秀成果三等奖	李　婧

2019年

1月

7日 国家留学基金委员会发文，公布2019年创新型人才国际合作培养项目资助名单，学校四个项目获批资助，获资助项目数居全国首位。其中，"深海海洋科学国际领先人才合作培养项目"获继续资助，"水产科学创新型人才国际合作培养项目""海洋生命科学研究及生物资源利用创新人才合作培养项目""深海工程国际卓越人才合作培养项目"为新入选项目，执行期均为三年。

8日 中共中央、国务院在北京人民大会堂隆重举行国家科学技术奖励大会，党和国家领导人习近平、李克强、王沪宁、韩正等出席大会并为获奖代表颁奖。学校共获得2018年度国家科学技术奖三项，分别为：由吴立新院士领衔完成的"大洋能量传递过程、机制及其气候效应"荣获国家自然科学二等奖；由包振民院士领衔完成的"扇贝分子育种技术创建与新品种培育"荣获国家技术发明二等奖；学校作为主要参与单位、教授赵进平作为主要完成人完成的"系列海洋监测浮标研制及在国家海洋环境监测中的应用"荣获国家科技进步奖二等奖。获奖数与北京大学、同济大学、武汉大学等13所高校并列全国高校第20位。

吴立新院士、包振民院士在北京人民大会堂领奖

同日 教育部公布2018年国家精品在线开放课程认定名单，学校"求职OMG——大学生就业指导与技能开发""职嫡——大学生职业素养与能力提升""意象的艺术：汉字符号学""海洋的前世今生""食品保藏探秘""食品化学""学问海鲜""营运资金管理"八门课程被认定为2018年国家精品在线开放课程，入选课程数居驻鲁高校首位。

11日 中国科协正式公布第四届（2018—2020年度）中国科协青年人才"托举工程"入选者名单，材料科学与工程学院刘爽入选，为学校第五位入选该人才项目的青年教师。

同日　《中国海洋大学授予成人高等教育本科毕业生学士学位实施细则》公布施行。

15日　教育部科学技术司发文公布2018年度教育部高等学校科学研究优秀成果奖（科学技术）获奖项目。学校作为主持单位获奖5项，获奖数与中山大学、中国农业大学并列全国第13位。其中王师教授获教育部青年科学奖。

17日　世界著名学术出版商爱思唯尔发布2018年中国高被引学者榜单，宋微波院士、薛长湖教授、艾庆辉教授在农业与生物科学学科入选，李三忠教授在地球和行星科学学科入选，刘德辅教授在海洋工程学科入选。

19日　学校召开教师干部大会，教育部人事司司长张东刚宣布教育部党组决定：田辉同志任中共中国海洋大学委员会委员、常委、书记。

田辉（1968—　），研究生学历，博士学位，研究员，中共党员。曾任北京师范大学团委书记、学生工作部（学生工作处、人民武装部）部（处）长、学校办公室主任，北京市海淀区区长助理（挂职），北京师范大学党委副书记、纪委书记，中华全国总工会书记处书记（挂职）。2019年任中国海洋大学党委书记。

党委书记田辉

同日　学校发文，聘任刘秦玉为海洋高等研究院未来海洋学院院长。

20日　《中国海洋大学研究生卓越奖学金管理办法》公布施行。

24日　学校党委发文，同意直属业务部门第二党总支选举结果，范占伟为党总支书记。

25日　教育部公布首批高校"百个研究生样板党支部""百名研究生党员标兵"创建名单，海洋与大气学院硕士研究生李馥孜入选百名研究生党员标兵。

26日　国务院学位委员会第七届海洋科学学科评议组会议在青岛召开。海洋与大气学院院长管长龙报告海洋科学一级学科发展暨海洋科学研究生核心课程指南编写工作，重点就海洋科学学科概况、学科基础、人才培养、科学研究、社会服务、文化传承、比较分析、未来展望等方面进行介绍，对《一级学科发展报告》的完善进行说明。学科评议组成员中国科学院海洋研究所研究员孙松、同济大学教授翦知湣、河海大学教授张玮、海洋学科召集人、校长于志刚和来自全国相关高校、科研院所的20余位专家参加评议。

29日　2018年度"中国十大海洋科技进展"评选结果公布，由物理海洋教育部重点实验室教授陈显尧主持完成的"北大西洋经向翻转环流减弱导致全球表面增暖加强"入选，这是学校连续四年入选十大海洋科技进展。

31日　山东省委常委、青岛市委书记王清宪一行到青岛海洋生物医药研究院调研。王清宪表示，青岛市将着力推进海洋科技人才优势转化为产业优势，全力支持中国海洋大学建设产学研全链条贯通的成果转化平台，大力推动现代海洋产业发展。青岛市委、市政府有关单位负责人，崂山区委、区政府主要领导，学校及研究院等有关单位和部门负责人参加调研。

同日　国家发展和改革委员会发文公布2018年度国家地方联合工程研究中心拟确定名单，依托中国海大建设的海洋大数据国家地方联合工程研究中心位列其中。

2月

25日　教育部发布2018年度国家奖学金获奖学生代表名录，2015级生物技术专业本科生陈宇卿入选。

26日　山东省科学技术协会第九次代表大会在济南召开。会议听取和审议第八届委员会工作报告，选举产生新一届领导机构。学校有三位老师当选省科协第九届委员会委员，海洋生命学院院长包振民院士当选省科协副主席。

3月

1日　国际学术期刊Science在线发表题为《泛热带气候相互作用》的综述性文章。此项成果是物理海洋教育部重点实验室蔡文炬和实验室主任吴立新领衔众多国际知名物理海洋和气候学家以及青年学者共同完成。首次全面回顾和总结目前对于热带太平洋-印度洋-大西洋气候系统之间相互作用的最新研究进展。

4日　在第29届世界大学生冬季运动会短道速滑男子1500米项目中，海大学生安凯夺得中国代表团首枚金牌。

20日　2018年秋季学期课程教学评估总结表彰会暨2019年春季学期课程教学评估工作启动会举行，赵传湖、刘珑龙、武毅、刘蕊、董跃被评为优秀等级，副校长李巍然为获评优秀等级的教师颁发荣誉证书。

21日　学校召开2019年工作会议，部署全年重点工作。校长于志刚指出，2019年工作总体思路和要求是：要坚持社会主义办学方向，坚持"四个服务"，坚持和加强党的全面领导，要坚持特色发展、内涵发展不动摇，要抓牢学科建设和人才培养两个关键，要坚持改革创新，统筹推进综合改革和重点任务，要进一步转变工作作风，提高工作水平。重点就加快推进一流本科、一流学科建设，抓牢抓好西海岸校区和三亚海洋科教创新园区建设等三项事关全局工作做了强调。党委书记田辉说，2019年学校工作要把政治建设摆在首位，要大胆选拔使用干事创业、担当作为的优秀干部，要强化政治担当，主动服务国家重大战略和区域地方经济社会发展,要严明政治纪律,推进全面从严治党向纵深发展,要坚持底线思维,切实维护校园安全稳定。

同日 学校第六届教职工代表大会第三次会议暨第十二届工会会员代表大会第三次会议在崂山校区召开。大会听取于志刚校长所作工作报告、总会计师王剑敏所作财务工作报告,审议教代会、工会工作报告、提案工作报告,审议通过教代会提案工作报告决议,大会对提案优秀个人和提案承办先进单位进行表彰。党委书记田辉在讲话中充分肯定学校教代会、工会在2018年取得的成绩,就进一步做好教代会、工会工作提出意见。

同日 教育部公布2018年度普通高等学校本科专业备案和审批结果,学校获批新增智能科学与技术本科专业,学制四年。

23日 由青岛市人力资源和社会保障局主办、中国海大承办的2019年"民营企业高校行"暨中国海洋大学2019届毕业生春季大型供需见面会在崂山校区体育馆举行,招聘会共有350余家用人单位参会,提供职位类别1190个,岗位数量超过10000个,3000余名毕业生到场应聘。见面会期间,中国海大党委书记田辉与青岛市人力资源和社会保障局党组书记、局长胡义瑛围绕高端人才引进、大学生就业创业和服务青岛经济社会发展进行座谈。

26日 学校与德国施耐德-诺伊莱特伙伴公司(简称"SNP公司")合作协议签约仪式在崂山校区举行。SNP公司中国代表处总经理廖志强与信息科学与工程学院副院长、计算机系主任董军宇代表双方签署合作协议。根据协议,双方共同建设商业智能联合实验室,SNP公司向学校提供不低于人民币240万元的可全面支持SNP实验教学和科研的软件和设备;成立商业智能研究组,实施联合研发和人才培养;SNP将在五年内提供不低于人民币700万的经费支持学院的学科建设、人才培养及科学研究等。校长于志刚,SNP董事长、CEO安德里亚斯·施耐德·诺伊莱特共同为海大-SNP商业智能联合实验室揭牌。学校聘请施耐德担任客座教授,施耐德为师生作题为《科技加速企业战略》的学术报告。

26日 学校召开学校领导班子和领导干部2018年度考核及干部选拔任用"一报告两评议"大会。党委书记田辉主持大会,并代表学校党委通报领导班子2018年度民主生活会情况。校长于志刚代表学校党政领导班子作述职述廉报告,全面总结学校深入贯彻党的十九大和十九届二中、三中全会精神,全面学习贯彻落实全国教育大会精神及学校事业发展情况。党委常务副书记张静代表学校党委报告2018年干部选拔任用工作。会上,班子成员依次作个人述职述廉报告,参会代表进行民主评议。

29日 教育部和科技部公布2018年度高等学校学科创新引智基地评估结果。学校海-气作用动力学学科创新引智基地评估优秀，并获"高等学校学科创新引智计划2.0"（111计划2.0）支持。参评的51个高等学校学科创新引智基地中有9家评估优秀。

4月

2日 由中国海洋发展研究中心和学校共同主办的"海洋强国与海洋文化遗产"学术研讨会暨第八期中国海洋发展研究论坛在崂山校区召开。北京大学历史学系教授王晓秋、厦门大学南海研究院教授李金明、国家文物局水下文化遗产保护中心水下考古研究所所长姜波分别作题为《历史视野下的海洋文化研究》《中国古代海上丝绸之路发展历程》《水下考古与海上丝绸之路》的主旨报告。

4日 学校发文，成立三亚海洋研究院。业务范围包括研究生教育，中外合作办学机构和项目，高端培训，海洋等领域科学研究、科研成果转化及产业化，为相关企业、高校和研究机构提供开放的海洋公共实验平台，军民融合发展等。三亚海洋研究院不设行政级别，纳入海南省事业单位序列，业务指导单位为海南省教育厅。

山东省委书记刘家义为吴立新院士颁奖

同日 2018年度山东省科学技术奖励大会在济南召开，表彰为山东省科技事业和现代化建设作出突出贡献的科技工作者。副校长吴立新院士荣获2018年度全省唯一科学技术最高奖，是继管华诗院士之后学校第二位获此殊荣的科学家。

同日 农业农村部公布全国14个水产新品种，由李琪团队培育的牡蛎新品种长牡蛎"海大3号"名列其中。这是李琪团队继2014年培育出"海大1号"、2017年培育出"海大2号"后，培育的又一国家级牡蛎新品种，适宜在山东、辽宁等北方沿海养殖。

9日 第四次中欧创新合作对话在欧盟理事会总部举行，由科技部部长王志刚和欧盟委员会科研与创新委员卡洛斯·莫达斯共同主持，李克强总理同欧盟委员会主席容克共同会见对话双方代表。中国海洋大学副校长吴立新院士作为中国海洋领域专家代表，应邀参加此次对话，并以《构建全球透明海洋，推动人类可持续发展》为题发言。

15日 山东省教育厅公布2018年度高等学校优秀学生、优秀学生干部和先进班集体评选结果，王雪等28名学生获评山东省优秀学生称号，王译萍等13名学生获评山东省优秀学生干部称号，信息与计算科学2015级1班等7个班集体获评山东省先进班集体称号。

同日　山东省发展和改革委员会发文认定46家山东省工程研究中心。海大组织申报的山东省海洋食品生物制造工程研究中心获认定。

16日　海南省副省长王路在海口市召开专题会议，与于志刚校长一行就中国海洋大学三亚海洋研究院建设事宜进行座谈。双方围绕落实海南省、中国海洋大学、三亚市三方共建战略合作协议的具体内容进行深入交流，就研究院建设内容、建设用地、人才政策、过渡期建设运行等事项深入交换意见。

25日　学校发文，成立中国海洋大学海底科学与工程计算国际中心，依托海底科学与探测技术教育部重点实验室运行。聘任石耀霖院士为海底科学与工程计算国际中心学术委员会主任，邢会林为海底科学与工程计算国际中心主任。

5月

6日　学校与华为技术有限公司战略合作协议签约仪式在青岛举行。青岛市委副书记、市长孟凡利出席签约仪式。校长于志刚与华为公司战略部总裁张文林签署战略合作协议，三方共同为智能高性能计算技术联合实验室揭牌。协议主要合作内容为：第一，共同研究国产自主可控ARM CPU在气候/气象/海洋模式、海洋生物医药、海洋勘探、海洋装备等领域的应用；第二，中国海洋大学提供实验室场地、设备运行环境支持，并组织教师与学生参与研发；第三，共同研究基于国产自主可控AI芯片在海洋模式、生物医药等领域的应用；第四，双方共同实施人工智能等方向的创新人才培养计划；第五，双方联合开展围绕国家与地区经济发展所需的人工智能技术研发、智慧海洋、智慧校园等开展创新合作；第六，加强5G等下一代信息技术领域合作。

同日　国务院学位委员会下达2018年动态调整撤销和增列的学位授权点名单以及工程硕士、博士专业学位授权点对应调整名单：学校中国语言文学、数学获批增列一级学科博士学位授权点，农林经济管理获批增列一级学科硕士学位授权点；撤销地图学与地理信息系统、农业经济管理二级学科博士学位授权点，社会学、体育学训练学二级学科硕士学位授权点；光学工程等19个硕士专业学位授权点对应调整为电子信息、机械、材料与化工、资源与环境、能源动力、土木水利、生物与医药、工程管理8个硕士专业学位授权类别。能源与环保领域对应调整为资源与环境博士专业学位授权类别。

9日　青岛东海药业奖学金捐赠签约仪式在崂山校区举行。总会计师、教育基金会理事长王剑敏与青岛东海药业有限公司副总经理徐增敏代表双方签订捐赠协议。青岛东海药业奖学金是青岛东海药业有限公司于2019年设立的，连续3年，每年向学校捐资10万元人民币，用于奖励海洋生命学院、食品科学与工程学院、医药学院、管理学院、文学与新闻传播学院品学兼优的全日制本科生和硕士研究生。

10日 学校聘请著名法律经济学家熊秉元为"名师工程"讲座教授，校长于志刚为其颁发聘书。

11日 中国科学院院士何满潮团队与学校重点实验室开展战略合作协议签约仪式在崂山校区举行。何满潮团队与学校及山东省海洋环境地质工程重点实验室分别签署合作协议，校长于志刚为何满潮院士颁发特聘教授证书。

13日 《中国海洋大学研究生教育督导工作办法（试行）》《中国海洋大学研究生教学事故认定处理办法（试行）》公布施行。

14日 学校发文，任命蒋秋飚为巡察工作办公室主任（兼）。

同日 学校发文，成立巡察工作办公室，与纪委办公室合署办公。成立巡察工作领导小组，组长为田辉，副组长为张静、丁林。

15日 《中国海洋大学委托社会中介机构审计管理办法》公布施行。

20日 学校发文公布《中国海洋大学史》各卷定位和主创人员名单，《历史卷》主编为魏世江、《规章卷》主编为蒋秋飚、《人物卷》主编为陈鹜、《成果卷》主编为张栋华、《图志卷》主编为刘邦华、《现象卷》主编为魏世江、《中国海洋大学纪事》主编为张静（后为卢光志）。

24日 由中国海大、山东省高等教育学会主办的2019年高校教与学论坛在青岛召开。来自中国、英国、美国、澳大利亚等国家的高等教育质量管理和评估专家共同探讨"一流本科、一流教学"议题，12位中外专家作主题报告。会议另外设置一场对话，主题是"专业认证提升本科人才培养内涵及教学质量保障"，邀请专家围绕OBE教学实施中遇到的困难以及解决方案、如何改进学生学习成果直接评估，以及OBE教学管理系统对于教学能够带来的帮助等话题进行互动交流。来自全国近80所高校的教务处、教学质量与评估办公室、专业认证办公室等相关部门负责人230多位代表参加。

同日 《中国海洋大学优秀本科学生奖学金管理办法（试行）》《中国海洋大学本科生国家奖学金、国家励志奖学金管理办法（试行）》《中国海洋大学本科学生奖学金评审办法（试行）》《中国海洋大学本科学生荣誉称号评选及管理办法（试行）》公布施行。

30日 新型深远海综合科学考察实习船"东方红3"船建设工程整体考察暨船舶启航活动在上海江南造船（集团）有限责任公司（以下简称"江南造船"）举行。启航后，"东方红3"船将前往南海海域，重点对科考仪器设备、装备及实验室等进行现场测试和验收，预计20天。教育部发展规划司副司长郭春鸣，江南造船董事长、党委书记林鸥，校党委书记田辉，中国船舶工业集团公司第七○八研究所所长邢文华等考察"东方红3"船。

同日　山东省海洋局、山东省发展和改革委员会联合公布2019年山东省海洋工程技术协同创新中心，由学校牵头申报的山东省海洋能源转化与开发工程技术协同创新中心和山东省海洋网络空间安全与保密工程技术协同创新中心获认定。

同日　由学校主办的数学建模与数值方法国际会议在青岛召开。会议主题为针对数学建模以及数值方法在物理、生物、材料科学、地学和图像处理等多个领域的实际应用，研讨计算数学和科学计算领域的最新进展，分享新的视角，进一步推动和促进我国计算数学的研究及其应用实践的发展。会议为期四天，共安排专题报告51个，其中院士邀请报告两个、国外特邀报告19个。来自美国、英国、加拿大和国内著名高校的众多计算和应用数学领域国际知名学者与会。

6月

3日　国务院学位委员会、教育部下发2018年学位授权点专项评估结果，学校应用统计硕士、教育硕士、汉语国际教育硕士三个专业学位授权点通过学位授权点专项评估。

12日　海南省省长沈晓明一行到校调研。参观考察青岛海洋生物医药研究院、海洋高等研究院等，听取了解"蓝色药库"和"透明海洋"计划设想和进展情况。青岛市委常委、副市长薛庆国，党委书记田辉、校长于志刚等陪同调研。

13日　司法部党组成员、副部长赵大程一行到校调研科学技术奖励有关情况。科技部国家科学技术奖励工作办公室副主任高洪善，山东省司法厅厅长解维俊，党委书记田辉、校长于志刚等陪同调研。

同日　行远讲座第18讲举行。美国国家工程院院士、中国工程院外籍院士黄锷受邀为海大师生作《从海洋湍流到脑波医疗——我从海洋现象的研究中发现了什么》的报告。

16日　由学校主办的第五届中国海洋公共管理论坛在青岛举行。论坛主题为"新时代海洋治理变革与创新"，论坛举办两场主题报告，设置三个分论坛。来自西安交通大学、武汉大学、厦门大学、浙江海洋大学、上海海洋大学、上海社科院、淮海工学院、广东海洋大学等国内高校、科研院所的近百位专家学者参会。

18日　学校召开一流本科专业建设推进会，重点部署一流本科专业申报和建设工作。校长于志刚提出要求：各单位要提高认识，着力建设一流本科专业；领会标准，扎实做好一流本科专业申报和建设工作；以评促建，培养一流本科人才。

19日　俄罗斯国立水文气象大学校长瓦列里·米赫耶夫一行到校访问。双方就海洋、大气以及极地科教合作事宜进行交流，校长于志刚和米赫耶夫共同签署两校合作备忘录。

20日　首届研究生教育督导专家聘任仪式在鱼山校区举行。校长于志刚为六位督导专家颁发聘书。副校长闫菊主持聘任仪式并强调成立研究生教育督导团，是学校研究生教育加强环节监控的重要措施。督导专家将在课程建设、论文研究、环节监控、师德师风等方面开展全年无缝隙的教育督导，为学校研究生教育的改革与创新提供咨询与建议，对研究生教育进行全方位评价，帮助和促进研究生教育质量提升。

23日　学校与青岛七好生物科技有限公司、青岛七彩澳斑水产养殖有限公司和江苏农牧科技职业学院联合研发的"墨瑞鳕规模化、全人工繁育技术"在莱西进行现场验收。水产学院教授宫庆礼作为项目主持人作专题汇报，专家组组长、中国水产科学院黄海水产研究所赵法箴院士等查看抽检养殖现场，专家组一致认为该项目通过验收，该技术在世界上首次实现墨瑞鳕50万尾以上苗种全人工繁育规模。

25日　学校信息科学与工程学院与中船重工海洋装备研究院合作签约、揭牌仪式举行。校长于志刚、中国船舶重工集团有限公司总经济师兼海洋装备研究院董事长刘悦共同为"海洋装备智能技术协同创新中心"揭牌。信息学院院长魏志强与中船重工海洋装备研究院副总经理张健庚签署合作协议。研究生院副院长张猛与张健庚签署研究生联合培养协议，双方共同为"研究生联合培养基地"揭牌。

同日　《中国海洋大学"国家级大学生创新创业训练计划"实施办法》《中国海洋大学本科生研究发展计划实施办法》公布施行。

26日　深圳市委常委杨洪一行就中国海洋经济博览会筹备、海洋科教发展现状及中国海洋大学深圳研究院建设事宜到校调研。校长于志刚、麦康森院士陪同考察碳−14加速器质谱中心、山东省海洋工程重点实验室、海洋高等研究院。

同日　学校与北京五八信息技术有限公司在青岛签署战略合作协议、研究生联合培养协议及大学生实习实训基地协议。校长于志刚与北京五八信息技术有限公司CEO、校友姚劲波代表双方签署协议。协议约定双方发挥优势，深化合作，打造校友与学校合作、校企产学研用一体化发展典范，共同服务国家战略和行业企业创新驱动发展；58同城对正在筹建的中国海洋大学产业园从建设规划、"双招双引"等方面提供指导支持，助力山东新旧动能转换和青岛新旧动能转换、"海洋攻势"攻坚战。

27日 《中国海洋大学学科创新引智计划管理办法》公布施行。

同日 2019届研究生和本科生毕业典礼暨学位授予仪式先后在崂山校区体育馆举行。校学位评定委员会主席、校长于志刚发表题为《做新时代服务民族复兴的硕学宏才》的讲话,寄语研究生毕业生:秉持做人之本,涵养德性,坚守契约精神,做有德性、守契约的中国海大人;领悟为学之道,终身学习,勇于创新超越。校长于志刚以《坚持终身学习 保持独立思考 持续艰苦奋斗》为题寄语本科毕业生。本届共有376人获得博士学位、3055人获得硕士学位、3414人获得学士学位。毕业生总体就业率为91.62%。

7月

1日 《中国海洋大学师德失范行为处理实施细则》公布施行。

9日 《中国海洋大学关于从预聘青年教师中选聘专任教师工作实施办法》公布施行。

同日 山东钢铁股份有限公司——中国海洋大学海洋装备用新型钢铁材料联合实验室成立,依托材料科学与工程学院建设运行,聘任王昕为联合实验室主任。

11日 学校与青岛西海岸新区管委签署《关于共建中国海洋大学海洋科教创新园区(西海岸校区)项目的协议》。协议主要对2016年的《市校共建协议》进行细化调整,主要有:一是明确了合作共建内容。西海岸校区规划占地面积2800亩(含里岛部分),项目总建筑面积约180万平方米。一期工程建设内容包括学习综合体、院系组团、体育教学中心、科研平台、综合实验楼、国际教育组团、学生宿舍、食堂、人才公寓、生活服务及其他附属用房等。二是细化了甲方的权利与义务,共计111条。三是细化了乙方的权利与义务。四是规定了双方共同的权利与义务。五是规范了关于管理与决策机制。一期工程建设期内,实施联席会议制度,负责协调推进西海岸校区建设。

12日 学校党委发文,任命林旭升为海洋与大气学院党委书记。

15日 学校发文,成立中国海洋大学崇本学院,聘任高会旺为院长。

8月

2日 2019年度教育部哲学社会科学研究重大课题攻关项目公布,文学与新闻传播学院教授朱自强申报的"中国儿童文学跨学科拓展研究"获批立项,项目经费为80万元。这是学校人文社科在非涉海优势领域获批的首个国家级社科重大项目。

4日 马来西亚登嘉楼大学校长Noraieni、海洋生物技术研究所Yeong Yik Sung等一行五人到校访问。校长于志刚在行远楼会见客人,双方就两校共建联合研究中心等合作事宜进行会谈并达成多项共识。Noraieni为师生做题为《海岸带综合管理和海洋资源可持续发展》的学术报告。

9日　第八届全国海洋航行器设计与制作大赛在哈尔滨工程大学举行。学生共斩获特等奖1项，一等奖8项。

15日　学校发文，成立中国海洋大学师德师风建设委员会，主任为田辉、于志刚，副主任为张静、李巍然。

16日　2019年国家自然科学基金优秀青年科学基金（简称"国家优青"）评审结果公布，海洋生物多样性与进化研究所高凤、食品科学与工程学院毛相朝、海底科学与探测技术教育部重点实验室于胜尧、海洋地球科学学院姜兆霞和物理海洋教育部重点实验室甘波澜5名青年教师获得资助，获得项目资助数量列全国第25位，学校首次在食品科学、地质学和地球物理学3个学科获国家优青资助。

19日　2019级研究生开学典礼在崂山校区综合体育馆举行。本年共招收博硕士研究生4406人，校长于志刚发表题为《努力做一流的研究》的讲话寄语研究生。学校党政领导、校友代表、各职能部门、各院系负责人、导师、班主任、教师代表、2019级全体研究生参加典礼。

21日　由中国海洋大学、亚洲海洋教育者学会、青岛市教育局联合主办的2019海洋教育国际研讨会暨亚洲海洋教育者学会学术会议在青岛召开。会议主题为"海洋教育的理念与行动"。亚洲海洋教育者学会主席、日本东京海洋大学教授佐佐木刚，美国国家海洋教育者协会前主席、梅西学院Meghan E. Marrero先后作主旨报告。管长龙、曲金良、马勇作主旨发言。来自美国、瑞典、日本、韩国、菲律宾、孟加拉等国家和地区的50余位专家学者及120余位中国大中小学校和海洋教育公益机构代表参加会议。

22日　美国地球物理学会（AGU）发布2019年度各大奖项评选结果，副校长吴立新院士荣获AGU地球与空间科学领导力最高奖——Ambassador奖，被授予美国地球物理学会会士，是AGU历史上首位获此奖项的亚洲科学家。

26日　2019级本科生开学典礼在崂山校区体育馆举行。本年度共招收本科生3944人。校长于志刚以《让"学在海大"更具魅力》为题发表讲话寄语本科新生。学校党政领导、校友代表、各职能部门、各院系负责人、导师、班主任、教师代表、2019级全体本科生参加典礼。

9月

5日　人力资源社会保障部、教育部发文，表彰全国教育系统先进集体、全国模范教师和全国教育系统先进工作者，管理学院教授、博士生导师王竹泉荣获全国模范教师称号。

6日　2019"齐鲁最美教师"颁奖典礼在山东教育电视台举行,食品科学与工程学院教授、博士生导师林洪获此殊荣。

9日　科技部公布国家重点基础研究发展计划(即"973计划",含重大科学研究计划)2018年结题项目验收结果,学校三个项目均顺利通过验收,其中两项获评优秀,分别为麦康森院士为首席科学家主持的项目"养殖鱼类蛋白质高效利用的调控机制"和高会旺教授为首席科学家主持的项目"大气物质沉降对海洋氮循环与初级生产过程的影响及其气候效应"。本次共170个项目接受科技部组织的结题验收,其中51个项目验收结果为优秀,优秀率为30%。

同日　学校发文,对2019年度在教学、科研等方面作出突出贡献,并为学校争得荣誉的集体和个人颁发校长特殊奖励。获得校长特殊奖励的集体是吴立新团队(2018年度国家自然科学奖二等奖)、包振民团队(2018年度国家技术发明二等奖)、王竹泉团队(2018年度国家级教学成果二等奖)和"东方红3"船建设工程团队;获得校长特殊奖励的个人是吴立新、蔡文炬。

同日　学校发文,表彰国家、省、市先进集体和先进个人荣誉称号获得者。食品科学与工程学院获2019年山东省教育系统先进集体;包振民获全国五一劳动奖章;王竹泉被评为2019年全国模范教师;汪东风被评为2018年国家"万人计划"教学名师;管华诗获改革开放40周年感动山东人物称号。

国家"万人计划"教学名师汪东风(左一)

16日　西海岸校区奠基。西海岸校区将按照百年校园、总体规划、分步推进、注重实效和与现有校区统筹协调的原则,打造成为开放性、生态化、现代化、国际化的办学新校区,形成与特色显著的世界一流大学建设相协调适应的总体布局。青岛市市长孟凡利,青岛西海岸新区区委书记王建祥、区长周安,管华诗院士,冯士筰院士,李庆忠院士,校党委书记田辉、校长于志刚,校原党委书记冯瑞龙等参加奠基仪式。

西海岸校区开工奠基仪式

同日　学校举行优秀学生标兵暨杰出学生奖学金评选答辩会，水产养殖学2016级万永文、药学2016级于柳、国际经济与贸易2016级王雪、船舶与海洋工程2016级王泽润、数学与应用数学2016级孙迪、海洋技术2016级曲麟昊、会计学2016级张雨童、新闻学2016级杨璐萍、海洋科学类（中外合作办学）2016级苟睿健、英语2016级郭俊卿等10名优秀学生获评2018—2019学年优秀学生标兵暨杰出学生奖学金。

17日　学校发文，公布三个学院领导班子换届结果，薛长湖连任食品科学与工程学院院长、修斌连任文学与新闻传播学院院长、聘任江文胜为环境科学与工程学院院长。

同日　国际学术期刊*Nature*在线发表题为《中国加强海洋保护区建设应对气候变化》的通讯文章。该文章由水产学院博士李韵洲（第一作者）、任一平教授（通讯作者）以及美国缅因大学教授陈勇共同合作完成。

同日　学校召开"不忘初心、牢记使命"主题教育动员部署大会。教育部第五巡回指导组组长杜向民代表教育部指导组讲话。学校主题教育领导小组组长、党委书记田辉表示，在全党深入开展"不忘初心、牢记使命"主题教育，是以习近平同志为核心的党中央统揽伟大斗争、伟大工程、伟大事业、伟大梦想作出的重大部署。学校党委将以高度的政治自觉做好主题教育，为推动学校事业发展提供坚强的政治、思想和组织保证。他代表党委强调四点：第一，充分认识开展主题教育的重大意义，着力提升思想自觉和行动自觉；第二，准确把握各项要求，着力增强主题教育的针对性和实效性；第三，贯彻落实各项工作安排，着力提升主题教育的质量和水平；第四，切实加强组织领导，确保主题教育取得扎实成效。教育部第五巡回指导组其他成员，学校党政领导、党委常委、校长助理、党委委员、纪委委员，学校老领导，中层干部，教授党员代表，教工党支部书记代表，学生党支部书记代表等参加会议。

同日　学校党委发文,任命王雪鹏为组织部常务副部长。

18日　教育部公布2019年野外科学观测研究站名单,任一平教授主持的"海州湾渔业生态系统教育部野外科学观测研究站"获认定,是首个依托学校建设的教育部野外科学观测研究站。

26日　教育部副部长翁铁慧率队来校调研思政课建设和"双一流"建设。她指出:要进一步深化人才培养举措;要进一步优化学科建设和科研工作,要扎实做好"不忘初心、牢记使命"主题教育。

同日　由中国海大与圣彼得堡国立大学联合主办的第八届中俄北极论坛在俄罗斯萨哈(雅库特)共和国举办。主题为"21世纪的北极政策"。中国海大教育部极地研究中心常务副主任郭培清在"北方论坛"全体大会作《萨哈(雅库特)共和国在连接韩国、朝鲜、中国、远东和北极运输网络中的作用》的主旨发言。来自中国、俄罗斯、美国、加拿大、法国、冰岛、挪威、芬兰、韩国、日本等国家政府、高校及企业的100多位代表参加论坛。

27日　人力资源和社会保障部、全国博士后管理委员公布批准新设的博士后科研流动站名单,学校地质学、软件工程两个博士后科研流动站在列。

28日　由中国海洋大学与中国海洋发展研究中心共同主办的中国海洋发展研究高端论坛召开。论坛主题为"百年大变局中的海洋担当"。中国海洋发展基金会理事长、国家海洋局原局长孙志辉,全国政协委员、中国工程院院士蒋兴伟,中国人民大学国际关系学院副院长金灿荣分别作题为《海上丝路合作新的切入点——海洋空间规划》《我国海洋系列卫星发展与应用》《中美关系巨变背景下的中国海洋战略》的主旨报告。

论坛举行五场专题论坛,主题分别为"海洋经济高质量发展""一带一路与海洋文化""聚焦东亚海:新时代与新使命""中国海洋法理论与实践的新发展""国家海洋治理体系创新与治理能力提升",来自国家海洋信息中心、自然资源部海洋发展战略研究所、海南大学、华东政法大学等高校和研究机构的国内知名专家学者作25场精彩专题报告,从不同角度深入研讨我国海洋担当的实践路径。

10月

12日　第十届海峡两岸海洋海事大学"蓝海策略"校长论坛暨海洋科学与人文研讨会在大连海洋大学召开。论坛主题为"海洋人才培养与海洋生态文明建设"。论坛分为校长论坛及海洋科学与人文研讨会两部分。中国海大校长于志刚主持校长论坛并致辞。

文学与新闻传播学院教授、海洋文化研究所所长曲金良，海洋化学理论与工程技术教育部重点实验室教授李雁宾，在海洋科学与人文研讨会分别作题为《海洋生态文明建设的传统智慧》《中国近海化学污染物生态风险》的主题报告。来自海峡两岸15所涉海高校校长及相关院校百余位专家学者与会。

14日　共建中国海洋大学深圳研究院框架协议签约仪式在深圳举行。自然资源部党组成员、国家海洋局局长王宏，校长于志刚等出席签约仪式。仪式上，学校与深圳市宝安区人民政府、深圳市盐田港集团有限公司签署合作共建中国海洋大学深圳研究院框架协议。协议约定海大深圳研究院一期建设为五年（2019—2024年），主要内容为：汇聚海洋高端人才，培养海洋领域高层次青年人才；梯次建设运行海洋生物资源、海洋高端仪器装备、海洋生态环境三个实验室，一个智能海洋大数据中心和一个蓝色智库，与深圳企业合作进行应用转化孵化。

15日　2019中国海洋经济博览会在深圳会展中心举办。海博会主题为"蓝色机遇、共创未来"，重点展示新中国成立70周年以来海洋经济发展成就。中国海洋大学受邀参加展会，围绕"透明海洋""蓝色粮仓""蓝色药库"三大系列，通过实物、模型、多媒体、智能体验等多种方式全方位展示学校50余项科技成果。

17日　王蒙文学馆和林少华书房揭牌仪式在崂山校区图书馆举行。党委书记田辉致辞并揭牌，党委常务副书记张静主持仪式。

19日　中国海洋大学建校95周年之际，由学校和中国作家协会创作研究部共同主办的第四届"科学·人文·未来"论坛举行。论坛主题为"构建人类命运共同体"。论坛共分三个单元。第一单元主题为"文明际会共命运"，复旦大学教授葛剑雄、中国科学院院士张国伟、中国工程院院士秦伯益委托海大文学与新闻传播学院院长修斌、中国作家协会书记处书记邱华栋、深圳大学党委书记刘洪一分别作《文化自信和文明互鉴》《"自然、人、社会"的相互关系》《从和而不同到人类命运共同体》《文学也应有谦虚朴素的科学精神》以及《普惠文明与人类命运共同体》的报告。第二、三单元中，中国作家协会副主席何建明、中国工程院院士金翔龙、海大文学与新闻传播学院教授朱自强、《地球》杂志执行总编辑兼主编张泓、吴立新院士、中国作家协会副主席阎晶明、北京大学原校长林建华、学校海洋发展研究院院长庞中英、中国作家协会创作研究部主任何向阳、学校党委宣传部部长陈鷟分别作题为《大海在我心底原来如此》《人文科学与自然科学的关系》《构建人类命运共同体的现实性》《点燃新时代的蓝色希望》《助力构建人类海洋命运共同体》《文学的未来》《面向未来的培养模式》《百年未有的大变局和人类命运共同体》《相互馈赠的想象力》《一脉江河万古来——中国思想文化的流脉及其生命力》的报告。王蒙先生主持论坛开幕式、闭幕式,党委书记田辉、管华诗院士致辞。15位科学家和人文社会学家齐聚海大与3000多名师生一起共同畅想人类未来。

20日　第44届ICPC国际大学生程序设计竞赛亚洲区域赛在宁夏理工学院落下帷幕。信息科学与工程学院陈尊龙、苏宇恒和谢哲勇3位同学组成的队伍获得区域赛金牌。

21日　《中国海洋大学修(制)订专业学位研究生培养方案和学位授予标准的意见》公布施行。

24日　学校天奇奖学金捐赠签约仪式在崂山校区举行。总会计师、教育基金会理事长王剑敏代表教育基金会与天奇创投创始合伙人严天亦签署捐赠协议。

中国海洋大学天奇奖学金自2019年设立,连续3年共向学校捐资200万元人民币,其中首年捐赠50万元人民币,用于奖励品学兼优的全日制女学生。

同日　国际学术期刊*Nature*发表国际1KP项目千种植物转录组计划成果。此成果是海洋生命学院教授刘涛作为合作作者(第一顺序位次)、学校作为中国机构第一顺序位次完成的。国际1KP项目历时9年完成,是已完成的全球规模最大的基因组研究计划,总计有1124种植物(包括藻类220种)完成测序,该计划的研究为10亿年来的绿色世系植物从水生到陆生以及不同类群的进化提供框架和背景知识。

25日　由学校和青岛市人民政府联合主办的青岛"海洋·发展"大会在青岛国际会议中心召开。大会主旨为深入贯彻习近平总书记关于建设海洋强国的重要论述和视察山东青岛重要讲话及重要指示批示精神,落实山东海洋强省建设行动部署,实施好青岛新旧动能转换"海洋攻势",促进"双招双引"和科技创新与成果转化,推进中国海洋大学一流大学建设。山东省委常委、青岛市委书记王清宪作主旨报告。校长于志刚作题为《蓝梦共潮涌,携手续华章》的报告。学校与青岛国际院士港综合管理委员会、崂山区人民政府、西海岸新区管委会签订政校合作协议;同青岛市商务局、北京五八信息技术有限公司、京东计算有限公司、北京航天宏图信息技术股份有限公司等7家签订中国海洋大学产业园入园意向协议;同青岛高新技术产业开发区管理委员会、青岛海大生物集团有限公司签署青岛高新区投资项目协议;与中国兵器工业集团有限公司、中国机械设备工程股份有限公司等9家单位签订校企(院)合作协议。

学校1995级海洋化学专业毕业生、北京五八信息技术有限公司CEO姚劲波向学校捐资2000万元,设立"58创新创业基金"、共建"58卓越人才班";企业家校友们联合发起成立海纳行远创投基金和经海前沿科技基金,倡议发起中国海洋大学校友会企业家1%俱乐部，倡导取得创业或投资成就的校友将阶段性收益的1%捐赠给学校，形成支持母校发展的长效机制；学校总会计师、教育基金会理事长王剑敏向校友代表姚劲波颁发"58创新创业基金"捐赠证书和共建"58卓越人才班"捐赠证书。向首批捐赠1%股权收益给学校的校友代表孙焱、余登魁、邢洪涛、吴超龙、周绍智、李冬华颁发捐赠证书。海洋领域专家学者、政产学界有关人士，重点企业负责人，青岛市各有关部门和区市负责人，外国友人，优秀校友代表及师生代表800余人参会。

同日　由学校和中国会计学会主办的2019中国资金管理智库高峰论坛举行。管理学院副院长、中国企业营运资金管理研究中心主任王竹泉教授主持开幕式。论坛主题为"激发微观主体活力与经济高质量发展"。近20位专家学者在主论坛发表主题演讲、专家视点、专题报告和论文报告。王竹泉教授分享团队最新研究成果，提出应合理测度资金存量以科学评价经济发展质量的观点。论坛设置"资本存量流量测度与评价""资本配置与资本效率""财务风险与金融风险""营商环境与企业绩效"四个分论坛。有来自包括中国海洋大学、中国企业营运资金管理研究中心、中国混合所有制与资本管理研究院在内的高校、科研院所、企业和专业媒体的专家和师生代表500余人参加论坛。

同日　学校与中国广核新能源控股有限公司签订全面合作协议。约定：第一，重点围绕海洋可再生能源需求开展合作研究，实现双方在波浪能研究、设计及应用等方面合作；第二，建立良性互动的产学研合作机制，双方通过联合组织开展重大科研项目攻关、新技术研发、新产品研制等方式实现前沿合作互动；第三，通过联合资助或共建实验室、工程技术中心等方式建立常态化合作机制，探索共建海洋新能源研究院；第四，联合培养人才和促进人员交流；第五，支持筹建中国海洋大学产业园。

26日　学校和国家海洋信息中心主办的第四届国际海洋经济学术研讨会在青岛召开。会议主题是"海洋经济评估面临的挑战与对策"。澳大利亚联邦科学与工业研究组织主任Andy Steven、爱尔兰国立高威大学主任Stephen Hynes、国家统计局数据管理中心原主任胡帆、国家海洋信息中心副总工程师王晓惠作为特邀嘉宾分别作题为《如何在国民帐户中统计蓝碳》《沿海地区旅游和娱乐价值评估》《统计发展简史》《第一次海洋经济调查》的专题报告。来自会议主办方的领导，自然资源部、国家统计局、各省市相关部门领导，以及国内外涉海高校、研究机构专家、学者代表及师生逾百人参加会议。

同日　国际生物分子设计大赛在美国加州大学旧金山分校落下帷幕。学校食品科学与工程学院教授梁兴国、安然以及李琳带领的SeaSon团队在比赛中荣获银奖、最佳视频第三名以及最佳T-shirt奖。

28日　由中国海洋大学和马来西亚登嘉楼大学共同推动的海洋联合研究中心（简称"联合中心"）揭牌仪式在马来西亚登嘉楼举行。校长于志刚、登嘉楼大学校长Noraieni共同签署联合中心合作协议，并举行双边学术研讨会，就联合中心下一步运行、深化两校合作进行磋商。中国工程院院士麦康森在同时举办的水产科学研讨会上致开幕辞。他说，举办联合中心学术研讨会，标志着两校合作步入新阶段。

31日　第十五届国际遗传工程机器大赛决赛在波士顿海恩斯会议中心举行。海洋生命学院科技协会10名本科生组成的iGEM团队OUC-China荣获金奖，这是海大学子连续4年获此殊荣。

11月

2日　国家药品监督管理局有条件批准甘露特纳胶囊（商品名"九期一"，代号GV-971）上市注册申请，用于轻度至中度阿尔茨海默病（简称"AD"），改善患者认知功能。该药由中国海大与上海药物研究所和上海绿谷制药有限公司联合研发，是以海洋褐藻提取物为原料制备获得的低分子酸性寡糖化合物，是我国自主研发并拥有自主知识产权的创新药。GV-971于1997年由海大立项研发，管华诗院士率领的团队原创性地提出、发现并证实了971先导物在治疗AD中的价值，开展系统的成药性研究，圆满完成一期临床试验，顺利推向二期临床。之后由上海药物研究所和上海绿谷制药有限公司接续研发，在971后续的临床研究开发和作用机制研究方面发挥重要作用。该药的成功上市，填补了17年来抗AD领域无新药上市的空白。

11日　校长于志刚应邀访问挪威卑尔根大学。双方就具体合作内容进行交流讨论，包括方宗熙-萨斯中心建设进展、中国-挪威海洋大学联盟建设进展、在联合国可持续发展目标中的相关领域，如在水下生命和气候变化等领域开展密切合作等，并共同签署建设中国-挪威海洋大学联盟谅解备忘录。

16日　国际欧亚科学院中国科学中心第二十二次院士大会在京召开。经主席团审议通过，中国海大原校长、教授、校友会会长吴德星当选为国际欧亚科学院院士。

20日　《中国海洋大学全日制普通本科生学分制收费管理办法》公布施行。

25日　九三学社中央委员会决定授予10人"九三楷模"荣誉称号，文圣常院士获此殊荣。

26日　山东省委常委、青岛市委书记王清宪来校宣讲党的十九届四中全会精神。学校党委书记田辉主持报告会，校长于志刚出席。王清宪结合学习体会和工作实际，结合青岛具体实践，围绕如何把十九届四中全会精神贯彻落实到位，谈了认识体会。王清宪说，习近平总书记赋予了青岛打造"一带一路"国际合作新平台等国之重任，我们要进一步增强"四个意识"、坚定"四个自信"、做到"两个维护"，以开放促进创新、倒逼改革，努力蹚出一条开放创新引领的城市高质量发展之路。他对中国海大提出希望：希望学校坚持开放办学，充分挖掘师生、校友的创新能力，为"经略海洋"插上科技的翅膀；希望广大青年学生坚定共产主义理想信念，激扬青春热情，在实现中华民族伟大复兴中国梦的生动实践中书写人生华章。

12月

2日　英国东英吉利大学校长David Richardson一行到校访问，校长于志刚会见来宾。双方就进一步深化和拓展两校合作进行讨论，并签署校际研究生联合培养协议，聘任东英吉利大学海洋微生物学教授Thomas Mock为海大客座教授。

4日　学校发文，表彰第五届东升课程教学卓越奖获奖教师，赵传湖、贾婧获一等奖，石岩月、孙莹、纪建悦、吴宾、赵元晖、徐秀刚获得二等奖。

同日　学校发文，表彰第二十一届天泰优秀人才奖获奖教师，龙红岸、赵建获一等奖，王扬帆、杨树桐、张楔楔、易华西、郑海永、姜兆霞获二等奖。

5日　学校第四届本科教育教学讨论总结会暨一流本科建设论坛在崂山校区举行。中国工程院院士、四川大学原校长、国家教学成果奖特等奖获得者谢和平受邀作题为《以课堂教学改革为突破口的一流本科教育川大实践》报告。校长于志刚作题为《以学生发展为中心 打造新时代"学在海大"更加靓丽的名片》的报告。于志刚指出，《中国海洋大学一流本科教育行动计划》（即"海大本科教育30条"）作为讨论会的重要成果，是学校今后五年一流本科教育教学建设的行动指南，是学校一流大学建设必须完成的核心和基础性任务。教务处处长方奇志以《树人立新 追求卓越 推进一流本科教育教学——海大行动》为题总结汇报本科教育教学讨论会开展情况，对《中国海洋大学一流本科教育行动计划（2019—2024）》进行解读，职能部门和学院代表作交流报告。机关部处、直属业务单位负责人，学院（中心）党委书记、院长（主任）、分管本科教学工作副院长（副主任）、系主任、本科专业负责人、专业核心课程任课教师、本科生教学秘书，二级、三级教授，2019年秋季学期本科课程教学评估专家，第八届教学督导团成员，校学术委员会教学委员会本科教学工作组成员，部分学生代表参加讨论会。

9日　文苑奖学金设立20周年座谈会暨第二十届文苑奖学金颁奖仪式在崂山校区举行。党委书记田辉为曲麟昊、王泽润、万永文三位获奖学生颁奖。海洋与大气学院党委书记林旭升代表文圣常院士向获奖学生赠书。

10日　副校长吴立新院士当选2020年发展中国家科学院院士。

19日　学校与中国交通建设股份有限公司（简称"中国交建"）战略合作框架协议签约仪式在崂山校区举行。中国交通建设集团有限公司总经理、中国交建总裁宋海良，校长于志刚出席签约仪式。中国交建副总裁周静波和副校长李华军院士分别代表双方签署《中国交通建设股份有限公司 中国海洋大学战略合作框架协议》。根据协议，双方将充分发挥各自优势，致力于服务国家"海洋强国"和"一带一路"建设等重大需求，积极探索校企联合培养工程人才新模式，推动中国海洋大学产业园建设，充分发挥中国海洋大学及其研究院与中交集团属地公司的同城优势，深入打造属地化产学研创新平台，共同促进海洋事业发展。

同日　《中国海洋大学一流本科教育行动计划（2019—2024）》（"海大本科教育30条"）公布施行。该计划从指导思想、基本原则、主要目标等方面提出总体要求。《计划》提出七项主要举措：

（1）把思想政治教育贯穿本科教育全过程；（2）推动专业改革，构建多样化人才培养体系；（3）促进教学创新，持续提升教育教学水平；（4）推动信息技术与教学改革的深度融合；（5）推动创新创业教育提质升级；（6）优化内部质量保障体系；（7）提高教师教书育人能力。并将七项主要措施细化为30条具体措施。

20日　《中国海洋大学三级、四级职员岗位聘任实施办法》公布施行。

23日　首届山东省十大法治人物颁奖典礼在济南举行。学校法学院党委书记刘惠荣入选，成为山东高校法学院系中唯一获得该奖项的学者。

24日　教育部公布2019年度国家级和省级一流本科专业建设点名单，海洋科学等15个专业入选首批国家级一流本科专业建设点，物理学等17个专业入选首批山东省一流本科专业建设点。

25日　张晓华教授主持申报的国家重点研发计划项目——"以弧菌作为生物感应器指示全球/区域变化的研究"获批立项，该项目为山东省首个金砖国家合作项目。

26日　学校党委发文，同意食品科学与工程学院党委选举结果，辛华龙为院党委书记。

27日　"新时代司法为民好榜样"在北京揭晓。环境科学与工程学院教授马启敏获此殊荣，并作为司法鉴定领域获奖者代表上台领奖，成为山东省司法鉴定领域首位获得该称号的专家。

28日　《中国海洋大学中层干部选拔任用工作实施办法（试行）》公布施行。

30日　重新修订后的《中国海洋大学校长办公会议议事规则》公布，自2020年1月1

日起施行。

31日　教育部党组书记、部长陈宝生来校调研。党委书记田辉、校长于志刚陪同调研青岛海洋生物医药研究院、海洋高等研究院，考察海洋药物与食品学科群和海洋科学学科群建设情况，观看南海潜标网视频和深水试验池滑翔机实验，了解"蓝色药库"开发情况和相关研发平台建设运行情况。校长于志刚以《树人立新 谋海济国 建设特色显著的世界一流大学》为题汇报工作，马克思主义学院教师代表王萍汇报思政课建设情况，工程学院教授刘勇汇报海洋工程学科建设、科研创新及服务国家战略有关情况。陈宝生充分肯定学校作为中国海洋教育科研的重镇为海洋强国建设作出的贡献，并对学校一流大学建设提出希望：中国海洋大学"双一流"建设要在方向、着力点和动能上紧密结合国家战略，高度重视创新。

同日　教育部发文批复，中国海洋大学深海圈层与地球系统前沿科学中心立项建设，是教育部第二批立项的7个前沿科学中心之一，也是山东省首个教育部前沿科学中心。

前沿科学中心设立于2018年，是我国高等学校基础研究"珠峰计划"的核心内容，是教育部推动高等学校加强基础研究、实现创新引领的重要举措。学校"深海全程与地球系统前沿科学中心"整合海洋高等研究院和4个教育部重点实验室的优势资源和力量，依托海洋一流学科，发挥大气、地质、化学、生物、信息等多学科综合优势，汇聚这些领域高水平人才团队，聚焦深海能量物质循环及其气候效应、海底圈层耦合与板块俯冲、深海极端环境下的生命过程三大关键科学问题，以深海观测、探测、模拟以及大数据技术为支撑，进行跨学科交叉融合研究。

同日　新修订的《中共中国海洋大学委员会常务委员会会议议事规则》《中共中国海洋大学委员会全体会议议事规则》公布，自2020年1月1日起施行。

本年　经学校岗位设置管理与聘任工作领导小组审定，马春花、王刚、王伟（医药学院）、王扬帆、王海涛、孔明、许博超、吴宾、张瑛、张彦娇、张洪海、陈旭（海洋与大气学院）、周丽芹、郑海永、侯虎、姜素华、徐莹、唐小千、梅宏、常耀光、纪玉俊、王洪兵、岳跃利、卢昆、李晨、马昕、亓夫军、杨世民、唐旭利、宰学荣、纪玉洪、王继贵、吴军、荆莹等获聘教授四级专业技术职务评聘资格。

本年　据学校上报教育部的《高等教育基层报表》统计，共有学院20个，全日制本科专业74个。博士学位授权一级学科点16个、硕士学位授权一级学科点36个、博士后流动站15个、国家一级重点学科2个、国家二级重点学科9个、国家重点（培育）学科1个。

国家工程研究中心1个，国家工程技术研究中心1个，省部级设置的研究实验室23个。

在校教职工总数为3575人，其中正高级650人、副高级872人，专任教师1799人，其中博士学历1366人、硕士学历336人。聘请校外教师317人，其他高校教师161人。中国科学院院士（人事关系在本校）4人，中国工程院院士（人事关系在本校）4人，国家级人才计划入选者7人，"长江学者奖励计划"特聘教授8人，"国家杰出青年科学基金"获得者19人。

本科招生数3811人，毕业生数3601人，授予学位数3601人。硕士研究生招生数3755人，毕业生数2450人，授予学位数2451人。博士研究生招生数546人，毕业生数399人，授予学位数364人。外国留学生招生数522人，毕业生数582人，授予学位数95人。在校学生总数为53869人，其中博士生1934人、硕士生10497人、本科生15587人；成人教育本科生5449人、成人教育专科生20402人。在职人员攻读硕士总数为3754人。在校留学生1109人。

实到科研经费8.96亿元，同比增长22%，创历史新高。获批5项国家重大科学研究计划项目，4项政府间国际合作项目，168项国家自然科学基金项目。获批省市项目150余项、国防科研项目26项。获批国家社科基金项目26项，覆盖当年全部项目类型，立项经费达675万元。学校教师为第一作者或通讯作者在*Science*、*Nature*及其子刊等国际学术期刊发表论文8篇，发表高水平科技论文2300余篇。获国家自然科学二等奖1项，国家技术发明二等奖1项，全省科学技术最高奖1项，教育部科技奖励5项，山东省技术发明奖2项。

馆藏图书255.04万册。占地总面积1619696.8平方米，校舍占地面积944177.03平方米。固定资产396415.67万元。网络信息点数46257个。

本年　学校科研成果获奖情况（省部级三等奖以上）见表51、表52。

表51　2019年学校科研成果获奖情况（省部级三等奖以上，自然科学类）

序号	项目名称	获奖情况	主要完成人
1	近浅海新型构筑物设计、施工与安全保障关键技术	国家科学技术进步奖二等奖	李华军　张　鸿　刘　勇
2	人工合成纳米颗粒的环境地球化学过程及生物响应	教育部高等学校科学研究优秀成果奖自然科学一等奖	王震宇　赵　建　朱小山
3	大型半潜式平台设计分析关键技术及工程应用	教育部高等学校科学研究优秀成果奖科技进步二等奖	王树青　庞福振　滕　瑶
4	滨海动力环境灾害防护工程关键技术	教育部高等学校科学研究优秀成果奖技术发明二等奖	梁丙臣　刘德进　武国相

续表

序号	项目名称	获奖情况	主要完成人
5	纤毛虫原生动物的分子系统演化与遗传信息库构建	教育部高等学校科学研究优秀成果奖自然科学二等奖	伊珍珍　高　凤　赵　研
6	深水大功率电磁探测技术与装备研发与应用	教育部高等学校科学研究优秀成果奖科技进步二等奖	李予国　亓夫军　刘兰军
7	新型智能人机交互与融合计算关键技术研究与产业应用	山东省科技进步一等奖	魏志强　潘景山　贾东宁
8	猪肠黏膜活性成分的制备、质控体系的构建及产业化开发应用	山东省科技进步二等奖	于广利　李国云　蔡　超
9	近海生态环境和溢油立体监测与处理关键技术研究、装备研制及应用	山东省技术发明二等奖	刘贵杰　綦声波　于敬东

表52　2019年学校科研成果获奖情况（省部级三等奖以上，社会科学类）

序号	项目名称	获奖情况	主要完成人
1	《营运资金管理发展报告系列丛书》：《资本效率发展报告2017》《财务风险发展报告2017》	山东省第三十三次社会科学优秀成果奖三等奖	王竹泉
2	海洋产业集聚与海洋科技人才集聚协同发展研究——基于耦合模型构建	山东省第三十三次社会科学优秀成果奖三等奖	张樨樨

2020年

1月

9日 经校学位评定委员会审定通过,甘波澜、张恒贵、张晗、石耀霖、姜兆霞、张伟龙、陈银、刘鲁宁、李学臣、薛宇、金永成、高金伍、于国栋、吴亚欣、贺爱军、金永明、朱苏力等17人获得博士研究生指导教师资格。

10日 学校召开"不忘初心、牢记使命"主题教育总结大会,党委书记田辉作报告,全面总结学校主题教育开展情况。一是提高政治站位,以高度的政治责任感加强组织领导、统筹安排、宣传引导。二是聚焦主题主线,四项重点举措有机融合、统筹实施、一体推进。着力于"深",学习教育筑根强基;着力于"质",调查研究求真求实;着力于"准",检视问题追根溯源;着力于"实",整改落实务求实效。三是强化使命责任担当,主题教育取得显著成效。同时对学校下一步如何巩固深化主题教育成果提出要求。教育部直属高校"不忘初心、牢记使命"主题教育第五巡回指导组组长杜向民对学校"不忘初心、牢记使命"主题教育开展情况给予充分肯定和高度评价。他说,中国海洋大学深入学习贯彻习近平新时代中国特色社会主义思想,紧密结合学校实际,始终聚焦主题主线主旨,牢牢把握根本任务,全面贯彻落实总要求,学校领导班子和干部队伍的精神面貌发生了可喜的变化,学校改革发展稳定各项工作呈现了新的局面,主题教育取得了明显成效。他对学校下一步巩固扩大主题教育成果提出要求。

"不忘初心、牢记使命"主题教育总结大会

同日 中共中央、国务院在北京隆重举行国家科学技术奖励大会,中国海大获2019年度国家科学技术奖两项。李华军领衔完成的成果"近浅海新型构筑物设计、施工与安全保障关键技术"荣获国家科技进步二等奖。于志刚作为第二完成人取得的成果"近海赤潮灾害应急处置关键技术与方法"荣获国家技术发明二等奖。

15日 《中国海洋大学2019年度毕业生就业质量报告》向社会公布。报告以2019届6536名毕业生就业数据为基础,截至2019年12月30日,学校毕业生总体就业率为91.6%。

16日 《中国海洋大学合同管理办法》公布施行。

李华军院士在北京人民大会堂领奖

19日　《中国海洋大学因公临时出国（境）管理办法》公布施行。

22日　《中国海洋大学全面落实研究生导师立德树人职责实施办法（试行）》公布施行。

2月

3日　学校发文，文学与新闻传播学院汉学系更名为汉语国际教育系。

5日　《中国海洋大学公共卫生防疫物资管理办法（试行）》公布施行。

同日　教育部公布2019年度能源与矿业、环境与轻纺、土木、水利与建筑等领域74个教育部工程研究中心评估结果。海洋油气开发与安全保障教育部工程研究中心获评优秀。

6日　根据疫情发展形势，为进一步充实防控工作力量，完善工作机制，学校调整疫情防控工作领导小组，组长为田辉、于志刚，副组长为张静、李巍然、闫菊、李华军、王剑敏、吴立新、吴强明、于利。领导小组下设10个工作组：综合协调组、学生工作组、教工工作组、疫情处置组、安全保卫组、后勤保障组、教学保障组、宣传及舆情工作组、科研攻关组、督导检查组。

21日　教育部公布2019年普通高等学校本科专业备案和审批结果，学校申报新增的数据科学与大数据技术、微电子科学与工程、网络空间安全三个本科专业获准设置。

26日　山东省人民政府发文，公布有突出贡献的中青年专家，王栋、包木太入选。

3月

3日　教育部公布新批准的44个中外合作办学项目，"中国海洋大学与英国赫瑞－瓦特大学合作举办计算机科学与技术专业本科教育项目"在内。这是继学校与澳大利亚塔斯马尼亚大学合作举办海洋科学专业本科教育项目、与美国亚利桑那大学合作举办法学专业本科教育项目之后第三个中外合作办学项目。

16日　2020年新学期学校工作部署会召开。党委书记田辉总结2019年工作并以《发扬斗争精神，凝心聚力，攻坚克难，夺取疫情防控和学校事业发展双胜利》为题，对2020年学校工作进行动员部署。田辉强调，2020年是学校实现基本建成国际知名、特色显著的高水平研究型大学近期发展目标的冲刺之年，是"十四五"的谋划之年。面对阻击疫情"大战"和攻坚克难"大考"，全校党员领导干部和教职员工要发扬斗争精神，凝心聚力，以冲锋的姿态、顽强的意志夺取疫情防控和学校事业发展双胜利。校长于志刚部署2020年工作。他强调，一是要落实"海大本科教育30条"，加快推进一流本科建设；二是要坚持内涵发展，着力推进学科群和学位点建设；三是要持续抓牢抓好重大支撑平台与基地的建设和改革，进一步增强学校创新能力和服务经济社会发展的能力；四是要加强战略谋划，为"十四五"发展抢抓机遇。党委常务副书记张静在通报近期学校COVID-19疫情防控工作情况时指出，学校要按照教育部和山东省教育厅要求，毫不松懈地抓紧抓实抓细抓好疫情防控工作，统筹做好疫情防控和学校事业发展，切实做到两手抓、两手硬、两手胜。

24日　新修订的《中国海洋大学知识产权管理办法》公布施行。

29日　《中国海洋大学领导干部插手干预重大事项记录暂行办法》公布施行。依据办法规定，领导干部有以下情形之一，属于插手干预重大事项：（1）违反有关规定，对本应由下级自主作出决定的重大事项，直接代替其作出决定或者要求下级按照其意图作出决定的；（2）要求承办或者参与重大事项的工作人员私下会见相关关系人或者其他利害关系人的；（3）亲自或者授意、纵容亲属及身边工作人员通过各种方式为他人请托、说情、打招呼的；（4）打探非自己分管领域或者职责范围内应当保密的事项，或者索取相关保密内容的；（5）为达到个人目的和意图，利用职权故意设置障碍，间接拖延重大事项开展的；（6）明知有法定的回避情形而拒绝回避的；（7）其他影响重大事项正常实施，妨碍公平公正的行为。

4月

9日　《中国海洋大学国家杰出青年科学基金项目经费使用"包干制"管理办法》公布施行。

22日　教育部批复，同意设立中国海洋大学海德学院。该学院由学校和澳大利亚阿德莱德大学举办。海德学院定位为创新型、示范性的国际化学院，将立足中国本土，强化智能数据分析基础、突出海洋与国际化培养特色，致力于培养具有国际视野的创新人才。学院以开展本科学历教育为主，学制为4年，办学总规模为1200人，2020年首批计划招生不超过300人，开设生物技术、食品科学与工程、数学与应用数学3个本科专业。

同日　青岛市总工会公布2020年青岛市五一劳动奖状、五一劳动奖章和青岛市工人先锋号名单，学校信息学院计算机视觉实验室荣获2020年青岛市工人先锋号荣誉称号。

27日　山东省总工会公布2020年山东省五一劳动奖和山东省工人先锋号评选结果，学校信息科学与工程学院院长魏志强荣获2020年山东省五一劳动奖章。

29日　法学院在读博士研究生张永海被授予第16届西藏青年五四奖章。

同日　山东省科学技术厅批复，依托海大申报的山东省海洋药物技术创新中心启动建设，这是学校首个省级技术创新中心。

本月　全国地学领域高质量科技期刊分级目录遴选完成。其中，海洋学领域高质量科技期刊共46种，T1类学术期刊6种，T2类学术期刊15种，T3类学术期刊25种。《中国海洋大学学报（英文版）》《中国海洋大学学报（自然科学版）》和 *Marine Life Science & Technology* 分别位于海洋学T1、T2、T3级期刊之列。

5月

8日　学校召开领导班子和领导干部2019年度考核及干部选拔任用"一报告两评议"大会。校长于志刚代表学校党政领导班子作述职述廉报告。党委书记田辉代表学校党委报告干部选拔任用工作。会上，班子成员依次作个人述职述廉报告。与会人员对学校领导班子和领导干部进行民主测评和民主评议。

同日　学校召开2020年全面从严治党工作会议。党委书记田辉传达习近平总书记在十九届中央纪委四次全会上和在陕西考察时的重要讲话精神，以及上级关于全面从严治党的部署要求，总结2019年全面从严治党工作，就做好2020年工作作出部署。他强调，要提高政治站位，准确把握全面从严治党新形势，切实增强全面从严治党的思想自觉、政治自觉、行动自觉，以永远在路上的执着把全面从严治党引向深入；要落实政治责任，认真贯彻全面从严治党新部署，以政治建设为统领，加强党的全面领导，落实管党治党责任，把习近平总书记重要讲话精神、上级工作部署和各项工作任务落到实处；要强化政治担当，奋力展现全面从严治党新作为，一以贯之、坚定不移全面从严治党，推动学校党的领导和建设全面加强，团结带领全校师生员工，奋力夺取疫情防控和事业发展双胜利。校长于志刚就贯彻落实会议精神提出要求。学校纪委负责同志通报教育部党组查处的违纪违法案件和学校查处的违规违纪问题，开展警示教育。

10日　童第周先生、曾呈奎先生铜像揭幕仪式在鱼山校区举行。校长于志刚，副校长李巍然，德同生物技术有限公司总裁、海洋生命学院1978级校友华绍炳，海洋生命学院教授李永祺、张志南、张学成，中国工程院院士、海洋生命学院院长包振民等为铜像揭幕。之后，在化学馆举行海洋生命学院建院90周年学科发展交流会。

同日　《中国海洋大学突发新冠肺炎疫情应急处置工作预案》公布施行。

19日　中共教育部党组经与山东省委商得一致并研究决定：杨茂椿同志任中共中国海洋大学委员会委员、常委、副书记、纪律检查委员会书记，免去卢光志同志的中共中国海洋大学纪律检查委员会书记职务。

22日　学校党委理论学习中心组（扩大）举行第61次专题学习。清华大学文科资深教授、苏世民书院院长薛澜应邀通过互联网远程视频，作题为《中国应急管理现代化之路》专题报告。

25日　西海岸校区教工公寓获批立项。教工公寓一期项目位于校区西北地块，规划总建筑面积16万平方米，其中地上建筑面积12万平方米，地下建筑面积4万平方米，规划建设约1000套公寓，核定项目总投资67692万元，所需资金由学校筹措。

26日　学校举行仪式，聘任复旦大学资深教授葛剑雄为顾问教授、云冈石窟研究院院长张焯为兼职教授，校长于志刚为两位教授颁发聘书。

29日　*Science*期刊发表题为《热带气旋的增强使黑潮加速》的文章。此项成果由学校"青年英才工程"第一层次教授、国家自然科学基金优秀青年基金获得者张钰为第一作者兼通讯作者，物理海洋教育部重点实验室王伟及其他合著者合作完成。

30日　第二届全国创新争先奖表彰奖励大会在北京举行，包振民院士荣获全国创新争先奖。

本月　学校食品科学与工程学院汪东风主讲的在线课程——食品化学，获批在"爱课程"国际平台上线。

6月

4日　中国海洋大学推进云南省绿春县定点扶贫工作座谈会暨定点帮扶合作协议签约仪式在绿春县举行。

8日　海洋环境与生态教育部重点实验室、教育部深海圈层与地球系统前沿科学中心高会旺团队及合作者在国际学术期刊*PNAS*发表最新研究成果《大气砷健康风险的全球影响：2005—2015》。该成果由硕士生张磊为第一作者，学校"青年英才工程"第一层次教授高阳及加州大学伯克利分校Kirk Smith教授等为共同通讯作者，物理海洋教育部重点实验室张绍晴教授、海洋环境与生态教育部重点实验室姚小红教授和高会旺教授共同合作完成。

12日　医药学院杨金波教授团队在国际学术期刊*PNAS*在线发表题为"Loss of ZIP Facilitates JAK2-STAT3 Activation in Tamoxifen-resistant Breast Cancer"的最新研究成果。论文第一作者为杨金波的博士生朱宁。

15日　学校党委发文，设立中国共产党中国海洋大学深海圈层与地球系统前沿科学中心委员会。张静任党委书记（兼），庞洪涛任党委常务副书记（试用期一年）。

同日　学校发文，成立深海圈层与地球系统前沿科学中心管理委员会，主任为于志刚，副主任为吴立新、王剑敏。设立深海圈层与地球系统前沿科学中心主任委员会，主任为吴立新。中心内设机构为深海动力过程与气候研究部、深海生物地球化学过程与环境研究部、海底圈层交换与板块运动研究部、深海极端环境与生命过程研究部、深海系统模拟与数据科学研究部等五个研究部，海洋科考平台、观测技术平台、海洋超算平台、分析测试平台、科教融合平台、国际合作平台等六个支撑平台，以及行政事务部。

17日　经中共中央宣传部宣传舆情研究中心批准，"中国海洋大学学习强国号"上线。学校是全国第22所也是山东省第一所开通"学习强国号"的高校。"学习强国号"开设新闻角、回澜阁、领航台、海大园、海之窗五个栏目。

18日　"蓝色药库"开发计划联席会议在青岛海洋生物医药研究院召开，联席会议成员听取"蓝色药库"研究、以抗肿瘤药物BG136为代表的海洋糖工程药物开发和"智能＋"海洋药物研发技术体系构建进展及新冠科研攻关汇报。会上，青岛市副市长耿涛、中国工程院院士管华诗共同为青岛国际寡糖制备中心揭牌。

同日　中国海大与荣华建设集团有限公司校企合作暨荣华教育基金捐赠签约仪式在崂山校区举行。荣华建设集团有限公司通过青岛市慈善总会向学校捐赠100万元，设立中国海洋大学荣华教育基金，用于荣华奖学金、荣华创新创业基金、荣华学生活动基金以及荣华建设集团有限公司与马克思主义学院党建共建等。学校党委常务副书记、校友会常务副会长张静，党委常委、总会计师、教育基金会理事长王剑敏，青岛市慈善总会会长、青岛市委原副书记王伟，荣华建设集团党委书记、董事长孙涌等出席仪式。

19日　中国工程教育专业认证协会发布通知，食品科学与工程、勘查技术与工程两个专业再次通过国家工程教育专业认证，纳入《华盛顿协议》互认名单。

23日　国际学术期刊*PNAS*在线发表题为"Global Impact of Atmospheric Arsenic on Health Risk：2005 to 2015"的研究成果，环境科学与工程学院高阳为通讯作者。

24日　新修订的《中国海洋大学本科教学督导工作实施细则》公布施行。

25日　学校发文，设立中国共产党中国海洋大学海德学院总支委员会，秦尚海任党总支书记。

26日　学校发文，任命董军宇为海德学院院长（试用期一年）。

28日　青岛特锐德电气股份有限公司董事长于德翔一行到校，就校企合作事宜进行座谈。校长于志刚、副校长闫菊会见于德翔一行。

30日　学校学位委员会准予海洋发展研究院设立海洋可持续发展交叉博士点，于2021年开始招生。

7月

2日　山东省2019年度科技创新大会在济南举行。学校获山东省科学技术奖一等奖

1项、二等奖2项、国际科技合作奖1项。魏志强主持完成的成果"新型智能人机交互与融合计算关键技术研究与产业应用"获2019年度山东省科技进步奖一等奖。

3日　山东省教育厅公布2019年度高等学校优秀学生、优秀学生干部和先进班集体评选结果，张瑞泽等29名学生获评山东省优秀学生，李明昊等14名学生获评山东省优秀学生干部，2017级海洋化学1班等7个班集体获评山东省先进班集体。

7日　学校发文，设立中国共产党中国海洋大学三亚海洋研究院总支委员会、中国共产主义青年团中国海洋大学三亚海洋研究院委员会、中国共产主义青年团中国海洋大学海德学院委员会。

8日　经校学位评定委员会审定通过，陈旭、姚庆祯、苏荣国、包锐、许博超、庄光超、徐佳、伍联营、孟祥超、仇萌、毕乃双、臧晓南、张伟鹏、王扬帆、黄晓婷、孔明、迟恒、于红、孙鹏、薛莹、张沛东、徐莹、董士远、秦冲、任为武、刘红兵、朱天骄、刘明、唐瑞春、仲国强、郑海永、殷晓斌、孙秀军、刘贵杰、寇海磊、陈凌云、鹿有余、詹红兵、郭美婷、何满潮、郭秀军、刘涛、刘晓磊、张玥、贾凡胜、汪克亮、于谨凯、李剑、李雪梅、梁镛、张小玲、李海英、Anna Siyanova、王志刚、李扬、黄湘金、邱焕星、马树华、吕泽华、刘卫先、孙凯、马学广等62人获博士研究生指导教师资格。

8—9日　根据疫情防控常态化形势和要求，学校以学院（中心）为单位组织毕业典礼。在体育馆、海洋科技楼报告厅、鱼山校区学术交流中心等6个场馆分别举办各学院（中心）2020届学生毕业典礼暨学位授予仪式。本届毕业生共有301名博士生、3019名硕士生、3689名本科生，分别取得博士、硕士和学士学位。

13日　经研究，教育部人事司同意学校聘任卢光志同志为三级职员。

14日　学校发文，刘贵杰获评第六届中国海洋大学教学名师。

同日　学校发文，表彰第九届本科教学优秀奖获奖教师，其中孟祥红获一等奖，周丽芹、姜永玲获二等奖。

同日　人力资源和社会保障部、教育部公布2020年"百千万人才工程"入选人员名单，海洋生物多样性与进化研究所赵呈天入选，并被授予有突出贡献的中青年专家。

15日　新修订的《中国海洋大学博士后管理工作实施细则》公布施行。

22日　学校在崂山校区召开"不忘初心、牢记使命"主题教育整改落实专题工作会。会议总结分析主题教育整改落实进展情况，明确后续工作要求。党委书记田辉，党委常务副书记张静，党委副书记、纪委书记杨茂椿出席会议。

同日　学校参与竞标国家卫星海洋应用中心"海洋水体与大气同步观测系统建设技

术开发"项目,信息科学与工程学院陈树果作为项目负责人中标,项目经费近1700万元,是近5年来学校承担的最大横向社会服务项目。

29日 教育部公布首届全国高校美育教学指导委员会委员名单,艺术系、艺术教育中心康建东教授入选。

本月 由深海圈层与地球系统前沿科学中心和青岛海洋科学与技术试点国家实验室海洋动力过程与气候功能实验室共同承担的西北太平洋综合科考航次,成功布放最后一套实时潜标系统,顺利完成在黑潮延伸体海区的科考任务。至此,经过5年建设,我国在西北太平洋黑潮延伸体实时定点观测系统一期构建完成。

8月

9日 学校发文,成立民营企业成长学院,依托管理学院运行。

12日 胶东经济圈一体化商协会联盟成立大会暨中国海洋大学民营企业成长学院成立仪式举行。青岛市委副书记王鲁明、校党委书记田辉共同为学院揭牌。胶东5市相关领导及民营企业家代表200多人参加活动。中国海大民营企业成长学院由胶东半岛5市工商联(总商会)联合发起成立,是全国首家高校成立的民营企业成长学院。

18日 董双林团队研发的黄海冷水团鲑鳟鱼绿色养殖技术进行产业化实验。农业农村部渔业渔政管理局批复,由青岛市在南黄海海域设立全国首个国家深远海绿色养殖试验区,总面积553.6平方千米。

23日 第九届全国海洋航行器设计与制作大赛暨2020海洋装备创新赛落下帷幕。受COVID-19疫情影响,竞赛采用线上形式举行。学校共有9支队伍进入决赛,获特等奖1项,一等奖2项,二等奖3项。

24日 第五届山东高校辅导员素质能力大赛在济南举行,环境科学与工程学院辅导员祁华获一等奖。

25日 为期三天的学校党政联席扩大会议(第38次崂山会议)召开。会议主要任务是,在学校整体发展战略和理念体系指导下,根据新形势新任务,面向未来10年,讨论学校事业发展的整体思路、重点目标、重要布局、重大举措,奠定编制学校"十四五"事业发展规划的思想基础。会议聚焦优化学科布局和建设路径、优化校区功能布局、提升服务重大需求能力、加强资源汇聚等4个专题展开讨论。

27日 至9月10日,各学院(中心)分别举办2020级研究生开学典礼,并开展内容丰富的入学教育活动。本年共招收硕士研究生4461人,博士研究生616人;留学生硕士研究生61人,留学生博士研究生21人。

28日　中国药科大学党委书记金能明一行来校调研马克思主义学院建设。党委书记田辉会见金能明一行并座谈交流。

31日　中国科学院院士、解放军保密委员会技术安全研究所研究员郑建华受聘学校特聘教授仪式在崂山校区举行。仪式开始前，校长于志刚与郑建华进行会谈。

9月

2日　国际学术期刊*Nature*在线发表题为《蝴蝶效应与厄尔尼诺在全球变暖下的自我调节机制》的文章。该成果由海洋高等研究院、物理海洋教育部重点实验室客座教授、海洋试点国家实验室领军科学家、南半球海洋研究中心主任蔡文炬院士为第一作者，物理海洋教育部重点实验室主任、海洋试点国家实验室主任吴立新院士为共同通讯作者，实验室在读博士生耿涛以及来自美国、澳大利亚的多位知名学者为合著者的科研团队共同完成。

同日　学校发文表彰2020年度"中国海洋大学最美教师"，于广利、马慧、王竹泉、王芳、毛相朝、高会旺、黄菲、董振娟、薛清元获最美教师称号。

4日　"2020齐鲁最美教师"颁奖典礼在山东教育电视台举行。王竹泉荣获2020年度山东省教书育人楷模称号。

8日　全国金融专业学位研究生教育指导委员会公布第六届全国优秀金融硕士学位论文评选结果，经济学院金融硕士2019届毕业研究生徐菡的学位论文《产融结合对企业融资约束的影响效应研究——以制造行业A股上市公司为例》入选。

9日　学校在崂山校区召开教授代表大会，选举产生新一届校学术委员会委员。党委书记田辉，校长于志刚，两院院士管华诗、冯士筰、吴立新、宋微波等出席大会。经过教授代表选举，于广利等59人当选新一届学术委员会委员，中国科学院院士、副校长吴立新当选主任委员，中国工程院院士麦康森，中国科学院院士宋微波，中国工程院院士、副校长李华军，中国工程院院士包振民当选副主任委员，于广利等23位委员当选常务委员，校长于志刚为新当选的主任委员、副主任委员和常务委员颁发聘书。

同日　学校发文，对取得重要学术成果、为学校事业发展作出重大贡献的教职工颁发校长特殊奖励，吴德星、吴立新、李华军团队（团队成员李华军、刘勇、梁丙臣、黄维平）、蔡文炬、张钰、任一平获突出贡献奖。

12日　新疆生产建设兵团第九批中央和国家机关、中央企业援疆工作总结表彰大会在乌鲁木齐召开，学校援派干部卢光志同志被授予第九批中央和国家机关、中央企业优秀援疆干部人才并记二等功。

15日　中国气象局公布第二届全国气象教学名师入选名单，学校海洋与大气学院盛立芳获评全国气象教学名师。全国气象系统共有九名教师获此荣誉。

18日　教育部党组第七巡视组巡视中国海洋大学党委工作动员会议召开。巡视组组长高文兵作动员讲话，教育部巡视办负责同志提出工作要求。学校党委书记田辉作表态发言，党委副书记、校长于志刚主持会议。学校领导班子成员参加会议。

"双一流"建设周期总结专家咨询评审会

同日　学校召开"双一流"建设周期总结专家咨询评审会。武汉大学校长窦贤康院士、中国科学院水生生物研究所桂建芳院士、江南大学陈坚院士、华东理工大学涂善东院士、北京大学杨河教授、中国科学院科技战略咨询研究院党委书记穆荣平研究员组成专家组，对学校"双一流"建设周期成效进行现场咨询评审。经过评审，专家组一致认为，中国海洋大学高质量完成本周期一流大学建设任务，部分任务和指标超预期完成。对照学校一流大学建设方案，总体符合度好、目标达成度高，学校世界一流大学建设活力强、后劲足，为下一轮建设奠定了坚实的基础。专家组一致同意通过周期评估。

18日—20日　各学院（中心）分别举行2020级本科生开学典礼和入学教育活动。本年学校共招收本科生3957人，本科留学生47人。

19日　《中共中国海洋大学委员会巡察工作办法》《中共中国海洋大学委员会巡察成果运用办法》公布施行。

23日　《中国海洋大学内部审计工作规定》《中共中国海洋大学委员会整治形式主义官僚主义问题若干措施》公布施行。

25日　三亚海洋研究院研究生开学仪式在"东方红3"船上举办。7日，首届174名专业硕士研究生在三亚开学报到。开启学校远离本埠培养全日制研究生的新探索。

同日　学校发文，任命闫菊为三亚海洋研究院党总支书记、院长，邵长江为执行院长（试用期1年）。

26日　中国新农科水产联盟成立大会在青岛举行。中国海大校长于志刚、教育部高等教育司农林医药科教育处处长高斌、水产联盟理事长麦康森院士等出席会议并讲话。水产联盟是由中国海大发起成立的非营利、公益性的社会组织。旨在凝心聚力、汇集智慧，改造提升现有水产学专业，布局适应新产业、新业态发展需要的新型水产专业。同时围绕乡村振兴战略和生态文明建设，推进水产专业课程体系、实践教学、协同育人等方面改革。水产联盟汇聚27所高校、15家行业企业、7个科研院所和协会组织，涵盖我国水产教育、科研、行业最主要的优势力量。联盟将本着共建共享、平等互利、合作共赢的原则，依托和汇聚大学、企业、研究所、行业协会等相关优质教学资源和科研力量，共享专业建设和科技成果，引领带动专业结构优化和水平提升。

同日　全国水产技术推广总站——中国海洋大学卓越水产人才实践教育中心签约仪式在崂山校区举行。全国水产技术推广总站站长崔利锋和中国海大校长于志刚签署合作协议。根据协议，双方将合作共建卓越水产人才实践教育中心，建立高校与水产技术推广示范基地联合培养人才的新机制。

29日　山东省教育厅公布46个山东省产教融合研究生联合培养示范基地立项建设名单。学校申报的电子信息产教融合研究生联合培养示范基地和海洋药物研发产教融合联合培养基地获批立项建设。

10月

9—11日　秋韵墨意——王蒙先生系列学术活动在崂山校区举办。活动期间，人民艺术家，学校顾问、教授、文学与新闻传播学院名誉院长王蒙先生作《永远的文学》学术演讲，举行刘醒龙、何向阳、刘金霞驻校作家聘任仪式，韩春燕教授学术报告会以及王蒙研究全国联席会议成立大会暨第一次理事会等系列学术活动。校长于志刚出席王蒙研究全国联席会议成立大会并致辞。

13日　《中国海洋大学"基础学科拔尖学生培养计划"实施办法》公布施行。

15日　学校发文，对学生工作机构进行调整：整合党委学生工作部、党委研究生工作部职责，成立新的党委学生工作部；整合学生工作处、学生资助工作办公室、心理健康教育与咨询中心职责，成立新的学生工作处。党委学生工作部统领武装部、学生工作处、学生就业创业指导与服务中心等部门工作，统筹推进共青团工作。学生工作处内设综合办公室、学生思政工作办公室、学生资助工作办公室、心理健康教育与咨询中心。团委内设组织部、宣传部、实践部、社团管理部、科技创新服务中心。学生就业创业指导与服务中心不设内设机构。

16日　学校召开落实全国研究生教育会议精神工作推进会。旨在深入学习习近平总书记关于研究生教育的重要指示和全国研究生教育会议精神，落实立德树人根本任务，深化学校研究生教育改革创新，着力提升研究生教育质量。党委书记田辉说，首次全国研究生教育会议彰显了以习近平同志为核心的党中央高度重视培养造就大批德才兼备的高层次人才，加快实施人才强国战略的坚定信心和决心。他强调，研究生培养是学校特色发展、内涵发展、高质量发展的重要方面和关键内容，对学校一流大学建设具有特别重要的意义。校长于志刚在讲话中就如何深入开展好大讨论、深入推进研究生教育改革发展提出了意见：一是高度重视，深刻认识这次大讨论的重要意义；二是聚焦关键环节，力争有所创新，有所突破；三是讲究讨论方法，务必取得实效。副校长闫菊在会上作主旨报告，部署全校研究生教育改革发展大讨论工作。

20日　第十五届"中国大学生年度人物"推选展示活动评选结果公布，学校管理学院2016级农业经济管理专业博士研究生马贝入选，成为学校首位获得该项荣誉的学生。马贝是学校红旗智援博士团创立人之一。

28日　《中国海洋大学领导班子成员联系服务专家实施办法》公布施行。

同日　学校发文，任命于淑华为党委学生工作部部长、学生工作处处长，下月，又被任命为武装部部长；李春雷为附属学校筹建工作办公室主任。

29日　《中共中国海洋大学委员会支部建设规范提升工作方案》公布施行。

11月

2日　《中国海洋大学课程思政建设实施方案》公布施行。

3日　国际学术期刊*PNAS*在线发表题为"Identify Potent SARS-CoV-2 Main Protease Inhibitors Via Accelerated Free Energy Perturbation-based Virtual Screening of Existing Drugs"的研究成果，王鑫为通讯作者。

6日　学校发文，成立软件学院，依托信息科学与工程学院建设运行；任命魏志强为软件学院院长（兼）。

15日　中国海洋发展研究中心、中国海洋发展研究会、山东省生态环境厅、山东省海洋局、中国海洋大学共同主办的"陆海统筹 建设绿色可持续的海洋生态环境"学术论坛和"山东海洋生态文明"专题研讨会在青岛召开。

教学督导工作建制20周年座谈交流会

18日　学校在崂山校区召开教学督导工作建制20周年座谈交流会。校长于志刚在发言中说，回顾教学督导工作20年发展历程，从老一辈教学督导专家的事迹和情怀中，深刻感受到学校教学督导传统所蕴含的文化力量。教学督导与课程评估、教学支持一起，贯穿教学全过程，厚植了"学在海大"的基础。面对百年未有之大变局以及教育方式的变化，我们应深入思考创新与发展，探索制度与文化、物质与精神的有机结合，为"十四五"时期进一步提升教师教学、促进学生成长做好前瞻规划。

20日　全国精神文明建设表彰大会在北京召开，中国海大获评全国文明校园。

22日　为期10天的第十六届国际遗传工程机器大赛（iGEM）线上决赛落下帷幕。由海洋生命学院科技协会7名本科生组成的OUC-China团队荣获国际金奖。团队已连续5年获金奖。

24日　崇本学院揭牌仪式在崂山校区举行。校长于志刚在讲话中指出，希望崇本学院探索新形势下基础学科拔尖人才培养的有效途径，培养具有大海洋知识背景的拔尖人才，造就海洋事业的领军人才和骨干力量，为学校进一步深化教育教学改革、实施拔尖学生培养计划开辟新的道路。

同日　2020年全国劳动模范和先进工作者表彰大会在北京隆重举行。李华军院士作为受表彰的全国先进工作者参加大会。

同日　《中国海洋大学二级党组织书记履行全面从严治党责任和抓基层党建工作述职评议考核办法》公布施行。

25日　学校党委中心组（扩大）举行第62次专题学习，邀请中共中央党校（国家行政学院）科学社会主义教研部李志勇教授，通过互联网远程视频，作题为《开启全面建设社会主义现代化国家新征程——学习党的十九届五中全会精神》的专题报告。

29日　学校第十七次学生代表大会、第十次研究生代表大会在崂山校区召开。来自22个学院（中心）的165名本科生代表、125名研究生代表参加大会。校党委常委、校长助理吴强明出席开幕式并讲话。大会审议《中国海洋大学第十六届学生会工作报告》《中国海洋大学第九届研究生会工作报告》和《中国海洋大学学生会章程（修订案）》《中国海洋大学研究生会章程（修订案）》，选举产生新一届学生会、研究生会主席。

30日　教育部公布首批国家级一流本科课程认定结果，学校26门课程入选。其中物理海洋学等线下一流课程10门，食品工厂设计等线上线下混合式一流课程3门，德语语言学等线上一流课程12门和鱼糜及其制品工业生产全流程仿真等虚拟仿真实验教学一流课程1门。

12月

2日　教育部副部长田学军到校调研。山东省副省长孙继业、教育部语言文字信息管理司司长田立新、青岛市副市长朱培吉、校党委书记田辉等陪同。

3日　全国哲学社会科学工作办公室公布2020年度国家社科基金重大项目立项名单，文学与新闻传播学院熊明申报的"中国古代杂传叙录、整理与研究"获批立项，项目经费80万元。

4日　中国海洋大学与国家卫星海洋应用中心合作签约暨蒋兴伟院士特聘教授聘任仪式在崂山校区举行。校长于志刚与国家卫星海洋应用中心主任林明森签署全面合作协议，聘任国家卫星海洋应用中心海洋卫星地面应用系统总设计师、中国工程院院士蒋兴伟为学校特聘教授，双方共同为海洋卫星定标检验创新应用基地揭牌。

同日　中共青岛市委教育工委、青岛市教育局发文，公布第五届青岛高校教学名师评选结果，学校教师刘贵杰、冯丽娟、赵昕入选。

同日　学校发文，表彰2019—2020学年先进班集体和先进个人，音乐表演2017级王梓洋、数学与应用数学2017级吕金超、大气科学2017级任芳萱、会计学2017级孙小倩、生物科学2017级李明昊、港口航道与海岸工程2017级林源、新闻传播学类2017级徐昌昊、水产养殖学2017级黄祖睿、物理学2017级韩赵其智、金融学2017级魏巍获得优秀学生标兵称号。

8日　学校发文，表彰第六届东升课程教学卓越奖获奖教师，柴焰、董平获一等奖，马慧、李华、李效民、赵红、赵树然、戚欣获二等奖。

同日　学校发文，表彰第二十二届天泰优秀人才奖获奖教师，林霄沛、赵呈天获一等奖，王栋、王垒、李大陆、李德海、肖晓彤、黄明华获二等奖。

10日　学校召开审计委员会第一次会议。党委书记田辉指出，组建审计委员会是学校落实党中央精神和教育部党组部署，加强党委对审计工作集中统一领导，扎实推进学校治理体系和治理能力现代化的重要举措。校长于志刚在讲话中对内部审计工作在促进学校事业健康发展方面作出的贡献予以充分肯定。他指出，以更高标准开展学校审计工作，既是落实党和国家决策部署的要求，也是学校事业发展的内在需要。会议审议了《中国海洋大学审计委员会工作规定》及《中国海洋大学2021年内部审计工作计划》。

13日　2020年全国大学生物理实验竞赛总决赛在线上落下帷幕，信息科学与工程学院、崇本学院的5支队伍参加比赛，2017级物理学专业常皓晨团队获得全国一等奖，2019级光电信息科学与工程专业禚堃团队获得全国二等奖，2017级物理学专业刘训超团队和2019级海洋科学（拔尖）专业蔡启桐团队获得全国三等奖。侯世林、师玉荣、康颖和杨国仁获评优秀指导教师。

14日至15日　研究生公共选修课海洋科考认知实践在"东方红3"船上继续开讲，校党委常务副书记张静、党委副书记卢光志和70余名师生参加实践学习。课程融入海洋强国与伟大复兴系列思政内容，张静为在船师生和工作人员作题为《浩海求索 谋海济国功》的校史校情报告。卢光志结合自己援疆工作经历和感受，作《不忘初心 不辱使命 不懈奋斗》的报告。

16日 学校颁发首届"天泰崇本奖学金"，龚姝天等21名优秀学生获奖。

同日 学校发文，任命于杰为学生就业创业指导与服务中心主任（试用期1年）。

17日 第二十一届文苑奖学金颁奖仪式在崂山校区举行。校长于志刚为港口航道与海岸工程2017级林源、会计学ACCA方向2017级孙小倩、新闻传播学类2017级徐昌昊3名获奖学生颁奖。

18日 由青岛市教育局、中国海洋大学主办的"2020大学与城市融合发展"中日韩泰高等教育国际研讨会在青岛举行。来自日本、韩国、泰国部分高校代表，驻青高校领导，市直机关部门负责人等120余人通过线上线下参加会议。会上韩国釜庆大学、国民大学，日本福冈工业大学、星槎道都大学，泰国玛希隆大学、宋卡王子大学，中国石油大学（华东）、山东大学（青岛校区）等近20所大学围绕大会主题，就大学服务城市、国际化人才培养以及加强高校国际间科研创新平台建设等方面进行交流讨论。

22日 青岛市科学技术奖励大会召开，表彰为青岛市科技事业作出突出贡献的科技工作者。中国工程院院士、副校长李华军荣获青岛市科学技术最高奖。山东省委常委、青岛市委书记王清宪为李华军颁奖。

24日 教育部、海南省人民政府部省会商暨海南国际教育创新岛建设工作推进会在海南举行。其间，部长陈宝生等部省领导到三亚海洋研究院考察调研，校长于志刚汇报三亚海洋研究院建设发展情况。

29日 中国海大与中国水产有限公司全面合作协议签约仪式在崂山校区举行。中国水产有限公司董事长伏卫民、校长于志刚代表双方签署《中国海洋大学–中国水产有限公司全面合作协议》。

30日 青岛海洋食品营养与健康创新研究院揭牌仪式举行。青岛市副市长薛庆国，党委书记田辉，中国工程院院士、海洋生命学院院长包振民，中国水产有限公司党委书记、董事长伏卫民，城阳区区长解宏劲，食品科学与工程学院院长、青岛海洋食品营养与健康创新研究院院长薛长湖参加。

同日 山东省教育厅公布2020年山东省优秀博士硕士学位论文和研究生优秀成果奖评选结果，任文菡等21人撰写的博士论文获评山东省优秀博士学位论文，高雅楠等36人撰写的硕士论文获评山东省优秀硕士学位论文，38项成果获评研究生优秀成果奖。

31日　山东省教育厅、山东省人民政府外事办公室公布34个山东省与特定国家或区域交流合作研究中心候选单位。学校申报的山东省与东盟交流合作研究中心、山东省与美国交流合作研究中心获准培育建设。

同日　教育部办公厅公布第二批高校"双带头人"教师党支部书记工作室名单，学校政治学系教工党支部书记工作室入选。

本月　"海创江南"物联网创新创业大赛高校专场暨全国"物联网＋"大学生科技项目创新大赛公布评审结果，由2018级船舶与海洋工程本科生王浩歌、2020级计算机应用技术研究生刘翔、2019级控制工程研究生许朝宗组成的参赛团队获得本次比赛唯一特等奖。

本年　经学校岗位设置管理与聘任工作领导小组审议，于华明、王成、王遥、王鹏（食品科学与工程学院）、孔青、允春喜、付秀梅、仲国强、刘彬（数学科学学院）、刘光磊、孙鹏、李景玉、张婧（化学化工学院）、陆信礼、赵阳国、徐佳、徐敬俊、董跃、王贞洁、任明杰、许淑梅、陈凯泉、姜勇、谢迎春、甄毓、方辉、杜国英、张美昭、高先池、张雅萍、安太富、辛华龙、蒋秋飚、解玮玮等34人获聘校专业技术四级岗位。

本年　据学校上报教育部的《高等教育基层统计报表》统计，共有学院22个，全日制本科专业81个。博士学位授权一级学科点18个、硕士学位授权一级学科点36个、博士后流动站15个、国家一级重点学科2个、国家二级重点学科9个、国家重点（培育）学科1个。国家工程技术研究中心1个，省部级设置的研究（院、所、中心）、实验室29个。

在校教职工总数为3698人，其中正高级693人、副高级892人，专任教师1884人，其中博士学历1466人、硕士学历330人。聘请校外教师458人，其中博士学历254人、硕士学历95人。其他高校教师311人。中国科学院院士（人事关系在本校）4人，中国工程院院士（人事关系在本校）4人，国家级人才计划2人，"长江学者奖励计划"特聘教授10人，"国家杰出青年科学基金"获得者21人。

本科招生数3957人，毕业生数3689人，授予学位数3689人。硕士研究生招生数4461人，毕业生数3011人，授予学位数3019人。博士研究生招生数616人，毕业生数279人，授予学位数301人。外国留学生招生数200人，毕业生数302人，授予学位数114人。在校学生总数为67273人，其中，博士生2213人、硕士生11737人、本科生15731人；成人教育本科生28746人、成人教育专科生8846人。在职人员攻读硕士总数为3344人。在校留学生767人。

学校实到科研经费7.84亿元（含文科到账经费0.14亿元、基本科研业务费0.43亿元、三亚海洋研究院经费0.17亿元）。国家自然科学基金各类项目新立项155项、总经费突破2亿元。国家重点研发计划重点专项项目新立项2项，累计立项27项、总经费逾5.4亿元。省市项目新立项230项、经费7500余万元，获批山东省杰青项目4项、优青项目2项。获批国家社科基金项目27项。学校教师以第一、通讯/共同通讯作者在Science、Nature主刊及子刊、PNAS上发表高水平论文21篇。

固定资产492886.06万元，其中教学、科研（仪器设备资产）241247.95万元。占地面积1666405.8平方米；校舍建筑面积942211.16平方米。馆藏图书273.11万册。网络信息点数47074个。

本年　学校科研成果获奖情况（省部级三等奖以上）见表53、表54。

表53　2020年学校科研成果获奖情况（省部级三等奖以上，自然科学类）

序号	项目名称	获奖情况	主要完成人
1	海参功效成分解析与精深加工关键技术及应用	国家科技进步二等奖	薛长湖　王静凤　王联珠
2	水产品高值化加工专用酶创制及产业化应用	农业部神农中华农业科技进步一等奖	毛相朝　薛长湖　孙建安
3	海洋浅层高分辨率地震立体探测关键技术及其应用	教育部高等学校科学研究优秀成果奖技术发明二等奖	刘怀山　邢磊　张进
4	大黄鱼脂类营养及代谢调控机制研究	教育部高等学校科学研究优秀成果奖自然科学一等奖	艾庆辉　麦康森　徐玮
5	酵母菌可再生生物燃料合成和代谢调控的研究	山东省自然科学二等奖	池振明　池哲　刘光磊
6	海洋活性气体和有机物的界面化学研究	山东省自然科学二等奖	杨桂朋　张洪海　张升辉
7	多源复杂图像特征分析与表示机制研究	山东省自然科学二等奖	董军宇　寨木伟　孙鑫
8	酵母菌可再生生物燃料合成和代谢调控的研究	山东省自然科学二等奖	池振明　池哲　刘光磊

表54　2020年学校科研成果获奖情况（省部级三等奖以上，社会科学类）

序号	成果名称	获奖情况	主要完成人
1	中国海洋文化发展报告（2013年卷）	教育部第八届高等学校科学研究优秀成果奖二等奖	曲金良
2	全球城市区域的空间生产与跨界治理研究	山东省社会科学优秀成果一等奖	马学广
3	汉魏六朝杂传集（全四册）	山东省社会科学优秀成果一等奖	熊　明
4	秦代文书行政制度与公文关系刍议	山东省社会科学优秀成果二等奖	韦春喜
5	条件完美的允准条件	山东省社会科学优秀成果二等奖	吴炳章
6	故意杀人罪死刑裁量机制的实证研究	山东省社会科学优秀成果二等奖	王　越
7	我国海洋事业发展中的"蓝色粮仓"战略研究	山东省社会科学优秀成果二等奖	韩立民
8	内外环境对企业绿色创新战略的驱动效应——高管环保意识的调节作用	山东省社会科学优秀成果三等奖	曹洪军 陈泽文
9	中国参与北极事务的国际法战略	山东省社会科学优秀成果三等奖	白佳玉

2021年

1月

1日 由学校牵头申报的国家自然科学基金基础科学项目"多场多体多尺度耦合及其对海工装备性能与安全的影响机制"获批实施。该项目由李华军院士作为负责人,联合上海交通大学、哈尔滨工程大学共同申报,期限5年,资助经费6000万元。

6日 中国海洋大学-华为"智能基座"产教融合协同育人基地签约暨揭牌仪式在崂山校区举行。华为苏州研究所所长陈铁生、副校长李巍然出席仪式并为基地揭牌。华为云与计算BG高校科研与人才发展部部长曾伟胜、学校教务处处长方奇志代表双方签署合作协议。信息科学与工程学院首批16名教师参与"智能基座"项目22门联合课程的开发与教学,在共建课程中融入华为鲲鹏、昇腾、华为云的知识体系,2021年春季学期开设其中6门课程。

同日 民革中国海洋大学支部换届选举大会在崂山校区举行,选举桑本谦为主委。

9日 校长于志刚在崂山校区会见来校调研的西藏自治区科技厅厅长赤列旺杰一行,双方围绕深化合作进行座谈。

11日 经校学位评定委员会审定,郑建华、蒋兴伟、陈生(Sheng Chen)、张正光、胡利民、Mark Costello、Poetsch Ansgar、莫照兰、李福川、沈庆涛、孙进、曹鸿志、崔洪芝13人获得博士研究生指导教师资格。

13日 吴立新院士主持召开学校新一届学术委员会第二次全体会议,校长于志刚出席会议并参加学校"十四五"规划科学研究的研讨。一是审议通过《中国海洋大学崇本学院学术分委员会章程》和《中国海洋大学学术委员会科学伦理专门委员会规程》及其人员组成,听取学校2020年度学术委员会工作报告和2021年度工作计划;发展规划处通报学校"双一流"建设周期总结、"引导专项"2020年决算和2021年预算情况。二是听取科学技术处和文科处关于学校"十四五"规划科学研究重点专题、服务国家重大需求和区域经济社会发展专项规划的汇报。本次会议在文理工交叉、加强基础学科建设、服务国家重大需求及区域发展、科教融合和国际化等方面共提出意见建议近100项,为学校高质量编制"十四五"规划提供助力。

同日 学校与广东佰斯特生物科技有限公司捐赠签约仪式在崂山校区举行。校长于志刚、水产学院院长李琪与佰斯特生物总经理李忠玉、技术总监李鹏飞为双方共建的湛江华南贝类研究中心揭牌,总会计师王剑敏与李忠玉签署捐赠协议。根据协议,佰斯特生物自2020年起,连续10年每年向学校捐赠110万元,合计1100万元,用于支持学校贝类遗传育种研究室的建设与发展。

15日 第十届山东省优秀科技工作者评选结果公布，董双林、李建平、于广利、高伟4位教授榜上有名。学校连续六届有科技工作者获此称号。

18日 学校发文，聘任赵昕为经济学院院长。

19日 校长于志刚、副校长李华军院士在崂山校区会见来校访问的巴基斯坦驻华大使莫因哈克一行，双方就人才培养、涉海科教机构合作等方面进行交流。

21日 学校与崂山区人民政府合作共建中国海洋大学附属实验学校签约仪式在崂山校区举行。崂山区委书记孙海生、区长王锋、党委书记田辉、校长于志刚、党委常务副书记张静、副校长李巍然等出席仪式。王锋、于志刚代表双方签署共建协议。

按照规划，中国海洋大学附属实验学校位于崂山校区东南侧，占地约82亩，建设规模为72班，其中小学36班、初中36班，将按照九年一贯制进行设置。学校性质为公办，委托中国海大管理运行，将着力打造特色鲜明、师资雄厚、条件优良、质量一流的基础教育改革创新示范学校。

24日 学校新时代本科知识重构计划首批项目之一——大学物理综合设计实验在信息科学与工程学院完成验收。

25日 山东省教育厅公布2020年度教育综合改革和制度创新典型案例的评选结果，学校提交的"建立'1+N'评聘制度，推进分类评价，切实破除'五唯'"案例，入选高校十佳案例。

26日 教育部公布首批全国党建工作示范高校、标杆院系、样板支部培育创建单位验收通过名单，工程学院自动化及测控系教工党支部、信息科学与工程学院物理海技本科生党支部通过验收。

27日 校长于志刚主持召开"十四五"规划编制工作重点专题、专项规划（行动方案）研讨推进会。党建和思想政治工作、学科建设、人才培养、师资队伍建设、科学研究、社会服务、国际交流合作、文化传承创新、治理体系与治理能力建设、支撑条件建设（含基础设施建设）等重点专题小组以及校园建设、服务国家重大需求和区域经济社会发展、资源汇聚等专项规划小组在前期调研研讨、征求意见的基础上，充分考虑各学院的规划与设想，汇报各专题"十四五"时期的发展目标、重点任务、思路举措、困难及对策等。与会人员结合"十三五"时期取得的成绩与经验、"十四五"时期面临的机遇与挑战、学校各项建设改革任务和关键环节等方面，进行深入交流研讨。

28日 学校发文，任命商允双为保卫处处长（试用期一年）。

2月

2日　全国哲学社会科学工作办公室公布2020年度国家社科基金中华学术外译项目立项名单，外国语学院郭恩华负责的"中国现代国家治理体系的构建"、李翔宇负责的"民族地理学"、金浩负责的"当代中国网络文学批评史"、吴圣爱负责的"中国近代图像新闻史：1840—1919（第一卷）"4项课题获批立项。

5日　教育部公布第二批基础学科拔尖学生培养计划2.0基地名单，海洋科学拔尖学生培养基地入选。

10日　教育部公布2020年度国家级和省级一流本科专业建设点名单，大气科学、化学工程与工艺、环境工程、旅游管理、朝鲜语、法学、行政管理7个专业入选国家级一流本科专业建设点，通信工程专业入选山东省一流本科专业建设点。至此，学校共有22个专业入选国家级一流本科专业建设点，15个专业入选省级一流本科专业建设点。

本月　教育部公布2020年度数理和地学领域教育部重点实验室评估结果，学校物理海洋教育部重点实验室获评优秀，海洋化学理论与工程技术、海洋环境与生态、海底科学与探测技术3个实验室获评良好。

3月

4日　教育部公布2021年高校思想政治工作培育建设项目入选名单，学校"树人立新，谋海济国——推动以课程思政为核心的涉海通识教育系列课程建设"入选。

同日　教育部公布2020年产学合作协同育人项目立项名单，学校"产学研用型细胞生物学示范课程的建设与实践"等9个项目入选。

6日　《中国海洋大学学术学位研究生培养工作规定（试行）》公布施行。

12日　学校与海尔"衣联网"合作签约暨揭牌仪式在信息科学与工程学院举行。副校长闫菊、海尔智家副总裁舒海为智能信息技术协同创新中心、研究生联合培养中心、学生实习实训基地揭牌。根据协议，双方将发挥各自优势，围绕AI语音、图像识别、大数据、传感器、信息技术等新一代信息产业技术，加强人才培养、科研成果转化、项目孵化、实习实训等方面的合作。

16日　学校领导班子和领导成员2020年度考核及干部选拔任用"一报告两评议"大会召开。校长于志刚代表行政领导班子作述职述廉报告，全面总结疫情防控和事业发展的情况。党委常务副书记张静代表党委报告干部选拔任用工作，通报党员领导干部民主生活会情况。会上，班子成员依次作个人述职述廉报告。

17日　工程学院史宏达、刘贵杰，食品科学与工程学院孟祥红，海洋与大气学院盛立芳四位教授荣获2020年山东省高等学校教学名师称号。

18日　学校与美国亚利桑那大学法学（中外合作办学）项目2020—2021年度项目联合管理委员会会议召开。副校长、管委会主任李华军，美国亚利桑那大学副教务长Brent White及管委会其他委员参加会议。法学院向管委会汇报2020年度法学项目的运行情况及取得的成绩。双方就教学安排、共同开发课程的建设、中国海大-亚大联合研究中心的运行等事项进行深入交流。

19日　校长于志刚主持召开党史学习教育动员部署大会。教育部党建工作联络员郑其绪、校党政领导、副处以上党员干部参加。于志刚在会上强调说，学习党史是坚持和发展中国特色社会主义、把党和国家各项事业继续推向前进的必修课，加强党的领导更是我们做好教育工作的根本保证，希望党员干部和广大师生切实做好党史学习教育。一是要深化部署，统筹推进；二是要立足实际，突出特色；三是要压实责任，取得实效。党委常务副书记张静在党史学习教育动员部署中强调，要高质量抓好党史学习教育重点任务的落实，将学党史、悟思想、办实事、开新局贯穿学习全过程。一是坚持原原本本学党史，深刻认识中国共产党百年奋斗的光辉历程和宝贵经验；二是立足高等教育悟思想，深刻感悟党的创新理论的真理力量和实践力量；三是坚守教育初心办实事，牢记为党育人、为国育才使命，努力培养担当民族复兴大任的时代新人；四是面向教育未来开新局，不断提高应对风险挑战的能力水平，开创学校事业发展新局面。

同日　校长于志刚主持召开2021年全面从严治党工作会议。教育部党建工作联络员郑其绪、校党政领导、各部门负责人和二级党组织书记参加。郑其绪分享自己学习习近平总书记最新讲话精神的心得体会和对当前国际国内形势的认识、理解。常务副书记张静传达习近平总书记在十九届中央纪委五次全会上的重要讲话和全会精神，代表校党委回顾总结过去一年学校全面从严治党工作，从10个方面部署安排今年的重点任务。党委副书记、纪委书记杨茂椿通报学校纪检监察和巡察工作中发现的问题，以及全国教育系统和高校查处的违纪违法典型案例，进行了警示教育，并部署2021年纪检监察和巡察工作。

22日　学校与香港董氏慈善基金会捐赠签约仪式以视频会议的形式在青岛和香港两地同时举行。全国政协副主席董建华，董氏集团董事长、香港董氏慈善基金会受托人董建成，董氏集团董事总经理、香港董氏慈善基金会受托人董立新，校长于志刚，党委常务副书记张静，教育基金会理事长王剑敏等出席仪式。王剑敏与董立新签订捐赠协议。按照协议，香港董氏慈善基金会自2021年起，连续5年捐资建设董氏国际海洋可持续发展研究中心，开展海洋保护和海洋可持续发展的研究工作。

25日　山东则正医药技术有限公司捐赠签约仪式在崂山校区举行。校长于志刚、医药学院院长吕志华与山东则正医药技术有限公司总经理贺敦伟、总监周娟共同为研究生联合培养基地揭牌，教育基金会理事长王剑敏与贺敦伟签署捐赠协议，吕志华与周娟签订合作协议。按照协议，自2021年起，则正医药技术有限公司连续10年捐资支持学校医药学院的人才培养和学科建设与发展。

29日　学校发文，撤销信息科学与工程学院，成立信息科学与工程学部，该部为学校二级教学科研单位，下设物理与光电工程学院、电子工程学院、计算机科学与技术学院、海洋技术学院；内设党政办公室、学生工作办公室；成立工业互联网研究院、人工智能研究院，依托学部运行；国家保密学院、软件学院依托计算机科学与技术学院建设运行。

同日　学校党委发文，设立中国共产党中国海洋大学信息科学与工程学部委员会。

31日　学校党委理论学习中心组（扩大）第64次专题学习举行，中共中央党校教授刘炳香通过远程视频作题为《百年党史的智慧启迪》的报告。

4月

2日　党委常务副书记张静主持召开新学期工作部署会。校长于志刚对学校2021年重点工作进行部署。他强调，实现"十四五"发展目标要把握好几个关系：在强化学科和队伍建设基础上，更加重视人才培养、原始创新和社会服务能力提升；在突出重点的基础上，更加重视统筹协调发展；在着力做好当前的基础上，更加重视长远发展；在抓好具体工作的基础上，更加重视多样性、包容性的软环境建设。会上，副校长李巍然、闫菊分别就本科教育教学年度工作、研究生教育教学年度工作进行部署交流。校长助理于利介绍西海岸校区建设工作。食品科学与工程学院院长薛长湖、医药学院院长吕志华、法学院院长桑本谦、外国语学院院长杨连瑞作交流发言。

9日　学校与深圳前海创投孵化器有限公司合作协议签约仪式在崂山校区举行。前海创投孵化器总裁余登魁、校党委副书记卢光志出席签约仪式。按照协议，双方将在海洋创投人才培养、科学研究、成果转化及产业化、产业孵化赋能、涉海产业基金等方面开展全方位合作。

10日　学校牵头承担的国家自然科学基金委员会-中国科学院联合专项"海洋科学发展战略研究：2021—2035"项目全体会议在青岛召开。项目专家组组长吴立新院士，专家组成员包振民院士、中国科学院海洋所侯保荣院士，以及来自国内16家科研单位的50多名专家学者参加。近80位全国海洋领域的中青年专家主笔人完成报告初稿，报告分五个章节，共计27.5万字。本次会议重点征集与会专家对初稿的修改意见和建议，针对问题查缺补漏、凝练重点。

同日　学校党委发文，任命于波为信息科学与工程学部党委书记；学校发文，任命魏志强为信息科学与工程学部部长。

山东省委书记刘家义（右一）为李华军院士（右二）颁奖

16日　2020年度山东省科技创新大会在济南召开。中国工程院院士、副校长李华军荣获科学技术最高奖。信息科学与工程学院、海德学院董军宇教授主持完成的成果"多源复杂图像特征分析与表示机制研究"、化学化工学院杨桂朋教授主持完成的成果"海洋活性气体和有机物的界面化学研究"、海洋生命学院池振明教授主持完成的成果"酵母菌可再生生物燃料合成和代谢调控的研究"，获得山东省自然科学二等奖。

18日　《中国海洋大学教职工校外兼职及离岗创业管理办法》公布施行。

19日　副校长吴立新院士主持召开学校人文社会科学重点研究团队建设及发展情况交流会。校长于志刚，党委常务副书记张静，副校长李巍然、闫菊出席会议。文科处介绍学校文科"十四五"规划，人文社会科学重点研究团队的遴选机制、考核机制及未来展望。11支重点研究团队分别就团队概况、研究方向、工作设想、存在困难等方面作介绍。与会领导和专家就团队建设不足、未来研究规划等方面与团队成员进行深入交流。

同日　国际学术期刊*PNAS*发表题为《血红素结合蛋白CYB5D1是协调纤毛运动的新型辐条蛋白》的研究成果。该成果由生物多样性与进化研究所赵呈天教授团队与中国科学院水生所合作完成，学校谢海波博士为论文共同第一作者，赵呈天教授为共同通讯作者。

同日　全国涉海高校教务联盟第十次全体会议暨专题研讨会在中国海大召开，来自天津大学、山东大学、厦门大学等19所高校的近60位代表参加会议。教育部高等学校海洋科学类专业教学指导委员会主任委员、副校长李巍然出席会议并致辞。四名与会专家作专题报告。教务处处长方奇志对进一步完善联盟机制、发挥联盟作用提出具体规划和思路。研讨会上，中国海洋大学、天津大学等九所高校围绕新农科、新工科、人才培养模式、专业建设、课程建设、联盟发展等进行深入交流。

20日　学校第六届教职工代表大会第四次会议暨第十二届工会会员代表大会第四次会议在崂山校区召开。校长于志刚、副校长李巍然、总会计师王剑敏分别向大会作"十四五"规划编制情况报告、学校章程修订情况报告、学校财务工作报告。大会讨论上述报告及5个专项规划（行动方案）的草案，审议教代会、工会工作报告和提案工作报告，审议通过教代会提案工作报告决议。

23日　民盟中央发文表彰2020年度民盟参政议政工作先进单位和先进个人，民盟盟员吴立新院士、魏志强教授荣获民盟反映社情民意信息工作先进个人称号。

同日　第六届曾呈奎海洋科技奖颁奖仪式在重庆举行，刘秦玉教授荣获突出成就奖。

26日　学校发文，聘任李琪为山东省与东盟交流合作研究中心主任，宋文红为山东省与美国交流合作研究中心主任。

27日　学校与全国水产技术推广总站合作共建的卓越水产人才实践教育中心揭牌仪式在水产总站北京通州基地举行。水产总站站长崔利锋，副校长李巍然出席活动并致辞。按照计划从5月开始水产学院研究生入驻北京和日照基地，从事相关科研工作；暑期中部分本科生将在此进行社会实践实习。

30日　《中国海洋大学中层干部兼职管理暂行办法》《中国海洋大学中层干部选拔任用工作实施办法》《中国海洋大学院级行政领导班子换届调整实施办法》《中国海洋大学中层及以上干部因私出国（境）管理办法》《中国海洋大学聘任制干部聘任管理规定》公布施行。

5月

6日　信息科学与工程学部成立大会在海洋科技楼国际报告厅举行。校长于志刚在讲话时说，从1930年国立青岛大学物理系创立开始，信息学部历经90余年不同的发展阶段，始终保持着蓬勃的活力、鲜明的特色、良好的声誉，尤其是体现出来的坚韧不拔、开拓创新的精神，是应当格外珍视的宝贵财富，要传承好并在新的实践中不断发扬光大。

8日　中国海洋大学民营企业成长学院挂牌、"青岛成长"一期开班典礼同时举行。山东省委统战部副部长周云平，青岛市委常委、统战部部长王久军，市政协副主席姜巧珍，校长于志刚，党委副书记卢光志等出席活动。

12日　山东省教育厅公布山东省课程思政示范项目建设名单，博弈论导论等10门本科课程和高等分子生物学等2门研究生课程入选2021年山东省课程思政示范课程，通识教育中心被评为山东省课程思政教学研究示范中心。

14日　马克思主义学院主办的全国涉海高校马克思主义学院联盟成立大会暨首届涉

海高校思政课教学研讨会在青岛举行。来自中国海洋大学、大连海事大学等9所海洋类高校的70余人参加会议。会议讨论通过《全国涉海高校马克思主义学院联盟章程》，在中国海大马克思主义学院设立联盟秘书处。

16日　第十七届"挑战杯"山东省大学生课外学术科技作品竞赛决赛落下帷幕。中国海大选送的作品《"鱼人"何以共生？制度分析与发展框架下休渔制度的困境与对策——基于青岛市南姜码头的实践调查》获得特等奖，另有一等奖1项、二等奖6项。

21日　借第56届中国高等教育博览会在青岛举办之际，由学校等单位承办的数据驱动高等教育高质量发展暨2021大学校长论坛举行。论坛由1个主论坛和2个分论坛组成。主论坛的主题为数据驱动教育信息化创新发展；分论坛的主题分别为数据驱动智慧校园管理和数据驱动教学高质量发展。校长于志刚、党委副书记卢光志分别主持主论坛。中国工程院院士、清华大学吴建平以《未来互联网体系结构的创新发展之路——下一代互联网支撑教育信息化创新发展》为题作主旨报告。华中师范大学副校长夏立新以《后疫情时代：数据驱动下的高校治理现代化探索与实践》为题作专题报告。副校长李巍然以《数据赋能大学教育高质量发展——中国海洋大学的探索与实践》为题作专题报告。中国石油大学副校长刘华东、常熟理工学院党委书记朱士中等在论坛上作专题报告。

同日　学校发文，聘任钮新强院士为山东省海洋工程重点实验室学术委员会主任，唐启升院士为海州湾渔业生态系统教育部野外科学观测研究站学术委员会主任。

26日　学校与青岛水务集团有限公司合作签约仪式在崂山校区举行。青岛水务集团董事长魏成吉、总经理孙炜，校党委副书记卢光志、校总会计师王剑敏出席签约仪式。卢光志和孙炜代表双方签署合作协议。

27日　学校首次海外校友线上交流会在崂山校区和美国、加拿大、澳大利亚、英国、法国、德国、瑞典、荷兰、日本等国的校友所在地同步召开。校长于志刚、党委常务副书记、校友会常务副会长张静以及60余位海外校友代表出席交流会。

28日　海德学院揭牌仪式在崂山校区举行。校长于志刚，副校长李巍然，总会计师、教育基金会理事长王剑敏，阿德莱德大学校长Peter Høj AC，副校长Jacqueline Lo出席揭牌仪式。

同日　包振民院士获评山东省2021"齐鲁最美"科技工作者。

同日　教育部公布首批课程思政示范项目名单，本科课程营运资金管理、港口规划与布置和研究生课程环境海洋学入选，主讲教师及团队被评为教育部课程思政教学名师和团队。

本月　北欧中心轮值主席单位瑞典哥德堡大学发来通知，确认学校加入北欧中心的申请获得通过，学校正式成为北欧中心的新成员。北欧中心现有成员高校和科研机构29所，中国海大是继复旦大学、西交利物浦大学之外的国内第三所高校。

本月　全国博士后管委会公布2021年度博士后创新人才支持计划获选名单，海洋生物多样性与进化研究所博士后王媛媛获得资助。

6月

2日　山东省委书记刘家义来校，以"坚守忠诚品质　书写无悔人生"为主题，就党史学习教育与师生交流学习体会。他强调，作为新时代青年，要知史爱党、知史爱国，在学史明理、学史增信、学史崇德、学史力行中坚定对共产主义远大理想和中国特色社会主义共同理想的信念信心，坚守忠诚品质，自觉为国家富强、民族振兴、人民幸福而努力奋斗。省直有关部门主要负责同志、青岛市有关负责同志、学校领导和师生代表等400余人聆听报告。

4日　副校长李巍然主持召开本科教育教学工作会议，部署本科教育教学改革重点工作。李巍然在讲话中提出：一是学校决定在2023年下半年参加教育部新一轮本科教育教学审核评估，2021年6月中旬前各单位应完成动员工作，面向全体教职员工传达新一轮本科教育教学审核评估评建工作要求，制订本单位审核评估工作方案和具体实施路径。二是各单位负责人要高度重视，落实一把手负责制，把审核评估指标作为各项工作的风向标、底线指标要求，以更高质量完成一流本科教育教学建设。教务处、本科教学工作水平评估办公室要跟进组织相关检查、监督。三是各学部、学院（中心）要加强课程建设，书记、院长要掌握学院开设课程的质量情况，配合教务处做好教学质量优秀课程的遴选，加大对教师投入教学的激励。四是重视评估结果在考核、资源分配中的使用，形成学院、学科专业和教师联动效应，建立不达标课程和专业整改、退出机制，形成一流本科教育质量文化。校长于志刚在会上强调，各职能部门和各学部、学院（中心）班子要落实好本科教育教学审核评估评建工作台账，重视评估指标的引导意义，找准提高学校一流本科人才培养质量的有效举措。

6日　自然资源部副部长、国家海洋局局长王宏，海域海岛司司长高忠文，北海局分党组书记、局长郭明克等一行到校调研，校长于志刚、党委常务副书记张静、副校长李华军等陪同调研并出席座谈会。

9日　《中国海洋大学"'蓝色药库'高层次人才计划"实施办法》出台。设岗专业

（方向）领域总体分为新药创制和大健康产品开发两大板块，共设12个岗位。

10日　学校与青岛海洋科学与技术试点国家实验室、中国药学会共同主办的"612蓝色药库共同梦想"主题活动暨"蓝色药库"开发高峰论坛举行。中国科学院院士陈凯先、中国工程院院士管华诗、校长于志刚、中国药学会理事长孙咸泽等出席开幕式并致辞。海洋生物医药科研界、产业界发起共同开发"蓝色药库"倡议宣言暨产业联盟发起仪式。宣言聚焦中国海洋生物医药产业联盟发起、产学研合作共同体建立、合作交流平台打造、海洋生物医药产业信息资源中心组建、人才合作交流等重点事宜。在"蓝色药库"开发高峰论坛上，国内生物医药领域知名院士及专家学者聚焦新药创制、医疗器械开发等方向作主题报告，为"蓝色药库"发展聚智聚力、献计献策。

12日　学校主办首届公共政策与国家治理现代化崂山论坛（2021）。来自清华大学、中国人民大学、上海交通大学、西安交通大学、厦门大学等百余位专家学者参会。论坛设置四个平行分论坛。国内知名高校的专家学者作主旨演讲，50余名优秀论文作者围绕政策过程与政府绩效等四大主题，展开学术研讨。

同日　山东省教育厅公布2020年山东省普通高等教育一流教材名单，学校《环境海洋学》等11部本科生教材和《海洋行政管理学》等4部研究生教材入选。

13日　学校主办的第七届中国海洋公共管理论坛（2021）在青岛举行。论坛以"提升国家海洋治理能力，深度参与全球海洋治理"为主题，27位专家学者围绕国家海洋治理体系现代化、海洋生态环境与资源管理、全球与区域海洋治理等展开学术交流。副校长李华军，自然资源部北海局局长、分党组书记郭明克共同为海洋公共管理研究所揭牌。

15日　海鸥剧社入选2020全国高校百强学生社团。

16日　学校工程学院和山东省海洋工程重点实验室主办的2021年港口、航道、海岸与海洋工程中青年学术研讨会在青岛举行，同步进行网络直播。来自大连理工大学、河海大学、天津大学、上海交通大学、清华大学、四川大学、浙江大学等43个科研院所的287名师生参会。研讨会设置20个分会场，副校长李华军院士等11位知名学者作特邀报告，117名参会者分享最新学术想法与科研成果。

17日　经校学位评定委员会审定，肖晓彤、Jonathan Todd、Brian Austin、陈大华、叶乃好、邵长伟、王玮、马爱军、Naoko Taguchi、陆小飞、李卫海11人获得博士研究生指导教师资格。

同日　学校庆祝建党100周年文艺晚会在崂山校区体育馆举行。晚会以"传承红色基因、铸就蓝色梦想"为主题，展示中国海大人为党和国家所作出的突出贡献。晚会是学校党史学习教育实践活动之一，同时作为2021届毕业生晚会。教育部党史学习教育高校第八巡回指导组成员、学校党委常委、校长助理、应届毕业生等出席晚会。

同日　海洋与大气学院2020级物理海洋学博士研究生李卓然，荣获中央广电总局举办的全国大学生党史知识竞答大会第三名。

18日　学校首届"海之子·行远"优秀毕业生奖学金颁奖仪式在崂山校区举行。党委常务副书记张静、校长助理吴强明为10位首届奖学金获得者颁发证书。

19日　教育部党史学习教育高校第八巡回指导组工作座谈会在崂山校区举行。党史学习教育领导小组办公室综合组组长陈鹭、协调组组长周珊珊、组织组组长王雪鹏、指导组组长蒋秋飚分别就学校党史学习教育进展情况、"我为师生办实事"实践活动进展情况、党员干部教育培训情况、党史学习教育指导工作开展情况进行汇报。机关党委和团委分享开展党史学习教育的经验做法。巡回指导组副组长盛邦跃听完汇报后说，中国海洋大学党委对开展党史学习教育非常重视，对中央精神的理解深入、全面、准确，各项工作有序推进，扎实开展，成效显著。

21日　董双林教授团队技术攻关的黄海冷水团养三文鱼成功首批收鱼。这是全球首次低纬度温暖海域远海养殖三文鱼获得技术成功。

22日　文学与新闻传播学院朱自强教授获评第十八届国际格林奖，是第二位获得该奖的中国人。

24日　2021届研究生和本科生毕业典礼暨学位授予仪式在崂山校区体育馆分别举行。校长于志刚寄语毕业生：山海风、与子行。希望海大的精神气质能够陪伴他们一生，给他们行远的方向、奋斗的力量、心灵的归宿。本届共有6982名毕业生，其中研究生2959人、本科生4023人。毕业生总体就业率达92.43%。

28日　学校侨联换届大会、欧美同学会成立大会在崂山校区召开，董军宇当选为侨联主席、欧美同学会会长。

30日　学校庆祝中国共产党成立100周年暨表彰大会在海洋科技楼报告厅召开。162名老党员获得"光荣在党50年"纪念章。同时，学校对2020年度优秀共产党员、优秀党务工作者、先进党支部、脱贫攻坚工作先进个人及先进集体、抗击COVID-19疫情工作先进个人及先进集体进行表彰。

7月

3日　中国海洋大学大学生实习实训基地揭牌仪式在伊犁王蒙书屋举行，文学与新闻传播学院院长修斌与伊宁市委副书记、市长卡米力江·玉苏甫江共同为基地揭牌。

同日　海洋数学技术联合实验室学术委员会成立仪式暨学术研讨会在鱼山校区举行。中国科学院院士马志明，国家数学与交叉科学中心主任、中国科学院院士郭雷，山东大学数学与交叉科学研究中心主任、中国科学院院士彭实戈，中国海大校长于志刚共同为联合实验室揭牌。在研讨会上，马志明院士，郭雷院士，学校三亚研究院田纪伟教授、物理海洋教育部重点实验室张绍晴教授、信息科学与工程学部魏志强教授作主题报告。

同日　全国大中学生第十届海洋文化创意设计大赛作品终审会在崂山校区举行。副校长李巍然、中国海洋发展基金会副秘书长向友权、自然资源部宣传教育中心文化宣传部张艳出席会议并致辞。大赛主题为"经略海洋"，来自全国的1055所高校、185所中职（学）组织参赛，大赛共征集作品38165件。经专家评审，共评出获奖作品5939件，其中金奖8项、银奖21项、铜奖48项。

5日　山东省教育厅公布2020年度高等学校优秀学生、优秀学生干部和先进班集体评选结果，学校毕瀚文等50人被评为优秀学生，钟立伟等24人被评为优秀学生干部，生物学专业2017级博士班等11个班级被评为先进班集体。

8日　科睿唯安公布ESI数据，学校新增微生物学进入全球ESI学科排名前1%。

同日　山东省教育厅发文，大学生爱国教育十讲等3门线上课程、金融风险管理（双语）等2门线上线下混合式课程、Python程序设计等9门线下课程入选第二批山东省一流本科课程。

同日　《中国海洋大学研究生学位论文评审工作细则》公布施行。

18日　第七届全国大学生水利创新设计大赛举行。工程学院的推悬一体化实时输沙率测验装置、新型多自由度波浪能发电装置、具有垃圾自清功能的智能挡浪护岸3项作品荣获特等奖。

23日　学校发文，任命李卫东为国际合作与交流处处长、港澳事务办公室主任、台湾事务办公室主任（试用期一年）。

同日　教育部公布第二批全国高校百个研究生样板党支部名单，管理学院红旗智援博士团党支部入选。

26日　九三学社中国海洋大学委员会第十次代表大会在崂山校区举行，选举方奇志为主委。

30日　2021年"新时代齐鲁最美青年"评选结果揭晓，学校工程学院郭亭亭、海洋与大气学院吴宝兰、水产学院朱柏杉分别获得创新创业类、勤学上进类、扶贫助困类新时代山东向上向善好青年称号。

8月

17日 2021年度国家自然科学基金集中受理项目评审结果公布,李三忠领衔的"海底古地貌动态重建"国家基金委创新研究群体获得立项,高珊、赵呈天、刘福顺获得国家杰出青年基金项目资助。

21日 为期两天的服务国家重大战略和区域经济社会发展专题研讨会暨新学期工作部署会在崂山校区召开。党委书记田辉在讲话中强调,服务国家重大战略和区域发展是海大义不容辞的使命担当,要坚持把服务国家作为最高追求,以高度的政治站位抓好这项工作。田辉总结上半年学校工作,并对下半年工作作出部署。发展规划处、科学技术处分别围绕国家、省市的部署及要求和兄弟高校的举措及经验作政策解读和工作报告。相关学院主要负责人、专家围绕会议主题作了发言,介绍经验做法,提出举措和建议。

23日 工程学院史宏达教授团队入选第二批山东省高校黄大年式教师团队。

24日 教育部公布2021年第一批产学合作协同育人项目立项名单,学校"基于5G+VR虚拟仿真教学的水产新农科实验实训课程体系建设"等14个项目入选。

26日 校长于志刚、副校长李巍然、总会计师王剑敏共同为工程训练中心揭牌。该中心具有数控加工教学实训一体化模块和海洋机电装备虚拟仿真模块两个特色实训方向。

29日 《海洋经济蓝皮书:中国海洋经济分析报告(2021)》发布会在崂山校区举行。国家海洋信息中心副主任崔晓健、原国家海洋局政策法规与规划司司长王殿昌、校长于志刚等出席发布会并致辞。《海洋经济蓝皮书》由学校经济学院、海洋发展研究院和澳门科技大学的专家团队合作编纂,由总报告引领,涵盖宏观篇、产业篇、区域篇、专题篇4个特色篇章。

同日 第十届全国海洋航行器设计与制作大赛暨第三届"海上争锋"中国智能船艇挑战赛落下帷幕。海大学子获得特等奖4项、一等奖4项、二等奖6项。

9月

3日 《中国海洋大学研究生教育质量提升计划项目经费管理办法(试行)》《中国海洋大学研究生精品示范课建设项目管理办法》以及新修订的《中国海洋大学专业学位研究生教学案例库建设项目管理办法》《中国海洋大学研究生教育联合培养基地建设项目管理办法》《中国海洋大学研究生教育教学改革研究项目管理办法》公布施行。

6日 由俄罗斯圣彼得堡国立大学与中国海大联合举办的第十届中俄北极论坛落下帷幕。论坛主题为"北极地区双边和多边跨区域合作",来自中俄两国的30余所高校、科研院所和企业代表通过远程视频连线的方式，就北极未来发展与合作展开研讨。

同日　党委书记田辉主持召开师德师风建设委员会会议，专题研究师德师风建设工作。田辉指出，师德师风建设是教师队伍建设的第一要务，学校党委高度重视师德师风建设。田辉就下一步工作提出要求：一是把牢正确方向，加强思想引领；二是落实师德师风"第一标准"要求，进一步推进教师评价机制改革；三是营造好风清气正的育人环境。党委教师工作部部长、人事处处长范其伟汇报2021年学校师德师风建设重点工作的进展情况和下一步工作计划，与会人员就如何加强学校师德师风建设工作提出意见和建议。

附属实验学校奠基

9日　中国海洋大学附属实验学校奠基仪式举行。崂山区委书记孙海生、区长王锋，青岛市教育局副局长姜元韶，学校党委书记田辉、党委常务副书记张静、副校长李巍然等出席仪式。项目包括初中部和小学部，建设内容包括教学用房及辅房、办公用房、生活辅房、地下车库等。规划总建筑面积66622.56平方米，其中初中部建筑面积36583.98平方米、小学部建筑面积30038.58平方米，分两期进行。

10日　学校庆祝 2021年教师节大会在崂山校区举行，校党政领导出席大会，并为受表彰教职工颁奖。李华军、朱自强、曲金良、熊明、马学广荣获2021年度校长特殊奖励。王慧敏、史宏达、朱萍、朱自强、刘永祥、李德海、赵凤娇、盛立芳、董军宇、韩立民荣获2021年度中国海洋大学"最美教师"称号。此外，大会对2020年全国先进工作者李华军等88位先进个人和山东省高校黄大年式教师团队予以表彰。

17日　学校主办的2021年国际冈瓦纳研究协会年会暨第18届亚洲冈瓦纳国际会议在青岛召开。会议以线上线下结合的方式开展。副校长吴立新院士、国际冈瓦纳研究协会秘书长M. Santosh教授、国际冈瓦纳研究协会副主席董云鹏教授出席开幕式并致辞。大会设立4个议题，吸引来自10多个国家的近190位专家学者与研究生参会。会议共有27个口头报告和30个展板报告。会议期间，新英文刊物《地球系统与地球环境》发布。该刊物是由中国海大、青岛海洋科学与技术试点国家实验室与爱思唯尔合作出版的英文国际跨学科季刊，主编为吴立新院士，李三忠教授为共同主编。

22日　学校首门海洋类文理交叉研究生公共选修课经略海洋正式开课。该课程由未来海洋学院与海洋发展研究院联合打造，第一讲由副校长吴立新院士授课。

26日　全国哲学社会科学工作办公室公布2021年国家社科基金高校思政课研究专项立项结果，马克思主义学院郭新昌副教授申报的项目"新时代全民国防教育指数评价与推进路径研究"获批。

29日　中国共产党中国海洋大学第十届委员会第十三次全体会议审议通过《中国海洋大学"十四五"事业发展规划》。

《规划》回顾了"十三五"时期学校的主要建设成效和发展环境，确定学校发展目标是：到"十四五"末，特色显著的世界一流大学建设基础更加坚实，基本建成世界重要的海洋高等教育中心和海洋科技创新高地，学校核心竞争力、综合实力和国际影响力大幅提升。《规划》提出10项主要任务：全面加强党的领导和党的建设；全面提升学科建设水平；打造一流人才培养体系；建设一流师资队伍；提升科技创新能力；形成全方位服务社会新格局；推进高水平对外交流合作；建设一流大学文化；增强综合支撑保障能力；全面提升治理效能。

同日　山东省教育厅公布山东省优秀研究生指导教师和优秀研究生导学团队名单，林霄沛、董军宇、包木太、王师、高凤、毛相朝、于文功、董胜、高会旺、李志刚、纪建悦、任东升、李扬、王琪、方奇志、柳伟16名导师获评山东省优秀研究生指导教师，水产遗传育种研究导学团队、原生动物生物学导学团队、海洋食品加工与质量控制导学团队获评山东省优秀研究生导学团队。

10月

4日　学校发文，公布获得博士研究生指导教师资格名单，增列博士生指导教师98人。他们是高山红、苏洁、张志伟、于华明、夏辉、洪锋、韩勇、殷波、韩雷、张君诚、周龙文、徐青、陈树果、肖晓彤、张洪海、丁海兵、张婧、何治宇、苏保卫、童思友、朱俊江、Jonathan Todd、叶乃好、邵长伟、刘吉文、Brian Austin、秦启龙、刘光磊、陈大华、王玮、阎莹、吕志一、王旭波、姜勇、周斌、马爱军、唐小千、张彦娇、李贤、魏子淏、孔青、曹立民、吴浩浩、王静雪、刘志清、于日磊、王勇、蔡超、王杨、王乂、韩璐、王成、邱雪、李国云、王伟、辛永宁、韩伟、邵乐平、方辉、袁瀚、谢迎春、宁东红、于通顺、王智峰、郑浩、岳同涛、郭亮、赵阳国、徐敬俊、王娟、姜忠辉、卢昆、王垒、郑慧、赵艳平、李福柱、徐胜、纪玉俊、Naoko Taguchi、陆小飞、任明杰、马春花、徐妍、张新俊、李萌羽、李卫海、董跃、王刚、李燕、王印红、杨洋、刘大海、付红斐、岳跃利、刘爽、史志成、付玉彬、李潇逸。

8日　《中国海洋大学"年度课程教学优秀奖"评选办法》公布施行。

10日　学校与青岛国信集团共建的海水鱼营养与饲料联合研究中心签约仪式在青岛海天中心举行。青岛国信集团董事长王建辉，副校长吴立新院士、海水养殖教育部重点实验室主任麦康森院士出席仪式。科学技术处处长李岩、青岛国信蓝色硅谷发展有限责任公司总经理赵晓霞代表双方签订《中国海洋大学—青岛国信蓝色硅谷发展有限责任公司海水鱼营养与饲料联合研究中心协议书》。

11日　由学校承办、为期五天的第十三届世界华人鱼虾营养学术研讨会在青岛举办。中国水产学会理事长王清印研究员、中国海大党委书记田辉、中国工程院院士管华诗、中国工程院院士麦康森等出席开幕式并致辞。会议以"创新·创造更美好的未来"为主题，设有8个特邀报告、189个口头报告、446篇墙报，展示我国水产动物营养与饲料研究的最新进展。

12日　全国教材工作会议暨首届全国教材建设奖表彰会在北京召开。李志清教授、汪东风教授获评首届全国教材建设先进个人。李巍然教授、麦康森院士担任分册主编的中小学海洋意识教育系列教材《我们的海洋·海南版·小学版》（上、中、下）获全国优秀教材（基础教育类）一等奖，张兰威教授担任副主编的《畜产品加工学：双色版（第二版）》、曾名湧教授与大连工业大学朱蓓薇教授共同主编的《水产品加工工艺学》分别获全国优秀教材（高等教育类）一等奖和二等奖。

18日　首届国际定向进化大赛（iDEC）闭幕式颁奖仪式在线上举行。学校海洋生命学院参赛队Team OUC获得科学贡献奖、最佳Presentation提名奖、最佳靶向分子提名奖、最佳报告基因系统提名奖4项大奖，医药学院参赛队OUC-Marine Drugs获得科学贡献奖、最佳报告系统、最佳筛选方法、最佳靶点分子、最佳分子进化成果提名奖5项大奖。

19日　学校上报教育部《中国海洋大学新一轮一流大学建设方案》。方案确立学校近、中、远期建设目标：到2025年，基本建成世界重要的海洋高等教育中心和海洋科技创新高地，成为海洋强国建设的重要战略科技力量、海洋文化研究传播的主力军，核心竞争力、综合实力和国际影响力大幅提升，特色显著的世界一流大学建设基础更加坚实；到2030年，成为世界重要的海洋高等教育和科学研究中心，若干涉海学科和方向由并跑走向领跑，建成世界一流的综合性海洋大学；到21世纪中叶，成为世界主要的海洋高等教育和科学研究中心，建成特色显著的世界一流大学，为建成海洋强国、实现中华民族伟大复兴提供强大支撑。

20日　学校召开中国-挪威海洋大学联盟成立大会。大会以线上形式举办，教育部国际合作与交流司、两国使馆领导以及两国23所高校代表参加会议。副校长李华军院士、挪威海洋大学联盟理事会主席Nils Christian Stenseth教授代表中挪双方签署《中国−挪威海洋大学联盟合作备忘录》。

同日　山东省教育厅公布2021年研究生优秀博士硕士学位论文和研究生优秀成果奖名单。学校入选优秀博士论文19篇、优秀硕士论文33篇、研究生优秀成果奖36项。

24日　生命科学与技术教学科研基地（田横镇新基地）开工奠基仪式在即墨区青岛市水产种苗产业园区举行。党委书记田辉、中国工程院院士麦康森、青岛市海洋发展局局长焦明伟、即墨区副区长李黎等出席奠基仪式。该基地为学校本科生实习基地、研究生研究基地、海洋生命与技术各层次人才培训基地和国内外相关学科学术交流中心。基地规划总投资约7500万元，一期总用地面积约100亩，总建筑面积约15000平方米。

同日　学校主办的蓝色食物与营养健康国际论坛在青岛举办。学校党委书记田辉、中国工程院院士李培武、中国水产学会理事长王清印、中国水产流通与加工协会秘书长王雪光、青岛市科学技术协会副主席柳本才等出席开幕式。来自7个国家、40多家单位的280余名专家学者通过线上和线下方式参加论坛。论坛围绕蓝色食物的物质基础等6大专题，举行报告会64场。

25日　耕海踏浪谱华章——中国科学院院士文圣常成就展在崂山校区开展。党委书记田辉，党委常务副书记张静，学生代表、海洋与大气学院院长管长龙等共同为展览揭幕。展览共分为逐梦向海洋、浩海求索是、大爱育桃李、博学耀青史、为霞尚满天5个篇章，展现了文圣常院士卓越的科学、教育贡献，辉煌的学术成就和崇高的精神品格。

26日　第十七次李四光地质科学奖颁奖大会在北京举行，李三忠教授荣获李四光地质科学奖科研奖，是学校首位获此奖励的科学家。

同日　山东省教育厅公布2021年山东省研究生教育质量提升计划立项建设名单，学校获得教育质量提升计划项目31项，其中研究生教育优质课程10门，专业学位研究生教学案例库项目12项，研究生教育教学改革研究项目9项。

同日　教育部公布2020年审核增列的博士、硕士学位授权点名单，学校新增生物与医药博士专业学位授权点、文物与博物馆硕士专业学位授权点。

28日　教育部公布首批新文科研究与改革实践项目，文学与新闻传播学院修斌负责的"海洋人文专业建设探索与实践"、国际事务与公共管理学院王刚负责的"公共管理的新文科课程体系和教材体系建设实践"、经济学院赵昕负责的"基于'一化两制三融合'模式的涉外金融高端人才培养创新与实践"、管理学院王竹泉负责的"新文科教师专业发展探索与实践"4个项目获批立项。

本月　工程学院港口、海岸及近海工程专业2018级博士研究生郭亭亭获评2021年全国向上向善好青年——勤学上进好青年称号，他是山东省唯一获评的青年学生。

11月

1日　农业农村部公布2020—2021年度神农中华农业科技奖获奖名单，食品科学与工程学院毛相朝教授领衔完成的成果"水产品高值化加工专用酶创制及产业化应用"荣获科学研究类成果一等奖。

薛长湖教授在北京人民大会堂领奖

2日　国际学术期刊《PNAS》在线发表题为《mRNA二级结构的热适应：稳定性与不稳定性》的论文。该成果由水产学院董云伟教授团队完成，廖明玲博士为论文第一作者。

3日　2020年度国家科学技术奖励大会在北京人民大会堂举行。由薛长湖教授团队领衔完成的成果"海参功效成分解析与精深加工关键技术及应用"荣获国家科技进步奖二等奖。

4日　教育部发布"亚洲校园"第三期项目入选结果，学校申报的"亚洲渔业与海洋环境拔尖人才培养项目"入选。

10日　新修订的《中国海洋大学本科课程教学评估工作办法》公布施行。

12日　青岛－香港海洋环境与生态联合研究中心揭牌仪式以线上线下相结合的方式举行。中国海洋大学总会计师王剑敏、海洋化学理论与工程技术教育部重点实验室主任赵美训，香港城市大学协理副校长谢智刚、海洋污染国家重点实验室主任梁美仪，分别在青岛和香港两地同时为联合中心揭牌。

17日　学校党委理论学习中心组（扩大）第67次专题学习举行，中共中央党校科学社会主义教研部李志勇教授作题为《党的百年奋斗重大成就和历史经验》的远程视频专题报告。

同日　新修订的《中国海洋大学"天泰优秀人才奖"实施办法》《中国海洋大学"东升课程教学卓越奖"实施办法》公布施行。

19日　《中国海洋大学师德考核办法》公布施行。

21日　新修订的《中国海洋大学校长特殊奖励实施办法》公布施行。

25日　学校发文，聘任朱自强为行远书院院长。

同日　教育部党史学习教育高校第八巡回指导组副组长张淑林一行来校，调研指导学校学习贯彻党的十九届六中全会精神情况和党史学习教育"我为师生办实事"实践活动。学校各级党组织完成办实事事项650项，办结率95%。张淑林表示，中国海洋大学党委及早部署、明确思路,建立了从学校党委到基层党组织学习贯彻党的十九届六中全会精神的具体措施,组织开展形式多样、内容丰富、效果显著的特色活动,很值得学习和借鉴。

26日　教育部发文,学校马克思主义学院王付欣副教授获得第二届全国高校思政课教学展示二等奖。

27日　学校发文,任命陈文收为非学历教育管理处处长。

29日　教育部公布2021年度基础学科拔尖学生培养计划2.0基地名单,学校生物科学拔尖学生培养基地入选。

本月　第十七届国际遗传工程机器大赛决赛于线上举行。学校2018级食品科学与工程专业吕博文、2020级食品科学与工程专业房珈铖,2019级药学专业傅水萍、高慧姝,2018级海洋渔业科学与技术专业薄海天,2019级生物科学专业林锦,2018级计算机科学与技术专业丁泽中、2019级计算机慧与卓越工程师班杨沛霖8名本科生组成的iGEM团队OUC-R获得国际金奖,这是学校连续6年获此殊荣。

12月

4日　学校第十八次学生代表大会、第十一次研究生代表大会在崂山校区召开。党委常委、校长助理吴强明出席开幕式并讲话。大会审议《中国海洋大学第十七届学生会工作报告》《中国海洋大学第十届研究生会工作报告》和《中国海洋大学学生会章程(修订案)》《中国海洋大学研究生会章程(修订案)》,选举产生新一届学生会、研究生会主席。

5日　2021年"百胜杯"食品安全与营养健康知识大学生竞赛全国总决赛在北京举行,学校代表队获得总冠军。

6日　2021年度国家社科基金重大项目立项名单公布。管理学院韩立民申报的"加快建设海洋强国背景下我国'深蓝渔业'发展战略研究"、王竹泉申报的"后疫情时代'一带一路'沿线国家企业债务问题研究"两个项目获批立项。

7日　学校发文,聘任于广利为海洋药物教育部重点实验室主任,江文胜为海洋环境与生态教育部重点实验室主任,于树松为工业互联网研究院院长,董军宇为人工智能研究院院长,荆莹为海洋监测与检测中心主任(兼)。

10日　2021年度《榜样的力量》——2021青岛"最美科技工作者"先进事迹发布仪式举行,薛长湖教授获此殊荣。

13日　教育部等部门联合主办的"大学生年度人物"推选展示活动评选结果公布,学校工程学院2018级港口、海岸及近海工程专业博士研究生郭亭亭入选。

同日　中国科协公布2021年度科技志愿服务先进典型名单，学校医药学院科技志愿服务队——海大医药科普团是山东省唯一入选的科技志愿服务队。

15日　国际学术期刊*PNAS*发表题为《三氧同位素对中元古代大气氧含量和生物生产力的制约》的论文。该成果由海底科学与探测技术教育部重点实验室李三忠团队与国内外相关院校专家共同合作完成，刘鹏博士为论文第一作者。

16日　驻鲁部属高校"十四五"服务山东重点建设专项——李华军院士作为负责人的海洋工程技术与装备创新研发平台、包振民院士作为负责人的山东省海水高效种质创新与蓝色种业中心成功获批。该专项申请总经费6.9亿元，首批批复1.648亿元，创学校服务地方项目历史新高。

同日　中国海大与马来西亚登嘉楼大学海洋联合研究中心主办的"中马海洋研究网络研讨会：气候变化适应与海洋生命技术专题"线上学术研讨会举行。中国海大副校长李华军、马来西亚登嘉楼大学校长Mazlan Bin Abd Ghaffar出席会议并致辞。来自两校的专家学者围绕"气候变化适应和海洋生物技术"的主题作学术报告，并就下一步合作进行深入交流。

17日　"海之子"榜样——中国海洋大学2020—2021学年优秀学生颁奖典礼在崂山校区体育馆举行。学校党政领导为获得国家奖学金、文苑奖学金等获奖学生代表，大学生年度人物等优秀学生代表颁奖。16家奖学金设奖单位的代表受邀出席并为获奖学生代表颁奖。

新闻学2018级王江珹、会计学（ACCA方向）2018级张潇、金融学2018级单海燕荣获第二十二届"文苑奖学金"；海洋技术2018级于书萌、工程管理2018级王颖、新闻学2018级王江珹、海洋科学（中外合作办学）2018级毕瀚文、会计学（ACCA方向）2018级张潇、数学与应用数学2018级张鑫悦、生物科学2018级林芮昀、金融学2018级单海燕、政治学与行政学2018级高俊杰、法学2018级薛照融荣获学校优秀学生标兵称号。

同日　中国新农科水产联盟和国家贝类体系支持的中国水产流通与加工协会牡蛎分会成立大会暨牡蛎产业高质量发展论坛在青岛举行。会议聘任李琪担任中国水产流通与加工协会牡蛎分会首任会长，聘任包振民院士为牡蛎分会名誉会长。论坛期间，10位专家学者作专题报告，对国内外牡蛎遗传育种、高质量可持续发展等领域作详细介绍，并就牡蛎产业整体产学研结合等进行研讨。

18日　学校国家保密学院成立10周年活动在崂山校区举行。学校保密学院执行院长魏志强作《回顾十年发展、共话十年未来》汇报。青岛市国家保密局与学校国家保密学院签署合作协议。总会计师、教育基金会理事长王剑敏与青岛高新区、青岛远创科迅实业有限公司签署三方共同支持青岛国家保密技术产业园发展合作协议，与青岛市市北区、山东未来网络研究院签署三方共同支持网络安全产业园发展合作协议。魏志强与北京启明星辰信息安全技术有限公司等10家企业签署合作协议和捐赠协议。

19日 2021年全国大学生电子设计竞赛落下帷幕，学校参赛作品"基于互联网的摄像测量系统"获得全国一等奖。

20日 《中国海洋大学中层领导班子和领导干部年度考核实施办法（试行）》公布施行。

24日 教育部公布2021年度"基础学科拔尖学生培养计划2.0"获奖名单，学校数学科学学院王建、环境科学与工程学院庄昀筠获优秀教师奖，崇本学院院长高会旺、教务处辛远征获优秀管理人员奖，崇本学院2019级本科生李学垠、2020级本科生李子龙获优秀学生奖。

25日 庆祝全国大学生数学建模竞赛30周年暨2021"高教社杯"竞赛颁奖典礼在重庆举行。学校荣获全国一等奖1项、二等奖1项，山东省一等奖4项、二等奖23项，陈丕炜获评优秀指导教师。

28日 《中国海洋大学本科荣誉学士学位授予办法（试行）》公布施行。

29日 中国商业联合会公布2021年度中国商业联合会科学技术奖评选结果，食品科学与工程学院赵元晖教授领衔完成的成果"鲟鱼高值化精准加工关键技术及产业化"荣获全国商业科技进步特等奖。

31日 中央广播电视总台"海上中国"项目发布活动在北京举行。学校副校长李巍然代表学校与央视国际网络有限公司通过云签约方式签订海洋高校产能转换平台战略合作协议。副校长李华军院士作为嘉宾在崂山校区通过线上连线的方式出席"共话海洋未来，赋能海洋发展"圆桌论坛。

同日 教育部教师工作司发文，学校入选第二批国家级职业教育教师教学创新团队培训基地。

本月 山东省科技厅公布省首批基础科学研究中心名单，依托海洋科学、生物学学科领域建设的山东省基础科学研究中心获批立项。

本年 经学校岗位设置与聘任工作领导小组审议，于方杰、弓联兵、王智峰、史志成、吕泽华、朱玉贵、刘桂林、孙建、李岩然、杨茹君、邹威特、张其一、陈友媛、郑浩、赵元晖、赵艳平、郝杰杰、胡日军、姜春洁、贺艳、殷波、郭亮（环境科学与工程学院）、黄磊（信息科学与工程学部）、隋建新、董平、韩峰、韩雷、翟方国、邢军、杨洋、赵芬芳、邹志辉、周斌、张凯临、贾东宁、刘明（海洋地球科学学院）、戚欣、解登峰、陈呈超、张玉森、于淑华、刘召芳、李岩、张永胜、金天宇45人获聘校专业技术四级岗位。

本年　据上报教育部的《高等教育基层统计报表》统计，学校共有学院22个，全日制本科专业83个。博士学位授权一级学科点18个，硕士学位授权一级学科点35个，博士后科研流动站15个，国家一流学科2个。国家工程研究中心1个，国家工程技术研究中心1个。

在校教职工总数为3838人。专任教师2008人，其中正高级630人、副高级729人，博士学历1595人、硕士学历344人。聘请校外教师407人，其中博士学历152人、硕士学历109人。中国科学院院士（人事关系在本校）4人，中国工程院院士（人事关系在本校）4人，国家级人才计划14人，"长江学者奖励计划"特聘教授10人，"国家杰出青年科学基金"获得者24人。

本科招生数4061人，毕业生数3595人，授予学位数3595人。硕士研究生招生数4548人，毕业生数3027人，授予学位数2975人。博士研究生招生数703人，毕业生数272人，授予学位数275人。外国留学生招生数86人，毕（结）业生数115人，授予学位数113人。成人本科招生数11613人，毕业生数11658人，授予学位数1184人。成人专科毕业生数3896人。在校学生总数为65128人，其中博士生2630人、硕士生13055人、普通本科生16055人、继续教育本科生28530人、继续教育专科生4858人；在校留学生547人。

学校实到科研经费9.2亿元。国家自然科学基金各类项目立项168项，项目经费达1.70亿元。国家重点研发计划项目年到账经费1.16亿元。人文社科高层次项目新立项42项，资助经费超1000万元，其中国家社科基金重大项目2项、重点项目4项，国家社科基金"新时代海洋强国建设研究"重大专项2项。学校教师以第一或通讯作者在PNAS、Science子刊、Nature子刊等学术期刊上发表高水平论文15篇。

馆藏图书281.43万册。占地总面积1666405.8平方米，校舍建筑面积942437.55平方米。固定资产540504.23万元。

本年　学校科研成果获奖情况（省部级三等奖以上）见表55。

表55 2021年学校科研成果获奖情况（省部级三等奖以上，自然科学类）

序号	项目名称	获奖情况	主要完成人
1	海水鱼虾重要疾病免疫学现场检测诊断技术研发与应用	山东省科技进步一等奖	战文斌　绳秀珍　唐小千
2	滨海地下水源地海水入侵防治关键技术及其工程应用	山东省科技进步二等奖	郑西来　崔峻岭　郑天元
3	海洋食品品质靶向提升关键技术及产业化	山东省科技进步二等奖	李振兴　林　洪　王　颖
4	海洋低营养级生物响应PBDEs胁迫的免疫应答机制与途径研究	山东省自然科学二等奖	王　悠　周　斌　陈红梅
5	海床侧向变形与滑动观测装置及方法	山东省专利奖一等奖	贾永刚　王振豪　刘晓磊

2022年

1月

5日 学校发文，聘任张玉忠为海洋生命学院院长，聘请包振民为海洋生命学院名誉院长。

6日 国家留学基金委发文，学校申报的"海洋环境与工程拔尖创新人才合作培养项目""海洋科学与技术领军人才合作培养项目""海洋生命科学研究及生物资源利用创新人才合作培养项目""水产科学创新型人才国际合作培养项目""深海工程国际卓越人才合作培养项目"获立项资助，执行期为三年。

7日 学校学术委员会第三次全体会议暨高层次人才引进审议会议在崂山校区召开，40余位校学术委员会委员出席会议。学校学术委员会主任、副校长吴立新院士主持第一阶段会议，会议听取学术委员会2021年度工作报告和2022年度工作计划，审议通过20个二级单位学术分委员会换届选举的工作方案。学校学术委员会副主任、副校长李华军院士主持第二阶段会议，各位委员听取2022年度第一批次高层次人才引进及转岗续聘人员的答辩，并进行质询和审议。

11日 山东省教育厅公布首届全省学校思政课教学设计大赛结果，学校马克思主义学院王付欣荣获特等奖。

12日 学校发文，服务蓝色经济发展工作办公室改设为国内合作工作办公室，加挂服务山东办公室、服务青岛办公室牌子。

13日 民建中国海洋大学总支部委员会成立大会在崂山校区举行，选举罗轶任主委。

16日 学校党史学习教育总结大会在崂山校区召开。教育部党建工作联络员郑其绪，教育部党史学习教育高校第八巡回指导组成员吴峰出席会议。党委书记田辉在会上

中国海洋大学党史学习教育总结会议

全面总结学校党史学习教育开展情况和学习成效：一是把党史与校史中的红色基因相结合"学党史"；二是把学懂弄通党的创新理论与树人立新、谋海济国的使命相结合"悟思想"；三是把坚持人民立场与回应师生关切相结合"办实事"；四是把贯彻新发展理念与学校一流大学建设相结合"开新局"。他并就巩固深化拓展党史学习教育成果，推进事业高质量发展，提出要求：一是不断强化历史自信，回应"三个前所未有"；二是不断强化历史自觉，加快推进特色显著的世界一流大学建设。校长于志刚就贯彻落实好会议精神，进一步做好党史学习教育提出要求：一是继续把党史学习、教育、宣传引向深入，以史为鉴、开创未来；二是进一步提振干事创业的精气神，埋头苦干、勇毅前行。

同日　学校发文，聘任李先国为化学化工学院院长。

同日　学校党委发文，同意海洋生命学院党委选举结果，初建松为党委书记；同意数学科学学院党委选举结果，张丽为党委书记；同意产业党委选举结果，侯海军为党委书记。

17日　党委书记田辉主持召开学校领导班子和领导干部2021年度考核及干部选拔任用"一报告两评议"大会，并通报学校党员领导干部党史学习教育专题民主生活会情况。校长于志刚代表学校领导班子作述职报告，全面总结一年来学校事业发展情况。党委常务副书记张静代表学校党委报告2021年干部选拔任用工作。会上，班子成员依次作个人述职。

同日　学校与华熙生物科技股份有限公司合作共建功能糖组学创新中心签约仪式在崂山校区举行。校长于志刚、医药学院院长吕志华与华熙生物董事长赵燕、首席科学家郭学平共同为中心揭牌。

19日　第24届中国大学生篮球联赛山东赛区决赛在崂山校区体育馆落下帷幕，学校男女篮球代表队均夺下冠军，这是学校首次两支球队共获山东赛区冠军。

20日　经校学位评定委员会审定通过，学校2022年度第一批次博士生指导教师遴选结果公布，Ruediger Hans Stein获得博士生导师资格。

24日　学校发文，聘任林霄沛为海洋与大气学院院长，聘请管长龙为海洋与大气学院名誉院长。

27日　教育部发文，工程学院史宏达教授领衔的"绿色与智慧"海岸工程教师团队入选第二批全国高校黄大年式教师团队。

同日　学校发文，聘任王竹泉为管理学院院长，聘请权锡鉴为管理学院名誉院长。

2月

8日 深海圈层与地球系统前沿科学中心宋丰飞教授在国际学术期刊*PNAS*以第一作者身份，发表题为"Trends in Surface Equivalent Potential Temperature：A More Comprehensive Metric for Global Warming and Weather Extremes"的研究成果。

9日 教育部、财政部和国家发展改革委公布第二轮"双一流"建设高校及建设学科名单，学校入选"双一流"建设高校，海洋科学和水产两个学科入选"双一流"建设学科。

11日 教育部公布2022年高校思想政治工作培育建设项目入选名单，红旗智援博士团——助革命老区乡村振兴实践育人项目入选高校思想政治工作精品项目。

15日 教育部公布首批虚拟教研室建设试点名单，由学校海洋与大气学院王秀芹教授主持的海洋学课程、工程学院史宏达教授主持的港口航道与海岸工程专业、工程学院王树青教授主持的船舶与海洋工程专业、水产学院麦康森院士主持的水产养殖学专业四个虚拟教研室入选。

16日 2021年度"中国十大海洋科技进展"评选结果公布，由海洋生命学院张玉忠教授主持的成果"海洋极端环境微生物独特生命特征及环境生态效应机制"入选。

17日 为期两天的第40次崂山会议暨西海岸校区规划和建设工作领导小组第九次会议召开。校总会计师王剑敏、校长助理于利分别就学校财务状况、西海岸校区建设等作主旨报告，党委办公室、校长办公室主任周珊珊汇报学校2022年工作要点。与会人员围绕"落实学校'十四五'事业发展规划和新一轮'双一流'建设方案，科学谋划2022年重点工作""统筹谋划以西海岸校区未来建设发展规划为重点的学校事业发展布局，研究推进西海岸校区建设的思路举措""深入分析学校财务状况、未来发展资金需求，谋划加强汇聚资源的举措"三个专题开展交流研讨。

21日 教育部公布第三批新时代高校党建示范创建和质量创优工作培育创建单位名单，学校水产学院党委入选"全国党建工作标杆院系"培育创建单位，文学与新闻传播学院本科生第二党支部、国际事务与公共管理学院政治学系教工党支部入选"全国党建工作样板支部"培育创建单位。

同日 校长于志刚一行先后赴海南海口、三亚，拜访海南省省长冯飞、副省长王路和三亚市委书记周洪波、市长包洪文等领导，就加强校地合作、推进三亚海洋研究院建设等进行研讨交流。

22日 校长于志刚一行到访中国科学院深海科学与工程研究所，签署校所战略合作协议；访问海南热带海洋学院，就"十四五"期间对口支援、校际合作进行交流。

24日　2021年度"十大地质科技进展"揭晓,学校山东省海洋环境地质工程重点实验室贾永刚教授主持完成的科技成果"国际首套复杂深海工程地质环境原位长期监测装备研制成功"入选。

3月

2日　水产学院合作开发的"中国新农科水产联盟教学资源共享平台"通过验收,这是国内首个新农科水产联盟平台。

3日　山东省教育厅公布第九届教学成果奖(高等教育类)获奖名单,学校作为第一完成单位共有30项成果入选,其中特等奖2项、一等奖15项、二等奖13项。特等奖成果分别是"'一带一路'来华留学生质量提升探索与创新实践""以谋海济国为价值引领的海洋拔尖创新人才培养体系探索与实践"。

5日　学校研究生支教团成立20周年主题微电影《山海》及同名主题曲、MV获共青团中央和《人民日报》、央视新闻、新华网等多家媒体报道。学校研究生支教团自组建以来,向贵州、西藏、云南等地派出20届支教团共计276名志愿者接力教育扶贫,累计志愿服务时长超过80万小时,服务覆盖人数超过3.5万人次。

7日　全校教师干部大会召开,党委常务副书记张静主持。会议以视频形式在崂山、鱼山校区同时进行。党委书记田辉以《把握历史主动,着力改革创新,勠力攻坚克难,以优异成绩迎接党的二十大胜利召开》为题,总结学校2021年工作成绩,分析学校事业发展所面临的新形势,部署学校2022年工作,并提出具体要求。校长于志刚围绕学校"十四五"事业发展规划和新一轮"双一流"建设方案实施,结合工作要点的落实,深入分析本年必须抓好的四项专题性重点工作:一是要坚持以贡献求支持、以服务求发展,落实新一轮"四方共建",争取各方更大支持;二是要加快推进西海岸校区一期交付、启用筹备工作,完善西海岸校区事业发展规划,统筹推进二期建设;三是要建设国家战略科技力量,抓好重大科技创新平台建设,要巩固拓展三亚海洋研究院建设成效,筑牢服务南海、进军深海的桥头堡;四是要全面部署启动百年校庆工作,以更好地总结办学经验、汇聚办学资源。

同日　学校教师干部大会宣布教育部党组决定:任命于志刚为校长,吴立新、王剑敏、刘勇、范其伟、魏志强为副校长;刘勇任中共中国海洋大学委员会委员、常委,范其伟任中共中国海洋大学委员会常委。

13日　下午4时,学校新冠疫情防控管理进入校园全封闭管理阶段,所有师生员工原则上不进不出,教师和走读学生不到校,学校开展线上教学。至4月11日上午8时,学校恢复线下教学，全体教职工到校工作，学校由校园封闭管理转为相对封闭管理。

16日 教育部学位与研究生教育发展中心、中国专业学位案例中心公布2021年主题案例立项结果，学校共有5个项目入选，其中"乡村振兴"主题2项、"生态文明"主题2项、"共同富裕"主题1项，立项总数并列全国高校第14位。

同日 人力资源和社会保障部发文，学校入选数字技术工程师培育项目首批培训机构，获批在"大数据工程技术人员"职业方向开展培训。

18日 学校党委常委会召开会议，学习贯彻习近平总书记在3月17日中央政治局常务委员会会议上的重要讲话精神，研究部署学校疫情防控工作。

20日 中国共产党党员、九三学社社员，著名物理海洋学家、我国海浪研究的开拓者、中国科学院院士、原山东海洋学院院长、中国海洋大学教授文圣常，因病医治无效，不幸逝世，享年101岁。

同日 山东省委常委、组织部部长王宇燕来校，就经略海洋、人才队伍建设等事宜进行考察调研。青岛市委常委、组织部部长于玉，省委组织部办公室主任、二级巡视员吴宪利，学校党委书记田辉，校长于志刚等陪同考察。王宇燕一行先后考察海洋高等研究院和山东省海洋工程重点实验室，对学校一流大学建设和服务海洋强国建设、服务区域经济社会发展取得的成绩给予充分肯定。

23日 学校召开党委理论学习中心组（扩大）会议，集体学习习近平总书记在全国两会上的重要讲话精神和全国两会精神、习近平总书记在2022年春季学期中央党校（国家行政学院）中青年干部培训班开班仪式上的重要讲话精神。全国人大常委会委员吴立新院士、全国政协委员麦康森院士传达习近平总书记在全国两会上的重要讲话精神和全国两会精神。

26日 2022届毕业生空中双选会校友企业专场依托智联招聘平台成功举办，325家校友企事业单位应邀参会，涉及生物医药、信息技术、教育、建筑、金融、能源、环境等多个领域，提供就业岗位3.7万余个。

27日 学校党委发文，同意海德学院党委选举结果，任命秦尚海为党委书记；同意三亚海洋研究院党委选举结果，闫菊为党委书记。

本月 学校与中国气象科学研究院签署合作协议，共同组建青岛海洋气象研究院。双方将在共享科技人才资源、共建科学试验平台、共同引进高层次人才、联合培养研究生、共享科技研发成果、共同探索管理创新机制等领域深度合作。

4月

2日　学校与澳门科技大学、南方海洋实验室共同主办的粤港澳大湾区海洋可持续发展研讨会在线上召开。来自中国海大和澳门科技大学、香港中文大学、香港城市大学、南方海洋实验室、中山大学等涉海院校机构的近350名专家学者参会。学校海洋发展研究院副院长韩立民、海洋化学理论与工程技术教育部重点实验室主任赵美训分别作主旨报告。

6日　山东省委宣传部公布首批山东省社科理论重点研究基地名单,学校经略海洋研究基地入选。

10日　习近平总书记考察中国海洋大学三亚海洋研究院。学校44名师生员工现场聆听习近平总书记的重要讲话。赵玮教授汇报学校长期"深耕南海"、服务海洋强国重大战略的成果,重点汇报学校在南海开展海洋观测研究与信息应用等工作。习近平总书记对观测设备研发、南海立体观测网构建与运行、南海大数据中心建设、信息应用服务等工作进行深入了解,并给予充分认可。他强调,建设海洋强国是实现中华民族伟大复兴的重大战略任务。要推动海洋科技实现高水平自立自强,加强原创性、引领性科技攻关,把装备制造牢牢抓在自己手里。

12日　学校党委常委会召开扩大会议,专题传达学习习近平总书记在学校三亚海洋研究院考察时的重要讲话精神。党委书记田辉说,习近平总书记莅临三亚海洋研究院考察,充分体现了总书记对海洋强国建设的高度重视、对海洋科教事业发展的殷切期待、对中国海洋大学的亲切关怀。总书记的殷殷嘱托,为学校未来发展指明前进方向、提供根本遵循、注入强大的动力。他要求全校要把学习贯彻习近平总书记考察三亚海洋研究院时的重要讲话精神作为当前和未来工作的首要政治任务抓紧抓实。校长于志刚等校领导和其他参会同志畅谈学习心得体会。

22日　15日、16日、22日,学校召开三场专家座谈会。会议集体学习习近平总书记考察学校三亚海洋研究院重要讲话精神,与会专家围绕如何贯彻落实总书记重要讲话精神,推动海洋科技实现高水平自立自强,加快一流大学建设,更好服务海洋强国建设进行深入研讨,积极建言献策。党委书记田辉、校长于志刚、党委常务副书记张静、党委副书记卢光志,副校长刘勇、范其伟、魏志强,两院院士管华诗、宋微波、李华军、包振民,自然科学和人文社会科学学科部分专家代表出席会议。

24日　山东省教育厅公布2021年度高等学校优秀学生、优秀学生干部和先进班集体评选结果,学校赵浩然等49人被评为优秀学生,傅恒等24人被评为优秀学生干部,2018级化学1班等6个班级被评为先进班集体。

25日　山东省委、省政府表彰山东海洋强省建设突出贡献奖先进集体和先进个人，董双林教授领衔的黄海冷水团冷水鱼类绿色养殖科技攻关团队获评山东海洋强省建设突出贡献奖先进集体。

26日　校长于志刚一行访问自然资源部第四海洋研究所，并签署校所全面合作协议。

同日　山东省总工会发文，医药学院于广利教授荣获山东省五一劳动奖章。

27日　学校召开2022年全面从严治党工作会议。会议传达学习习近平总书记在十九届中央纪委六次全会上的重要讲话和在三亚海洋研究院考察时的重要讲话精神，总结2021年学校全面从严治党工作。党委书记田辉对2022年全面从严治党工作进行部署：一是要紧扣坚定捍卫"两个确立"、坚决做到"两个维护"，坚持和加强党对学校的全面领导；二是要紧扣全面落实立德树人根本任务，坚定不移用党的创新理论铸魂育人；三是要紧扣为学校事业发展提供有力支撑，从严加强干部和人才队伍建设；四是要紧扣营造严的更浓氛围，持续深化党风廉政建设和反腐败斗争；五是要紧扣建设平安校园，坚决筑牢安全稳定防线。党委常务副书记张静就贯彻落实会议精神提出要求。党委副书记、纪委书记杨茂椿通报教育系统和学校查处的违规违纪典型案例，深入开展警示教育，并就做好纪检监察工作提出要求。

29日　学校发文，表彰第二十三届天泰优秀人才奖获奖教师，高珊、徐涛获一等奖，仲国强、刘晓磊、李志刚、吴晓、陈旭光、徐德荣获二等奖。

同日　学校发文，表彰第七届东升课程教学卓越奖获奖教师，王义、郭晶获一等奖，马晓莉、王巧晗、李一鸣、李振兴、张彦敏、高翔获二等奖。

5月

4日　教育部发布2020—2021学年度本专科生国家奖学金获奖学生名单，2018级海洋技术专业本科生于书萌入选。

同日　学校党委理论学习中心组（扩大）召开会议，学习贯彻习近平总书记在中国人民大学考察时重要讲话精神，深化学习习近平总书记关于海洋强国建设重要论述。

5日　山东省教育厅发文，学校入选首批山东教育融媒体建设试点单位。

6日　学校发文，表彰第十届本科教学优秀奖获奖教师，其中宋大雷获一等奖，马慧、刘晨光、李振兴、董平、丁黎黎、王刚、王建、李尹获二等奖。

同日　学校发文，宋大雷获评第七届中国海洋大学教学名师。

9日　《中国海洋大学校领导班子成员联系学院实施细则（试行）》公布施行。

11日　学校发文，成立中国海洋大学深远海与极地渔业研究中心，依托水产学院建设运行，聘任田永军为中心主任；成立中国海洋大学海洋碳中和创新研究中心，依托深海圈层与地球系统前沿科学中心建设运行，聘任李建平为中心主任。

13日　学校在海洋科技楼召开庆祝中国共产主义青年团成立100周年大会，学习贯彻习近平总书记在庆祝中国共产主义青年团成立100周年大会上的重要讲话精神，表彰团的先进集体和先进个人。党委书记田辉，校长于志刚，党委常务副书记张静，党委副书记卢光志，党委副书记、纪委书记杨茂椿，副校长王剑敏、刘勇等出席大会。副校长范其伟主持大会。

同日　山东省发展改革委公布2021年山东省工程研究中心名单，由学校牵头、山东钢铁股份有限公司和青岛钢研纳克检测防护技术有限公司联合共建的海洋装备特种材料山东省工程研究中心获得认定，这是学校材料领域首个省级科研平台。

14日　学校校友会第三次会员代表大会在青岛通过线上线下相结合的方式召开。会议选举于志刚为会长，张静为常务副会长，蒋兴伟、焦念志、李小勇、孙恒勤、苏建光、陈锐、孙焱、苏蔚潇、姚劲波9人为副会长。

19日　教育部公布第二批虚拟教研室建设试点名单，食品科学与工程学院李振兴教授主持的海洋特色的食品科学与工程专业虚拟教研室入选。

20日　学校发文，成立中国海洋大学深化改革工作领导小组，田辉、于志刚任组长，张静任副组长。领导小组下设办公室，设在党委办公室、校长办公室。

23日　校长于志刚带队赴云南省红河州绿春县调研，推进学校定点帮扶工作。25日，定点帮扶工作座谈会在绿春县政府召开。于志刚在会上指出，学校将继续坚持帮扶目标不变、帮扶力度不减。副校长王剑敏代表学校与绿春县签署定点帮扶捐赠协议。

24日　《中国海洋大学国家社会科学基金项目资金管理办法》《中国海洋大学大学生创新创业教育学分管理办法》公布施行。

26日　学校发文，聘任于良民为海洋化学理论与工程技术教育部重点实验室主任（试用期一年）。

28日　学校召开水产养殖学专业虚拟教研室启动会暨专业建设研讨会。会议采取线上线下结合的方式举办，上海海洋大学、集美大学、大连海洋大学等合作单位的负责人和骨干教师30余人与会。水产养殖学专业虚拟教研室负责人麦康森院士、副校长刘勇出席会议并致辞。西交利物浦大学张晓军副教授作特邀报告，上海海洋大学谭洪新教授、中国海洋大学温海深教授作专题报告。会上提出一系列适合虚拟教研室建设和发展的建议。

30日　第十四届光华工程科技奖颁奖仪式在北京举办，包振民院士荣获此奖。

31日　《中国海洋大学"十四五"党建和思想政治工作规划》《中国海洋大学"十四五"学科建设规划》《中国海洋大学"十四五"师资队伍建设规划》《中国海洋大学"十四五"校园建设规划》《中国海洋大学"十四五"服务国家重大需求和区域经济社会发展规划》《中国海洋大学"十四五"资源汇聚行动方案》公布施行。

同日　学校上报山东省教育厅《中国海洋大学主动服务黄河国家战略行动计划》，提出黄河三角洲可持续发展策略，为黄河流域生态保护和高质量发展提供科学管理依据。

本月　学校入选教育部公布的全国高校"一站式"学生社区综合管理模式建设自主试点单位。

本月　中央农村工作领导小组公布2021年度中央单位定点帮扶工作成效考核评价结果，学校获得最高等次"好"的评价。

6月

6日　学校在崂山校区举办2022届毕业生暨2023届实习生双选会。本次双选会参会用人单位共计84家，涵盖生物医药、智能制造、集成电路、新能源等多个重点行业和关键领域，提供就业实习岗位3000余个，1500余名学生到场求职。

7日　共青团山东省委书记刘天东来校调研共青团工作，并为学校团干部、团员青年讲授题为《不负殷切期待 争做时代先锋——习近平总书记庆祝建团百年重要讲话和省第十二次党代会精神宣讲》的主题团课。

同日　教育部公布2021年度国家级和省级一流本科专业建设点名单，学校物理学、化学、地质学、勘查技术与工程、生态学、海洋资源与环境、海洋资源开发技术、机械设计制造及其自动化、自动化、工商管理、经济学、日语、汉语言文学、新闻学、政治学与行政学、高分子材料与工程16个专业入选国家级一流本科专业建设点，电子信息科学与技术、工程管理、轮机工程、财务管理、物流管理、法语、德语、公共事业管理、材料科学与工程9个专业入选山东省一流本科专业建设点。

8日　深圳市规划和自然资源局、深圳市发展改革委联合发文，学校深圳研究院建设纳入深圳市海洋经济发展"十四五"规划。

10日　《榜样的力量》——青岛市2022年"全国科技工作者日"主场活动暨青岛"最美科技工作者"发布仪式在青岛市广播电视台举行，医药学院于广利教授荣获青岛

"最美科技工作者"称号。

11日　学校发文,聘任国际欧亚科学院院士杜冠华为青岛海洋生物医药研究院院长,聘请管华诗为青岛海洋生物医药研究院名誉院长。

12日　由中国海洋大学、青岛海洋科学与技术试点国家实验室、中国工程科技发展战略山东研究院共同主办的"612蓝色药库共同梦想"学术研讨会在青岛市召开。本次活动线上线下共计5000余人参会。山东省科技厅厅长唐波,青岛市委常委、副市长耿涛,校长于志刚、中国工程院院士管华诗,山东省海洋科学研究院院长李储林,"蓝药人才"技术总师杜冠华等出席线下会议。杜冠华汇报"蓝色药库"开发计划整体情况,省市领导及专家学者就推动"蓝色药库"开发计划实施进行深入交流座谈。加拿大皇家科学院院士、英属哥伦比亚大学Raymond Andersen,中国工程院院士、哈尔滨医科大学教授杨宝峰,北京大学临床药理研究所所长、教授崔一民等12名专家及青年学者围绕洋生物医药领域最新的理论研究和实践探索作主题报告。

13日　党委书记田辉、校长于志刚、副校长刘勇会见来校调研的北部湾大学党委书记韩峻峰一行,双方围绕对口支援工作进行深入座谈交流,并签署对口支援协议。

16日　根据疫情防控常态化的要求,由学校统一协调安排,分学部、学院(中心)在崂山校区、鱼山校区4个场地3天内举办20场毕业典礼暨学位授予仪式,共计7929名毕业生参加。117名本科毕业生获授首届荣誉学士学位。2022届毕业生毕业去向落实率为93.39%。党委书记田辉、校长于志刚通过视频寄语本届毕业生。田辉在寄语中以对党忠实、为人诚实、学识扎实、干事踏实、作风朴实、进取求实"六实"勉励毕业生。于志刚嘱咐毕业生三件事:一是要记得每天读书,静心思考,汲取智慧;二是要记得每天运动,强健体魄,愉悦身心;三是要记得责任使命,发展自我,服务社会。

同日　《中国海洋大学党政领导人员经济责任告知制度》《中国海洋大学党政领导人员经济责任审计规定》《中国海洋大学审计整改工作办法》公布施行。

17日　《中国海洋大学实验室安全管理规定》和新修订的《中国海洋大学实验室危险废物处置管理办法》《中国海洋大学实验室安全督导管理办法》《中国海洋大学实验室人员安全准入管理办法》公布施行。

22日　山东省科技创新大会在济南举行。学校作为第一完成单位共获得2021年度山东省科学技术奖4项,包括一等奖1项,二等奖3项。其中,水产学院战文斌教授主持完成的成果"海水鱼虾重要疾病免疫学现场检测诊断技术研发与应用"荣获山东省科技进步奖一等奖。

同日 学校发文,任命董军宇为信息科学与工程学部部长、梁丙臣为工程学院院长（试用期一年）。

同日 《中国海洋大学涉外活动保密管理办法》《中国海洋大学实验室和实验项目安全风险评估办法（试行）》《中国海洋大学实验室生物安全管理办法（试行）》《中国海洋大学实验室安全分类分级管理办法（试行）》公布施行。

23日 学校召开本科教育教学审核评估评建工作会议,研究推动新一轮本科教育教学审核评估。会议围绕落实《中国海洋大学本科教育教学审核评估评建工作台账》,加强基层教学组织建设,强化日常教学质量管理等工作进行部署。副校长刘勇在会上指出,新一轮本科教育教学审核评估是学校今明两年的重点工作之一,也是学校落实教育评价改革,推进"双一流"建设的重要内容,要按照既定评估计划有条不紊地推进评建工作,将评估指标要求和专家考察重点内容融入日常教学及管理过程中,抓实抓细基层教学组织建设。

25日 学校2022年春季学期暑期工作部署会召开。党委书记田辉对上半年工作进行总结,并就暑期工作安排提出要求:一是要强化理论武装,提高政治能力;二是要在做好休整的同时,对标对表、总结盘点,拓展合作、推动发展;三是要立足本职,着眼长远和全局,深入调研学习,认真思考谋划,提出新思路新举措;四是要坚持思想引领先行,深入做好干部调整、教师公寓配置和西海岸校区搬迁等工作中的思想政治工作;五是要以时时放心不下的责任感,抓好安全稳定。校长于志刚对学校在疫情防控和事业发展方面取得的显著成效给予充分肯定,重点强调四方面的工作:一是推进新一轮"双一流"建设;二是推进涉及人才培养全局的有关重点工作;三是抓好重大科技创新平台建设;四是要扎实做好西海岸校区搬迁启用,加快推进二期建设。

26日 学校发文,任命周珊珊为校长助理、国内合作工作办公室主任（兼）,林旭升为党委办公室、校长办公室主任,王继贵为后勤党委书记,刘永平为图书馆党总支书记,王曙光为海洋与大气学院党委书记,张猛为水产学院党委书记,魏军为审计处处长、西海岸校区监察审计部部长,董士军为继续教育学院院长、职业技术师范学院院长、职业教育师资培训中心主任,董效臣为档案馆馆长。

同日 《中国海洋大学本科学生荣誉称号评选及管理办法》《中国海洋大学本科学生奖学金评审办法》《中国海洋大学优秀本科学生奖学金管理办法》《中国海洋大学本科学生素质综合测评办法》公布施行。

27日 《中国海洋大学所属企业经营管理综合绩效考核办法》公布施行。

28日　科睿唯安发布2022期刊引证报告,由学校与青岛海洋科学与技术试点国家实验室共同主办的英文期刊*Marine Life Science & Technology*(《海洋生命科学与技术》)的影响因子达5.000,位于Marine & Freshwater Biology(海洋与淡水生物学)领域Q1区前10行列。

同日　《中国海洋大学本科学生国家奖学金、国家励志奖学金管理办法》公布施行。

29日　云南省政府与教育部及部分高校战略合作协议签约仪式在北京举行。校长于志刚在崂山校区分会场代表学校与云南省政府签订省校战略合作协议。

本月　学校和青岛海洋科学与技术试点国家实验室联合日本国家海洋地球科学技术局等8个国家、16家政府和研究机构在政府间海洋学委员会西太分委会共同发起的"第二次黑潮及周边海域国际合作研究"(CSK-2),以联合国计划(UN24)的形式注册为"联合国海洋科学促进可持续发展十年"大科学计划。该计划选举林霄沛教授和日本国家海洋地球科学技术局的Ken Ando研究员为联合主席。

7月

1日　全国政协常委、经济委员会副主任、海关总署原审计长于广洲,全国政协经济委员会副主任、山东省政协原主席付志方率全国政协经济委员会专题调研组来校调研学校事业发展和学生就业创业工作。校党委书记田辉及副校长范其伟、魏志强陪同调研。

同日　校党委书记田辉一行赴海尔集团走访调研,海尔集团党委书记、董事局主席、首席执行官周云杰出席活动。双方围绕校企合作、人才培养、科学研究、成果转化、服务地方等方面进行深入交流。

4日　学校发文,任命鞠红梅为监察处处长,蒋秋飚为党委宣传部部长兼新闻中心主任,陈鹭为党委统战部部长。

5日　学校医药学院党委与鲁南制药集团山东新时代药业有限公司党总支合作共建签约仪式在"胜利楼"举行。校长于志刚,鲁南制药集团党委副书记张理星等出席仪式。双方将在党建工作、人才培养、科学研究以及管理服务等方面加强合作交流。

6日　校党委书记田辉、副校长范其伟一行赴宁夏调研。宁夏回族自治区党委常委、组织部部长石岱会见田辉一行,双方就加强选调生招录、科技成果转化、校地合作等工作进行深入交流。

7日　物理海洋教育部重点实验室蔡文炬教授在国际学术期刊*PNAS*以通讯作者身份,发表题为"Increased variability of the western Pacific subtropical high under greenhouse warming"的论文。

11日　学校与东英吉利大学合作10周年庆祝仪式在青岛举办，校长于志刚、东英吉利大学校长David Richardson出席并致辞。双方举行战略合作备忘录续签仪式，于志刚和David Richardson共同签署两校下一个10年战略合作备忘录。11日至15日两校在线举办系列学术交流活动。主题为"后疫情时代：加强综合性海洋科学战略联盟"的第七届中国海洋大学-东英吉利大学联合研讨会在学校举行。中国科学院城市环境研究所朱永官院士、清华大学关大博教授作特邀报告。来自东英吉利大学、斯特斯克莱德大学、纽卡斯尔大学、清华大学、北京大学、复旦大学、山东大学、南方科技大学等国内外知名高校的26位专家作学术报告，100余名学者线上线下参加。

14日　农业农村部公布26个水产新品种，海洋生命学院胡晓丽教授领衔培育的栉孔扇贝"蓬莱红3号"、邢强副教授领衔培育的海湾扇贝"海益丰11"、水产学院李琪教授领衔培育的长牡蛎"海大4号"和三亚海洋研究院胡景杰教授科研团队参与培育的水产新品种金鲳"晨海1号"入选。

16日　山东省委组织部、山东省人力资源和社会保障厅、山东省科协联合公布第十二届山东省青年科技奖获奖名单，物理海洋教育部重点实验室陈朝晖、环境科学与工程学院赵建、医药学院徐涛入选。

18日　海洋学课程虚拟教研室启动会暨第三届全国海洋学教学研讨会于烟台召开。会议采取线上线下结合的方式举行，副校长刘勇线上出席会议并致辞。钱成春、李建平、田纪伟、黄菲、陈显尧、林霄沛和陈旭7位教授作专题讲座。团队教师在海洋潮汐、海洋混合、海气相互作用、大洋深层环流、现代海洋观测手段和海洋能量传输、气候变化和海洋科学前沿等方面从教学角度进行深入讨论，并取得共识。

20日　国内首门全球海洋公开课开课。首讲由国际著名海洋化学专家、瑞典哥德堡大学Isaac Santos教授与学校未来海洋学院导师许博超教授联合讲授"利用钍-镭-氡同位素理解海洋"，来自清华大学、北京大学以及美国、德国等10余个国家和地区的1300余位研究生参与课程学习。

21日　山东省委教育工委公布第二批全省新时代高校党建示范创建和质量创优工作培育创建单位名单，学校党委入选"全省党建工作示范高校"培育创建单位，食品科学与工程学院党委入选"全省党建工作标杆院系"培育创建单位，海洋生命学院本科生第一党支部、医药学院教工第一党支部入选"全省党建工作样板支部"培育创建单位。

29日　教育部、农业农村部、中国科协公布获支持建设的"科技小院"名单，学校共有广东湛江牡蛎科技小院等9个科技小院入选，获支持建设总数列全国高校第30位、非农高校第10位。

8月

1日　中国–挪威海洋大学联盟发展战略研讨会在青岛召开。学校副校长范其伟出席并致辞。国内13所涉海高校的专家代表和国际处相关负责人、青岛市政府部门和企业代表等参加会议，进一步明确联盟的战略定位、建设目标、发展方向和协作模式。

同日　海南省教育厅公布2022年高等教育省级教学成果奖评审结果，学校三亚海洋研究院的成果《围绕"海洋科技实现高水平自立自强"的复合型海洋人才培养》《热带水产种业研究生"产教融合"培养体系的构建与实践》分获教学成果一、二等奖。

3日　为推动局校合作和校地合作，校长于志刚一行赴海南省开展为期四天的调研工作。于志刚一行赴海南省海口市、三沙市，考察自然资源部南海局海口海洋环境监测中心站、三沙海洋环境监测中心站，拜访三沙市委书记袁光平，市委副书记、市长邓忠，与南海局签署局校合作协议并为研究生联合培养基地揭牌。

5日　山东省教育厅、山东省发展改革委发文，中国海大入选第一批山东省绿色学校。

10日　为期三天的学校2022年暑期读书班暨工作会议在崂山校区召开。学校党政领导、校长助理出席会议，学校中层正职干部参加会议。会议期间，中央党史和文献研究院第一研究部副主任张贺福研究员作学习习近平总书记在省部级主要领导干部专题研讨班上的重要讲话精神和《习近平谈治国理政》第四卷辅导报告，武汉大学校长窦贤康院士作一流大学建设经验报告，国家教育行政学院刘亚荣研究员作校院两级管理体制机制改革报告。学校领导张静、杨茂椿、吴立新、王剑敏、刘勇、范其伟、魏志强分别作工作报告。学院书记、院长代表作经验交流分享。与会人员分组进行专题讨论，并作大会交流。

13日　学校承担的两项"山东省重大科技创新工程——驻鲁部属高校'十四五'服务山东重点建设项目"首次专题会在青岛召开。山东省科学技术厅厅长唐波，校长于志刚，中国工程院院士李华军、包振民出席会议。包振民和李华军作为项目负责人先后汇报2021年度立项项目的实施成效，并就2022年度新一期项目申报内容进行解读和交流。

14日　第十一届全国海洋航行器设计与制作大赛在西北工业大学落下帷幕，学校共获得特等奖3项，一等奖7项，二等奖7项。

16日　国际地质灾害与减灾协会科学技术奖颁奖典礼在日本金泽大学召开。环境科学与工程学院贾永刚教授领衔的"复杂深海工程地质环境原位监测技术及其应用"获技术发明奖。

17日　新修订的《中国海洋大学章程》公布施行。

18日　学校发文，对纪检监察、巡查工作机构进行调整：纪委下设纪委办公室、监督检查室。在监察体制改革过渡期内，保留监察处。党委巡察工作办公室作为党委工作部门单独设立，不再与纪委办公室合署办公。

24日　校党委书记田辉、校长于志刚一行前往西海岸新区，拜访青岛市委常委、西海岸新区工委书记、区委书记孙永红，双方就西海岸校区一期搬迁启用及加快推进二期建设等事宜进行座谈交流。

25日　校长于志刚、副校长魏志强会见来校调研的青岛市副市长王波一行，双方就"四方共建"、校地融合等事宜进行座谈交流。

26日　山东省人民政府公布2022年"齐鲁友谊奖"获奖名单，Thomas Mock教授获此殊荣。

27日　学校发文，任命于春玺为采购与招标管理中心主任（试用期一年），吴慧为国际教育学院院长、教育部出国留学培训与研究中心主任（兼）（试用期一年），刘文菁为出版社直属党支部书记、出版社社长（试用期一年），刘贺为基础教学中心主任（试用期一年），牛德强为经济学院党委书记（试用期一年），许玲玲为外国语学院党委书记（试用期一年）。

31日　党委书记田辉以"青春逢盛世 奋进新征程"为题，围绕"时代""大学""成长"三个关键词，为2022级本科生讲授"开学第一课"。

本月　教育部公布2021年度生命领域教育部重点实验室评估结果，海水养殖教育部重点实验室、海洋生物遗传学与育种教育部重点实验室获评优秀。

9月

1日　青岛市委书记陆治原来校调研。在党委书记田辉、校长于志刚等陪同下，考察海洋高等研究院、山东省海洋工程重点实验室，并与有关专家、负责人深入交流。

2日　学校首届夏季学期本科生国际课程周结束。来自14个国家和地区、31所高校的32位专家学者，开设29门全外语课程，内容涵盖文理工农多个学科门类，既有专业课程，也有通识课程。14个学院的500余名学生参加。

同日　中国气象局公布第三届全国气象教学名师和第二批全国气象教学团队入选名单，海洋与大气学院黄菲教授荣获全国气象教学名师，傅刚教授带领的海洋气象学教学团队荣获全国气象教学团队。

同日　山东省教育厅公布第二届全省学校思想政治理论课教学比赛获奖名单，马克思主义学院杨生照荣获"本科原理组"一等奖,刘永祥荣获"本科纲要组"二等奖。

5日 学校发文,公布2022年度"最美教师"评选结果,他们是冯丽娟、刘涛、刘尊英、汝少国、杨连瑞、张婧、赵玮、郭晶、桑本谦、黄明华。

6日 2022年度"齐鲁最美教师"颁奖典礼在山东教育电视台举行,外国语学院杨连瑞荣获山东省教书育人楷模称号。

7日 2022年度国家自然科学基金集中受理项目评审结果公布,学校共获资助项目193项,直接经费超过1亿元。获批项目类型包括国家杰出青年科学基金3项、优秀青年科学基金3项、重点基金2项、面上项目94项、青年科学基金90项、专项基金1项。食品科学与工程学院毛相朝、物理海洋教育部重点实验室陈朝晖、工程学院陈旭光获国家杰出青年科学基金资助;海洋生命学院李语丽、物理海洋教育部重点实验室张志伟、信息科学与工程学部陈树果获国家优青资助。学校首次在食品学科获国家杰青资助,在交叉学部获国家优青资助。

8日 科睿唯安公布ESI数据,学校计算机科学进入全球ESI学科排名前1%。

同日 学校发文,对取得重要成果、为学校事业发展作出重大贡献的包振民院士、薛长湖教授团队、刘怀荣教授进行表彰,颁发2022年度校长特殊奖励。

9日 学校应澳门大学邀请加盟发起中国与葡语国家海洋研究联盟。校长于志刚、副校长刘勇线上出席联盟成立仪式暨首届理事会会议。

同日 山东省人力资源和社会保障厅公布2022年中国·山东博士后创新创业大赛决赛获奖名单。学校工程学院李崇副教授的"高性能MEMS陀螺及其产业化关键技术"项目获得创新组金奖。

14日 山东省科学技术厅发布2022年度绩效评价优秀的省级新型研发机构名单,青岛海洋生物医药研究院榜上有名。

同日 学校发文,任命王雪鹏为机关党委书记(兼)。

15日 工程学院刘勇教授荣获2022年"科学探索奖",是学校首位获得该奖项的科学家。

"科学探索奖"于2018年设立,是由科学家主导、腾讯基金会出资支持的公益奖项,面向基础科学和前沿技术领域,支持在中国内地及港澳地区全职工作、45周岁及以下的青年科技工作者。其鼓励青年科技人才探索基础科学和前沿技术的"无人区",支持青年科学家开展具有原创性和引领性的研究。

20日 农业农村部公布2019—2021年度全国农牧渔业丰收奖获奖名单,学校食品科学与工程学院牟海津教授的"海洋生物工程技术在生物替抗产业中的应用"项目荣获农业技术推广成果二等奖。

同日　国务院学位委员会公布工程类专业学位博士、硕士学位授权点名单，学位新增土木水利工程博士专业学位授权点。

21日　学校发文，任命杜军华为材料科学与工程学院党委书记（试用期1年）。

23日　学校发文，成立中国海洋大学西海岸校区管理委员会，魏志强任主任。

26日　学校发文，成立中国海洋大学教育基金会办公室，与校友工作办公室合署办公。

28日　2022年度山东省自然科学基金项目立项资助结果公布，学校获批127项，获批经费2535万元。项目包括青年基金63项，面上项目46项，优秀青年基金5项、优秀青年基金（海外）8项、杰出青年基金4项，重大基础研究项目1项。

本月　信息科学与工程学部的计算机科学与技术学院、电子工程学院和工程学院、食品科学与工程学院、材料科学与工程学院及7000余名师生进驻西海岸校区，标志着西海岸校区一期建成，并投入使用。

西海岸校区学习综合体正面图

西海岸校区规划占地面积约2800亩，位于青岛市西海岸新区三沙路1299号。校区总体规划建筑面积约185万平方米，可容纳在校生总体规模20000人，教职工2000人。目前已完成一期建设，占地700余亩，建成校舍建筑面积约60万平方米，包括1个学习综合体、5个学院楼、2个学生社区、1个海洋生物资源开发中心以及室外工程等。

10月

12日　学校发文，聘任汪岷为海德学院院长（试用期一年）。

13日　青岛市委教育工作委员会、青岛市教育局公布第六届青岛高校教学名师名单，韩宗珠、王琪、方钟波、赵栋梁入选。

16日　中国共产党第二十次全国代表大会在北京人民大会堂隆重开幕。全校各级党组织采取多种形式，组织广大党员干部和师生员工收听收看大会开幕会实况，反响热烈。

23日 学校发文,成立中国海洋大学教育领域扩大投资专项工作领导小组,田辉、于志刚任组长,张静、吴立新、王剑敏、刘勇、魏志强任副组长;成立中国海洋大学预算管理一体化实施工作领导小组,于志刚任组长,王剑敏任副组长;成立中国海洋大学百年校庆筹备工作委员会,田辉、于志刚任主任,张静、卢光志、杨茂椿、吴立新、王剑敏、刘勇、范其伟、魏志强、于利、周珊珊任副主任。

24日 副校长刘勇会见基里巴斯驻华大使戴维·蒂阿博一行,双方就留学生培养、科研交流与合作等方面进行会谈。2019年以来共有30名基里巴斯留学生到校学习,其中14人已毕业。

30日 由学校与教育部高等学校海洋科学类专业教学指导委员会等部门共同主办的第三届国际海洋工程装备科技创新大赛在青岛举办,中国海大学子在比赛中共获得特等奖6项,一等奖3项,二等奖6项。

31日 《中国海洋大学基础学科拔尖学生出国(境)交流学习项目资助管理办法(试行)》公布施行。

11月

4日 学校主办为期两天的"东亚海域的网络、空间与节点:2022东亚岛屿海洋文化论坛·海港都市国际学术研讨会"以线上方式举办。来自韩国海洋大学、木浦大学、日本神户大学、长崎大学、鹿儿岛大学、琉球大学、菲律宾萨玛州立大学、中山大学、厦门大学等国内外20所院校的50余位学者参加会议。会议期间,与会学者围绕东亚港口历史与发展等6个单元作学术报告,并进行深入研讨。

同日 经校学位评定委员会审定通过,学校2022年度第二批次博士生指导教师遴选结果公布,李建、车慧正、孙颖、王劲松、陆其峰、沈学顺、李语丽、张凯松8人获得博士生导师资格。

8日 学校召开山东省科教融合协同育人联合体建设工作线上会议。校长于志刚、副校长刘勇出席。山东省教育厅学位与研究生处就科教产教协同育人中的科教融合协同育人联合体和工程硕博士试点改革2项工作进行重点解读。学校研究生院研究生培养办介绍科教产教协同育人的工作要求和工作安排。海洋与大气学院院长林霄沛、信息科学与工程学部部长董军宇、海洋生命学院副院长董波分别代表海洋科学、计算机科学与技术、生物学3个一级学科牵头学院汇报工作进展。与会人员就联合体的运行机制、合作方式与范围、专项招生指标分配等问题进行讨论。

10日 科睿唯安公布ESI数据,学校的社会科学学科排名进入全球ESI全球前1%。

同日　为期两天的中国海洋大学第一届极地海洋与全球变化国际学术研讨会通过线上召开，41所国内涉海高校与科研机构、14所国际合作单位共计300余位专家学者参会。会议期间，瑞典皇家科学院和工程科学院的双院士Orjan Gustafsson教授、国际北极越冬科学考察计划海冰组负责人Marcel Nicolaus研究员和海洋组负责人Benjamin Rabe研究员，以及我国极地科考专家赵进平教授等国际知名学者，围绕北极快速变化条件下的海洋动力过程等专题作26场学术报告。

同日　学校发文，表彰2021—2022学年先进班集体和先进个人，药学2019级马源、英语2019级石琳、文化产业管理2019级史靖昱、信息与计算科学2019级任京文、金融学（CFA）2019级华玉婷、光电信息科学与工程2019级全泓达、海洋科学（拔尖）2019级李学垠、生物科学2019级杨书涵、食品科学与工程2019级黄瑜晴、工业设计2019级黎伊笑荣获优秀学生标兵称号。

12日　学校与崂山实验室联合主办的鳌山论坛"学术期刊服务科学研究"专题国际研讨会以线上方式举行，会议主要内容是国际期刊办刊经验交流、学术热点研究前沿解读、涉海期刊论文透析、英文学术论文写作指导。来自中国科学院新疆分院、厦门大学等国内10余家涉海高校和科研机构的学者，英国利物浦大学，国际著名出版社Springer Nature，Elsevier，科研开放平台ScienceOpen，科睿唯安等国际机构代表140余人出席会议。

同日　第十七届"中国青年科技奖"颁奖典礼在浙江温州召开，食品科学与工程学院毛相朝教授荣获此奖。

14日　为期三天、中国-挪威海洋大学联盟主办的中国-挪威海洋大学2022年度联盟年度学术会议在线上召开。会议以"北极-中低纬气候相互作用及其海洋环境与生态效应"为主题，来自联盟25所成员高校、18所国内外合作高校、企事业单位的300余位专家学者与会。奥斯陆大学副校长Mette Halskov Hansen，学校副校长刘勇、魏志强出席会议并致辞。中国科学院院士焦念志、中国工程院院士麦康森、挪威科学院院士Nils Christian Stenseth、挪威科技大学海洋战略研究主任Siri Granum Carson作专题报告。本次会议共进行98场专家学术报告、22场博士生报告和10场企业报告，会议直播累计收看近万人次。

15日　第八届中国国际"互联网+"大学生创新创业大赛全国总决赛落幕，食品科学与工程学院"'智'糖先锋——全球海洋寡糖精准制造商"项目、环境科学与工程学院"探海神针——全海深勘察行业领军者"项目和"定海神'针'——海洋环境动态感知系统领航者"项目分获金奖、银奖和铜奖。

同日　2022高教社杯全国大学生数学建模竞赛获奖名单公布,学校荣获国家一等奖3项、二等奖7项,山东省一等奖20项、二等奖32项。

16日　第十三届全国海洋知识竞赛大学生组总决赛在海南海口落幕,海洋与大气学院硕士研究生李徐辉、苏占朋均获全国一等奖。

17日　山东省委书记李干杰来校宣讲党的二十大精神。山东省委副书记、青岛市委书记陆治原出席。山东省委常委、秘书长张海波,省直有关部门负责同志,党委书记田辉、校长于志刚参加会议。200余名师生代表聆听报告。

20日　2022中国-东盟"蓝色转型战略下渔业和水产养殖可持续发展"国际论坛以线下线上相结合方式举行,来自国际组织、中国和东盟国家的官员、专家学者和产业界人士共计3000余人线上参加论坛。40位中国和东盟水产领域的知名专家就"蓝色转型"战略实现途径等议题进行分享和探讨。联合国粮食及农业组织渔业和水产养殖司副司长袁新华博士、联合国南南合作办公室代理主任王晓军博士、亚太水产养殖中心网总干事黄健研究员,以及中国工程院院士麦康森教授分别作主旨报告。

21日　山东人才创新发展大会暨第十二届中国·山东海内外高端人才交流项目洽谈会在济南举行。副校长吴立新院士荣获第二届齐鲁杰出人才奖,并作为获奖代表发言。

23日　山东省教育厅公布全省高等学校实验室体系建设名单,学校智能资本配置与产业互联网运营文科实验室和二语习得跨学科研究文科实验室入选。

同日　山东省委组织部公布全省"创新榜样"名单,食品科学与工程学院汪东风教授入选。

24日　党委书记田辉在海洋科技楼国际报告厅以"深入学习贯彻党的二十大精神 加快建设特色显著的世界一流大学"为题,向全校干部师生宣讲党的二十大精神。学校260余名干部师生代表参加报告会。

同日　2022中国海洋经济博览会在深圳会展中心举办。学校"透明海洋""蓝色粮仓""蓝色药库""海洋工程装备""海洋技术与装备"五大系列30余项科技成果参展。

25日　学校与英国朴次茅斯大学联合主办的蓝色治理学术报告会于线上召开,两校代表及联合国教科文组织、联合国粮农组织代表出席会议。联合国教科文组织海洋治理项目主席兼朴次茅斯大学蓝色治理中心主任Pierre Failler教授、联合国粮农组织渔业与水产养殖司Yuan Xinhua副司长、学校未来海洋学院院长李建平、信息科学与工程学部部长董军宇分别作专题报告,分享蓝色治理研究成果,并就下一步的工作计划和合作方向进行探讨与交流。

26日　学校第十九次学生代表大会、第十二次研究生代表大会在崂山校区召开，大会在三亚海洋研究院设视频分会场。学部、各学院（中心）、三亚海洋研究院的178名本科生代表、148名研究生代表参加会议。党委常委、副校长范其伟出席开幕式并讲话，充分肯定学生会、研究生会的作用和贡献，并提出希望和要求：一是要筑牢坚定不移的信念；二是要锤炼崇德向善的品质；三是要增强锐意进取的毅力；四是牢记谋海济国的担当。大会听取、审议《中国海洋大学第十八届学生会工作报告》《中国海洋大学第十一届研究生会工作报告》，选举产生新一届学生会、研究生会主席。

27日　山东省教育厅公布高等学校服务黄河重大国家战略特色项目评选结果，学校申报的"面向黄河三角洲的陆海统筹生态保护与高质量发展研究"获批一类项目。

30日　学校发文，文化产业管理2019级史靖昱、金融学（CFA）2019级华玉婷、光电信息科学与工程2019级全泓达获第23届文苑奖学金。

本月　海洋生物多样性与进化研究所高珊教授获评齐鲁巾帼十大科技创新之星称号。

12月

5日　依托学校三亚海洋研究院建设的海南省海洋立体观测与信息重点实验室正式获批设立。

8日　青岛市科技创新大会在市级机关会议中心召开。材料科学与工程学院"筑峰人才工程"第一层次特聘教授崔洪芝荣获青岛市科学技术最高奖，是继文圣常、麦康森、吴立新、李华军4位院士之后，学校第五位获此殊荣的科学家。

同日　全国哲学社会科学工作办公室公布2022年度国家社科基金重大项目立项名单，学校经济学院赵昕申报的"新发展格局下拓展我国海洋经济发展空间的动力机制及实现路径研究"课题获批立项。

10日　山东省教育厅公布高等学校服务黄河流域生态保护和高质量发展协同创新中心名单，学校牵头申报的黄河流域生态环境保护与低碳发展协同创新中心获批立项建设。

14日　荣泰建设集团有限公司捐赠签约仪式在学校举行。校长于志刚，副校长、教育基金会理事长王剑敏，副校长、教育基金会副理事长魏志强，青岛市西海岸新区管委副主任谢龙目，荣泰集团董事长薛鹏等出席。根据协议，荣泰集团将捐资支持学校建设发展。

15日　山东省人民政府公布2022年度山东省科学技术奖名单，包振民院士荣获省科学技术最高奖。学校作为第一完成单位获得山东省科学技术奖项目奖7项，其中一等奖3项、二等奖4项。

同日　学校党委发文,任命王玉江为化学化工学院党委书记。

16日　校长于志刚与广西壮族自治区党委常委、自治区副主席许永锞在广西南宁共同签署省校战略合作协议。许永锞、于志刚以及自治区海洋局局长蒋和生、党组书记贺志刚为双方共建的"向海经济发展研究中心"揭牌。

17日　学校首批"英才计划"学生面试选拔在线上举行。海洋生命学院张玉忠院长主持面试,包振民院士、赵呈天教授等10位导师参加面试。

20日　由青岛海洋生物医药研究院、中国海大、正大制药(青岛)有限公司联合开发的免疫抗肿瘤候选新药"注射用BG136"通过国家药品监督管理局审查,获得药物临床试验批准,是国际首个进入临床试验的抗肿瘤海洋药物。

23日　学校发文,聘任崔洪芝为材料科学与工程学院院长,聘请王昕为材料科学与工程学院名誉院长。

27日　山东省教育厅公布2022年研究生导师指导能力提升项目和优质教育教学资源项目评审结果。学校入选优秀博士学位论文16篇,优秀硕士学位论文35篇,研究生创新成果奖35项,优质研究生课程12门,优质专业学位教学案例库12个。

28日　山东省教育厅公布2022年省级课程思政示范项目名单,学校的卫星海洋学等5门本科生课程、现代生物学等4门研究生课程入选。

本月　第五轮学科评估结果出炉。学校有33个学科参加评估。其中,海洋科学、水产科学稳居国内顶尖水平,进入世界一流前列;生物学、食品科学与工程学科取得重大突破;生态学、水利工程、工商管理、外国语言文学等学科实现新跨越;环境科学与工程、药学、计算机科学与技术、软件工程、应用经济学、法学等学科继续快速发展;中国语言文学、公共管理等人文社会科学学科和数学等基础学科进步明显。

本月　各民主党派中央相继召开全国代表大会,选举产生新一届中央委员会。民盟山东省委副主委、民盟青岛市委主委、副校长吴立新院士当选为民盟第十三届中央委员会常务委员,民革山东省委副主委、民革青岛市委主委、食品科学与工程学院院长薛长湖教授当选为民革第十四届中央委员会委员,民建青岛市委副主委、海德学院院长、海洋生命学院副院长汪岷教授当选为民建第十二届中央委员会委员。

本月　山东省科技厅下达2022年度山东省重点研发计划(重大科技创新工程)驻鲁部属高校"十四五"服务山东重点建设项目,学校山东省海水高效种质创新与蓝色种业中心申报的"重要设施养殖鱼类优良种质创制与规模化苗种培育关键技术开发及应用"获批立项,经费8642万元。

本年　学校入选首批国家工程硕博士培养改革专项试点高校。

本年　经学校岗位设置与聘任工作领导小组审议，王昕（材料科学与工程学院）、刘怀山、纪建悦、胡景杰、贾永刚、郭培清、董胜、董军宇、付刚、魏志强10人获聘教授二级岗位；于敏、于会娟、于通顺、万修全、王勇（信息科学与工程学部）、王影（海洋生命学院）、孔凡娜、付晓婷、邢磊（海洋地球科学学院）、邢军辉、朱葆华、任新敏、刘爽（文学与新闻传播学院）、刘雅、刘延凯、孙建安、芦永红、杨晓斌、辛佳、沈月龙、宋鹏、宋德海、张玲、张若军、张彦敏、季军远、赵明岗、秦曼、戴黎明、王付欣、陈颖、于树松、冯源、胡连波、王丽莎、陈容、程凯、简慧敏、李华昌、王海、张丽、陈文收、林旭升、鞠红梅44人获聘校专业技术四级岗位。

本年　据上报教育部的《高等教育基层统计报表》统计，学校共有学院22个，全日制本科专业83个。博士学位授权一级学科点18个，硕士学位授权一级学科点35个，博士后科研流动站15个，国家一流学科2个。国家工程研究中心1个，国家工程技术研究中心1个。

在校教职工总数为3945人。专任教师2111人，其中正高级657人、副高级778人，博士学历1685人、硕士学历386人。聘请校外教师345人，其中博士学历89人、硕士学历114人。中国科学院院士（人事关系在本校）3人，中国工程院院士（人事关系在本校）4人，国家级人才计划18人，"长江学者奖励计划"特聘教授10人，"国家杰出青年科学基金"获得者27人。

本科招生数4250人，毕业生数3640人，授予学位数3640人。硕士研究生招生数4628人，毕业生数3486人，授予学位数3456人。博士研究生招生数781人，毕业生数349人，授予学位数335人。外国留学生招生数43人，毕（结）业生数100人，授予学位数86人。成人本科招生数7661人，毕业生数14627人，授予学位数1469人。成人专科毕业生数4739人。在校学生总数为55236人，其中博士生3026人、硕士生13963人、普通本科生16556人、继续教育本科生21561人、继续教育专科生130人；在校留学生455人。

学校实到科研经费9.11亿元，国家自然科学基金各类项目立项208项，项目经费达1.8亿元。国家重点研发计划项目10项，主持课题23个，合同额约2.3亿元。人文社科高层次项目新立项40项，其中，国家社科基金重大项目1项、重大专项1项、重点项目1项。学校教师以第一或通讯作者在PNAS、Nature子刊等顶尖期刊上发表高水平论文25篇。

馆藏图书290.47万册。学校占地总面积1696460.8平方米，校舍建筑面积1034628.19平方米。固定资产559238.07万元。

本年　学校科研成果获奖情况（省部级三等奖以上）见表56、表57。

表56　2022年学校科研成果获奖情况（省部级三等奖以上，自然科学类）

序号	项目名称	获奖情况	主要完成人
1	养殖鱼类蛋白质高效利用的调控机制	教育部高等学校科学研究优秀成果奖自然科学一等奖	何　艮　麦康森　殷　战
2	复杂深海工程地质环境原位长期观测技术、装备及应用	教育部高等学校科学研究优秀成果奖技术发明一等奖	贾永刚　刘晓磊　郭秀军
3	苏鲁－大别－桐柏造山带印支期构造－热演化	教育部高等学校科学研究优秀成果奖自然科学二等奖	李三忠　刘晓春　戴黎明
4	海藻生物加工关键技术及产业化应用	教育部高等学校科学研究优秀成果奖科技进步二等奖	毛相朝　李来好　姜　宏
5	风场三维高分辨率遥感激光雷达及应用	教育部高等学校科学研究优秀成果奖科技进步二等奖	吴松华　刘金涛　刘秉义
6	新型海上结构物多尺度设计分析与运维保障关键技术及应用	山东省科技进步奖一等奖	刘　勇　张国志　方　辉
7	花鲈精准营养研究及绿色高效人工配合饲料开发与应用	山东省科技进步奖一等奖	艾庆辉　麦康森　梁萌青
8	大型现代化深远海养殖装备设计制造及智慧运维保障关键技术及应用	山东省科技进步奖一等奖	刘贵杰　刘富祥　巩庆涛
9	非常规高精度地震探测关键技术及应用	山东省科技进步奖二等奖	邢　磊　方栋梁　刘怀山
10	海洋高值化工程酶的开发及功能食品的生物制造	山东省科技进步奖二等奖	牟海津　朱常亮　付晓丹
11	大陆俯冲带深熔－花岗岩成因及其深部动力学机制	山东省自然科学二等奖	于胜尧　张建新　李三忠
12	牙鲆高效免疫的细胞与分子基础研究	山东省自然科学二等奖	战文斌　唐小千　邢　婧

表57　2022年学校科研成果获奖情况（省部级三等奖以上，社会科学、教学类）

序号	项目名称	获奖情况	主要完成人（前三位）
1	矢志"谋海济国"的高层次海洋创新人才培养体系探索与实践	国家级教学成果二等奖	闫　菊　刘海波　林霄沛
2	发挥海洋学科优势，提升"一带一路"来华留学生教育质量的探索与创新实践	国家级教学成果二等奖	李华军　宋文红　刘　进
3	基于价值引领的外语学科"五协同"育人模式创新与实践	国家级教学成果二等奖	杨连瑞　陈士法　任东升
4	魏晋南北朝歌诗研究	山东省社科优秀成果一等奖	刘怀荣
5	中国实体经济资金效率与财务风险真实水平透析——金融服务实体经济效率和水平不高的症结何在？	山东省社科优秀成果二等奖	王竹泉　王苑琢　王舒慧
6	中国海洋生态经济系统协调发展研究	山东省社科优秀成果二等奖	高乐华
7	基于预期力不足假说的中国英语学习者统计优选过程研究	山东省社科优秀成果三等奖	孙　妙　杨连瑞
8	三菱海运的崛起与近代日本的海外扩张及海权意识	山东省社科优秀成果三等奖	姜春洁
9	略论人工智能语境下的法律转型	山东省社科优秀成果三等奖	李　晟
10	论经济间谍的双重法律性质及其法律界定	山东省社科优秀成果三等奖	曹亚伟
11	脱贫锦标赛：地方贫困治理的一个分析框架	山东省社科优秀成果三等奖	王　刚
12	公孙弘与《举贤良文学对策》若干问题的考察	山东省社科优秀成果三等奖	韦春喜
13	人工智能视域下的信息素养内涵转型及AI教育目标定位——兼论基础教育阶段AI课程与教学的实施路径	山东省社科优秀成果三等奖	陈凯泉　何　瑶　仲国强

2023年

1月

4日　《中国海洋大学优秀博士、硕士学位论文评选和奖励办法》《中国海洋大学关于博士、硕士学位论文抽检中"存在问题学位论文"的处理办法》和新修订的《中国海洋大学研究生学位论文评审工作细则》公布施行。

同日　国际学术期刊*Nature*在线发表题为《新近纪全球大洋有机碳埋藏》的文章。海洋地球科学学院李孜晔博士为论文第一作者，美国得克萨斯农工大学张一歌博士（终身教授）为通讯作者。

8日　泉州海洋生物产业研究院签约暨授牌仪式举行。泉州市政府副市长苏耿聪、校长助理周珊珊、石狮市政府副市长蔡俊龙共同签署《泉州市人民政府 中国海洋大学 石狮市人民政府共建泉州海洋生物产业研究院合作协议》。校长于志刚和泉州市市长蔡战胜将研究院牌匾授予研究院负责人薛长湖教授。泉州海洋生物产业研究院将围绕远洋水产品高质化利用、水产品预制菜加工技术及集成装备开发、海洋水产种业及海洋中药开发、海洋生物材料开发等海洋生物产业重点发展方向，搭建政产学研紧密结合的高水平海洋科技创新平台。

20日　山东省教育厅公布2022年度全省教育综合改革与制度创新十大典型案例和优秀案例评选结果，学校报送的《以"四个强化"深入推进新时代职称评聘改革着力建设一流师资队伍》入选十大典型案例。

21日　管理学院董志文教授牵头申报的海洋文化旅游元宇宙实验室入选首批山东省文化和旅游重点实验室。

2月

10日　山东省科技厅厅长孙海生一行来校调研，考察海洋高等研究院、山东省海洋工程重点实验室等。校长于志刚、青岛市科技局局长朱铁一等陪同调研。

14日　深圳全球海洋中心城市建设促进会会长杨洪一行来校，就学科设置、涉海科研项目、人才队伍建设以及国际交流等方面进行调研，探讨合作机会，同时就中国海洋大学深圳研究院落地事宜进行交流。

17日　中国共产党中国海洋大学第十一次代表大会在崂山校区召开。大会的主题是：高举中国特色社会主义伟大旗帜，全面贯彻习近平新时代中国特色社会主义思想，深入学习贯彻党的二十大精神，勇担使命、踔厉奋发，树人立新、谋海济国，加快建设特色显著的世界一流大学，为全面建设社会主义现代化国家而团结奋斗。本次大会正式代

中国共产党中国海洋大学第十一次代表大会召开

表205名、特邀列席人员26名出席会议。教育部人事司副司长朱保江受教育部党组委托，山东省教育厅总督学仲红波代表山东省委教育工委分别发表视频讲话。校党委书记田辉代表第十届委员会向大会作题为《勇担使命 踔厉奋发 加快建设特色显著的世界一流大学》的报告。党委副书记、校长于志刚主持会议。中国共产党中国海洋大学第十届纪律检查委员会向大会作题为《强化监督执纪问责 推进全面从严治党 为加快建设特色显著的世界一流大学提供坚强保障》的书面工作报告。党费收缴、使用和管理情况的报告以书面形式提请大会审议。会议表决通过《中国共产党中国海洋大学第十一次代表大会关于中国共产党中国海洋大学第十届委员会工作报告的决议》和《中国共产党中国海洋大学第十一次代表大会关于中国共产党中国海洋大学第十届纪律检查委员会工作报告的决议》。大会选举于波、于志刚、于淑华、王震、王竹泉、王厚杰、王剑敏、王雪鹏、王曙光、卢光志、田辉、包振民、毕芳芳、刘勇、李岩、杨茂椿、张静、陈鷟、陈朝晖、范其伟、林旭升、金天宇、周珊珊、蒋秋飚、鞠红梅25人为第十一届党委委员，选举王卫栋、王玉江、王继贵、任玮娜、江文胜、许志昂、杨茂椿、张念宾、陈文收、荆莹、董军宇、鞠红梅、魏军13人为新一届纪委委员。18日，中国共产党中国海洋大学第十一届党委第一次全体会议举行，选举产生第十一届党委常委和书记、常务副书记、副书记。党委常委会由田辉、于志刚、张静、卢光志、杨茂椿、王剑敏、刘勇、范其伟、周珊珊、林旭升、王雪鹏、蒋秋飚、陈鷟13名同志组成；田辉为党委书记，张静为党委常务副书记，于志刚、卢光志、杨茂椿为党委副书记。会议通过第十一届纪委第一次全体会议选举结果的报告，杨茂椿为纪委书记，鞠红梅为纪委副书记。

学校第十一次党代会明确了未来建设特色显著的世界一流大学的总体安排：到2030年，建成世界一流的综合性海洋大学；到21世纪中叶，建成特色显著的世界一流大学。今后五年，学校将以新时代党建领航工程为统领，实施新时代奋进海大工程、新时代创新海大工程、新时代卓越海大工程、新时代幸福海大工程;着力打造人才培养的海大模式、科学研究的海大学派、服务社会的海大经验、文化传承的海大精神、开放合作的海大格局。

20日 海南省委常委、三亚市委书记周红波,三亚市常务副市长盛勇军一行来校,双方就推进落实各项合作、服务国家海洋发展进行座谈。青岛市副市长赵燕,学校党委书记田辉、校长于志刚等参加座谈。

23日 中国海洋大学与海尔集团公司战略合作协议签约仪式在崂山校区举行。海尔集团党委书记、董事局主席、首席执行官周云杰,学校党委书记田辉出席并致辞,党委常务副书记张静等出席仪式。双方共同签署《中国海洋大学 海尔集团公司战略合作协议》。随后举行海尔-海大产业技术研究院、智能资本配置与产业互联网运营产教融合基地、海尔-海大低碳与智慧能源联合实验室、智能家电协同创新设计联合实验室、数字家庭联合实验室、工业智能与数据科学联合实验室、智慧能耗检测与节能技术联合实验室揭牌仪式。

25日 "海大诚盟"2023中国海洋大学校企合作高峰论坛在杭州举行。校长、校友会会长于志刚出席并为中国海洋大学—杭州石炭纪环保科技有限公司大学生实习实训基地揭牌。来自吉利、华为、丰禾、海洋二所等数十家企业及科研院所的百余名校友代表交流研讨。

同日 全国妇联发文,材料科学与工程学院院长崔洪芝教授获评全国三八红旗手。

3月

4日 校长于志刚会见来访的基里巴斯共和国内政部长布图·巴特里基一行。副校长刘勇、全国友协美大部副主任孙涛等参加会见。

同日 由国家自然科学基金委员会主办,学校承办的"中药药效物质基础研究的机遇与挑战"战略研讨会在青岛召开。中国工程院院士姚新生、中国科学院院士苏国辉、军事科学院军事医学研究院研究员张永祥共同担任大会主席,37名与会专家系统讨论、凝练中药多糖药物研究领域亟须解决的重要基础科学问题和关键技术挑战。

5日 由国家自然科学基金委员会主办、学校承办的国家自然科学基金2022年度海洋工程青年学者论坛在青岛召开。中国工程院院士李华军、国家自然科学基金委工程与材料科学部常务副主任王岐东、海洋工程学科流动项目主任刘军鹏、中国海洋大学副校长刘勇出席开幕式。李华军作《抓住大科学时代机遇,投身于创新创业强国》的大会报告。论坛设海岸与海洋工程、船舶工程、海洋与航海技术三个分会场,青年学者围绕海洋工程学科的国际前沿和热点问题进行报告交流。

6日　深圳市委书记孟凡利与校长于志刚一行就进一步加强双方交流合作进行会谈。孟凡利提出，要以加快建设全球海洋中心城市为契机，进一步加强双方交流对接，着眼学校的人才科研优势与深圳市产业发展实际，找准合作切入点、发力点，推动实现更多共赢发展成果，携手为建设海洋强国作出新的更大贡献。于志刚表示，会以建设深圳研究院为载体，充分发挥学校涉海学科综合优势，紧密结合深圳建设全球海洋中心城市的重大需求和区位创新优势，进一步深化双方在海洋科技创新、产业发展、人才培养等领域的务实合作，助力深圳经济社会高质量发展。

同日　全国总工会基层工作部副部长黄龙一行来校调研学校民主管理工作。山东省总工会基层工作部部长黄吉军、青岛市总工会副主席王洵等出席有关活动。学校党委副书记卢光志陪同调研。黄龙表示，中国海洋大学工会始终坚持党建带工建，始终坚持以教职工为本，履职尽责，担当作为，在民主管理、维权服务等方面出实招、有亮点，这些好的经验和做法值得总结。

8日　中国海洋大学-山东哲成生物科技有限公司高尿酸血症与痛风食品联合研究中心签约暨揭牌仪式在崂山校区举行。王剑敏副校长与武传涛董事长共同为该研究中心揭牌。

10—20日　学校在崂山校区体育馆举办2023届毕业生春季大型供需见面会。共有440家单位参加，提供岗位近3万个，2800余名毕业生到场应聘。

13日　新疆农业大学党委书记谢树青一行来校调研。党委书记田辉、副校长刘勇，新疆农业大学党委副书记、副校长郑英宁出席调研座谈会。

21日　学校召开2023年工作会议，总结2022年工作，部署2023年任务。党委书记田辉强调，2023年是全面贯彻落实党的二十大精神的开局之年，要坚持以习近平新时代中国特色社会主义思想为指导，全面贯彻落实党的二十大精神，深入贯彻落实习近平总书记考察三亚海洋研究院时的重要讲话精神，认真落实学校第十一次党代会战略部署，开创新局面。要在推进高质量发展、特色发展、内涵式发展、创新发展、服务国家和区域发展以及推进以师生为中心的发展上下功夫。校长于志刚结合2023年学校工作要点，就西海岸校区二期建设、重大科技创新平台申报建设、增强办学综合实力和服务社会的重要创新载体建设、顶尖人才和优秀青年人才引育等重点事项和面临的机遇挑战，针对本科教育教学审核评估、落实"十四五"学科建设举措两方面工作做深入分析和强调。

23日　学校党委发文，同意工程学院党委选举结果，刘日霞为党委书记。

27日　山东省委教育工委常务副书记、省教育厅厅长李明一行来校调研。青岛市委教育工委常务副书记、市教育局局长姜元韶,学校党委书记田辉、副校长刘勇陪同调研。李明实地调研学校海洋高等研究院、山东省海洋工程重点实验室、王蒙文学馆等,对学校近年来改革发展取得的成绩以及在山东省高等教育高质量发展中发挥的重要作用给予充分肯定。他说,目前山东省正在深入实施教育提质行动,希望中国海洋大学锚定走在前、开新局,把党的领导融入办学治校全过程各方面,全面落实立德树人根本任务,提升人才自主培养能力,充分发挥自身特色和优势,不断增强服务国家战略和山东经济社会发展能力,加快建设特色显著的世界一流大学,努力在全省高等教育高质量发展中当表率、做标杆,在国家海洋强国建设和新时代社会主义现代化强省建设中担重任、建新功。

本月　教育部公布"十四五"第一批教育部重点实验室建设立项结果,依托海洋生物多样性与进化研究所和海洋生命学院建设的海洋生物多样性与进化教育部重点实验室获批立项建设。

本月　山东省委组织部、山东省教育厅等9个部门公布第一批山东省工程硕博士培养改革试点单位名单,学校大数据、人工智能、船舶与海洋工程、新药创制和制药工程、生物育种5个重点方向入选。

本月　山东省委组织部、山东省教育厅、科学技术厅、工业和信息化厅、财政厅、人力资源和社会保障厅6个部门联合公布第一批山东省科教融合协同育人联合体立项建设名单,学校牵头建设的海洋科学、生物学、计算机科学与技术3个学科入选。

4月

3日　学校发文,设立镭测创芯"敏知"奖学金,用于奖励信息科学与工程学部、海洋与大气学院、工程学院、环境科学与工程学院品学兼优的全日制本科生和研究生。

4日　学校马克思主义学院与青岛市社会主义学院、海洋发展研究院与青岛市经济发展研究院战略合作协议签约仪式举行。学校党委常务副书记张静出席并讲话。

同日　教育部公布2022年度普通高等学校本科专业备案和审批结果,学校申报新增的食品营养与健康本科专业获准设置,2023年开始招生。

6日　民进中国海洋大学支部换届大会在崂山校区举行,选举邢婧为主委。

同日　农业农村部公布首批"十四五"规划教材书目名单,学校作为第一主编单位获批11部规划教材,其中水产类本科教材9部、食品类本科教材1部、计算机类本科教材1部。

同日　自然资源部海洋减灾中心党委书记、主任许国栋一行来校调研。校长于志刚、党委常务副书记张静会见许国栋一行。

7日 学校召开2023年全面从严治党工作会议。党委书记田辉对2023年全面从严治党工作进行部署。校长于志刚就贯彻落实会议精神提出要求。党委副书记、纪委书记杨茂椿通报教育系统和学校查处的违规违纪典型案例，并就做好2023年纪检监察和巡察工作进行安排。

8日 学校举行"爱如海大"2023校友集体婚礼，来自北京、上海等多个省市的99对校友新人参加。党委书记田辉，校长、校友会会长于志刚，原党委书记、校友会名誉会长冯瑞龙，原校长、校友会名誉会长吴德星为新人们颁发纪念婚书。党委常务副书记、校友会常务副会长张静为99对新人主婚。

9日 材料科学与工程学院建置20周年发展大会在西海岸校区召开。中国工程院院士、重庆大学教授、重庆市科协主席潘复生，中国石油大学（华东）党委书记王勇，青岛科技大学校长陈克正，国家（青岛）军民融合创新示范区古镇口核心区管委副主任李福斌，西海岸新区滨海街道党工委书记石强，校长于志刚等出席大会。大会举行荣誉证书、捐赠证书、奖学金颁发及合作协议签署等活动；于志刚、李福斌等共同为青岛古镇口新材料产业联盟揭牌；潘复生院士作题为《储能材料现状及新一代储能材料》的主旨报告。会后，举行学科发展论坛、校友座谈、创业导师聘任、研究生学术论坛、校友访谈等一系列活动。

10日 在习近平总书记考察中国海大三亚海洋研究院并发表重要讲话一周年之际，学校召开加快建设世界一流大学、续写谋海济国蓝色华章座谈会，对习近平总书记重要讲话精神再学习再领会，对贯彻落实工作再部署再推进。会上，重温了习近平总书记考察三亚海洋研究院时的重要讲话精神。中国工程院院士李华军等10位教师干部代表从加强党的全面领导、推动海洋科技实现高水平自立自强、海洋拔尖创新人才培养、加强"蓝色智库"建设、深化教育教学改革、加强有组织科研等方面作交流发言。田辉在讲话中强调，习近平总书记考察三亚海洋研究院并发表重要讲话充分体现了总书记对海洋强国建设的高度重视、对海洋科教事业发展的殷切期待、对中国海洋大学的亲切关怀，为学校发展指明了前进方向、提供了科学指引、注入了强大动力。要牢记嘱托开新局、勇担使命建新功，深入落实学校第十一次党代会作出的战略部署，坚持和加强党的全面领导，坚持把服务国家作为最高追求，坚持特色一流，坚持改革创新，坚持协同融合，着力打造人才培养的海大模式、科学研究的海大学派、服务社会的海大经验、文化传承的海大精神、开放合作的海大格局，以前所未有的责任担当精神、干事创业精神、改革创新精神、勇于斗争精神，加快建设特色显著的世界一流大学。于志刚强调，习近平总书记的重要讲话字字千钧,更加坚定了学校走内涵发展、特色发展、高质量发展道路的信心,激励学校聚焦国家重大战略需求,加强有组织科技攻关,持续增强科技创新、服务国家的能力,鞭策全校师生心怀"国之大者",矢志自立自强,坚持求真务实,勇于开拓创新,努力建设世界重要的海洋人才中心和创新高地。

同日　党委发文,同意管理学院党委选举结果,王正林为党委书记;同意海洋与大气学院党委选举结果,王曙光为党委书记。

12日　新修订的《中共中国海洋大学委员会发展党员工作实施细则》公布施行。

13日　第五届本科教育教学讨论会启动会暨本科教育教学审核评估工作推进会在崂山校区召开。高等理科教育学会副会长、厦门大学原副校长邬大光,临沂大学原校长韩延明,教育部教育质量评估中心高校评估处处长盛敏、评估监测研究处处长张勇,学校党委书记田辉等出席会议。校长于志刚作题为《持续推进一流本科建设,打造人才培养的海大模式》的讲话。邬大光、盛敏、张勇分别作题为《人才自主培养背景下的教学改革与质量保障》《以新一轮审核评估为契机,共商共研助推学校高质量发展——跟进新一轮审核评估实践的体会与思考》《数据赋能提升本科教育质量常态监测工作成效》的报告。教务处处长方奇志作题为《一流本科教育行动计划实施成效》的工作报告,回顾总结学校过去五年本科教育教学工作成效,介绍本届讨论会的工作安排。副校长刘勇在总结讲话中对教育教学讨论会和审核评估工作提出明确要求,对本科教育教学未来一段时间的重点工作进行具体部署。本届讨论会目标是总结海大人才培养的经验与成效,形成新时代创新人才培养的海大行动计划。

同日　"海之子"榜样中国海洋大学2021—2022学年优秀学生颁奖典礼在崂山校区举行。学校领导、颁奖嘉宾为校设奖学金、国家励志奖学金、省政府励志奖学金、国家奖学金、省政府奖学金、社会捐赠奖学金、优秀学生、优秀研究生、优秀学生干部、优秀研究生干部、先进班集体、先进班集体标兵、优秀研究生群体、国际及国家级竞赛获奖团队、优秀学生标兵、杰出学生奖学金、研究生卓越奖学金、文苑奖学金、第十七届大学生年度人物提名奖、2022年度"齐鲁最美大学生"等学生代表颁发获奖证书、奖杯(奖牌)。党委书记田辉指出,学校举行盛大的优秀学生颁奖典礼,是为了全面展示海大学子积极进取、昂扬向上的时代风采,树立挺膺担当、拼搏进取、奋发成才的示范和标杆,激励全体海大学子努力成长为堪当民族复兴重任的时代新人。

14日　中国国际电视台推出专题片《日本的潘多拉魔盒》。节目中,学校海洋生命学院王悠教授就日本核污水排海对全球海洋生态环境安全和人类健康造成的重大影响进行专业解读。

同日　党委理论学习中心组集体学习习近平总书记在中共中央政治局第四次集体学习时的重要讲话精神和习近平总书记关于调查研究的重要论述，为学校即将开展的学习贯彻习近平新时代中国特色社会主义思想主题教育打牢坚实的思想基础。

18日　中国海洋学会2023海洋学术（国际）双年会暨2021年海洋科学技术奖颁奖仪式在厦门举行。中国海大校长、中国海洋学会副理事长于志刚，中国工程院院士包振民应邀出席会议并为获奖者颁奖。学校作为第一完成单位荣获特等奖1项、二等奖2项、海洋优秀科技图书2项。医药学院王长云教授、管华诗院士等主持完成的成果"海洋药用生物资源的挖掘与开发"荣获海洋科学技术特等奖。

19日　学校举行仪式，授予日本著名历史学家、美国人文与科学院外籍院士、日本东洋文库研究部部长滨下武志先生为名誉教授。校长于志刚为滨下武志先生颁发聘书。

20日　学校召开学习贯彻习近平新时代中国特色社会主义思想主题教育动员部署大会。党委书记田辉对学校开展好主题教育工作进行部署：一是提高政治站位，切实把思想和行动统一到习近平总书记重要讲话精神和党中央决策部署上来；二是锚定目标要求，全面落实主题教育的重点举措；三是加强组织领导，确保主题教育取得扎实成效。教育部直属高校主题教育第五巡回指导组组长李建军对学校党委提前谋划、紧密联系学校实际扎实做好主题教育各项准备工作给予充分肯定，对学校落实主题教育各项任务提出五点要求。学校领导班子成员、党委常委、校长助理，党委委员、纪委委员，中层干部，师生党员代表参加会议。

同日　共青团中央发布表彰决定：校团委荣获全国五四红旗团委荣誉称号。

21日　北京安贞医院党委书记纪智礼一行来校，就推进项目研究、人才联合培养等方面合作进行调研，学校党委书记田辉等陪同并座谈。

22日　中国共产主义青年团中国海洋大学第十四次代表大会在崂山校区召开。党委书记田辉、共青团山东省委书记殷世逸、共青团青岛市委书记周正到会祝贺并讲话。大会选举产生由21名委员组成的共青团中国海洋大学第十四届委员会。审议通过《牢记嘱托跟党走 扬帆奋楫新征程 为建设特色显著的世界一流大学汇聚磅礴青春力量》的工作报告。随后，共青团中国海洋大学第十四届委员会召开第一次全体会议，选举产生新一届常务委员和书记、副书记。

24日　教育部直属高校基本建设管理第十调研组来校实地调研。调研组通过座谈交流、查阅资料、实地踏勘等方式，全面系统检查学校基本建设管理情况。调研组对学校基本建设管理工作给予充分肯定,同时对学校校园规划编制、校园信息化建设等方面提出指导性建议。党委常务副书记张静等陪同调研。

25日　国家工程硕博士培养改革专项试点工作座谈会在崂山校区召开。中国东方电气集团组织人事部副部长周韬,中国华电集团董事长、总经理彭刚平,崂山实验室领军科学家牛耀龄,中国海大校长于志刚等出席会议。于志刚分别与三家单位代表为联合培养基地揭牌;刘勇为校外合作指导教师代表颁发聘书;周珊珊代表学校分别与三家单位签署联合培养协议。与会各方就工程硕博士联合培养工作进行深入交流,对今后的全方位合作达成共识。

同日　宁夏大学校长彭志科一行来校调研。双方围绕两校合作交流进行深入沟通,并签署合作协议。根据协议内容,两校将建立长期、全面、稳定的校际合作关系,在学科建设、人才培养、科学研究、队伍建设等方面开展多渠道、多层次、多形式合作。

同日　2023届毕业生暨2024届实习生双选会在崂山校区举办。招聘会共有100家用人单位参会,提供就业实习岗位3000余个,2000余学生到场参加。

26日　中国教育国际交流协会副秘书长安延、哈尔滨工业大学原国际教育学院院长顾建政率专家组一行来校,对来华留学生高等教育质量认证首批再认证院校进行现场审查。专家组认为学校办学成效显著,进入提质增效、稳步发展的新阶段。希望学校进一步统筹推进趋同管理和同质培养,研判生源市场和拓展招生渠道,提升海洋、水产等优势学科的硕博生比例,进一步加强国际化师资队伍、管理队伍建设。

同日　中国工程院院士、海洋生命学院名誉院长包振民以"应国家需求,成就精彩人生"和"栉风沐雨,扇贝研究七十年"为题,为海洋生命学院师生讲授思政大课第一讲。

同日　气候变率及可预测性组织(CLIVAR)国际项目办公室(ICPO)正式落户学校。CLIVAR项目是气候变化领域全球最高级别的科学计划——世界气候研究计划(WCRP)的四个核心项目之一,旨在提高人们对海洋-大气相互作用以及对气候变率和变化的认识及预测,促进人类社会和环境的可持续发展。

27日　山东省庆祝五一国际劳动节暨省劳动模范和先进工作者表彰大会在山东会堂举行。工程学院史宏达获评山东省先进工作者称号。

5月

6日、8日、12日　学校在鱼山校区、西海岸校区、崂山校区分五场召开学部、学院(中心)本科教育教学审核评估自评汇报会。副校长刘勇回顾学校自发布审核评估评建工作台账以来重点推进的各项工作。22个学部、学院(中心)党政负责人紧密围绕立德树人根本任务，从党的领导、质量保障能力、教育教学水平、教育教学综合改革等方面，汇报具体工作的思路、举措和成效。与会专家提出有针对性的意见和建议。校长于志刚对各学院在审核评估评建工作上付出的努力给予肯定，并围绕第一类审核评估指标体系，对学校、各学院下一步工作提出要求。

8日　教育部学位与研究生教育发展中心公布2022年主题案例立项结果，学校5项选题入围，其中"美丽中国"2项，"大国智造"1项，"中国科创"2项。

同日　学校发文，表彰第二十四届天泰优秀人才奖获奖教师，李语丽、许博超获一等奖，于日磊、王刚、刘佳、郑浩、薛莹获二等奖。

同日　学校发文，表彰第八届东升课程教学卓越奖获奖教师，董跃、谢迎春获一等奖，毕乃双、孙建安、李尹、何小溪、陈旭、寇海磊获二等奖。

同日　《中国海洋大学"海潮英才奖"实施办法》公布施行。

10日　山东省人力资源和社会保障厅、山东省科学技术协会公布第十一届山东省优秀科技工作者名单，毛相朝、陈显尧入选。

同日　新修订的《中国海洋大学基层党组织选举工作办法》公布施行。

11日　太平洋岛国农渔业部长代表团应邀访问青岛，深入探讨开展多边合作。青岛市市长赵豪志会见代表团一行，中国海大校长于志刚参加会见。中国海大校长于志刚与所罗门群岛国立大学校长Transform Aqorau代表两校在线上签署合作协议。12日，所罗门群岛、基里巴斯共和国、巴布亚新几内亚独立国三国农渔业部长代表团一行访问学校，校长于志刚、副校长刘勇等出席会谈并就科研领域合作等进行交流。

同日　中央纪委国家监委驻教育部纪检监察组组长王承文一行来校调研。党委书记田辉，党委副书记、纪委书记杨茂椿分别汇报工作，王承文对学校事业发展取得的成绩给予肯定，同时对下一步工作提出要求。

12日　全国大中学生第十一届海洋文化创意设计大赛颁奖礼在青岛举行。中国海洋发展基金会副理事长兼秘书长潘新春，大赛组委会主任、副校长刘勇等出席颁奖礼。本届大赛以"数字海洋"为主题，共有1133所学校提供参赛作品27711件。大赛评选出金奖9项、银奖16项、铜奖55项。

14—17日　教育部直属高校主题教育第五巡回指导组组长李建军一行来校调研指导主题教育工作。指导组通过座谈交流、个别谈话、查阅资料、走访基层党组织、列席主题教育读书班等方式，全面了解学校学习贯彻习近平新时代中国特色社会主义思想主题教育开展情况。指导组肯定学校在服务海洋强国建设方面作出的贡献，对读书班采用领学、导学、共学、互学形式提高学习成效给予高度评价。

同日 学校发文,设立中国海洋大学"盛放奖学金"。

18日 学校国际化人才培养与全球治理专题研讨会在崂山校区召开,联合国粮食及农业组织原副总干事何昌垂以《积极参与全球治理 推动构建人类命运共同体——学习二十大报告相关精神之体会》为题作报告,并为学生作专题讲座。校长于志刚指出,学校要统筹谋划和推进国际海洋事务人才培养体系、课程体系构建与核心课程建设、培养模式与实践路径创新等方面工作,以满足深度参与全球海洋治理、加快建设海洋强国的迫切需要。

19日 山东省委教育工委、山东省教育厅公布第三批山东高校思想政治理论课教学青年名师工作室立项名单,马克思主义学院王付欣主持的工作室入选。

22日 学校在崂山校区召开学习贯彻习近平新时代中国特色社会主义思想主题教育读书班交流总结会。党委常务副书记张静主持会议。校党委委员、纪委委员及全体中层干部参加会议。校领导代表和中层干部代表围绕3个主题、结合工作实际交流学习体会和工作思考。党委书记田辉强调:要持续在以学铸魂、以学增智、以学正风、以学促干上下功夫。要始终保持饱满政治热情,按照"学思想、强党性、重实践、建新功"的总要求,统筹推进理论学习、调查研究、推动发展、检视整改、建章立制,高标准高质量推动主题教育扎实开展,走在前、作表率。

同日 在第十八届"挑战杯"山东省大学生课外学术科技作品竞赛中,医药学院2019级药学本科生马源等申报的项目获特等奖并被推荐参加"挑战杯"全国大赛,另获一等奖3项、二等奖3项。

25日 山东省海洋环境地质工程重点实验室学术年会暨首届"海潮英才奖"颁奖仪式在崂山校区举行。实验室学术委员会主任何满潮院士等15位学术委员通过线上和线下方式参会。何满潮院士、于志刚校长为首届海潮英才奖获奖教师颁奖。刘贵杰、陈树果获一等奖,于华明、庄光超、孙鹏、吴晓、孟祥超获二等奖。

海潮英才奖由特聘教授何满潮院士向学校教育基金会捐赠人民币100万元设立,重点激励在环境、地质、海洋、工程、材料、信息等学科交叉领域作出突出成绩的理工科专业技术人才,每年评选1次。

27日 由麦康森院士牵头的中国工程院战略研究与咨询项目——"海洋渔业与蓝色牧场战略研究"启动会议在青岛召开。项目组成员和顾问高从堦院士、凌文院士、谢玉洪院士、林鸣院士、陈松林院士、王军成院士和笪良龙教授等专家学者,中国工程院一局副局长左家和、农业农村部渔业渔政管理局副局长江开勇、校长于志刚出席会议。该项目旨在综合评估海洋渔业和蓝色牧场在保障我国食物安全方面的巨大潜力，阐明其对于海洋强国建设与海洋国土安全的重要价值，提出我国面向2050年的海洋渔业、蓝色牧场与屯渔戍边发展战略目标和任务。

同日　为期两天的第十四届全国大学生数学竞赛决赛在广东工业大学举行。海德学院2020级赵鹤然获数学专业高年级组二等奖，信息与工程学部2021级温章获非数学专业组二等奖。

30日　教育部公布第二批国家级一流本科课程认定结果，学校20门课程入选，其中线下一流课程10门，线上线下混合式一流课程4门，线上一流课程3门，虚拟仿真实验教学一流课程2门，社会实践一流课程一门。截至本月，学校共有46门课程入选。

同日　山东省委宣传部、山东省科学技术协会、山东省科学技术厅等共同主办的2023年"齐鲁最美科技工作者"发布仪式在济南举行，海洋与大气学院林霄沛荣获"齐鲁最美科技工作者"称号。

31日　校长于志刚会见来访的澳大利亚阿德莱德大学副校长Jessica Gallagher一行，双方就人才培养、科学研究、教师互访、学生交流等领域深化两校合作座谈交流。

同日　中国科学院微生物研究所所长钱韦和高福院士一行来校，进行为期两天的调研和学术交流。校长于志刚等出席调研座谈会。双方围绕在海洋药物和微生物领域开展深入的科研学术交流以及加强人才队伍、研究生培养等合作进行座谈交流。高福院士参加由校研究生院主办、医药学院和海洋药物教育部重点实验室承办的"未来科学家"论坛，为师生作题为《全球传染病流行形势与对策》的学术报告。

同日　自然资源部南海局局长雷波一行来校调研。校长于志刚等出席调研座谈会。双方围绕教学、科研、队伍建设等方面进一步深化合作进行交流。

6月

1日　科技部农村科技司司长叶玉江一行来校调研，山东省科技厅副厅长梁恺龙、校长于志刚等参加。叶玉江对学校在"蓝色粮仓""蓝色药库"等领域取得的成绩给予充分肯定，并希望学校发挥人才优势和综合学科优势，面向国家重大需求和经济主战场，超前谋划、精心部署，以科技创新支撑农业高质量发展。

4日　福建省泉州市委副书记宿利南、副市长苏耿聪一行来校调研并座谈，校长于志刚等出席座谈会。双方围绕泉州海洋生物产业研究院的建设、各项政策落地落实及后续的推进计划等进行交流。

8日　党委书记、主题教育领导小组组长田辉以"深入学习贯彻习近平新时代中国特色社会主义思想 奋力开创特色显著的世界一流大学建设新局面"为题为全校中层干部讲专题党课。

同日　由自然资源部、广东省人民政府主办的2023年世界海洋日暨全国海洋宣传日主场活动在广东省汕头市举办，学校研究生支教团获评2022年度海洋人物，这是继文圣常院士、东乡行西部志愿者协会之后第三次获此殊荣。

10日　为期两天的"蓝色药库共同梦想"主题活动暨"蓝色药库"创新发展大会在青岛举办。自然资源部副部长、国家海洋局局长王宏，中国药学会理事会理事长孙咸泽，山东省副省长范波，青岛市市长赵豪志，校长于志刚等出席会议并讲话。会议期间，先后举行"蓝色药库"寡糖产业化基地投产仪式、"蓝色药库"产学研联合创新中心揭牌仪式、"蓝色药库"开发战略投资签约仪式、海洋创新药物临床试验启动仪式，举行"蓝色药库"开发青年论坛，发布《中国"蓝色药库"开发计划青岛倡议》。

11日　为期四天的"王蒙从事文学创作70周年系列学术活动"举办。其间，举行"刘慈欣作品"座谈会、李铁铮"新时代新闻舆论工作的任务和使命"座谈会、王蒙先生的《中华民族的文化根基》专题报告会、吴为山的《文以铸魂——从王蒙先生的塑像谈起》学术报告会、"王蒙先生与海大"座谈会及"作家林"揭幕仪式等活动。

12日　学校第五届本科教育教学讨论会——本科教育教学质量保障体系及质量文化建设专题研讨会在崂山校区召开。会上，上海杉达学院校长、同济大学原常务副校长陈以一教授以《提升校内质保体系水平，迎接新一轮审核评估》为题作报告。中国海大校史编委会副主任魏世江教授作题为《中国海洋大学办学传统之我见》的报告；食品科学与工程学院孟祥红教授以《食品科学与工程学院专业与质量保障机制建设》为题作报告，介绍学院教学改革方案与质保体系建设。与会人员结合当前本科教育教学质量保障体系及质量文化建设实际，就推动质量文化形成的具体措施、质量保障制度建设、质量保障岗位设置与职责、专业建设信息化平台的建设与实施成效、优秀教师示范作用发挥等方面进行深入探讨与交流。校长于志刚指出，新一轮本科教育教学审核评估对高校提升内部质量保障能力、加强质量文化建设提出了明确要求。下一步学校要加强对各单位质量保障体系建设、运行效果、持续改进机制等检查，进一步巩固已有成效，补齐短板，以审核评估为契机推动本科教育教学质量提升。

同日　广西壮族自治区海洋局局长谢瑾瑜一行来校调研。校长于志刚等出席调研座谈会。双方围绕共建的"向海经济发展研究中心"项目建设进展情况以及人才培养、科学研究、成果转化等更多领域的务实合作展开交流。

15日 学校主办、为期三天的化学与功能分子科学高峰论坛在崂山校区举行。中国科学院院士、上海交通大学校长丁奎岭等多位知名专家学者等出席论坛。校长于志刚代表学校致开幕辞说，作为学校历史最为悠久的学系之一，化学的发展具有鲜明的海洋特色，为推动学校海洋科学保持国际领先水平发挥了重要作用，期待在各位专家的关心支持下，加快夯实化学等基础学科，为学校一流大学建设奠定更为坚实的基础。中国科学院院士、四川大学教授冯小明、中国海洋大学于良民教授等10位专家做专题报告。

山东省省长周乃翔（中）为包振民院士（右）颁奖

20日 2022年度全省科技创新大会在济南召开。中国工程院院士、海洋生物遗传学与育种教育部重点实验室主任包振民教授荣获山东省科学技术最高奖，这是继管华诗、吴立新、李华军之后第四位获此殊荣的科学家。省长周乃翔为包振民院士颁奖。学校作为第一完成单位获山东省科学技术奖项目一等奖3项、二等奖4项。

25日 2023届研究生和本科生毕业典礼暨学位授予仪式在崂山校区体育馆举行。校长于志刚以《堪大用 担重任 做栋梁》为题发表讲话。本届毕业生共有389人获博士学位、3864人获硕士学位、3607人获学士学位。

27日 学校发文，任命王厚杰为海洋地球科学学院院长，李三忠为海底科学与探测技术教育部重点实验室主任，蔡勤禹为马克思主义学院院长（试用期一年）。

同日 《中国海洋大学科技成果转移转化管理办法》公布施行。

同日 中国工程教育专业认证协会公布441个专业认证结论，化学工程与工艺、环境工程2个专业通过国家工程教育专业认证，纳入《华盛顿协议》互认名单。

29日 校长于志刚会见来访的联合国秘书长海洋事务特使彼得·汤姆森一行，双方就促进全球海洋可持续发展进行座谈交流。访问期间，彼得·汤姆森特使做客"未来海洋"讲坛，为师生作题为《通过国际合作实现健康海洋》的报告。

本月 中央农村工作领导小组公布2022年度中央单位定点帮扶工作成效考核评价结果，中国海大获最高等次"好"的评价，这是学校连续三年获评中央单位定点帮扶成效考核最高等次。

本月　教育部发放2022年度高等学校科学研究优秀成果奖（科学技术）获奖证书，学校作为第一完成单位荣获一等奖2项、二等奖3项。获奖项目为：何艮主持完成的"养殖鱼类蛋白质高效利用的调控机制"获自然科学一等奖；贾永刚主持完成的"复杂深海工程地质环境原位长期观测技术、装备及应用"获技术发明一等奖；李三忠主持完成的"苏鲁-大别-桐柏造山带印支期构造-热演化"获自然科学二等奖；毛相朝主持完成的"海藻生物加工关键技术及产业化应用"、吴松华主持完成的"风场三维高分辨率遥感激光雷达及应用"获科技进步二等奖。

7月

1日　校长于志刚会见来访的俄罗斯东北联邦大学校长Anatoly Nikolaev一行，双方就开展联合研究、加强教师互访和学生交流等进行交流。

2日　为期两天的中国大企业创新创业与高质量发展国际学术会议在崂山校区举行。会议以"数智时代公司创业、融通创新与裂变式发展"为主题，举办两场主题论坛和12场平行论坛。吉林大学创新创业研究院院长蔡莉、美国宾夕法尼亚联邦大学斯晓夫教授、中国海大管理学院李志刚教授等14位专家作主题报告。南京大学、北京师范大学等80余所高校的200余名师生参加会议。

3日　学校在西海岸校区举办学院教育教学质量文化建设交流活动。会上，食品科学与工程学院孟祥红等六位报告人分别介绍专业、课程体系、基层教学组织、课程改革、实践教学、思政课等六个关键点，并分享质量保障体系建设的经验与思考。校长于志刚强调，实施20年的"通识为体，专业为用"本科教育理念和本科教学运行体系具有前瞻性和强大生命力，引领并保障了本科教育教学改革和人才培养效果。人才培养工作突出以学生发展为中心，要靠每一门课、每一堂课落实体现，让学生有获得感。学校本科教育教学审核评估评建工作正在紧张有序推进，涌现出的学院质量保障体系和质量文化建设方面的优秀典型案例要推广至全校范围，促进交流互鉴、共同发展，形成全校共同的质量文化自觉。

5日　为期四天的中国海洋大学践行大食物观，构筑"蓝色粮仓"论坛在鱼山校区举办。副校长刘勇出席。论坛特邀中国工程院院士、中国海洋大学教授麦康森，中国工程院院士、中国水产科学研究院黄海水产研究所研究员陈松林，中国科学院水生生物研究所副所长、研究员胡炜，国家数字渔业创新中心主任、中国农业大学教授李道亮，中国海洋大学高勤峰教授、孙鹏教授作主题报告。来自韩国全南大学、中国科学院水生所、华中农业大学等国内外14所高校、研究所水产学科的40余名研究生、留学生，线上线下共300余名同学参加。

7日　《中国海洋大学实验室特种设备安全管理办法》《中国海洋大学实验室安全责任追究办法（试行）》公布施行。

9日　中交疏浚（集团）股份有限公司总裁霍胜勇一行来校调研，校长于志刚，中国工程院院士麦康森、包振民等出席座谈会。双方围绕海洋牧场等校企深度融合发展进行深入交流。

10日　党委发文，同意经济学院党委选举结果，牛德强任党委书记；同意材料科学与工程学院党委选举结果，杜军华任党委书记。

12日　国家自然科学基金委员会在新型深远海综合科考实习船"东方红3"船上，对吴立新院士牵头的国家重大科研仪器研制项目"面向全球深海大洋的智能浮标"进行结题验收。经现场测试验收、技术档案审核和财务验收，专家组一致同意该项目通过验收。

13日　山东省教育厅公布第三批山东省高校"黄大年式"教师团队名单，外国语学院杨连瑞教授领衔的外国语言学及应用语言学教师团队入选。

17日　中国海洋大学功能分子合成与应用研究中心揭牌仪式在鱼山校区"胜利楼"举行。校长于志刚、中国工程院院士管华诗等为该中心揭牌。

同日　农业农村部公布经审定的17个水产新品种。海洋生命学院黄晓婷教授领衔培育的栉孔扇贝"蓬莱红4号"和海洋生命学院科研团队培育的海带"海农1号"名列其中。

18日　学校召开第二轮"双一流"建设中期自评专家评审会。校长于志刚介绍学校第二轮"双一流"建设的思路、举措与成效，剖析学校发展面临的机遇与挑战。海洋科学、水产学科负责人分别汇报学科建设进展。与会专家对学校中期建设成效予以充分肯定，并就存在的问题和后续建设提出意见和建议。

同日　新修订的《中国海洋大学保密工作管理规定》《中国海洋大学保密工作考核与奖惩办法》《中国海洋大学保密监督检查工作实施办法》《中国海洋大学泄密事件报告和查处办法》公布施行；《中国海洋大学新闻宣传保密管理办法》《中共中国海洋大学委员会保密委员会工作规则》公布施行。

同日　学校发文，成立山东大学-中国海洋大学海洋微生物科学与技术联合研究中心，依托海洋生命学院建设运行。张玉忠为主任。

同日　学校发文，聘任于国栋为外国语学院院长（试用期一年），聘请杨连瑞为外国语学院名誉院长。

20日　学校与长沙矿冶研究院有限责任公司签署全面合作协议和重点科研平台联合共建协议，校长于志刚，长沙矿冶院党委书记、董事长李茂林等出席。根据协议，双方本着优势互补、科教融合、协同创新、合作共赢的原则，在研究团队建设、重大项目攻关、创新平台共建、人才培养及资源共享等方面开展全方位合作，共同探索深海矿产资源开发技术创新和应用。

同日　《中国海洋大学监督工作联席会议制度实施办法（试行）》《中国海洋大学党纪处分决定执行工作办法（试行）》公布施行。

21日　教育部公布2022年国家级教学成果奖项目，高等教育首次单独设立评选研究生教学成果奖，共147家单位的284项研究生教学成果获奖。学校申报的"矢志谋海济国的高层次海洋创新人才培养体系探索与实践""发挥海洋学科优势，提升'一带一路'来华留学生教育质量的探索与创新实践""基于价值引领的外语学科'五协同'育人模式创新与实践"三项成果荣获二等奖，获奖数量位列全国高校第21位、山东省首位。

23日　新修订的《中共中国海洋大学委员会巡察成果运用办法》公布施行。

24日　山东省委教育工委发文，学校外国语学院党委入选全省新时代高校党建工作标杆院系培育创建单位，水产学院水产养殖系教工党支部、食品科学与工程学院教工第一党支部入选全省新时代高校党建工作样板支部培育创建单位，经济学院金融系教工党支部书记工作室入选全省高校"双带头人"教师党支部书记工作室培育创建单位。

28日　学校承办的中国食品科学技术学会青年工作委员会三届八次全体委员会议暨践行大食物观专题研讨会在青岛举行。中国食品科学技术学会常务副理事长邵薇、校长于志刚出席大会。会上，西北农林科技大学校长助理刘学波、江南大学食品学院院长范大明、中国海洋大学食品科学与工程学院副院长毛相朝等作主题报告。来自全国60多所高校、科研机构和知名企业的80余位青年委员参加会议。

8月

7日　依托学校建设的海洋油气勘探国家工程研究中心数据采集技术分中心成立暨第一次学术委员会会议在青岛举行。学术委员会主任李阳院士，副主任彭建兵院士、底青云院士等10位委员参加会议。校长于志刚出席并为第一届学术委员会委员颁发聘书。

9日　青岛市委副书记、市长赵豪志来校调研。青岛市政府秘书长李虎成，学校党委书记田辉、党委常务副书记张静等陪同。赵豪志一行先后走进鱼山校区"六二楼""胜利楼"、八关山等，详细了解科技研发、成果转化、人才培养等情况。赵豪志充分肯定学校在推动青岛经济社会高质量发展作出的贡献，希望学校加快特色显著的世界一流大学建设，着力培养拔尖创新人才，加强关键核心技术攻关，深化科技成果转化，为青岛经济社会发展作出新的更大贡献。

13日 第十二届全国海洋航行器设计与制作大赛在哈尔滨工程大学落下帷幕，学校获特等奖5项、一等奖12项、二等奖15项。

16日 为期七天的"天正设计杯"第十七届全国大学生化工设计竞赛全国总决赛在青岛举行，化学化工学院"新腈界"团队获一等奖。

20日 为期三天的第七届全国大学生集成电路创新创业大赛全国总决赛在重庆举办，学校信息科学与工程学部2020级微电子科学与工程专业李知恩、李松阳、李昀臻组成的"泰深"团队获一等奖。

21日 2023级研究生开学典礼在崂山校区举行。校长于志刚以《求真学问 致真善美》为题发表讲话，寄语研究生。本年共招收博士研究生852名、硕士研究生4768名。

22日 青岛市召开科技创新大会，对获得2022年度市科学技术奖的120个项目表彰奖励。学校获科学技术奖6项，其中高珊主持完成的"以纤毛虫原生动物为材料的表观遗传学研究"荣获自然科学一等奖；刘晓磊主持完成的"海底界面层灾害原位动态实时观测技术与装备"荣获技术发明一等奖。

25日 中国海洋大学南海资源保护开发利用技术创新平台奠基仪式在海南省三亚市举行，校长于志刚参加仪式并致辞。其间，海南省委常委、三亚市委书记周红波在三亚崖州湾科技城会见于志刚一行。周红波表示，三亚将高效高质推进创新平台建设，打造推动海洋科技实现高水平自立自强的标杆性、引领性战略平台，希望学校继续发挥人才、科技优势，助力三亚城市转型，推动科技成果转化，支撑崖州湾科技城高质量发展。于志刚向支持三亚海洋研究院建设发展的各方表示感谢，表示学校将充分发挥涉海学科的综合优势，全力支持三亚海洋研究院进行体制机制创新，进一步增强汇聚各类创新要素和资源的能力，着力建设好南海资源保护开发利用技术创新平台，更好地服务海南自由贸易港建设和海洋强国建设。

南海资源保护开发利用技术创新平台项目占地约68亩，概算批复总建筑面积约120255平方米，重点建设热带水产种业、热带海洋生物资源、海洋功能材料与防护技术、海洋信息等4大技术创新中心，1个标准评价中心和1个南海战略研究中心。

同日 学校发文，表彰2023年度中国海洋大学"最美教师"，王建、邢婧、刘怀山、刘怀荣、刘惠荣、孙建安、李志刚、宋大雷、邵长伦、赵昕获"最美教师"称号。

同日 为期四天的第九届全国大学生基础医学创新研究暨实验设计论坛本科院校总

决赛在重庆举行,医药学院学生团队获全国铜奖。

同日　《中国海洋大学安全稳定工作考核办法(试行)》《中国海洋大学安全稳定工作责任制实施办法(修订)》公布施行。

28日　2023级本科生开学典礼在崂山校区举行,今年共招收本科生4357名。校长于志刚以《珍惜天赋 发展智慧 努力成长为可堪大用、能担重任的栋梁之材》为题发表讲话,寄语本科生。

29日　广东省湛江市委书记刘红兵一行来校调研。党委常务副书记张静、中国工程院院士麦康森陪同。刘红兵一行先后参观海洋高等研究院、山东省海洋工程重点实验室,双方就加强海洋资源开发与应用、海洋高端装备开发等进行交流。

30日　学校举行聘任仪式,校长于志刚为澳大利亚昆士兰大学分子生物科学研究所杰出教授、英国皇家学会院士、澳大利亚科学院院士David J. Craik颁发名誉教授聘书。

同日　教育部公布第三批全国高校"黄大年式"教师团队名单,李华军院士领衔的海洋工程教师团队入选。

9月

1日　学校全职引进德国国家工程院院士、欧洲科学院院士张弛教授。

同日　国际学术期刊Science发表题为《加强深远海养殖管理》的文章,第一作者为彭道民博士,通讯作者为水产学院朱玉贵教授、海洋生命学院初建松教授。

3日　格林纳达外交、贸易和出口发展部部长约瑟夫·安德尔一行来校访问,外交部拉美司参赞胥琨、校长于志刚出席会谈。双方就人才培养、海洋科学研究、海洋资源保护及开发利用等领域开展交流合作进行座谈。

4日　学校发文,聘任于波为国家保密学院院长(兼)。

同日　学校发文,对取得重要成果、为学校事业发展作出重大贡献的教师干部进行表彰,颁发校长特殊奖励:授予包振民、吴立新、崔洪芝、李华军团队、闫菊团队、杨连瑞团队、蔡文炬、耿涛、李孜晔突出贡献奖,授予王剑敏、许志昂特别贡献奖。

同日　青岛市教育局、中共青岛市委宣传部公布2023年度青岛市"最美教师"和教书育人楷模评选结果,赵昕获评教书育人楷模。

同日　《中国海洋大学督查督办工作实施办法》公布施行。

7日　中国海洋大学附属实验学校揭牌仪式暨开学典礼举行。青岛市政协副主席、崂山区委书记张元升,北京师范大学党委常委、副校长王守军,青岛市教育局副局长项骏,崂山区委常委、副区长徐奎旺,崂山区委常委、宣传部部长彭鹿鸣,中国海大党委书记田辉、校长于志刚、常务副书记张静等出席。领导和来宾共同为中国海洋大学附属实验学校揭牌。开学典礼上，中国海大附属实验学校校长王新刚、教师代表、家长代表、学生代表先后致辞。中国海洋大学附属实验学校是崂山区政府和学校联合举办，并委托北京师范大学基础教育发展管理部管理的九年一贯制学校。

8日　校党委副书记、校长于志刚主持召开学习贯彻习近平新时代中国特色社会主义思想主题教育总结大会。会上，党委书记田辉以《汲取思想伟力 谱写蓝色华章，奋力开创一流大学建设新局面》为题作报告，总结主题教育的做法，对巩固深化主题教育成果进行安排部署；教育部直属高校主题教育第五巡回指导组副组长李名家作指导讲话，他充分肯定学校开展主题教育的经验和取得的成效，并围绕巩固深化拓展主题教育成果提出四点要求。

11日　2023年全国大学生电子设计竞赛在山东大学落下帷幕，学校信息科学与工程学部本科生苏普军、张凯、张成盛的作品"信号分离装置"获国家一等奖，本科生彭正辉、蔡乐岩、罗桧的作品"空地协同智能消防系统"获国家二等奖。

12日　2023年研究生教育工作会议在崂山校区召开。参会人员围绕研究生教育发展中的关键问题进行充分研讨交流。副校长刘勇在总结讲话中对近年来研究生教育教学工作做法和取得成效给予肯定，并对今后研究生教育工作提出要求。他强调，要提前谋划、通力配合，做好学位授权点申报和合格评估两项工作。

15日　学校在崂山校区体育馆举办2024届毕业生秋季供需见面会。招聘会共有180家单位参加，提供岗位11000余个，3000余名毕业生到场应聘。

同日　为期三天的第三届青年沉积学家论坛在青岛召开。中国科学院院士吴立新、肖文交、谢树成分别作特邀学术报告。来自中国地质大学等20余家单位的100多位专家和青年学者参会，共同探讨沉积学领域最新研究成果和未来发展方向。经专家投票，论坛遴选出六位第三届"中国孙枢奖"候选人，学校海洋地球科学学院胡利民教授获得提名。

同日　山东省教育厅发文，宋微波教授获评山东省十佳研究生导师，水产遗传育种研究导学团队获评山东省十佳研究生导学团队，罗义勇等15名导师获评山东省优秀研究生导师，海洋多尺度动力过程与气候变化导学团队、海洋工程导学团队获评山东省优秀研究生导学团队，孙晓晶获评山东省优秀研究生教育管理工作者。

17日　为期三天的第十届"创青春"中国青年创新创业大赛（乡村振兴专项）在山东潍坊举办。学校参赛项目"无处藏参"——多地形牵引吸捕式海参捕捞机器人获银奖。

20日　校长于志刚会见来访的英国赫瑞-瓦特大学校长Richard A. Williams一行，双方就深化两校合作进行座谈交流。之后，于志刚校长为Richard A. Williams教授颁发名誉教授聘书。

22日　全国哲学社会科学工作办公室公布2023年国家社会科学基金年度项目和青年项目立项结果。学校17个项目获批立项。

24—30日　党委书记田辉应邀率团访问德法高校和科研院所。其间，与德国亥姆霍兹极地和海洋研究所签署合作备忘录，深化在气候建模、有机地质化学、海洋地质学、海冰遥感等领域合作；与法国南特大学综合理工学院就进一步加强学生联合培养、学术交流等合作进行深入探讨，达成深化合作共识；与法国尼斯索菲亚理工学院就在生物工程、计算机科学与技术等领域开展学生联合培养，加强师生互访和学术交流等进行深入探讨，达成合作共识；与法兰西学院和法国国家海事联合会，就推进科研项目合作、推动在SeaOrbiter海洋空间站大科学装置计划等方面合作进行交流。访问期间，代表团拜访中国驻法国大使馆，公使衔参赞周家贵高度肯定学校为中法教育交流合作作出的积极贡献。他指出，明年是中法建交60周年，此次访问推动了与法国院校的实质性合作，希望中国海大在与法国院校良好合作基础上取得新的更大成绩。

26日　澳大利亚阿德莱德大学科学工程学部代理部长David Lewis，澳大利亚科学院院士、阿德莱德大学化学工程学院纳米技术首席教授乔世璋，澳大利亚科学院院士、阿德莱德大学化学工程学院教授郭再萍来访，校长于志刚会见客人，双方就化学、材料科学等领域师生交流和人才联合培养进行座谈交流。

27日　国际学术期刊Nature在线发表题为《全球变暖下强台风的季节提前》的最新研究成果。深海圈层与地球系统前沿科学中心、物理海洋教育部重点实验室宋丰飞教授为文章共同通讯作者。

28日　学校举行党外知识分子联谊会换届大会，成立由36位党外知识分子骨干成员组成的第三届党外知识分子联谊会理事会，李广雪为理事会名誉会长，艾庆辉为会长。青岛市委统战部副部长陈丽莉、党委副书记卢光志出席大会。

30日　新修订的《中国海洋大学"天泰优秀人才奖"实施办法》公布施行；《中国海洋大学"名师工作室"建设管理办法（试行）》《中国海洋大学"泰诺创新创业教育优秀指导教师奖"实施办法》公布施行。

本月　在国际出版集团Emerald和国际高等教育教学组织联合举办的2022年度杰出博士研究评选中，国际事务与公共管理学院陈琛的研究成果《跨国大学校园发展的社会影响》获高度赞扬奖，是3位获奖者之一。

10月

7日 学校党委发文，任命范占伟为环境科学与工程学院党委书记，金天宇为管理学院党委书记。

同日 学校发文，任命陈文收为基本建设处处长，王哲强为国有资产与实验室管理处处长、海洋监测与检测中心主任（兼），王卫栋为西海岸校区建设指挥部总指挥，荆莹为后勤保障处处长、后勤集团总经理。

8日 为期16天的第十九届亚运会在浙江杭州闭幕。中国代表团成员、中国海大学生获5金4银1铜。2022级运动训练专业本科生张明煜获现代五项女子个人赛、团体赛2枚金牌，2021级运动训练专业本科生陈琰获现代五项男子团体决赛亚军，2023级运动训练本科生姜志超获女子铁饼银牌，2019级运动训练专业本科生董颉获女子沙滩排球铜牌。拳击项目中，校友李倩、杨柳、杨文璐分别获金牌。

同日 为期五天的2023年全国大学生帆船锦标赛在宁波举行，学校帆船队荣获乙组长距离赛和总成绩双冠军。

12—13日 校长于志刚应邀率团访问南非纳尔逊·曼德拉大学。双方深入探讨向中国科技部与南非科技部、中国国家自然科学基金委与南非国家基金研究会申请项目的推进路径；探讨在海洋能、渔业与水产养殖、海岸带管理、极地科考、海洋空间规划、海洋法等领域的合作，落实合作事项的沟通机制，力争合作取得实质性进展。

13日 由中国高等教育学会和中国人民大学联合主办，中国海洋大学承办的高等教育强国建设大会在青岛召开，中国高等教育学会副会长、中国人民大学原校长刘伟，教育部高等教育司副司长武世兴等出席。中国海大党委书记田辉致辞，并与嘉宾共同启动高等教育强国指数研制项目。

16日 校长于志刚应邀率团访问毛里求斯大学推进校际务实合作。代表团与毛里求斯大学理学院、信息通信与数字技术学院、社会科学与人文学院、法学与管理学院座谈对接，深入探讨两校在海洋测绘、海洋空间规划、海洋生物制药、海洋生态修复、海洋新能源、海洋人工智能、旅游资源开发等领域的合作意向，确定建立交流沟通机制。

17日 山东省海洋局公布2023年度海洋科技创新奖评选结果，学校获奖11项，其中作为第一完成单位获一等奖2项、二等奖5项，青年海洋科技奖1人。

20日 人力资源和社会保障部、全国博士后管理委员会公布2023年批准新设博士后科研流动站名单，外国语言文学、数学2个博士后科研流动站获批。

21日　由学校海洋碳中和中心主办、为期两天的2023太平洋岛国应对气候变化国际学术论坛在青岛召开。大会以"太平洋岛国应对气候变化"为主题，来自中国、美国、加拿大、所罗门群岛、韩国、图瓦卢、澳大利亚、法国等10余个国家的专家学者、留学生代表以及国内知名学者、师生共计100余人参会。青岛市委副秘书长林镔、副校长范其伟出席会议并致辞。会上，首任联合国气候变化背景下促进和保护人权问题特别报告员兼澳大利亚/图瓦卢气候法律专家Ian Fry教授、国际气象学和大气科学委员会秘书长兼世界气候研究计划气候与冰冻圈计划执行主任Keith Alverson博士、学校海洋碳中和中心主任兼论坛联合主席李建平教授及中心主任委员会委员徐胜教授等12位国内外专家学者作报告。

22日　学校召开《中国海洋大学史·历史卷》文稿评审会。与会专家认为，中国海大高度重视校史编撰和校史研究，校史编撰的指导思想与原则正确，编纂工作计划周密并切实可行，质量保障机制运行有效。同时就校史分期、体例格式、内容质量和校史利用等方面提出建议和意见。

23日　文圣常先生海葬仪式在黄海海域举行。文圣常先生的亲属，校长于志刚，中国工程院院士蒋兴伟，华东师范大学地球科学学部主任丁平兴教授，中国科学院海洋研究所侯一筠研究员，自然资源部北海局原局长郭明克，自然资源部北海局、上海海洋大学、自然资源部第二海洋研究所、国防科技大学、国家海洋环境预报中心以及学校相关党政职能部门、学院负责人和文先生生前好友、同事、学生，学院教师代表等参加仪式。党委常委、统战部部长陈鷟致追思辞，缅怀文先生为人治学、科研报国、涵养良好家风、教育子女成长成才、浩海求索、立言济世的先进事迹与崇高精神。

25日　建校100周年庆祝活动暨校友企业总部基地建设启动大会在西海岸校区召开。党委书记田辉，青岛西海岸新区区长王清源，海洋化学专业1995级校友、58集团董事长姚劲波分别致辞。校长、校友会会长于志刚向信息科学与工程学部部长董军宇授旗，启动庆祝建校100周年校旗全球传递活动。大会公布100周年校庆标识、主题词，为校庆倒计时电子屏揭幕，发布100周年校庆公告（第一号），上线校庆专题网站，正式启动建校100周年庆祝活动。

大会举行中国海洋大学校友企业总部基地揭牌仪式。青岛古镇口海洋科创中心暨环古镇口大学城人才创新圈揭牌启用。副校长魏志强代表学校与招商局工业集团有限公司签署共建海洋工程装备协同创新研究院协议，与山东省财金投资集团有限公司等12家合作企业签约。青岛古镇口核心区管委副主任李福斌与入驻校友企业总部基地近20家校友企业现场签约。

同日　农业农村部渔业渔政管理局局长刘新中一行来校，调研学校水产领域相关学科发展情况，山东省农业农村厅副厅长宋文华，青岛市海洋发展局局长孟庆胜，校长于志刚，副校长刘勇，中国工程院院士、水产学院教授麦康森参加。

同日　中国海洋大学58卓越人才班开班暨58创新创业工坊启用仪式在西海岸校区举行。校长于志刚和姚劲波共同为58创新创业工坊揭牌，与参会师生共同见证58卓越人才班开班。

26日　校长于志刚会见来访的浙江万里学院校长林志华一行。副校长刘勇、浙江万里学院副校长徐立清代表两校签署全面合作协议和博士生联合培养协议。根据协议，两校将在宁海海洋生物种业研究院建设、农学院创建、科学研究与成果转化、高层次人才培养、师资队伍建设等方面开展深入合作。

27日　法国南特大学综合理工学院院长Philippe Dépincé教授、中国事务主任汪懿德教授来校访问，党委书记田辉会见来宾，双方就进一步推动在工程教育领域的合作进行交流。

同日　山东省妇女联合会发文，赵昕、高珊获评山东省巾帼建功标兵。

28日　第二届全国博士后创新创业大赛总决赛在烟台落幕，史璐铭团队和徐明强团队获海外（境外）赛金奖，李崇团队、李薏团队、郭兴森团队获海外（境外）赛银奖，公丕民团队获揭榜领题赛铜奖。

同日　由中国海大发起，教育部高等学校海洋科学类专业教学指导委员会、教育部高等学校海洋工程类专业教学指导委员会、中国太平洋学会海洋教育分会共同主办的第四届国际海洋工程装备科技创新大赛决赛在崂山校区举办。来自25所大中小学的134支队伍488人报名参赛，最终评出特等奖10项，一等奖15项，二等奖19项。学校获特等奖5项，一等奖6项，二等奖6项。

同日　连云港市委副书记、市长邢正军一行来校调研科技研发、成果转化等方面工作。校长于志刚陪同调研。

本月　山东省科学技术厅公布2023年山东省重点研发计划（重大科技创新工程）驻鲁部属高校"十四五"服务山东重点建设项目，学校申报的"海底电缆挖铺埋一体化高端装备自主研制及产业化""海工装备耐蚀耐磨高强韧钢板开发与示范应用""多参量分布式光纤智能传感系统关键技术研究及产业应用示范"获批，经费5913万元。

本月　十一届党委第一轮巡察工作动员部署会暨巡察业务培训会召开。党委副书记、纪委书记杨茂椿主持会议并作部署，强调要进一步加强顶层设计，强化组织领导和系统谋划,实现首轮巡察高起点开局、高质量推进。

11月

1日　本科人才培养方案修订工作研讨会在崂山校区召开。副校长刘勇强调,要立足学校一流大学的办学定位和人才培养目标,高起点高标准编制培养方案;要抓住专业核心课程建设这一关键要素,深入研讨课程体系和课程内容,避免因人设课;要高度重视调研和专家论证环节,确保培养方案有效支撑人才培养质量提升。会上,教务处处长方奇志对人才培养方案修订工作的重要性、关键问题、各模块课程设置要求等进行强调,食品科学与工程学院等七个学院分别从调研情况、存在问题、修订思路、重点举措等方面介绍本学院人才培养方案修订工作开展情况。

同日　学校与国家粮食和物资储备局山东局发展合作框架协议签署。国家粮食和物资储备局山东局副局长王卓明、校党委书记田辉出席仪式并讲话。国家粮食和物资储备局山东局副局长徐寿钢和副校长魏志强代表双方签署协议。根据协议,双方将重点围绕东北亚等国家重大战略,在教育、科技、人才等融合发展,政产学研金服用合作,大网络、大数据、大模型研究等方面开展深入合作。

同日　为期五天的第二十届国际基因工程机器大赛决赛在法国巴黎凡尔赛会展中心举行,学校海洋生命学院参赛团队OUC-China获国际金奖,并首次获Best Hardware单项提名奖,海德学院参赛团队OUC-Haide获国际金奖。

3日　学校与中国科学院青岛生物能源与过程研究所全面合作协议签约仪式在崂山校区举行。校长于志刚、青岛能源所所长吕雪峰共同签署《中国海洋大学 中国科学院青岛生物能源与过程研究所全面合作协议》。青岛能源所研究生处处长刘佳和学校研究生院常务副院长陈朝晖代表双方签署《中国海洋大学与中国科学院青岛生物能源与过程研究所研究生联合培养协议》。

同日　为期三天的"欧倍尔杯"首届高校大学生水产类创新实践能力大赛在鱼山校区举行。全国35所涉水产类高校、1500余名大学生参与。学校参赛队伍获优秀团队奖特等奖。

6日　《中国海洋大学高等学历继续教育管理办法》公布施行。

7日　《中国海洋大学政府采购需求管理实施细则(试行)》公布施行。

8日　经校学位评定委员会审定,博士研究生指导教师资格遴选结果公布,88人获博士生导师资格。他们分别为万修全、刘海龙、许丽晓、孙建、孙善同、宋德海、周春、黄晓冬、翟方国、王改革、刘超、李光亮、宋小全、张兵、张鑫、毕蓉、何真、唐波、刘立成、朱龙海、刘喜停、徐继尚、曹现志、邢磊、邹志辉、宋鹏、李正祥、马玉彬、孔凡娜、孔亮亮、包立随、梁彦韬、葛楚天、曾启繁、王鹏、李春阳、刘雅、池哲、蒋秋兴、李薏、齐鑫、宋康、罗大极、金俊琰、侯志帅、徐镇、殷战、刘春龙、姜宏、刘尊英、李宁阳、申传斌、王洪玉、刘延凯、刘军、刘学伟、李晓杨、田哲、李崇、张玲、崔璨、穆为磊、张霄、代燕辉、庄昀筠、赵璨、万骁乐、于会娟、卢宝周、范柳、杜媛、高乐华、许志华、徐伟呈、王遥、李勤通、陈奕彤、弓联兵、杨振姣、郭新昌、李闽溟、孙建青、董艺秋、宋振亚、张林林、徐振华、张弛、崔中雨。

同日　校长于志刚到三亚海洋研究院，调研位于崖州湾深海科技创新公共平台的热带海洋生物种质资源开发与种业工程实验室和深远海立体观测与信息服务中心。他指出，创新公共平台设施、环境等条件一流，为学校相关学科发展提供了坚实的平台支撑，将进一步增强学校和研究院汇聚资源、服务国家重大战略需求和区域经济社会发展的能力。我们要坚持既定规划，继续努力，精益求精，扎实推进各项工作，以实际行动落实习近平总书记重要讲话精神，不断取得更大发展。

同日　第十一届海洋强国战略论坛暨2022年海洋科学技术奖颁奖仪式在三亚举行。学校校长于志刚出席会议并为获奖者颁奖。水产学院董云伟主持的成果"潮间带贝类地理分布格局及适应机制研究"获海洋科学技术一等奖，海洋生命学院张晓华主持的成果"利用密度感应淬灭技术对水产养殖细菌性病害的控制研究"获海洋科学技术二等奖。海底科学与探测技术教育部重点实验室李三忠等编写的图书《洋底动力学》（模拟篇、应用篇）、新闻中心冯文波等著的图书《耕海踏浪谱华章：文圣常传》获评海洋优秀科技图书。

12日　学校发文，任命董跃为文科处处长（试用期一年），崔福君为国内合作工作办公室主任（试用期一年），刘海波为研究生院副院长（正处级，试用期一年），李永贵为西海岸校区运行管理部部长（试用期一年），刘召芳为非学历教育管理处处长，谷强为图书馆馆长（试用期一年）。

13日　教育部人事司在学校召开教师干部会议，宣布教育部党组任免决定，张峻峰同志任中国海洋大学校长、党委副书记；因年龄原因，于志刚同志不再担任中国海洋大学校长、党委副书记职务。

张峻峰（1968—　　），江苏南京人。研究生，理学博士，中共党员，教授。

1991—1996年，南京大学学习并获博士学位；1997—1999年，新加坡国立大学访问学者；2007年5月—2010年6月，任南京大学人事处处长兼人才培训交流中心主任；2010年6月，任南京大学重点项目建设办公室主任；2011年12月—2019年5月，任南京大学学科建设与发展规划办公室主任；2017年10月，兼任南京大学医学院院长；2018年11月，任南京大学党委常委、副校长；2023年11月起，任中国海洋大学校长、党委副书记。

主要研究方向为生化药学及药物递送。2012年入选长江学者特聘教授；2011年获教育部科学技术一等奖；2010年获国家杰出青年科学基金；2004年获国家自然科学二等奖；2003年获教育部科学技术一等奖。

校长张峻峰

15日　全国第一届学生（青年）运动会在广西南宁闭幕，中国海大学子代表山东队参赛，获3金5银8铜共16枚奖牌。

18日　学校发文，表彰2022—2023学年本科学生先进班集体和先进个人，环境工程2020级丁肖丹、数学与应用数学（中外合作办学）2020级丁哲楠、海洋资源与环境2020级王丹阳、生物科学（强基计划）2020级王佳雨、政治学与行政学2020级刘宇桐、微电子科学与工程2020级关清、海洋科学（拔尖）2020级李子龙、国际经济与贸易2020级陈建均、食品科学与工程2020级戚文凯、工程管理2020级戚郁昌获优秀学生标兵称号。

同日　由中国水利学会泥沙专业委员会主办，工程学院、山东省海洋工程重点实验室和大连海事大学港口与航运安全协同创新中心承办的第十二届全国泥沙基本理论研究学术讨论会在西海岸校区举行。中国海大校长张峻峰、国家（青岛）融合创新示范区古镇口核心区管委副主任刘玮、中国大坝工程学会副理事长贾金生、中国水利学会秘书长汤鑫华和泥沙专业委员会主任胡春宏院士在开幕式上先后致辞。本次会议以"河口海岸演变与生态环境保护"为主题，中国工程院院士、河海大学党委书记唐洪武，中国工程院院士李华军等分别作主题报告，8位学者作专题报告，近80位学者作分议题学术报告，来自全国科研院所、科技企业等50多家单位、300余名泥沙科技工作者参加会议。

19日　工程学院建置40周年发展大会在西海岸校区召开。中国工程院院士、中国工程院土木、水利与建筑工程学部副主任胡春宏，中国工程院院士、河海大学党委书记唐洪武，武汉大学原常务副校长谈广鸣，长江水利委员会长江科学院原院长卢金友，江苏科技大学党委副书记、校长嵇春艳，招商局工业集团副总工程师、科技发展部总经理、招商局海洋装备研究院总经理刘建成，中国海大党委书记田辉，中国工程院院士李华军等出席大会。大会举行捐赠证书颁发、奖学金颁发、合作意向签约、院庆石揭幕等一系列活动，田辉、李华军等共同为"中国海洋大学海洋工程装备基础科学研究中心""中国海洋大学海洋工程及技术创新研究院""中国海洋大学—招商局工业集团海洋工程装备协同创新研究院"揭牌。

22日　中国工程院公布2023年院士增选结果，水产生物资源高效利用专家、食品科学与工程学院教授薛长湖当选农业学部院士。

中国工程院院士薛长湖

薛长湖（1964—　），江苏泰州人，主要从事水产品加工基础理论与技术研究。1980年9月至1984年7月，山东海洋学院水产品加工专业就读；1984年9月至1987年7月，山东海洋学院水产品加工与贮藏专业攻读硕士研究生；1987年9月至1990年7月，青岛海洋大学水产品加工与贮藏专业攻读博士研究生；1990年7月留校任教；2010年任中国海洋大学食品科学与工程学院院长；2023年任海洋食品加工与安全控制全国重点实验室副主任。入选国家百千万人才工程，教育部新世纪优秀人才支持计划，教育部"长江学者和创新团队发展计划"创新团队负责人，全国首批黄大年式教师团队核心成员，泰山学者攀登计划特聘专家。中国水产学会常务理事，中国水产学会水产品加工与综合利用分会名誉主任委员，国务院学位委员会食品学科第七和第八届学科评议组成员，中国水产流通与加工协会海参分会会长。Food Bioengineering、《水产学报》等学术期刊副主编或编委。发表重要学术论文350余篇，授权发明专利89件，制、修订5项国家/行业标准，主编学术著作/教材6部。获国家科技进步奖二等奖2项、省部级科技奖励5项。获山东省先进工作者称号、全国优秀科技工作者称号，享受国务院政府特殊津贴。

同日　学校和全国科学技术名词审定委员会（简称"全国名词委"）共同主办的第三届全国海洋科技名词审定委员会（简称"全国海洋科技名词委"）成立大会在青岛召开。中国海大副校长吴立新院士、崂山实验室王军成院士、全国名词委专职副主任裴亚军、中国海大原校长于志刚出席会议。会上，裴亚军与高会旺教授签署秘书处建设协议，并授予中国海洋大学全国海洋科技名词委秘书处标牌。裴亚军与吴立新为全国海洋科技名词委各位委员颁发聘书。与会委员表决通过全国海洋科技名词委章程，并就海洋科技名词审定工作的分工安排、工作计划及实施方案等进行研讨。来自全国40余家涉海单位的专家学者参加会议。

23日　中国海洋工程咨询协会2023年度海洋工程科学技术奖颁奖大会在深圳召开。

学校水产学院董双林主持完成的"鲑鳟鱼类深远海养殖装备和技术研发与应用",工程学院王树青主持完成的"海洋工程设施健康监测与韧性提升关键技术及其应用"获一等奖;食品科学与工程学院侯虎主持完成的"功能导向的海珍品加工共性关键技术、设备开发及产业化应用",信息科学与工程学部陈树果主持完成的"海洋光学遥感海上定标关键技术研究与应用"获二等奖。

同日　由中国海洋大学深圳研究院承办,中国海大、中国海洋发展基金会、深圳市特区建设发展集团有限公司与深圳全球海洋中心城市建设促进会联合主办的蓝色牧场与深远海养殖发展战略论坛在深圳召开。中国海大党委书记田辉、海洋基金会副理事长兼秘书长潘新春、深圳全球海洋中心城市建设促进会会长杨洪出席论坛开幕式并致辞。学校麦康森院士、包振民院士、薛长湖院士,中国交通集团有限公司林鸣院士、海军潜艇学院笪良龙院士出席论坛开幕式。麦康森、林鸣、笪良龙、中国水产科学研究院黄海水产研究所所长金显仕等围绕海洋渔业发展、蓝色牧场建设、深远海养殖工程技术发展、海洋渔业资源利用与海洋渔业可持续利用发展等作主旨报告。来自政府机构、高等院校、科研院所、企业等合作单位的海洋专家学者与代表200余人出席论坛。

24日　由教育部高等学校国家级实验教学示范中心联席会、全国药学类院校大学生专业技术与实验技能竞赛组委会等共同主办的第七届全国医药院校药学/中药学专业大学生实验技能展示活动在遵义医科大学举行。医药学院2020级药学专业本科生马昕筠、宋学凯分别获全国特等奖和一等奖。

26日　学校在崂山校区召开第二十次学生代表大会、第十三次研究生代表大会,党委常委、副校长范其伟出席开幕式。全校172名本科生代表、140名研究生代表参加大会。会议审议《中国海洋大学第十九届学生会工作报告》和《中国海洋大学第十二届研究生会工作报告》,选举产生新一届学生会、研究生会主席。

27日　第六届中国教育后勤展览会在深圳开幕。会上,全国28所高校获首批"后勤服务育人劳动教育示范基地"授牌,学校是山东省唯一获此殊荣的高校。

28日　学校承办的2023应对气候变化风险与海洋环境保护国际培训班结业典礼在崂山校区举办。校长张峻峰、斐济驻华使馆代办锐迪什·辛格、青岛市委副秘书长林镔出席。此次培训班以"应对气候变化风险与海洋环境保护"为主题,邀请知名学者授课,来自斐济、基里巴斯、密克罗尼西亚、所罗门群岛、瓦努阿图、巴布亚新几内亚、新西兰库克群岛共7个太平洋岛国的31名官员和学者参加培训。

29日　学校党委发文,任命于德华为食品科学与工程学院党委书记(试用期一年），周妮妮为文学与新闻传播学院党委书记（试用期一年），刘健为法学院党委书记，李颖为国际事务与公共管理学院党委书记（试用期一年），唐捷为基础教学中心党委书记（试用期一年），马宇虹为海德学院党委书记（试用期一年）。

同日　学校发文，任命孟凡为校友工作办公室主任、教育基金会办公室主任（试用期1年）。

同日　新修订的《中国海洋大学财务管理办法》《中国海洋大学大额货币资金支付管理办法》公布施行。

同日　学校发文，公布第二十四届文苑奖学金评选结果，环境工程2020级丁肖丹、数学与应用数学（中外合作办学）2020级丁哲楠、微电子科学与工程2020级关清入选。

本月　教育部公布2023年度国际合作联合实验室立项建设结果。海洋生物遗传学与育种国际合作联合实验室获批立项，成为学校首个教育部国际合作联合实验室。

12月

1日　中共山东省委组织部公布2023年度省级"发现榜样"人选名单，食品科学与工程学院毛相朝入选。

4日　自然资源部公布2022年度自然资源科学技术奖获奖成果，学校工程学院方辉获自然资源青年科技奖。

5日　共青团中央发布关于表彰第十四届中国青年志愿者优秀个人奖、组织奖、项目奖的决定，研究生支教团"在日光城听海——海洋科普和高原思政的融合"项目获优秀项目奖。

11月2日—12月6日　受教育部教育质量评估中心委托，21位境内外专家组成的评估专家组对学校进行新一轮本科教育教学审核评估。本轮审核评估按照线上、入校一体化设计开展。12月4日，专家组主持召开入校评估说明会。校长张峻峰在会上作题为《服务海洋强国战略 坚持立德树人根本 全面提高人才自主培养质量》的专题汇报。12月6日，本科教育教学审核评估专家意见交流会举行。教育部审核评估专家组组长、南京大学校长谈哲敏院士代表评估专家组向学校交流审核评估整体意见。他指出，通过线上全面评估和入校深度核查，专家组一致认为，中国海洋大学坚持社会主义办学方向，落实立德树人根本任务，服务海洋强国建设，引领海洋科教事业，打造卓越育人体系，持续提升培养能力，形成了中国海洋大学本科人才培养工作的成效和特色。同时，专家组成员围绕学校人才培养海大模式的打造、教学质量保障理念与人才培养过程的协调、课程思政与专业课程体系的结合、师资队伍建设、国际化人才培养能力等方面存在的问题提出意见建议，希望中国海洋大学能在拔尖创新人才特别是在未来卓越海洋人才培养方面形成示范与引领。

8日 以"助力蓝色可持续发展 共建海洋命运共同体"为主题的第二届中国-印度洋地区发展合作论坛在昆明开幕。学校主办本届论坛的"印度洋岛国可持续发展"平行分论坛。国家国际发展合作署副署长刘俊峰、外交部非洲司副司长余勇、中国海大副校长范其伟，以及马尔代夫、塞舌尔、科摩罗、马达加斯加等国政要出席分论坛并致辞。非洲及邻近岛屿国家政府间海洋学委员会主席库阿迪奥，中国科学院院士、南方海洋科学与工程广东省实验室主任张偲，国际南南合作伙伴组织前执行主席哈里纳林辛格，中国海大国际事务与公共管理学院杨洋等7位专家作学术报告。

11日 中国海大与山东省地震局签约仪式在崂山校区举行。山东省地震局局长姜金卫、校长张峻峰出席仪式并讲话。山东省地震局副局长刘希强和副校长魏志强共同签署《山东省地震局 中国海洋大学合作协议》《山东省地震局 中国海洋大学共建"海洋地震监测与前沿技术联合研究中心"合作协议》。根据协议，双方将在科学研究、学术交流、教育合作、社会服务等方面开展合作。

同日 学校党委发文，同意信息科学与工程学部党委选举结果，于波为党委书记。

13日 党委书记田辉赴三亚海洋研究院调研，中国工程院院士包振民、副校长魏志强等陪同。田辉对教师团队的工作成绩给予充分肯定，对同学们蓬勃向上的良好风貌表示赞赏。其间，海南省委常委、三亚市委书记周红波会见田辉一行，双方就高质量推进三亚海洋研究院建设进行深入交流。

14日 《中国海洋大学中层领导班子和领导干部年度考核实施办法》公布施行。

同日 学校主办的海洋科学领域核心教材建设启动会在青岛召开，教材建设专家委员会主任委员、副校长吴立新院士，陈大可院士、翦知湣院士、王凡研究员、陈鹰教授、刘勇教授等5位委员，李华军院士等12位教材主编及代表参加会议。高等教育出版社总编辑谭方正、副校长刘勇共同为出席会议的专家委员会委员及秘书处成员颁发聘书。专家委员会秘书长林霄沛介绍海洋科学领域核心教材建设的背景、建设方案、工作进展及计划，12部教材团队分别汇报教材建设方案。

16日 为期两天的第二十届中国研究生数学建模竞赛颁奖典礼在东南大学举行。学校获一等奖1项，二等奖3项。

17日 为期三天的2023年全国大学生机器人科技创新交流营暨机器人大赛在山东日照举行。学校信息科学与工程学部"'海星杀手'——基于Ultimaker构型的珊瑚礁生态维护机器人"和工程学院"多地形牵引吸捕式海参捕捞机器人"两个项目获一等奖。

18日　鲁港澳高校院所创新合作发展大会在济南举行。中国海大副校长刘勇参加鲁港澳高校院所创新联盟启动仪式。其间，学校举办"鲁港澳海洋教育研究协作与协同创新会议"分论坛，山东省台港澳事务办公室、山东省委组织部、山东省教育厅、中国海大、香港城市大学、香港国际学院、澳门大学、澳门科技大学、澳门海洋学会等单位代表分别介绍鲁、港、澳三地在海洋教育研究方面的特色与优势，并就加强师生互访、人才联合培养、学术交流、联合科研、科技成果转化等方面进行深入交流研讨。

20日　学校发文，任命丁黎黎为教务处处长（试用期一年）。

25日　学校与青岛市市南区人民政府全面合作协议签约仪式在崂山校区举行。校长张峻峰和市南区区长刘存东共同签署《中国海洋大学 青岛市市南区人民政府全面合作协议》。双方将在人才培养、科技创新、经略海洋、教育合作、文化旅游、基层武装等方面开展深度合作，全方位提升合作水平。双方同时签署《中国海洋大学与青岛市市南区共建"一多楼"项目合作协议》《中国海洋大学与青岛市市南区共建教育合作共同体合作协议》《中国海洋大学与青岛市市南区共建就业实习基地合作协议》。校党委书记田辉和市南区委书记王锋共同为中国海洋大学大学生实习实训基地揭牌。

28日　《中国海洋大学教职工年度考核办法》《中国海洋大学科技成果转移转化专项基金管理办法（试行）》公布施行。

29日　新修订的《中国海洋大学二级党组织工作细则》《中国海洋大学党支部工作细则》公布施行。

本月　国家自然科学基金"十四五"第三批重大项目评审结果公布，陈显尧牵头申报的"海平面上升的多圈层作用机制与预估"获批立项。

本年　经学校岗位设置管理与聘任工作领导小组审议，万骁乐、马纯永、王建、王晓东（计算机科学与技术学院）、王新越、年睿、庄昀筠、刘爽（材料科学与工程学院）、刘小丽、刘吉文、齐祥明、闫雪峰、孙建青、李花月、李雪梅、李景娜、吴炳章、何真、余静、宋宁而、张大海、张晓娜、陈雨生、周春、孟庆生、赵林、荣增瑞、姜永玲、徐继尚、高大治、郭新昌、黄友星、许丽晓、杜君峰、陈洪举、徐锡明、王鹏（医药学院）、张民生、曹勇、崔国霖、杨洪勋、于杰、刘健、刘文菁、张猛、胡保革等46人获聘校专业技术四级岗位。

本年　据学校上报教育部的《高等教育基层统计报表》统计，共有学院22个，全日制本科专业83个。硕士学位授权一级学科点34个、博士学位授权一级学科点17个、博士后流动站15个、国家一流学科2个。国家级、省部级实验室23个，国家级、省部级研究中心

（所）18个。

在校教职工总数为4008人，专任教师2163人。专任教师中正高级673人、副高级806人，其中博士学历1759人、硕士学历356人。聘请校外教师311人，其中博士学历116人、硕士学历80人。中国科学院院士（人事关系在本校）3人，中国工程院院士（人事关系在本校）4人。

本科招生数4357人，毕业生数3607人，授予学位数3607人。硕士研究生招生数4768人，毕业生数3957人，授予学位数3864人。博士研究生招生数852人，毕业生数416人，授予学位数389人。外国留学生招生数60人，毕业生数46人，授予学位数36人。在校学生总数为49547人，其中博士生3416人、硕士生14502人、本科生17211人、成人教育本科生14326人、成人教育专科生92人。在职人员攻读硕士总数为3231人。在校留学生337人。

科研经费实到10.57亿元。获批国家自然科学基金项目178项，经费1.4亿元。获批牵头承担国家重点研发计划项目11项，科技创新2030人工智能重大项目1项，合同额1.13亿元。省市项目获批209项，合同额1.34亿元。文科科研经费到账2000万元，获批人文社科高层次项目44项。三亚海洋研究院科研经费到账6732万元。教师以第一或通讯作者在*Nature*及子刊、*Science*及子刊等期刊发表高水平论文26篇。

固定资产576471.59万元，其中教学、科研（仪器设备资产）278718.73万元；占地面积1717499.8平方米；校舍建筑面积1257746.44平方米；馆藏图书295.63万册。

本年　学校科研成果获奖情况（省部级三等奖以上）见表58、表59。

表58　2023年学校科研成果获奖情况（省部级三等奖以上，自然科学类）

序号	项目名称	获奖情况	主要完成人
1	海水养殖鱼类精准营养技术体系构建及产业化应用	国家科技进步二等奖	艾庆辉　张　璐　麦康森
2	极端环境材料多级结构设计及耦合损伤防护技术	山东省技术发明一等奖	崔洪芝　王灿明　宋晓杰
3	海洋大数据与智能计算平台技术研发及应用	山东省科技进步一等奖	魏志强　刘安安　贾东宁
4	碳纳米材料对有机污染物的吸附机制及环境健康影响	山东省自然科学二等奖	赵　建　王震宇　刘菲菲
5	深渊海沟微生物驱动的生物地球化学循环及高压适应机制	山东省自然科学二等奖	张晓华　刘吉文　郑艳芬

表59　2023年学校科研成果获奖情况（省部级三等奖以上，社会科学类）

序号	项目名称	获奖情况	主要完成人
1	"降杠杆""稳杠杆"和"加杠杆"的区域定位——传统杠杆率指标修正和基于"双重"杠杆率测度体系确立结构性杠杆率阈值	山东省社科优秀成果一等奖	王竹泉　谭云霞　宋晓缤
2	组织绩效期望差距与异质机构投资者行为选择：双重委托代理视角	山东省社科优秀成果一等奖	王　垒
3	魏晋南北朝大文学史	山东省社科优秀成果一等奖	刘怀荣　张新科　冷卫国
4	政企发包：双重约束下的互联网治理模式——基于互联网信息内容治理的研究	山东省社科优秀成果二等奖	于　洋　马婷婷
5	税收优惠能否激励风险投资：基于准自然实验的证据	山东省社科优秀成果三等奖	彭　涛
6	裂变创业视角下核心企业商业生态系统重塑机理—基于"蒙牛系"创业活动的嵌入式单案例研究	山东省社科优秀成果三等奖	李志刚　杜　鑫　张敬伟
7	商标保护与市场竞争关系之反思与修正	山东省社科优秀成果三等奖	章凯业
8	"中期鲁迅"研究刍议	山东省社科优秀成果三等奖	邱焕星

附 录

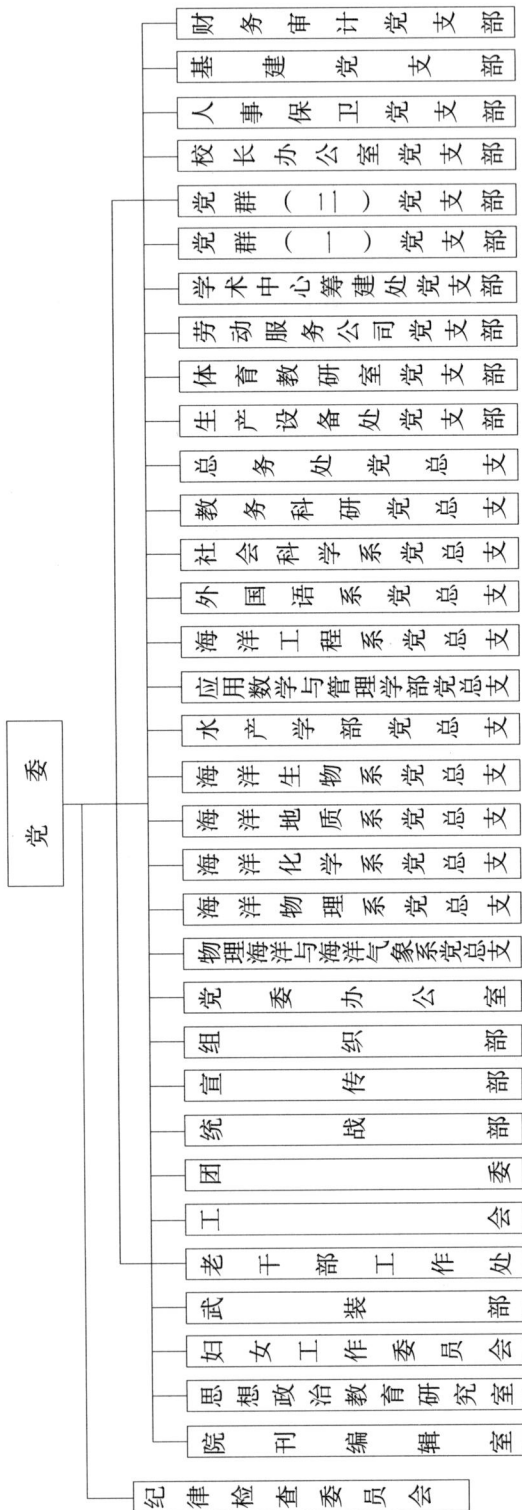

山东海洋学院党群系统图
（1987年12月）

党委

- 财务审计党支部
- 基建党支部
- 人事保卫党支部
- 校长办公室党支部
- 党群（二）党支部
- 党群（一）党支部
- 学术中心筹建处党支部
- 劳动服务公司党支部
- 体育教研室党支部
- 生产设备处党支部
- 总务处党总支
- 教务科研党总支
- 社会科学系党总支
- 外国语系党总支
- 海洋工程系党总支
- 应用数学与管理学部党总支
- 水产学部党总支
- 海洋生物系党总支
- 海洋地质系党总支
- 海洋化学系党总支
- 海洋物理系党总支
- 物理海洋与海洋气象系党总支
- 党委办公室
- 组织部
- 宣传部
- 统战部
- 团委
- 工会
- 老干部工作处
- 武装部
- 妇女工作委员会
- 思想政治教育研究室
- 院刊编辑室
- 纪律检查委员会

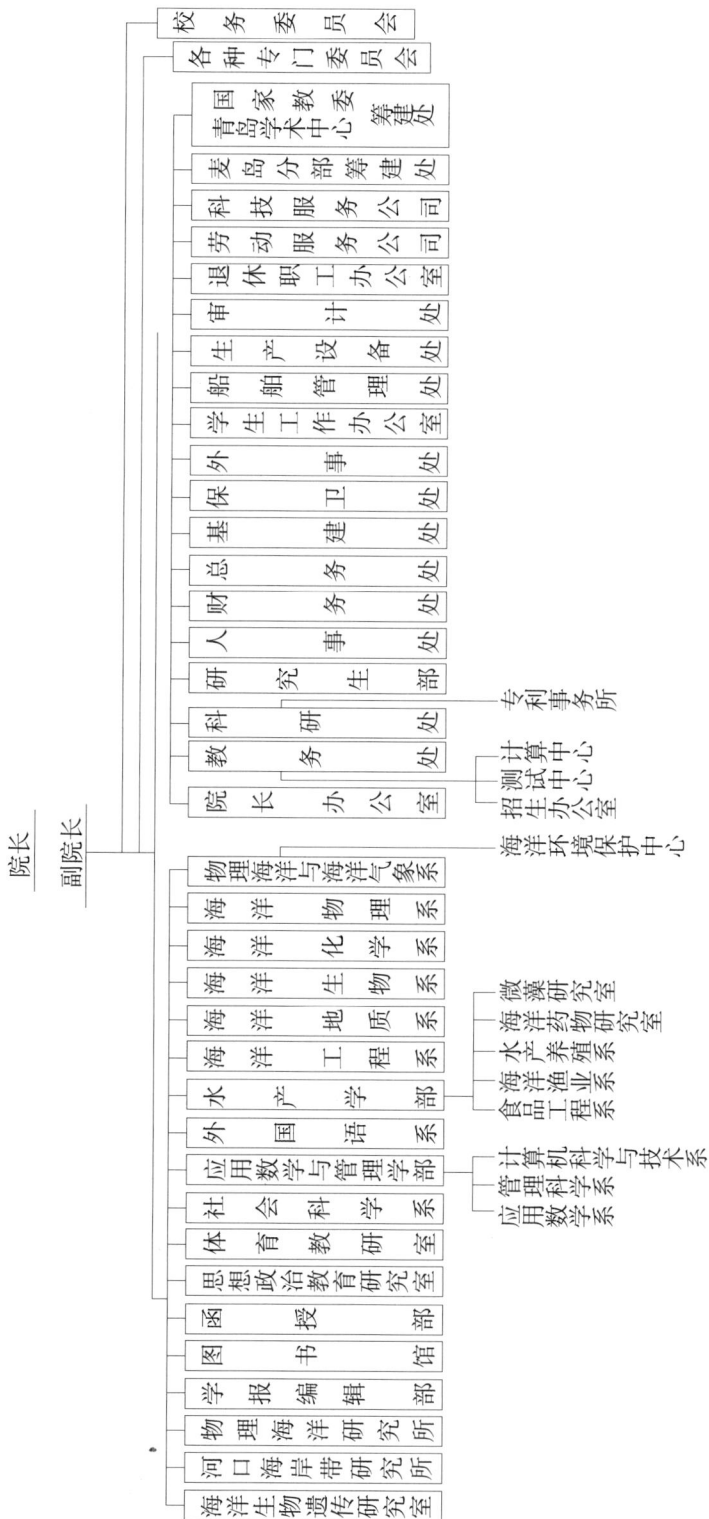

附录二

山东海洋学院行政系统图

（1987年12月）

院长

副院长

校务委员会

各种专门委员会

国家教委青岛学术中心筹建处

麦岛分部筹建处

科技服务公司

劳动服务公司

退休职工办公室

审计处

生产设备处

船舶管理处

学生工作办公室

外事处

保卫处

基建处

总务处

财务处

人事处

研究生部

科研处 —— 专利事务所

教务处 —— 计算中心 · 测试中心 · 招生办公室

院长办公室

物理海洋与海洋气象系 —— 海洋环境保护中心

海洋物理系

海洋化学系

海洋生物系 —— 微藻研究室 · 海洋药物研究室

海洋地质系

海洋工程系 —— 海水养殖研究室 · 水产渔业系 · 海洋渔业系 · 食品工程系

水产学部

外国语系

应用数学与管理学部 —— 计算机科学与技术系 · 管理科学系 · 应用数学系

社会科学系

体育教研室

思想政治教育研究室

函授部

图书馆

学报编辑部

物理海洋研究所

河口海岸带研究所

海洋生物遗传研究室

青岛海洋大学党群系统图
（1998年12月）

```
党委 ──┬── 美岛校区党总支
        │
        ├── 海洋环境学院党总支
        ├── 技术科学学院党总支
        ├── 化学化工学院党总支
        ├── 海洋生命学院党总支
        ├── 海洋地球科学学院党总支
        ├── 水产学院党总支
        ├── 海尔经贸学院党总支
        ├── 工程学院党总支
        ├── 外国语学院党总支
        ├── 法学院党总支
        ├── 图书馆党总支
        ├── 总务基建党总支
        ├── 船舶处党总支
        ├── 校办产业处党总支
        ├── 体育部党支部
        ├── 出版社直属党支部
        ├── 华海制药厂直属党支部
        │
        ├── 党委办公室
        ├── 组织部
        ├── 宣传部
        ├── 统战部
        ├── 武装部
        ├── 保卫部
        ├── 离退休干部工作处
        ├── 团委
        ├── 学生工作部
        ├── 工会
        ├── 妇女委员会
        ├── 机关党总支
        ├── 教务科研党总支
        ├── 党校
        ├── 校报编辑部
        │
        └── 纪委检查委员会
```

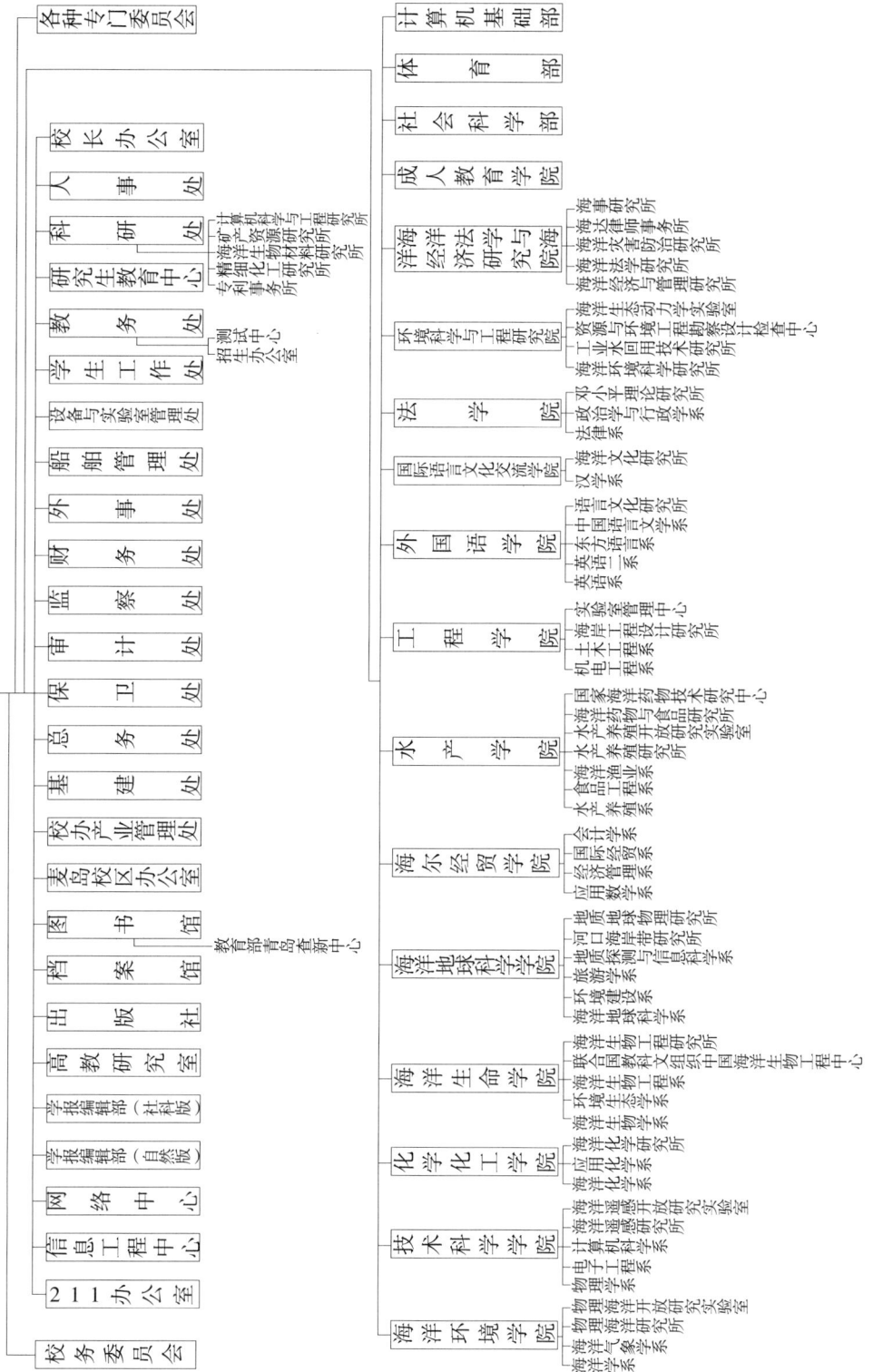

青岛海洋大学行政系统图

（1998年12月）

附录四

校　长
副校长

各种专门委员会

校务委员会

校长办公室
人事处
科研处
研究生教育中心
教务处
学生工作处
设备与实验室管理处
船舶管理处
外事处
财务处
监察处
审计处
保卫处
总务处
基建处
校办产业管理处
麦岛校区办公室
图书馆
档案馆
出版社
高教研究室
学报编辑部（社科版）
学报编辑部（自然版）
网络中心
信息工程中心
211办公室

专利事务所
精细化工研究所
海洋矿产资源与工程研究所
计算机研究所
海洋材料研究所

招生办公室
测试中心

教育部青岛审查中心

计算机基础部
体育部
社会科学部
成人教育学院

海洋经济法学研究院
　海洋经济研究所
　海洋法学研究所
　海洋灾害动力学研究所
　海事管理研究所
　海洋律师事务所

环境科学与工程研究院
　资源与环境研究所
　水回用技术研究所
　工业环境科学研究所
　环境监测检查中心

法学院
　法律系
　行政管理系
　邓小平理论研究所

国际语言文化交流学院
　汉语言文化研究所
　海外文化研究所

外国语学院
　英语一系
　英语二系
　东方语言文学系
　西方语言文学系
　中语言文学研究所

工程学院
　机土木工程系
　电工程系
　土木工程设计研究所
　实验管理中心

水产学院
　水产养殖系
　食品工程系
　海洋渔业工程系
　国家海洋药物工程技术研究中心
　海水养殖开放实验室

海尔经贸学院
　经济管理系
　国际经贸系
　会计学系
　应用数学系

海洋地球科学学院
　海洋地质系
　环境海岸带海洋系
　旅游管理系
　河口海岸研究所
　地球探测信息研究所

海洋生命学院
　生物系
　生态环境系
　水产养殖系
　联合国教科文组织中国海洋生物工程中心

化学化工学院
　化学系
　应用化学系
　海洋化学研究所

技术科学学院
　电子工程系
　计算机科学系
　海洋遥感研究所
　海洋遥感开放实验室

海洋环境学院
　海洋学系
　气象学系
　物理系
　物理海洋研究所
　海洋开放研究实验室

校长
副校长

中国海洋大学党群系统图
（2003年12月）

党委

- 校办产业党总支
- 后勤集团党总支
- 出版社直属党支部
- 基础教学中心党总支
- 直属业务部门党总支
- 高等职业技术学院党总支
- 公共管理学院党总支
- 数学系党总支
- 法学院党总支
- 新闻与传播学院党总支
- 文学院党总支
- 外国语学院党总支
- 经济学院党总支
- 管理学院党总支
- 环境科学与工程学院党总支
- 工程学院党总支
- 海洋地球科学学院党总支
- 化学化工学院党总支
- 信息科学与工程学院党总支
- 海洋环境学院党总支
- 生命科学与技术学部党委
- 机关工委

- 党委办公室
- 组织部
- 宣传部
- 统战部
- 研究生工作部
- 学生工作部
- 武装部
- 保卫部
- 离退休干部工作处
- 工会
- 团委
- 妇女委员会
- 党校

纪律检查委员会

附录六

中国海洋大学行政系统图

（2003年12月）

校　长
副校长

各种专门委员会
- 海洋发展研究中心
- 人文社会科学研究院
- 海洋经济与海洋法学研究院
- 国际教育学院
- 继续教育学院
- 高等职业技术学院
- 基础教学中心
  - 社体计教育系艺军
  - 体育系教育中心
  - 教育部计算机基础部
  - 教育部文科基础部

校长办公室
- 监察审计处
- 人事处
- 教务处
- 研究生教育中心（招生办公室、211办公室）
- 科学技术处
- 文科处
- 学生工作处（毕业生就业办公室）
- 财务处
- 公安处
- 国际合作交流处
- 国有资产管理处
- 规划建设处
- 高技术产业处
- 后勤办公室
- 新校建设指挥部

- 公共管理学院
  - 公共事业管理系
  - 行政管理系
- 材料科学与工程系
- 数学系
- 法学系
  - 法政学系
  - 律学系
  - 行政学系
  - 国际经济法研究所
  - 环境资源法研究所
  - 民商法研究所
- 新闻与传播学院
- 文学院
  - 中文系
  - 汉语言文学系
  - 现代文化研究所
  - 当代文化研究所
  - 青岛海洋文化研究中心
  - 王蒙文学艺术研究所
- 外国语学院
  - 英语系
  - 日语系
  - 朝鲜语系
  - 德语系
  - 外国语言文化研究所
- 经济学院
  - 金融学系
  - 国际经济与贸易系
  - 应用经济系
  - 国际经济研究中心
- 管理学院
  - 会计学系
  - 工商管理系
  - 旅游管理系
  - 电子商务系
  - 应用信息研究所
- 环境科学与工程学院
  - 环境科学系
  - 环境工程系
  - 环境保护研究中心
- 工程学院
  - 机电工程系
  - 土木工程系
  - 建筑学系
  - 海洋工程系
  - 测试技术研究中心
  - 工程研究所
- 生命科学与技术学部
  - 水产学院
    - 水产养殖系
    - 海洋生物系
    - 食品科学与工程系
    - 药品科学系
    - 国家海洋药物工程技术研究中心
  - 海洋生命学院
    - 海洋环境生态系
    - 生物工程系
    - 文理联合国教科文组织中国海洋生物工程中心
- 海洋地球科学学院
  - 海洋地质系
  - 地球信息科学系
  - 地球探测与信息技术系
  - 海洋环境勘测研究所
  - 口质矿产研究所
  - 地球化学研究所
  - 海洋设计检测研究中心
- 化学化工学院
  - 海洋化学系
  - 应用化学系
  - 化工学系
  - 海洋化学研究所
- 信息科学与工程学院
  - 物理学系
  - 电子工程系
  - 计算机科学系
  - 海洋遥感研究所
- 海洋环境学院
  - 海洋气象学系
  - 物理海洋实验室

图书馆
- 基础实验教学中心
- 出版社
- 新闻中心
- 网络中心
- 船舶服务中心
- 会计审计中心
- 档案馆
- 高教研究室
- 学报编辑部
- 《分子》编辑部
- 国际教育交流中心
- 战略发展研究中心

后勤集团

校办产业

校务委员会

747

中国海洋大学党群系统图

（2013年12月）

党委

- 机关离退休干部党委
- 海洋环境学院党委
- 信息科学与工程学院党委
- 化学化工学院党委
- 海洋地球科学学院党委
- 海洋生命学院党委
- 水产学院党委
- 食品科学与工程学院党委
- 医药学院党委
- 工程学院党委
- 环境科学与工程学院党委
- 管理学院党委
- 经济学院党委
- 外国语学院党委
- 文学与新闻传播学院党委
- 法政学院党委
- 数学科学学院党委
- 材料科学与工程系党委
- 基础教学中心党委
- 产业党委
- 后勤集团党委
- 国际教育学院党总支
- 海洋发展研究院党总支
- 图书馆党总支
- 直属业务部门党总支
- 船舶中心党总支
- 出版社直属党支部

- 党委办公室
- 组织部
- 党校
- 宣传部
- 统战部
- 保卫部
- 武装部
- 学生工作部
- 研究生工作部
- 工会
- 团委
- 妇女委员会
- 纪律检查委员会—纪委办公室

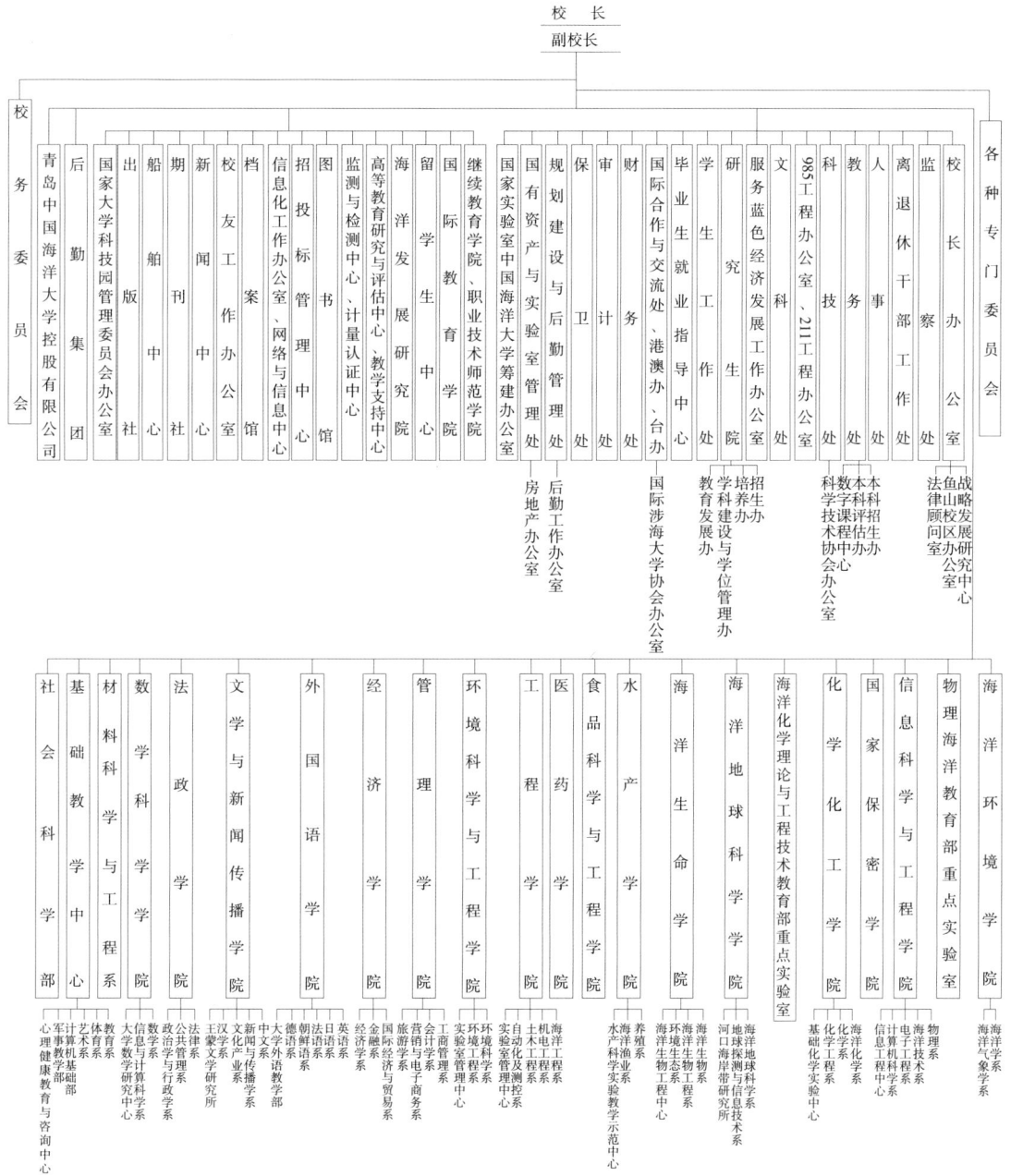

附录八

中国海洋大学行政系统图

（2013年12月）

校　长
副校长

校务委员会 ｜ 青岛中国海洋大学控股有限公司 ｜ 后勤集团 ｜ 国家大学科技园管理委员会办公室 ｜ 出版社 ｜ 船舶中心 ｜ 期刊中心 ｜ 新闻中心 ｜ 校友工作办公室 ｜ 档案馆 ｜ 信息化工作办公室、网络与信息中心 ｜ 招投标管理中心 ｜ 图书馆 ｜ 监测与检测中心、计量认证中心 ｜ 高等教育研究与评估中心、教学支持中心 ｜ 海洋发展研究院 ｜ 留学生教育学院 ｜ 国际教育学院 ｜ 继续教育学院、职业技术师范学院 ｜ 国家实验室中国海洋大学筹建办公室 ｜ 国有资产与实验室管理处 ｜ 规划建设与后勤管理处 ｜ 保卫处 ｜ 审计处 ｜ 财务处 ｜ 国际合作与交流处、港澳办、台办 ｜ 毕业生就业指导中心 ｜ 学生工作处 ｜ 研究生院 ｜ 服务蓝色经济发展工作办公室 ｜ 文科处 ｜ 985工程办公室、211工程办公室 ｜ 科技处 ｜ 教务处 ｜ 人事处 ｜ 离退休干部工作处 ｜ 监察处 ｜ 校长办公室 ｜ 各种专门委员会

房地产办公室 ｜ 后勤工作办公室 ｜ 国际涉海大学协会办公室 ｜ 教育发展办 学科建设与学位管理办 培养办 招生办 ｜ 科技术数字课程中心 本科招生办 本科评估办 ｜ 法律顾问室 鱼山校区办公室 战略发展研究中心

社会科学部 ｜ 基础教学中心 ｜ 材料科学与工程系 ｜ 数学科学学院 ｜ 法政学院 ｜ 文学与新闻传播学院 ｜ 外国语学院 ｜ 经济学院 ｜ 管理学院 ｜ 环境科学与工程学院 ｜ 工程学院 ｜ 医药学院 ｜ 食品科学与工程学院 ｜ 水产学院 ｜ 海洋生命学院 ｜ 海洋地球科学学院 ｜ 海洋化学理论与工程技术教育部重点实验室 ｜ 化学化工学院 ｜ 国家保密学院 ｜ 信息科学与工程学院 ｜ 物理海洋教育部重点实验室 ｜ 海洋环境学院

心理健康教育与咨询中心 ｜ 军事教研部 计算机基础部 体育系 艺术系 教育系 ｜ 大学数学研究中心 信息科学与计算机系 数学系 ｜ 公共管理系 政治与行政学系 法律系 ｜ 王蒙文学研究所 文化产业系 新闻传播系 中文文学系 ｜ 大学外语教学部 德语系 朝鲜语系 日语系 法语系 英语系 ｜ 经济学系 金融学系 国际经济与贸易系 ｜ 旅游学系 营销与电子商务系 会计学系 工商管理系 ｜ 实验室管理中心 环境工程系 环境科学系 自动化及测控系 ｜ 机电工程系 土木工程系 海洋工程系 ｜ 水产养殖系 海洋渔业系 海洋生态环境学实验教学示范中心 ｜ 环境生态工程系 海洋生物工程中心 ｜ 海洋地球科学系 地球探测与信息技术系 河口海岸带研究所 ｜ 基础化学实验中心 化学工程系 化学系 ｜ 信息科学中心 计算机系 电子工程系 ｜ 物理系 ｜ 海洋气象学系 海洋技术系 海洋学系

中国海洋大学二级党组织设置图
（2023年12月）

- 出版社党支部
- 船舶中心党总支
- 图书馆党总支
- 直属业务部门第二党总支
- 直属业务部门党总支
- 产业党委
- 三亚海洋研究院党委
- 深海圈层与地球系统前沿科学中心党委
- 后勤党委
- 离退休党委
- 机关党委
- 海德学院党委
- 马克思主义学院党委
- 基础教学中心党委
- 材料科学与工程学院党委
- 数学科学学院党委
- 国际事务与公共管理学院党委
- 法学院党委
- 文学与新闻传播学院党委
- 外国语学院党委
- 经济学院党委
- 管理学院党委
- 环境科学与工程学院党委
- 工程学院党委
- 医药学院党委
- 食品科学与工程学院党委
- 水产学院党委
- 海洋生命学院党委
- 海洋地球科学学院党委
- 化学化工学院党委
- 信息科学与工程学部党委
- 海洋与大气学院党委

附录九

附录十

中国海洋大学机构设置图（2023年12月）

直属业务单位

- 青岛国家大学科技园中国海洋大学科技园有限公司办公室 ／ 青岛海洋生物医药研究院
- 新闻中心 ／ 三亚海洋研究院
- 校友教育基金会工作办公室 ／ 后勤集团
- 出版社 ／ 船舶期刊中心
- 图书馆 ／ 网络与信息中心
- 高等教育研究与评估中心 ／ 国际教育学院
- 未来海洋发展研究院 ／ 继续教育学院职业技术师范学院
- 深海圈层与地球系统前沿科学中心海洋碳汇研究院 ／ 中国海洋发展研究中心研究院秘书处

教学科研单位

- 工程学院 ／ 海德学院
- 医药学院 ／ 崇本学院
- 食品科学与工程学院 ／ 马克思主义学院
- 海洋生物多样性与进化研究所 ／ 基础教学中心
- 水产学院 ／ 材料科学与工程学院
- 海洋生命学院 ／ 数学科学学院
- 海底科学与探测技术教育部重点实验室 ／ 国际事务与公共管理学院
- 海洋地球科学学院 ／ 法学院
- 海洋化学理论与工程技术教育部重点实验室 ／ 文学与新闻传播学院
- 化学化工学院 ／ 外国语学院
- 信息科学与工程学部 ／ 经济学院
- 物理海洋教育部重点实验室 ／ 管理学院
- 海洋与大气学院 ／ 环境科学与工程学院

机关职能部门

- 科学技术处 ／ 校庆工作办公室
- 本科教学工作水平评估办公室 ／ 非学历教育管理处
- 教务处 ／ 附属学校筹建工作办公室
- 党委教师工作部（人事处） ／ 后勤保障处
- 离退休工作处 ／ 西海岸校区运行管理部
- 党委保卫部（保卫处） ／ 西海岸校区建设指挥部
- 工会、计划生育办公室妇女委员会 ／ 采购与招标管理中心
- 学生就业创业指导与服务中心 ／ 国有资产与实验室管理处
- 团委 ／ 基本建设处
- 党委武装学生工作部（学生工作处） ／ 审计处
- 党委统战部 ／ 财务处（会计服务中心）
- 党委宣传部 ／ 国际合作与交流处港澳台事务办公室（国际学生办公室）
- 党委组织部（党校） ／ 国内合作工作办公室
- 机关党委 ／ 文科处
- 党委巡察工作办公室 ／ 发展规划处
- 纪委办公室（监察处） ／ 学术委员会办公室
- 党委办公室（校长办公室）

后 记

伴随着前进道路上的风风雨雨，中国海洋大学走过了近百年历程。为厚植校史文化，弘扬办学传统，我们在《中国海洋大学大事记》（2014年版）基础上，修订、续编并改版为《中国海洋大学纪事：1924—2023》（简称《纪事》）。旨在反映百年学府筚路蓝缕、同频国运的变迁脉络，彰显一辈辈海大人不畏艰辛、图兴图强、浩海求索、争创一流的精神风貌。

本书采用编年体体例，遵循大事略简、要事稍详的原则，力图做到详略得当、重点突出、脉络清晰。所记史事，基本上一事一条，少数重大事情，一事数条。凡事件和人物，均尊重史实，以可考的文字材料为据，无文字记载的未收录。

《纪事》的编撰，始终得到学校领导的关心与支持，他们多次研究并帮助解决编写过程中遇到的问题，认真审修全部文稿，提升了《纪事》的内容质量。部分离任校领导、参与审修的专家及职能部门负责人提出了不少意见和建议，《纪事》因此而增色。王淑芳、杨洪勋、纪玉洪、金松等同志补充了学校早期的一些条目，并考订了部分史实，使《纪事》内容得以丰富。为使《纪事》能成为信史，编撰者查阅了学校档案馆现存的档案、校报，以及山东大学档案馆、山东省档案馆、青岛市档案馆、青岛市图书馆的有关历史资料，借鉴使用了《山东大学大事记》（1991年版）中两校共同期内的部分内容，得到了上述单位的大力支持。中国海洋大学出版社对本书出版给予大力支持。在此，我们一并表示谢忱。

本书编写具体分工是：1924—2013年的内容，由李涛协助魏世江作了修订，调整了200余条目；2014—2023年的内容，由赵瑞红、王旭、李涛撰写，孙厚娟、魏世江、陈鹫审修。孟蕾、刘邦华、王文越负责照片收集整理工作。"序言"由魏世江执笔。

受限于史料以及编撰者的水平，遗漏乃至错误之处在所难免，恳望读者批评指正，以便再版时修订。

编 者

2024年6月